U0919041

CHINA'S E-GOVERNMENT
中国电子政务年鉴（2021）
YEARBOOK（2021）

中国计算机用户协会政务信息化分会（电子政务理事会） 组织编写

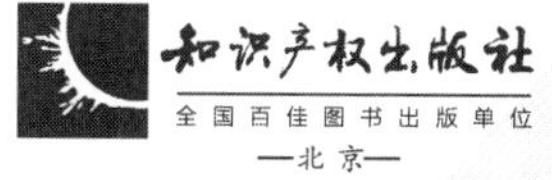

编　委　会

前　言

一年一度的《中国电子政务年鉴》终于发稿给出版社了，细数下来，今年是第10本年鉴了，想想真是不易，特别是新型冠状病毒肺炎疫情期间，所有的组稿工作都遭遇不顺，虽说最后组稿工作都完成了，但回想起来，仍然五味杂陈。得益于最高人民法院信息中心、最高人民检察院信息技术研究中心、应急管理部、生态环境部等国家部委以及广州、青岛、合肥、东营等地相关工作人员的大力帮助，《中国电子政务年鉴（2021）》按时完成组织编写工作。真的非常感谢大家。希望我们再接再厉到7月可以把相关会议和活动做完，回馈业内关心我们的朋友。我们注意到，中央对于当前错综复杂的“去全球化”建“全国统一大市场”、立“团体标准规范优质发展”，特别是对数字政府提出了最高级别的指导意见……这告诉我们，国家的任务是伟大长远、统一一体市场建设，科技伦理建设，统一的大信用建设，反地方保护和行业“小动作”。中国计算机用户协会的重点工作已经转变为“团体标准”，现在需要我们站在统一大市场的高度，把集约化的电子政务建设和运维、把分散的部门业务系统用团体标准再进行反思、研究。2021年，中国计算机用户协会和国家信息中心一起，把运行于全国政务外网上的政务服务接口用团体标准进行了梳理规范，制定出一套团体标准。目前反映良好，主要的服务接口厂商和用户都已获悉。不过受疫情限制，目前该团体标准难以开展大规模的应用宣传。在新型冠状病毒肺炎疫情期间，大数据的作用得以突显。在疫情之前的政府信息化进程中，“大数据”还只是理念。但是刚刚过去的两年，“大数据”特别是“疫情大数据”，已经成熟应用。相信用不了多久，全国统一的健康码、统一的交通证件都能实现。

新型冠状病毒肺炎疫情这两年，许多线下活动都停下来了，但线上活动的需求持续迅速增加。视频会议、手机“微政务”“微法院”等应用迅速成熟。伴随着这种情况，云服务厂商的收入上涨超过了40%。在财政对软件项目十分苛刻的同时，云服务的支出走上了快车道。电子政务发展这十年，已经快速地融入了互联网、物联网，从单纯的各部门业务的上线转变为追求便捷化办理，到国务院统筹惠民便民的大一体，到城市的智慧大脑。数字政府的政务服务体系和网络化的城市运行体系虽说刚刚起步，但中国电子政务的发展水平在联合国的排名已经大大提升。我想可能还需要5~10年，中国的数字政府和各项治理才能真正成熟应用起来，特别是在解决“以人民为中心”这个问题上。当前各类电子政务应用,仍然没有解决一线干部的键鼠操作沉重、人机协同智能化水平低等问题,人海战术仍然是主要的财政支付点并累及数字政府治理方式的现代化无法快速实现。这种现状促使我们再次感谢所有作者单位的鼎力支持,我们相约未来。

彭维民

2022年4月30日

目　录

第一篇　政策文件

第二篇 发展综述

第三篇 中央国家机关电子政务发展概况

第四篇 地方电子政务发展概况

第五篇　中央国家机关电子政务专项成果

第六篇　地方“互联网+政务服务”专项成果

第七篇　2021年度电子政务典型案例

第九篇　大事记

第一篇

政策文件

第一编

纲领文件

·法律法规·

中华人民共和国个人信息保护法[1]

（2021年8月20日第十三届全国人民代表大会常务委员会第三十次会议通过）

目　录

第一章　总　则

第一条　为了保护个人信息权益，规范个人信息处理活动，促进个人信息合理利用，根据宪法，制定本法。

第二条　自然人的个人信息受法律保护，任何组织、个人不得侵害自然人的个人信息权益。

第三条　在中华人民共和国境内处理自然人个人信息的活动，适用本法。

在中华人民共和国境外处理中华人民共和国境内自然人个人信息的活动，有下列情形之一的，也适用本法：

（一）以向境内自然人提供产品或者服务为目的；

（二）分析、评估境内自然人的行为；

[1] 来源：中国政府网 http://www.gov.cn/xinwen/2021-08/20/content_5632486.htm.

(三)法律、行政法规规定的其他情形。

第四条 个人信息是以电子或者其他方式记录的与已识别或者可识别的自然人有关的各种信息,不包括匿名化处理后的信息。

个人信息的处理包括个人信息的收集、存储、使用、加工、传输、提供、公开、删除等。

第五条 处理个人信息应当遵循合法、正当、必要和诚信原则,不得通过误导、欺诈、胁迫等方式处理个人信息。

第六条 处理个人信息应当具有明确、合理的目的,并应当与处理目的直接相关,采取对个人权益影响最小的方式。

收集个人信息,应当限于实现处理目的的最小范围,不得过度收集个人信息。

第七条 处理个人信息应当遵循公开、透明原则,公开个人信息处理规则,明示处理的目的、方式和范围。

第八条 处理个人信息应当保证个人信息的质量,避免因个人信息不准确、不完整对个人权益造成不利影响。

第九条 个人信息处理者应当对其个人信息处理活动负责,并采取必要措施保障所处理的个人信息的安全。

第十条 任何组织、个人不得非法收集、使用、加工、传输他人个人信息,不得非法买卖、提供或者公开他人个人信息;不得从事危害国家安全、公共利益的个人信息处理活动。

第十一条 国家建立健全个人信息保护制度,预防和惩治侵害个人信息权益的行为,加强个人信息保护宣传教育,推动形成政府、企业、相关社会组织、公众共同参与个人信息保护的良好环境。

第十二条 国家积极参与个人信息保护国际规则的制定,促进个人信息保护方面的国际交流与合作,推动与其他国家、地区、国际组织之间的个人信息保护规则、标准等互认。

第二章 个人信息处理规则

第一节 一般规定

第十三条 符合下列情形之一的,个人信息处理者方可处理个人信息:

(一)取得个人的同意;

(二)为订立、履行个人作为一方当事人的合同所必需,或者按照依法制定的劳动规章制度和依法签订的集体合同实施人力资源管理所必需;

(三)为履行法定职责或者法定义务所必需;

(四)为应对突发公共卫生事件,或者紧急情况下为保护自然人的生命健康和财产安全所必需;

(五)为公共利益实施新闻报道、舆论监督等行为,在合理的范围内处理个人信息;

（六）依照本法规定在合理的范围内处理个人自行公开或者其他已经合法公开的个人信息；

（七）法律、行政法规规定的其他情形。

依照本法其他有关规定，处理个人信息应当取得个人同意，但是有前款第二项至第七项规定情形的，不需取得个人同意。

第十四条　基于个人同意处理个人信息的，该同意应当由个人在充分知情的前提下自愿、明确作出。法律、行政法规规定处理个人信息应当取得个人单独同意或者书面同意的，从其规定。

个人信息的处理目的、处理方式和处理的个人信息种类发生变更的，应当重新取得个人同意。

第十五条　基于个人同意处理个人信息的，个人有权撤回其同意。个人信息处理者应当提供便捷的撤回同意的方式。

个人撤回同意，不影响撤回前基于个人同意已进行的个人信息处理活动的效力。

第十六条　个人信息处理者不得以个人不同意处理其个人信息或者撤回同意为由，拒绝提供产品或者服务；处理个人信息属于提供产品或者服务所必需的除外。

第十七条　个人信息处理者在处理个人信息前，应当以显著方式、清晰易懂的语言真实、准确、完整地向个人告知下列事项：

（一）个人信息处理者的名称或者姓名和联系方式；

（二）个人信息的处理目的、处理方式，处理的个人信息种类、保存期限；

（三）个人行使本法规定权利的方式和程序；

（四）法律、行政法规规定应当告知的其他事项。

前款规定事项发生变更的，应当将变更部分告知个人。

个人信息处理者通过制定个人信息处理规则的方式告知第一款规定事项的，处理规则应当公开，并且便于查阅和保存。

第十八条　个人信息处理者处理个人信息，有法律、行政法规规定应当保密或者不需要告知的情形的，可以不向个人告知前条第一款规定的事项。

紧急情况下为保护自然人的生命健康和财产安全无法及时向个人告知的，个人信息处理者应当在紧急情况消除后及时告知。

第十九条　除法律、行政法规另有规定外，个人信息的保存期限应当为实现处理目的所必要的最短时间。

第二十条　两个以上的个人信息处理者共同决定个人信息的处理目的和处理方式的，应当约定各自的权利和义务。但是，该约定不影响个人向其中任何一个个人信息处理者要求行使本法规定的权利。

个人信息处理者共同处理个人信息,侵害个人信息权益造成损害的,应当依法承担连带责任。

第二十一条 个人信息处理者委托处理个人信息的,应当与受托人约定委托处理的目的、期限、处理方式、个人信息的种类、保护措施以及双方的权利和义务等,并对受托人的个人信息处理活动进行监督。

受托人应当按照约定处理个人信息,不得超出约定的处理目的、处理方式等处理个人信息;委托合同不生效、无效、被撤销或者终止的,受托人应当将个人信息返还个人信息处理者或者予以删除,不得保留。

未经个人信息处理者同意,受托人不得转委托他人处理个人信息。

第二十二条 个人信息处理者因合并、分立、解散、被宣告破产等原因需要转移个人信息的,应当向个人告知接收方的名称或者姓名和联系方式。接收方应当继续履行个人信息处理者的义务。接收方变更原先的处理目的、处理方式的,应当依照本法规定重新取得个人同意。

第二十三条 个人信息处理者向其他个人信息处理者提供其处理的个人信息的,应当向个人告知接收方的名称或者姓名、联系方式、处理目的、处理方式和个人信息的种类,并取得个人的单独同意。接收方应当在上述处理目的、处理方式和个人信息的种类等范围内处理个人信息。接收方变更原先的处理目的、处理方式的,应当依照本法规定重新取得个人同意。

第二十四条 个人信息处理者利用个人信息进行自动化决策,应当保证决策的透明度和结果公平、公正,不得对个人在交易价格等交易条件上实行不合理的差别待遇。

通过自动化决策方式向个人进行信息推送、商业营销,应当同时提供不针对其个人特征的选项,或者向个人提供便捷的拒绝方式。

通过自动化决策方式作出对个人权益有重大影响的决定,个人有权要求个人信息处理者予以说明,并有权拒绝个人信息处理者仅通过自动化决策的方式作出决定。

第二十五条 个人信息处理者不得公开其处理的个人信息,取得个人单独同意的除外。

第二十六条 在公共场所安装图像采集、个人身份识别设备,应当为维护公共安全所必需,遵守国家有关规定,并设置显著的提示标识。所收集的个人图像、身份识别信息只能用于维护公共安全的目的,不得用于其他目的;取得个人单独同意的除外。

第二十七条 个人信息处理者可以在合理的范围内处理个人自行公开或者其他已经合法公开的个人信息;个人明确拒绝的除外。个人信息处理者处理已公开的个人信息,对个人权益有重大影响的,应当依照本法规定取得个人同意。

第二节 敏感个人信息的处理规则

第二十八条 敏感个人信息是一旦泄露或者非法使用,容易导致自然人的人格尊严受到侵害或者人身、财产安全受到危害的个人信息，包括生物识别、宗教信仰、特定身份、医疗健康、金融账户、行踪轨迹等信息，以及不满十四周岁未成年人的个人信息。

只有在具有特定的目的和充分的必要性，并采取严格保护措施的情形下，个人信息处理者方可处理敏感个人信息。

第二十九条　处理敏感个人信息应当取得个人的单独同意；法律、行政法规规定处理敏感个人信息应当取得书面同意的，从其规定。

第三十条　个人信息处理者处理敏感个人信息的，除本法第十七条第一款规定的事项外，还应当向个人告知处理敏感个人信息的必要性以及对个人权益的影响；依照本法规定可以不向个人告知的除外。

第三十一条　个人信息处理者处理不满十四周岁未成年人个人信息的，应当取得未成年人的父母或者其他监护人的同意。

个人信息处理者处理不满十四周岁未成年人个人信息的，应当制定专门的个人信息处理规则。

第三十二条　法律、行政法规对处理敏感个人信息规定应当取得相关行政许可或者作出其他限制的，从其规定。

第三节　国家机关处理个人信息的特别规定

第三十三条　国家机关处理个人信息的活动，适用本法；本节有特别规定的，适用本节规定。

第三十四条　国家机关为履行法定职责处理个人信息，应当依照法律、行政法规规定的权限、程序进行，不得超出履行法定职责所必需的范围和限度。

第三十五条　国家机关为履行法定职责处理个人信息，应当依照本法规定履行告知义务；有本法第十八条第一款规定的情形，或者告知将妨碍国家机关履行法定职责的除外。

第三十六条　国家机关处理的个人信息应当在中华人民共和国境内存储；确需向境外提供的，应当进行安全评估。安全评估可以要求有关部门提供支持与协助。

第三十七条　法律、法规授权的具有管理公共事务职能的组织为履行法定职责处理个人信息，适用本法关于国家机关处理个人信息的规定。

第三章　个人信息跨境提供的规则

第三十八条　个人信息处理者因业务等需要，确需向中华人民共和国境外提供个人信息的，应当具备下列条件之一：

（一）依照本法第四十条的规定通过国家网信部门组织的安全评估；

（二）按照国家网信部门的规定经专业机构进行个人信息保护认证；

（三）按照国家网信部门制定的标准合同与境外接收方订立合同，约定双方的权利和

义务;

(四)法律、行政法规或者国家网信部门规定的其他条件。

中华人民共和国缔结或者参加的国际条约、协定对向中华人民共和国境外提供个人信息的条件等有规定的,可以按照其规定执行。

个人信息处理者应当采取必要措施,保障境外接收方处理个人信息的活动达到本法规定的个人信息保护标准。

第三十九条 个人信息处理者向中华人民共和国境外提供个人信息的,应当向个人告知境外接收方的名称或者姓名、联系方式、处理目的、处理方式、个人信息的种类以及个人向境外接收方行使本法规定权利的方式和程序等事项,并取得个人的单独同意。

第四十条 关键信息基础设施运营者和处理个人信息达到国家网信部门规定数量的个人信息处理者,应当将在中华人民共和国境内收集和产生的个人信息存储在境内。确需向境外提供的,应当通过国家网信部门组织的安全评估;法律、行政法规和国家网信部门规定可以不进行安全评估的,从其规定。

第四十一条 中华人民共和国主管机关根据有关法律和中华人民共和国缔结或者参加的国际条约、协定,或者按照平等互惠原则,处理外国司法或者执法机构关于提供存储于境内个人信息的请求。非经中华人民共和国主管机关批准,个人信息处理者不得向外国司法或者执法机构提供存储于中华人民共和国境内的个人信息。

第四十二条 境外的组织、个人从事侵害中华人民共和国公民的个人信息权益,或者危害中华人民共和国国家安全、公共利益的个人信息处理活动的,国家网信部门可以将其列入限制或者禁止个人信息提供清单,予以公告,并采取限制或者禁止向其提供个人信息等措施。

第四十三条 任何国家或者地区在个人信息保护方面对中华人民共和国采取歧视性的禁止、限制或者其他类似措施的,中华人民共和国可以根据实际情况对该国家或者地区对等采取措施。

第四章 个人在个人信息处理活动中的权利

第四十四条 个人对其个人信息的处理享有知情权、决定权,有权限制或者拒绝他人对其个人信息进行处理;法律、行政法规另有规定的除外。

第四十五条 个人有权向个人信息处理者查阅、复制其个人信息;有本法第十八条第一款、第三十五条规定情形的除外。

个人请求查阅、复制其个人信息的,个人信息处理者应当及时提供。

个人请求将个人信息转移至其指定的个人信息处理者,符合国家网信部门规定条件的,个人信息处理者应当提供转移的途径。

第四十六条 个人发现其个人信息不准确或者不完整的,有权请求个人信息处理者更正、补充。

个人请求更正、补充其个人信息的，个人信息处理者应当对其个人信息予以核实，并及时更正、补充。

第四十七条　有下列情形之一的，个人信息处理者应当主动删除个人信息；个人信息处理者未删除的，个人有权请求删除：

（一）处理目的已实现、无法实现或者为实现处理目的不再必要；

（二）个人信息处理者停止提供产品或者服务，或者保存期限已届满；

（三）个人撤回同意；

（四）个人信息处理者违反法律、行政法规或者违反约定处理个人信息；

（五）法律、行政法规规定的其他情形。

法律、行政法规规定的保存期限未届满，或者删除个人信息从技术上难以实现的，个人信息处理者应当停止除存储和采取必要的安全保护措施之外的处理。

第四十八条　个人有权要求个人信息处理者对其个人信息处理规则进行解释说明。

第四十九条　自然人死亡的，其近亲属为了自身的合法、正当利益，可以对死者的相关个人信息行使本章规定的查阅、复制、更正、删除等权利；死者生前另有安排的除外。

第五十条　个人信息处理者应当建立便捷的个人行使权利的申请受理和处理机制。拒绝个人行使权利的请求的，应当说明理由。

个人信息处理者拒绝个人行使权利的请求的，个人可以依法向人民法院提起诉讼。

第五章　个人信息处理者的义务

第五十一条　个人信息处理者应当根据个人信息的处理目的、处理方式、个人信息的种类以及对个人权益的影响、可能存在的安全风险等，采取下列措施确保个人信息处理活动符合法律、行政法规的规定，并防止未经授权的访问以及个人信息泄露、篡改、丢失：

（一）制定内部管理制度和操作规程；

（二）对个人信息实行分类管理；

（三）采取相应的加密、去标识化等安全技术措施；

（四）合理确定个人信息处理的操作权限，并定期对从业人员进行安全教育和培训；

（五）制定并组织实施个人信息安全事件应急预案；

（六）法律、行政法规规定的其他措施。

第五十二条　处理个人信息达到国家网信部门规定数量的个人信息处理者应当指定个人信息保护负责人，负责对个人信息处理活动以及采取的保护措施等进行监督。

个人信息处理者应当公开个人信息保护负责人的联系方式，并将个人信息保护负责人的姓名、联系方式等报送履行个人信息保护职责的部门。

第五十三条 本法第三条第二款规定的中华人民共和国境外的个人信息处理者,应当在中华人民共和国境内设立专门机构或者指定代表,负责处理个人信息保护相关事务,并将有关机构的名称或者代表的姓名、联系方式等报送履行个人信息保护职责的部门。

第五十四条 个人信息处理者应当定期对其处理个人信息遵守法律、行政法规的情况进行合规审计。

第五十五条 有下列情形之一的,个人信息处理者应当事前进行个人信息保护影响评估,并对处理情况进行记录:

(一)处理敏感个人信息;

(二)利用个人信息进行自动化决策;

(三)委托处理个人信息、向其他个人信息处理者提供个人信息、公开个人信息;

(四)向境外提供个人信息;

(五)其他对个人权益有重大影响的个人信息处理活动。

第五十六条 个人信息保护影响评估应当包括下列内容:

(一)个人信息的处理目的、处理方式等是否合法、正当、必要;

(二)对个人权益的影响及安全风险;

(三)所采取的保护措施是否合法、有效并与风险程度相适应。

个人信息保护影响评估报告和处理情况记录应当至少保存三年。

第五十七条 发生或者可能发生个人信息泄露、篡改、丢失的,个人信息处理者应当立即采取补救措施,并通知履行个人信息保护职责的部门和个人。通知应当包括下列事项:

(一)发生或者可能发生个人信息泄露、篡改、丢失的信息种类、原因和可能造成的危害;

(二)个人信息处理者采取的补救措施和个人可以采取的减轻危害的措施;

(三)个人信息处理者的联系方式。

个人信息处理者采取措施能够有效避免信息泄露、篡改、丢失造成危害的,个人信息处理者可以不通知个人;履行个人信息保护职责的部门认为可能造成危害的,有权要求个人信息处理者通知个人。

第五十八条 提供重要互联网平台服务、用户数量巨大、业务类型复杂的个人信息处理者,应当履行下列义务:

(一)按照国家规定建立健全个人信息保护合规制度体系,成立主要由外部成员组成的独立机构对个人信息保护情况进行监督;

(二)遵循公开、公平、公正的原则,制定平台规则,明确平台内产品或者服务提供者处理个人信息的规范和保护个人信息的义务;

(三)对严重违反法律、行政法规处理个人信息的平台内的产品或者服务提供者,停止提供服务；

（四）定期发布个人信息保护社会责任报告，接受社会监督。

第五十九条 接受委托处理个人信息的受托人，应当依照本法和有关法律、行政法规的规定，采取必要措施保障所处理的个人信息的安全，并协助个人信息处理者履行本法规定的义务。

第六章 履行个人信息保护职责的部门

第六十条 国家网信部门负责统筹协调个人信息保护工作和相关监督管理工作。国务院有关部门依照本法和有关法律、行政法规的规定，在各自职责范围内负责个人信息保护和监督管理工作。

县级以上地方人民政府有关部门的个人信息保护和监督管理职责，按照国家有关规定确定。

前两款规定的部门统称为履行个人信息保护职责的部门。

第六十一条 履行个人信息保护职责的部门履行下列个人信息保护职责：

（一）开展个人信息保护宣传教育，指导、监督个人信息处理者开展个人信息保护工作；

（二）接受、处理与个人信息保护有关的投诉、举报；

（三）组织对应用程序等个人信息保护情况进行测评，并公布测评结果；

（四）调查、处理违法个人信息处理活动；

（五）法律、行政法规规定的其他职责。

第六十二条 国家网信部门统筹协调有关部门依据本法推进下列个人信息保护工作：

（一）制定个人信息保护具体规则、标准；

（二）针对小型个人信息处理者、处理敏感个人信息以及人脸识别、人工智能等新技术、新应用，制定专门的个人信息保护规则、标准；

（三）支持研究开发和推广应用安全、方便的电子身份认证技术，推进网络身份认证公共服务建设；

（四）推进个人信息保护社会化服务体系建设，支持有关机构开展个人信息保护评估、认证服务；

（五）完善个人信息保护投诉、举报工作机制。

第六十三条 履行个人信息保护职责的部门履行个人信息保护职责，可以采取下列措施：

（一）询问有关当事人，调查与个人信息处理活动有关的情况；

（二）查阅、复制当事人与个人信息处理活动有关的合同、记录、账簿以及其他有关资料；

（三）实施现场检查，对涉嫌违法的个人信息处理活动进行调查；

(四)检查与个人信息处理活动有关的设备、物品;对有证据证明是用于违法个人信息处理活动的设备、物品,向本部门主要负责人书面报告并经批准,可以查封或者扣押。

履行个人信息保护职责的部门依法履行职责,当事人应当予以协助、配合,不得拒绝、阻挠。

第六十四条 履行个人信息保护职责的部门在履行职责中,发现个人信息处理活动存在较大风险或者发生个人信息安全事件的,可以按照规定的权限和程序对该个人信息处理者的法定代表人或者主要负责人进行约谈,或者要求个人信息处理者委托专业机构对其个人信息处理活动进行合规审计。个人信息处理者应当按照要求采取措施,进行整改,消除隐患。

履行个人信息保护职责的部门在履行职责中,发现违法处理个人信息涉嫌犯罪的,应当及时移送公安机关依法处理。

第六十五条 任何组织、个人有权对违法个人信息处理活动向履行个人信息保护职责的部门进行投诉、举报。收到投诉、举报的部门应当依法及时处理,并将处理结果告知投诉、举报人。

履行个人信息保护职责的部门应当公布接受投诉、举报的联系方式。

第七章 法律责任

第六十六条 违反本法规定处理个人信息,或者处理个人信息未履行本法规定的个人信息保护义务的,由履行个人信息保护职责的部门责令改正,给予警告,没收违法所得,对违法处理个人信息的应用程序,责令暂停或者终止提供服务;拒不改正的,并处一百万元以下罚款;对直接负责的主管人员和其他直接责任人员处一万元以上十万元以下罚款。

有前款规定的违法行为,情节严重的,由省级以上履行个人信息保护职责的部门责令改正,没收违法所得,并处五千万元以下或者上一年度营业额百分之五以下罚款,并可以责令暂停相关业务或者停业整顿、通报有关主管部门吊销相关业务许可或者吊销营业执照;对直接负责的主管人员和其他直接责任人员处十万元以上一百万元以下罚款,并可以决定禁止其在一定期限内担任相关企业的董事、监事、高级管理人员和个人信息保护负责人。

第六十七条 有本法规定的违法行为的,依照有关法律、行政法规的规定记入信用档案,并予以公示。

第六十八条 国家机关不履行本法规定的个人信息保护义务的,由其上级机关或者履行个人信息保护职责的部门责令改正;对直接负责的主管人员和其他直接责任人员依法给予处分。

履行个人信息保护职责的部门的工作人员玩忽职守、滥用职权、徇私舞弊,尚不构成犯罪的,依法给予处分。

第六十九条 处理个人信息侵害个人信息权益造成损害,个人信息处理者不能证明自己没有过错的，应当承担损害赔偿等侵权责任。

前款规定的损害赔偿责任按照个人因此受到的损失或者个人信息处理者因此获得的利益确定；个人因此受到的损失和个人信息处理者因此获得的利益难以确定的，根据实际情况确定赔偿数额。

第七十条　个人信息处理者违反本法规定处理个人信息，侵害众多个人的权益的，人民检察院、法律规定的消费者组织和由国家网信部门确定的组织可以依法向人民法院提起诉讼。

第七十一条　违反本法规定，构成违反治安管理行为的，依法给予治安管理处罚；构成犯罪的，依法追究刑事责任。

第八章　附　则

第七十二条　自然人因个人或者家庭事务处理个人信息的，不适用本法。

法律对各级人民政府及其有关部门组织实施的统计、档案管理活动中的个人信息处理有规定的，适用其规定。

第七十三条　本法下列用语的含义：

（一）个人信息处理者，是指在个人信息处理活动中自主决定处理目的、处理方式的组织、个人。

（二）自动化决策，是指通过计算机程序自动分析、评估个人的行为习惯、兴趣爱好或者经济、健康、信用状况等，并进行决策的活动。

（三）去标识化，是指个人信息经过处理，使其在不借助额外信息的情况下无法识别特定自然人的过程。

（四）匿名化，是指个人信息经过处理无法识别特定自然人且不能复原的过程。

第七十四条　本法自2021年11月1日起施行。

中华人民共和国数据安全法[1]

(2021年6月10日第十三届全国人民代表大会常务委员会第二十九次会议通过)

目　录

第一章　总　则

第一条　为了规范数据处理活动,保障数据安全,促进数据开发利用,保护个人、组织的合法权益,维护国家主权、安全和发展利益,制定本法。

第二条　在中华人民共和国境内开展数据处理活动及其安全监管,适用本法。

在中华人民共和国境外开展数据处理活动,损害中华人民共和国国家安全、公共利益或者公民、组织合法权益的,依法追究法律责任。

第三条　本法所称数据,是指任何以电子或者其他方式对信息的记录。

数据处理,包括数据的收集、存储、使用、加工、传输、提供、公开等。

数据安全,是指通过采取必要措施,确保数据处于有效保护和合法利用的状态,以及具备保障持续安全状态的能力。

第四条　维护数据安全,应当坚持总体国家安全观,建立健全数据安全治理体系,提高数据安全保障能力。

第五条　中央国家安全领导机构负责国家数据安全工作的决策和议事协调,研究制定、指导实施国家数据安全战略和有关重大方针政策,统筹协调国家数据安全的重大事项和重要工作,建立国家数据安全工作协调机制。

第六条　各地区、各部门对本地区、本部门工作中收集和产生的数据及数据安全负责。

工业、电信、交通、金融、自然资源、卫生健康、教育、科技等主管部门承担本行业、本领域

---

[1] 来源:中国政府网 http://www.gov.cn/xinwen/2021-06/11/content_5616919.htm.

数据安全监管职责。

公安机关、国家安全机关等依照本法和有关法律、行政法规的规定，在各自职责范围内承担数据安全监管职责。

国家网信部门依照本法和有关法律、行政法规的规定，负责统筹协调网络数据安全和相关监管工作。

第七条　国家保护个人、组织与数据有关的权益，鼓励数据依法合理有效利用，保障数据依法有序自由流动，促进以数据为关键要素的数字经济发展。

第八条　开展数据处理活动，应当遵守法律、法规，尊重社会公德和伦理，遵守商业道德和职业道德，诚实守信，履行数据安全保护义务，承担社会责任，不得危害国家安全、公共利益，不得损害个人、组织的合法权益。

第九条　国家支持开展数据安全知识宣传普及，提高全社会的数据安全保护意识和水平，推动有关部门、行业组织、科研机构、企业、个人等共同参与数据安全保护工作，形成全社会共同维护数据安全和促进发展的良好环境。

第十条　相关行业组织按照章程，依法制定数据安全行为规范和团体标准，加强行业自律，指导会员加强数据安全保护，提高数据安全保护水平，促进行业健康发展。

第十一条　国家积极开展数据安全治理、数据开发利用等领域的国际交流与合作，参与数据安全相关国际规则和标准的制定，促进数据跨境安全、自由流动。

第十二条　任何个人、组织都有权对违反本法规定的行为向有关主管部门投诉、举报。收到投诉、举报的部门应当及时依法处理。

有关主管部门应当对投诉、举报人的相关信息予以保密，保护投诉、举报人的合法权益。

第二章　数据安全与发展

第十三条　国家统筹发展和安全，坚持以数据开发利用和产业发展促进数据安全，以数据安全保障数据开发利用和产业发展。

第十四条　国家实施大数据战略，推进数据基础设施建设，鼓励和支持数据在各行业、各领域的创新应用。

省级以上人民政府应当将数字经济发展纳入本级国民经济和社会发展规划，并根据需要制定数字经济发展规划。

第十五条　国家支持开发利用数据提升公共服务的智能化水平。提供智能化公共服务，应当充分考虑老年人、残疾人的需求，避免对老年人、残疾人的日常生活造成障碍。

第十六条　国家支持数据开发利用和数据安全技术研究，鼓励数据开发利用和数据安全等领域的技术推广和商业创新，培育、发展数据开发利用和数据安全产品、产业体系。

第十七条　国家推进数据开发利用技术和数据安全标准体系建设。国务院标准化行政主管部门和国务院有关部门根据各自的职责,组织制定并适时修订有关数据开发利用技术、产品和数据安全相关标准。国家支持企业、社会团体和教育、科研机构等参与标准制定。

第十八条　国家促进数据安全检测评估、认证等服务的发展,支持数据安全检测评估、认证等专业机构依法开展服务活动。

国家支持有关部门、行业组织、企业、教育和科研机构、有关专业机构等在数据安全风险评估、防范、处置等方面开展协作。

第十九条　国家建立健全数据交易管理制度,规范数据交易行为,培育数据交易市场。

第二十条　国家支持教育、科研机构和企业等开展数据开发利用技术和数据安全相关教育和培训,采取多种方式培养数据开发利用技术和数据安全专业人才,促进人才交流。

第三章　数据安全制度

第二十一条　国家建立数据分类分级保护制度,根据数据在经济社会发展中的重要程度,以及一旦遭到篡改、破坏、泄露或者非法获取、非法利用,对国家安全、公共利益或者个人、组织合法权益造成的危害程度,对数据实行分类分级保护。国家数据安全工作协调机制统筹协调有关部门制定重要数据目录,加强对重要数据的保护。

关系国家安全、国民经济命脉、重要民生、重大公共利益等数据属于国家核心数据,实行更加严格的管理制度。

各地区、各部门应当按照数据分类分级保护制度,确定本地区、本部门以及相关行业、领域的重要数据具体目录,对列入目录的数据进行重点保护。

第二十二条　国家建立集中统一、高效权威的数据安全风险评估、报告、信息共享、监测预警机制。国家数据安全工作协调机制统筹协调有关部门加强数据安全风险信息的获取、分析、研判、预警工作。

第二十三条　国家建立数据安全应急处置机制。发生数据安全事件,有关主管部门应当依法启动应急预案,采取相应的应急处置措施,防止危害扩大,消除安全隐患,并及时向社会发布与公众有关的警示信息。

第二十四条　国家建立数据安全审查制度,对影响或者可能影响国家安全的数据处理活动进行国家安全审查。

依法作出的安全审查决定为最终决定。

第二十五条　国家对与维护国家安全和利益、履行国际义务相关的属于管制物项的数据依法实施出口管制。

第二十六条　任何国家或者地区在与数据和数据开发利用技术等有关的投资、贸易等方面对中华人民共和国采取歧视性的禁止、限制或者其他类似措施的,中华人民共和国可以根据实际情况对该国家或者地区对等采取措施。

第四章　数据安全保护义务

第二十七条　开展数据处理活动应当依照法律、法规的规定，建立健全全流程数据安全管理制度，组织开展数据安全教育培训，采取相应的技术措施和其他必要措施，保障数据安全。利用互联网等信息网络开展数据处理活动，应当在网络安全等级保护制度的基础上，履行上述数据安全保护义务。

重要数据的处理者应当明确数据安全负责人和管理机构，落实数据安全保护责任。

第二十八条　开展数据处理活动以及研究开发数据新技术，应当有利于促进经济社会发展，增进人民福祉，符合社会公德和伦理。

第二十九条　开展数据处理活动应当加强风险监测，发现数据安全缺陷、漏洞等风险时，应当立即采取补救措施；发生数据安全事件时，应当立即采取处置措施，按照规定及时告知用户并向有关主管部门报告。

第三十条　重要数据的处理者应当按照规定对其数据处理活动定期开展风险评估，并向有关主管部门报送风险评估报告。

风险评估报告应当包括处理的重要数据的种类、数量，开展数据处理活动的情况，面临的数据安全风险及其应对措施等。

第三十一条　关键信息基础设施的运营者在中华人民共和国境内运营中收集和产生的重要数据的出境安全管理，适用《中华人民共和国网络安全法》的规定；其他数据处理者在中华人民共和国境内运营中收集和产生的重要数据的出境安全管理办法，由国家网信部门会同国务院有关部门制定。

第三十二条　任何组织、个人收集数据，应当采取合法、正当的方式，不得窃取或者以其他非法方式获取数据。

法律、行政法规对收集、使用数据的目的、范围有规定的，应当在法律、行政法规规定的目的和范围内收集、使用数据。

第三十三条　从事数据交易中介服务的机构提供服务，应当要求数据提供方说明数据来源，审核交易双方的身份，并留存审核、交易记录。

第三十四条　法律、行政法规规定提供数据处理相关服务应当取得行政许可的，服务提供者应当依法取得许可。

第三十五条　公安机关、国家安全机关因依法维护国家安全或者侦查犯罪的需要调取数据，应当按照国家有关规定，经过严格的批准手续，依法进行，有关组织、个人应当予以配合。

第三十六条　中华人民共和国主管机关根据有关法律和中华人民共和国缔结或者参加的国际条约、协定，或者按照平等互惠原则，处理外国司法或者执法机构关于提供数据的请求。非经中华人民共和国主管机关批准，境内的组织、个人不得向外国司法或者执法机构提供存储于中华人民共和国境内的数据。

第五章　政务数据安全与开放

第三十七条　国家大力推进电子政务建设，提高政务数据的科学性、准确性、时效性，提升运用数据服务经济社会发展的能力。

第三十八条　国家机关为履行法定职责的需要收集、使用数据，应当在其履行法定职责的范围内依照法律、行政法规规定的条件和程序进行；对在履行职责中知悉的个人隐私、个人信息、商业秘密、保密商务信息等数据应当依法予以保密，不得泄露或者非法向他人提供。

第三十九条　国家机关应当依照法律、行政法规的规定，建立健全数据安全管理制度，落实数据安全保护责任，保障政务数据安全。

第四十条　国家机关委托他人建设、维护电子政务系统，存储、加工政务数据，应当经过严格的批准程序，并应当监督受托方履行相应的数据安全保护义务。受托方应当依照法律、法规的规定和合同约定履行数据安全保护义务，不得擅自留存、使用、泄露或者向他人提供政务数据。

第四十一条　国家机关应当遵循公正、公平、便民的原则，按照规定及时、准确地公开政务数据。依法不予公开的除外。

第四十二条　国家制定政务数据开放目录，构建统一规范、互联互通、安全可控的政务数据开放平台，推动政务数据开放利用。

第四十三条　法律、法规授权的具有管理公共事务职能的组织为履行法定职责开展数据处理活动，适用本章规定。

第六章　法律责任

第四十四条　有关主管部门在履行数据安全监管职责中，发现数据处理活动存在较大安全风险的，可以按照规定的权限和程序对有关组织、个人进行约谈，并要求有关组织、个人采取措施进行整改，消除隐患。

第四十五条　开展数据处理活动的组织、个人不履行本法第二十七条、第二十九条、第三十条规定的数据安全保护义务的，由有关主管部门责令改正，给予警告，可以并处五万元以上五十万元以下罚款，对直接负责的主管人员和其他直接责任人员可以处一万元以上十万元以下罚款；拒不改正或者造成大量数据泄露等严重后果的，处五十万元以上二百万元以下罚款，并可以责令暂停相关业务、停业整顿、吊销相关业务许可证或者吊销营业执照，对直接负责的主管人员和其他直接责任人员处五万元以上二十万元以下罚款。

违反国家核心数据管理制度，危害国家主权、安全和发展利益的，由有关主管部门处二百万元以上一千万元以下罚款，并根据情况责令暂停相关业务、停业整顿、吊销相关业务许可证或者吊销营业执照；构成犯罪的，依法追究刑事责任。

第四十六条　违反本法第三十一条规定，向境外提供重要数据的，由有关主管部门责令改正，给予警告，可以并处十万元以上一百万元以下罚款，对直接负责的主管人员和其他直接责任人员可以处一万元以上十万元以下罚款；情节严重的，处一百万元以上一千万元以下罚款，并可以责令暂停相关业务、停业整顿、吊销相关业务许可证或者吊销营业执照，对直接负责的主管人员和其他直接责任人员处十万元以上一百万元以下罚款。

第四十七条　从事数据交易中介服务的机构未履行本法第三十三条规定的义务的，由有关主管部门责令改正，没收违法所得，处违法所得一倍以上十倍以下罚款，没有违法所得或者违法所得不足十万元的，处十万元以上一百万元以下罚款，并可以责令暂停相关业务、停业整顿、吊销相关业务许可证或者吊销营业执照；对直接负责的主管人员和其他直接责任人员处一万元以上十万元以下罚款。

第四十八条　违反本法第三十五条规定，拒不配合数据调取的，由有关主管部门责令改正，给予警告，并处五万元以上五十万元以下罚款，对直接负责的主管人员和其他直接责任人员处一万元以上十万元以下罚款。

违反本法第三十六条规定，未经主管机关批准向外国司法或者执法机构提供数据的，由有关主管部门给予警告，可以并处十万元以上一百万元以下罚款，对直接负责的主管人员和其他直接责任人员可以处一万元以上十万元以下罚款；造成严重后果的，处一百万元以上五百万元以下罚款，并可以责令暂停相关业务、停业整顿、吊销相关业务许可证或者吊销营业执照，对直接负责的主管人员和其他直接责任人员处五万元以上五十万元以下罚款。

第四十九条　国家机关不履行本法规定的数据安全保护义务的，对直接负责的主管人员和其他直接责任人员依法给予处分。

第五十条　履行数据安全监管职责的国家工作人员玩忽职守、滥用职权、徇私舞弊的，依法给予处分。

第五十一条　窃取或者以其他非法方式获取数据，开展数据处理活动排除、限制竞争，或者损害个人、组织合法权益的，依照有关法律、行政法规的规定处罚。

第五十二条　违反本法规定，给他人造成损害的，依法承担民事责任。

违反本法规定，构成违反治安管理行为的，依法给予治安管理处罚；构成犯罪的，依法追究刑事责任。

第七章　附　则

第五十三条　开展涉及国家秘密的数据处理活动，适用《中华人民共和国保守国家秘密法》等法律、行政法规的规定。

在统计、档案工作中开展数据处理活动,开展涉及个人信息的数据处理活动,还应当遵守有关法律、行政法规的规定。

第五十四条 军事数据安全保护的办法,由中央军事委员会依据本法另行制定。

第五十五条 本法自2021年9月1日起施行。

关键信息基础设施安全保护条例[1]

（2021年4月27日国务院第133次常务会议通过2021年7月30日中华人民共和国国务院令第745号公布自2021年9月1日起施行）

第一章　总　则

第一条　为了保障关键信息基础设施安全，维护网络安全，根据《中华人民共和国网络安全法》，制定本条例。

第二条　本条例所称关键信息基础设施，是指公共通信和信息服务、能源、交通、水利、金融、公共服务、电子政务、国防科技工业等重要行业和领域的，以及其他一旦遭到破坏、丧失功能或者数据泄露，可能严重危害国家安全、国计民生、公共利益的重要网络设施、信息系统等。

第三条　在国家网信部门统筹协调下，国务院公安部门负责指导监督关键信息基础设施安全保护工作。国务院电信主管部门和其他有关部门依照本条例和有关法律、行政法规的规定，在各自职责范围内负责关键信息基础设施安全保护和监督管理工作。

省级人民政府有关部门依据各自职责对关键信息基础设施实施安全保护和监督管理。

第四条　关键信息基础设施安全保护坚持综合协调、分工负责、依法保护，强化和落实关键信息基础设施运营者（以下简称运营者）主体责任，充分发挥政府及社会各方面的作用，共同保护关键信息基础设施安全。

第五条　国家对关键信息基础设施实行重点保护，采取措施，监测、防御、处置来源于中华人民共和国境内外的网络安全风险和威胁，保护关键信息基础设施免受攻击、侵入、干扰和破坏，依法惩治危害关键信息基础设施安全的违法犯罪活动。

任何个人和组织不得实施非法侵入、干扰、破坏关键信息基础设施的活动，不得危害关键信息基础设施安全。

第六条　运营者依照本条例和有关法律、行政法规的规定以及国家标准的强制性要求，在网络安全等级保护的基础上，采取技术保护措施和其他必要措施，应对网络安全事件，防范网络攻击和违法犯罪活动，保障关键信息基础设施安全稳定运行，维护数据的完整性、保密性和可用性。

第七条　对在关键信息基础设施安全保护工作中取得显著成绩或者作出突出贡献的单位和个人，按照国家有关规定给予表彰。

---

[1] 来源：中国政府网 http://www.gov.cn/zhengce/zhengceku/2022-01/04/content_5666430.htm.

第二章　关键信息基础设施认定

第八条　本条例第二条涉及的重要行业和领域的主管部门、监督管理部门是负责关键信息基础设施安全保护工作的部门(以下简称保护工作部门)。

第九条　保护工作部门结合本行业、本领域实际,制定关键信息基础设施认定规则,并报国务院公安部门备案。

制定认定规则应当主要考虑下列因素:

(一)网络设施、信息系统等对于本行业、本领域关键核心业务的重要程度;

(二)网络设施、信息系统等一旦遭到破坏、丧失功能或者数据泄露可能带来的危害程度;

(三)对其他行业和领域的关联性影响。

第十条　保护工作部门根据认定规则负责组织认定本行业、本领域的关键信息基础设施,及时将认定结果通知运营者,并通报国务院公安部门。

第十一条　关键信息基础设施发生较大变化,可能影响其认定结果的,运营者应当及时将相关情况报告保护工作部门。保护工作部门自收到报告之日起3个月内完成重新认定,将认定结果通知运营者,并通报国务院公安部门。

第三章　运营者责任义务

第十二条　安全保护措施应当与关键信息基础设施同步规划、同步建设、同步使用。

第十三条　运营者应当建立健全网络安全保护制度和责任制,保障人力、财力、物力投入。运营者的主要负责人对关键信息基础设施安全保护负总责,领导关键信息基础设施安全保护和重大网络安全事件处置工作,组织研究解决重大网络安全问题。

第十四条　运营者应当设置专门安全管理机构,并对专门安全管理机构负责人和关键岗位人员进行安全背景审查。审查时,公安机关、国家安全机关应当予以协助。

第十五条　专门安全管理机构具体负责本单位的关键信息基础设施安全保护工作,履行下列职责:

(一)建立健全网络安全管理、评价考核制度,拟订关键信息基础设施安全保护计划;

(二)组织推动网络安全防护能力建设,开展网络安全监测、检测和风险评估;

(三)按照国家及行业网络安全事件应急预案,制定本单位应急预案,定期开展应急演练,处置网络安全事件;

(四)认定网络安全关键岗位,组织开展网络安全工作考核,提出奖励和惩处建议;

(五)组织网络安全教育、培训;

(六)履行个人信息和数据安全保护责任,建立健全个人信息和数据安全保护制度;

(七)对关键信息基础设施设计、建设、运行、维护等服务实施安全管理;

(八)按照规定报告网络安全事件和重要事项。

第十六条　运营者应当保障专门安全管理机构的运行经费、配备相应的人员，开展与网络安全和信息化有关的决策应当有专门安全管理机构人员参与。

第十七条　运营者应当自行或者委托网络安全服务机构对关键信息基础设施每年至少进行一次网络安全检测和风险评估，对发现的安全问题及时整改，并按照保护工作部门要求报送情况。

第十八条　关键信息基础设施发生重大网络安全事件或者发现重大网络安全威胁时，运营者应当按照有关规定向保护工作部门、公安机关报告。

发生关键信息基础设施整体中断运行或者主要功能故障、国家基础信息以及其他重要数据泄露、较大规模个人信息泄露、造成较大经济损失、违法信息较大范围传播等特别重大网络安全事件或者发现特别重大网络安全威胁时，保护工作部门应当在收到报告后，及时向国家网信部门、国务院公安部门报告。

第十九条　运营者应当优先采购安全可信的网络产品和服务；采购网络产品和服务可能影响国家安全的，应当按照国家网络安全规定通过安全审查。

第二十条　运营者采购网络产品和服务，应当按照国家有关规定与网络产品和服务提供者签订安全保密协议，明确提供者的技术支持和安全保密义务与责任，并对义务与责任履行情况进行监督。

第二十一条　运营者发生合并、分立、解散等情况，应当及时报告保护工作部门，并按照保护工作部门的要求对关键信息基础设施进行处置，确保安全。

第四章　保障和促进

第二十二条　保护工作部门应当制定本行业、本领域关键信息基础设施安全规划，明确保护目标、基本要求、工作任务、具体措施。

第二十三条　国家网信部门统筹协调有关部门建立网络安全信息共享机制，及时汇总、研判、共享、发布网络安全威胁、漏洞、事件等信息，促进有关部门、保护工作部门、运营者以及网络安全服务机构等之间的网络安全信息共享。

第二十四条　保护工作部门应当建立健全本行业、本领域的关键信息基础设施网络安全监测预警制度，及时掌握本行业、本领域关键信息基础设施运行状况、安全态势，预警通报网络安全威胁和隐患，指导做好安全防范工作。

第二十五条　保护工作部门应当按照国家网络安全事件应急预案的要求，建立健全本行业、本领域的网络安全事件应急预案，定期组织应急演练；指导运营者做好网络安全事件应对处置，并根据需要组织提供技术支持与协助。

第二十六条　保护工作部门应当定期组织开展本行业、本领域关键信息基础设施网络安全检查检测，指导监督运营者及时整改安全隐患、完善安全措施。

第二十七条 国家网信部门统筹协调国务院公安部门、保护工作部门对关键信息基础设施进行网络安全检查检测，提出改进措施。

有关部门在开展关键信息基础设施网络安全检查时，应当加强协同配合、信息沟通，避免不必要的检查和交叉重复检查。检查工作不得收取费用，不得要求被检查单位购买指定品牌或者指定生产、销售单位的产品和服务。

第二十八条 运营者对保护工作部门开展的关键信息基础设施网络安全检查检测工作，以及公安、国家安全、保密行政管理、密码管理等有关部门依法开展的关键信息基础设施网络安全检查工作应当予以配合。

第二十九条 在关键信息基础设施安全保护工作中，国家网信部门和国务院电信主管部门、国务院公安部门等应当根据保护工作部门的需要，及时提供技术支持和协助。

第三十条 网信部门、公安机关、保护工作部门等有关部门，网络安全服务机构及其工作人员对于在关键信息基础设施安全保护工作中获取的信息，只能用于维护网络安全，并严格按照有关法律、行政法规的要求确保信息安全，不得泄露、出售或者非法向他人提供。

第三十一条 未经国家网信部门、国务院公安部门批准或者保护工作部门、运营者授权，任何个人和组织不得对关键信息基础设施实施漏洞探测、渗透性测试等可能影响或者危害关键信息基础设施安全的活动。对基础电信网络实施漏洞探测、渗透性测试等活动，应当事先向国务院电信主管部门报告。

第三十二条 国家采取措施，优先保障能源、电信等关键信息基础设施安全运行。

能源、电信行业应当采取措施，为其他行业和领域的关键信息基础设施安全运行提供重点保障。

第三十三条 公安机关、国家安全机关依据各自职责依法加强关键信息基础设施安全保卫，防范打击针对和利用关键信息基础设施实施的违法犯罪活动。

第三十四条 国家制定和完善关键信息基础设施安全标准，指导、规范关键信息基础设施安全保护工作。

第三十五条 国家采取措施，鼓励网络安全专门人才从事关键信息基础设施安全保护工作；将运营者安全管理人员、安全技术人员培训纳入国家继续教育体系。

第三十六条 国家支持关键信息基础设施安全防护技术创新和产业发展，组织力量实施关键信息基础设施安全技术攻关。

第三十七条 国家加强网络安全服务机构建设和管理，制定管理要求并加强监督指导，不断提升服务机构能力水平，充分发挥其在关键信息基础设施安全保护中的作用。

第三十八条 国家加强网络安全军民融合，军地协同保护关键信息基础设施安全。

第五章　法律责任

第三十九条　运营者有下列情形之一的，由有关主管部门依据职责责令改正，给予警告；拒不改正或者导致危害网络安全等后果的，处10万元以上100万元以下罚款，对直接负责的主管人员处1万元以上10万元以下罚款：

（一）在关键信息基础设施发生较大变化，可能影响其认定结果时未及时将相关情况报告保护工作部门的；

（二）安全保护措施未与关键信息基础设施同步规划、同步建设、同步使用的；

（三）未建立健全网络安全保护制度和责任制的；

（四）未设置专门安全管理机构的；

（五）未对专门安全管理机构负责人和关键岗位人员进行安全背景审查的；

（六）开展与网络安全和信息化有关的决策没有专门安全管理机构人员参与的；

（七）专门安全管理机构未履行本条例第十五条规定的职责的；

（八）未对关键信息基础设施每年至少进行一次网络安全检测和风险评估，未对发现的安全问题及时整改，或者未按照保护工作部门要求报送情况的；

（九）采购网络产品和服务，未按照国家有关规定与网络产品和服务提供者签订安全保密协议的；

（十）发生合并、分立、解散等情况，未及时报告保护工作部门，或者未按照保护工作部门的要求对关键信息基础设施进行处置的。

第四十条　运营者在关键信息基础设施发生重大网络安全事件或者发现重大网络安全威胁时，未按照有关规定向保护工作部门、公安机关报告的，由保护工作部门、公安机关依据职责责令改正，给予警告；拒不改正或者导致危害网络安全等后果的，处10万元以上100万元以下罚款，对直接负责的主管人员处1万元以上10万元以下罚款。

第四十一条　运营者采购可能影响国家安全的网络产品和服务，未按照国家网络安全规定进行安全审查的，由国家网信部门等有关主管部门依据职责责令改正，处采购金额1倍以上10倍以下罚款，对直接负责的主管人员和其他直接责任人员处1万元以上10万元以下罚款。

第四十二条　运营者对保护工作部门开展的关键信息基础设施网络安全检查检测工作，以及公安、国家安全、保密行政管理、密码管理等有关部门依法开展的关键信息基础设施网络安全检查工作不予配合的，由有关主管部门责令改正；拒不改正的，处5万元以上50万元以下罚款，对直接负责的主管人员和其他直接责任人员处1万元以上10万元以下罚款；情节严重的，依法追究相应法律责任。

第四十三条　实施非法侵入、干扰、破坏关键信息基础设施，危害其安全的活动尚不构成犯罪的,依照《中华人民共和国网络安全法》有关规定,由公安机关没收违法所得,处5日以下拘留,可以并处5万元以上50万元以下罚款;情节较重的,处5日以上15日以下拘留,可以并处10万元以上100万元以下罚款。

单位有前款行为的,由公安机关没收违法所得,处10万元以上100万元以下罚款,并对直接负责的主管人员和其他直接责任人员依照前款规定处罚。

违反本条例第五条第二款和第三十一条规定,受到治安管理处罚的人员,5年内不得从事网络安全管理和网络运营关键岗位的工作;受到刑事处罚的人员,终身不得从事网络安全管理和网络运营关键岗位的工作。

第四十四条 网信部门、公安机关、保护工作部门和其他有关部门及其工作人员未履行关键信息基础设施安全保护和监督管理职责或者玩忽职守、滥用职权、徇私舞弊的,依法对直接负责的主管人员和其他直接责任人员给予处分。

第四十五条 公安机关、保护工作部门和其他有关部门在开展关键信息基础设施网络安全检查工作中收取费用,或者要求被检查单位购买指定品牌或者指定生产、销售单位的产品和服务的,由其上级机关责令改正,退还收取的费用;情节严重的,依法对直接负责的主管人员和其他直接责任人员给予处分。

第四十六条 网信部门、公安机关、保护工作部门等有关部门、网络安全服务机构及其工作人员将在关键信息基础设施安全保护工作中获取的信息用于其他用途,或者泄露、出售、非法向他人提供的,依法对直接负责的主管人员和其他直接责任人员给予处分。

第四十七条 关键信息基础设施发生重大和特别重大网络安全事件,经调查确定为责任事故的,除应当查明运营者责任并依法予以追究外,还应查明相关网络安全服务机构及有关部门的责任,对有失职、渎职及其他违法行为的,依法追究责任。

第四十八条 电子政务关键信息基础设施的运营者不履行本条例规定的网络安全保护义务的,依照《中华人民共和国网络安全法》有关规定予以处理。

第四十九条 违反本条例规定,给他人造成损害的,依法承担民事责任。

违反本条例规定,构成违反治安管理行为的,依法给予治安管理处罚;构成犯罪的,依法追究刑事责任。

第六章 附 则

第五十条 存储、处理涉及国家秘密信息的关键信息基础设施的安全保护,还应当遵守保密法律、行政法规的规定。

关键信息基础设施中的密码使用和管理,还应当遵守相关法律、行政法规的规定。

第五十一条 本条例自2021年9月1日起施行。

·国务院·

国务院办公厅关于服务“六稳”“六保”进一步做好“放管服”改革有关工作的意见[1]

国办发〔2021〕10号

各省、自治区、直辖市人民政府，国务院各部委、各直属机构：

深化“放管服”改革，打造市场化法治化国际化营商环境，是做好“六稳”工作、落实“六保”任务的重要抓手。近年来，“放管服”改革深入推进，有效激发了市场主体活力和社会创造力，但仍然存在一些企业和群众关注度高、反映强烈的突出问题亟待解决。为进一步深化“放管服”改革，切实做好“六稳”“六保”工作，推动高质量发展，经国务院同意，现提出以下意见。

一、总体要求

（一）指导思想

以习近平新时代中国特色社会主义思想为指导，全面贯彻党的十九大和十九届二中、三中、四中、五中全会精神，认真落实党中央、国务院决策部署，立足新发展阶段、贯彻新发展理念、构建新发展格局，围绕“六稳”“六保”，加快转变政府职能，深化“放管服”改革，促进要素资源高效配置，切实维护公平竞争，建设国际一流营商环境，推进政府治理体系和治理能力现代化，推动经济社会持续健康发展。

（二）基本原则

坚持目标导向、综合施策。围绕稳定和扩大就业、培育市场主体、扩大有效投资、促进消费、稳外贸稳外资、保障基本民生等重点领域，以务实管用的政策和改革举措，增强企业和群众获得感。

坚持问题导向、务求实效。聚焦企业和群众办事创业的难点堵点继续“啃硬骨头”，坚持放管结合、并重，着力清理对市场主体的不合理限制，实施更加有效监管，持续优化政务服务，不断提高改革含金量。

---

[1] 来源：中国政府网 http://www.gov.cn/zhengce/content/2021-04/15/content_5599655.htm

坚持系统集成、协同推进。坚持系统观念,加强各领域“放管服”改革有机衔接、统筹推进,促进中央和地方上下联动,强化部门之间协作配合,立足全生命周期、全产业链条推进改革,完善配套政策,放大综合效应,增强发展内生动力。

二、进一步推动优化就业环境

(三)推动降低就业门槛

进一步梳理压减准入类职业资格数量,取消乡村兽医、勘察设计注册石油天然气工程师等职业资格,推进社会化职业技能等级认定,持续动态优化国家职业资格目录。合理降低或取消部分准入类职业资格考试工作年限要求。进一步规范小微电商准入,科学界定《中华人民共和国电子商务法》中“便民劳务活动”“零星小额交易活动”标准。(人力资源社会保障部、住房城乡建设部、农业农村部、市场监管总局等国务院相关部门及各地区按职责分工负责)

(四)支持提升职业技能

建立职业技能培训补贴标准动态调整机制,科学合理确定培训补贴标准。拓宽职业技能培训资金使用范围。延长以工代训政策实施期限,简化企业申请以工代训补贴材料。加强对家政、养老等行业从业人员职业技能培训,全面提升就业能力。创新开展“行校合作”,鼓励行业协会、跨企业培训中心等组织中小微企业开展学徒制培训,鼓励各地区探索开展项目制培训等多种形式培训。采取优化审批服务、探索实行告知承诺制等方式,便利各类职业培训机构设立。(人力资源社会保障部、民政部、财政部等国务院相关部门及各地区按职责分工负责)

(五)支持和规范新就业形态发展

着力推动消除制约新产业新业态发展的隐性壁垒,不断拓宽就业领域和渠道。加强对平台企业的监管和引导,促进公平有序竞争,推动平台企业依法依规完善服务协议和交易规则,合理确定收费标准,改进管理服务,支持新就业形态健康发展。落实和完善财税、金融等支持政策,发挥双创示范基地带动作用,支持高校毕业生、退役军人、返乡农民工等重点群体创业就业。完善适应灵活就业人员的社保政策措施,推动放开在就业地参加社会保险的户籍限制,加快推进职业伤害保障试点,扩大工伤保险覆盖面,维护灵活就业人员合法权益。(国家发展改革委、教育部、财政部、人力资源社会保障部、农业农村部、退役军人部、人民银行、税务总局、市场监管总局、国家医保局、银保监会等国务院相关部门及各地区按职责分工负责)

三、进一步推动减轻市场主体负担

（六）健全惠企服务机制

推广财政资金直达机制的有效做法，研究将具备条件的惠企资金纳入直达机制。优化国库退税审核程序，逐步实现智能化、自动化处理。推动实现非税收入全领域“跨省通缴”。精简享受税费优惠政策的办理流程和手续，持续扩大“自行判别、自行申报、事后监管”范围。整合财产和行为税10税纳税申报表，整合增值税、消费税及城市维护建设税等附加税费申报表。大力发展市场化征信机构，建设和完善“信易贷”平台，推动水电气、纳税、社保等信用信息归集共享，依托大数据等现代信息技术为企业精准“画像”、有效增信，提升金融、社保等惠企政策覆盖度、精准性和有效性。持续规范水电气暖等行业收费，确保政策红利传导到终端用户。推动企业建立健全合规经营制度，依法查处垄断行为，严厉打击价格串通、哄抬价格等价格违法行为。（国家发展改革委、财政部、人力资源社会保障部、国家医保局、人民银行、税务总局、市场监管总局、银保监会等国务院相关部门及各地区按职责分工负责）

（七）规范提升中介服务

从严查处行政机关为特定中介机构垄断服务设定隐性壁垒或将自身应承担的行政审批中介服务费用转嫁给企业承担等违规行为。严格规范国务院部门和地方政府设定的中介服务事项。依法降低中介服务准入门槛，破除行业壁垒，打破地方保护，引入竞争机制，促进提升中介服务质量，建立合理定价机制。加强对中介机构的监管，推动中介机构公开服务条件、流程、时限和收费标准，坚决查处乱收费、变相涨价等行为。（国务院办公厅、市场监管总局、国家发展改革委等国务院相关部门及各地区按职责分工负责）

（八）规范改进认证服务

推动认证机构转企改制、与政府部门脱钩，提高市场开放度，促进公平有序竞争。加强对认证机构的监管，督促认证机构公开收费标准，及时公布认证信息，提高服务质量。清理规范涉及认证的评价制度，推动向国家统一的认证制度转变。健全政府、行业、社会等多层面的认证采信机制，推动认证结果在不同部门、层级和地区间互认通用。（市场监管总局等国务院相关部门及各地区按职责分工负责）

（九）优化涉企审批服务

分行业分领域清理规范行政审批前置条件和审批标准，明确行政备案材料、程序，依托全国一体化政务服务平台，推动更多涉企事项网上办理，简化优化商事服务流程，大力推进减环节、减材料、减时限、减费用，降低制度性交易成本。精简优化涉及电子电器产品的管理措施，探索推行企业自检自证和产品系族管理。加快商标专利注册申请全流程电子化,分类压减商标异议、变更、转让、续展周期和专利授权公告周期,建立健全重大不良影响商标快速驳回机制,严厉打击商标恶意注册、非正常专利申请等行为。(国务院办公厅、工业和信息化部、市场监管总局、国家知识产权局等国务院相关部门及各地区按职责分工负责)

四、进一步推动扩大有效投资

(十)持续提高投资审批效率

进一步深化投资审批制度改革,简化、整合投资项目报建手续,推进实施企业投资项目承诺制,优化交通、水利、能源等领域重大投资项目审批流程。鼓励各地区推进“标准地”出让改革,科学构建“标准地”出让指标体系,简化优化工业项目供地流程,压缩供地时间,降低投资项目运行成本。推动投资项目在线审批监管平台和各相关审批系统互联互通和数据共享,避免企业重复填报、部门重复核验。(国家发展改革委、自然资源部、住房城乡建设部、交通运输部、水利部、国家能源局等国务院相关部门及各地区按职责分工负责)

(十一)优化工程建设项目审批

持续深化工程建设项目审批制度改革,完善全国统一的工程建设项目审批和管理体系。进一步精简整合工程建设项目全流程涉及的行政许可、技术审查、中介服务、市政公用服务等事项。支持各地区结合实际提高工程建设项目建筑工程施工许可证办理限额,对简易低风险工程建设项目实行“清单制+告知承诺制”审批。研究制定工程建设项目全过程审批管理制度性文件,建立健全工程建设项目审批监督管理机制,加强全过程审批行为和时间管理,规范预先审查、施工图审查等环节,防止体外循环。(住房城乡建设部、国家发展改革委等国务院相关部门及各地区按职责分工负责)

五、进一步推动激发消费潜力

(十二)清除消费隐性壁垒

着力打破行业垄断和地方保护,打通经济循环堵点,推动形成高效规范、公平竞争的国内统一市场。有序取消一些行政性限制消费购买的规定,释放消费潜力。加快修订《二手车流通管理办法》,推动各地区彻底清理违规设置的二手车迁入限制,放宽二手车经营条件。规范报废机动车回收拆解企业资质认定,支持具备条件的企业进入回收拆解市场,依法查处非法拆解行为。鼓励各地区适当放宽旅游民宿市场准入,推进实施旅游民宿行业标准。制定跨地区巡回演出审批程序指南，优化审批流程，为演出经营单位跨地区开展业务提供便利。（国家发展改革委、公安部、生态环境部、商务部、文化和旅游部等国务院相关部门及各地区按职责分工负责）

（十三）便利新产品市场准入

针对市场急需、消费需求大的新技术新产品，优先适用国家标准制定快速程序，简化标准制修订流程，缩短发布周期。在相关国家标准出台前，鼓励先由社会团体制定发布满足市场和创新需要的团体标准，鼓励企业制定有竞争力的企业标准并自我声明公开，推动新技术新产品快速进入市场。加快统一出口商品和内贸商品在工艺流程、流通规则等方面的规定，推进内外贸产品“同线同标同质”，破除制约出口商品转内销的系统性障碍。继续扩大跨境电商零售进口试点城市范围，调整扩大跨境电商零售进口商品清单。（市场监管总局、商务部、海关总署、财政部等国务院相关部门及各地区按职责分工负责）

六、进一步推动稳外贸稳外资

（十四）持续优化外商投资环境

完善外商投资准入前国民待遇加负面清单管理制度，确保外资企业平等享受各项支持政策。支持外资企业更好参与国家和行业标准制定。优化外商投资信息报告制度，完善企业登记系统和企业信用信息公示系统功能，加强填报指导，减轻企业报送负担。（国家发展改革委、商务部、市场监管总局等国务院相关部门及各地区按职责分工负责）

（十五）持续推进通关便利化

推动国际贸易“单一窗口”同港口、铁路、民航等信息平台及银行、保险等机构对接。优化海关风险布控规则，推广科学随机布控，提高人工分析布控精准度，降低守法合规企业和低风险商品查验率。深入推进进出口商品检验监管模式改革，积极推进第三方检验结果采信制度化建设。鼓励理货、拖轮、委托检验等经营主体进入市场，促进公平竞争。（海关总署、交通运输部、银保监会、国家铁路局、中国民航局等国务院相关部门及各地区按职责分工负责）

（十六）清理规范口岸收费

加快修订《港口收费计费办法》，进一步完善港口收费政策，减并港口收费项目。定向降低沿海港口引航费标准，进一步扩大船方自主决定是否使用拖轮的船舶范围。完善洗修箱服务规则，清理规范港外堆场洗修箱费、铁路运输关门费等收费。实行口岸收费项目目录清单制度,做到清单外无收费。对政府依成本定价的收费项目,开展成本监审或成本调查,及时调整收费标准;对实行市场调节价的收费项目及对应的收费主体,开展典型成本调查,为合理规范收费提供依据。(国家发展改革委、财政部、交通运输部、国务院国资委、海关总署、市场监管总局等国务院相关部门及各地区按职责分工负责)

七、进一步推动优化民生服务

(十七)创新养老和医疗服务供给

推进公办养老机构公建民营改革,引入社会资本和专业管理服务机构,盘活闲置床位资源,在满足失能、半失能特困人员集中供养基础上,向其他失能、失智、高龄老年人开放。推动取消诊所设置审批,推动诊所执业登记由审批改为备案。推动取消职业卫生技术服务机构资质等级划分,便利市场准入。在确保电子处方来源真实可靠的前提下,允许网络销售除国家实行特殊管理的药品以外的处方药。(民政部、国家卫生健康委、国家药监局等国务院相关部门及各地区按职责分工负责)

(十八)提高社会救助精准性

支持各地区推动民政、人力资源社会保障、残联、医保、乡村振兴等部门和单位相关数据共享,运用大数据等现代信息技术建立困难群众主动发现机制和动态调整机制,优化服务流程,缩短办理时限,实现民生保障领域问题早发现、早干预,确保符合条件的困难群众及时得到救助,防止产生违规冒领和设租寻租等问题。(民政部、人力资源社会保障部、国家医保局、国家乡村振兴局、中国残联等相关部门和单位及各地区按职责分工负责)

(十九)提升便民服务水平

建立健全政务数据共享协调机制,加强信息共享和证明互认,通过完善信用监管、全面推行告知承诺制等方式,推动减少各类证明事项。实施证明事项清单管理制度,清单之外不得向企业和群众索要证明。确需提供证明的,应告知证明事项名称、用途、依据、索要单位、开具单位等信息。围绕保障改善民生,推动更多服务事项“跨省通办”。坚持传统服务方式与智能化服务创新并行,切实解决老年人等特殊群体在运用智能技术方面遇到的突出困难。(国务院办公厅、司法部等国务院相关部门及各地区按职责分工负责)

八、进一步加强事中事后监管

（二十）加强取消和下放事项监管

坚持放管结合、并重，把有效监管作为简政放权的必要保障，推动政府管理从事前审批更多转向事中事后监管，对取消和下放的行政许可事项，由主管部门会同相关部门逐项制定事中事后监管措施，明确监管层级、监管部门、监管方式，完善监管规则和标准。进一步梳理监管部门监管职责，强化与地方监管执法的衔接，建立相互协作、齐抓共管的高效监管机制，确保责任清晰、监管到位。（国务院办公厅牵头，国务院相关部门及各地区按职责分工负责）

（二十一）提升事中事后监管效能

各地区各部门要完善“双随机、一公开”监管、信用监管、“互联网+监管”等方式，实施更加精准更加有效的监管。梳理职责范围内的重点监管事项，聚焦管好“一件事”实施综合监管。加强对日常监管事项的风险评估，实施分级分类监管，强化高风险环节监管。对涉及人民群众生命健康和公共安全的要严格监管，坚决守住安全底线。对新产业新业态实行包容审慎监管，引导和规范其健康发展。完善全国一体化在线监管平台，推动监管信息共享，加快形成统一的监管大数据，强化监管信息综合运用，提升监管质量和效率。（国务院办公厅牵头，国务院相关部门及各地区按职责分工负责）

（二十二）严格规范行政执法

制定出台进一步规范行政裁量权基准制度的指导意见，推动各地区各部门明确行政裁量种类、幅度，规范适用程序，纠正处罚畸轻畸重等不规范行政执法行为。鼓励各地区依法依规建立柔性执法清单管理制度，对轻微违法行为，慎用少用行政强制措施，防止一关了之、以罚代管。（司法部牵头，国务院相关部门及各地区按职责分工负责）

九、保障措施

（二十三）完善企业和群众评价机制

坚持以企业和群众获得感和满意度作为评判改革成效的标准，依托全国一体化政务服务平台、中国政府网建立企业和群众评价国家层面改革举措的常态化机制。及时公开评价结果，强化差评整改，形成评价、反馈、整改有机衔接的工作闭环，做到群众参与、社会评判、市场认可。各地区要建立地方层面改革举措社会评价机制。

(二十四)加强组织实施

各地区各部门要高度重视,及时研究解决“放管服”改革中出现的新情况、新问题,切实做到放出活力、管出公平、服出效率。要结合实际情况,依法依规制定实施方案,出台具体政策措施,逐项抓好落实。国务院办公厅要加强督促指导,确保改革举措落实到位。

国务院办公厅

2021年4月7日

国务院办公厅关于印发2021年政务公开工作要点的通知❶

国办发〔2021〕12号

各省、自治区、直辖市人民政府，国务院各部委、各直属机构：

《2021年政务公开工作要点》已经国务院同意，现印发给你们，请结合实际认真贯彻落实。

国务院办公厅

2021年4月9日

2021年政务公开工作要点

2021年是实施"十四五"规划、开启全面建设社会主义现代化国家新征程的第一年。做好政务公开工作，要以习近平新时代中国特色社会主义思想为指导，全面贯彻党的十九大和十九届二中、三中、四中、五中全会精神，立足新发展阶段、贯彻新发展理念、构建新发展格局，推动高质量发展，坚持以人民为中心深化政务公开，充分发挥政务公开在建设法治政府、服务型政府等方面的促进作用，加快转变政府职能，推动政府决策和管理服务更加透明规范，以优异成绩庆祝中国共产党成立100周年，为夺取全面建设社会主义现代化国家新胜利作出新贡献。

一、紧扣"十四五"开好局起好步深化政务公开

（一）做好各类规划主动公开

县级以上各级人民政府要主动公开国民经济和社会发展第十四个五年规划纲要、国土空间规划、专项规划和区域规划等，做好历史规划（计划）的归集整理和主动公开工作，充分展示"一张蓝图绘到底"的接续奋斗历程。加强数据互联互通工作，中国政府网以适当方式归集整理省级政府网站主动公开的规划，全面展示定位准确、边界清晰、功能互补、统一衔接的国家规划体系，更好引导全社会关心支持规划实施工作。

❶ 来源：中国政府政府 http://www.gov.cn/zhengce/content/2021-04/23/content_5601602.htm.

(二)做好市场规则标准和监管执法信息公开

全面落实“全国一张清单”管理模式,主动公开全国统一的市场准入负面清单并根据调整情况做好更新发布,切实做到平等准入、开放有序。及时公开建设高标准市场体系行动方案的落实举措,加快建设高效规范、公平竞争的国内统一市场。加强反垄断与反不正当竞争执法信息公开工作,一视同仁公正监管,营造诚信守法的市场环境,有效维护人民群众利益。

(三)做好财政信息公开

稳步扩大预决算公开范围,推进部门所属单位预算、决算及相关报表公开。持续深化地方政府债务信息公开,通过集中统一平台定期公开地方政府债务限额、余额、发行、品种、期限、利率、偿还计划、偿债资金来源等信息。加大惠民惠农政策和资金发放信息公开力度,县级政府信息公开工作主管部门及财政部门要推动补贴信息公开向村和社区延伸,并与村(居)务公开有效衔接。

(四)做好常态化疫情防控信息公开

切实增强新型冠状病毒肺炎疫情防控信息发布的及时性针对性,准确把握常态化疫情防控的阶段性特征和要求,重点围绕散发疫情、隔离管控、流调溯源、精准防控、冷链物流、假期人员流动等发布权威信息,扎实做好疫苗接种信息公开和舆论引导工作,既要有效提示风险,也要做到科学精准,避免不当影响正常生产生活秩序或者侵害公民、法人和其他组织的合法权益。提高新型冠状病毒肺炎疫情防控信息发布规范化水平,发布社会关注的重大政策、内容敏感的重要信息前,加强统筹协调,在实事求是的前提下,强化政府系统内部信息整合,统一步调对外发声。做好爱国卫生运动、健康中国行动等相关工作的信息公开,大力开展健康科普宣传,使健康生活理念更加深入人心、健康生活习惯更好养成。

二、紧扣宏观政策落地见效深化政务公开

(一)持续加强重大政策发布解读

认真贯彻落实中央经济工作会议精神和《政府工作报告》要求,以扎实做好“六稳”工作、全面落实“六保”任务为重点,聚焦保持宏观政策连续性稳定性可持续性、促进经济运行在合理区间,深入推进重点领域改革、更大激发市场主体活力,依靠创新推动实体经济高质量发展、培育壮大新动能,坚持扩大内需战略基点、充分挖掘国内市场潜力,以及全面实施乡村振兴战略,实行高水平对外开放,加强污染防治和生态建设,切实增进民生福祉等方面出台的重

大政策，及时发布权威信息，开展深入解读，有效引导预期，为实现今年经济社会发展主要预期目标营造良好氛围。

（二）不断改进政策解读工作方式

加强政策咨询服务，政策制定机关要积极解答政策执行机关和企业、群众的咨询，精准传达政策意图，助力营商环境持续改善。政务公开工作机构要加强内部协调，畅通本机关政策咨询渠道。有条件的地方可依托政务服务便民热线、实体服务大厅和政府网站，设立政策咨询综合服务窗口，为企业和群众提供“一号答”“一站式”的政策咨询服务。创新政策解读形式，加快形成以国务院政策问答平台为龙头，各地区各部门协同联动、对接共享的政策问答体系，增强政策解读效果。更加注重对政策背景、出台目的、重要举措等方面的实质性解读，避免设定过高的解读率考核指标催生形式主义问题，全面提升解读工作质量。

（三）切实增强回应关切效果

紧紧围绕政务舆情背后的实际问题，以解决问题的具体举措实质性回应社会关切。加强舆情回应台账管理，认真核查已作出的承诺落实及公开情况，切实维护政府公信力。增强回应工作的主动性，通过网上调研等方式，了解掌握社会公众对政策执行效果的反馈与评价，主动回应存在的共性问题，助力政策完善。密切关注涉及疫情防控、房地产金融、工资拖欠、环境污染和生态破坏、食品药品安全、教育医疗养老、安全生产、困难群众生活等方面的舆情并及时作出回应，助力防范化解重大风险。

三、紧扣强基础抓基层深化政务公开

（一）做好政务信息管理工作

用好行政法规集中统一公开成果，对照中国政府法制信息网行政法规库公布的行政法规国家正式版本，更新本机关网站上的行政法规文本。全面推进规章集中统一公开，具有规章制定权的地方政府和国务院部门在2021年年底前将本地区本部门现行有效规章通过政府门户网站的政府信息公开专栏集中公开，方便公众查询使用。

（二）完善政务公开平台

全面推行政府网站集约化建设，构建网上政府的数据底座，推动公开、互动、服务融合发展，推动更多政务服务事项网上办、掌上办、一次办，实现一网通查、一网通答、一网通办、一网通管。健全政务新媒体监管机制，针对一哄而上、重复建设、“娱乐化”“空壳”等问题有序开展清理整合。对政府门户网站的政府信息公开专栏建设情况开展专项检查，未按要求完成的，依据有关规定督促整改、通报批评。推进省级政府、国务院部门门户网站政府信息公开专栏与中国政府网政府信息公开专栏的数据联通工作。2021年年底前,县级以上政府门户网站全部支持互联网协议第6版。稳步推动设区的市、自治州开设政府公报,完善政府公报数据库,推进数字化利用,通过政务新媒体等渠道加强政府公报内容传播。

(三)推进基层政务公开标准化规范化

尚未出台本领域基层政务公开标准指引的国务院部门,在2021年年底前编制完成标准指引。已经出台本领域基层政务公开标准指引的国务院部门,要对标准指引落实情况进行跟踪评估,以基层群众实际需求为导向及时调整完善,增强操作性、实效性。基层政府要持续加强政府信息公开窗口建设,有效传递党和国家重大政策,积极解答政策咨询,更好打通政策落实"最后一公里"。

四、紧扣政府信息公开条例实施深化政务公开

(一)提高依申请公开工作质量

切实转变观念,强化服务理念,把依申请公开工作作为服务人民群众生产生活、支持市场主体创业创新的重要方式,更好满足申请人对政府信息的个性化合理需求。加强业务培训和案例指导,提升答复文书规范化水平。正确适用《政府信息公开信息处理费管理办法》,严格依照规定的标准、程序、方式计收信息处理费。

(二)规范政府信息公开行政复议案件审理标准

国务院行政复议机构在2021年年底前制定政府信息公开行政复议案件审理规范,统一案件审理标准,有效解决实践中较为突出的同案不同判问题。充分发挥行政复议制度优势,加大监督力度,强化责任追究,不断增强政府工作人员法治意识、公开意识、服务意识,更好保障人民群众合法权益。

(三)加强配套制度建设

国务院有关主管部门在2021年年底前出台教育、卫生健康、供水、供电、供气、供热、生态环境、公共交通等领域的公共企事业单位信息公开规定,进一步加强监管,优化公共服务。修订完善政府信息公开工作年度报告格式,推动各级行政机关向社会公开更多有价值的基础性数据,更好发挥政府信息公开制度的功能作用。

五、紧扣抓保障促落实深化政务公开

(一)加强工作指导

各政府信息公开工作主管部门要密切关注本地区、本系统推工作、抓落实的好经验好做法,及时总结推广。加强队伍建设,定期组织开展政府信息公开工作培训和研讨交流,不断提升业务能力。依法规范开展政府信息公开工作考核、评议,避免简单地以第三方评估代替应由政府自身开展的考核、评议,严肃整治评估工作中的形式主义苗头问题,有效防范廉政风险。

(二)改进工作作风

在日常指导和评估考核工作中,避免过度要求下级单位提供自查报告、情况说明等材料,切实减轻基层负担。正确对待社会上各类政务公开第三方评估结果,持续改进工作,原则上不以行政机关名义领取民间奖励,不选择性参加评估结果对本机关有利的发布会、论坛等相关活动。

(三)狠抓任务落实

加强业务指导和监督检查,对本要点提出的涉及本地区、本系统的重点任务,梳理形成工作台账,实时跟进推动,确保落实到位。对上一年度工作要点落实情况开展"回头看",重点针对有明确责任主体和时限要求的工作任务,逐项核查落实情况,对未完成的依法督促整改。

各地区、各部门要将本要点落实情况纳入政府信息公开工作年度报告予以公开,接受社会监督。

国务院办公厅关于印发全国一体化政务服务平台移动端建设指南的通知[1]

国办函〔2021〕105号

各省、自治区、直辖市人民政府,国务院各部委、各直属机构:

现将《全国一体化政务服务平台移动端建设指南》印发给你们,请结合实际认真组织实施。

各地区各部门要认真贯彻落实党中央、国务院关于深化"互联网+政务服务"、加快推进全国一体化政务服务平台建设的决策部署,按照建设指南要求,加强政务服务平台移动端标准化、规范化建设和互联互通,创新服务方式、增强服务能力,推动更多政务服务事项网上办、掌上办,不断提升企业和群众的获得感和满意度。

国务院办公厅

2021年9月29日

全国一体化政务服务平台移动端建设指南

近年来,各地区各部门依托本地区本部门政务服务平台大力推动政务服务事项掌上办、指尖办,取得了积极成效,政务服务平台移动端已成为各级政府服务企业和群众的重要渠道。但还存在政务服务平台移动端建设管理分散、标准规范不统一、数据共享不充分、技术支撑和安全保障体系不完备等突出问题。为进一步加强和规范全国一体化政务服务平台(以下简称全国一体化平台)移动端建设,推动更多政务服务事项网上办、掌上办,制定本建设指南。

一、总体要求

(一)指导思想

以习近平新时代中国特色社会主义思想为指导,全面贯彻党的十九大和十九届二中、三中、四中、五中全会精神,坚持以人民为中心的发展思想,坚持新发展理念,坚持推动高质量发

[1] 来源:中国政府网 http://www.gov.cn/zhengce/content/2021-11/12/content_5650485.htm.

展，围绕加快转变政府职能、深化“放管服”改革、持续优化营商环境，加强和规范全国一体化平台移动端建设管理，推动各地区各部门政务服务平台移动端标准化、规范化建设和互联互通，全面提升移动政务服务能力和水平，最大程度利企便民。

（二）工作原则

坚持统筹规划。强化系统观念，完善标准规范，加强全国一体化平台移动端建设顶层设计，充分发挥国家政务服务平台移动端总枢纽作用，推动各地区各部门移动政务服务资源整合和政务服务平台移动端集约化建设，全面提升一体化服务能力。

坚持需求引领。聚焦企业和群众办事难点堵点问题，顺应企业和群众新要求、新期盼，积极推动企业和群众经常办理的事项向移动端延伸，提升移动政务服务供给水平，全面优化用户体验，推动政务服务事项从“掌上可办”向“掌上好办”转变。

坚持创新驱动。充分发挥移动互联网泛在、连接、智能等优势，积极运用大数据、区块链、人工智能等技术手段，提升移动政务服务个性化、智慧化水平。创新移动政务服务提供方式，坚持政府主导，鼓励多方参与，规范政府部门与第三方平台合作，推动移动政务服务健康有序发展。

坚持安全可控。全面落实总体国家安全观，树牢网络安全底线思维，统筹发展和安全，增强移动政务服务一体化安全防护能力，加强对重要政务数据、敏感个人信息等的保护，确保政务网络和数据信息安全。

（三）工作目标

2022年年底前，各省（自治区、直辖市）和国务院部门移动政务服务应用与国家政务服务平台移动端“应接尽接”“应上尽上”，移动政务服务能力显著提升，形成以国家政务服务平台移动端为总枢纽的全国一体化平台移动端服务体系。编制全国一体化平台移动端高频政务服务事项清单，将企业和群众经常办理的事项全面纳入清单管理，并建立动态更新机制，推动实现清单内的事项“掌上可办”。在京津冀、长三角、川渝等区域开展试点，率先实现试点区域内高频政务服务事项在移动端“区域通办”“无感漫游”。在此基础上，不断健全全国一体化平台移动端服务体系，实现各级移动政务服务应用标准统一、整体联动、业务协同。持续推进更多政务服务事项纳入全国一体化平台移动端高频政务服务事项清单管理，实现清单内事项在全国一体化平台移动端无差别受理、同标准办理。进一步推动各地区高频服务事项在移动端实现“跨省通办”“无感漫游”，企业和群众办事更加便捷、服务满意度大幅提升。

二、总体架构

(一)层级架构

全国一体化平台移动端包括国家政务服务平台移动端、国务院部门政务服务平台移动端和各省(自治区、直辖市)省级政务服务平台移动端。(层级架构图见附件1)

1. 国家政务服务平台和国务院部门政务服务平台移动端。

国家政务服务平台移动端是全国移动政务服务的总枢纽,为各地区和国务院部门政务服务平台移动端提供公共入口、公共通道、公共支撑,为企业和群众提供查询、预约、办理、投诉建议和评价反馈等一体化服务。建设国家政务服务平台移动政务服务应用管理系统,对接入的移动政务服务应用进行一体化管理和运行监测,支撑移动政务服务业务协同和事项跨地区、跨部门办理,实现各地区各部门相关服务应用在国家政务服务平台移动端同步接入、同源发布、同质服务。

国务院部门应积极推进移动政务服务应用建设,按需建设本部门移动政务服务应用管理系统,对移动政务服务应用的注册、审核、发布、监测等进行管理,并与国家政务服务平台移动政务服务应用管理系统对接联通。国务院部门原则上不再新建独立对外服务的政务服务平台移动端,应充分依托国家政务服务平台移动端对外提供服务。已建设政务服务平台移动端的国务院部门,要加快建设移动政务服务应用管理系统,对本部门移动政务服务应用进行统筹整合和集约化管理,并按照“应接尽接”“应上尽上”原则,将相关服务应用接入国家政务服务平台移动端。

2. 省级政务服务平台移动端。

各省(自治区、直辖市)省级政务服务平台移动端是本地区移动政务服务的主要提供渠道和总入口。各地区要按照省级统筹原则,充分利用全国一体化平台支撑能力,整合本地区移动政务服务资源,建设完善省级政务服务平台移动端。各地区原则上由省级政务服务平台移动端统一对外提供移动政务服务。加快建设省级政务服务平台移动政务服务应用管理系统,面向工作人员提供移动政务服务应用注册、审核、发布、监测等功能,按照统一标准对本地区各级各类移动政务服务应用进行规范管理,推动相关服务应用在政务服务平台移动端、政务服务大厅、自助终端等服务渠道统一管理、同源发布、一体化服务。

(二)技术架构

全国一体化平台移动端技术架构主要包括基础支撑层、应用管理层和服务提供层。(技术架构图见附件2)

基础支撑层主要为政务服务平台移动端提供国家电子政务外网、政务云平台等基础设施，数据资源服务、大数据分析等数据支撑，统一身份认证、统一证照共享、统一电子印章等公共支撑以及事项管理、“好差评”管理、用户体验监测等业务支撑。

应用管理层部署移动政务服务应用管理系统，提供用户管理、服务应用接入管理、服务发布管理、运维管理等功能，实现对移动政务服务应用的规范管理和运行监测。

服务提供层通过移动互联网应用程序（App）、小程序等服务渠道，按照统一标准，面向企业和群众提供政务服务事项咨询、办理、查询、评价等服务。

三、强化政务服务平台支撑能力，推动移动政务服务规范管理和协同服务

各地区各部门要充分发挥全国一体化平台支撑作用，按照统一标准规范、统一清单管理、统一身份认证、统一数据共享、统一应用管理的要求，推动全国一体化平台移动端标准化、规范化建设和协同化、一体化服务。

（一）统一标准规范

1. *建设和接入标准*。制定和完善全国一体化平台移动端建设和接入标准，对技术架构、接入组件、界面交互等进行规范，进一步明确访问入口和服务应用接入等要求，提升各地区和国务院有关部门政务服务平台移动端建设标准化、规范化水平。

2. *质量管理标准*。加强全国一体化平台移动端全生命周期质量管理，制定和完善全国一体化平台移动端质量管理标准，对系统性能、应用管理、运行监测等进行规范，切实保障功能完备、运行稳定、体验良好。

3. *安全防护和管理标准*。制定和完善全国一体化平台移动端安全防护和管理标准，进一步强化各地区和国务院有关部门政务服务平台移动端数据和网络安全防护、日常监测、风险预警、应急处置能力。

（二）统一清单管理

围绕教育、公安、社会保障、民政、卫生健康、税务等领域，聚焦与企业和群众生产生活密切相关的高频事项，基于国家政务服务平台政务服务事项基本目录，分批编制全国一体化平台移动端高频政务服务事项清单，推动实现相关服务应用在移动端、电脑端（PC端）、自助终端等同源发布、统一管理。按照深入推进政务服务“一网通办”“跨省通办”等部署要求，不断优化移动政务服务办事流程，精简办事材料，持续推动更多政务服务事项纳入全国一体化平台移动端高频政务服务事项清单管理，在政务服务平台移动端提供服务。

(三)统一身份认证

基于自然人身份信息、法人单位信息等国家认证资源,依托国家政务服务平台统一身份认证系统,建立健全全国统一身份认证体系,统一身份认证标准、规范身份认证渠道、建立身份认证结果纠错机制,为全国一体化平台移动端提供统一身份认证公共支撑,实现用户身份信息跨地区、跨部门互信互认、“无感漫游”。各地区和国务院有关部门要根据移动端办事服务的需求和特点,在确保安全的前提下,不断优化政务服务平台移动端身份认证服务,为用户提供二维码、手势识别、指纹识别、声纹识别等安全便捷的身份认证服务方式。

(四)统一数据共享

国家政务服务平台统一受理政务数据共享需求并提供服务,推动移动政务服务应用所需相关数据实现跨地区、跨部门、跨层级安全有序高效共享,更好满足移动政务服务创新发展需要。各地区和国务院有关部门要推动政务服务领域高频使用的电子证照跨地区、跨部门共享和全国范围内互信互认,不断扩大电子证照应用领域,有力支撑政务服务平台移动端“扫码亮证”“一证通办”“无感通办”,最大程度“减证便民”。

(五)统一应用管理

各地区各部门要按照统一标准,规范本地区本部门移动政务服务应用管理。要规范第三方平台推广移动政务服务应用行为,对各渠道服务应用进行统一管理和监测,确保相关服务应用安全可靠运行。国务院有关部门已建的政务服务平台移动端及移动政务服务应用,应在2022年年底前全部接入国家政务服务平台移动端;新建的移动政务服务应用同步接入国家政务服务平台移动端。各地区要加快推动已建的移动政务服务应用向省级政务服务平台移动端汇聚,并同步接入国家政务服务平台移动端。

四、优化政务服务平台移动端服务功能和方式,为企业和群众提供更加便利高效的移动政务服务

各地区和国务院有关部门要围绕企业和群众办事需求,进一步优化政务服务平台移动端功能,不断丰富集成套餐式服务和“扫码亮证”“一证通办”“无感通办”等应用场景,充分利用移动互联网新技术,持续提升移动政务服务便利化水平。

(一)不断优化个性化、智慧化服务功能

1. *建设用户专属服务空间*。建设完善政务服务平台移动端用户专属服务空间,集中汇聚展示用户电子证照、办件、投诉建议等数据,紧贴不同用户需求特点和关注重点,推动各项

利企便民政策和办事服务直达直享、一站办理，实现精准化匹配和个性化推送，不断提升用户体验。

2. 优化搜索服务和智能客服。运用人工智能等技术优化政务服务平台移动端搜索服务功能，实现对移动政务服务事项和应用的统一检索，提升搜索服务便捷度和智慧化水平。优化集智能搜索、智能问答、智能导航于一体的智能客服，方便企业和群众快捷精准获取相关服务信息。

3. 完善移动政务服务“好差评”。不断丰富移动政务服务“好差评”评价渠道，通过扫描二维码、消息推送等方式，让企业和群众能够随时随地对服务进行评价反馈，促进移动政务服务由政府供给导向向企业和群众需求导向转变。

4. 开展适老化改造。优化政务服务平台移动端界面交互、内容朗读、操作提示、语音辅助等功能，积极为老年人提供大字版、语音版、简洁版移动政务服务应用，推出相关应用的“关怀模式”“长辈模式”，让老年人充分享受移动政务服务带来的便利。

（二）不断丰富移动政务服务应用场景

1. 推进集成套餐式服务。围绕企业、个人全生命周期的办事服务，聚焦多部门联办、跨地区通办的政务服务事项，通过事项关联、表单整合和流程再造，构建适合在移动端办理的集成套餐式服务，推动实现移动政务服务事项“一件事一次办”。

2. 推广“扫码亮证”服务。推动身份证、社会保障卡、医保电子凭证、驾驶证、行驶证、营业执照等电子证照在全国一体化平台移动端汇聚和使用，在户政、社保、住房、医疗等相关事项办理中推广“扫码亮证”服务，着力打造实名认证、实人核验、实证共享的服务模式。

3. 推广“一证通办”“无感通办”。以身份证件号码或统一社会信用代码关联电子证照，推动移动政务服务事项“一证通办”。规范电子材料的使用、归档、移交、安全保管和共享利用，通过电子材料数据共享和互信互认，推动移动政务服务事项相关表单预填和申请材料复用，实现移动政务服务事项申报、办理、支付、出件等“无感通办”。有条件的地区可探索实现表单自动填报和申请材料免提交功能，持续提升移动政务服务效能。

4. 拓展便民服务应用。大力推动医疗就诊、公共交通、水电气热、电信等与群众日常生活密切相关的便民服务应用接入政务服务平台移动端，提供一体化服务，实现更多便民服务事项掌上办、指尖办。

（三）积极运用新技术提升移动政务服务便利化水平

积极运用大数据、人工智能、第五代移动通信（5G）等技术，综合利用数据挖掘、智能学习等方法，创新移动政务服务。发挥区块链在促进数据共享、优化业务流程、提升协同效率、强化安全保障等方面的作用，为进一步提升移动政务服务效能提供有力支撑。

五、保障措施

(一)强化组织领导

在全国一体化在线政务服务平台建设和管理协调小组统一领导下,加强全国一体化平台移动端建设顶层设计、组织推进、统筹协调和监督指导等工作。全国一体化在线政务服务平台建设和管理协调小组办公室负责具体组织开展全国一体化平台移动端标准制定、高频政务服务事项清单编制、系统对接、技术指导等工作。各地区和国务院有关部门要建立健全推进本地区本部门政务服务平台移动端建设管理的协调机制,制定政务服务平台移动端建设方案以及与国家政务服务平台移动端的对接方案,加快推进政务服务平台移动端标准化建设和规范化管理。

(二)加强运营保障

各地区和国务院有关部门要加强政务服务平台移动端建设、应用对接、日常运营和技术维护等经费保障,纳入本级预算管理,推动政务服务平台移动端健康可持续发展。加强运营管理队伍建设,创新运营服务模式,形成配备合理、稳定可持续的运营保障力量。利用新媒体、政府网站、政务服务场所、公共场所等积极开展全国一体化平台移动端宣传推广工作,不断提升公众知晓度,便于企业和群众充分了解和便利获取移动政务服务。

(三)健全评估评价机制

各地区和国务院有关部门要将推进全国一体化平台移动端建设管理工作纳入政务服务工作重点。优化完善评估评价机制,将政务服务平台移动端的建设管理、运维运营、安全保障、服务成效等纳入评估评价范围,以评促建、以评促管,不断提升全国一体化平台移动端服务能力和水平。

(四)提升安全保障能力

各地区和国务院有关部门要综合利用密码技术、安全审计等手段强化本地区本部门政务服务平台移动端安全保障和风险防控能力,构建全方位、多层次、一致性的防护体系,切实保障全国一体化平台移动端安全平稳高效运行。加强数据安全管理,强化用户隐私保护,严格规范用户信息采集,保障用户知情权、选择权和隐私权。加强网络安全保障队伍建设,健全跨地区、跨部门网络安全保障协同工作机制,制定完善应急预案,不断提升日常防护、监测预警和应急处置能力。

附件：1. 全国一体化政务服务平台移动端层级架构图
2. 全国一体化政务服务平台移动端技术架构图

附件1　全国一体化政务服务平台移动端层级架构图

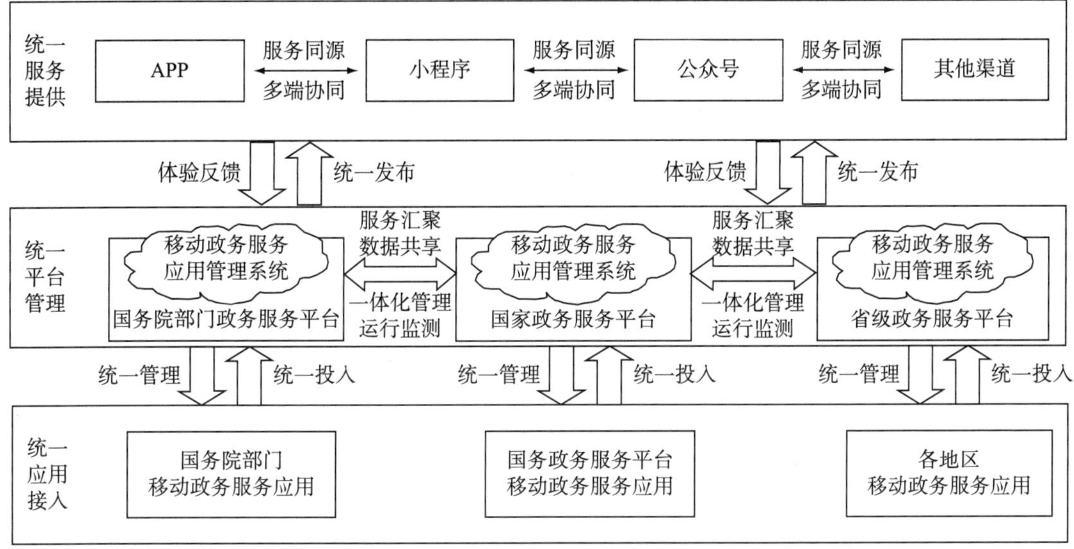

附件2 全国一体化政务服务平台移动端技术架构图

服务提供层

- 服务渠道：App ←服务同源/多端协同→ 小程序 ←服务同源/多端协同→ 公众号 ←服务同源/多端协同→ 其他渠道
- 服务功能：事项办理、“好差评”服务、查询服务、咨询服务、证照服务、探索服务、用户中心
- 服务标准：统一身份认证、统一证照认证、统一事项认证、统一投诉建议、统一“好差评”、统一用户服务、统一探索服务

应用管理层

移动政务服务应用管理系统

- 用户管理：权限管理、角色管理、注册登录、用户服务
- 服务应用接入管理：接口注册、审核管理、检测管理、参数设置、安全管理
- 服务发布管理：服务创建、服务注册、服务审核、服务上线、服务更新
- 互动管理：咨询服务、投诉管理、评价服务、知识库管理、探索管理
- 运维管理：备案管理、服务监测、接口监测、内存监测、体验监测

基础支撑层

- 业务支撑：事项管理、“好差评”管理、用户体验监测、在线评估、电子监察
- 公共支撑：统一身份认证、统一证照共享、统一电子印章
- 数据支撑：
  - 数据资源服务：数据汇聚服务、数据共享服务、应用支撑服务
  - 资源库：事项库、办理库、证照数据库、用户信息库、其他
  - 大数据分析：决策支撑、业务分析、用户分析、专题分析、趋势分析、现状分析、场景分析、能力分析、其他
- 基础设施：政务云平台、国家电子政务外网、数据共享基础设施、安全基础设置

制度和标准体系

国务院关于印发“十四五”数字经济发展规划的通知[1]

国发〔2021〕29号

各省、自治区、直辖市人民政府，国务院各部委、各直属机构：

现将《“十四五”数字经济发展规划》印发给你们，请认真贯彻执行。

国务院

2021年12月12日

“十四五”数字经济发展规划

数字经济是继农业经济、工业经济之后的主要经济形态，是以数据资源为关键要素，以现代信息网络为主要载体，以信息通信技术融合应用、全要素数字化转型为重要推动力，促进公平与效率更加统一的新经济形态。数字经济发展速度之快、辐射范围之广、影响程度之深前所未有，正推动生产方式、生活方式和治理方式深刻变革，成为重组全球要素资源、重塑全球经济结构、改变全球竞争格局的关键力量。“十四五”时期，我国数字经济转向深化应用、规范发展、普惠共享的新阶段。为应对新形势新挑战，把握数字化发展新机遇，拓展经济发展新空间，推动我国数字经济健康发展，依据《中华人民共和国国民经济和社会发展第十四个五年规划和2035年远景目标纲要》，制定本规划。

一、发展现状和形势

（一）发展现状

“十三五”时期，我国深入实施数字经济发展战略，不断完善数字基础设施，加快培育新业态新模式，推进数字产业化和产业数字化取得积极成效。2020年，我国数字经济核心产业增加值占国内生产总值（GDP）比重达到7.8%，数字经济为经济社会持续健康发展提供了强大动力。

信息基础设施全球领先。建成全球规模最大的光纤和第四代移动通信（4G）网络，第五代

[1] 来源：中国政府网 http://www.gov.cn/zhengce/content/2022-01/12/content_5667817.htm.

移动通信(5G)网络建设和应用加速推进。宽带用户普及率明显提高,光纤用户占比超过94%,移动宽带用户普及率达到108%,互联网协议第六版(IPv6)活跃用户数达到4.6亿。

产业数字化转型稳步推进。农业数字化全面推进。服务业数字化水平显著提高。工业数字化转型加速,工业企业生产设备数字化水平持续提升,更多企业迈上"云端"。

新业态新模式竞相发展。数字技术与各行业加速融合,电子商务蓬勃发展,移动支付广泛普及,在线学习、远程会议、网络购物、视频直播等生产生活新方式加速推广,互联网平台日益壮大。

数字政府建设成效显著。一体化政务服务和监管效能大幅度提升,"一网通办""最多跑一次""一网统管""一网协同"等服务管理新模式广泛普及,数字营商环境持续优化,在线政务服务水平跃居全球领先行列。

数字经济国际合作不断深化。《二十国集团数字经济发展与合作倡议》等在全球赢得广泛共识,信息基础设施互联互通取得明显成效,"丝路电商"合作成果丰硕,我国数字经济领域平台企业加速出海,影响力和竞争力不断提升。

与此同时,我国数字经济发展也面临一些问题和挑战:关键领域创新能力不足,产业链供应链受制于人的局面尚未根本改变;不同行业、不同区域、不同群体间数字鸿沟未有效弥合,甚至有进一步扩大趋势;数据资源规模庞大,但价值潜力还没有充分释放;数字经济治理体系需进一步完善。

(二)面临形势

当前,新一轮科技革命和产业变革深入发展,数字化转型已经成为大势所趋,受内外部多重因素影响,我国数字经济发展面临的形势正在发生深刻变化。

发展数字经济是把握新一轮科技革命和产业变革新机遇的战略选择。数字经济是数字时代国家综合实力的重要体现,是构建现代化经济体系的重要引擎。世界主要国家均高度重视发展数字经济,纷纷出台战略规划,采取各种举措打造竞争新优势,重塑数字时代的国际新格局。

数据要素是数字经济深化发展的核心引擎。数据对提高生产效率的乘数作用不断凸显,成为最具时代特征的生产要素。数据的爆发增长、海量集聚蕴藏了巨大的价值,为智能化发展带来了新的机遇。协同推进技术、模式、业态和制度创新,切实用好数据要素,将为经济社会数字化发展带来强劲动力。

数字化服务是满足人民美好生活需要的重要途径。数字化方式正有效打破时空阻隔,提高有限资源的普惠化水平,极大地方便群众生活,满足多样化个性化需要。数字经济发展正在让广大群众享受到看得见、摸得着的实惠。

规范健康可持续是数字经济高质量发展的迫切要求。我国数字经济规模快速扩张，但发展不平衡、不充分、不规范的问题较为突出，迫切需要转变传统发展方式，加快补齐短板弱项，提高我国数字经济治理水平，走出一条高质量发展道路。

二、总体要求

（一）指导思想

以习近平新时代中国特色社会主义思想为指导，全面贯彻党的十九大和十九届历次全会精神，立足新发展阶段，完整、准确、全面贯彻新发展理念，构建新发展格局，推动高质量发展，统筹发展和安全、统筹国内和国际，以数据为关键要素，以数字技术与实体经济深度融合为主线，加强数字基础设施建设，完善数字经济治理体系，协同推进数字产业化和产业数字化，赋能传统产业转型升级，培育新产业新业态新模式，不断做强做优做大我国数字经济，为构建数字中国提供有力支撑。

（二）基本原则

坚持创新引领、融合发展。坚持把创新作为引领发展的第一动力，突出科技自立自强的战略支撑作用，促进数字技术向经济社会和产业发展各领域广泛深入渗透，推进数字技术、应用场景和商业模式融合创新，形成以技术发展促进全要素生产率提升、以领域应用带动技术进步的发展格局。

坚持应用牵引、数据赋能。坚持以数字化发展为导向，充分发挥我国海量数据、广阔市场空间和丰富应用场景优势，充分释放数据要素价值，激活数据要素潜能，以数据流促进生产、分配、流通、消费各个环节高效贯通，推动数据技术产品、应用范式、商业模式和体制机制协同创新。

坚持公平竞争、安全有序。突出竞争政策基础地位，坚持促进发展和监管规范并重，健全完善协同监管规则制度，强化反垄断和防止资本无序扩张，推动平台经济规范健康持续发展，建立健全适应数字经济发展的市场监管、宏观调控、政策法规体系，牢牢守住安全底线。

坚持系统推进、协同高效。充分发挥市场在资源配置中的决定性作用，构建经济社会各主体多元参与、协同联动的数字经济发展新机制。结合我国产业结构和资源禀赋，发挥比较优势，系统谋划、务实推进，更好发挥政府在数字经济发展中的作用。

（三）发展目标

到2025年，数字经济迈向全面扩展期，数字经济核心产业增加值占GDP比重达到10%，数字化创新引领发展能力大幅提升，智能化水平明显增强，数字技术与实体经济融合取得显著成效,数字经济治理体系更加完善,我国数字经济竞争力和影响力稳步提升。

——数据要素市场体系初步建立。数据资源体系基本建成,利用数据资源推动研发、生产、流通、服务、消费全价值链协同。数据要素市场化建设成效显现,数据确权、定价、交易有序开展,探索建立与数据要素价值和贡献相适应的收入分配机制,激发市场主体创新活力。

——产业数字化转型迈上新台阶。农业数字化转型快速推进,制造业数字化、网络化、智能化更加深入,生产性服务业融合发展加速普及,生活性服务业多元化拓展显著加快,产业数字化转型的支撑服务体系基本完备,在数字化转型过程中推进绿色发展。

——数字产业化水平显著提升。数字技术自主创新能力显著提升,数字化产品和服务供给质量大幅提高,产业核心竞争力明显增强,在部分领域形成全球领先优势。新产业新业态新模式持续涌现、广泛普及,对实体经济提质增效的带动作用显著增强。

——数字化公共服务更加普惠均等。数字基础设施广泛融入生产生活,对政务服务、公共服务、民生保障、社会治理的支撑作用进一步凸显。数字营商环境更加优化,电子政务服务水平进一步提升,网络化、数字化、智慧化的利企便民服务体系不断完善,数字鸿沟加速弥合。

——数字经济治理体系更加完善。协调统一的数字经济治理框架和规则体系基本建立,跨部门、跨地区的协同监管机制基本健全。政府数字化监管能力显著增强,行业和市场监管水平大幅提升。政府主导、多元参与、法治保障的数字经济治理格局基本形成,治理水平明显提升。与数字经济发展相适应的法律法规制度体系更加完善,数字经济安全体系进一步增强。

展望2035年,数字经济将迈向繁荣成熟期,力争形成统一公平、竞争有序、成熟完备的数字经济现代市场体系,数字经济发展基础、产业体系发展水平位居世界前列。

表 “十四五”数字经济发展主要指标

指标	2020年	2025年	属性
数字经济核心产业增加值占GDP比重(%)	7.8	10	预期性
IPv6活跃用户数(亿户)	4.6	8	预期性
千兆宽带用户数(万户)	640	6000	预期性
软件和信息技术服务业规模(万亿元)	8.16	14	预期性
工业互联网平台应用普及率(%)	14.7	45	预期性
全国网上零售额(万亿元)	11.76	17	预期性
电子商务交易规模(万亿元)	37.21	46	预期性
在线正文服务实名用户规模(亿)	4	8	预期性

三、优化升级数字基础设施

(一)加快建设信息网络基础设施

建设高速泛在、天地一体、云网融合、智能敏捷、绿色低碳、安全可控的智能化综合性数字信息基础设施。有序推进骨干网扩容,协同推进千兆光纤网络和5G网络基础设施建设,推动5G商用部署和规模应用,前瞻布局第六代移动通信(6G)网络技术储备,加大6G技术研发支持力度,积极参与推动6G国际标准化工作。积极稳妥推进空间信息基础设施演进升级,加快布局卫星通信网络等,推动卫星互联网建设。提高物联网在工业制造、农业生产、公共服务、应急管理等领域的覆盖水平,增强固移融合、宽窄结合的物联接入能力。

专栏1 信息网络基础设施优化升级工程
1. 推进光纤网络扩容提速。加快千兆光纤网络部署,持续推进新一代超大容量、超长距离、智能调度的光传输网建设,实现城市地区和重点乡镇千兆光纤网络全面覆盖。
2. 加快5G网络规模化部署。推动5G独立组网(SA)规模商用,以重大工程应用为牵引,支持在工业、电网、港口等典型领域实现5G网络深度覆盖,助推行业融合应用。
3. 推进IPv6规模部署应用。深入开展网络基础设施IPv6改造,增强网络互联互通能力,优化网络和应用服务性能,提升基础设施业务承载能力和终端支持能力,深化对各类网站及应用的IPv6改造。
4. 加速空间信息基础设施升级。提升卫星通信、卫星遥感、卫星导航定位系统的支撑能力,构建全球覆盖、高效运行的通信、遥感、导航空间基础设施体系。

(二)推进云网协同和算网融合发展

加快构建算力、算法、数据、应用资源协同的全国一体化大数据中心体系。在京津冀、长三角、粤港澳大湾区、成渝地区双城经济圈、贵州、内蒙古、甘肃、宁夏等地区布局全国一体化算力网络国家枢纽节点,建设数据中心集群,结合应用、产业等发展需求优化数据中心建设布局。加快实施“东数西算”工程,推进云网协同发展,提升数据中心跨网络、跨地域数据交互能力,加强面向特定场景的边缘计算能力,强化算力统筹和智能调度。按照绿色、低碳、集约、高效的原则,持续推进绿色数字中心建设,加快推进数据中心节能改造,持续提升数据中心可再生能源利用水平。推动智能计算中心有序发展,打造智能算力、通用算法和开发平台一体化的新型智能基础设施,面向政务服务、智慧城市、智能制造、自动驾驶、语言智能等重点新兴领域,提供体系化的人工智能服务。

(三)有序推进基础设施智能升级

稳步构建智能高效的融合基础设施,提升基础设施网络化、智能化、服务化、协同化水平。

高效布局人工智能基础设施,提升支撑“智能+”发展的行业赋能能力。推动农林牧渔业基础设施和生产装备智能化改造,推进机器视觉、机器学习等技术应用。建设可靠、灵活、安全的工业互联网基础设施,支撑制造资源的泛在连接、弹性供给和高效配置。加快推进能源、交通运输、水利、物流、环保等领域基础设施数字化改造。推动新型城市基础设施建设,提升市政公用设施和建筑智能化水平。构建先进普惠、智能协作的生活服务数字化融合设施。在基础设施智能升级过程中,充分满足老年人等群体的特殊需求,打造智慧共享、和睦共治的新型数字生活。

四、充分发挥数据要素作用

(一)强化高质量数据要素供给

支持市场主体依法合规开展数据采集,聚焦数据的标注、清洗、脱敏、脱密、聚合、分析等环节,提升数据资源处理能力,培育壮大数据服务产业。推动数据资源标准体系建设,提升数据管理水平和数据质量,探索面向业务应用的共享、交换、协作和开放。加快推动各领域通信协议兼容统一,打破技术和协议壁垒,努力实现互通互操作,形成完整贯通的数据链。推动数据分类分级管理,强化数据安全风险评估、监测预警和应急处置。深化政务数据跨层级、跨地域、跨部门有序共享。建立健全国家公共数据资源体系,统筹公共数据资源开发利用,推动基础公共数据安全有序开放,构建统一的国家公共数据开放平台和开发利用端口,提升公共数据开放水平,释放数据红利。

专栏2　信息网络基础设施优化升级工程
1. 提升基础数据资源质量。建立健全国家人口、法人、自然资源和空间地理等基础信息更新机制,持续完善国家基础数据资源库建设、管理和服务,确保基础信息数据及时、准确、可靠。
2. 培育数据服务商。支持社会化数据服务机构发展,依法依规开展公共资源数据,互联网数据、企业数据的采集、整理、聚合、分析等加工业务。
3. 推动数据资源标准化工作。加快数据资源规划、数据治理、数据资产评估、数据服务、数据安全等国家标注研制,加大对数据管理、数据开放等重点国家标准的宣贯力度。

(二)加快数据要素市场化流通

加快构建数据要素市场规则,培育市场主体、完善治理体系,促进数据要素市场流通。鼓励市场主体探索数据资产定价机制,推动形成数据资产目录,逐步完善数据定价体系。规范数据交易管理,培育规范的数据交易平台和市场主体,建立健全数据资产评估、登记结算、交易撮合、争议仲裁等市场运营体系，提升数据交易效率。严厉打击数据黑市交易，营造安全有序的市场环境。

专栏3　信息网络基础设施优化升级工程
1. 开展数据确权及定价服务试验。探索建立数据资产登记制度和数据资产定价规则，试点开展数据权属认定，规范完善数据资产评估服务。 2. 推动数字技术在数据流通中的应用。鼓励企业、研究机构等主体基于区块链等数字技术，探索数据授权使用、数据溯源等应用，提升数据交易流通效率。 3. 培育发展数据交易平台。提升数据交易平台服务质量，发展包含数据资产评估、登记结算、交易撮合、争议仲裁等的运营体系，健全数据交易平台报价、询价、竞价和定价机制，探索协议转让、挂牌等多种形式的数据交易模式。

（三）创新数据要素开发利用机制

适应不同类型数据特点，以实际应用需求为导向，探索建立多样化的数据开发利用机制。鼓励市场力量挖掘商业数据价值，推动数据价值产品化、服务化，大力发展专业化、个性化数据服务，促进数据、技术、场景深度融合，满足各领域数据需求。鼓励重点行业创新数据开发利用模式，在确保数据安全、保障用户隐私的前提下，调动行业协会、科研院所、企业等多方参与数据价值开发。对具有经济和社会价值、允许加工利用的政务数据和公共数据，通过数据开放、特许开发、授权应用等方式，鼓励更多社会力量进行增值开发利用。结合新型智慧城市建设，加快城市数据融合及产业生态培育，提升城市数据运营和开发利用水平。

五、大力推进产业数字化转型

（一）加快企业数字化转型升级

引导企业强化数字化思维，提升员工数字技能和数据管理能力，全面系统推动企业研发设计、生产加工、经营管理、销售服务等业务数字化转型。支持有条件的大型企业打造一体化数字平台，全面整合企业内部信息系统，强化全流程数据贯通，加快全价值链业务协同，形成数据驱动的智能决策能力，提升企业整体运行效率和产业链上下游协同效率。实施中小企业数字化赋能专项行动，支持中小企业从数字化转型需求迫切的环节入手，加快推进线上营销、远程协作、数字化办公、智能生产线等应用，由点及面向全业务全流程数字化转型延伸拓展。鼓励和支持互联网平台、行业龙头企业等立足自身优势，开放数字化资源和能力，帮助传统企业和中小企业实现数字化转型。推行普惠性“上云用数赋智”服务，推动企业上云、上平台，降低技术和资金壁垒，加快企业数字化转型。

(二)全面深化重点产业数字化转型

立足不同产业特点和差异化需求,推动传统产业全方位、全链条数字化转型,提高全要素生产率。大力提升农业数字化水平,推进“三农”综合信息服务,创新发展智慧农业,提升农业生产、加工、销售、物流等各环节数字化水平。纵深推进工业数字化转型,加快推动研发设计、生产制造、经营管理、市场服务等全生命周期数字化转型,加快培育一批“专精特新”中小企业和制造业单项冠军企业。深入实施智能制造工程,大力推动装备数字化,开展智能制造试点示范专项行动,完善国家智能制造标准体系。培育推广个性化定制、网络化协同等新模式。大力发展数字商务,全面加快商贸、物流、金融等服务业数字化转型,优化管理体系和服务模式,提高服务业的品质与效益。促进数字技术在全过程工程咨询领域的深度应用,引领咨询服务和工程建设模式转型升级。加快推动智慧能源建设应用,促进能源生产、运输、消费等各环节智能化升级,推动能源行业低碳转型。加快推进国土空间基础信息平台建设应用。推动产业互联网融通应用,培育供应链金融、服务型制造等融通发展模式,以数字技术促进产业融合发展。

专栏4 信息网络基础设施优化升级工程
1. 发展智慧农业和智慧水利。加快推动种植业、畜牧业、渔业等领域数字化转型,加强大数据、物联网、人工智能等技术深度应用,提升农业生产经营数字化水平。构建智慧水利体系,以流域为单元提升水情测报和智能调度能力。 2. 开展工业数字化转型应用示范。实施智能制造试点示范行动,建设智能制造示范工厂,培育智能制造先行区。针对产业痛点、堵点,分行业制定数字化转型路线图,面向原材料、消费品、装备制造、电子信息等重点行业开展数字化转型应用示范和评估,加大标杆应用推广力度。 3. 加快推动工业互联网创新发展。深入实施工业互联网创新发展战略,鼓励工业企业利用5G,时间敏感网络(TSN)等技术改造升级企业内外网,完善标识解析体系,打造若干具有国际竞争力的工业互联网平台,提升安全保障能力,推动各行业加快数字化转型。 4. 提升商务领域数字化水平。打造大数据支撑,网络化共享、智能化协作的智慧供应链体系。健全电子商务公共服务体系,汇聚数字赋能服务资源,支持商务领域中小微企业数字化转型升级。提升贸易数字化水平。引导批发零售、住宿餐饮、租赁和商务服务等传统业态积极开展线上线下、全渠道、定制化、精准化营销创新。 5. 大力发展智慧物流。加快对传统物流设施的数字化改造升级,促进现代物流业与农业、制造业等产业融合发展。加快建设跨行业、跨区域的物流信息服务平台,实现需求、库存和物流信息的实时共享,探索推进电子提单应用。建设智能仓储体系,提升物流仓储的自动化、智能化水平。

专栏4　信息网络基础设施优化升级工程
6. 加快金融领域数字化转型。合理推动大数据、人工智能、区块链等技术在银行、证券、保险等领域的深化应用，发展智能支付、智慧网点、智能投顾、数字化融资等新模式，稳妥推进数字人民币研发，有序开展可控试点。 7. 加快能源领域数字化转型。推动能源产、运、储、销、用各环节设施的数字化升级，实施煤矿、油气田、油气管网、电厂、电网、油气储备库、终端用能等领域设备设施、工艺流程的数字化建设与改造。推进微电网等智慧能源技术试点示范应用。推动基于供需衔接、生产服务、监督管理等业务关系的数字平台建设，提升能源体系智能化水平

（三）推动产业园区和产业集群数字化转型

引导产业园区加快数字基础设施建设，利用数字技术提升园区管理和服务能力。积极探索平台企业与产业园区联合运营模式，丰富技术、数据、平台、供应链等服务供给，提升线上线下相结合的资源共享水平，引导各类要素加快向园区集聚。围绕共性转型需求，推动共享制造平台在产业集群落地和规模化发展。探索发展跨越物理边界的“虚拟”产业园区和产业集群，加快产业资源虚拟化集聚、平台化运营和网络化协同，构建虚实结合的产业数字化新生态。依托京津冀、长三角、粤港澳大湾区、成渝地区双城经济圈等重点区域，统筹推进数字基础设施建设，探索建立各类产业集群跨区域、跨平台协同新机制，促进创新要素整合共享，构建创新协同、错位互补、供需联动的区域数字化发展生态，提升产业链供应链协同配套能力。

（四）培育转型支撑服务生态

建立市场化服务与公共服务双轮驱动，技术、资本、人才、数据等多要素支撑的数字化转型服务生态，解决企业“不会转”“不能转”“不敢转”的难题。面向重点行业和企业转型需求，培育推广一批数字化解决方案。聚焦转型咨询、标准制定、测试评估等方向，培育一批第三方专业化服务机构，提升数字化转型服务市场规模和活力。支持高校、龙头企业、行业协会等加强协同，建设综合测试验证环境，加强产业共性解决方案供给。建设数字化转型促进中心，衔接集聚各类资源条件，提供数字化转型公共服务，打造区域产业数字化创新综合体，带动传统产业数字化转型。

专栏5　信息网络基础设施优化升级工程
1. 培育发展数字化解决方案供应商。面向中小微企业特点和需求，培育若干专业型数字化解决方案供应商，引导开发轻量化、易维护、低成本、一站式解决方案。培育若干服务能力强、集成水平高、具有国际竞争力的综合型数字化解决方案供应商。

专栏5　信息网络基础设施优化升级工程
2. 建设一批数字化转型促进中心。依托产业集群、园区、示范基地等建立公共数字化转型促进中心，开展数字化服务资源条件衔接集聚、优质解决方案展示推广、人才招聘及培养、测试试验、产业交流等公共服务。依托企业、产业联盟等建立开放型、专业化数字转型促进中心，面向产业链上下游企业和行业内中小微企业提供供需撮合、转型咨询、定制化系统解决方案开发等市场化服务。制定完善数字化转型促进中心遴选、评估、考核等标准、程序和机制。 3. 创新转型支撑服务供给机制。鼓励各地因地制宜，探索建设数字化转型产品、服务、解决方案供给资源地，搭建转型供需对接平台，开展数字化转型服务券等创新，支持企业加快数字化转型。深入实施数字化转型伙伴行动计划，加快建立高校、龙头企业、产业联盟、行业协会等市场主体资源共享、分工协作的良性机制。

六、加快推动数字产业化

(一)增强关键技术创新能力

瞄准传感器、量子信息、网络通信、集成电路、关键软件、大数据、人工智能、区块链、新材料等战略性前瞻性领域，发挥我国社会主义制度优势、新型举国体制优势、超大规模市场优势，提高数字技术基础研发能力。以数字技术与各领域融合应用为导向，推动行业企业、平台企业和数字技术服务企业跨界创新，优化创新成果快速转化机制，加快创新技术的工程化、产业化。鼓励发展新型研发机构、企业创新联合体等新型创新主体，打造多元化参与、网络化协同、市场化运作的创新生态体系。支持具有自主核心技术的开源社区、开源平台、开源项目发展，推动创新资源共建共享，促进创新模式开放化演进。

专栏6　信息网络基础设施优化升级工程
1. 补齐关键技术短板。优化和创新“揭榜挂帅”等组织方式，集中突破高端芯片、操作系统、工业软件、核心算法与框架等领域关键核心技术，加强通用处理器、云计算系统和软件关键技术一体化研发。 2. 强化优势技术供给。支持建设各类产学研协同创新平台，打通贯穿基础研究、技术研发、中试熟化与产业化全过程的创新链，重点布局5G、物联网、云计算、大数据、人工智能、区块链等领域，突破智能制造、数字孪生、城市大脑、边缘计算、脑机融合等集成技术。 3. 抢先布局前沿技术融合创新。推进前沿学科和交叉研究平台建设，重点布局下一代移动通信技术、量子信息、神经芯片、类脑智能、脱氧核糖核酸(NDA)存储、第三代半导体等新兴技术，推动信息、生物、材料、能源等领域技术融合和群体性突破。

（二）提升核心产业竞争力

着力提升基础软硬件、核心电子元器件、关键基础材料和生产装备的供给水平，强化关键产品自给保障能力。实施产业链强链补链行动，加强面向多元化应用场景的技术融合和产品创新，提升产业链关键环节竞争力，完善5G、集成电路、新能源汽车、人工智能、工业互联网等重点产业供应链体系。深化新一代信息技术集成创新和融合应用，加快平台化、定制化、轻量化服务模式创新，打造新兴数字产业新优势。协同推进信息技术软硬件产品产业化、规模化应用，加快集成适配和迭代优化，推动软件产业做大做强，提升关键软硬件技术创新和供给能力。

（三）加快培育新业态新模式

推动平台经济健康发展，引导支持平台企业加强数据、产品、内容等资源整合共享，扩大协同办公、互联网医疗等在线服务覆盖面。深化共享经济在生活服务领域的应用，拓展创新、生产、供应链等资源共享新空间。发展基于数字技术的智能经济，加快优化智能化产品和服务运营，培育智慧销售、无人配送、智能制造、反向定制等新增长点。完善多元价值传递和贡献分配体系，有序引导多样化社交、短视频、知识分享等新型就业创业平台发展。

专栏7　信息网络基础设施优化升级工程
1. 持续壮大新兴在线服务。加快互联网医院发展，推广健康咨询、在线问诊、远程会诊等互联网医疗服务，规范推广基于智能康养设备的家庭健康监护、慢病管理、养老护理等新模式。推动远程协同办公产品和服务优化升级，推广电子合同、电子印章、电子签名、电子认证等应用。 2. 深入发展共享经济。鼓励共享出行等商业模式创新，培育线上高端品牌，探索错时共享、有偿共享新机制。培育发展共享制造平台，推进研发设计、制造能力、供应链管理等资源共享，发展可计量可交易的新型制造服务。 3. 鼓励发展智能经济。依托智慧街区、智慧商圈、智慧园区、智能工厂等建设，加强运营优化和商业模式创新，培育智能服务的新增长点。稳步推进自动驾驶、无人配送、智能停车等应用，发展定制化、智慧化出行服务。 4. 有序引导新个体经济。支持线上多样化社交、短视频平台有序发展，鼓励微创新、微产品等创新模式。鼓励个人利用电子商务、社交软件、知识分享、音视频网站、创客等新型平台就业创业，促进灵活就业、副业创新。

（四）营造繁荣有序的产业创新生态

发挥数字经济领军企业的引领带动作用，加强资源共享和数据开放，推动线上线下相结合的创新协同、产能共享、供应链互通。鼓励开源社区、开发者平台等新型协作平台发展，培育大中小企业和社会开发者开放协作的数字产业创新生态,带动创新型企业快速壮大。以园区、行业、区域为整体推进产业创新服务平台建设,强化技术研发、标准制修订、测试评估、应用培训、创业孵化等优势资源汇聚,提升产业创新服务支撑水平。

七、持续提升公共服务数字化水平

(一)提高"互联网+政务服务"效能

全面提升全国一体化政务服务平台功能,加快推进政务服务标准化、规范化、便利化,持续提升政务服务数字化、智能化水平,实现利企便民高频服务事项"一网通办"。建立健全政务数据共享协调机制,加快数字身份统一认证和电子证照、电子签章、电子公文等互信互认,推进发票电子化改革,促进政务数据共享、流程优化和业务协同。推动政务服务线上线下整体联动、全流程在线、向基层深度拓展,提升服务便利化、共享化水平。开展政务数据与业务、服务深度融合创新,增强基于大数据的事项办理需求预测能力,打造主动式、多层次创新服务场景。聚焦公共卫生、社会安全、应急管理等领域,深化数字技术应用,实现重大突发公共事件的快速响应和联动处置。

(二)提升社会服务数字化普惠水平

加快推动文化教育、医疗健康、会展旅游、体育健身等领域公共服务资源数字化供给和网络化服务,促进优质资源共享复用。充分运用新型数字技术,强化就业、养老、儿童福利、托育、家政等民生领域供需对接,进一步优化资源配置。发展智慧广电网络,加快推进全国有线电视网络整合和升级改造。深入开展电信普遍服务试点,提升农村及偏远地区网络覆盖水平。加强面向革命老区、民族地区、边疆地区、脱贫地区的远程服务,拓展教育、医疗、社保、对口帮扶等服务内容,助力基本公共服务均等化。加强信息无障碍建设,提升面向特殊群体的数字化社会服务能力。促进社会服务和数字平台深度融合,探索多领域跨界合作,推动医养结合、文教结合、体医结合、文旅融合。

专栏8　信息网络基础设施优化升级工程
1. 深入推进智慧教育。推进教育新型基础设施建设,构建高质量教育支撑体系。深入推进智慧教育示范区建设,进一步完善国家数字教育资源公共服务体系,提升在线教育支撑服务能力,推动"互联网+教育"持续健康发展,充分依托互联网、广播电视网络等渠道推进优质教育资源覆盖农村及偏远地区学校。
2. 加快发展数字健康服务。加快完善电子健康档案、电子处方等数据库,推进医疗数据共建共享。推进医疗机构数字化、智能化转型,加快建设智慧医院,推广远程医疗。精准对接和满足群众多层次、多样化、个性化医疗健康服务需求,发展远程化、定制化、智能化数字健康新业态,提升"互联网+医疗健康"服务水平。

专栏8　信息网络基础设施优化升级工程
3. 以数字化推动文化和旅游融合发展。加快优秀文化和旅游资源的数字化转化和开发，推动景区、博物馆等发展线上数字化体验产品，发展线上演播、云展览、沉浸式体验等新型文旅服务，培育一批具有广泛影响力的数字文化品牌。 4. 加快推进智慧社区建设。充分依托已有资源，推动建设集约化、联网规范化、应用智能化、资源社会化，实现系统集成、数据共享和业务协同，更好提供政务、商超、家政、托育、养老、物业等社区服务资源，扩大感知智能技术应用，推动社区服务智能化，提升城乡社区服务效能。 5. 提升社会保障服务数字化水平。完善社会保障大数据应用，开展跨地区、跨部门、跨层级数据共享应用，加快实现“跨省通办”。健全风险防控分类管理，加强业务运行监测，构建制度化、常态化数据核查机制。加快推进社保经办数字化转型，为参保单位和个人搭建数字全景图，支持个性服务和精准监管。

（三）推动数字城乡融合发展

统筹推动新型智慧城市和数字乡村建设，协同优化城乡公共服务。深化新型智慧城市建设，推动城市数据整合共享和业务协同，提升城市综合管理服务能力，完善城市信息模型平台和运行管理服务平台，因地制宜构建数字孪生城市。加快城市智能设施向乡村延伸覆盖，完善农村地区信息化服务供给，推进城乡要素双向自由流动，合理配置公共资源，形成以城带乡、共建共享的数字城乡融合发展格局。构建城乡常住人口动态统计发布机制，利用数字化手段助力提升城乡基本公共服务水平。

专栏9　信息网络基础设施优化升级工程
1. 分级分类推进新型智慧城市建设。结合新型智慧城市评价结果和实践成效，遴选有条件的地区建设一批新型智慧城市示范工程，围绕惠民服务、精准治理、产业发展、生态宜居、应急管理等领域打造高水平新型智慧城市样板，着力突破数据融合难、业务协同难、应急联动难等痛点问题。 2. 强化新型智慧城市运筹规划和建设运营。加强新型智慧城市总体规划与顶层设计，创新智慧城市建设、应用、运营等模式，建立完善智慧城市的绩效管理、发展评价、标准规范体系，推进智慧城市规划、设计、建设、运营的一体化、协同化，建立智慧城市长效发展的运营机制。 3. 提升信息惠民服务水平。构建乡村综合信息服务体系，丰富市场、科技、金融、就业培训等涉农信息服务内容，推进乡村教育信息化应用，推进农业生产、市场交易、信贷保险、农村生活等数字化应用。 4. 推进乡村治理数字化。推动基本公共服务更好向乡村延伸，推进涉农服务事项线上线下一体化办理。推动农业农村大数据应用，强化市场预警、政策评估、监管执法、资源管理、舆情分析、应急管理等领域的决策支持服务。

（四）打造智慧共享的新型数字生活

加快既有住宅和社区设施数字化改造，鼓励新建小区同步规划建设智能系统，打造智能楼宇、智能停车场、智能充电桩、智能垃圾箱等公共设施。引导智能家居产品互联互通,促进家居产品与家居环境智能互动,丰富“一键控制”“一声响应”的数字家庭生活应用。加强超高清电视普及应用,发展互动视频、沉浸式视频、云游戏等新业态。创新发展“云生活”服务,深化人工智能、虚拟现实、8K高清视频等技术的融合,拓展社交、购物、娱乐、展览等领域的应用,促进生活消费品质升级。鼓励建设智慧社区和智慧服务生活圈,推动公共服务资源整合,提升专业化、市场化服务水平。支持实体消费场所建设数字化消费新场景,推广智慧导览、智能导流、虚实交互体验、非接触式服务等应用,提升场景消费体验。培育一批新型消费示范城市和领先企业,打造数字产品服务展示交流和技能培训中心,培养全民数字消费意识和习惯。

八、健全完善数字经济治理体系

(一)强化协同治理和监管机制

规范数字经济发展,坚持发展和监管两手抓。探索建立与数字经济持续健康发展相适应的治理方式,制定更加灵活有效的政策措施,创新协同治理模式。明晰主管部门、监管机构职责,强化跨部门、跨层级、跨区域协同监管,明确监管范围和统一规则,加强分工合作与协调配合。深化“放管服”改革,优化营商环境,分类清理规范不适应数字经济发展需要的行政许可、资质资格等事项,进一步释放市场主体创新活力和内生动力。鼓励和督促企业诚信经营,强化以信用为基础的数字经济市场监管,建立完善信用档案,推进政企联动、行业联动的信用共享共治。加强征信建设,提升征信服务供给能力。加快建立全方位、多层次、立体化监管体系,实现事前事中事后全链条全领域监管,完善协同会商机制,有效打击数字经济领域违法犯罪行为。加强跨部门、跨区域分工协作,推动监管数据采集和共享利用,提升监管的开放、透明、法治水平。探索开展跨场景跨业务跨部门联合监管试点,创新基于新技术手段的监管模式,建立健全触发式监管机制。加强税收监管和税务稽查。

(二)增强政府数字化治理能力

加大政务信息化建设统筹力度,强化政府数字化治理和服务能力建设,有效发挥对规范市场、鼓励创新、保护消费者权益的支撑作用。建立完善基于大数据、人工智能、区块链等新技术的统计监测和决策分析体系,提升数字经济治理的精准性、协调性和有效性。推进完善风险应急响应处置流程和机制,强化重大问题研判和风险预警,提升系统性风险防范水平。探索建立适应平台经济特点的监管机制,推动线上线下监管有效衔接,强化对平台经营者及其行为的监管。

专栏10　信息网络基础设施优化升级工程
1. 加快数字经济统计监测。基于数字经济及其核心产业统计分类，界定数字经济统计范围，建立数字经济统计监测制度，组织实施数字经济统计监测。定期开展数字经济核心产业核算，准确反映数字经济核心产业发展规模、速度、结构等情况。探索开展产业数字化发展状况评估。 2. 加强重大问题研判和风险预警。整合各相关部门和地方风险监测预警能力，健全完善风险发现、研判会商、协同处置等工作机制，发挥平台企业和专业研究机构等力量的作用，有效监测和防范大数据、人工智能等技术滥用可能引发的经济、社会和道德风险。 3. 构建数字服务监管体系。加强对平台治理、人工智能伦理等问题的研究，及时跟踪研判数字技术创新应用发展趋势，推动完善数字中介服务、工业App、云计算等数字技术和服务监管规则。探索大数据、人工智能、区块链等数字技术在监管领域的应用。强化产权和知识产权保护，严厉打击网络侵权和盗版行为，营造有利于创新的发展环境。

（三）完善多元共治新格局

建立完善政府、平台、企业、行业组织和社会公众多元参与、有效协同的数字经济治理新格局，形成治理合力，鼓励良性竞争，维护公平有效市场。加快健全市场准入制度、公平竞争审查机制，完善数字经济公平竞争监管制度，预防和制止滥用行政权力排除限制竞争。进一步明确平台企业主体责任和义务，推进行业服务标准建设和行业自律，保护平台从业人员和消费者合法权益。开展社会监督、媒体监督、公众监督，培育多元治理、协调发展新生态。鼓励建立争议在线解决机制和渠道，制定并公示争议解决规则。引导社会各界积极参与推动数字经济治理，加强和改进反垄断执法，畅通多元主体诉求表达、权益保障渠道，及时化解矛盾纠纷，维护公众利益和社会稳定。

专栏11　信息网络基础设施优化升级工程
1. 强化平台治理。科学界定平台责任与义务，引导平台经营者加强内部管理和安全保障，强化平台在数据安全和隐私保护、商品治理保障、食品安全保障、劳动保护等方面的责任，研究制定相关措施，有效防范潜在的技术、经济和社会风险。 2. 引导行业自律。积极支持和引导行业协会等社会组织参与数字经济治理，鼓励出台行业标准规范、自律公约，并依法依规参与纠纷处理，规范行业企业经营行为。 3. 保护市场主体权益。保护数字经济领域各类市场主体尤其是中小微企业和平台从业人员的合法权益、发展机会和创新活力，规范网络广告、价格标示、宣传促销等行为。 4. 完善社会参与机制。拓宽消费者和群众参与渠道，完善社会举报监督机制，推动主管部门、平台经营者及时回应社会关切，合理引导预期。

九、着力强化数字经济安全体系

(一)增强网络安全防护能力

强化落实网络安全技术措施同步规划、同步建设、同步使用的要求,确保重要系统和设施安全有序运行。加强网络安全基础设施建设,强化跨领域网络安全信息共享和工作协同,健全完善网络安全应急事件预警通报机制,提升网络安全态势感知、威胁发现、应急指挥、协同处置和攻击溯源能力。提升网络安全应急处置能力,加强电信、金融、能源、交通运输、水利等重要行业领域关键信息基础设施网络安全防护能力,支持开展常态化安全风险评估,加强网络安全等级保护和密码应用安全性评估。支持网络安全保护技术和产品研发应用,推广使用安全可靠的信息产品、服务和解决方案。强化针对新技术、新应用的安全研究管理,为新产业新业态新模式健康发展提供保障。加快发展网络安全产业体系,促进拟态防御、数据加密等网络安全技术应用。加强网络安全宣传教育和人才培养,支持发展社会化网络安全服务。

(二)提升数据安全保障水平

建立健全数据安全治理体系,研究完善行业数据安全管理政策。建立数据分类分级保护制度,研究推进数据安全标准体系建设,规范数据采集、传输、存储、处理、共享、销毁全生命周期管理,推动数据使用者落实数据安全保护责任。依法依规加强政务数据安全保护,做好政务数据开放和社会化利用的安全管理。依法依规做好网络安全审查、云计算服务安全评估等,有效防范国家安全风险。健全完善数据跨境流动安全管理相关制度规范。推动提升重要设施设备的安全可靠水平,增强重点行业数据安全保障能力。进一步强化个人信息保护,规范身份信息、隐私信息、生物特征信息的采集、传输和使用,加强对收集使用个人信息的安全监管能力。

(三)切实有效防范各类风险

强化数字经济安全风险综合研判,防范各类风险叠加可能引发的经济风险、技术风险和社会稳定问题。引导社会资本投向原创性、引领性创新领域,避免低水平重复、同质化竞争、盲目跟风炒作等,支持可持续发展的业态和模式创新。坚持金融活动全部纳入金融监管,加强动态监测,规范数字金融有序创新,严防衍生业务风险。推动关键产品多元化供给,着力提高产业链供应链韧性,增强产业体系抗冲击能力。引导企业在法律合规、数据管理、新技术应用等领域完善自律机制,防范数字技术应用风险。健全失业保险、社会救助制度,完善灵活就业的工伤保险制度。健全灵活就业人员参加社会保险制度和劳动者权益保障制度,推进灵活就业人员参加住房公积金制度试点。探索建立新业态企业劳动保障信用评价、守信激励和失信惩戒等制度。着力推动数字经济普惠共享发展，健全完善针对未成年人、老年人等各类特殊群体的网络保护机制。

十、有效拓展数字经济国际合作

（一）加快贸易数字化发展

以数字化驱动贸易主体转型和贸易方式变革，营造贸易数字化良好环境。完善数字贸易促进政策，加强制度供给和法律保障。加大服务业开放力度，探索放宽数字经济新业态准入，引进全球服务业跨国公司在华设立运营总部、研发设计中心、采购物流中心、结算中心，积极引进优质外资企业和创业团队，加强国际创新资源“引进来”。依托自由贸易试验区、数字服务出口基地和海南自由贸易港，针对跨境寄递物流、跨境支付和供应链管理等典型场景，构建安全便利的国际互联网数据专用通道和国际化数据信息专用通道。大力发展跨境电商，扎实推进跨境电商综合试验区建设，积极鼓励各业务环节探索创新，培育壮大一批跨境电商龙头企业、海外仓领军企业和优秀产业园区，打造跨境电商产业链和生态圈。

（二）推动“数字丝绸之路”深入发展

加强统筹谋划，高质量推动中国—东盟智慧城市合作、中国—中东欧数字经济合作。围绕多双边经贸合作协定，构建贸易投资开放新格局，拓展与东盟、欧盟的数字经济合作伙伴关系，与非盟和非洲国家研究开展数字经济领域合作。统筹开展境外数字基础设施合作，结合当地需求和条件，与共建“一带一路”国家开展跨境光缆建设合作，保障网络基础设施互联互通。构建基于区块链的可信服务网络和应用支撑平台，为广泛开展数字经济合作提供基础保障。推动数据存储、智能计算等新兴服务能力全球化发展。加大金融、物流、电子商务等领域的合作模式创新，支持我国数字经济企业“走出去”，积极参与国际合作。

（三）积极构建良好国际合作环境

倡导构建和平、安全、开放、合作、有序的网络空间命运共同体，积极维护网络空间主权，加强网络空间国际合作。加快研究制定符合我国国情的数字经济相关标准和治理规则。依托双边和多边合作机制，开展数字经济标准国际协调和数字经济治理合作。积极借鉴国际规则和经验，围绕数据跨境流动、市场准入、反垄断、数字人民币、数据隐私保护等重大问题探索建立治理规则。深化政府间数字经济政策交流对话，建立多边数字经济合作伙伴关系，主动参与国际组织数字经济议题谈判，拓展前沿领域合作。构建商事协调、法律顾问、知识产权等专业化中介服务机制和公共服务平台，防范各类涉外经贸法律风险，为出海企业保驾护航。

十一、保障措施

(一)加强统筹协调和组织实施

建立数字经济发展部际协调机制,加强形势研判,协调解决重大问题,务实推进规划的贯彻实施。各地方要立足本地区实际,健全工作推进协调机制,增强发展数字经济本领,推动数字经济更好服务和融入新发展格局。进一步加强对数字经济发展政策的解读与宣传,深化数字经济理论和实践研究,完善统计测度和评价体系。各部门要充分整合现有资源,加强跨部门协调沟通,有效调动各方面的积极性。

(二)加大资金支持力度

加大对数字经济薄弱环节的投入,突破制约数字经济发展的短板与瓶颈,建立推动数字经济发展的长效机制。拓展多元投融资渠道,鼓励企业开展技术创新。鼓励引导社会资本设立市场化运作的数字经济细分领域基金,支持符合条件的数字经济企业进入多层次资本市场进行融资,鼓励银行业金融机构创新产品和服务,加大对数字经济核心产业的支持力度。加强对各类资金的统筹引导,提升投资质量和效益。

(三)提升全民数字素养和技能

实施全民数字素养与技能提升计划,扩大优质数字资源供给,鼓励公共数字资源更大范围向社会开放。推进中小学信息技术课程建设,加强职业院校(含技工院校)数字技术技能类人才培养,深化数字经济领域新工科、新文科建设,支持企业与院校共建一批现代产业学院、联合实验室、实习基地等,发展订单制、现代学徒制等多元化人才培养模式。制定实施数字技能提升专项培训计划,提高老年人、残障人士等运用数字技术的能力,切实解决老年人、残障人士面临的困难。提高公民网络文明素养,强化数字社会道德规范。鼓励将数字经济领域人才纳入各类人才计划支持范围,积极探索高效灵活的人才引进、培养、评价及激励政策。

(四)实施试点示范

统筹推动数字经济试点示范,完善创新资源高效配置机制,构建引领性数字经济产业集聚高地。鼓励各地区、各部门积极探索适应数字经济发展趋势的改革举措,采取有效方式和管用措施,形成一批可复制推广的经验做法和制度性成果。支持各地区结合本地区实际情况,综合采取产业、财政、科研、人才等政策手段,不断完善与数字经济发展相适应的政策法规体系、公共服务体系、产业生态体系和技术创新体系。鼓励跨区域交流合作,适时总结推广各类示范区经验,加强标杆示范引领,形成以点带面的良好局面。

（五）强化监测评估

各地区、各部门要结合本地区、本行业实际，抓紧制定出台相关配套政策并推动落地。要加强对规划落实情况的跟踪监测和成效分析，抓好重大任务推进实施，及时总结工作进展。国家发展改革委、中央网信办、工业和信息化部要会同有关部门加强调查研究和督促指导，适时组织开展评估，推动各项任务落实到位，重大事项及时向国务院报告。

国务院办公厅关于印发加强信用信息共享应用促进中小微企业融资实施方案的通知[1]

国办发〔2021〕52号

各省、自治区、直辖市人民政府,国务院各部委、各直属机构:

《加强信用信息共享应用促进中小微企业融资实施方案》已经国务院同意,现印发给你们,请认真组织实施。

各地区、各部门要认真贯彻落实党中央、国务院关于加强社会信用体系建设、促进中小微企业融资的决策部署,围绕保市场主体、应对新的经济下行压力,加快信用信息共享步伐,深化数据开发利用,创新优化融资模式,加强信息安全和市场主体权益保护,助力银行等金融机构提升服务中小微企业能力,不断提高中小微企业贷款可得性,有效降低融资成本,切实防范化解风险,支持中小微企业纾困发展,保持经济平稳运行,为构建新发展格局、推动高质量发展提供有力支撑。

国务院办公厅

2021年12月22日

(此件公开发布)

加强信用信息共享应用促进中小微企业融资实施方案

中小微企业是稳增长、促就业、保民生的重要力量。近年来,金融供给侧结构性改革深入推进,社会信用体系不断完善,有效促进了中小微企业融资。但受银企信息不对称等因素制约,中小微企业贷款可得性不高、信用贷款占比偏低等问题仍然存在。为进一步发挥信用信息对中小微企业融资的支持作用,推动建立缓解中小微企业融资难融资贵问题的长效机制,根据《中共中央办公厅　国务院办公厅关于促进中小企业健康发展的指导意见》部署和《政府工作报告》要求,制定本实施方案。

[1] 来源:中国政府网 http://www.gov.cn/zhengce/content/2021-12/29/content_5665109.htm.

一、总体要求

（一）指导思想

以习近平新时代中国特色社会主义思想为指导，深入贯彻落实党的十九大和十九届历次全会精神，按照党中央、国务院决策部署，充分发挥各类信用信息平台作用，在切实保障信息安全和市场主体权益的前提下，加强信用信息共享整合，深化大数据应用，支持创新优化融资模式，加强对中小微企业的金融服务，不断提高中小微企业贷款覆盖率、可得性和便利度，助力中小微企业纾困发展，为扎实做好“六稳”工作、全面落实“六保”任务、加快构建新发展格局、推动高质量发展提供有力支撑。

（二）基本原则

*需求导向，充分共享。*以支持银行等金融机构提升服务中小微企业能力为出发点，充分发挥各类信用信息平台作用，多种方式归集共享各类涉企信用信息，破解银企信息不对称难题。

*创新应用，防控风险。*充分运用大数据等技术，完善信用评价体系，创新金融产品和服务，加大信贷资源向中小微企业倾斜力度。建立健全风险识别、监测、分担、处置等机制，提升风险防范能力。

*多方参与，协同联动。*健全信用信息共享协调机制，发挥政府在组织协调、信息整合等方面的作用，加快构建政府与银行、保险、担保、信用服务等机构协同联动的工作格局，形成工作合力。

*依法依规，保护权益。*强化信息分级分类管理，规范信息使用权限和程序，加强信息安全保护，防止信息泄露和非法使用。依法查处侵权行为，保护商业秘密和个人隐私，维护市场主体合法权益。

二、加强信用信息共享整合

（三）健全信息共享网络

省级人民政府要在充分利用现有地方信用信息共享平台、征信平台、综合金融服务平台等信息系统的基础上，统筹建立或完善地方融资信用服务平台，鼓励有条件的市县结合实际建立相关融资信用服务平台。依托已建成的全国中小企业融资综合信用服务平台（以下简称全国融资信用服务平台），横向联通国家企业信用信息公示系统和有关行业领域信息系统，纵向对接地方各级融资信用服务平台，构建全国一体化融资信用服务平台网络，与全国一体化政务服务平台等数据共享交换通道做好衔接。(国家发展改革委、人民银行、银保监会牵头,各地区各有关部门和单位按职责分工负责)

(四)扩大信息共享范围

进一步整合市场主体注册登记、行政许可、行政处罚、司法判决及执行、严重失信主体名单、荣誉表彰、政策支持等公共信用信息,不断提高数据准确性、完整性和及时性。以中小微企业、个体工商户融资业务需求为导向,在依法依规、确保信息安全的前提下,逐步将纳税、社会保险费和住房公积金缴纳、进出口、水电气、不动产、知识产权、科技研发等信息纳入共享范围,打破"数据壁垒"和"信息孤岛"。鼓励企业通过"自愿填报+信用承诺"等方式补充完善自身信息,畅通信息共享渠道。(国家发展改革委、人民银行、银保监会牵头,最高人民法院、人力资源社会保障部、自然资源部、生态环境部、住房城乡建设部、农业农村部、海关总署、税务总局、市场监管总局、国家版权局、国家知识产权局等有关部门和单位及各地区按职责分工负责)

(五)优化信息共享方式

立足工作实际,灵活采取物理归集、系统接口调用、数据核验等多种方式共享相关信息。已实现全国集中管理的信息原则上在国家层面共享,由国家有关部门和单位负责与全国融资信用服务平台共享,在完成"总对总"对接前可以根据实际需求先行推进地方层面共享;其他信息在地方层面共享,由地方人民政府负责归集整合,以适当方式与地方融资信用服务平台共享。充分利用现有信息共享机制和渠道,凡已实现共享的信息,不再要求有关部门和单位重复提供。全国融资信用服务平台要根据有关部门和单位工作需要,依法依规同步共享所归集的信用信息,加强信息使用和管理的有效衔接。建立相关工作机制,支持有需求的银行、保险、担保、信用服务等机构(以下统称接入机构)接入融资信用服务平台。(各地区各有关部门和单位按职责分工负责)

(六)优化信用信息服务

各级融资信用服务平台按照公益性原则,依法依规向接入机构提供基础性信息服务,并将相关信息使用情况及时反馈数据提供单位。对依法公开的信息,应当整合形成标准化信用信息报告供接入机构查询,鼓励有条件的融资信用服务平台根据接入机构需求,按照区域、行业等维度批量推送相关信息。对涉及商业秘密等不宜公开的信息,未经信息主体授权不得向接入机构提供原始明细数据,主要通过数据提供单位与融资信用服务平台联合建模等方式供接入机构使用,或经信息主体授权后提供数据查询、核验等服务,实现数据"可用不可见"。在切实加强监管的基础上,稳妥引入企业征信机构依法依规参与平台建设和运营。(国家发展改革委、工业和信息化部、人民银行、银保监会及各地区按职责分工负责)

三、深化信用信息开发利用

（七）完善信用评价体系

各级融资信用服务平台要建立完善中小微企业信用评价指标体系，对中小微企业开展全覆盖信用评价，供银行等接入机构参考使用。鼓励接入机构根据自身业务特点和市场定位，充分利用内外部信息资源，完善信用评价模型，实现对中小微企业的精准“画像”。鼓励接入机构依法依规将相关信息向融资信用服务平台和有关部门开放共享。（国家发展改革委、工业和信息化部、人民银行、银保监会及各地区按职责分工负责）

（八）强化风险监测处置

各级融资信用服务平台要加强对获得贷款企业信用状况的动态监测，分析研判潜在风险并及时推送相关机构参考。依托融资信用服务平台等，探索建立中小微企业贷款“线上公证”“线上仲裁”机制和金融互联网法庭，高效处置金融纠纷。对依法认定的恶意逃废债等行为，各有关部门和单位要依法依规开展联合惩戒。（国家发展改革委、最高人民法院、司法部、人民银行、银保监会等有关部门和单位及各地区按职责分工负责）

四、保障信息主体合法权益

（九）规范信息管理使用

各数据提供单位要按照相关法律法规和党中央、国务院政策文件要求，明确相关信息的共享公开属性和范围。各级融资信用服务平台要建立信息分级分类管理和使用制度。信息主体有权免费查询其在融资信用服务平台上的所有信息，并可按照有关规定提起异议申诉和申请信用修复。未经脱敏处理或信息主体明确授权，不得对外提供涉及商业秘密或个人隐私的信息。（各地区各有关部门和单位按职责分工负责）

（十）加强信息安全保障

各级融资信用服务平台应当建立完备的信息安全管理制度，强化信息安全技术保障，对接入机构进行信息安全评估，提升信息安全风险监测、预警、处置能力。接入机构要加强内部信息安全管理，严格遵守国家有关规定和融资信用服务平台信息管理要求，获取的信息不得用于为企业提供融资支持以外的活动。严肃查处非法获取、传播、泄露、出售信息等违法违规行为。（各地区各有关部门和单位按职责分工负责）

五、保障措施

(十一)加强组织协调

国家发展改革委、工业和信息化部、人民银行、银保监会要会同有关部门和单位建立健全加强信用信息共享应用促进中小微企业融资工作协调机制,做好与国家政务数据共享协调机制的衔接,设立工作专班负责推动相关信息共享,通报工作成效。人民银行、银保监会要依法依规对涉及的相关金融机构和金融业务进行监督管理。各有关部门和单位要加快实现本领域相关信息系统与融资信用服务平台互联互通,推动信用信息应用服务。地方各级人民政府要加大工作力度,按照本实施方案要求统筹建立或完善地方融资信用服务平台,做好本行政区域内信用信息共享应用相关工作。(国家发展改革委、工业和信息化部、人民银行、银保监会牵头,最高人民法院、司法部、财政部、人力资源社会保障部、自然资源部、生态环境部、住房城乡建设部、农业农村部、海关总署、税务总局、市场监管总局、国家版权局、国家知识产权局等有关部门和单位及各地区按职责分工负责)

(十二)强化政策支持

地方人民政府要对地方融资信用服务平台建设予以合理保障。鼓励有条件的地方建立中小微企业信用贷款市场化风险分担补偿机制,合理分担信用风险。鼓励有条件的地方为符合产业政策导向、信用状况良好的中小微企业提供贷款贴息,对为中小微企业提供有效担保的政府性融资担保机构予以补贴。充分发挥国家融资担保基金引导作用,增强地方政府性融资担保机构增信能力,推动完善政府性融资担保体系。(财政部、银保监会及各地区按职责分工负责)

(十三)做好宣传引导

创建一批加强信用信息共享应用促进中小微企业融资示范地区、示范银行、示范平台,强化正面引导,推广先进经验。组织动员银行、保险、担保、信用服务等机构广泛参与,加强中小微企业融资服务供给,不断提升中小微企业获得感。充分发挥部门、地方、行业组织、新闻媒体等作用,通过召开新闻发布会、制作新媒体产品等多种形式,全面准确解读政策,大力宣传工作成效、典型案例和创新做法,营造良好舆论环境。(国家发展改革委、工业和信息化部、人民银行、银保监会牵头,各地区各有关部门和单位按职责分工负责)

附件:信用信息共享清单

附件

信用信息共享清单

序号	信息种类		共享内容	共享方式	责任单位	完成时间
1	市场主体登记信息	营业执照信息	企业名称、统一社会信用代码、法定代表人、成立日期、住所、登记状态、登记机关	国家层面以物理归集方式共享至全国融资信用服务平台	市场监管总局	已完成
			经营范围、企业类型、注册资本、营业期限自、营业期限至	国家层面接口调用(经企业授权)	市场监管总局	2021年年底
		变更信息	企业名称、统一社会信用代码、变更事项、变更前内容、变更后内容、变更日期	国家层面接口调用(经企业授权)	市场监管总局	2021年年底
		所属行业类型	企业名称、统一社会信用代码、所属行业类型(国民经济行业分类)	国家层面接口调用(经企业授权)	市场监管总局	2021年年底
		股东及出资信息	企业名称、统一社会信用代码、股东名称、股东类型、出资比例、出资额、出资方式、认缴出资额	国家层面接口调用(经企业授权)	市场监管总局	2021年年底
		分支机构信息	企业名称、统一社会信用代码、分支机构名称和统一社会信用代码、分支机构法定代表人/负责人、分支机构成立日期、分支机构住所、分支机构登记状态、分支机构登记机关	国家层面接口调用(经企业授权)	市场监管总局	2021年年底
		股权出质登记信息	企业名称、统一社会信用代码、登记编号、出质人、出质人证照/证件号码、出质股权数额、质权人、质权人证照/证件号码、股权出质设立登记日期、公示日期、状态	国家层面接口调用(经企业授权)	市场监管总局	2021年年底

续表

序号	信息种类		共享内容	共享方式	责任单位	完成时间
1	市场主体登记信息	企业年报	企业名称、统一社会信用代码、报告年度、资产总额、所有者权益合计、营业总收入、利润总额、净利润、纳税总额、负债总额、是否有对外提供担保信息、从业人数	国家层面接口调用(经企业授权)	市场监管总局	2021年年底
		列入经验异常名录情况	企业名称、统一社会信用代码、是否列入经验异常名录、列入经验异常名录原因类型、列入经验异常名录日期	国家层面接口调用	市场监管总局	2021年年底
		列入严重违法失信企业名单情况	企业名称、统一社会信用代码、列入严重违法失信企业名单原因、列入日期、作出决定机关(判入)、移出严重违法失信企业名单原因、移出日期、作出决定机关(移出)	国家层面接口调用	市场监管总局	2021年年底
		抽查信息	企业名称、统一社会信用代码、近三年抽查不合格次数	国家层面接口调用	市场监管总局	2021年年底
2	司法信息	法院判决信息(已在互联网上公开的裁判文书)	企业名称、统一社会信用代码、案由、案号、原告姓名/名称、原告身份证号码(如有)/统一社会信用代码(如有)、被告姓名/名称、被告身份证号码(如有)/统一社会信用代码(如有)、判决结果、执行法院、所在地、发布日期	国家层面接口调用(共享判决文书)	最高人民法院	2021年年底
		终结本次执行案件信息	案号、被执行人姓名/名称、身份证号码/统一社会信用代码、执行法院、立案时间、终结本次执行案件日期	国家层面接口调用	最高人民法院	2021年年底

续表

序号	信息种类		共享内容	共享方式	责任单位	完成时间
2	司法信息	失信被执行人信息	案号、企业名称、法定代表人或者负责人姓名、身份证号码/统一社会信用代码、失信被执行人的履行情况、失信被执行人行为具体情形、执行法院、所在地、立案时间、发布时间	国家层面以物理归集方式共享至全国融资信用服务平台	最高人民法院	2021年年底
		破产信息	企业名称、统一社会信用代码、破产案件案号、破产类型、企业破产程序受理时间及受理法院、管理人名称/姓名、结案方式及日期	国家层面接口调用	最高人民法院	2021年年底
3	纳税信息	纳税信息登记信息	企业名称、统一社会信用代码、评级年度、纳税信用等级	地方层面接口调用（经企业授权），其中A级纳税人名单信息在国家层面以物理归集方式共享至全国融资信用服务平台	税务总局	已共享
		非正常纳税户信息	企业名称、统一社会信用代码、是否非正常纳税户	地方层面接口调用（经企业授权）	税务总局指导，地方人民政府负责	2022年6月
		欠税信息	企业名称、统一社会信用代码、当前是否欠税、欠税金额、税种	地方层面接口调用（经企业授权）	税务总局指导，地方人民政府负责	2022年6月
		纳税信息	企业名称、统一社会信用代码、近一年增值税应纳税金额、近一年增值税实际缴税金额、近一年企业所得税应	地方层面接口调用（经企业授权）	税务总局指导，地方人民政府负责	2022年6月

续表

序号	信息种类		共享内容	共享方式	责任单位	完成时间
3	纳税信息	纳税信息	纳税金额、近一年企业所得税实际缴税金额、连续正常纳税周期(月)、最近一次正常缴税日期	地方层面接口调用(经企业授权)	税务总局指导,地方人民政府负责	2022年6月
4	住房公积金	住房公积金缴纳情况	企业名称、统一社会信用代码、近一年月均缴存人数、近一年住房公积金缴存总额、近一年连续正常缴纳周期(月)、最近一次正常缴费日期	国家层面接口调用(经企业授权)	住房城乡建设部	2022年9月
5	社会保险信息	社会保险费缴纳情况	企业名称、统一社会信用代码、企业职工基本养老保险近一年月均参保人数分档、企业职工基本养老保险近一年月均单位缴费金额分档、企业职工基本养老保险最近一次正常缴费月份	国家层面数据核验(经企业授权)	人力资源和社会保障部	2022年6月
		欠缴信息	企业名称、统一社会信用代码、当前是否欠缴	国家层面数据核验(经企业授权)	人力资源和社会保障部	2022年6月
6	生态环境领域信息	环保信用评价情况	企业名称、统一社会信用代码、环保信用评价分值和等级、评价时间	国家或地方层面以物理归集方式共享至全国融资信用服务平台	生态环境部指导,地方人民政府负责	2022年年底
7	进出口信息	海关注册信息	企业中文名称、统一社会信用代码、海关注册编码(企业注册号)、经营类别、海关注销标志	国家层面以物理归集方式共享至全国融资信用服务平台	海关总署	2021年年底
		海关信用等级	企业中文名称、统一社会信用代码、海关注册编码(企业注册号)、信用等级、适用信用等级时间	国家层面以物理归集方式共享至全国融资信用服务平台	海关总署	2021年年底

续表

序号	信息种类		共享内容	共享方式	责任单位	完成时间
8	商标和专利信息	企业商标信息	企业名称、统一社会信用代码、商标名称、申请号/注册号、申请人中文姓名/名称、申请日期、国际分类、专用期开始期、专用期结束日期	国家层面以物理归集方式共享至全国融资信用服务平台	国家知识产权局	2021年年底
		企业专利信息	企业名称、统一社会信用代码、专利名称、专利类型、申请（专利）号、申请（专利权）人、申请（专利权）人地址、申请日期、发明（设计）人、公开（公告）号、公开（公告）日期、法律状态	国家层面接口调用	国家知识产权局	2022年6月
9	软件著作权信息		企业名称、统一社会信用代码、软件著作权人、软件著作全称、首次发表日期、版本号、软件著作分类、行业分类、登记号、登记日期	国家层面以物理归集方式共享至全国融资信用服务平台	国家版权局	2022年年底
10	不动产信息	企业明星不动产登记信息	权利人名称、权利人证件号、不动产证书号、不动产单元号、用途、坐落、面积、使用期限、登记机构、登记时间	地方层面数据核验（经企业授权）	自然资源部指导，地方人民政府负责	2022年年底
		企业明星房产抵押信息	抵押权人、抵押权人证件号、不动产登记证明号、不动产单元号、权利类型、抵押人、抵押登记时间	地方层面数据核验（经企业授权）	自然资源部指导，地方人民政府负责	2022年年底
11	行政管理信息	行政许可信息	企业名称、统一社会信用代码、行政相对人类别、法定代表人姓名、法定代表人证件类型、法定代表人证件号码、行政许可决定文书名称、行政许可决定文书号、	国家或地方层面以物理归集方式共享至全国融资信用服务平台（法定代表人证件号码和类型在对外提供时需经企业授权）	国家发展改革委牵头，各地区各部门分工负责	已共享

续表

序号	信息种类		共享内容	共享方式	责任单位	完成时间
11	行政管理信息	行政许可信息	行政许可类别、行政许可证书名称、行政许可编号、行政许可内容(具体共享字段由数据提供单位确定)、行政许可决定日期、行政许可有效期、行政许可状态、行政机关名称、行政机关统一社会信用代码、数据提供单位	国家或地方层面以物理归集方式共享至全国融资信用服务平台(法定代表人证件号码和类型在对外提供时需经企业授权)	国家发展改革委牵头,各地区各部门分工负责	已共享
		行政处罚信息	企业名称、统一社会信用代码、行政相对人类别、法定代表人姓名、法定代表人证件类型、法定代表人证件号码、行政处罚决定文书名称、行政处罚决定文书号、违法行为类型、违法事实、行政处罚依据、行政处罚内容、罚款金额、没收违法所得和没收财物的金额、暂扣或吊销证照名称及编号、行政处罚决定日期、行政处罚有效期、公示截止期、行政机关名称、行政机关统一社会信用代码、数据提供单位	国家或地方层面以物理归集方式共享至全国融资信用服务平台(法定代表人证件号码和类型在对外提供时需经企业授权)	国家发展改革委牵头,各地区各部门分工负责	已共享
		行政强制信息	企业名称、统一社会信用代码、法定代表人姓名、法定代表人证件类型、法定代表人证件号码、行政强制决定文书名称、行政强制文书号、行政强制执行理由、行政强制执行依据、行政强制执行方式、执行时间、行政机关名称、行政机关统一社会信用代码、数据提供单位	国家或地方层面以物理归集方式共享至全国融资信用服务平台(法定代表人证件号码和类型在对外提供时需经企业授权)	国家发展改革委牵头,各地区各部门分工负责	2022年年底

续表

<table>
<tr><th>序号</th><th colspan="2">信息种类</th><th>共享内容</th><th>共享方式</th><th>责任单位</th><th>完成时间</th></tr>
<tr><td rowspan="3">12</td><td rowspan="3">水电气费缴纳信息</td><td>水费信息</td><td>企业名称、统一社会信用代码、水用户信息（户名户号）、缴纳水费明细、近3个月均用水量、近6个月均用水量、当前是否欠费</td><td>地方层面接口调用（经企业授权）</td><td>地方人民政府负责</td><td>2022年6月</td></tr>
<tr><td>电费信息</td><td>企业名称、统一社会信用代码、电网户号、开户日期、用电类型、地区地方名（省级）、地区地方名（市级）、价值等级、风险等级、近3个月月均用电金额、近6个月月均用电金额、近一年月均用电金额、当前是否欠费</td><td>地方层面接口调用（经企业授权）</td><td>地方人民政府负责</td><td>2022年6月</td></tr>
<tr><td>燃气费信息</td><td>企业名称、统一社会信用代码、燃气用户信息（户名用名）、缴纳燃气费明细、近3个月月均燃气用量、近个月月均燃气用量、当前是否欠费</td><td>地方层面接口调用（经企业授权）</td><td>地方人民政府负责</td><td>2022年6月</td></tr>
<tr><td>13</td><td colspan="2">科技研发信息</td><td>企业名称、统一社会信用代码、是否属于国家级高新技术企业、获得科研支持信息（实验室建设、政府资金支持、参与标准制定、人才认证等）</td><td>地方层面接口调用（经企业授权）</td><td>地方人民政府负责</td><td>2022年3月</td></tr>
<tr><td>14</td><td colspan="2">新型农业经营主体信息</td><td>新型农业经营主体名称、类型、负责人、所在地、经营内容、农村土地经营权信息、农民住房财产权信息</td><td>国家或地方层面接口调用（经企业授权）</td><td>农业农村部、人民银行、银保监会、市场监管总局指导，地方人民政府负责</td><td>2023年年底</td></tr>
</table>

注:1.“中小微企业”是指按照工业和信息化部等有关部门制定的中小企业划型标准确定的中型、小型、微型企业。个体工商户、农民专业合作社、农村集体经济组织的相关信用信息共享工作参照本实施方案执行。

2.“物理归集”共享方式是指数据提供单位将相关信息传输至平台,由平台进行存储;“接口调用”共享方式是指数据提供单位向平台开放数据接口,由平台根据企业授权调用信息;“数据核验”共享方式是指平台向数据提供单位发送需要核验的信息,由数据提供单位反馈核验结果。

3.“经企业授权”是指在充分告知企业相关风险的前提下,通过企业书面授权或企业实名注册后线上授权等方式进行授权。

·中共中央网络安全和信息化委员会/国家互联网信息办公室·

“十四五”国家信息化规划

国家互联网信息办公室　中华人民共和国国家发展和改革委员会

中华人民共和国工业和信息化部　中华人民共和国公安部

中华人民共和国国家安全部　中华人民共和国财政部

中华人民共和国商务部　中国人民银行

国家市场监督管理总局　国家广播电视总局

中国证券监督管理委员会　国家保密局　国家密码管理局

令(第8号)

2021年12月

“十四五”时期,信息化进入加快数字化发展、建设数字中国的新阶段。习近平总书记强调,没有信息化就没有现代化。信息化为中华民族带来了千载难逢的机遇,必须敏锐抓住信息化发展的历史机遇。加快数字化发展、建设数字中国,是顺应新发展阶段形势变化、抢抓信息革命机遇、构筑国家竞争新优势、加快建成社会主义现代化强国的内在要求,是贯彻新发展理念、推动高质量发展的战略举措,是推动构建新发展格局、建设现代化经济体系的必由之路。直面“后疫情时代”全球产业链供应链深刻变化、全球治理体系深刻变革,适应我国社会主要矛盾变化,加快数字化发展、建设数字中国,是培育新发展动能,激发新发展活力,弥合数字鸿沟,加快推进国家治理体系和治理能力现代化,促进人的全面发展和社会全面进步的必然选择。本规划依据《中华人民共和国国民经济和社会发展第十四个五年规划和2035年远景目标纲要》《国家信息化发展战略纲要》等制定,是“十四五”国家规划体系的重要组成部分,是指导“十四五”期间各地区、各部门信息化工作的行动指南。

一、现状与形势

(一)发展现状

“十三五”时期,以习近平同志为核心的党中央高度重视信息化发展,推动信息化工作理论创新、实践创新、制度创新、文化创新作出了建设网络强国、数字中国、智慧社会的战略决策,强化顶层设计、统筹协调、整体推进和督促落实,推动信息化发展取得历史性成就、发生历史性变革。《"十三五"国家信息化规划》主要目标任务顺利完成,数字中国建设取得决定性进展和显著成效。

*信息基础设施规模全球领先。*建成全球最大规模光纤和4G网络,5G商用全球领先,互联网普及率超过70%。从2015年到2020年,固定宽带家庭普及率由52.6%提升到96%,移动宽带用户普及率由57.4%提升到108%。城乡信息化发展水平差距明显缩小,全国行政村、贫困村通光纤和通4G比例均超过98%。北斗三号全球卫星导航系统开通。

*信息技术产业取得重要突破。*我国全球创新指数排名从2015年的第29位跃升至2020年的第14位。集成电路、基础软件等部分关键核心技术取得突破。2019年以来,我国成为全球最大专利申请来源国,5G、区块链、人工智能等领域专利申请量全球第一。信息技术产业进一步做大做强,电子信息制造业增加值保持年增长9%以上,软件业务收入保持年增长13%以上。战略性技术产业生态不断优化。

*数字经济实现跨越式发展。*我国数字经济总量跃居世界第二,2020年数字经济核心产业增加值占GDP比重达到7.8%,数字产业化基础更加坚实,数据赋能赋智作用日益凸显。农业数字化加快发展,精准作业、数字化管理等大面积推广。制造业数字化转型加快推进,降本提质增效明显。服务业数字化进程加快,新业态新模式蓬勃发展。2020年电子商务交易额达到37.21万亿元,成为居民消费的重要渠道。

信息惠民便民水平大幅提升。"互联网+政务服务"应用广度和深度快速拓展,国家政务服务平台基本建成并开通服务,全国政府网站集约化水平显著提升。设立全球首家互联网法院,国家"互联网+监管"系统初步建成。网络扶贫成效显著,数字化技术在新冠肺炎疫情防控中发挥重要作用。全国电子社保卡签发达3.6亿张,远程医疗协作网覆盖全国所有地市2.4万余家医疗机构和所有国家级贫困县县级医院,全国中小学(含教学点)互联网接入率达100%。

*数字领域国际合作取得明显成效。*数字经济伙伴关系网络不断拓展,发布《携手构建网络空间命运共同体行动倡议》,提出《全球数据安全倡议》,发起《二十国集团数字经济发展与合作倡议》《"一带一路"数字经济国际合作倡议》,与16个国家签署"数字丝绸之路"合作谅解备忘录,与22个国家建立"丝路电商"双边合作机制。网信企业全球化发展,网络互通深入推进,信息通信技术、产品和服务国际市场竞争力大幅提升。网络空间命运共同体理念广泛传播。

*信息化发展环境优化提升。*信息化发展法律政策框架基本形成,数字市场改革开放步伐加快,数字监管服务优化提升。《网络安全法》《电子商务法》《网络安全审查办法》等颁布实施,信息技术与网络安全标准化、学科建设、人才培养等取得积极进展,网络安全保障能力显著增强。网络空间日益清朗,网络文化繁荣发展,网络文明程度稳步提升。

（二）发展形势

“十四五”时期，我国信息化发展的外部环境和内部条件发生复杂而深刻的变化。当今世界正经历百年未有之大变局，新兴市场国家和发展中国家崛起速度之快前所未有，新一轮科技革命和产业变革带来的激烈竞争前所未有，全球治理体系与国际形势变化之大前所未有，新冠肺炎疫情冲击带来的世界格局演变的不稳定性、不确定性前所未有。

从国际看，世界进入动荡变革期，单边主义、保护主义、霸权主义对世界和平与发展构成威胁，我国信息技术产业链、供应链、创新链的安全性、稳定性受到严峻挑战。世界经济数字化转型加速，新一代信息技术加速迭代升级和融合应用，数字经济引领生产要素、组织形态、商业模式全方位变革。数字空间国际竞争进入新阶段，以信息技术生态优势、数字化转型势能、数据治理能力为核心的国家创新力和竞争力正在成为世界各国新一轮竞争焦点，数字领域规则体系及核心技术生态体系的竞争日趋激烈。

从国内看，我国已转向高质量发展阶段，制度优势显著，治理效能提升，经济长期向好，物质基础雄厚，人力资源丰富，市场空间广阔，发展韧性强劲，社会大局稳定，继续发展具有多方面优势和条件。加快数字化发展，坚持技术创新和制度创新双轮驱动，以数字经济引领现代产业体系建设，有利于推动经济发展质量变革、效率变革、动力变革。加快数字化发展，推进国家治理体系和治理能力现代化，打造共建共治共享社会治理格局，有利于满足人民群众美好生活新期待。加快数字化发展，提升产业基础高级化、产业链现代化水平，有助于补齐产业基础能力短板，激发市场主体活力。坚持合作共赢，推动信息化对外开放水平向更大范围、更宽领域、更深层次拓展，有利于支撑构建以国内大循环为主体、国内国际双循环相互促进的新发展格局。

同时，我国信息化发展还存在一些突出短板，主要是：信息化发展不平衡不充分的问题较为明显，城乡信息化发展水平差距依然较大；制约数字化生产力进一步释放的体制机制障碍依然存在；关键核心技术短板突出，产业生态国际竞争能力不足；数字经济与实体经济深度融合不够，引领高质量发展的作用有待进一步发挥；社会治理信息化建设存在薄弱环节，基层治理能力有待提升；国家数据资源体系建设滞后，数据要素价值潜力尚未有效激活；政务服务创新和社会公共服务数字化供给能力不足，尚不能满足群众的个性化和普惠化需求；数字领域国际合作“中国方案”尚待完善；数字化发展治理体系亟待健全。

“十四五”时期，是信息化创新引领高质量发展的重要机遇期，要加快建设数字中国，大力发展数字经济，推动产业基础高级化、产业链现代化，推动新型工业化、信息化、城镇化、农业现代化同步发展；是以信息化推进国家治理体系和治理能力现代化的深化巩固期，要加快构建数字社会，极大提升基于数据的国家治理能力现代化水平，把中国特色社会主义制度优势转化为强大的国家治理效能；是建设制造强国、质量强国、网络强国、数字中国，提升国际话语权的重要突破期,要积极倡导构建网络空间命运共同体,积极参与构建网络空间国际规则体系,推动互联网发展造福世界人民。站在新的历史起点上,我们要深刻认识我国社会主要矛盾变化带来的新特征新要求,深刻认识错综复杂的国际环境带来的新矛盾新挑战,深刻认识信息革命持续深化带来的新机遇新空间,增强机遇意识和风险意识,保持战略定力和底线思维,更加有力有效地推进核心技术、产业生态、数字经济、数字社会、数字政府建设,打造数字国家新优势,努力实现更高质量、更有效率、更加公平、更可持续、更为安全的发展。

二、总体部署

(一)指导思想

深入贯彻党的十九大和十九届二中、三中、四中、五中、六中全会精神,坚持以习近平新时代中国特色社会主义思想特别是习近平总书记关于网络强国的重要思想为指导,紧紧围绕统筹推进"五位一体"总体布局和协调推进"四个全面"战略布局,坚定不移贯彻新发展理念,坚持稳中求进工作总基调,以推动高质量发展为主题,以建设数字中国为总目标,以加快数字化发展为总抓手,发挥信息化对经济社会发展的驱动引领作用,推动新型工业化、信息化、城镇化、农业现代化同步发展,加快建设现代化经济体系;以深化供给侧结构性改革为主线,进一步解放和发展数字生产力,加快构建以国内大循环为主体、国内国际双循环相互促进的新发展格局;以改革创新为根本动力,完善创新体系和发展环境,激发创新活力,增强发展动能;以满足人民日益增长的美好生活需要为根本目的,统筹发展和安全,推进国家治理体系和治理能力现代化,加强数字社会、数字政府、数字民生建设,让人民群众在信息化发展中有更多获得感幸福感安全感,为开启全面建设社会主义现代化国家新征程、向第二个百年奋斗目标进军提供强大动力。

(二)基本原则

坚持党的全面领导。坚持和完善党领导信息化发展的体制机制,加强数字中国建设的顶层设计、统筹协调、整体推进和督促落实,为实现信息化高质量发展提供根本保证。

坚持以人民为中心。把增进人民福祉、促进人的全面发展作为信息化发展的出发点和落脚点,构建数字社会、数字政府,打造高品质数字生活,不断实现人民群众对美好生活的向往。

坚持新发展理念。把新发展理念贯穿数字中国建设全过程和各领域,以信息化培育新动能,用新动能推动新发展,推动构建新发展格局,促进质量变革、效率变革、动力变革。

坚持深化改革开放。充分发挥市场配置资源的决定性作用,更好发挥政府作用,破除制约数字生产力释放的体制机制障碍,完善数据治理基础制度,开创数字领域国际合作新局面。

坚持系统推进。遵循信息化发展规律，统筹国内国际两个大局，坚持全国一盘棋，更好发挥中央、地方和各方面积极性，着力固根基、扬优势、补短板、强弱项，增强数字中国建设的系统性、整体性和协调性。

坚持安全和发展并重。树立科学的网络安全观，切实守住网络安全底线，以安全保发展、以发展促安全，推动网络安全与信息化发展协调一致、齐头并进，统筹提升信息化发展水平和网络安全保障能力。

（三）发展目标

到2025年，数字中国建设取得决定性进展，信息化发展水平大幅跃升，数字基础设施全面夯实，数字技术创新能力显著增强，数据要素价值充分发挥，数字经济高质量发展，数字治理效能整体提升。

数字基础设施体系更加完备。5G网络普及应用，明确第六代移动通信（6G）技术愿景需求。北斗系统、卫星通信网络商业应用不断拓展。IPv6与5G、工业互联网、车联网等领域融合创新发展，电网、铁路、公路、水运、民航、水利、物流等基础设施智能化水平不断提升。数据中心形成布局合理、绿色集约的一体化格局。以5G、物联网、云计算、工业互联网等为代表的数字基础设施能力达到国际先进水平。

数字技术创新体系基本形成。关键核心技术创新能力显著提升，集成电路、基础软件、装备材料、核心元器件等短板取得重大突破。网信企业技术创新能力大幅提升，产学研用协同创新的生态体系基本形成，自由灵活创新市场机制有效建立，国家级共性基础技术平台初步建成，开源社区生态建设取得重要进展。信息化法律法规和标准规范体系基本形成，人才培育引进和激励保障机制更加健全。

数字经济发展质量效益达到世界领先水平。数字产业化、产业数字化繁荣发展，数字技术和实体经济深度融合，形成一批具有国际竞争力的数字产业集群。产业基础高级化、产业链现代化水平明显提高，产业链供应链稳定性、安全性和竞争力显著增强。数字经济新业态新模式健康发展，数字营商环境不断优化，数字产品和服务市场更加强大。

数字社会建设稳步推进。党建引领、服务导向、资源整合、信息支撑、法治保障的数字社会治理格局基本形成。社会治安和公共安全体系日趋完善，风险早期识别和预报预警能力显著提升，突发公共事件应急能力显著增强。信息化推进基层治理水平明显提高。新型智慧城市分级分类有序推进，数字乡村建设稳步开展，城乡信息化协调发展水平显著提升。

数字政府建设水平全面提升。与新时代党治国理政相适应的党政机关信息化建设和管理体系基本形成。全国范围内政务服务事项基本做到标准统一、整体联动、业务协同，线上线下相融合的政务服务模式全面推广，全国一体化政务服务能力显著提升。权威高效的政务数据共享协调机制不断健全，公共数据资源开放标准和激励机制更加完善，数据资源利用水平显著提升。事中事后监管效能不断增强，公正监管不断完善。

数字民生保障能力显著增强。无障碍信息化设施持续建设优化，公共服务体系更加便捷惠民，信息化对基本民生保障、基本社会服务的支撑作用有效发挥，教育、医疗、就业、社保、民政、文化等领域数字公共服务均等化水平明显提高，多样化、便捷化的数字民生服务供给能力显著增强，城乡区域间服务水平差距明显缩小，全民数字素养与技能稳步提升。

数字化发展环境日臻完善。规范有序的数字化发展治理能力明显提升，数字生态不断优化，新技术新产品新业态新模式的创新活力充分激发，网络空间治理能力和安全保障能力显著增强。

“十四五”信息化发展主要指标

序号	类别	指标	2020年	2025年	属性
	总体发展水平	数字中国发展指数	85	95	预期性
1	数字设施	网民规模(亿)	9.89	12	预期性
2		5G用户普及率(%)	15	56	预期性
3		1000M及以上速率的光纤接入用户(万户)	640	6000	预期性
4		IPv6活跃用户数(亿)	4.62	8	预期性
5	创新能力	每万人口新一代信息技术产业发明专利拥有量(件)	2.7	5.2	预期性
6		IT项目投资占全社会固定资产投资总额的比例(%)	3.5*	5.8	预期性
7		计算机、通信和其他电子设备制造业研发经费投入强度(%)	2.35	3.2	预期性
8		全国高新技术企业数量(万家)	27.5	45	预期性
9	产业转型	数字经济核心产业增加值占GDP比重(%)	7.8	10	预期性
10		关键业务环节全面数字化的企业比例(%)	48.3	60	预期性
11		企业工业设备上云率(%)	13.1	30	预期性
12		网上零售额(万亿元)	11.76	17	预期性
13		信息消费规模(万亿元)	5.8	7.5	预期性
14	政务服务	省级行政许可事项网上办理率(%)	80	90	预期性
15		在线政务服务实名用户规模(亿)	4	8	预期性
16		电子社保卡申领率(%)	25	67	预期性
17		电子诉讼占比(%)	18	30	预期性

注：带*的为2019年数据。

三、主攻方向

“十四五”时期信息化发展，要立足新发展阶段、贯彻新发展理念、构建新发展格局、推动高质量发展，突出重点，集中资源，着力在深化创新驱动、优化要素资源配置、支撑共建共治共享、促进健康和谐共生、防范化解风险等方面取得突破，推动实现更高质量、更有效率、更加公平、更可持续、更为安全发展。

*深化创新驱动，引领更高质量发展。*深化基础研究，构建信息技术产业生态体系，强化企业创新主体地位，推动高校、院所、企业等开展高效合作，建立线上线下开放式、协同化、网络化平台，形成基于创新链共享、供应链协同、数据链联动、产业链协作的融通发展模式，推进产业基础高级化、产业链现代化，提升产业链供应链现代化水平。坚持对内开放和对外开放相结合，充分发挥数字经济在生产、分配、流通、消费等不同环节中的重要作用，畅通国民经济内循环，形成需求牵引供给、供给创造需求的更高水平动态均衡。大力推动数字技术与实体经济深度融合，持续优化数字营商环境，促进市场主体活力迸发。

*优化要素资源配置，推动更有效率发展。*持续深化“放管服”改革，推动有效市场和有为政府更好结合。建立健全运用互联网、大数据、人工智能等技术手段进行行政管理的制度规则，打破部门和行业数据壁垒，提升要素资源配置效率、公共产品供给效率、政府组织运行效率。稳步推进数据要素化，加快推动数据要素流通，繁荣数据应用生态，增强数据服务于实体经济的效能，构建以数据为关键要素的数字经济。有序推动数据跨境流动，加快数字贸易发展，打造更加开放、透明、包容的全球数字贸易发展新生态。

*支撑共建共治共享，促进更加公平发展。*加快弥合数字鸿沟，补齐农村地区信息基础设施短板，提升信息弱势群体数字技能。统筹城乡区域发展，深化区域信息化一体化发展。补齐民生保障和社会服务弱项，健全覆盖全民、统筹城乡、公平统一、可持续的多层次社会保障体系，强化应急管理、公共卫生和疾控体系建设，促进体系化、数字化、集约化、精准化发展。充分考虑老年人和特殊群体需求，倡导数字产品人性化设计，增强数字经济包容性。加强和创新信息化在基层社会治理中的应用，真正让人民群众成为社会治理的最广参与者、最大受益者、最终评判者。

*促进健康和谐共生，实现更可持续发展。*深入推进绿色智慧生态文明建设，推动数字化绿色化协同发展。持续推广智能绿色制造、绿色高效能源、信息载体绿色化，发展智慧物流，倡导低碳出行，推动形成节约适度、绿色低碳、文明健康的生产方式、生活方式和消费模式，形成全社会共同参与的良好风尚。强化生态环境数字化治理，加强长江禁捕执法监管和水生生物多样性保护，完善污染防治区域联动机制和陆海统筹的生态环境治理体系。以人民健康为

目标,催生数字健康新技术、塑造数字健康新业态、培育数字健康新生态、创造数字健康新价值、重塑医药卫生管理和服务模式,不断增进人民群众的健康福祉。

*防范化解风险,确保更为安全发展。*全面加强网络安全保障体系和能力建设,深化关口前移、防患于未然的安全理念,压实网络安全责任,加强网络安全信息统筹机制建设,形成多方共建的网络安全防线。开发网络安全技术及相关产品,提升网络安全自主防御能力。完善相关法律法规和技术标准,规范各类数据资源采集、管理和使用,避免重要敏感信息泄露。强化新技术应用安全风险动态评估,逐步探索建立人工智能、区块链等新技术的治理原则和标准,确保新技术始终朝着有利于社会的方向发展。

四、重大任务和重点工程

(一)建设泛在智联的数字基础设施体系

推动高质量发展和增进人民福祉,需要加快推进数字基础设施建设,适度超前部署下一代智能设施体系,深化公共设施数字化、智能化转型升级,全方位推动基础设施能力提升。

*建设泛在智能的网络连接设施。*加快5G商用网络规模建设与应用创新,实施5G应用"扬帆"行动计划。面向有条件的城市组织开展"千兆城市"网络建设和示范试点,不断推动城市宽带网络向高速化和智能化升级。统筹推进全国骨干网、城域网、接入网IPv6改造,深化商业应用IPv6部署,提升终端IPv6支持能力,实现网络、应用、终端向下一代互联网平滑演进升级。加强新型网络基础架构和6G研究,加快地面无线与卫星通信融合、太赫兹通信等关键技术研发。

专栏1　5G创新应用工程
1. *加快5G网络建设。*科学统筹5G网络布局和站址规划,加强5G网络共建共享、公共设施资源开放,推进主要城市和重点区域深度覆盖,逐步向重点县镇延伸覆盖,形成热点地区多网并存、边远地区一网托底的网络格局。构建适应5G发展和垂直应用的安全防护体系,加强5G供应链安全管理。 2. *培育5G技术应用生态。*加快"5G+工业互联网"的融合创新发展和先导应用,推进5G在能源、交通运输、医疗、邮政快递等垂直行业开发利用与应用推广。加快基于5G网络音视频传输能力建设,丰富教育、体育、传媒、娱乐等领域的4K/8K、虚拟/增强现实(VR/AR)等新型多媒体内容源。加快推进"公网5G上高铁",为高铁乘客提供优质公网服务。 3. *持续推进5G技术创新。*加强5G增强技术标准和应用研究,开展5G行业虚拟专网和5G广播技术研究、标准制定、试验验证和业务开发。加快5G模组、核心芯片、关键元器件、基础软件、仪器仪表等重点领域研发、工程化攻关及产业化。持续开展毫米波技术研发试验,推动毫米波产业成熟。

建设物联数通的新型感知基础设施。加快公共安全、交通、城管、民生、生态环保、农业、水利、能源等领域公共基础设施的数字化、智能化升级。推动将行业物联网纳入公共基础设施建设规划，加快制定跨部门、跨厂商、跨行业的统一平台规范。统筹建设物联、数联、智联三位一体的新型城域物联专网，加快5G和物联网的协同部署，提升感知设施的资源共享和综合利用水平。开展长三角新一代信息基础设施互联互通先行示范。

专栏2　“智能网联”设施建设和应用推广工程
1. 开展车联网应用创新示范。遴选打造国家级车联网先导区，加快智能网联汽车道路基础设施建设、5G-V2X车联网示范网络建设，提升车载智能设备、路侧通信设备、道路基础设施和智能管控设施的“人、车、路、云、网”协同能力，实现L3级以上高级自动驾驶应用。
2. 开展智能化港口系统应用创新示范。建设基于5G、北斗、物联网等技术的港口信息基础设施，以沿海集装箱枢纽港为重点示范，建设全面感知、泛在互联、港车协同的智能化系统。加大自动化集装箱码头操作系统、远程作业操控技术研发应用。积极推进新一代自动化码头、堆场建设改造。推动港区内部集卡和特殊场景集疏运通道集卡自动驾驶示范，深化港区联动。
3. 开展能源互联网应用创新示范。加快电力物联网建设，强化源、网、荷、储等全环节感知能力，开展“虚拟电厂”“能源微网”区域能源供给侧结构性改革试点，构建多能协同综合能源网络、能源智能本地回路。建立结构优化、区域均衡的能源管控体系，搭建区域能源信息实时监测、在线分析预测及综合优化调度平台，推进“多表合一”。促进电动汽车与智能电网双向互动，形成车桩相随、智能高效的充电基础设施体系。

构建云网融合的新型算力设施。加快构建全国一体化大数据中心协同创新体系，建设京津冀、长三角、粤港澳大湾区、成渝等全国一体化算力网络国家枢纽节点。统筹部署医疗、教育、广电、科研等公共服务和重要领域云数据中心，加强区域优化布局、集约建设和节能增效。推进云网一体化建设发展，实现云计算资源和网络设施有机融合。统筹建设面向区块链和人工智能等的算力和算法中心，构建具备周边环境感应能力和反馈回应能力的边缘计算节点，提供低时延、高可靠、强安全边缘计算服务。加强国家超级计算设施体系统筹布局，探索大型机对外开放服务的市场化培育机制。开展“中国科技云”应用创新示范，提升科研创新服务支撑能力。

专栏3　全国一体化大数据中心体系建设工程
1. 优化数据中心建设布局。在区域数据中心集群间，以及集群和主要城市间建立数据中心直连网络，促进数据中心分级分类布局建设，加快实现集约化、规模化、绿色化发展。
2. 建设完善一体化算力服务。加强云资源接入和一体化调度，推动政务、科学、教育、医疗等公共算力服务资源整合开放，构建低成本、广覆盖、可靠安全的公共算力服务，促进算力的普及应用。

专栏3 全国一体化大数据中心体系建设工程
3. 深化公共数据资源开发利用。建设区域数据共享开放、政企数据融合应用等数据流通共性设施平台。推动区块链、安全多方计算、联邦学习等技术模式在数据流通中的创新利用。
4. 建设基础网络、数据中心、云、数据、应用等一体协同的安全保障体系。开展通信网络安全防护,研究完善海量数据汇聚融合的风险识别与防护技术、数据脱敏技术、数据安全合规性评估认证、数据加密保护机制及相关技术检测手段。

探索建设前沿信息基础设施。加快布局卫星通信网络等面向全球覆盖的新型网络,实施北斗产业化重大工程,建设应用示范和开放实验室。加快北斗系统、卫星通信网络、地表低空感知等空天网络基础设施的商业应用融合创新。构建基于分布式标识的区块链基础设施,提升区块链系统间互联互通能力。推进智慧海洋工程建设,着力提升海洋信息综合感知、通信传输、资源处理和智慧应用服务能力。探索建立面向未来的量子信息设施和试验环境。持续推进国家新型互联网交换中心、国家互联网骨干直联点结构优化和规模试点。

专栏4 空天地海立体化网络建设和应用示范工程
1. 打造空天信息网枢纽。基于北斗系统、卫星通信网络和遥感卫星加快建设空天信息网络,加快北斗智能终端部署,强化沙漠、草原、湿地、河湖、森林、耕地等关键生态节点的遥感监测和应急保障服务能力。
2. 开展空间信息综合应用示范。统筹建设空间信息交换网络体系和联合工程研发中心,加强国际标准和项目合作,加快建立国际化的卫星导航产业技术联盟和专利池服务。
3. 开展地表低空感知网络工程示范。发展云端一体化的,具有精准定位、智能识别、多维感知功能的无人机、摄像头、智能终端设备,组成空间和时间上连续的低空感知网络,重点对地表资源、环境、生态、自然灾害、工程建设、城市发展等要素进行全时全域感知监测,形成产业化应用。
4. 开展智能交通应用示范。发展面向机载、船载、车载的新型网络通信服务,培育空中、远洋、高山荒漠等环境下智能交通应用。推进基于北斗系统的全国统一的列车运行授时与调度指挥系统建设,加强列车运行监控和管理。推进基于北斗系统的国际道路运输管理与服务系统建设。

(二)建立高效利用的数据要素资源体系

坚持扩大内需战略基点,充分发挥数据作为新生产要素的关键作用,以数据资源开发利用、共享流通、全生命周期治理和安全保障为重点,建立完善数据要素资源体系,激发数据要素价值,提升数据要素赋能作用,以创新驱动、高质量供给引领和创造新需求,形成强大国内市场,推动构建新发展格局。

加强数据治理。强化国家数据治理协同,健全数据资源治理制度体系。深化数据资源调查,推进数据标准规范体系建设,制定数据采集、存储、加工、流通、交易、衍生产品等标准规范，提高数据质量和规范性。建立完善数据管理国家标准体系和数据治理能力评估体系。规范计量数据使用，开展国家计量数据建设和应用试点。聚焦数据管理、共享开放、数据应用、授权许可、安全和隐私保护、风险管控等方面，探索多主体协同治理机制。

专栏5　数据要素市场培育工程

1. 加强数据要素理论研究。研究根据数据性质完善产权性质，构建以促进产业发展为导向的数据产权框架。探索数据价值评估体系，研究完善数据价值评估框架。
2. 建立健全数据有效流动制度体系。加快建立数据资源产权、交易流通、跨境传输和安全保护等基础制度和标准规范。探索建立统一规范的数据管理制度，制定数据登记、评估、定价、交易跟踪和安全审查机制。
3. 培育规范的数据交易平台和市场主体。建立健全数据产权交易和行业自律机制。发展数据资产评估、登记结算、交易撮合、争议仲裁等市场运营体系。

提升数据资源开发利用水平。建立健全国家公共数据资源体系，构建统一的国家公共数据开放平台和开发利用端口，推动人口、交通、通信等公共数据资源安全有序开放。鼓励企业开放搜索、电商、社交等数据，发展第三方大数据服务产业。提高异构数据互操作能力，培育发展一批面向不同场景的数据应用产品，持续提升数据开发利用能力。加快各行业各领域数据全过程应用。支持构建农业、工业、商业、教育、医疗、安防、自然资源、水利、城市管理、公共资源交易、审判执行等领域规范化数据开发利用的场景，提升数据资源价值。健全适应数据要素特点、推动数字经济有序发展的税收征收管理制度，鼓励专业化大数据服务企业发展。优化统计生产方式，促进政府统计与大数据深度融合。

专栏6　大数据应用提升工程

1. 提升大数据的融合应用能力。建设重点行业大数据平台，加快行业大数据共享流通、融合利用。鼓励通过开展行业大数据应用竞赛、授权开放等方式，推动行业数据应用创新。组织开展大数据产业发展试点示范，遴选一批优秀的大数据试点示范项目，总结推广成熟可复制的经验做法。开展线上线下数据应用培训活动。
2. 提升大数据产业的支撑能力。制定大数据精准服务、创新服务、协同服务等方面能力等级标准，开展面向大数据技术、产品、服务供给侧企业的能力评估。鼓励以国内龙头企业为主体，企业、开发者、志愿者共同参与的大数据应用开源社区建设，开展国内开源产品推广使用及测试测评标准研制。支持第三方专业机构推行大数据岗位专项技能培训，开展大数据人才岗位能力认证，加快知识型、技能型、创新型岗位人才培养。

专栏6　大数据应用提升工程
3. 建立大数据产业发展质量监测分析体系。构建监测指标报表制度,研究编制大数据产值测算指南,定期开展大数据产业运行分析。培育一批行业大数据解决方案供应商,发展大数据分析、咨询、交换等专业数据服务。

强化数据安全保障。加强数据收集、汇聚、存储、流通、应用等全生命周期的安全管理,建立健全相关技术保障措施。建立数据分类分级管理制度和个人信息保护认证制度,强化数据安全风险评估、监测预警、检测认证和应急处置,加强对重要数据、企业商业秘密和个人信息的保护,规范对未成年人个人信息的使用。强化平台企业数据安全保护责任。加强数据交易安全管理与监督保障,强化执法能力建设,严厉打击窃取或者以其他非法方式获取、非法出售或者非法向他人提供数据行为。建立健全数据出境安全管理制度,开展数据出境安全评估试点。

(三)构建释放数字生产力的创新发展体系

坚持创新在国家信息化发展中的核心地位,把关键核心技术自立自强作为数字中国的战略支撑,面向世界科技前沿、面向经济主战场、面向国家重大需求、面向人民生命健康,深入实施创新驱动发展战略,构建以技术创新和制度创新双轮驱动、充分释放数字生产力的创新发展体系。

加强信息技术基础研究。充分发挥国家自然科学基金等要素带动效应,大力推进基础学科理论研究,优化前沿交叉学科布局,推进信息科学基础学科与应用学科协调发展。支持开展跨学科、跨专业研究,加强共性基础技术供给。构建国家科研论文和科技信息高端交流平台。推动国家科技计划部署有机衔接,强化基础研究、技术攻关到应用示范的全链条协同创新。支持政产学研用等主体参与重大科技基础设施建设,鼓励各类创新主体利用重大科技基础设施开展科学问题研究。

强化关键信息技术创新。完善信息领域关键核心技术创新顶层设计,实行"揭榜挂帅"等制度,深化创新链与产业链、资金链、人才链、政策链相互融合支撑,提高创新链整体效能。统筹通信技术、先进计算、安全技术等领域的产业布局。强化市场化和产业化引导,加强重点领域核心技术短板重点突破和集中攻关。

专栏7　信息领域核心技术突破工程
1. 加快集成电路关键技术攻关。推动计算芯片、存储芯片等创新,加快集成电路设计工具、重点装备和高纯靶材等关键材料研发,推动绝缘栅双极型晶体管(IGBT)、微机电系统(MEMS)等特色工艺突破。

专栏7　信息领域核心技术突破工程
2. 提高重点软件研发水平。面向关键基础软件、高端工业软件、云计算、大数据、信息安全、人工智能、车联网等重点领域和重大需求，加强重点软件的开发。加快软件知识产权保护与信息服务体系建设。

布局战略性前沿性技术。瞄准可能引发信息化领域范式变革的重要方向，前瞻布局战略性、前沿性、原创性、颠覆性技术。加强人工智能、量子信息、集成电路、空天信息、类脑计算、神经芯片、DNA存储、脑机接口、数字孪生、新型非易失性存储、硅基光电子、非硅基半导体等关键前沿领域的战略研究布局和技术融通创新。

构建开放灵活的制度体系与创新环境。完善科技协同创新制度，引导建立企业为主体、市场为导向、产学研用深度融合的协同创新体系。建立健全权利义务对等的知识产权转化收益分配机制。推进产融合作试点，探索直接投资、间接融资平衡发展的金融政策。深入推进落实重大技术装备首台(套)政策，探索技术创新推广应用市场化保险机制。聚焦关键信息基础设施安全、网络安全、数据安全等领域，加快完善法律法规和标准规范体系建设。加大对人工智能、区块链等新技术新领域立法研究。加强信息化、数字化、智能化理论体系研究与构建。健全数字经济统计监测体系，加强数字经济安全风险预警，支撑提升宏观经济治理能力。

专栏8　息技术知识产权与标准化创新工程
1. 加强信息技术专利创新。加强信息领域关键核心技术知识产权创造与储备，实施科学专利布局，引导在技术研究和原始创新中形成关键核心技术专利组合。围绕5G、人工智能、量子信息、区块链、物联网、工业互联网、大数据中心、智能计算中心等领域加强高价值专利培育。加强技术、专利与标准协同发展，推动信息化前沿技术领域标准专利孵化与国际标准研制同步进行。加强融合领域新业态新应用和开源技术产品的专利风险应对。加强专利的产业化应用，完善产学研用、跨行业的专利协调联动机制。推动开展专利导航试点示范，引导地方政府、企事业单位、行业组织等各类主体完善专利导航工作体系。 2. 提升知识产权信息化服务水平。依托全国一体化大数据中心体系，提升国家知识产权信息公开服务水平，提升知识产权数据分析运用和研判决策的智能化水平。强化维权援助、举报投诉、查询检索等公共服务能力，通过源头追溯、实时监测、在线识别等技术手段构建联合监督、保护和惩处的知识产权保护体系。加大知识产权基础信息的开放力度，支持企业创新发展和产业转型升级。加强5G、物联网、工业互联网、人工智能、量子技术等领域知识产权保护。 3. 建设信息化标准创新体系。完善信息化标准体系布局，支持信息化相关标准化技术委员会、科研院所与优势团体、企业深度合作，形成“技术研发—标准研制—产业应用”的闭环创新机制。推动5G、大数据、人工智能、区块链、工业互联网等重点领域标准化建设，加快健全完善现有数据共享、数据应用等标准体系。推动形成以标准为核心，结合应用能力评估、产品质量测评、系统建设验收的信息技术创新应用标准生态体系。推进新型消费标准化建设，支持和鼓励平台企业、行业组织、研究机构等研究制定支撑新型消费的服务标准。

专栏8　息技术知识产权与标准化创新工程
4. 加强信息化标准应用推广。充分发挥企业在标准实施中的作用,增进在信息化标准制定、信息交流、人才培训等方面的国际合作,围绕产业合作、技术交流、贸易投资等重点领域,与共建"一带一路"国家共同发起相关技术规范倡议。鼓励我国相关机构和企业积极加入国际重大核心技术的开源组织,参与国际标准合作共建。

(四)培育先进安全的数字产业体系

把数字产业化作为推动经济高质量发展的重要驱动力量,加快培育信息技术产业生态,推动数字技术成果转化应用,推动数字产业能级跃升,支持网信企业发展壮大,打造具有国际竞争力的数字产业集群。

打造高水平产业生态。推动科研创新、产业发展、市场应用、标准制定、认证认可、检验检测、人才培养、资本运作各方面协调发展。加快研发适应国内经济社会需要的核心技术产品,搭建适配认证平台并加快软硬件适配工作。推动政务、电信、金融、医疗、能源、建筑、制造等行业融入国内核心技术生态,鼓励引导更多行业参与核心技术生态建设。加速推进国内开源开放社区建设,营造参与者平等获取发展收益的运营机制,引导国内开源创新力量向国际开源社区有序输出创新成果。加强科研数据、工业数据资源积累。积极建设生态创新基地,完善科研成果转化机制,培育商业化科研成果转化组织。

专栏9　息技术产业生态培育工程
1. 培育先进专用芯片生态。加强芯片基础理论框架研究,面向超级计算、云计算、物联网、智能机器人等场景,加快云侧、边侧、端侧芯片产品迭代。推动国内芯片与算法框架平台、操作系统适配调优,面向音视频分析、异构计算、科学计算等主要场景完善适配基础算法模块和软件工具包。支持建立专用芯片开发者社区,协同行业建立针对专用芯片的评测指标和评测标准。 2. 协同优化计算机软硬件生态。提升中央处理器计算密度和工艺水平,推动中央处理器和操作系统一体化迭代。构建兼容可控的软硬件接口标准,加强标准的国际合作互认。建立标准认证评价体系,实现一次测试、多市场通用。 3. 建设完善开源移动生态。构建整机、芯片、应用厂商及创新平台等多主体协商迭代机制。完善编译器、开发测试工具和基础软件模块等工具链,引导企业基于通用版本开发适合行业场景的软件版本。推动硬件、软件和服务接口标准迭代,做好移动操作系统版本演进组织和生态整合。 4. 培育高校人才培养生态。建强示范性微电子学院和特色化示范性软件学院。鼓励领军企业深度参与高校人才培养。

推动数字产业能级跃升。培育壮大人工智能、大数据、区块链、云计算、网络安全等新兴

数字产业，提升通信设备、核心电子元器件、关键软件等产业水平。瞄准产业基础高级化，加快基础材料、关键芯片、高端元器件、新型显示器件等关键核心信息技术成果转化，推动产业迈向全球价值链中高端。开展软件价值提升行动，持续打造软件名城、名园、名企、名品，引导软件产业加快集聚发展。加快基于网络信息技术的创新应用，培育发展新产品、新工艺、新服务。

推动网信企业发展壮大。利用创业板、科创板等注册制改革，畅通多元化融资渠道。引导更多网信企业专注细分领域，加大科技投入，提升创新能力。发挥网信企业产业链供应链带动能力，以信息流促进上下游、产供销协同联动和大中小企业融通发展。

（五）构建产业数字化转型发展体系

坚持把发展经济着力点放在实体经济上，推动互联网、大数据、人工智能等同各产业深度融合，大力推进产业数字化和绿色化协同转型，发展现代供应链，提高全要素生产率，促进节能减排，有力提升经济质量效益和核心竞争力。

推进传统产业优化升级。加快新一代信息技术与实体经济融合应用，实施"上云用数赋智"行动，打造大数据支撑、网络化共享、智能化协作的智慧供应链体系。建设智慧农业，加快农业生产、加工、销售、物流等产业链各环节数字化、智能化升级，构建农业基础数据资源体系，加快农业科技服务信息化建设，为确保粮食安全提供有力支撑。加快制造业数字化转型，发展多层次系统化工业互联网平台体系和创新应用，建设国家工业大数据中心体系，强化两化融合标准体系建设，深入实施智能制造工程。发展数字化管理、智能化生产、网络化协同、个性化定制等新模式，培育工业电子商务、产业链金融等新业态。深入推进服务业数字化转型，培育众包设计、智慧物流、新零售等新增长点。加快推进国有企业数字化转型，加大民营和外资企业普惠性数字化转型服务支持力度，培育融合发展新主体。

专栏10　造业数字化转型工程
1. 深化工业互联网创新发展。加大工业互联网内外网改造，建立健全标识解析体系。打造跨行业跨领域综合型、重点行业和区域特色型、特定技术领域专业型的工业互联网平台。实施工业设备上云"领跑者"计划，培育基于平台的工业软件新模式。持续深化工业互联网示范区、工业互联网平台应用创新推广中心与实训基地建设，组织开展工业互联网平台赋能宣贯活动。支持行业龙头企业通过工业互联网平台整合制造资源和能力，共同建立资源共享、业务协同、互利共赢的新型产业分工体系。建立工业互联网企业网络安全分类分级管理制度，发展工业互联网安全技术产业体系，完善监测预警通报处置机制。

专栏10　造业数字化转型工程

2. 深入推进信息化与工业化融合发展。研究制定推动5G、大数据、工业互联网、区块链等新一代信息技术与制造业融合应用系列指南,加快研制两化融合度、供应链数字化管理、产品全生命周期数字化管理、设备上云等两化融合细分领域的国家标准、行业标准、团体标准及国际标准。打造两化融合管理体系贯标升级版,开发两化融合自动化贯标工具,引导各地开展分级贯标评定。研究制定两化融合度评价建设指南,开展两化融合发展水平监测评估。构建工业大数据管理能力评估体系。鼓励各级政府在实施贯标、人员培训、效果评估等方面加强政策引导和资金支持。

3. 深入推进智能制造发展。研发人工智能、5G、区块链等在工业领域应用的适用性技术。推动智能制造关键装备的研制和迭代升级,鼓励研制面向特定行业的智能制造成套装备。推动工业知识软件化、业务管理软件平台化部署,发展嵌入式操作系统和软件,打造专业化系统解决方案,培育智能制造系统解决方案供应商,支持打造解决方案资源池。建设汽车、轨道交通、钢铁等细分行业智能制造标准体系。建设智能制造示范工厂,培育智能制造标杆企业,支持产业链智能化提升示范项目,培育发展智能制造公共服务平台。

4. 加快推动重大技术装备与新一代信息技术融合发展。加强新型传感器、智能测量仪表、工业控制系统、网络通信模块等智能核心装置在重大技术装备产品上的集成应用,利用新一代信息技术增强产品的数据采集和分析能力。积极探索人工智能技术在电力、先进轨道交通、航空航天、高端机床、医疗、农业等重大技术装备领域的应用。

实施文化产业数字化战略。促进文化产业与新一代信息技术相互融合,发展基于5G、超高清、增强现实、虚拟现实、人工智能等技术的新一代沉浸式体验文化产品服务。推动数字创意、高新视频技术和装备研发,加快发展新型文化企业、文化业态、文化消费模式。丰富网络音乐、网络动漫、网络表演、数字艺术、线上演播、线上健身、线上赛事、体育直播等数字内容,提升文化体育产品开发和服务设计的数字化水平。大力发展数字文化贸易,积极利用线上平台展示中国文化,创新推动中外文化交流、文明互鉴。

促进新业态新模式发展。大力发展数字商务,培育数字技术、数据资源驱动的新业态新模式。鼓励出行、餐饮、住宿、文化、旅游、体育、物流、家政等领域智能化升级和商业模式创新,促进品牌消费、品质消费,培育高质量的数字生活服务市场。培育智慧养老托育新业态。支持社交电商、直播电商、知识分享等健康有序发展,积极发展远程办公、云展会、无接触服务、共享员工等新兴商业模式和场景应用。利用特定地区政策创新优势,稳妥推进数字货币研发。

专栏11　息消费扩容提质工程
1. 加快线上线下消费有机融合。推动文化、旅游、体育、家政、物业等服务业线上线下融合，推进服务业标准化、品牌化建设，促进生活性服务业向高品质和多样化升级。依托智慧社区建设，促进社区服务消费。创新无接触消费模式，探索智慧超市等新零售模式。鼓励数字创意产业与生产制造、文化教育、旅游体育、健康医疗和养老、智慧农业等领域融合发展。 2. 推动共享经济、平台经济健康发展。鼓励企业开放平台资源，推动公有云资源共享，打造共享生产新动力。探索生产资料共享新模式，鼓励各类经济主体按照市场化配置方式推进生产资料共享。健全适应共享平台灵活就业的政策体系，支持企业开展“共享用工”。进一步降低个体经营者线上经营创业就业成本，引导互联网平台企业降低个体经营者相关服务费用。

推动区域协同发展。落实国家区域重大战略、区域协调发展战略，先行探索新模式、新技术、新规则，打造城市数字化转型赋能体系，带动周边数字经济发展。注重发挥区域资源禀赋优势，优化区域数字经济生产力布局，打造区域产业链供应链一体化生态体系，加快形成点线面结合、东中西呼应的数字经济发展空间格局。拓展区域互动合作，推进中西部地区和东北地区深化数字技术应用，加快电子商务、旅游、教育、普惠金融服务等发展。

推动数字化绿色化协同发展。在推进数字化转型过程中实现绿色化发展，大力发展绿色智能终端、绿色信息网络、绿色数据中心等，挖掘各环节节能减排潜力。以数字化赋能“生产、生活、生态”，加速数字化推动农业、制造业、服务业等产业的智慧绿色增长。以数字化引领绿色化，以绿色化带动数字化。大力发展数字和绿色的融合新技术和产业体系，打造高质量发展的新动能，推动生产生活方式的深刻变革，助力碳达峰、碳中和目标实现。

（六）构筑共建共治共享的数字社会治理体系

运用现代信息技术为“中国之治”引入新范式、创造新工具、构建新模式，完善共建共治共享的社会治理制度，提升基于数据的国家治理效能，提升社会治理特别是基层治理的现代化水平。建设立体化智能化社会治安防控体系。深化公共安全视频图像建设联网，加快图像识别、物联网、大数据、人工智能等信息技术在圈层查控、单元防控、要素管控等治安防控领域中的深度融合应用，加强国门和边境地区防控，提升社会治安防控的整体性、协同性、精准性。

专栏12　慧公安建设提升工程
1. 强化集约化基础支撑体系。开展社会公共安全大数据建设，统筹新一代公安信息化基础设施，升级完善共性应用支撑平台，深化数据共享和业务协同，完善公安大数据中心。

专栏12　慧公安建设提升工程
2. 构建一体化指挥通信体系。推进指挥通信自主化、高清化、加密化升级,加强卫星技术集成应用,强化警用无线局域网(PWL)推广应用,深化数字集群通信(PDT)网络建设,建成全国公安指挥通信"一张网"。
3. 完善精准化犯罪打击体系。推进区域信息共享与警务协作,加强预测、预警、打击违法犯罪的智能应用,提高遏制电信网络诈骗等新型犯罪的能力,提升国家反恐怖、禁毒等信息化水平。
4. 升级立体化治安防控体系。加强社会安全智能感知网络建设,升级公共安全视频图像智能应用,完善边境地区技防体系,构建网络主动整体安全框架。
5. 健全便捷化惠民服务体系。完善国家人口基础信息库,提升公安政务服务水平,加快行政管理、公共服务信息系统有效对接,实现公安政务服务"一网通办"。

打造一体化智慧化公共安全体系。建设城市感知决策中枢,提升公共卫生、疾病防控、食品药品安全、生产安全、城市安全、自然灾害、快递物流等重点领域的风险防控能力。加强城市管网、公共空间、道路交通、轨道交通、消防、水利设施、大型口岸、重大活动保障等领域的运行态势感知和智能分析,提升公共安全风险识别和预报预警能力,支撑城市公共安全防控体系关口前移、精细管理和综合决策。建设社会治理大数据与模拟推演科学研究平台,开展人工智能条件下的社会治理实验。

专栏13　工智能社会治理实验工程
1. 开展医学人工智能社会治理实验。探索人工智能在智能临床辅助诊疗、医用机器人应用、智能公共卫生服务、人工智能辅助药物研发、医疗设备智能管理等方向的应用效果,研究人工智能对医疗服务提供者和患者的影响、人工智能对疾病防控领域隐私和伦理的冲击、人工智能条件下疾病协同防控体系及相关法规政策。2. 开展城市管理社会实验。研究探索人工智能对城市行政效率、城市运行管理、城市道路交通、提升居民满意度的影响。
3. 开展养老社会实验。探索人工智能应用与老年人幸福感、养老服务水平的相关性,研究人工智能应用对未来养老模式和服务内容、养老照护工作的影响,探索研究养老领域人工智能相关标准和政策。
4. 开展环境治理社会实验。探索人工智能条件下环境治理系统的运行模式和环境治理监管的协同模式,研究人工智能条件下环境治理对个人隐私保护、数据安全的影响。
5. 开展教育社会实验。研究人工智能对教育模式和教育对象的影响,探索人工智能融入教育对社会的影响。
6. 开展风险防范社会实验。探索研究人工智能与卫星遥感、视频监控、物联网、应急广播等相结合,在生产安全、城乡安全、自然灾害等领域风险早期识别、精准预报预警、减少人民群众生命财产损失。

专栏13　工智能社会治理实验工程
7. 建设社会治理大数据与模拟推演科学研究平台。建设具备社会系统全要素数据汇聚、高精度超大规模模拟仿真、实时感知与推演、虚实结合大数据交互分析等功能的软硬件一体化科学研究平台，为国家和社会治理提供数据汇聚、模拟仿真、感知推演、交互分析支撑。

打造平战结合的应急信息化体系。以信息化推动应急管理现代化，全面提升多部门协同的监测预警能力、监管执法能力、辅助指挥决策能力、救援实战能力和社会动员能力，提升国际物流供应链服务保障能力。健全多部门协同的灾害事故信息报送、预警发布、信息共享和应急处置机制，加强安全生产事中、事后监管，强化应急管理装备技术和平台支撑，增强应急管理全面感知、快速处置、精准监管和物资保障能力，有效提升防灾、减灾、抗灾、救灾水平，遏制重特大事故发生。以信息化支撑构建统一的国家储备体系，强化粮食和战略应急物资数据资源整合和共享，提升国家储备应对突发事件的能力。推动信息技术更好支撑疾病预防控制体系和重大疫情防控救治体系建设，强化政府、企业、医疗卫生机构数据共享和协同应用，提高应对突发公共卫生事件的能力。

专栏14　急管理现代化能力提升工程
1. 提升风险监测预警能力。构建自然灾害和安全生产风险综合监测预警体系，汇聚自然灾害、安全生产、城市乡村监控监测资源，建设"天目网"应急卫星星座体系，提升多灾种和灾害链综合监测、风险早期识别和预报预警能力。建设防汛抗旱决策支持系统，推动防汛抗旱模型研究应用，提高防汛抗旱应急管理现代化能力。健全应急管理数据资源目录，探索建立城乡安全运行体征指标体系。 2. 提高突发事件响应和处置能力。基于公众通信网建设空、天、地、海一体化应急通信网络，强化通信方式跨网融合。依托广播电视和新媒体基础设施，建设国家应急广播体系。加快建设国家应急协同指挥平台、国家应急资源管理平台，实现应急救援行动"一张图"指挥调度。推进智慧消防救援、智慧矿山安全、智慧防震减灾、数字粮储、智慧海上救捞建设。提升应急救援装备信息化管理能力，实现救援装备的轨迹上图、状态可感。

创新基层社会治理。深化大数据、人工智能等信息技术在基层政权建设、城乡社区治理和服务中的应用，提升基层党建服务管理水平，健全党组织领导的自治、法治、德治相结合的城乡基层治理体系。加快打造智慧社区，充分整合民政、卫健、住建、应急、综治、执法等部门系统基层入口，构建网格化管理、精细化服务、信息化支撑、开放共享的基层治理平台。畅通社会组织、社会工作者、志愿者在线参与基层社会治理和服务的渠道，大力拓展社会资源线上参与公益慈善途径，促进政府治理同社会调节、居民自治良性互动。

推进新型智慧城市高质量发展。因地制宜推进智慧城市群一体化发展，围绕公共交通、快递物流、就诊就学、城市运行管理、生态环保、证照管理、市场监管、公共安全、应急管理等重点领域,推动一批智慧应用区域协同联动,促进区域信息化协调发展。推动粤港澳大湾区信息共享。稳步推进城市数据资源体系和数据大脑建设,打造互联、开放、赋能的智慧中枢,完善城市信息模型平台和运行管理服务平台,探索建设数字孪生城市。实施智能化市政基础设施建设和改造,有效提升城市运转和经济运行状态的泛在感知和智能决策能力。推行城市"一张图"数字化管理和"一网统管"模式。丰富数字生活体验,加快发展数字家庭。推进新型智慧城市与数字乡村统筹规划、同步实施,探索城乡联动、资源共享、精细高效的智慧治理新模式。

(七)打造协同高效的数字政府服务体系

深入推进"放管服"改革、加快政府职能转变,打造市场化、法治化、国际化营商环境,坚持整体集约建设数字政府,推动条块政务业务协同,加快政务数据开放共享和开发利用,深化推进"一网通办""跨省通办""一网统管",畅通参与政策制定的渠道,推动国家行政体系更加完善、政府作用更好发挥、行政效率和公信力显著提升,推动有效市场和有为政府更好结合,打造服务型政府。

*提升党政机关信息化建设水平。*推进党的执政能力信息化工程,完善党中央各部门核心业务系统,提升服务党中央决策指挥支撑能力。优化电子政务网络结构和安全体系,集约建设政务云平台和数据中心体系,推进政务信息系统云迁移,全面推进移动办公应用。持续丰富政务信息资源,完善数据共享交换体系,强化政府系统业务协同和信息资源安全有序共享。推进政府网站集约化改革,推动公开、互动、服务融合发展。推动人大和政协信息化、智能化建设,拓展代表和委员网上履职综合服务功能。深化监督信息化建设,推进纪检监察工作数字化规范化智能化。全面深化智慧法院建设,推进完善互联网审判模式。深入推进智慧检务建设,完善检务支撑和共享平台。

*推动政务数据共享流通。*加快形成权威高效的各级政府政务数据共享协调机制,为国家政务数据共享提供支撑。建立完善有效的数据供需匹配机制,出台更多数据共享责任清单,将更多直接关系到企业群众办事、应用频次高的数据纳入共享范围。推动数据向基层服务部门回流,形成数据上下流通的循环体系。充分发挥大数据减少基层填表报数的作用,实现数据一次采集、多方利用,减轻基层负担。

*推进"一网通办"让群众办事更便捷。*优化全国一体化政务服务平台服务水平,完善统一身份认证、电子证照等共性支撑体系,有力支撑政务服务标准化、规范化、便利化,实现全国范围内"一次认证、全网通办"。建立政务服务事项动态管理机制,在推动政务服务事项"四级四同"基础上,进一步规范受理条件、法定时限、数量限制、年审年报、服务对象等要素。扩大电

子证照应用领域和"证照免提交"范围，推动全国互通互认，实现绝大多数政务服务事项"不用跑就能办"。提升全流程一体化在线服务平台功能，积极开展"高效办成一件事"，实现更多高频政务服务事项"跨省通办"。促进政务服务线上线下融合，构建多样化、无缝衔接的线上线下一体化政务服务渠道。

专栏15　全国一体化政务服务提升工程
1. 推进"一网通办""一次办好"。大力推进"一件事、一次办"，不断推动"减时间、减环节、减流程、减跑动"，优化面向企业和群众的服务应用系统，制定完善全国一体化政务服务标准规范和管理制度。 2. 完善政务服务平台"好差评"机制。坚持以评价促改革，推广政务服务"好差评"制度，畅通政民互动信息通道，构建渠道便捷、全方位覆盖的全国一体化政务服务平台"好差评"管理体系，推动服务绩效由企业和群众来评判。 3. 提升政务服务支撑能力。进一步强化国家政务服务平台枢纽作用，全面对接各地区和国务院有关部门政务服务平台，升级面向地方部门平台的公共支撑系统，完善数据管理和共享服务系统，完善统一身份认证、电子证照、电子印章、数据共享支撑能力，推动高频政务服务事项实现"跨省通办"。 4. 提升一体化、跨层级、跨部门的协同办公能力。推动形成基于政务服务外网的一体化共性办公体系，拓展移动共性办公应用场景，提升政府行政效率。完善全国一体化平台安全保障系统，建设全国一体化平台运营管理系统，统筹推进政务服务平台容灾备份系统建设，保障政务数据安全。

打造市场化法治化国际化营商环境。提升电子文件管理和应用水平，深化电子证照、电子合同、电子发票、电子会计凭证等在政务服务、财税金融、社会管理、民生服务等重要领域的有序有效应用。推进涉企政务事项的全程网上办理，大力推进公共资源全流程电子化交易，构建覆盖全国、透明规范、互联互通、智慧监管的公共资源交易体系。加快建立营商环境诉求受理和分级办理"一张网"，加强涉企主动服务。积极探索大数据、人工智能等服务新应用，加强涉企政策宣传解读和精准推送，推动政策有效落实。

推动政府监管规范化精准化智能化。积极推进"互联网+监管"和智慧监管，完善一体化在线监管系统，健全跨地区、跨部门、跨层级的联动响应和协同监管机制，实现"进一次门、查多项事"。依托全国"互联网+监管"系统体系、全国信用信息共享平台、国家企业信用信息公示系统，构建数据同步、措施统一、标准一致的信用监管协同机制，完善国家事中事后监管大数据分析和风险预警体系建设，畅通公众社会参与"互联网+监管"的渠道和窗口。推动各地区各部门建立健全以信用为基础的新型监管机制，扩大事中事后监管覆盖范围。强化食品药品、特种设备、工业产品安全、消费者权益保护、网络交易、广告、价格等重点领域智慧监管。

(八)构建普惠便捷的数字民生保障体系

坚持把实现好、维护好、发展好最广大人民根本利益作为发展的出发点和落脚点，着力以信息技术健全基本公共服务体系，改善人民生活品质，让人民群众共享信息化发展成果。

开展终身数字教育。提升教育信息化基础设施建设水平，构建高质量教育支撑体系。完善国家数字教育资源公共服务体系，扩大优质资源覆盖面。推进信息技术、智能技术与教育教学融合的教育教学变革。发挥在线教育、虚拟仿真实训等优势，深化教育领域大数据分析应用，不断拓展优化各级各类教育和终身学习服务。探索扩大学分银行试点及成果积累、认证和转化，建设终身学习经历公共服务体系。

提供普惠数字医疗。统筹开展国家级健康医疗大数据资源目录体系建设，完善智慧医院分级评估体系和互联网医疗服务监管体系。加强人工智能、大数据等信息技术在智能医疗设备和药物研发中的应用。深化和拓展医疗信息化应用范围，普及应用居民电子健康码，加快异地转诊、就医、住院、医保等医疗全流程在线办理。加快医保电子凭证推广应用，建成全国统一的医疗保障信息平台。积极探索运用信息化手段优化医疗服务流程，创造舒心就医新体验。创新发展互联网医院、远程医疗、在线健康咨询、健康管理等服务，持续提升偏远农村地区远程医疗设施设备普及。提升基层卫生医疗机构和妇幼保健机构在疾病预防和诊疗、慢病管理中的数字化、智能化水平。推动中医药健康服务与互联网深度融合。

优化数字社保、就业和人力资源服务。提升基本社会服务和社会保障的数字化供给能力，优化在线服务功能，持续推广电子社保卡服务，完善全国统一的社会保险公共服务平台。建设低收入人口动态监测体系，创新“互联网+救助”模式，整合社会救助信息资源，提升社会救助精准度。支持和规范发展新就业形态，深化国家双创示范基地建设，加强产业人才供需对接与精准服务力度。不断完善拓展线上就业和人力资源服务，健全就业需求调查和失业监测预警机制。加快推进人才人事等人力资源管理服务的规范统一和信息的共享协同。建设退役军人网络服务体系，打造退役军人互联网服务平台。

丰富数字文旅和体育服务。推动公共文化数字化建设，加快推进文化馆、博物馆、文化教育基地等文化资源数字化，提供方便快捷、资源共享的全国公共文化数字资源服务。推进实施全媒体传播工程，建强用好县级融媒体中心，推进智慧广电建设，提升文化服务水平。深入发展智慧旅游，推动景区、博物馆等发展线上数字化体验产品，培育云旅游、云直播、云演艺等新业态，鼓励定制、体验、智能、互动等消费新模式发展，打造沉浸式旅游体验新场景。建立体育电子地图，完善国家全民健身信息服务平台，推动体育场地设施数字化升级。

专栏16　数字公共服务优化升级工程
1. 开展"互联网+教育"云网一体化建设。加快建设中国教育专用网络和"互联网+教育"大平台,构建泛在的网络学习空间,支撑各类创新型教学的常态化应用,推动优质教育资源开放共享,缩小区域、城乡、校际之间的差距,实现更加公平更有质量的教育。 2. 建设医疗重大基础平台。加快建设医疗专属云,推动各级医疗卫生机构信息系统数据共享互认和业务协同,建设权威统一、互通共享的各级全民健康信息平台。持续加强中医馆健康信息平台建设,全面提升基层中医药信息化能力。 3. 建立居民服务"一卡通"。以社会保障卡为载体,推动居民服务"一卡通"在政务服务、社会保障、城市服务等领域的线上线下应用,提供就业补贴、社保待遇、农民工工资、惠民惠农补贴发放等服务,在交通出行、旅游观光、文化体验等方面率先实现"同城待遇"。 4. 优化信息无障碍环境。加快推进信息化设施与建筑、交通等领域无障碍设施融合,在公共场所普及信息无障碍自助设备。推广智能终端、网站、App等支持信息无障碍服务。鼓励新型智慧城市建设开展信息无障碍标签的全域部署,营造线上线下信息无障碍感知环境,每年遴选一批信息无障碍典范城市。进一步完善全国残疾人人口基础数据库和残疾人网上服务平台建设。加快信息无障碍相关立法工作进程,保障规范化、法治化的信息无障碍环境。

(九)拓展互利共赢的数字领域国际合作体系

坚持和平、发展、合作、共赢的原则,积极参与全球网络空间治理体系改革,推动贸易和投资自由化便利化,推动"数字丝绸之路"高质量发展,坚持实施更大范围、更宽领域、更深层次对外开放。

加强数字领域国际规则研究制定。积极参与世界贸易组织与自由贸易协定谈判,以及二十国集团、亚太经合组织、金砖国家等多边机制合作,加快提升我国参与数字领域国际规则制定的能力。加快推进电子商务、数据安全、数字货币、数字税等相关国际规则和标准研究制定,推动由商品和要素流动型开放向规则等制度型开放转变。

建立多层次的全球数字合作伙伴关系。强化数据、海关、税收、审计监管等法律法规和数字技术合作,推动贸易和投资自由化便利化。加强与共建"一带一路"国家数字经济发展合作,共建高质量、可持续、价格合理、包容可及的数字基础设施,共建联合实验室和技术对接合作平台,高质量共建"数字丝绸之路"。

专栏17　"数字丝绸之路"共建共享工程
1. 推进网络基础设施互联互通。规划建设洲际海底光缆项目,加快推进跨境光缆建设及扩容,支持运营商建设海外POP点。加强与共建"一带一路"国家卫星规划、运营、应用合作,发展精准导航、应急通信、广播电视、安全通信等开放性公共服务。

专栏17 "数字丝绸之路"共建共享工程
2. 推动应用基础设施共建共享。推动与共建"一带一路"国家在新型应用基础设施领域的合作探索。在云数据中心、物联网平台、工业互联网平台等领域共同研究、规划部署、试验示范,推进标准一体化合作。在扩大互联网交换中心等能力基础上,拓展国际转接业务与容量分享合作。

推动高质量引进来。推动数字经济、互联网等领域持续扩大开放。全面实行外商投资准入前国民待遇加负面清单管理制度,有序扩大增值电信服务开放,在海南自由贸易港、自贸试验区等地先行先试符合高质量发展需要的数字领域新模式、新技术和新规则。支持外资依法依规参与数字基础设施建设,鼓励外商投资智能制造等领域,改造提升传统产业。支持外商投资企业在我国建立区域总部和创新研发中心,提升全球资源配置能力。发挥企业人才引进载体作用,支持信息化领域海外高层次人才在华创新创业。

推动高水平走出去。推动移动支付等数字经济模式创新并为全球用户提供服务。充分利用数字技术和新媒体手段推动中外文化交流。鼓励网信企业拓展第三方市场合作,积极参与国际数字技术和数字产品竞争。健全促进和保障境外投资的法律、政策和服务体系,完善全国对外投资合作管理和服务,提升境外中国公民和机构安全保护工作及外事信息服务水平,增强海外利益保护和风险预警防范能力。创新金融服务,提升商业金融机构的国际信息科技服务水平。

做大做强创新合作平台。高质量举办世界互联网大会等国际会议,推动数字经济国际交流合作,做好我国理念主张的宣传阐释和国际传播。加快国际化的开源社区和开源平台建设,联合有关国家和组织完善开源开发平台接口建设,规范开源产品法律、市场和许可。鼓励和引导有条件的网信企业参与境外合作园区建设,打造高质量投资合作平台,建设世界级人工智能、区块链等创新中心。

(十)建立健全规范有序的数字化发展治理体系

坚持促进发展和监管规范两手抓、两手都要硬,在发展中规范、在规范中发展,建立全方位、多层次、立体化监管体系,把监管和治理贯穿创新、生产、经营、投资全过程。厘清政府和市场关系,推动有效市场和有为政府更好结合,激发各类市场主体活力,促进数字中国持续健康有序发展。

强化平台治理体系。完善互联网平台监管法律法规体系,明确互联网平台对其发布内容等应承担的责任。压实平台主体合规责任,增强平台治理规则透明度,加强对平台不正当竞争、不正当价格行为的监管。完善违法内容举报与处理披露机制,引导平台企业及时主动公开违法违规内容自查处置情况,及时预警排查重大风险隐患。不断加强和改进反垄断、反不正当竞争监管，防止资本无序扩张，维护平台经济领域公平有序竞争，保障平台内经营者和消费者等各方主体合法权益。鼓励平台企业将更多资源用于创新技术应用，提升产品质量服务，优化平台运行规则和平台营商环境，促进行业健康发展。

建设技术规则治理体系。建立和完善数字技术应用审查机制和监管法律体系，开展技术算法规制、标准制定、安全评估审查、伦理论证等工作，明确人工智能、区块链等关键应用法律主体及相关责任。建立和完善数字经济反垄断监管规则，强化执法机构数字化取证能力。发挥国家科技伦理委员会统筹规范和指导协调作用，加快构建科技伦理治理体系，加强技术伦理研究储备，规范各类科学研究活动。加强跨学科分析研判，研究制定数字技术伦理规范导则与指南。加强行业自律引导，加大社会公众数字技术安全风险教育宣传，提升社会各界技术风险防范和责任意识。

探索市场主体弹性治理。构建以市场主体为核心的全流程弹性监管机制，实施事前信用核查和信用承诺、事中信用评估分级和分类检查、事后奖惩和信用修复的全链条全领域监管。探索触发式等创新监管机制，推动优质创新产品和服务先行先试。发展基于数据与信用的分级分类监管体系，实施企业信用信息依法公示、社会监督和失信惩戒。完善跨部门协同监管机制，实现线上线下协调互补、市场监管与行业监管联接互动。

完善网络空间治理体系。加强网络立法统筹。完善网络实名法律制度，推进社会公众数字身份管理体系建设，加大数字身份管理体系标准化整合衔接。探索公众网络行为与社会信用体系衔接机制，强化线上线下协同治理。完善网络综合执法协调机制，加强对未成年人网络保护工作的监督检查，严厉打击网络违法犯罪。鼓励社会主体依法参与网络内容共治共管，畅通社会监督、受理、处置、反馈、激励闭环流程，激活社会共治积极性。大力弘扬社会主义核心价值观，拓展多元化网络宣传平台和渠道，加强正能量信息宣传，营造风清气正的网络空间。以《全球数据安全倡议》为基础，深度参与网络空间国际规则和技术标准制定，推动建立公正、合理、透明的治理体系和规则体系，携手构建网络空间命运共同体。

全面加强网络安全保障体系和能力建设。加强网络安全核心技术联合攻关，开展高级威胁防护、态势感知、监测预警等关键技术研究，建立安全可控的网络安全软硬件防护体系。实施国家基础网络安全保障能力提升工程，加强关键信息基础设施安全防护体系建设，增强网络安全平台支撑能力，强化5G、工业互联网、大数据中心、车联网等安全保障。完善网络安全监测、通报预警、应急响应与处置机制，提升网络安全态势感知、事件分析以及快速恢复能力。

五、优先行动

遵循信息化发展规律，坚持整体推进与重点突破相结合，坚持补短板与锻长板相结合，坚持循序渐进，区分轻重缓急，优先推动基础能力、战略前沿、民生保障、基层治理等领域信息化专项行动,加快在核心技术、数字经济、数字社会等领域取得新的重大突破,推动数字民生保障取得更为明显的实质性进展,让人民群众在信息化发展中有更多获得感幸福感安全感。

(一)全民数字素养与技能提升行动

行动目标:到2023年,全民数字技能教育教学资源体系初步形成,信息弱势群体数字素养与技能明显提升;到2025年,全民数字技能教育培训广泛普及,让人民群众共享信息化发展成果。

搭建全民数字技能教育资源体系。统筹制定全民数字技能教育推进方案,充分调动教育机构、公共图书馆、运营商、企业等社会资源,优化和拓展数字技能教育资源和获取渠道,分级分类推进线上线下数字技能教育培训试点示范。加强融媒体平台建设,更好满足各类社会群体学习需要。

开展数字技能教育培训。面向公众开展智能终端使用、就业、就医、消费、商务、金融、网络安全等多样化数字技能培训项目,推广和普及全民数字技能教育。在大中小学设置常态化、场景化数字技能课程,激发数字创新潜能。将优质传统文化道德规范与数字礼仪教育相互结合,厚植数字公民责任意识,优化数字生活环境,提升数字生活品质。

精准帮扶信息弱势群体。充分调动社会各方资源,开展面向低收入群体、老年人、残疾人、孤儿、留守儿童、困境儿童以及革命老区、偏远地区、民族地区、脱贫地区居民等重点人群的常态化数字技能帮扶,有效提升信息弱势群体在数字设备使用、在线服务获取、数字消费、网络欺诈防范等方面的素养水平。注重线上线下服务方式柔性融合,提供无感帮扶,实现信息服务全覆盖。支持民族语言语音、视频、搜索技术和软件研发,加强民族地区数字化教育内容建设和文化产品供给。

(二)企业数字能力提升行动

行动目标:到2023年,大中型企业数字能力发展体系初步建成,融合发展新模式新业态蓬勃涌现;到2025年,企业数字能力全面提升,大型企业整体步入集成融合、生态创新阶段,中小企业质量效益显著增强。

加快企业数字能力标准体系研制推广。围绕企业数字能力建设,构建数字化转型方法论和数字化转型标准体系,形成一批实用型配套方法集、工具箱和案例集。制定重点行业领域数字化转型路线图,分行业、分能力、分阶段推进数字化转型标准体系贯标,组织开展数字化转型诊断对标,全面推广两化融合管理体系。

分级分类推进企业数字能力试点示范。以行业龙头企业为重点,开展企业数字能力建设试点示范,聚焦产品创新、生产运营管控、用户服务、生态合作、员工赋能、数据开发等数字能力发展方向,分级分类打造一批可复制、可推广的样板,推动企业运营管理从职权、流程驱动型向数据驱动型转变，业务模式从业务数字化向数字化业务转变，企业间合作从业务协同向能力共享、生态共建转变，发展模式从要素驱动向创新驱动转变，培育形成一批数字企业、生态引领型企业。

完善企业数字能力建设市场服务生态。加强政府引领，充分发挥行业协会、产业联盟作用，推动建设数字化转型公共服务平台，提供能力深度诊断、供需精准对接、解决方案融合、知识经验分享、专业人才培育、宣贯交流推广等服务和整体解决方案。鼓励第三方服务机构创新服务方法工具，形成一批集战略咨询、管理优化、解决方案创新、数字能力建设等于一体的新型服务机构。鼓励各级政府、龙头企业、金融机构、社会组织等开展能力分级采信试点，探索以能力为纽带的企业新型信用体系，持续激发企业转型动力。

（三）前沿数字技术突破行动

行动目标：到2023年，人工智能、区块链、量子信息等前沿数字技术研发取得明显进展，在若干行业落地一批融合应用示范；到2025年，前沿数字技术创新生态体系日益完备，行业级融合应用示范标杆不断涌现，产业规模快速提升。

推动人工智能规模创新应用。完善人工智能基础理论体系，开展人工智能与神经科学、认知科学、心理学、社会科学等基础学科前沿交叉研究。建设发展人工智能开源社区，构建人工智能公共数据集。推动人工智能开源框架发展，打造开源软硬件基础平台，构建基于开源开放技术的软件、硬件、数据协同的生态链。围绕国家战略和产业需求，加快人工智能关键技术转化应用。开展人工智能伦理规范研究，探索建立保障人工智能健康发展的法律法规和伦理道德框架。

推进区块链技术应用和产业生态健康有序发展。着力推进密码学、共识机制、智能合约等核心技术研究，支持建设安全可控、可持续发展的底层技术平台和区块链开源社区。构建区块链标准规范体系，加强区块链技术测试和评估，制定关键基础领域区块链行业应用标准规范。开展区块链创新应用试点，聚焦金融科技、供应链服务、政务服务、商业科技等领域开展应用示范。建立适应区块链技术机制的安全保障与配套支撑体系。

布局探索量子信息技术研究。加强共性关键技术和基础器件研发。超前布局量子通信、量子计算、量子传感技术研究，推动量子计算应用探索与产业生态体系建设。探索构建量子信息网络技术与标准体系。

（四）数字贸易开放合作行动

行动目标：到2023年，数字贸易服务能力显著增强，数字贸易统计体系基本形成；到2025年，数字贸易服务体系基本形成，国际竞争力位于前列，数字贸易发展支撑能力显著提升。

开展数字贸易先行示范。依托自由贸易试验区、海南自由贸易港等，建设数字服务出口基地,加快打造数字贸易重要载体,形成数字服务出口集聚区,打造具有全球竞争力的数字贸易先行示范区。

*完善数字贸易服务体系。*加强对数字贸易企业海外市场需求、法律法规等方面的信息服务。推动建设中国—中东欧国家海关信息中心,探索开展“智慧海关、智能边境、智享联通”合作试点,完善“单一窗口”建设,优化推广“一带一路”海关信息交换共享平台,提升海关智能化和通关便利化支撑能力。扩大数字贸易市场对外开放,促进数字贸易区域协调发展。

*健全数字贸易发展支撑体系。*建立数字贸易统计制度和方法,完善相关统计监测、运行和分析体系。探索符合新时代数字贸易发展特点的监管体系,加强监管协作,探索监管创新的容错机制。

(五)基层智慧治理能力提升行动

*行动目标:*到2023年,基层智慧治理规划、政策和标准规范更加完善,数据资源整合取得明显成效,支撑基层社会治理水平大幅提升;到2025年,精细化服务感知、精准化风险识别、网络化行动协作的基层智慧治理体系基本建成,有力支撑基层治理体系和治理能力现代化。

*完善基层智慧治理整体规划。*统筹推进智慧城市、智慧社区建设,强化基础设施、系统平台、应用终端、服务资源、数据融合、安全监管等整体规划设计和集成。制定基层智慧治理标准体系,推动信息识别技术、高分卫星遥感影像、三维地图、视频图像以及智能感知等技术在基层治理的应用。

*推动基层数据资源整合共享。*完善地方与部门数据共享交换机制,依托国家数据共享交换体系,压实省级政府数据共享应用主体责任,加强省、市、县、乡镇(街道)四级共享交换机制建设,推动基层政府与垂直部门的数据共享融合,促进部门数据根据需要向基层开放使用。完善地理信息等基础数据,高质量建设楼宇、房屋、人员、企业、设施等基础对象电子档案库,提升数据完整性、规范性和准确性。加强基层数据关联比对分析和精准化运用,提升基层疫情防控、社区安防等方面风险预警和管理决策水平。

*提升智能化应用能力。*推动数字政府服务能力向基层延伸,推进基层服务流程优化再造。依托“互联网+”、自助终端等整合集成政府机构、社会组织及第三方提供的服务,实现基层证明电子化和规范化。建设开发智慧社区信息系统和简便应用软件,整合接入公安、城市管理、卫生健康、交通、应急等部门业务系统和网格员、视频图像、移动终端等信息资源,实现辖区“一张网”全时感知、“一张图”全面监控,全面提升基层治理的感知、干预、调配等综合能力。

*促进群众参与治理。*积极运用互联网创新基层党组织和群团组织活动方式、机制和载体。提升城乡基层党建信息化水平,完善基层党组织领导的群众自治制度。充分运用信息化手段,拓展群众参与基层治理渠道,推动基层组织建设和信息发布、政策咨询、民情收集、民主

协商、公共服务、邻里互助等事务网上运行。打造“互联网+群防群治”体系，提升监管部门对公众举报线索的网络核查和快速处置能力。

（六）绿色智慧生态文明建设行动

行动目标：到2023年，自然资源、生态环境、国家公园、水利和能源动态监测网络和监管体系建设进一步完善；到2025年，自然资源监管、生态环境保护、国家公园建设、水资源保护和能源利用等数字化、网络化、智能化水平大幅提升，有力支撑美丽中国建设。

加强自然资源和国土空间的实时感知、智慧规划和智能监管。优化完善自然资源、国土空间和自然地理格局等基础信息，推动涵盖自然资源开发利用和资产管理、国土空间规划实施、耕地保护、生态修复、海洋资源监管、气象灾害、地质灾害与海洋灾害监测等的动态感知技术能力提升，按照“统一底图、统一标准、统一规划、统一平台”的要求，推进自然资源三维立体“一张图”和国土空间基础信息平台建设。强化综合监管、分析预测、宏观决策的智能化应用，提供自然资源和国土空间数据共享与服务。

打造智慧高效的生态环境数字化治理体系。提升生态环境智慧监测监管水平，完善生态环境综合管理信息化平台，支撑精准治污、科学治污、依法治污。推动区域生态环境信息化协同治理，与公益诉讼共享有关资源，提升风险防范和一体化保护能力。支持京津冀、长三角区域打造大气环境协同治理信息化示范区，支持长江经济带、黄河流域、成渝双城经济圈打造水生态环境系统治理信息化示范区，支持粤港澳大湾区打造绿色生态城市示范区。加强应对气候变化信息化能力建设，推进气候资源开发利用，促进绿色低碳发展。完善“一带一路”生态环保大数据服务平台，推动生态环境标准规范、数据资源、监测网络、云服务资源国际合作共建。提升林草生态网络感知能力，完善生态系统保护成效数字化监测评估体系。加强长江禁捕执法监管能力建设，提升水生生物智能监测评估和保护管理水平。

推进智慧水利建设。推进新一代信息技术与水利业务融合，完善大江大河监测体系，加强水利大数据应用，加速推进水文、水资源等重要水利数据有序共享。以流域为单元提升水情测报和智能调度能力。加强国家水利综合监管，持续推进国家节水信息化管理能力提升。建设智慧能源系统。推动能源与信息领域深度融合，提升电网、油气、煤炭基础设施信息化和智能化水平，推动构建源网荷储互动、多能协同互补、用能需求智能调控的能源系统。实施国家能源管理与监管信息化工程，制定统一的能源监管标准规范和监管数据指标体系。

（七）数字乡村发展行动

行动目标：到2023年，数字乡村发展行动的政策体系、标准规范更加完善，国家数字乡村试点示范效应明显,城乡信息化发展水平差距进一步缩小;到2025年,数字乡村建设取得重要进展,乡村4G深化普及、5G创新应用,城乡信息化发展水平差距显著缩小,初步建成一批兼具创业孵化、技术创新、技能培训等功能于一体的农村创业园区(基地),培育形成一批叫得响、质量优、特色显的农村电商产品品牌,完善乡村物流配送网点设施。乡村网络文化繁荣发展,乡村数字治理体系日趋完善。

完善升级乡村基础设施。推动城乡信息化融合发展,加快建设农村新一代信息基础设施,深化农村光纤宽带、移动宽带覆盖,推动有线电视网络IP化、智能化改造升级。加快推动水利、公路、电力等基础设施数字化、智能化转型。推进乡村智慧物流发展。加快推进农田建设数字化改造,加强全国农田综合监测监管。提升乡村气象灾害监测能力。

发展农村数字经济。加快发展智慧农业,推动新一代信息技术和先进适用智能农机装备广泛应用于农业生产经营各环节各领域。加强国家农业农村大数据发展应用,建设国家农业农村大数据平台,建立农业农村大数据"一张图"。完善农业基础数据资源体系,持续推进重要农产品全产业链大数据建设。深入实施"互联网+"农产品出村进城和"数商兴农"工程。推动"互联网 + 特色农业""互联网 + 乡村旅游"深入发展,培育都市农业、观光农业、创意农业等新业态,扩大农村信息消费。

推进乡村智慧治理。深化智慧党建,推动提升农村基层党组织引领、动员、组织、服务社会能力。探索数字乡村治理新模式,以数据驱动、信息共享、数据挖掘等方式破解乡村治理面临的复杂问题。加强信息技术在乡村群防群治、联防联治中的应用,提升应急管理、防灾减灾和疫情防控水平。推进智慧公共法律服务,促进法治乡村建设。提高村级综合服务信息化水平,大力推动乡村建设和规划管理信息化。提升全国农村房屋管理信息化水平。

提升信息惠农服务水平。构建线上线下相结合的乡村信息服务体系,丰富市场、科技、金融、就业培训等涉农信息服务内容。推进乡村教育信息化建设,帮助乡村学校开足开好开齐国家课程。加快"互联网+医疗健康"发展,优化农村医药卫生管理和服务模式。推进乡村优秀文化资源数字化,加强乡村网络文化引导。

提升脱贫地区可持续发展能力。推动网络扶贫行动与数字乡村振兴战略无缝衔接。健全防止返贫动态监测和帮扶机制,健全防止返贫大数据监测平台,加强相关部门数据共享和对接,充分利用先进技术手段提升监测准确性。支持脱贫地区纳入国家数字乡村试点。加快提升农民数字技能,大力培育新农民队伍。

(八)数字普惠金融服务行动

行动目标:到2023年,金融业数字化转型成效明显,金融服务模式更加完善,产品供给更加丰富、业务触达范围更加广阔;到2025年,先进可靠、富有弹性的基础设施服务体系基本形成,金融业初步实现数字化、智能化,金融普惠性和服务实体经济能力显著增强,形成与金融科技相适应的监管体系,为新发展格局提供全方位金融支持。

完善数字金融基础设施。优化基础设施布局,促进数字金融服务适度竞争。推动基础设施互联互通,促进要素自由流动。进一步完善征信体系,加快完善重点领域信贷流程和信用评价模型。升级改造支付清算体系,提升风险防控和运维保障能力。进一步完善金融业综合统计,加快国家金融基础数据库建设。加快我国金融信息服务业健康发展。

提升金融服务百姓民生水平。综合运用区块链、5G、边缘计算等技术打造多层次、广覆盖的金融服务新模式,推动数字融资、数字函证等不断成熟完善,提高金融服务的触达能力。切实保障金融消费者在使用智能化金融产品和服务过程中的合法权益,着力解决老年人等群体面临的数字鸿沟等问题。加强涉农金融产品创新,加快城市地区优秀金融科技实践成果在乡村应用推广。扩大金融服务半径,提升服务效率,构建以安全为前提、以百姓为中心、以需求为导向的数字普惠金融服务体系,实现普惠金融健康可持续发展。

增强金融有效支持实体经济能力。支持市场主体运用数字技术重构金融服务流程,在保障数据安全和个人隐私前提下,深化跨行业金融数据资源开发利用。完善全国中小企业融资综合信用服务基础设施,加强水、电、煤、气等企业信用信息归集共享,提高中小企业融资可获得性。建立健全交易报告制度与交易报告库,增强金融市场透明度。优化产业链供应链金融供给,将金融资源配置到经济社会发展的关键领域和薄弱环节,实现各类企业特别是民营、小微企业金融服务的增量、扩面、提质、增效。加强与国际、区域金融市场、规则、标准的软联通,推动规则、规制、管理、标准等制度性开放。

完善金融科技创新监管体系。加大监管基本规则拟订、监测分析和评估工作力度,探索金融科技创新管理机制,提升穿透式监管能力,防范发生系统性金融风险。强化金融科技监管,全面推广实施金融科技创新监管工具,加强金融科技创新活动的全生命周期管理,筑牢金融与科技风险的“防火墙”。推进金融科技跨境金融服务的全球治理。

(九)公共卫生应急数字化建设行动

行动目标:到2023年,公共卫生应急数字化体系更加完善,信息化支撑疫情常态化防控能力大幅提升;到2025年,公共卫生应急数字化体系功能进一步提升,信息化对提升突发公共卫生事件应急响应能力发挥显著作用。

强化公共卫生监测预警能力。提升传染病疫情和突发公共卫生事件监测能力,提高评估监测敏感性和准确性。建立智慧化预警多点触发机制,健全多渠道监测预警机制,提高实时分析、集中研判能力。支持公共卫生机构和医疗机构数据共享,实现相关信息快速报送,做到早发现、早报告、早隔离、早治疗处置。

提高突发公共卫生事件应急响应能力。加强集中统一高效的公共卫生应急指挥能力建设,完善突发公共卫生事件应急响应机制。积极运用大数据、人工智能、物联网、云计算等数字技术,在疫情监测分析、病毒溯源、防控救治、资源调配等方面更好发挥支撑作用。健全统一的国家储备和应急物资保障系统,优化应急物资产能保障和区域布局,提升储备效能。

(十)智慧养老服务拓展行动

行动目标:到2023年,全国养老数据管理水平不断提升,适老化智能产品和服务不断丰富,有效支撑全国养老服务、管理等各类需求;到2025年,老年人运用智能技术困难问题得到解决,养老服务体系数字化、智能化水平显著提升,智慧养老市场得到长足发展,产业生态更加健康完整,为老年人提供有获得感、幸福感和安全感的老年生活。

建设全国养老数据资源体系。统筹养老服务领域政务和社会数据资源,依托国家人口基础信息库等,汇聚老年人健康档案、老年人社会保障、养老服务机构组织及服务价格、养老从业人员等基本数据集。制定养老数据资源规范化运营标准,形成公众需求牵引、政府监督管理、社会资本参与的养老数据资源体系。

培育规范智慧养老服务。加快推动互联网、大数据、人工智能等信息技术在养老服务领域深度应用,助力构建居家社区机构相协调、医养康养相结合的养老服务体系。支持适老化智能终端产品的研发、升级和应用推广,积极开发智能辅具、智能家居、健康监测和养老照护等智能化终端产品。推动信息服务适老化改造优化,加强适老化数字服务供给。优化各级政务服务平台功能,方便老年人网上办事。支持社区、机构开展老龄群体数字技能培训,保留必要的线下办事服务渠道。建立健全智慧养老服务综合监管体系,促进智慧养老市场健康发展。

六、组织实施

(一)加强组织领导

各地区、各部门要进一步提高思想认识,在中央网络安全和信息化委员会的统一领导下,把信息化发展摆到工作全局更加突出的位置,加强顶层设计、总体布局、统筹协调、整体推进和督促落实。中央网信办、国家发展改革委负责制定规划分工实施方案,明确责任分工,统筹推进各项重大任务、重点工程和优先行动，跟踪督促各地区、各部门的规划实施工作。持续完善数字中国发展评价指标体系，动态跟踪监测数字中国建设进展，定期评估实施情况，分析判别潜在风险，发布数字中国发展报告。各地区网络安全和信息化委员会要加强信息化发展工作的组织推动和统筹协调。各地区、各部门要依据本规划，制定本地区、本部门信息化领域发展规划，要将乡镇（街道）、村（社区）信息化发展统筹纳入规划，切实抓实抓好规划落实。

（二）健全政策体系

建立健全数字中国发展的政策体系，围绕规划确定的发展框架、主攻方向、重大任务，各相关部门要完善数字经济、科技创新、数字政府、数字社会等相关领域的规划和政策，做好与本规划衔接。鼓励引导资本市场加强对核心技术和战略性新兴产业的支持力度，按市场化方式构建产业资金、社会资本参与的投融资体系。创新财政资金支持方式，加大现有国家科技计划统筹力度，支持关键核心技术研发和重大技术试验验证。探索根据云服务使用量、智能化设备和数字化改造的投入，认定为可抵押资产和研发投入。优化知识产权质押融资体系，加大对经营稳定、信誉良好的中小微网信企业的融资支持。统筹做好信息领域知识产权保护、反垄断、公平竞争审查等工作，促进创新要素自主有序流动、高效配置。

（三）强化队伍建设

优化人才培养机制，着力培育信息化领域高水平研究型人才和具有工匠精神的高技能人才。通过搭建国际合作交流平台、开展世界级大科学项目研究，推动科研人才广泛交流。深化新工科建设，建设一批未来技术学院和现代产业学院，打造信息化领域多层次复合型人才队伍。持续开展各类专项创业技能教育与培训计划，健全完善职称制度、职业资格制度、职业技能等级制度等体系，提高人才评价的针对性和有效性。加强领导干部网信教育培训，大力推动领导干部学网、懂网、用网，提升各级领导干部获取数据、分析数据、运用数据的能力，不断提高对信息化发展的驾驭能力。

（四）规范试点示范

中央网信办、国家发展改革委要聚焦重点行业、重点领域和优先方向，统筹推进信息化试点示范工作，组织实施一批基础好、成效高、带动效应强的示范项目，防止盲目跟风，避免重复建设。各地区、各部门要结合实际抓好落实，发挥好试点示范作用，坚持以点带面、点面结合，及时总结形成可复制可推广做法经验，推动数字中国建设取得新突破。

（五）强化战略研究

持续跟踪信息化领域战略规划和技术、产业国际前沿动态，加强对战略性、前瞻性、颠覆性技术的研究力度和政策储备。加强中国特色信息化发展理论研究,构建数字中国理论研究体系。鼓励和推动科研院所成立数字中国、数字社会高端智库和研究教育基地。

(六)加强舆论宣传

创新宣传方式,丰富宣传手段,加强信息化相关政策及概念解读,总结推广一批做法经验、典型模式和先进人物。弘扬科学家、企业家精神,激发崇尚创新、勇于创业的干劲热情。营造全社会共同关注、积极参与、协力支持、共同推进信息化发展的良好氛围。

(本文有删减)

网络安全审查办法

国家互联网信息办公室　中华人民共和国国家发展和改革委员会
中华人民共和国工业和信息化部　中华人民共和国公安部
中华人民共和国国家安全部　中华人民共和国财政部
中华人民共和国商务部　中国人民银行
国家市场监督管理总局　国家广播电视总局
中国证券监督管理委员会　国家保密局　国家密码管理局
令(第8号)

第一条　为了确保关键信息基础设施供应链安全,保障网络安全和数据安全,维护国家安全,根据《中华人民共和国国家安全法》《中华人民共和国网络安全法》《中华人民共和国数据安全法》《关键信息基础设施安全保护条例》,制定本办法。

第二条　关键信息基础设施运营者采购网络产品和服务,网络平台运营者开展数据处理活动,影响或者可能影响国家安全的,应当按照本办法进行网络安全审查。

前款规定的关键信息基础设施运营者、网络平台运营者统称为当事人。

第三条　网络安全审查坚持防范网络安全风险与促进先进技术应用相结合、过程公正透明与知识产权保护相结合、事前审查与持续监管相结合、企业承诺与社会监督相结合,从产品和服务以及数据处理活动安全性、可能带来的国家安全风险等方面进行审查。

第四条　在中央网络安全和信息化委员会领导下,国家互联网信息办公室会同中华人民共和国国家发展和改革委员会、中华人民共和国工业和信息化部、中华人民共和国公安部、中华人民共和国国家安全部、中华人民共和国财政部、中华人民共和国商务部、中国人民银行、国家市场监督管理总局、国家广播电视总局、中国证券监督管理委员会、国家保密局、国家密码管理局建立国家网络安全审查工作机制。

网络安全审查办公室设在国家互联网信息办公室,负责制定网络安全审查相关制度规范,组织网络安全审查。

第五条　关键信息基础设施运营者采购网络产品和服务的,应当预判该产品和服务投入使用后可能带来的国家安全风险。影响或者可能影响国家安全的,应当向网络安全审查办公室申报网络安全审查。

关键信息基础设施安全保护工作部门可以制定本行业、本领域预判指南。

第六条 对于申报网络安全审查的采购活动,关键信息基础设施运营者应当通过采购文件、协议等要求产品和服务提供者配合网络安全审查,包括承诺不利用提供产品和服务的便利条件非法获取用户数据、非法控制和操纵用户设备,无正当理由不中断产品供应或者必要的技术支持服务等。

第七条 掌握超过100万用户个人信息的网络平台运营者赴国外上市,必须向网络安全审查办公室申报网络安全审查。

第八条 当事人申报网络安全审查,应当提交以下材料:

(一)申报书;

(二)关于影响或者可能影响国家安全的分析报告;

(三)采购文件、协议、拟签订的合同或者拟提交的首次公开募股(IPO)等上市申请文件;

(四)网络安全审查工作需要的其他材料。

第九条 网络安全审查办公室应当自收到符合本办法第八条规定的审查申报材料起10个工作日内,确定是否需要审查并书面通知当事人。

第十条 网络安全审查重点评估相关对象或者情形的以下国家安全风险因素:

(一)产品和服务使用后带来的关键信息基础设施被非法控制、遭受干扰或者破坏的风险;

(二)产品和服务供应中断对关键信息基础设施业务连续性的危害;

(三)产品和服务的安全性、开放性、透明性、来源的多样性,供应渠道的可靠性以及因为政治、外交、贸易等因素导致供应中断的风险;

(四)产品和服务提供者遵守中国法律、行政法规、部门规章情况;

(五)核心数据、重要数据或者大量个人信息被窃取、泄露、毁损以及非法利用、非法出境的风险;

(六)上市存在关键信息基础设施、核心数据、重要数据或者大量个人信息被外国政府影响、控制、恶意利用的风险,以及网络信息安全风险;

(七)其他可能危害关键信息基础设施安全、网络安全和数据安全的因素。

第十一条 网络安全审查办公室认为需要开展网络安全审查的,应当自向当事人发出书面通知之日起30个工作日内完成初步审查,包括形成审查结论建议和将审查结论建议发送网络安全审查工作机制成员单位、相关部门征求意见;情况复杂的,可以延长15个工作日。

第十二条　网络安全审查工作机制成员单位和相关部门应当自收到审查结论建议之日起15个工作日内书面回复意见。

网络安全审查工作机制成员单位、相关部门意见一致的，网络安全审查办公室以书面形式将审查结论通知当事人；意见不一致的，按照特别审查程序处理，并通知当事人。

第十三条　按照特别审查程序处理的，网络安全审查办公室应当听取相关单位和部门意见，进行深入分析评估，再次形成审查结论建议，并征求网络安全审查工作机制成员单位和相关部门意见，按程序报中央网络安全和信息化委员会批准后，形成审查结论并书面通知当事人。

第十四条　特别审查程序一般应当在90个工作日内完成，情况复杂的可以延长。

第十五条　网络安全审查办公室要求提供补充材料的，当事人、产品和服务提供者应当予以配合。提交补充材料的时间不计入审查时间。

第十六条　网络安全审查工作机制成员单位认为影响或者可能影响国家安全的网络产品和服务以及数据处理活动，由网络安全审查办公室按程序报中央网络安全和信息化委员会批准后，依照本办法的规定进行审查。

为了防范风险，当事人应当在审查期间按照网络安全审查要求采取预防和消减风险的措施。

第十七条　参与网络安全审查的相关机构和人员应当严格保护知识产权，对在审查工作中知悉的商业秘密、个人信息，当事人、产品和服务提供者提交的未公开材料，以及其他未公开信息承担保密义务；未经信息提供方同意，不得向无关方披露或者用于审查以外的目的。

第十八条　当事人或者网络产品和服务提供者认为审查人员有失客观公正，或者未能对审查工作中知悉的信息承担保密义务的，可以向网络安全审查办公室或者有关部门举报。

第十九条　当事人应当督促产品和服务提供者履行网络安全审查中作出的承诺。

网络安全审查办公室通过接受举报等形式加强事前事中事后监督。

第二十条　当事人违反本办法规定的，依照《中华人民共和国网络安全法》《中华人民共和国数据安全法》的规定处理。

第二十一条　本办法所称网络产品和服务主要指核心网络设备、重要通信产品、高性能计算机和服务器、大容量存储设备、大型数据库和应用软件、网络安全设备、云计算服务，以及其他对关键信息基础设施安全、网络安全和数据安全有重要影响的网络产品和服务。

第二十二条　涉及国家秘密信息的，依照国家有关保密规定执行。

国家对数据安全审查、外商投资安全审查另有规定的,应当同时符合其规定。

第二十三条 本办法自2022年2月15日起施行。2020年4月13日公布的《网络安全审查办法》(国家互联网信息办公室、国家发展和改革委员会、工业和信息化部、公安部、国家安全部、财政部、商务部、中国人民银行、国家市场监督管理总局、国家广播电视总局、国家保密局、国家密码管理局令第6号)同时废止。

关于印发《国家基本公共服务标准(2021年版)》的通知

发改社会〔2021〕443号

各省、自治区、直辖市人民政府:

《国家基本公共服务标准(2021年版)》(以下简称《国家标准2021》)已经国务院批复同意,现印发给你们,请认真贯彻实施,并就有关事项通知如下。

一、抓紧制定实施标准

各地要结合实际抓紧制定本地区基本公共服务具体实施标准,并与国家标准和行业标准规范充分衔接,进行财政承受能力评估,确保内容无缺项、人群全覆盖、标准不攀高、财力有保障、服务可持续。各地的基本公共服务具体实施标准应在本文件印发后6个月内完成,及时对外公布并抄送国家发展改革委。

二、严格界定主要范围

各地要对照《国家标准2021》认真查缺补漏,进一步细化充实本地区的相关服务标准和服务流程,确保国家标准落地落实。已有国家统一标准的基本公共服务项目,各地区要按照不低于国家标准执行,对于暂无国家统一标准的服务项目,各地要按照国家有关要求和本地区实际情况明确相关标准,纳入本地区具体实施标准。服务项目、内容、数量等超出国家标准范围的,要加强事前论证和风险评估,确保符合国家法律法规和制度规定,符合本地区人民群众的迫切需要并控制在财政可承受范围内。

三、有效落实支出责任

中央的财政事权由中央财政安排经费。地方的财政事权原则上由地方通过自有财力安排经费,相关收支缺口除部分资本性支出通过依法发行地方政府债券等方式安排外,主要通过上级政府给予的一般性转移支付弥补。中央与地方共同财政事权主要实行中央与地方按比例分担,具体支出责任随分领域中央与地方财政事权和支出责任划分改革情况予以相应调整。各地财政要加强基本公共服务资金预算管理,完整、规范、合理编制基本公共服务项目预算,保障基本公共服务资金的及时下达和拨付,推动建立可持续的投入保障长效机制并平稳运行。

四、着力强化能力保障

各地要按照本地区基本公共服务实施标准,强化供给能力建设,织密扎牢民生保障网。合理规划建设各类基本公共服务设施,加快补齐基本公共服务短板,不断提高基本公共服务的可及性和便利性。按照确定的服务项目和服务标准,确保相关经费足额拨付到位,配齐相关服务人员,保障服务机构的有效运转,鼓励将适合通过政府购买方式提供的基本公共服务事项纳入政府购买服务指导性目录。加强基层人才队伍建设,完善人才激励政策,着力培养一支数量充足、结构合理、素质优良的基本公共服务人员队伍。

五、全面推进公开共享

各地要充分利用政府公报、政府网站、新媒体平台等,及时公开各项基本公共服务标准,畅通意见建议反馈渠道,方便群众获取信息、参与标准监督实施、维护自身权益。委托第三方开展基本公共服务社会满意度调查,加强基本公共服务标准实施效果反馈,及时妥善回应社会关切,自觉接受群众和社会监督。

六、切实强化责任担当

公共服务支出情况已作为各地高质量发展的重要衡量指标。各地人民政府要将基本公共服务标准实施作为民生保障的重点任务,开展基本公共服务达标行动,尽力而为、量力而行,切实保障人民群众的基本公共服务权益。各地发展改革委要牵头会同相关行业主管部门,统筹做好本地区基本公共服务标准落实工作,组织实施情况的联合检查和效果评估,加强实施监测预警,重大情况及时报告。

国家发展改革委　中央宣传部　教育部　民政部　司法部
财政部　人力资源社会保障部　住房和城乡建设部
文化和旅游部　国家卫生健康委　退役军人部　应急部
税务总局　市场监管总局　广电总局　体育总局　国家医保局
国家文物局　国家中医药局　国家药监局　中国残联
2021年3月30日

国家基本公共服务标准(2021年版)

一、幼有所育

1. 优孕优生服务

(1)农村免费孕前优生健康检查

服务对象:农村计划怀孕夫妇。

服务内容:免费为农村计划怀孕夫妇每孩次提供1次孕前优生健康检查。符合条件的流动人口计划怀孕夫妇,可在现居住地接受该项服务,享受与户籍人口同等待遇。

服务标准:按照《国家免费孕前优生健康检查项目试点工作技术服务规范(试行)》执行。

支出责任:中央财政和地方财政共同承担支出责任。

牵头负责单位:国家卫生健康委。

(2)孕产妇健康服务

服务对象:孕产妇。

服务内容:免费为孕产妇规范提供1次孕早期健康检查、1次产后访视和健康指导等服务。

服务标准:按照《国家基本公共卫生服务规范(第三版)》及相应技术方案执行。

支出责任:中央财政和地方财政共同承担支出责任。

牵头负责单位:国家卫生健康委。

(3)基本避孕服务

服务对象:育龄夫妇。

服务内容:免费提供基本避孕药具和免费实施基本避孕手术,包括放置宫内节育器术、取出宫内节育器术、放置皮下埋植剂术、取出皮下埋植剂术、输卵管绝育术、输卵管吻合术、输精管绝育术、输精管吻合术。

服务标准:1. 免费基本避孕药具:在省级集中采购环节用于购买免费基本避孕药具;在省、市、县、乡各级存储和调拨环节主要用于药具运输、仓储设备购置和维护,仓储场地租用、质量抽查检测、记录等工作;在发放服务环节主要用于服务机构开展咨询指导、初诊排查、提供药具和信息登记等服务。2. 免费基本避孕手术和随访服务:免费基本避孕手术结算标准按照省级卫生健康行政部门、财政部门、发展改革部门和物价部门等印发的现行医疗服务价目执行,结算项目内容依据《临床诊疗指南与技术操作规范:计划生育分册》(2017修订版)和

《绝经后宫内节育器取出技术指南》确定。

支出责任:基本避孕药具资金由中央财政和地方财政共同承担,用于避孕药具政府采购、存储和调拨、初诊排查、发放等服务。手术及技术常规所规定的各项医学检查经费以及随访服务经费由中央财政和地方财政共同承担。

牵头负责单位:国家卫生健康委。

(4)生育保险

服务对象:各类企事业单位、社会团体等单位的参保职工。

服务内容:按规定为参保单位提供统一的参保经办服务,符合条件的参保人员可按规定享受相应的生育津贴和生育医疗费用待遇。

服务标准:生育保险待遇标准按照《中华人民共和国社会保险法》等有关规定执行。其中,生育津贴按职工所在用人单位上年度职工月平均工资计发。

支出责任:用人单位缴纳生育保险费。符合规定的参保人员享受生育保险待遇所需资金从职工基本医疗保险基金(含生育保险基金)中支付。

牵头负责单位:国家医保局。

2. 儿童健康服务

(5)预防接种服务对象:0~6岁儿童。

服务内容:对适龄儿童按国家免疫规划疫苗免疫程序进行常规接种。

服务标准:按照《国家基本公共卫生服务规范(第三版)》及相应技术方案执行。以乡镇(街道)为单位,适龄儿童免疫规划疫苗接种率达到90%以上。

支出责任:中央财政和地方财政共同承担支出责任。

牵头负责单位:国家卫生健康委。

(6)儿童健康管理服务对象:0~6岁儿童。

服务内容:为辖区内的常住0~6岁儿童提供13次(出生后1周内、满月、3月龄、6月龄、8月龄、12月龄、18月龄、24月龄、30月龄、3岁、4岁、5岁、6岁各一次)免费健康检查,具体包括:新生儿访视、新生儿满月健康管理,开展体格检查、生长发育和心理行为发育评估,听力、视力和口腔筛查,进行科学喂养(合理膳食)、生长发育、疾病预防、预防伤害、口腔保健等健康指导;为0~3岁儿童每年提供2次中医调养服务,向儿童家长教授儿童中医饮食调养、起居活动指导和摩腹捏脊穴位按揉方法。

服务标准:按照《国家基本公共卫生服务规范(第三版)》及相应技术方案执行。

支出责任:中央财政和地方财政共同承担支出责任。

牵头负责单位:国家卫生健康委、国家中医药局。

3. 儿童关爱服务

(7)特殊儿童群体基本生活保障

服务对象:孤儿、艾滋病病毒感染儿童、事实无人抚养儿童。

服务内容:为孤儿、艾滋病病毒感染儿童发放基本生活费。为事实无人抚养儿童发放基本生活补贴。

服务标准:各省、自治区、直辖市按照保障孤儿的基本生活不低于当地平均生活水平的原则,合理确定孤儿基本生活标准。艾滋病病毒感染儿童基本生活费发放标准参照当地孤儿基本生活费标准,事实无人抚养儿童基本生活补贴标准按照与当地孤儿保障标准相衔接的原则确定。

支出责任:地方人民政府负责,中央财政适当补助。

牵头负责单位:民政部。

(8)困境儿童保障

服务对象:因家庭贫困导致生活、就医、就学等困难的儿童,因自身残疾导致康复、照料、护理和社会融入等困难的儿童,以及因家庭监护缺失或监护不当遭受虐待、遗弃、意外伤害、不法侵害等导致人身安全受到威胁或侵害的儿童。

服务内容:为困境儿童提供基本生活保障、基本医疗保障、教育保障,落实抚养监护责任。为残疾的困境儿童提供康复救助等福利服务。

服务标准:按照《国务院关于加强困境儿童保障工作的意见》及地方相关标准执行;困境儿童信息系统一季度更新一次;村(居)委会建立困境儿童信息台账,一人一档,村(居)委会儿童主任定期走访,并有详细走访记录。

支出责任:地方人民政府负责。

牵头负责单位:民政部。

(9)农村留守儿童关爱保护

服务对象:父母双方外出务工或一方外出务工另一方无监护能力、未满16周岁的农村户籍未成年人。

服务内容:指导落实家庭主体监护责任,提供家庭监护指导、心理关爱、行为矫治等服务。

服务标准:按照《国务院关于加强农村留守儿童关爱保护工作的意见》及地方相关标准执行,农村留守儿童信息系统一季度更新一次;村(居)委会建立农村留守儿童信息台账,一人一档,村(居)委会儿童主任定期走访,并有详细走访记录。

支出责任:地方人民政府负责。

牵头负责单位:民政部。

二、学有所教

4. **学前教育助学服务**

(10)学前教育幼儿资助

服务对象:经县级以上教育行政部门审批设立的普惠性幼儿园在园家庭经济困难儿童、孤儿和残疾儿童。服务内容:减免保教费。

服务标准:具体资助方式和资助标准由地方人民政府结合本地实际自行制定。

支出责任:按照《教育领域中央与地方财政事权和支出责任划分改革方案》执行。

牵头负责单位:教育部。

5. **义务教育服务**

(11)义务教育阶段免除学杂费

服务对象:义务教育学生。

服务内容:免除义务教育学生学杂费。国家对义务教育阶段公办学校公用经费予以保障,对符合条件的民办学校公用经费给予补助。

服务标准:义务教育阶段生均公用经费基准定额为小学650元,初中850元;寄宿制学校公用经费按寄宿生数年生均增加200元;农村地区不足100人的规模较小学校按100人核定公用经费;特殊教育学校和随班就读残疾学生按每生每年6000元标准补助公用经费。

支出责任:按照《教育领域中央与地方财政事权和支出责任划分改革方案》执行。

牵头负责单位:教育部。

(12)义务教育免费提供教科书

服务对象:义务教育学生。服务内容:免费为义务教育学生提供国家规定课程教科书。免费为小学一年级学生提供正版学生字典。免费提供地方课程教科书。

服务标准:国家规定课程教科书补助标准为:小学每生每年105元、初中每生每年180元;小学一年级字典每生14元。地方课程教科书补助标准由各地政府规定。

支出责任:按照《教育领域中央与地方财政事权和支出责任划分改革方案》执行。

牵头负责单位:教育部。

(13)义务教育家庭经济困难学生生活补助

服务对象:义务教育家庭经济困难学生。

服务内容:对义务教育家庭经济困难学生提供生活补助。

服务标准:家庭经济困难寄宿生生活补助国家基础标准为每生每年小学1000元,初中1250元;按照国家基础标准50%核定家庭经济困难非寄宿生生活补助标准。

支出责任:按照《教育领域中央与地方财政事权和支出责任划分改革方案》执行。

牵头负责单位:教育部。

(14)贫困地区学生营养膳食补助

服务对象:贫困地区农村义务教育学生。

服务内容:为农村义务教育学生营养改善计划试点地区(不含县城)学生提供营养膳食补助。

服务标准:国家基础标准为每生每天4元。

支出责任:按照《教育领域中央与地方财政事权和支出责任划分改革方案》执行。

牵头负责单位:教育部。

6. **普通高中助学服务**

(15)普通高中国家助学金

服务对象:具有正式学籍的普通高中在校生中的家庭经济困难学生。

服务内容:为普通高中在校生中的家庭经济困难学生提供国家助学金。

服务标准:平均资助标准为每生每年2000元。地方可以按《学生资助资金管理办法》相关规定,结合实际在1000~3000元范围内确定,可以分为2~3档。

支出责任:按照《教育领域中央与地方财政事权和支出责任划分改革方案》执行。

牵头负责单位:教育部。

(16)普通高中免学杂费

服务对象:具有正式学籍的普通高中建档立卡等家庭经济困难学生(含非建档立卡的家庭经济困难残疾学生、农村最低生活保障家庭学生、农村特困救助供养学生)。

服务内容:免除符合条件的普通高中家庭经济困难学生学杂费。

服务标准:免学杂费标准按各省级人民政府及其价格、财政主管部门批准的学费标准执行(不含住宿费)。对在政府教育行政部门依法批准的民办普通高中就读的符合免学杂费政策条件的学生,按照当地同类型公办普通高中免除学杂费标准给予补助。

支出责任:按照《教育领域中央与地方财政事权和支出责任划分改革方案》执行。

牵头负责单位:教育部。

7. **中等职业教育助学服务**

(17)中等职业教育国家助学金

服务对象:中等职业学校全日制学历教育正式学籍一、二年级在校涉农专业学生和非涉农专业家庭经济困难学生;11个集中连片特困地区和西藏、四省涉藏州县、新疆南疆四地州中等职业学校农村(不含县城)学生。

服务内容:为符合条件的中等职业教育在校生提供国家助学金。

服务标准:平均资助标准为每生每年2000元。地方可以按《学生资助资金管理办法》相关规定,结合实际在1000~3000元范围内确定,可以分为2~3档。

支出责任:按照《教育领域中央与地方财政事权和支出责任划分改革方案》执行。

牵头负责单位:教育部、人力资源和社会保障部。

(18)中等职业教育免除学费

服务对象:中等职业学校全日制学历教育正式学籍一、二、三年级在校生中所有农村(含县镇)学生、城市涉农专业学生和家庭经济困难学生、民族地区学校就读学生和戏曲表演专业学生(其他艺术类相关表演专业学生除外)。

服务内容:免除符合条件的中等职业教育在校生学费。

服务标准:按各级人民政府及其价格、财政主管部门批准的公办学校学费标准执行(不含住宿费)。

支出责任:按照《教育领域中央与地方财政事权和支出责任划分改革方案》执行。

牵头负责单位:教育部、人力资源和社会保障部。

三、劳有所得

8. 就业创业服务

(19)就业信息服务

服务对象:有就业创业需求的劳动年龄人口。

服务内容:提供就业创业和劳动用工政策法规咨询;发布人力资源供求、市场工资价位、职业培训、见习岗位等信息。

服务标准:按照《公共就业服务总则》《人力资源和社会保障部国家发展改革委财政部关于推进全方位公共就业服务的指导意见》等公共就业服务标准和要求执行。

支出责任:地方人民政府负责。

牵头负责单位:人力资源和社会保障部。

(20)职业介绍、职业指导和创业开业指导

服务对象:有就业创业需求的劳动年龄人口。

服务内容:为有求职需求的劳动者提供求职登记、岗位推荐、招聘会等服务;对有创业需求的劳动者提供创业开业指导等服务。

服务标准:按照《公共就业服务总则》《职业指导服务规范》《高校毕业生就业指导服务规范》《职业介绍服务规范》《现场招聘会服务规范》《人力资源社会保障部国家发展改革委财政部关于推进全方位公共就业服务的指导意见》等公共就业服务标准和要求执行。

支出责任:地方人民政府负责。

牵头负责单位:人力资源社会保障部。

(21)就业登记与失业登记

服务对象:劳动年龄内的劳动者。

服务内容:为实现就业的劳动者提供就业登记服务。为劳动年龄内、有劳动能力、有就业要求、处于无业状态的城乡劳动者提供失业登记服务。

服务标准:按照《公共就业服务总则》《就业登记管理服务规范》《失业登记管理服务规范》《人力资源和社会保障部国家发展改革委财政部关于推进全方位公共就业服务的指导意见》等文件和国家标准要求执行。

支出责任:地方人民政府负责。

牵头负责单位:人力资源和社会保障部。

(22)流动人员人事档案管理服务

服务对象:非公有制企业和社会组织聘用人员,辞职辞退、取消录(聘)用或被开除的机关事业单位工作人员,与企事业单位解除或终止劳动(聘用)关系人员,未就业的高校毕业生及中专毕业生,自费出国留学及其他因私出国(境)人员、外国企业常驻代表机构的中方雇员,自由职业或灵活就业人员,其他实行社会管理人员。

服务内容:提供流动人员人事档案的接收和转递,档案材料的收集、鉴别和归档,档案的整理和保管,为符合相关规定的单位提供档案查(借)阅服务;依据档案记载出具存档、经历、亲属关系等相关证明;为相关单位提供入党、参军、录用、出国(境)等政审(考察)服务;党员组织关系的接转服务。

服务标准:按照《流动人员人事档案管理暂行规定》《中共中央组织部人力资源和社会保障部等五部门关于进一步加强流动人员人事档案管理服务工作的通知》《人力资源和社会保障部办公厅关于简化优化流动人员人事档案管理服务的通知》《人力资源和社会保障部办公厅关于加快推进流动人员人事档案信息化建设的指导意见》《流动人员人事档案管理服务规范》等文件和国家标准要求执行。

支出责任:国务院有关部门所属人才中介服务机构开展流动人员人事档案管理服务所需经费由中央财政予以补助,其余由地方人民政府负责。

牵头负责单位:人力资源和社会保障部。

(23)就业见习服务服务对象:离校未就业高校毕业生,16~24岁失业青年

服务内容:为有见习意愿的离校未就业高校毕业生和失业青年提供见习岗位;为见习人员提供基本生活补助,并办理人身意外伤害保险。

服务标准:按照《国务院关于做好当前和今后一个时期促进就业工作的若干意见》《人力资源社会保障部财政部商务部国务院国资委共青团中央全国工商联关于实施三年百万青年见习计划的通知》《就业补助资金管理办法》等文件要求执行。

支出责任:见习人员基本生活补助所需资金由见习单位和地方人民政府分担。

牵头负责单位:人力资源和社会保障部。

(24)就业援助

服务对象:就业困难人员和零就业家庭。

服务内容:提供政策咨询、职业指导、职业介绍、职业技能培训等服务。对通过市场渠道难以实现就业创业且符合条件的,通过公益性岗位予以安置。

服务标准:按照《就业援助服务规范》《人力资源社会保障部国家发展改革委财政部关于推进全方位公共就业服务的指导意见》《就业补助资金管理办法》等公共就业服务标准执行。零就业家庭动态"清零"。

支出责任:地方人民政府负责。

牵头负责单位:人力资源和社会保障部。

(25)职业技能培训、鉴定和生活费补贴

服务对象:参加培训并符合条件的城乡各类劳动者。

服务内容:对参加培训并符合条件的城乡各类劳动者,按规定给予职业培训补贴、职业技能鉴定补贴和生活费补贴。

服务标准:具体补贴标准由各地人民政府明确。

支出责任:中央财政与地方财政共同承担支出责任,中央分担比例主要依据地方财力状况、保障对象数量等因素确定。

牵头负责单位:人力资源和社会保障部。

(26)"12333"人力资源和社会保障电话服务

服务对象:所有单位和个人。

服务内容:为社会公众提供人力资源和社会保障领域的政策咨询、信息查询、信息公开、业务办理和投诉举报等服务。

服务标准:人工服务为每周5×8小时,自助语音服务为每周7×24小时,综合接通率达到80%以上。

支出责任:地方人民政府负责。

牵头负责单位:人力资源和社会保障部。

(27)劳动关系协调

服务对象:用人单位及所有劳动者。

服务内容:提供劳动关系法规政策咨询、劳动用工、薪酬以及劳动关系矛盾纠纷化解等方面指导,提供劳动合同、集体合同示范文本和企业薪酬分配指引等服务。

服务标准:提供劳动合同、集体合同示范文本和薪酬分配指引。定期发布有关工资信息。

免费提供企业工资指导线等信息。

支出责任：地方人民政府负责。国务院有关部门组织开展的企业薪酬调查和信息发布工作所需经费由中央财政予以补助，其余由地方人民政府负责。

牵头负责单位：人力资源和社会保障部。

（28）劳动用工保障

服务对象：用人单位和劳动者。

服务内容：提供劳动人事争议调解、仲裁和劳动保障监察执法维权等服务。

服务标准：按照《中华人民共和国劳动争议调解仲裁法》《劳动人事争议仲裁办案规则》《劳动保障监察条例》《关于实施〈劳动保障监察条例〉若干规定》执行。

支出责任：地方人民政府负责。

牵头负责单位：人力资源和社会保障部。

9. **工伤失业保险服务**

（29）失业保险

服务对象：依法参保并足额缴纳失业保险费的用人单位及其职工、失业人员。

服务内容：为符合条件的失业人员发放失业保险待遇。

服务标准：相关费用标准和具体方案由各省、自治区、直辖市确定。

支出责任：地方人民政府负责，在失业保险基金中支出。

牵头负责单位：人力资源和社会保障部。

（30）工伤保险

服务对象：符合条件的参保缴费人员。具体人员范围按照《工伤保险条例》确定。

服务内容：提供参保经办服务。符合条件的参保人员可按规定享受相应的工伤保险待遇，具体保障内容按照《中华人民共和国社会保险法》和《工伤保险条例》等有关规定执行。

服务标准：工伤保险待遇标准按照《中华人民共和国社会保险法》和《工伤保险条例》等有关规定执行。

支出责任：用人单位缴纳工伤保险费，个人不缴费。符合条件的参保人员享受工伤保险待遇所需资金按规定从工伤保险基金中支付或由用人单位支付。

牵头负责单位：人力资源和社会保障部。

四、病有所医

10. **公共卫生服务**

（31）建立居民健康档案

服务对象：城乡居民。

服务内容:为辖区内常住居民(指居住半年以上的户籍及非户籍居民)建立统一、规范的电子居民健康档案。

服务标准:按照《国家基本公共卫生服务规范(第三版)》及相应技术方案执行。

支出责任:中央财政和地方财政共同承担支出责任。

牵头负责单位:国家卫生健康委。

(32)健康教育与健康素养促进

服务对象:城乡居民。

服务内容:提供健康教育、健康咨询、健康科普等服务。每年发布全国居民健康素养水平数据。

服务标准:按照《国家基本公共卫生服务规范(第三版)》及相应技术方案执行。

支出责任:中央财政和地方财政共同承担支出责任。

牵头负责单位:国家卫生健康委。

(33)传染病及突发公共卫生事件报告和处理

服务对象:法定传染病病人、疑似病人、密切接触者和突发公共卫生事件伤病员及相关人群。

服务内容:及时发现、登记、报告及处理就诊的传染病病例和疑似病例以及突发公共卫生事件伤病员,提供传染病防治和突发公共卫生事件防范知识宣传与咨询服务。

服务标准:按照《国家基本公共卫生服务规范(第三版)》及相应技术方案执行。不得瞒报、漏报、迟报法律法规规定必须报告的传染病。

支出责任:中央财政和地方财政共同承担支出责任。

牵头负责单位:国家卫生健康委。

(34)卫生监督协管服务

服务对象:城乡居民。

服务内容:为辖区内居民提供食品安全信息报告、饮用水卫生安全巡查、学校卫生服务、非法行医和非法采供血巡查、计划生育信息报告、职业卫生和放射卫生巡查等服务;为城乡居民提供科普宣传、教育服务。

服务标准:按照《国家基本公共卫生服务规范(第三版)》及相应技术方案执行。

支出责任:中央财政和地方财政共同承担支出责任。

牵头负责单位:国家卫生健康委。

(35)慢性病患者健康管理

服务对象:辖区内原发性高血压患者和2型糖尿病患者。

服务内容:为辖区内35岁及以上常住居民中原发性高血压患者和2型糖尿病患者提供筛

查、随访评估、分类干预、健康体检服务。

服务标准：按照《国家基本公共卫生服务规范（第三版）》《国家基层高血压防治管理指南（2017）》和《国家基层糖尿病防治管理指南（2018）》执行。管理高血压患者约1亿人、糖尿病患者约3500万人。

支出责任：中央财政和地方财政共同承担支出责任。

牵头负责单位：国家卫生健康委。

（36）地方病患者健康管理

服务对象：现症地方病病人。

服务内容：为辖区内大骨节病、克山病、氟骨症、地方性砷中毒、克汀病、二度及以上甲状腺肿大、慢性和晚期血吸虫病患者建立健康档案，进行社区管理。

服务标准：对慢型克山病患者每3个月随访1次，对大骨节病、氟骨症、地方性砷中毒、克汀病、二度及以上甲状腺肿大、慢性和晚期血吸虫病患者每年随访1次。

支出责任：地方人民政府负责，中央财政适当补助。

牵头负责单位：国家卫生健康委。

（37）严重精神障碍患者健康管理

服务对象：严重精神障碍患者。

服务内容：为辖区内常住居民中诊断明确、在家居住的严重精神障碍患者提供登记管理、随访评估、分类干预等服务。

服务标准：按照《国家基本公共卫生服务规范（第三版）》及相应技术方案执行。在册严重精神障碍患者每年随访4次。

支出责任：中央财政和地方财政共同承担支出责任。

牵头负责单位：国家卫生健康委。

（38）结核病患者健康管理

服务对象：辖区内确诊的常住肺结核患者。

服务内容：为辖区内确诊的常住肺结核患者提供密切接触者筛查及推介转诊、入户随访、督导服药、结果评估、分类干预等服务。

服务标准：按照国家《基本公共卫生服务规范（第三版）》及相应技术方案执行。

支出责任：中央财政和地方财政共同承担支出责任。

牵头负责单位：国家卫生健康委。

（39）艾滋病病毒感染者和病人随访管理

服务对象：艾滋病病毒感染者和病人。

服务内容：提供健康咨询、行为干预、配偶/固定性伴检测、随访、督导服药等服务，配合相关机构做好转介。

服务标准:按照《艾滋病病毒感染者随访工作指南(2016年版)》执行。

支出责任:中央财政承担。

牵头负责单位:国家卫生健康委。

(40)社区易感染艾滋病高危行为人群干预

服务对象:易感染艾滋病高危行为人群。

服务内容:为艾滋病性传播高危行为人群提供艾滋病预防、性与生殖健康知识,推广使用安全套,提供艾滋病、性病咨询检测等综合干预措施。

服务标准:按照《异性性传播高危人群预防艾滋病干预工作指南(2016年版)》和《男男性行为人群预防艾滋病干预工作指南(2016年版)》执行。

支出责任:中央财政承担。

牵头负责单位:国家卫生健康委。

(41)基本药物供应保障服务

服务对象:城乡居民。

服务内容:遴选适当数量的基本药物品种,满足疾病防治基本用药需求。基本药物按照规定优先纳入基本医疗保险药品目录。提高基本药物供给能力。

服务标准:按照《国家基本药物目录》及国家相关规定执行。

支出责任:地方人民政府负责,中央财政适当补助。

牵头负责单位:国家卫生健康委、国家医保局。

(42)食品药品安全保障

服务对象:城乡居民。

服务内容:提供食品安全风险监测、标准跟踪评价等服务。对食品药品医疗器械实施风险分类管理。

服务标准:按照《中华人民共和国食品安全法》《中华人民共和国药品管理法》等法律法规及食品、药品安全监管部门相关规定执行。

支出责任:中央和地方人民政府分级分类负责。

牵头负责单位:市场监管总局、国家卫生健康委、国家药监局。

11. 医疗保险服务

(43)职工基本医疗保险

服务对象:符合条件的参保缴费人员。具体人员范围按照《中华人民共和国社会保险法》和《国务院关于建立城镇职工基本医疗保险制度的决定》等有关规定确定。

服务内容:提供参保经办服务。符合条件的参保人员可按规定享受相应的医疗保险待遇，具体保障内容按照《中华人民共和国社会保险法》和《国务院关于建立城镇职工基本医疗保险制度的决定》等有关规定执行。

服务标准：待遇标准按照《中华人民共和国社会保险法》和《国务院关于建立城镇职工基本医疗保险制度的决定》等有关规定执行。

支出责任：由用人单位和职工共同缴费。符合规定的参保人员享受职工基本医疗保险待遇所需资金从职工基本医疗保险基金中支付。

牵头负责单位：国家医保局。

（44）城乡居民基本医疗保险

服务对象：符合条件的参保缴费城乡居民。具体人员范围按照《中华人民共和国社会保险法》和《国务院关于整合城乡居民基本医疗保险制度的意见》等有关规定确定。

服务内容：提供参保经办服务。符合条件的参保人员可按规定享受相应的城乡居民医疗保险和大病保险待遇，具体保障内容按照《中华人民共和国社会保险法》《国务院关于整合城乡居民基本医疗保险制度的意见》和《发展改革委等六部门关于开展城乡居民大病保险工作的指导意见》等有关规定执行。

服务标准：待遇标准按照《中华人民共和国社会保险法》和《国务院关于整合城乡居民基本医疗保险制度的意见》等有关规定执行。

支出责任：城乡居民基本医疗保险实行个人缴费和政府补贴相结合，各级人民政府按规定对参保城乡居民予以缴费补助。享受最低生活保障的人、丧失劳动能力的残疾人、低收入家庭六十周岁以上的老年人和未成年人等参加城乡居民医疗保险所需个人缴费部分，由政府给予补贴。城乡居民医保补助为中央与地方共同财政事权，中央财政按照国家规定补助标准和分档分担办法安排补助资金。为参保人员提供基本医疗保障所需资金从城乡居民基本医疗保险基金中支出。

牵头负责单位：国家医保局、税务总局。

12. 计划生育扶助服务

（45）农村符合条件的计划生育家庭奖励扶助

服务对象：只有一个子女或两个女孩的农村部分计划生育家庭夫妇。

服务内容：为符合条件的农村部分计划生育家庭夫妇发放奖励扶助金。

服务标准：符合条件的农村部分计划生育家庭夫妇每人每月80元。

支出责任：中央财政和地方财政共同承担支出责任。

牵头负责单位：国家卫生健康委。

（46）计划生育家庭特别扶助

服务对象：独生子女伤残死亡家庭夫妇和三级以上计划生育手术并发症人员。

服务内容:为符合条件的计划生育特殊家庭夫妇和三级以上计划生育手术并发症人员提供特别扶助金。

服务标准:独生子女死亡家庭夫妇每人每月发放450元;独生子女伤残家庭夫妻每人每月发放350元;一级、二级、三级计划生育手术并发症人员每人每月分别发放400元、300元、200元。

支出责任:中央财政和地方财政共同承担支出责任。

牵头负责单位:国家卫生健康委。

五、老有所养

13. 养老助老服务

(47)老年人健康管理

服务对象:65岁及以上老年人。

服务内容:每年为辖区内65岁及以上常住居民提供1次生活方式和健康状况评估、体格检查、辅助检查和健康指导等服务;每人每年提供1次中医体质辨识和中医药保健指导。

服务标准:按照国家《基本公共卫生服务规范(第三版)》及相应技术方案执行。

支出责任:中央财政和地方财政共同承担支出责任。

牵头负责单位:国家卫生健康委、国家中医药局。

(48)老年人福利补贴

服务对象:符合条件的老年人。

服务内容:为65岁及以上的老年人提供能力综合评估,做好老年人能力综合评估与健康状况评估的衔接。为经济困难的老年人提供养老服务补贴。为经认定生活不能自理的经济困难老年人提供护理补贴。为80岁以上老年人发放高龄津贴。

服务标准:具体认定评估办法及补贴标准由各地人民政府明确。

支出责任:地方人民政府负责。

牵头负责单位:民政部。

14. 养老保险服务

(49)职工基本养老保险

服务对象:符合条件的参保退休人员。

服务内容:按时足额发放基本养老金。

服务标准:按照《国务院关于完善企业职工基本养老保险制度的决定》《国务院关于机关事业单位工作人员养老保险制度改革的决定》及国家有关规定执行。

支出责任:在基本养老保险基金中支出,基本养老保险基金出现支付不足时,政府给予补贴。

牵头负责单位:人力资源和社会保障部。

(50)城乡居民基本养老保险

服务对象:符合条件的参保城乡居民。

服务内容:为符合条件的参保对象提供参保经办服务,给予缴费补贴,发放基础养老金和个人账户养老金。

服务标准:按照《国务院关于建立统一的城乡居民基本养老保险制度的意见》《人力资源和社会保障部财政部关于建立城乡居民基本养老保险待遇确定和基本养老金正常调整机制的指导意见》执行。

支出责任:主要由个人缴费、集体补助、政府补贴构成。政府对符合条件的参保人员全额支付基础养老金,其中,中央财政对中西部地区按国家确定的基础养老金标准给予全额补助,对东部地区给予50%补助。地方人民政府应当对参保人缴费给予补贴,并根据当地实际提高基础养老金标准,对长期缴费的,适当加发年限基础养老金。个人账户养老金由个人账户基金支出。

牵头负责单位:人力资源和社会保障部、税务总局。

六、住有所居

15. **公租房服务**

(51)公租房保障

服务对象:符合当地规定条件的城镇住房、收入困难家庭。

服务内容:提供租赁补贴或实物保障。

服务标准:具体标准由市、县级人民政府确定。

支出责任:市、县级人民政府负责,引导社会资金投入,省级人民政府给予资金支持,中央财政给予资金补助。

牵头负责单位:住房和城乡建设部。

16. **住房改造服务**

(52)城镇棚户区住房改造

服务对象:棚户区居民。

服务内容:提供实物安置或货币补偿。

服务标准:具体标准由市、县级人民政府确定。

支出责任:市、县级人民政府负责,引导社会资金投入,省级人民政府给予资金支持,中央给予资金补助。

牵头负责单位:住房和城乡建设部。

(53)农村危房改造

服务对象:居住在危房中的农村易返贫致贫户、农村低保户、农村分散供养特困人员、因病因灾因意外事故等刚性支出较大或收入大幅缩减导致基本生活出现严重困难家庭以及其他符合条件的农村低收入群体。

服务内容:提供危房改造补助,帮助居住在危房中的农村低收入群体解决住房安全问题。

服务标准:具体标准由省级住房和城乡建设部门、财政部门或市(县)级人民政府确定。

支出责任:地方人民政府负责,中央财政安排补助资金、地方财政给予资金支持、个人自筹等相结合。

牵头负责单位:住房和城乡建设部。

七、弱有所扶

17. 社会救助服务

(54)最低生活保障

服务对象:共同生活的家庭成员人均收入低于当地最低生活保障标准,且符合当地最低生活保障家庭财产状况规定的家庭。

服务内容:为低保对象发放最低生活保障金。对获得最低生活保障金后生活仍有困难的老年人、未成年人、重度残疾人和重病患者,采取必要措施给予生活保障。

服务标准:按照《社会救助暂行办法》相关规定执行。最低生活保障标准,由省、自治区、直辖市或者设区的市级人民政府按照当地居民生活必需的费用确定、公布,并根据当地经济社会发展水平和物价变动情况适时调整。

支出责任:地方人民政府负责,中央财政适当补助。

牵头负责单位:民政部。

(55)特困人员救助供养

服务对象:无劳动能力、无生活来源且无法定赡养、抚养、扶养义务人,或者其法定义务人无赡养、抚养、扶养能力的老年人、残疾人以及未满18周岁的未成年人。

服务内容:提供基本生活条件;对生活不能自理的给予照料;提供疾病治疗;以减免费用或补贴方式提供遗体接运、暂存、火化、骨灰寄存等基本殡葬服务。

服务标准:按照《社会救助暂行办法》相关规定执行。特困供养标准由省、自治区、直辖市或者设区的市级人民政府确定、公布。

支出责任:地方人民政府负责,中央财政适当补助。

牵头负责单位:民政部。

(56)医疗救助

城乡医疗救助

服务对象：最低生活保障家庭成员、特困供养人员、农村建档立卡贫困人口等救助对象，以及其他符合医疗救助条件的经济困难群众。具体救助对象范围由各地人民政府按照《社会救助暂行办法》《国务院办公厅转发民政部等部门关于进一步完善医疗救助制度全面开展重特大疾病医疗救助工作意见的通知》等有关规定，根据本地经济条件和医疗救助基金筹集情况、困难群众的支付能力及基本医疗需求等因素确定。

服务内容：按规定对符合条件的救助对象参加城乡居民医保个人缴费给予补助，实施住院和门诊救助。

服务标准：具体救助标准由各地人民政府按照《国务院办公厅转发民政部等部门关于进一步完善医疗救助制度全面开展重特大疾病医疗救助工作意见的通知》等有关规定，根据本地经济条件和城乡医疗救助基金筹集情况、困难群众的支付能力以及基本医疗需求等因素确定。

支出责任：各项救助所需资金由城乡医疗救助基金支出。县级以上人民政府建立城乡医疗救助基金，通过一般公共预算和社会各界捐助等渠道筹集资金。各级财政安排资金对城乡医疗救助基金予以补助，由中央财政与地方财政共同承担支出责任。

牵头负责单位：国家医保局。

疾病应急救助

服务对象：在中国境内发生急重危伤病、需要急救但身份不明确或无力支付相应费用的患者。具体人员范围按照《国务院办公厅关于建立疾病应急救助制度的指导意见》等有关规定确定。

服务内容：给予紧急救治服务。

服务标准：按照医疗服务机构诊疗规范执行。

支出责任：医疗机构对其紧急救治所发生的费用，可向疾病应急救助基金申请补助。地方人民政府分级设立疾病应急救助基金，通过财政投入和社会各界捐助等多渠道筹集资金。各级财政安排资金对疾病应急救助基金予以补助，由中央财政与地方财政共同承担支出责任。

牵头负责单位：国家卫生健康委。

(57)临时救助

服务对象：因火灾、交通事故等意外事件，或家庭成员突发重大疾病等原因，导致基本生活暂时出现严重困难的家庭；因生活必需支出突然增加超出家庭承受能力，导致基本生活暂时出现严重困难的最低生活保障家庭；遭遇其他特殊困难的家庭。因遭遇火灾、交通事故、突发重大疾病或其他特殊困难,暂时无法得到家庭支持,导致基本生活陷入困境的个人。

服务内容:为救助对象发放临时救助金;对有需要的救助对象发放衣物、食品、饮用水,提供临时住所;对给予临时救助金、实物救助后,仍不能解决临时救助对象困难的,可分情况提供转介服务。

服务标准:按照《社会救助暂行办法》相关规定执行。临时救助的具体事项、标准,由县级以上地方人民政府确定、公布。

支出责任:地方人民政府负责,中央财政适当补助。

牵头负责单位:民政部。

(58)受灾人员救助

服务对象:基本生活受到自然灾害严重影响的人员。

服务内容:及时为本辖区内受灾人员提供必要的食品、饮用水、衣被、取暖、临时住所、医疗防疫等应急救助;对住房损毁严重的受灾人员进行过渡期安置;及时核定本辖区内居民住房恢复重建补助对象,并给予资金、物资等救助;因为当年冬寒或者次年春荒遇到生活困难的受灾人员提供基本生活救助。

服务标准:按照《自然灾害救助条例》相关规定执行。

支出责任:国家启动应急响应的特别重大自然灾害救灾,由中央财政和地方财政共同承担支出责任,中央财政按标准安排资金。其他自然灾害救灾,由地方财政承担支出责任。

牵头负责单位:应急部。

18. **公共法律服务**

(59)法律援助

服务对象:符合法律援助条件的经济困难的公民和特殊案件当事人。

服务内容:提供必要的法律咨询、代理、刑事辩护、值班律师的法律帮助等无偿法律服务。

服务标准:按照《法律援助条例》《全国民事行政法律援助服务规范》《全国刑事法律援助服务规范》等相关规定执行。

支出责任:由地方人民政府负责支付法律援助补贴等法律援助经费,中央财政给予适当补助。

牵头负责单位:司法部。

19. **扶残助残服务**

(60)困难残疾人生活补贴和重度残疾人护理补贴

服务对象:最低生活保障家庭中的残疾人,有条件的地方可扩大到低收入残疾人及其他困难残疾人;残疾等级被评定为一级、二级且需要长期照护的重度残疾人,有条件的地方可扩大到非重度智力、精神残疾人或其他残疾人。

服务内容：为最低生活保障家庭中的残疾人提供生活补贴。为残疾等级被评定为一级、二级且需要长期照护的重度残疾人提供护理补贴。

服务标准：按照《国务院关于全面建立困难残疾人生活补贴和重度残疾人护理补贴制度的意见》《民政部财政部中国残联关于建立困难残疾人生活补贴和重度残疾人护理补贴标准动态调整机制的指导意见》执行。两项补贴标准由省级人民政府根据经济社会发展水平和残疾人生活保障需求、长期照护需求统筹确定，并适时调整。有条件的地方可以按照残疾人的不同困难程度制定分档补贴标准。

支出责任：地方人民政府负责，中央财政适当补助。

牵头负责单位：民政部、中国残联。

（61）无业重度残疾人最低生活保障

服务对象：生活困难、靠家庭供养且无法单独立户的成年无业重度残疾人。

服务内容：符合条件的对象，经个人申请，可按照单人户纳入最低生活保障范围。

服务标准：最低生活保障标准，由省、自治区、直辖市或者设区的市级人民政府按照当地居民生活必需的费用确定、公布，并根据当地经济社会发展水平和物价变动情况适时调整。

支出责任：地方人民政府负责，中央财政适当补助。

牵头负责单位：民政部、中国残联。

（62）残疾人托养服务

服务对象：就业年龄段智力、精神及重度肢体残疾人。

服务内容：为符合条件的残疾人提供护理照料、生活自理能力和社会适应能力训练、职业康复、劳动技能培训、辅助性就业等服务。

服务标准：按照《就业年龄段智力、精神及重度肢体残疾人托养服务规范》执行。

支出责任：地方人民政府负责，中央财政适当补助。

牵头负责单位：中国残联、民政部。

（63）残疾人康复服务

服务对象：符合条件、有康复需求的持证残疾人；符合条件的0~6岁视力、听力、言语、肢体、智力等残疾儿童和孤独症儿童。

服务内容：提供康复评估、康复训练、辅具适配、护理、心理疏导、咨询、指导和转介等基本康复服务。为符合条件的残疾儿童提供以减轻功能障碍、改善功能状况、增强生活自理和社会参与能力为主要目的的手术、辅具适配和康复训练等服务。

服务标准：按照《残疾人基本康复服务目录（2019年版）》及中国残联相关服务规范执行。

支出责任：地方人民政府负责，中央财政适当补助。

牵头负责单位：中国残联、国家卫生健康委、民政部。

(64)残疾儿童及青少年教育

服务对象:残疾儿童、青少年。

服务内容:为家庭经济困难的残疾学生提供包括义务教育、高中阶段教育在内的12年免费教育;对残疾儿童普惠性学前教育予以资助;对残疾学生特殊学习用品、教育训练、交通费等予以补助。

服务标准:具体资助、补助标准由各地人民政府明确。

支出责任:地方人民政府负责,中央财政适当补助。

牵头负责单位:教育部、中国残联。

(65)残疾人职业培训和就业服务

服务对象:有就业创业培训需求的残疾人。

服务内容:为未就业残疾人提供就业技能培训,为在岗残疾人提供岗位技能提升培训或高技能人才培训,为有创业意愿并具备一定创业条件的残疾人提供创业培训,为高校残疾毕业生、残疾人高技能人才、贫困残疾人、残疾人创业带头人、残疾人非遗传承人等重点群体提供有针对性的培训服务。

服务标准:按照国家级残疾人职业技能培训基地服务规范、残疾人就业培训和岗位提供服务标准及地方人民政府有关规定执行。

支出责任:地方人民政府负责,中央财政适当补助。

牵头负责单位:中国残联、人力资源和社会保障部。

(66)残疾人文化体育服务

服务对象:残疾人。

服务内容:在电视台提供有字幕或手语的节目,在公共图书馆提供盲文和有声读物等阅读服务;为基层残疾人体育活动场所和残疾人综合服务设施配置适宜的器材器械,完善公共文化体育设施无障碍条件。

服务标准:省市级电视台按照《国家通用手语常用词表》开设手语节目或加配字幕;各级公共图书馆建立盲人阅览区域,公共图书馆与残疾人体育活动场所按照《公共图书馆建设标准》《无障碍设计规范》等执行。

支出责任:地方人民政府负责,中央财政适当补助。

牵头负责单位:中国残联、文化和旅游部、广电总局、中央宣传部、体育总局。

(67)残疾人和老年人无障碍环境建设

服务对象:残疾人、老年人等。

服务内容:分年度逐步为贫困重度残疾人、老年人家庭提供无障碍改造服务。

服务标准:按照《无障碍设计规范》及相关技术方案执行。

支出责任:地方人民政府负责,中央财政适当补助。

牵头负责单位:民政部、住房和城乡建设部、中国残联。

八、优军服务保障

20. 优军优抚服务

(68)优待抚恤

服务对象:现役军人、服现役或者退出现役的残疾军人以及复员军人、退伍军人、离退休军人、烈士遗属、因公牺牲军人遗属、病故军人遗属、现役军人家属。

服务内容:为符合条件人员发放抚恤金、优待金、生活补助或者给予其他优待。

服务标准:按照《军人抚恤优待条例》及国家有关规定执行。

支出责任:中央财政和地方财政共同承担支出责任。

牵头负责单位:退役军人部。

(69)退役军人安置

服务对象:退役军人。

服务内容:自主择业、自主就业、自谋职业、复员、逐月领取退役金的,按规定享受扶持就业优惠政策;其他分别采取转业、安排工作、退休、供养等方式予以安置。

服务标准:按照《退役军人保障法》《军队转业干部安置暂行办法》《退役士兵安置条例》及国家有关规定执行。

支出责任:中央财政和地方财政共同承担支出责任。

牵头负责单位:退役军人部。

(70)退役军人就业创业服务

服务对象:退役军人。

服务内容:提供退役军人专场招聘活动服务。组织退役军人开展适应性培训、职业技能培训、个性化培训等;组织有创业意愿的退役军人,开展创业意识教育、创业项目指导、企业经营管理等培训。

服务标准:县级以上地方人民政府每年至少组织2次退役军人专场招聘活动。适应性培训、职业技能培训、个性化培训、创业培训等按照《退役士兵安置条例》及国家有关规定执行。

支出责任:中央财政和地方财政共同承担支出责任。

牵头负责单位:退役军人部、人力资源和社会保障部。

(71)特殊群体集中供养

服务对象:老年、残疾或者未满16周岁的烈士遗属、因公牺牲军人遗属、病故军人遗属和进入老年的残疾军人、复员军人、退伍军人,无法定赡养人、扶养人、抚养人或者法定赡养人、扶养人、抚养人无赡养、扶养、抚养能力且享受国家定期抚恤补助待遇的。

服务内容:提供集中供养、医疗等保障。

服务标准:按照《军人抚恤优待条例》《光荣院管理办法》等相关规定执行。

支出责任:中央财政和地方财政共同承担支出责任。

牵头负责单位:退役军人部。

九、文体服务保障

21. 公共文化服务

(72)公共文化设施免费开放

服务对象:城乡居民。

服务内容:公共图书馆、文化馆(站)、公共博物馆(非文物建筑及遗址类)、公共美术馆等公共文化设施免费开放,基本服务项目健全。

服务标准:公共文化设施的开放时间,不得少于所在的省、自治区、直辖市规定的最低时限。国家法定节假日和学校寒暑假期间,应当适当延长开放时间。公共文化设施应按规定组织开展公共文化活动。

支出责任:中央财政和地方财政共同承担支出责任。

牵头负责单位:文化和旅游部、国家文物局。

(73)送戏曲下乡

服务对象:农村居民。

服务内容:为农村乡镇每年送戏曲等文艺演出。

服务标准:按照《关于戏曲进乡村的实施方案》规定执行。

支出责任:中央财政和地方财政共同承担支出责任。

牵头负责单位:文化和旅游部、教育部、中央宣传部。

(74)收听广播

服务对象:城乡居民。

服务内容:提供广播节目和突发事件应急广播服务。

服务标准:通过地面无线方式提供不少于15套广播节目;在直播卫星公共服务覆盖地区,通过直播卫星提供不少于17套广播节目。

支出责任:中央财政和地方财政共同承担支出责任。

牵头负责单位:广电总局。

(75)观看电视

服务对象:城乡居民。

服务内容：提供电视节目服务。

服务标准：通过地面无线方式提供不少于15套电视节目；在直播卫星公共服务覆盖地区，通过直播卫星提供不少于25套电视节目。

支出责任：中央财政和地方财政共同承担支出责任。

牵头负责单位：广电总局。

(76)观赏电影

服务对象：中小学生、农村居民。

服务内容：为中小学生观看优秀影片提供保障服务。为农村群众提供数字电影放映服务。

服务标准：保障每名中小学生每学期至少观看2次优秀影片。每年国产新片（院线上映不超过2年）比例不少于1/3。

支出责任：中央财政和地方财政共同承担支出责任。

牵头负责单位：教育部、中央宣传部。

(77)读书看报

服务对象：城乡居民。

服务内容：公共图书馆（室）、文化馆（站）、行政村（社区）综合文化服务中心、农家书屋等配备图书、报刊和电子书刊，并免费提供借阅服务；在城镇主要街道、公共场所、居民小区等人流密集地点设置公共阅报栏（屏），提供时政、"三农"、科普、文化、生活等方面的信息服务。

服务标准：按照文化和旅游部、中央宣传部等有关部门相关规定执行。

支出责任：中央财政和地方财政共同承担支出责任。

牵头负责单位：文化和旅游部、中央宣传部。

(78)少数民族文化服务

服务对象：主要少数民族地区居民。

服务内容：通过有线、无线、卫星等方式提供民族语言广播电视节目；提供民族语言文字出版的、价格适宜的常用书报刊、电子音像制品和数字出版产品；提供少数民族特色的艺术作品，开展少数民族文化活动。

服务标准：按照广电总局、文化和旅游部、中央宣传部等有关部门相关规定执行。

支出责任：中央财政和地方财政共同承担支出责任。

牵头负责单位：广电总局、文化和旅游部、中央宣传部。

22. **公共体育服务**

(79)公共体育设施开放

服务对象：城乡居民。

服务内容:有条件的公共体育设施免费或低收费开放。

服务标准:按照《公共文化体育设施条例》《关于推进大型体育场馆免费低收费开放的通知》《体育场馆运营管理办法》《大型体育场馆基本公共服务规范》等有关规定执行。

支出责任:中央财政和地方财政共同承担支出责任。

牵头负责单位:体育总局。

(80)全民健身服务

服务对象:城乡居民。

服务内容:提供科学健身指导、群众健身活动和比赛、科学健身知识等服务,免费提供公园、绿地等公共场所全民健身器材。

服务标准:按照《全民健身条例》及体育总局等部门相关规定执行。

支出责任:中央财政和地方财政共同承担支出责任。

牵头负责单位:体育总局。

国家发展改革委关于印发《"十四五"推进国家政务信息化规划》的通知[1]

发改高技〔2021〕1898号

中央和国家机关各部门、各直属机构，全国人大常委会办公厅，全国政协办公厅，高法院，高检院，各省、自治区、直辖市及计划单列市人民政府：

经国务院同意，现将《"十四五"推进国家政务信息化规划》印发给你们，请认真贯彻落实，加快建设数字政府，提高政务服务水平。

国家发展改革委

2021年12月24日

[1] 国家发展和改革委员会 https://www.ndrc.gov.cn/xxgk/zcfb/ghwb/202201/t20220106_1311499.html?code=&state=123.

“十四五”推进国家政务信息化规划

2021年12月

根据《中华人民共和国国民经济和社会发展第十四个五年规划和2035年远景目标纲要》等文件精神,特制定本规划,作为“十四五”期间统筹推进国家政务信息化工作,指导各地方有序开展政务信息化建设的重要依据。

一、现状和形势

(一)发展现状

“十三五”时期,我国政务信息化建设取得显著进展。政务信息系统整合共享实现新突破,建成国家数据共享交换平台体系,集约整合一批小散乱的系统和网站,开展了群众办事百项堵点纾解行动,初步实现了网络通、数据通、业务通。重大工程建设取得新成效,全民健康保障、安全生产监管、全国投资项目在线审批监管、全国公共资源交易、全国信用信息共享、基础信息资源库等一批重大工程陆续建成,营商环境不断优化,有力支撑了“放管服”改革深入推进。政务服务水平跃上新台阶,建成全国一体化政务服务平台体系,“最多跑一次”“不见面审批”“一网通办”等服务创新模式不断涌现,跨省异地就医直接结算等便民服务应用取得实效,“健康码”等应用在数字抗疫中发挥重要作用,电子政务在线服务指数跃升至全球第9位,显著提升社会公众获得感。基础设施统筹取得新进展,国家电子政务内网初步建成,实现了31个省(区、市)和新疆生产建设兵团、122个中央国家机关的互联互通;国家电子政务外网实现了四级骨干网络100%全覆盖,依托已有数据中心基础,形成1+3的国家电子政务云数据中心体系,各地方各部门政务云平台建设全面提速,初步形成数云网一体融合的公共基础设施。网络信息安全保障达到新水平,严格执行等级保护和分级保护制度,大力推进关键软硬件技术产品创新应用,有力带动相关产业发展和技术创新突破,全面保障政务信息系统安全可靠运行。政务信息化日益成为党政机关高效履职的重要手段。

(二)形势要求

“十四五”时期是我国乘势而上开启全面建设社会主义现代化国家新征程、向第二个百年奋斗目标进军的第一个五年,围绕推进国家治理体系和治理能力现代化的总目标,加快推进数字政府建设,政务信息化工作面临新的形势任务要求。要顺应数字化转型趋势,以数字化转型驱动治理方式变革，充分发挥数据赋能作用，全面提升政府治理的数字化、网络化、智能化水平。要加快转变政府职能，加强新技术创新应用，推动政府治理流程再造和模式优化，不断提高决策科学性和行政效率。要全面提升建设效能，创新政务信息化建设应用模式，加强资源集约统筹利用，实现政务信息化建设由投资驱动向效能驱动转变。要优化政务服务水平，坚持以人民为中心的发展思想，优化政务服务质量，提升政务服务便利化水平，不断提升人民群众的获得感。

二、总体要求

（一）指导思想

以习近平新时代中国特色社会主义思想为指导，全面贯彻党的十九大和十九届历次全会精神，立足新发展阶段，完整、准确、全面贯彻新发展理念，构建新发展格局，坚持“大平台、大数据、大系统”一张蓝图绘到底，以服务市场主体和便利广大群众为重点，统筹推进重大政务信息化工程建设，综合运用新技术新理念新模式提升治理能力、优化公共服务、推动高质量发展、满足人民期盼，推进数字政府建设，形成与数字经济发展相适应的数字治理能力，带动促进数字社会建设，有力支撑国家治理体系和治理能力现代化。

（二）基本原则

——*坚持统筹布局，深化共建共用*。加强政务信息化工程全生命周期的统筹协调力度，不断巩固政务信息系统整合共享成果，坚持激活存量资源与统筹增量需求相结合，打破信息孤岛，以构建大系统为导向，加强工程衔接，深化协同联动，形成数字化转型合力。

——*坚持效益优先，聚焦主责主业*。坚持尽力而为、量力而行，以实用管用好用为导向，从职能职责出发，合理确定建设范围和重点，扎实推进政务信息化建设与应用，强化工程项目绩效导向，切实提高工程建设效能和投入产出比。

——*坚持数据赋能，提高治理效能*。以数据共享开放与深度开发利用作为提升政务信息化水平的着力点和突破口，优化完善数据共享和开放机制，严格规范政务数据应用，强化央地协同，全面提升用数据决策、用数据管理、用数据监管、用数据服务的能力。

——*坚持安全可靠，强化安全保障*。坚持网络安全底线思维，强化网络安全和数据安全，严格保护商业秘密和个人隐私，落实信息安全和信息系统等级分级保护制度，全面提升政务信息化基础设施、重大平台、业务系统和数据资源的安全保障能力。

（三）主要目标

到2025年，政务信息化建设总体迈入以数据赋能、协同治理、智慧决策、优质服务为主要特征的融慧治理新阶段,跨部门、跨地区、跨层级的技术融合、数据融合、业务融合成为政务信息化创新的主要路径,逐步形成平台化协同、在线化服务、数据化决策、智能化监管的新型数字政府治理模式,经济调节、市场监管、社会治理、公共服务和生态环境等领域的数字治理能力显著提升,网络安全保障能力进一步增强,有力支撑国家治理体系和治理能力现代化。

——数据资源赋能新动力。统一的国家政务数据共享交换平台和国家公共数据开放平台体系更加健全,有效支撑全国一体化政务大数据体系;建成宏观经济治理基础数据库等新基础信息库,高价值数据集开放取得实质性进展,政务数据资源有力支撑治理和服务能力提升。

——协同治理形成新模式。跨部门、跨地区、跨层级业务协同联动能力显著增强,大系统共建共用机制更加优化,大幅提升经济调节、市场监管、社会管理、公共服务和生态环境治理效能,有力支撑"放管服"改革深入推进。

——政务服务得到新提升。线上线下相融合的政务服务模式更加完善,全国一体化政务服务平台支撑能力进一步提升,在线政务服务利用率明显提高,高频政务服务事项跨省通办基本实现,证照电子化比率显著提升,利企便民服务水平不断优化。

——共建共享形成新局面。统一的国家电子政务网络实现应联尽联,"数云网端"一体融合的公共基础设施初步形成,政务外网覆盖范围进一步向街道、乡镇延伸。整合形成一体化政务大数据中心体系,基本满足部门大规模业务部署和容灾备份等需求。

——安全保障达到新水平。全面落实信息安全和信息系统等级分级保护制度,基本实现政务信息化安全可靠应用,确保政务信息化建设和应用全流程安全可靠,实现政务数据资源全生命周期安全保护。

三、主要任务

(一)深度开发利用政务大数据

1. 深化基础信息库共享应用。

建设目标:国家基础信息库的数据内容更加鲜活丰富,服务功能更加健全完善,形成更多的数据服务接口,有效支撑政务服务、决策分析等应用场景下的按需共享。

建设内容:升级完善国家人口、法人、自然资源和地理空间等基础信息资源库,按需丰富拓展基础数据字段项,提升多元化数据采集和主题化数据汇聚能力;建立健全数据更新、内容校核和共享交换机制,加强数据质量管理;根据典型应用场景推进基础数据的标签化、主题化管理,开发高频需求数据的共享服务接口。围绕提升政务服务和社会治理能力、拓展综合统计和监测分析功能的实际需求,完善国家人口基础信息库建设;深化地理空间信息综合应用,拓展共建共享范围和信息资源领域，提升现有数据资源质量和共享水平，有效支撑跨部门业务协同；围绕商事制度改革和产业发展需要，拓展国家法人库商标、专利、认证资格、准入许可等法人单位信息，增加自然人网络经营主体、企业网络经营主体等基础信息的整合入库；建立健全基础数据依法依规共享开放管理机制，不断提升数据要素资源开发利用能力。

2. 建设经济治理基础数据库。

建设目标：围绕经济治理的重点领域，完善基础数据指标，依托政务内网数据共享交换平台，开发建设经济治理基础数据库，汇集各部门主要经济数据，提升宏观经济治理数据分析和辅助决策水平。

建设任务：基于各部门数据资源，按照物理分散和逻辑集中相结合的原则，建立健全经济治理数据框架指标体系，构建经济治理基础数据库。依托国家电子政务内网进行数据共享交换，实现对经济统计数据、行业统计数据、政务数据、互联网大数据等数据资源的整合利用，结合部门业务需要，开发构建数据分析应用模型，更加全面系统地刻画分析经济运行情况，支撑宏观经济治理决策。

专栏1　政务大数据开发利用工程

1. 深化人口基础信息库应用。拓展共建共享单位范围，完善人口信息维度，加强人口数据的统计、监测、分析，提高数据资源的鲜活性、基础性、完整性和权威性，优化基础库技术架构，提高人口信息基础库的公共服务能力，强化数据安全保障。

2. 完善法人基础信息库功能。完善法人单位基础信息库，丰富包括组织结构、股权结构、经营范围、资产规模等在内的法人单位信息资源，深化法人单位基础信息在所有部门间的实时共享，支撑部门间工作联动和业务协同。

3. 健全自然资源和地理空间基础信息库支撑。完善城镇布局、农业农村、地名及行政区划、遥感对地观测、国土空间规划、山水林田湖草沙冰等基础信息的整合共享支撑能力，拓展基础设施、生态环境等图层信息，有效支撑跨部门业务协同。

4. 建设经济治理基础数据库。依托国家电子政务内网进行建设，构建统一的经济治理基础数据指标体系，明确数据交换格式、标准、更新频率，构建经济监测预测预警、季度年度计量分析、经济景气分析等应用分析模型，为优化经济治理提供定量分析支撑，有效提升宏观经济治理数据管理水平。

（二）发展壮大融合创新大平台

1. 加快网络融合，升级完善国家电子政务网络体系。

建设目标：基本形成统一的国家电子政务网络体系，各类政务专网基本实现迁移整合或顶层互联，全面支撑跨部门、跨地区、跨层级业务协同和数据共享，政务网络安全保障水平大幅提升。

建设内容:加快提升国家电子政务内网支撑能力,创新政务内网共性办公应用,提高跨部门业务协同和应用集成水平;完善政务内网综合运维管理体系,提升运维保障能力;强化国家电子政务网络综合安全防护,健全统一信任服务体系。进一步优化完善国家电子政务外网骨干网络建设,稳步有序拓展政务外网覆盖范围,提高政务外网移动接入能力,优化共性办公应用体系,强化政务外网综合运维管理和全网等级保护建设,探索5G、区块链等新技术在政务外网领域的应用。以重大业务应用为牵引,推进各类政务专网向统一电子政务网络整合迁移或可控互联。

专栏2　国家电子政务网络完善工程
1. 国家电子政务内网支撑能力提升。加快完善国家电子政务内网体系,优化网络结构,提升政务内网支撑能力,构建内外网数据安全交换系统,完善政务内网安全保障体系,有效支撑业务协同应用建设和信息资源整合利用。
2. 国家电子政务外网覆盖范围拓展。优化完善国家电子政务外网基础网络体系,拓展网络带宽,推进非涉密业务专网迁移整合与安全互联,提升移动安全接入能力,强化网络安全防护和网络信任服务体系,推进政务区块链共性基础设施试点应用,支撑规范统一、集约共享、互联互通的数据交换和业务协同。

2. 加快技术融合,构建智能化政务云平台体系。

建设目标:构建“数网云”一体融合的智能化政务云平台体系,具备集约共享的算力算法支撑能力,满足云计算、大数据、人工智能等新技术应用需求。

建设内容:根据全国一体化大数据中心体系布局,充分利用存量政务数据中心资源,依托国家电子政务外网构建政务云平台体系,整合算力资源,支撑大数据、人工智能、区块链等新技术创新应用,面向政务部门提供绿色集约、共享共用、安全可靠的一体化算力服务,满足大规模业务承载、大数据开发利用、共性履职应用服务和容灾备份等业务需求,促进提升政务大数据创新应用水平。建立健全统一政务网络接入、政务云服务、安全保障能力等相关技术标准规范。

专栏3　政务云平台体系建设工程
政务云平台体系建设。充分整合政务数据中心和云计算存量资源,有效盘活符合政务应用特点和安全保密要求的社会化算力资源。形成一体化政务云平台体系,面向政务部门提供绿色集约、安全可靠的一体化算力服务,提升数据中心、云平台、数据资源、业务应用等全要素、全环节安全保障能力。

3. 加快数据融合，健全国家数据共享与开放体系。

建设目标：提升国家数据共享交换平台功能，支撑国家政务服务平台数据共享交换业务，深化国家公共数据开放网站应用，全面提升政务数据资源共享效率和数据质量，充分利用各地区各部门政务数据资源和基础设施，整合构建全国一体化政务大数据体系。

建设任务：不断健全国家数据共享交换平台体系技术支撑能力，提升一体化政务服务平台数据共享服务水平，畅通中央与地方间数据供需对接渠道；按需推进政务内网电子文件交换系统和数据共享交换平台建设，推进政务内网和政务外网间的按需数据交换；优化完善政务数据资源目录，创新应用区块链、隐私计算等新技术，推进政务数据的算法式安全共享，推进国家数据共享交换平台与国家公共数据开放平台的协同联动，深化公共资源交易平台数据资源整合共享；按照政务数据分级分类有序开放原则，优先推动企业登记监管、卫生、教育、交通、气象等高价值数据集向社会开放；探索构建政务数据与社会数据开放共享新模式，开展政务数据授权运营试点，鼓励第三方深化对公共数据的挖掘利用；统筹推进国家数据共享交换平台与公共数据开放平台的数据安全保障体系建设。

专栏4　数据共享开放深化工程
1. 优化国家数据共享交换平台体系。健全共享责任清单制度，提升共享数据挂接率，规范数据共享交换接口建设，打通国家数据共享交换平台与各部委及地方业务系统接口，形成完整贯通的数据整合共享交换体系。 2. 深化公共数据开放平台应用。充分依托已有基础和资源，建成统一规范、互联互通、安全可控的公共数据开放平台，健全完善数据分级分类开放制度，明确公共数据开放目录清单，面向社会公众、企事业单位及有关机构提供信息资源开放、下载、服务接口调用等服务，建立健全保障措施体系，多措并举推动公共数据的有序开放。

4. 加快服务融合，完善全国一体化政务服务平台体系。

建设目标：发挥国家政务服务平台作为全国政务服务公共入口、公共通道、公共支撑的总枢纽作用，更多政务服务事项实现网上办、掌上办、一次办，高频政务服务一网通办、跨省通办能力显著提升，“互联网+政务服务”水平不断优化，“互联网+监管”系统更加完善。

建设内容：进一步创新行政管理和服务方式，优化完善全国一体化政务服务平台建设，推进政务服务一网通办，优化政务服务流程，提升服务模式的数字化智能化水平，健全政务服务“好差评”评价体系，确保政务服务全流程公开透明、可追溯；整合构建统一互认的电子证照库，不断扩大应用领域，逐步实现全国互通互认。推广电子合同、电子签章、电子发票、电子档案等应用。优化完善“互联网+监管”系统，实现监管事项目录清单动态管理，不断强化“照单监管”,建立多领域风险预警模型,探索开展智能化监管。合理规划政务服务App、小程序、公众号的类别和数量,整合实现在线政务服务“一窗办理”,避免门类多、种类繁,杜绝在线政务服务“形式主义”。进一步优化提升民政、社保、医疗、教育、就业、住房公积金办理、退役军人服务等能力,依托国家政务服务平台,提供便捷普惠的公共服务。

专栏5 一体化政务服务体系优化工程
1. 优化完善一体化政务服务平台。推进全国政务服务互联互通,强化各地区各部门政务服务平台与国家政务服务平台的协同联动,加强标准规范体系建设,提升线上线下融合、公共支撑保障、数据共享服务、一体化安全保障和运营管理能力,健全全国一体化政务服务平台容灾备份,全面实现“一网通办”,不断优化精准普惠的网上政务服务体系。
2. 持续提升在线监管水平。优化完善国家“互联网+监管”系统,加强监管数据共享利用,建立完善多领域风险预警模型和协同处置分析平台,助力健全新型监管机制,提高事中事后智慧化监管水平。
3. 不断优化政务服务效能。推进全国统一的就业、社会保险和人力资源公共服务、养老保险全国统筹、住房公积金线上服务、全国师生综合信息管理、低收入人口动态监测等信息化能力提升,满足人民群众社保转移接续、就业扶持政策信息服务、跨地区住房公积金办理、异地转学就学等服务需求。

(三)统筹建设协同治理大系统

1. 提升执政能力信息化水平。

建设目标:围绕党中央决策指挥和日常运转需求,推进党的工作部门数字化、智能化水平显著提升,深化党委信息化应用,提高国家电子文件管理能力,为提升党的执政能力提供强有力的信息化支撑。

建设内容:以国家电子政务内网为支撑,优化完善党中央各部门的核心业务信息系统,服务党中央决策和指挥;推动党委信息资源的按需汇聚共享,更好支撑跨部门业务协同;提升电子文件管理和应用水平,统筹推进协同办公、数据共享、信息报送、督察督办等基础应用建设,加快内部办公和业务系统整合共享与升级改造,提升共性办公应用水平。推进党的纪检、干部人事、新闻宣传、统一战线、机构编制等业务应用建设。

专栏6 执政能力提升信息化工程
完善政务信息化共性办公应用。进一步强化服务党中央决策和指挥的信息化支撑能力,保障党中央政令畅通,深化纪检监察、干部人事、新闻宣传、统一战线、机构编制等业务应用系统建设。提升依托国家电子政务网络开展数据交换、业务协同、共性办公应用集成水平。

2. 强化依法治国信息化基础。

建设目标:围绕全面依法治国需要,提升科学立法、严格执法、公正司法的信息化支撑能力,提高立法监督、协商议政、审判、检察、司法行政等相关领域的业务协同治理水平。

建设内容:深化立法、监督、协商、议政等职能业务领域应用,优化完善全国人大代表、全国政协委员履职信息化应用。构建以审判为中心的业务协同办理平台,提升"智慧法院""智慧检务""智慧司法"应用水平和协同能力,提高审判执行、多元解纷、司法公开、法律监督、刑罚执行、法律服务、协同办案的智能化水平。推动法治工作资源互联互通、业务协同、信息共享,为全面依法治国提供决策支持。

专栏7　依法治国强基工程
1. 提升人大、政协信息化支撑能力。深化立法、监督、协商、议政等业务应用,推进全国人大、全国政协内部业务系统整合共享、升级改造和优化提升,优先支持智能电子公文、数据治理与开发、内部业务统筹协调等建设需求,提升依法履职信息化保障能力。 2. 提升法治信息化建设效能。建成标准统一、整体联动、业务协同、信息共享的法治信息化体系,进一步提升法律服务水平、案件协同办理能力、检察监督能力,加强对案件、案例、法律法规、机构人员、地理信息等信息资源的整合应用和综合分析能力。

3. 优化经济治理信息化协同。

建设目标:围绕完善宏观经济治理的需要,依托国家数据共享交换平台和宏观经济治理基础数据库,运用大数据手段支撑监测预测分析,提升宏观经济发展综合调控治理能力。

建设内容:建立完善经济调节相关政务信息资源目录,汇聚形成宏观经济治理、投资项目、商品价格等一批主题数据库;以跨部门业务协同为手段加强政策衔接配套,构建跨部门、全口径的新型经济治理监测分析指标。深化财政管理、统计分析、审计监督等领域的业务应用,增强系统整合,提升应用效能;充分利用大数据手段加强对宏观经济运行、数字经济治理、农业农村发展、区域发展战略实施、要素市场构建、人口发展和应对老龄化、碳达峰碳中和等领域的监测预测预警分析,为宏观经济调节精准施策提供有力支持。

专栏8　经济治理协同工程
1. 强化宏观调控分析决策能力。坚持集约建设、集中部署、统一管理,提升协同化智能化水平;畅通数据共享共用渠道,增强数据安全防护能力,实现数据的常态化归集、主题化分析、可视化展现;持续深化经济运行和规划、投资、节能、价格管理等业务应用,实现业务应用模块化开发。

专栏8　经济治理协同工程
2. 提升统计分析应用水平。加快完成构建统计基础设施云平台,加强对统计业务应用系统、统计数据资源、信息化基础设施的集中统一管理,提升数据采集、处理、交换支撑能力,提高统计数据共享效率,支撑部门间经济治理业务协同效能提升。
3. 提升预算管理数字化水平。建设预算管理一体化系统,支撑预算编制、预算执行、会计核算、决算和报告等预算管理业务,加强财政数据、部门数据等的共享共用,从财政资金监控、财政收支分析、国有企业财务监督等方面深化数据综合利用,提升财政管理、财会监督水平和财政资金使用效益。

4. 完善市场监管信息化支撑。

建设目标:形成以“双随机、一公开”监管和“互联网+监管”为基本手段、以重点监管为补充、以信用监管为基础的新型监管机制,有力支撑商事制度改革,优化营商环境,畅通国内经济大循环,促进国内国际双循环。

建设内容:推进市场准入和市场监管综合执法平台建设,加强食品药品、农产品、工业产品及特殊商品的协同监管能力。深化全国信用信息共享平台开发应用,健全信用信息目录和标准体系,建立公共信用信息和金融信息共享整合机制,实施企业信用风险分类管理。建立市场监管与服务信息资源目录和标准规范体系,以市场监管数据共享利用为主要抓手,推进线上线下一体化监管;加强反垄断、网络交易、民生价格等领域监测预警;提升税收征管、银行保险业监管、通关监管、国资监管、数字经济监测和知识产权保护等领域的信息化水平,不断优化跨部门协同监管能力。

专栏9　市场监管提质工程
1. 加快推进市场监管信息化建设。推动实现多部门“协同监管”和“智慧监管”,形成统一的市场监管信息化体系,构建统一市场准入平台,加快构建事中事后监管体系,提升市场监管信息资源对部门间业务协同的支撑能力。
2. 深化信用信息共享平台应用。提升一体化信用信息资源共享和应用服务支撑能力,完善全国信用信息共享平台功能,加快推进信用信息共享,健全信用信息目录和标准体系,强化与公共数据开放平台数据协同,推进基础信用信息数据面向社会依法公开。
3. 强化知识产权全链条保护能力。建设国家知识产权大数据中心和知识产权公共服务平台。打通知识产权创造、运用、保护、管理、服务全链条。提升知识产权基础数据开放水平,深化知识产权与经济、科技、行政执法、司法保护、市场监管等领域的数据共享和业务协同。

5. 加强公共安全信息化保障。

建设目标:公共卫生、自然灾害、事故灾难、社会安全等领域重大突发事件的应急处置能力和安全保障能力显著增强,源头治理、风险预警、应急联动、协同处置的数字化水平显著提升。

建设内容:建立健全跨部门、跨地区的公共安全协同治理信息资源目录体系,加强公共安全数据共享,深化社会公共安全、应急管理、公共卫生安全、交通运输安全等系统应用,推进生物安全、重大疫情防控、能源安全、水旱灾害防御、自然灾害监测预警、粮食和物资储备、城市运行保障等系统的协同建设,提升风险监测预测、预警信息发布、应急通信保障等应急管理支撑能力。充分利用社会化信息平台资源,构建形成协同联动、开放共治的公共安全协同管理合力。

专栏10 公共安全保障工程

1. 强化一体化公共安全防控指挥能力。优化提升公共安全治安,完善公共安全大数据平台共性应用支撑能力,加强公共安全视频图像数据共享利用,深化公安大数据智能应用,提升公共安全风险识别和预报预警能力。
2. 提高公共卫生应急防控能力。发挥全民健康保障信息平台应用支撑和全国一体化政务服务平台共享枢纽作用,推动建设国家疫情防控管理平台,加强部门间信息共享,完善突发公共卫生事件监测、预警、处置、应急响应等领域的信息化支撑能力,提升疫情精准防控水平。
3. 提高应急管理现代化水平。优化完善应急通信网络,深化应急管理大数据平台应用,提升应急监督管理、监测预警、指挥救援、水文监测、通信保障、社会动员等业务应用水平,提升自然灾害和公共安全风险综合预测预警分析能力。
4. 提升能源、粮食和物资储备应急保障能力。强化能源数据管理、分析和利用,提升能源安全监测预警、风险分析、决策处置的信息化支撑水平。健全粮食和物资储备安全网络,提升国家战略和应急物资储备数据安全和应急指挥调度能力。

6. 健全环境保护信息化能力。

建设目标:增强生态环境保护监测监管、自然资源和国土空间开发利用、风险预警和联合执法能力,提升生态环境保护和自然资源保障的数字化协同治理水平。

建设内容:构建生态环境综合管理信息化平台,依托国家数据共享交换平台开展生态环保数据共享交换,加强各类污染源、生态环境监管等相关数据的跨部门、跨地区信息共享,加强生态环境治理大数据分析利用,在充分利用社会化资源基础上,逐步形成政企协同共治能力;进一步完善自然资源“一张图”和国土空间基础信息平台,为国土空间规划实施监督和相关部门审批、工程建设提供信息服务,提升生态保护修复、自然资源开发利用、海洋资源开发保护监管、耕地保护等领域的信息化水平。

专栏11 生态环境优化工程
1. 提升生态环境综合管理水平。提升生态环境监测数据资源共享水平,加强污染源风险预警、监测监管和应急响应联动信息化支撑能力,强化对重点区域流域大气、水、土壤、固体废物等自然生态领域的数据分析能力。
2. 健全自然资源和国土空间治理能力。提升对智慧国土、自然资源开发利用、国土空间规划实施、生态保护修复、海洋资源监管、耕地保护的数据分析能力,强化自然资源底图数据共享对跨部门业务协同的支撑能力。

四、保障措施

(一)加大统筹协调力度

加强国家政务信息化工作管理统筹力度,推进政务信息化工程项目统筹规划、共建共享、业务协同和安全可靠运行。按照以统为主、统分结合、注重实效的原则组织跨部门、跨层级的重大工程项目建设,明确目标、责任、牵头单位和实施机构,提出具体的协同共享关键指标。落实部门一把手责任制,建立健全部门内部工程统筹、业务衔接、资源共享、运行保障的一体化工作机制。

(二)强化工程效能管理

加强重大工程项目的精细化管理,建立工程项目审批、部门规划备案、年度计划安排相结合的管理机制,规范引导部门信息化规划同推进国家政务信息化规划衔接,推进工程项目统筹关口前移。鼓励顶层设计与迭代建设相结合,优先支持统筹强、框架清、投资小、见效快的建设需求。政务信息化工程涉及数据中心建设的,要落实全国一体化大数据中心体系布局要求。建立工程项目清单式管理制度,健全工程项目绩效评估机制,将绩效评价结果作为安排项目的重要依据,多措并举推进政务信息化工程项目提质增效。

(三)优化创新发展环境

加强政务信息化工作机制改革创新,在保障网络安全的前提下,充分发挥市场主体的资金、技术、人才优势,提升政务信息化工程集约高效建设水平。支持构建以安全可靠为核心的应用创新生态,以工程建设促进信息技术创新应用。充分发挥国家数字经济创新试验区等试点示范地区优势,开展数字政府创新试验试点工作,形成一批可推广、可复制的成功经验和做法。

（四）健全标准规范体系

建立健全政务信息化标准规范体系工作机制，围绕统一基础设施共建共用、跨部门重大工程建设、数据共享交换等实际工作需要，不断优化完善政务信息化标准体系建设，构建科学先进、层次分明、管用实用的标准体系，重点研究制定政务大数据中心、政务云、政务数据质量管理、政企数据流转等一批标准规范，建立健全政务信息化工程技术参考框架，提高各类标准的科学性、权威性、实用性，以标准先行推动系统互联、业务协同、信息共享、集约建设。

（五）加强网络安全保障

加强数字政府网络安全体系顶层设计，推进国产密码应用，严格落实等级保护和分级保护制度。强化政务数据安全管理，避免政务数据被违规截留和商业化使用，建立健全政务信息化工程全过程安全监督机制，明确安全责任边界，落实网络安全工作责任制，形成跨部门、跨地区条块融合的安全保障工作联动机制。健全完善政务云服务评估制度，强化政务数据安全保障。

关于印发《“十四五”公共服务规划》的通知[1]

发改社会〔2021〕1946号

各省、自治区、直辖市人民政府,新疆生产建设兵团:

《“十四五”公共服务规划》已经国务院批复同意(国函〔2021〕120号),现印发给你们,请认真贯彻实施。

国家发展改革委　中央宣传部　教育部　公安部　民政部
司法部　财政部　人力资源社会保障部　住房和城乡建设部
农业农村部　文化和旅游部　国家卫生健康委　退役军人部
国务院国资委　广电总局　体育总局　国家统计局
国家医保局　国家中医药局　全国妇联　中国残联
2021年12月28日

❶ 来源:国家发展和改革委员会https://www.ndrc.gov.cn/xxgk/zcfb/ghwb/202201/t20220110_1311622.html?code=&state=123.

“十四五”公共服务规划

序　言

公共服务关乎民生，连接民心。“十三五”时期，在以习近平同志为核心的党中央坚强领导下，我国公共服务体系日益健全完善，基本民生底线不断筑牢兜实，公共服务供给水平全面提升，多层次多样化需求得到更好满足。“十四五”时期，推动公共服务发展，健全完善公共服务体系，持续推进基本公共服务均等化，着力扩大普惠性非基本公共服务供给，丰富多层次多样化生活服务供给，是落实以人民为中心的发展思想、改善人民生活品质的重大举措，是促进社会公平正义、扎实推动共同富裕的应有之义，是促进形成强大国内市场、构建新发展格局的重要内容，对增强人民群众获得感、幸福感、安全感，促进人的全面发展和社会全面进步，具有十分重要的意义。

本规划依据《中华人民共和国国民经济和社会发展第十四个五年规划纲要》编制，主要涵盖幼有所育、学有所教、劳有所得、病有所医、老有所养、住有所居、弱有所扶、优军服务保障和文体服务保障等领域的公共服务。本规划是“十四五”时期乃至更长一段时期促进公共服务发展的综合性、基础性、指导性文件。规划期为2021—2025年。

需要说明的是，从服务供给的权责分类来看，公共服务包括基本公共服务、普惠性非基本公共服务两大类。其中，基本公共服务是保障全体人民生存和发展基本需要、与经济社会发展水平相适应的公共服务，由政府承担保障供给数量和质量的主要责任，引导市场主体和公益性社会机构补充供给。非基本公共服务是为满足公民更高层次需求、保障社会整体福利水平所必需但市场自发供给不足的公共服务，政府通过支持公益性社会机构或市场主体，增加服务供给、提升服务质量，推动重点领域非基本公共服务普惠化发展，实现大多数公民可以承受价格付费享有。此外，为满足公民多样化、个性化、高品质服务需求，一些完全由市场供给、居民付费享有的生活服务，可以作为公共服务体系的有益补充，政府主要负责营造公平竞争的市场环境，引导相关行业规范可持续发展，做好生活服务与公共服务衔接配合。随着我国经济社会发展水平的不断提升，基本公共服务、非基本公共服务与生活服务之间的边界也将随之发生变化，公共服务体系的范围、水平和质量都将稳步有序提升，不断满足人民群众日益增长的美好生活需要。

第一章　规划背景

我国进入新发展阶段，公共服务发展基础更加坚实，发展条件深刻变化，进一步发展面临新的机遇和挑战。

第一节　发展基础

城乡区域基本公共服务均等化水平不断提高。基本公共服务制度体系更加健全，建立了基本公共服务清单制度，出台了国家《基本公共服务标准(2021年版)》，明确了国家向全民提供基本公共服务的底线范围，为政府履行职责和公民享有相应权利提供了依据。基本公共服务资源持续向基层、农村、边远地区和困难群众倾斜，城乡区域人群间基本公共服务差距不断缩小。中西部地区公共服务设施条件明显改善，部分指标逐步追平东部地区。城乡之间制度性差异明显减少，实现了“新农合”与城镇居民医保制度并轨运行，全面建立统一的城乡居民医保制度，统筹城乡的居民基本养老保险制度逐步健全。基本公共服务逐步覆盖全部城镇常住人口，截至2020年，全国96.8%的县级单位实现义务教育基本均衡发展，85.8%的进城务工人员随迁子女在公办学校就读或者享受政府购买学位的服务。农村基本公共服务供给持续改善，教育扶贫、健康扶贫、农村危房改造在助力打赢脱贫攻坚战中发挥了积极作用。

公共服务供给保障能力全面提升。全国一般公共预算安排的基本公共服务领域支出持续增加，重点领域服务保障能力明显增强。到“十三五”末，覆盖全学段的学生资助政策体系更加完善，普惠性幼儿园覆盖率达到84.7%，九年义务教育巩固率达到95.2%、大班额基本消除，高中阶段教育毛入学率达到91.2%，高等教育毛入学率54.4%，进入普及化发展阶段。全民健康保障能力显著提升，每千人口医疗卫生床位数达到6.5张，每千人口拥有执业(助理)医师数达到2.9人。公共文化体育设施更加完善，每万人口拥有公共文化设施建筑面积达到444.1平方米，人均体育场地面积2.2平方米，公共体育服务网络基本形成。养老服务能力加快提升，全国养老机构和设施总数达到31.9万个，养老服务床位数达到823.8万张。婴幼儿照护服务加快发展，每千人口拥有3岁以下婴幼儿托位数1.8个。困难残疾人生活补贴涉及人数为1212.6万人，重度残疾人护理补贴涉及人数为1473.8万人。公租房保障能力增强，城镇低保、低收入住房困难家庭基本实现应保尽保。帮助和支持2568万贫困人口、3500多万边缘贫困群体住上安全住房，农村贫困群众住房安全得到历史性解决。

生活服务快速发展。高端医疗、文化、旅游、体育、家政等服务逐渐成为广大人民群众服务消费的重要组成部分，生活服务取得长足发展。2019年文化及相关产业增加值为44363亿元，占GDP比重由2013年的3.69%提高到4.5%。2019年全国旅游业总收入达到6.6万亿元，国内游客达到60亿人次。2019年体育产业总规模达到2.95万亿元，增加值达到1.12万亿元。家政服务业加速提质扩容，2019年全国家政服务业营业收入达6900亿元，家政从业人员达到

3100万人。生活服务新业态、新模式不断涌现，朝数字化、网络化、智能化、多元化、协同化方向发展。

人民生活得到显著改善。幼有所育、学有所教、劳有所得、病有所医、老有所养、住有所居、弱有所扶取得新进展、新成效。截至2020年，劳动年龄人口平均受教育年限达到10.8年，义务教育普及程度达到世界高收入国家平均水平。建成世界上规模最大的社会保障体系，参加基本医疗保险人数13.6亿人，基本养老保险参保人数达到9.99亿人。2019年，人均预期寿命达到77.3岁，主要健康指标已经总体上优于中高收入国家平均水平。建成世界最大住房保障体系，帮助2亿多城镇困难群众改善了住房条件。新型冠状病毒肺炎疫情防控取得重大战略成果，应对突发事件的公共服务能力和水平大幅提高。

第二节　机遇挑战

“十四五”时期是我国全面建成小康社会、实现第一个百年奋斗目标之后，乘势而上开启全面建设社会主义现代化国家新征程、向第二个百年奋斗目标进军的第一个五年。人民群众日益增长的美好生活的需要对公共服务体系提出了新的更高要求。国际国内环境的深刻变化，世界正在经历百年未有之大变局，不稳定性不确定性明显增加，对公共服务发展既是机遇也是挑战。

——我国社会主要矛盾已经转化为人民日益增长的美好生活需要和不平衡不充分的发展之间的矛盾，人民群众对美好生活更加向往，教育、医疗、养老、托育等公共服务保障水平成为影响人民群众获得感、幸福感、安全感的重要因素。

——我国经济已转向高质量发展阶段，经济长期向好，发展韧性强劲，转型升级潜力足，内需空间广阔，使得公共服务加快发展、人民生活持续改善的物质基础日趋雄厚。

——人口结构持续变迁，老龄化程度进一步加深，家庭结构小型化趋势明显，人员流动更加频繁，人民群众生存发展对公共服务的依赖性逐渐增强。

——新一轮科技革命深入发展，大数据、云计算、人工智能、物联网、区块链等新技术手段涌现，科技助推公共服务发展能力越来越强。

面对新形势、新挑战，我国公共服务发展不平衡不充分的问题仍然比较突出。基本公共服务仍存短板弱项，区域间、城乡间、人群间的基本公共服务仍有差距，均等化水平尚待进一步提高。非基本公共服务供给不足，优质资源总体短缺，扩供给促普惠仍需下更大功夫。公共服务资源配置机制不尽完善，设施布局与人口分布匹配不够，服务效能有待提高。

必须深刻认识环境变化带来的新机遇新挑战，树立底线思维，增强机遇意识和风险意识，准确识变、科学应变、主动求变，善于在危机中育先机、于变局中开新局，攻坚克难、改革创新，推动公共服务体系建设取得新突破，迈上新台阶，进一步彰显中国特色社会主义制度优越性。

第二章　总体思路

“十四五”时期，必须明确指导思想，把握基本原则，锚定发展目标，扎实推动公共服务高质量发展。

第一节　指导思想

高举中国特色社会主义伟大旗帜，以习近平新时代中国特色社会主义思想为指导，深入贯彻党的十九大和十九届二中、三中、四中、五中、六中全会精神，坚持以人民为中心的发展思想，立足新发展阶段，完整、准确、全面贯彻新发展理念，构建新发展格局，以推动高质量发展为主题，树立系统观念，强化底线思维，牢牢抓住人民群众最关心最直接最现实的民生问题，科学合理界定基本公共服务与非基本公共服务范围，正确处理政府和市场关系，持续推进基本公共服务均等化，多元扩大普惠性非基本公共服务供给，丰富多层次多样化生活服务供给，切实兜牢基本民生保障底线，稳步提升公共服务保障水平，不断满足人民群众美好生活需要，努力增进全体人民的获得感、幸福感、安全感，促进人的全面发展和社会全面进步，推动全体人民共同富裕迈出坚实步伐。

第二节　基本原则

*界定科学、权责清晰。*坚持社会效益优先，突出社会公平，科学界定基本和非基本公共服务范围，明确政府和社会、个人的权责边界，突出政府在基本公共服务保障中的主体地位，合理增加公共消费，保持适当的民生支出力度和效度，保障民生改善的稳定性和可持续性。

*尽力而为、量力而行。*充分考虑经济发展状况和财政负担能力，既要关注回应群众呼声，统筹各渠道资源，稳妥有序提升公共服务保障水平，又要合理引导社会预期，不吊高胃口、不过度承诺。新增公共服务事项要加强事前论证和风险评估，实现公共服务保障水平与经济社会发展水平“同频共振”。

*政府主导、分类施策。*统筹有效市场和有为政府作用，强化各级政府对基本公共服务供给的兜底责任，不断织密民生保障网，立足社会公平持续推进基本公共服务均等化。发挥政府引导作用，优化资源配置，吸引社会参与，不断扩大普惠性非基本公共服务供给。充分发挥市场机制作用，加强标准化品牌化建设，鼓励生活服务高品质多样化升级。

*多元参与、共建共享。*厘清政府权责边界，强化政府基本公共服务兜底保障职责。进一步放宽市场准入，放管结合，支持社会力量参与公共服务，发挥好各类企事业单位、协会商会、公益团体等市场主体和社会组织的作用。调动群众自我管理自我服务的积极性，广泛参与公共服务。形成政府、社会、个人协同发力、共建共享的公共服务发展格局。

第三节　主要目标

到2025年，公共服务制度体系更加完善，政府保障基本、社会多元参与、全民共建共享的公共服务供给格局基本形成，民生福祉达到新水平。

基本公共服务均等化水平明显提高。国家基本公共服务制度更加完善，国家基本公共服务标准得到有效落实，标准化手段得到普及应用，基本公共服务实现目标人群全覆盖、服务全达标、投入有保障，地区、城乡、人群间的基本公共服务供给差距明显缩小，实现均等享有、便利可及。

普惠性非基本公共服务实现提质扩容。紧扣人民群众“急难愁盼”的突出问题，坚持社会效益优先，普惠性非基本公共服务数量和质量都得到较大提升，服务内容更加丰富、获取方式更加便捷、供给主体更加多元，推动普惠性非基本公共服务付费可享有、价格可承受、质量有保障、安全有监管，逐步实现幼有善育、学有优教、劳有厚得、病有良医、老有颐养、住有宜居、弱有众扶。

生活服务高品质多样化升级。适应人民群众多样化、个性化、高品质的健康、养老、托育、文化、旅游、广电、体育、家政等服务需求，生活服务标准化、品牌化建设取得重大突破，产业规模明显扩大，新业态、新模式不断涌现，在增加国内消费、扩大有效需求的同时，为今后公共服务提质升级蓄势储能，逐步形成需求牵引供给、供给创造需求的更高水平的动态平衡。

专栏1　“十四五”社会发展与公共服务主要指标

类别	指标	2020年	2025年	属性
幼有所育	每千人口拥有3岁以下婴幼儿托位数（个）	1.8	4.5	预期性
	孤儿和事实无人抚养儿童保障覆盖率	—	应保尽保	约束性
学有所教	学前教育毛入园率	85.2%	>90%	预期性
	九年义务教育巩固率	95.2%	96%	约束性
	高中阶段教育毛入学率	91.2%	>92%	预期性
	劳动年龄人口平均受教育年限（年）	10.8	11.3	约束性
劳有所得	参加各类补贴性职业技能培训人数（万人次）*	1800	1500	预期性
病有所医	人均预期寿命（岁）	77.3**	78.3	预期性
	每千人口拥有执业（助理）医师数（人）	2.9	3.2	预期性
	每千人口拥有注册护士数（人）	3.36	3.8	预期性
	基本医疗保险参保率	95%	>95%	预期性
老有所养	养老机构护理型床位占比	38%	55%	约束性
	新建城区、居住（小）区配套建设养老服务设施达标率	—	100%	约束性
	基本养老保险参保率	90%	95%	预期性

续表

类别	指标	2020年	2025年	属性
老有所养	养老服务床位总量(万张)	823.8	约1000	预期性
住有所居	城镇户籍低保、低收入家庭申请公租房的保障率	—	应保尽保	约束性
	符合条件的农村低收入群体住房安全保障率	—	应保尽保	预期性
	城镇老旧小区改造(万个)***	5.9	约21.9	预期性
弱有所扶	困难残疾人生活补贴和重度残疾人护理补贴目标人群覆盖率	100%	100%	约束性
文体服务保障	每万人接受公共文化设施服务次数(万次)	—	3.4	预期性
	人均体育场地面积(平方米)	2.2	2.6	预期性
	每百户居民拥有社区综合服务设施面积(平方米)	—	>30	预期性

1. 带*指标数据分别为“十三五”和“十四五”时期的年度平均值。

2. 带**的为2019年数据。

3. 新建城区、居住(小)区配套建设养老服务设施达标率:按照《国务院关于加快发展养老服务业的若干意见》规定,各地在制定相关规划时,必须按照人均用地不少于0.1平方米的标准,分区分级规划设置养老服务设施;凡新建城区和居住(小)区,要按标准要求配套建设养老服务设施。

4. 带***指标数据分别为“十三五”和“十四五”期间累计数。

5. 公共文化设施包括公共图书馆、文化馆(站)、美术馆、博物馆和艺术演出场所。

6. 人均体育场地面积:体育场地内可供开展训练、比赛和健身活动的有效面积与人口的比值。

第三章 推进基本公共服务均等化

享有基本公共服务是公民的基本权利,保障人人享有基本公共服务是政府的重要职责。坚持以促进机会均等为核心,推动实现全体公民都能公平可及地获得大致均等的基本公共服务。

第一节 推进基本公共服务标准体系建设

健全完善基本公共服务标准体系。统筹经济社会发展水平和财政承受能力等因素,围绕“幼有所育、学有所教、劳有所得、病有所医、老有所养、住有所居、弱有所扶、优军服务有保障、文体服务有保障”的民生保障目标,完善国家基本公共服务标准,明确基本公共服务项目的服务对象、服务内容、服务标准、牵头负责单位及支出责任,作为各地区提供基本公共服务的基准和人民群众享有相应权利的重要依据。各地区对照国家基本公共服务标准,细化地方具体实施配套标准,对有国家统一标准的基本公共服务项目,应按照不低于国家标准执行,确保内容无缺项、目标人群全覆盖、标准不高攀、投入有保障、服务可持续。统筹设施建设、设备配置、人员配备、服务管理等软硬件标准要素,完善重点行业领域标准规范,加强各行业标准间的统筹衔接。推动基层服务机构标准化管理。

推动基本公共服务达标。加强对国家基本公共服务标准实施情况监测预警,强化实施效果反馈利用,推动国家基本公共服务标准落地落实。逐步建立具备查询、公开、宣传、共享等一体化功能的基本公共服务标准信息资源库,集中公开各级各类基本公共服务标准,并逐步将基本公共服务标准信息资源库纳入全国公共数据服务体系,加快推进数据深度挖掘与共享开放。

开展重点领域基本公共服务标准化工程。加快公共教育、社会保险、公共文化体育、残疾人服务等重点领域国家标准、行业标准制修订,建立与国家基本公共服务标准相配套的支撑标准体系,强化标准信息公开与实施推广,持续开展国家基本公共服务标准化试点。适应国家人口发展战略和适龄儿童变化情况,制定完善义务教育学位配置标准,保障足够的公办学校学位供给,健全校园校舍、师资队伍、教学装备、经费保障等办学条件标准化推进机制,确保“两免一补”等资助政策城乡学生全覆盖。研究提出残疾人服务标准体系,开展残疾人康复、托养照护、就业服务、无障碍和残疾人服务资源管理、信息化服务平台建设等方面的标准试点。组织开展人社领域公共服务标准化试点、社会保险等领域专项标准试点,持续优化社会保险标准化体系,推动全国范围内社保经办服务标准化供给。制定国家基本养老服务标准,科学界定基本养老服务对象,细化服务项目和标准,完善设施建设、功能布局、设备配置、人员配备、服务流程、管理规范等软硬件标准和质量要求。细化完善全民健身基本公共服务标准体系,建立全民健身基本公共服务跟踪评估和监督反馈机制,推动全民健身基本公共服务全覆盖。

推动基本公共服务标准动态调整常态化、制度化。按照稳妥有序、论证充分的原则,在保持国家基本公共服务范围和标准总体稳定的基础上,结合经济社会发展情况、兼顾财政承受能力,适时对国家基本公共服务标准进行动态调整。

第二节　补齐基本公共服务短板

对标对表国家基本公共服务标准,结合地方实施标准,采取针对性更强、覆盖面更广、作用更直接、效果更明显的举措,促进公共服务资源向基层延伸、向农村覆盖、向边远地区和生活困难群众倾斜,加快补齐基本公共服务的软硬件短板弱项。

义务教育。加强教师队伍建设,依法保障教师工资收入水平,落实教职工编制标准和统筹管理规定,确保教职工编制全面达标。统筹教师编制配置和跨区调整,推进“县管校聘”管理改革,推动县(区)域内义务教育校长教师交流轮岗,促进优秀骨干教师在学校间均衡配置。继续实施农村义务教育阶段教师特岗计划、“三区”人才支持计划、教师专项计划和银龄讲学计划,落实好乡村教师生活补助政策。科学规划城乡义务教育学校(含特殊教育学校,下同)

布局,推进义务教育学校标准化建设,改善乡村小规模学校和乡镇寄宿制学校条件,合理有序扩大城镇义务教育学校学位供给。

就业社保。制定实施公共就业创业服务设施、设备配置、人员配备、服务规范等指导性标准,加强基层公共就业创业服务平台建设。鼓励依托公共实训基地,加大对新型农民创新创业支持力度。在欠发达地区特别是脱贫地区、易地扶贫搬迁大型安置区建设公共就业服务机构,提供全方位公共就业服务。加快推动公共就业创业服务数字化转型,打造集政策解读推送、业务办理咨询于一体的线上智能服务、线下自助服务体系。完善流动人员人事档案管理服务设施。提升社会保险经办能力,推进社保转移接续,完善全国统一的社会保险公共服务平台。推动灵活就业人员在就业地参加社会保险,实现法定人群全覆盖。推进失业保险、工伤保险向职业劳动者广覆盖,实现失业保险省级统筹,工伤保险省级统筹更加完善。加强劳动保障监察执法维权服务能力,切实提高监察执法效能。

医疗卫生。扩大医护人员特别是儿科、全科、麻醉科、精神科、老年医学科等短缺医师和注册护士规模,提升医护人员培养质量。多途径培养培训乡村医疗卫生工作队伍,改善乡村卫生服务水平。以城市社区和农村基层、边境口岸城市、县级医院为重点,完善城乡医疗服务网络。加强社区卫生服务中心(站)、乡镇卫生院和村卫生室的标准化建设,加大基层中医药人才培养力度,鼓励引导基层医疗卫生机构提供适宜的中医药服务。加强妇幼保健、传染病、精神病等诊疗能力建设。以儿科、全科、精神科等紧缺专业为重点,加强住院医师规范化培训基地建设。完善医疗保障经办管理服务网络,推进标准化、信息化建设,提升基层医疗保障经办服务能力建设。健全基本医疗保险稳定可持续筹资和待遇调整机制,完善医疗保险缴费参保政策。做实基本医疗保险市级统筹,推动省级统筹。完善职工基本医疗保险门诊共济保障机制,健全重大疾病医疗保险和救助制度。完善跨省异地就医直接结算制度体系,加强国家、省级异地就医结算中心建设和跨区域业务协作,全面提升管理服务能力。将符合条件的互联网医疗服务纳入医保支付范围。健全公共卫生应急管理体系,完善重大疫情防控体制机制,提升疫情监测预警能力,提高应对突发重大公共卫生事件的能力和水平。

养老服务。加强乡镇(街道)范围内具备综合功能的养老服务机构建设。加强公办养老机构建设,落实新建城区、居住(小)区按照人均不少于0.1平方米的标准配建养老服务设施,稳步提高护理型床位占比。实施特困人员供养服务设施和服务质量达标工程,提升特困人员供养服务机构托底保障能力。鼓励有条件的特困人员供养服务设施(敬老院)在满足特困人员集中供养需求的前提下,逐步为最低生活保障家庭、最低生活保障边缘家庭、重度残疾人家庭、计划生育特殊家庭和原建档立卡贫困家庭中的老年人,提供抵偿或无偿的集中托养服务。健全养老服务培训机制,开展养老服务人才培训提升行动,壮大养老护理员、老年社会工作者队伍。逐步提升老年人福利水平,完善经济困难高龄失能老年人补贴制度。健全养老保险制度体系,促进基本养老保险基金长期平衡。实现企业职工基本养老保险全国统筹。完善城镇职工基本养老金合理调整机制,适时调整城乡居民基础养老金标准。

住房保障。做好城镇住房和收入困难家庭公租房保障,实行实物保障和货币补贴并举,合理确定实物公租房保有量,对城镇户籍低保、低收入住房困难家庭依申请应保尽保。稳步推进棚户区改造,坚持因地制宜、量力而行,严格把好棚户区改造范围和标准,科学确定棚户区改造年度计划,重点改造老城区内脏乱差的棚户区,加强配套基础设施建设和工程质量安全监管,加快工程进度和回迁安置。结合农村危房改造,对符合条件的农村低收入群体等重点对象住房安全做到应保尽保。

文化体育。推进城乡公共文化服务体系一体建设。充分利用现有城乡公共设施,统筹建设基层综合文化服务中心。以县级文化馆、图书馆为中心推进总分馆制建设,实现城乡社区公共文化服务资源整合和互联互通。推进全国智慧图书馆体系建设、公共文化云建设。提升农家书屋服务能力,推动农村电影放映优化升级。加强智慧广电基础设施建设,推进实施智慧广电固边工程和市级广电融合发展提升工程,推动应急广播体系建设和有线高清交互数字电视机顶盒推广普及,强化数字文化服务和流动文化服务,实施戏曲公益性演出项目。推动省市级电视台开设手语节目或加配字幕。加强县级公共体育场、健身步道、体育公园、农民体育健身工程等公共健身设施建设,合理利用体育中心、闲置厂房、校舍操场、社区空置场所等,拓展公共体育活动场所,有条件的公园绿地可建设非标准的健身场地设施。实施乡镇(街道)全民健身场地器材补短板工程。在社区推广社会体育指导员制度,开展全民健身志愿服务。支持全国爱国主义教育示范基地、博物馆、美术馆、公共图书馆、文化馆(站)等设施按规定免费或优惠开放,促进高等学校博物馆、美术馆等文化设施向社会开放。支持公共体育场馆免费或低收费开放。

社会服务。加强残疾人服务设施和综合服务能力建设,完善无障碍环境建设和维护政策体系,支持困难残疾人家庭无障碍设施改造,动态调整困难残疾人生活补贴和重度残疾人护理补贴标准。鼓励有条件的地方优先为经济困难的残疾学生提供免费的学前教育和高中教育,逐步实施残疾学生高中阶段免费教育。进一步推进儿童福利机构优化提质和创新转型高质量发展。加强县级、乡镇(街道)未成年人保护设施建设,重点支持留守儿童数量较多的欠发达地区相关设施建设。充分利用现有社会福利设施建设流浪乞讨人员救助设施或救助站,实现救助服务网络覆盖全部县(市、区)。加强精神卫生福利设施、公益性殡葬服务设施建设。加强退役军人服务中心(站)建设,提升优抚医院、光荣院等建设服务水平。提升基层社会救助经办服务能力,推动村级设立社会救助协理员,将走访、发现需要救助的困难群众列为村(社区)重要工作内容。加强公共法律服务平台建设,健全完善中西部边远地区法律援助机构设置,支持法治宣传阵地建设。加强法律援助专业人员培训,提升法律援助质量,优化法律援助人员资质。

第三节　加快提升基本公共服务均等化水平

推动区域基本公共服务缩小差距。加大财政转移支付向特殊类型地区的倾斜力度，推进基本公共服务体系建设，完善地方基本公共服务支出保障机制，不断提高特殊类型地区基本公共服务供给水平。完善基本公共服务区域合作机制。鼓励具备条件的城市群、毗邻地区加强基本公共服务标准统筹，搭建区域内基本公共服务便利共享的制度安排。开展发达地区和欠发达地区基本公共服务在线对接，支持发展东西部线上对口帮扶、优质资源“1带N”、人才对口支援等方式，扩大优质服务资源辐射覆盖范围，缩小地区差距。完善城市群公共服务便利共享制度安排。

加快城乡基本公共服务制度统筹。实施乡村建设行动，推进城乡基本公共服务标准统一、制度并轨，增加农村教育、医疗、养老、文化等服务供给。结合户籍管理制度改革，健全以公民身份号码为标识、与居住年限相挂钩的非户籍人口基本公共服务提供机制，稳步实现基本公共服务由常住地供给、覆盖全部常住人口。落实农业转移人口市民化财政支持政策，完善异地结算、钱随人走等相关制度安排，保障符合条件的外来人口与本地居民平等享有基本公共服务。

优化基本公共服务对象认定制度。完善最低生活保障家庭、最低生活保障边缘家庭、特困人员认定办法。根据各地实际制定与当地经济社会发展水平相适应的最低生活保障家庭财产限定标准或条件，综合考虑居民人均消费支出或人均可支配收入等因素，结合财力状况动态调整。进一步完善和落实社会救助和保障标准与物价上涨挂钩的联动机制。将优抚对象优先纳入覆盖一般群众的救助、养老、医疗、住房以及残疾人保障等各项社会保障制度。进一步完善覆盖全学段的学生资助体系，加强教育、民政、乡村振兴等部门的数据比对和信息共享，按规定将符合条件的家庭经济困难学生纳入学生资助和社会救助范围，健全应助尽助机制，提升精准资助水平。推进公办养老机构入驻综合评估制度，优先满足失能老年人的基本养老服务需求。研究做好老年人能力评估标准、长期护理保险失能等级评估标准、残疾军人和伤残民警残疾评定标准、职工工伤与职业病致残程度鉴定标准、国家残疾人残疾分类和分级标准等的衔接。

第四章　扩大普惠性非基本公共服务供给

紧紧围绕供需矛盾突出的公共服务领域，发挥政府引导作用，鼓励支持社会力量重点加强养老、托育、教育、医疗等领域普惠性规范性服务供给，面向广大人民群众提供价格可负担、质量有保障的普惠性非基本公共服务。

第一节　推动重点领域非基本公共服务扩容

发展普惠托育服务。着力构建多元化、多样化、覆盖城乡的婴幼儿照护服务体系，积极引导社会力量举办托育服务机构，将需要独立占地的婴幼儿照护服务设施和场地建设布局纳入相关规划，新建和改扩建一批服务设施，建成一批示范性服务机构。加强社区婴幼儿照护服务设施与社区服务中心（站）及社区卫生、文化、体育等设施的功能衔接，发挥综合效益。城镇婴幼儿照护服务建设要充分考虑农村进城务工人员随迁婴儿的照护服务需求。加大对农村和脱贫地区婴幼儿照护服务的支持力度，推广婴幼儿早期发展项目。推动儿童残疾筛查、诊断、康复救助有机衔接，提高残疾儿童早发现、早诊断、早干预、早康复能力和效果。构建覆盖城乡的家庭教育指导服务体系，为家庭提供更高质量更加精准的家庭教育指导，更好满足家长科学育儿的迫切需求。建立健全婴幼儿照护服务机构备案登记制度、信息公示制度和质量评估制度，对婴幼儿照护服务机构实施动态管理。依法逐步实行婴幼儿照护工作人员职业资格准入制度。

推动学前教育普及普惠。健全普惠性学前教育保障机制，全面普及三年学前教育。继续实施第四期学前教育行动计划，补齐普惠性学前教育资源短板，提高幼儿园保教质量。根据适龄人口变化情况和城镇化发展趋势，完善县（市、区）普惠性幼儿园规划布局，及时修订和调整居住区人口配套学位标准，推动城市居住区、易地搬迁安置区配套建设与人口规模相适应的幼儿园。鼓励支持街道、村集体、国有企事业单位、普通高等学校举办公办园，扶持民办园提供普惠性服务，保障普惠性资源供给。完善农村学前教育资源布局，办好公办乡镇中心园，通过依托乡镇中心园举办分园、村独立或联合办园、巡回支教等方式满足农村适龄儿童入园需求。严格落实幼儿园教师持教师资格证上岗。大力加强幼儿园教师配备补充、工资待遇保障制度，提高教师待遇和社会地位。

加强县域普通高中建设。研究制定县域普通高中发展提升计划，全面加强县中建设，持续巩固提高高中阶段教育普及水平，促进高中阶段学校多样化有特色发展。全面化解普通高中大班额，加快消除大规模学校，积极改善办学薄弱环节，适应普通高中选课走班需要。健全教师补充激励机制，配齐配足教师，实施县中发展提升校长教师培训专项计划，提升县中教师能力素质。实施县中托管帮扶工程，加快提升县中整体办学水平。

积极发展普惠型养老服务。深入推进普惠养老专项行动，扩大普惠性养老服务供给。发展集中管理运营的社区养老服务网络，支持具备综合功能的社区服务设施建设，推动形成“15分钟”养老服务圈。引导专业化养老服务机构进社区、进家庭，提升家庭照护能力。大力发展政府扶得起、村里办得起、农民用得上、服务可持续的农村幸福院等互助养老设施。鼓励民间资本对企业厂房、商业设施及其他可利用的社会资源进行整合和改造后用于养老服务。推动培训疗养资源转型发展普惠养老服务。允许养老机构依法依规设立多个服务网点，实现规模

化、连锁化、品牌化运营。全面保障外资举办养老服务机构享受国民待遇。探索具备条件的公办养老机构改制为国有养老服务企业。

均衡发展优质医疗服务。聚焦重点人群健康需求，提升全方位全生命周期健康服务与保障能力，促进医疗卫生服务公平可及、系统连续。依托综合医院、职业病专科医院，加强尘肺病、化学中毒等职业病诊断救治康复能力建设，增强职业健康服务可及性便利性。鼓励发展全科医疗服务，加快发展专业化服务，有序发展前沿医疗服务，推动医养结合等多业态融合服务发展。坚持中西医并重和优势互补，大力发展中医药服务，充分发挥中医药在疾病预防、治疗、康复中的独特作用。推进区域医疗中心建设和临床专科能力建设。在医疗资源不足地区，坚持“按重点病种选医院、按需求选地区，院地合作、省部共建”的思路进一步推进区域医疗中心试点建设，通过建设高水平医院分中心、分支机构和“一院多区”等方式，定向放大国家顶级优质医疗资源。支持省级区域医疗中心建设，积极发展医疗联合体，加强智慧医院建设，发展远程医疗服务，增强省级区域医疗中心的辐射服务能力。推动县级医院提标扩能，加强胸痛、卒中、创伤、危重孕产妇、危重新生儿和儿童等救治中心以及肿瘤综合治疗中心、慢性病管理中心建设。

积极推动改善住房条件。人口净流入的大城市要大力发展保障性租赁住房，主要解决符合条件的新市民、青年人等群体的住房困难问题，以建筑面积不超过70平方米的小户型为主，租金低于同地段同品质市场租赁住房租金。人口净流入的大城市因地制宜发展共有产权住房，以中小户型为主，供应范围以面向户籍人口为主，逐步扩大到常住人口。全面推进城镇老旧小区改造，重点改造完善小区配套和市政基础设施，提升社区养老、托育、医疗等公共服务水平，推动建设安全健康、设施完善、管理有序的完整居住社区。扩大住房公积金制度覆盖范围，多措并举促进单位依法缴存，鼓励灵活就业人员参加住房公积金制度。优化住房公积金使用政策，租购并举保障缴存人基本住房需求。

第二节　推动非基本公共服务普惠化发展

降低服务成本。统筹用好规划、土地、投资、税收、金融等多种支持政策，盘活现有设施资源，低价或无偿提供给普惠性非基本公共服务供给主体，帮助降低服务成本、提升运营效率，扩大服务供给。

促进价格普惠。按照保本微利、优质优价、节约资源、公平负担的原则，加快理顺公共服务价格，引导非基本公共服务供给主体提供与当地城乡居民收入水平相适应的普惠性非基本公共服务，遏制过度逐利行为。依据成本变化、居民收入等情况，健全非基本公共服务价格调整机制，及时公开披露项目运行等信息。

加强质量监管。探索包容而有效的审慎监管方式，推动制修订相关法律法规和标准规范，加强服务质量监督监测，构建责任清晰、多元参与、依法监管的服务质量治理和促进体系，提高服务质量。强化政府事中事后监管能力，实行监督检查结果公开、质量安全事故强制报告、质量信用记录、严重失信服务主体强制退出等制度。健全公共服务机构评审评价体系，鼓励开展第三方服务认证，推行服务承诺和服务公约制度。发挥社会监督作用，拓宽公众参与监管的渠道，推广服务质量社会监督员制度，鼓励第三方服务质量调查。

第五章　推动生活服务为公共服务提档升级拓展空间

适应人民群众需求增长和消费升级趋势，培育壮大市场主体，增加服务供给，强化服务标准，做大服务品牌，优先发展能够与公共服务密切配合、有序衔接的高品质多样化生活服务，推动生活服务与公共服务互嵌式、阶梯式发展，为公共服务提档升级探索方向、拓展空间、积蓄能量。

第一节　推进重点行业创新融合发展

*医疗卫生服务提质增效。*鼓励发展专业性医院管理集团。支持发展医学检验等第三方医疗服务，推动检验检查结果互认，鼓励发展第三方医疗服务评价。推动精准医疗等新兴服务发展。鼓励支持医疗康复、健康管理、心理咨询、中医药养生保健等服务发展。以高端医疗、康复疗养、休闲养生为核心，丰富健康旅游产品。积极发展智慧医疗，鼓励医疗机构提升信息化、智能化水平，支持健康医疗大数据资源开发应用。丰富商业健康保险产品，大力发展医疗责任险、医疗意外险等执业保险。推动辅助器具产业发展。

*养老服务高质量发展。*促进养老服务与文化、旅游、体育、家政、健康等行业融合发展。培育满足老年人需求的健康产品专业化生产研发基地，促进养老企业连锁化、集团化发展，形成一批产业链长、覆盖领域广、经济社会效益显著的产业集群和集聚区。积极培育养老服务行业组织，支持行业协会增强服务能力，发挥推进养老服务业高质量发展的积极作用。

*文化旅游融合发展。*坚持以文塑旅、以旅彰文，打造独具魅力的中华文化旅游体验。深入发展大众旅游、智慧旅游，创新旅游产品体系，改善旅游消费体验。加强区域旅游品牌和服务整合，建设一批富有文化底蕴的世界级旅游景区和度假区，打造一批文化特色鲜明的国家级旅游休闲城市和街区。推进红色旅游、文化遗产旅游、旅游演艺等创新发展，提升度假休闲、乡村旅游等服务品质，完善邮轮游艇、低空旅游等发展政策。健全旅游基础设施和集散体系，推进旅游厕所革命，强化智慧景区建设。加强旅游景区疫情防控，避免发生聚集性感染和疫情扩散。建设旅游服务质量评价体系，规范在线旅游经营服务。

*智慧广电创新发展。*壮大广播电视节目栏目、电视剧、动画片、纪录片、网络剧、短视频、网络电影等产业，打造高新视听产业基地，拓展衍生产品市场。加快电视频道高清化改造，提

升超高清电视节目制播能力，推进互动视频、沉浸式视频、虚拟现实视频、云游戏等高清视频和云转播应用，改善内容消费体验。建设全媒体传播体系，推广互动式、服务式、场景式传播，丰富移动智能终端呈现形式，提升内容服务品质。推动县级融媒体中心建设。推进国家有线电视网络整合和5G一体化发展，提升内容服务和业务承载能力。依托广电5G网络发展5G广播电视，开通广播电视和公共安全应急服务，推动广播电视终端通、移动通、人人通。促进智慧广电参与数字社会、数字政府、数字乡村建设。完善视听全产业链发展格局，加快培育新型业态、新型消费模式。

体育服务加快发展。倡导全民健身，鼓励兴办多种形式的健身俱乐部和健身组织，加快发展健身休闲产业。繁荣发展足球、篮球、排球、冰雪、水上等运动，普及推广户外运动，推动体育竞赛表演产业发展，鼓励培育品牌赛事，丰富群众体育赛事活动，促进体育旅游、体育传媒、体育会展、体育经纪等发展。鼓励发展智能体育，培育体育消费新业态新模式。

家政服务提质扩容。加快建立供给充分、服务便捷、管理规范、惠及城乡的家政服务体系。实施家政服务业提质扩容“领跑者”行动，鼓励有条件的家政服务企业品牌化、连锁化发展，加快培育龙头企业，支持中小家政服务企业专业化、特色化发展。提升家政服务规范化水平，加快建立家政服务人员持证上门制度，开展家政服务质量第三方认证。推进家政培训和就业服务。

第二节　加强生活服务品牌化标准化建设

加强服务品牌培育。支持龙头企业做大做强，鼓励中小微企业创新发展，鼓励塑造代表性特色化服务品牌，保护传承“老字号”，开发打造“特字号”，培育壮大“新字号”。鼓励拥有优质资源的生活服务供给主体，通过合作、连锁经营等多种方式，跨地区设置服务网点、参与服务供给，共享先进服务技术和管理模式。鼓励银行业金融机构向企业提供以品牌为基础的商标权、专利权等质押贷款。支持服务企业拓展经营领域，促进跨界融合发展，鼓励发展体验服务、私人订制、共享服务、智慧服务等新业态新模式。

强化服务标准建设。建立政府主导制定的标准与市场自主制定的标准协同发展、协调配套的服务标准体系，加快完善生活服务国家标准，开展国家级服务业标准化试点示范，以标准化促进服务质量提升。支持社会组织制定团体标准。鼓励企业制定高于国家标准或行业标准的企业标准，增强企业市场竞争力。健全生活服务认证认可制度，推动生活服务职业化发展。

第六章　系统提升公共服务效能

紧扣服务设施布局、生产供给、服务享有、要素保障等关键环节，科学谋划、改革创新，系统推动公共服务提质增效,不断增强公共服务体系对国家重大战略实施的支持能力。

第一节　统筹规划公共服务设施布局

科学设定服务半径和服务人口。公共服务设施建设选址应贴近服务对象,与服务半径和服务对象数量、年龄结构等因素有机衔接。幼儿园和小学、社区养老托育设施、卫生站(室)等服务频次高、服务对象活动能力弱的设施,应适度控制设施规模、合理安排设施密度。人员居住相对分散的偏远农村地区,因地制宜、统筹布局固定服务设施和流动服务设施,流动服务应明确服务时间和地点并保持相对稳定,提高农村居民享受公共服务的便利性。

合理控制公共服务设施规模。公共服务设施建设坚持功能优先、经济适用的原则,不宜盲目追求大规模的综合性设施。对于高频次服务设施,应适度减小规模、增加布点,通过总分馆(院)、连锁等多种方式形成服务合力,共享优质资源。对于服务频次相对较低或多个服务事项具有较强相关性的设施,应统筹考虑服务链条,适度集中布局,推广“只跑一次”等已有成功经验,简化办理流程。在鼓励应用现代信息技术提供服务便利性的同时,为老年人、残疾人等特殊人群保留必要的现场服务窗口。

加强毗邻地区设施共建共享。配合区域协调发展战略、国家新型城镇化战略等实施,加强跨地区统筹协调,鼓励毗邻地区打破行政区划限制,统筹公共服务标准,互联互通相关信息数据,充分发挥地区比较优势,共建共享公共服务设施,为城乡居民就近享有公共服务提供便利条件。引导京津冀地区的通州与北三县、长三角生态绿色一体化发展示范区等区域积极探索共建共享经验和做法。

第二节　构建公共服务多元供给格局

深化事业单位改革。加快推进政事分开、事企分开、管办分离,优化布局结构,完善制度机制,强化公益属性,提高治理效能,促进新时代公益事业平衡充分高质量发展。聚焦普惠性、基础性、兜底性公共服务需求,引导事业资源参与公共服务供给。统筹盘活用好沉淀和低效配置的事业编制资源,加大对人口集中流入地区统筹调剂力度,解决义务教育、基本医疗、公共文化等编制急需。原则上能够通过政府购买等方式提供的公共服务,不再直接举办事业单位提供。

鼓励社会力量参与。完善相关政策,放开放宽准入限制,推进公平准入,鼓励社会力量通过公建民营、政府购买服务、政府和社会资本合作(PPP)等方式参与公共服务供给。在资格准入、职称评定、土地供给、财政支持、政府采购、监督管理等方面公平对待民办与公办机构,及时清理和废除妨碍公平竞争的各种规定和做法。深化“放管服”改革,全面清理整合涉及社会力量进入公共服务领域的行政审批事项,整合公共服务机构设置、执业许可、跨区域服务等审批环节,优化审批流程,提高审批效率。

支持社会组织发展。大力培育发展面向社区居民提供各类公共服务的社区组织。支持社区社会组织承接社区公共服务,开展社区志愿服务。逐步扩大政府向社会组织购买服务的范围和规模,对民生保障、社会治理、行业管理、公益慈善等领域的公共服务项目,同等条件下优先向社会组织购买。大力发展慈善组织,广泛动员志愿服务组织和志愿者参与公共服务提供,鼓励企事业单位提供公益慈善服务。完善激励保障措施,落实慈善捐赠的相关优惠政策,共同营造社会力量参与公共服务的良好环境。

发挥国有经济作用。进一步明确国有经济参与公共服务的领域和条件,推动国有资本在提供公共服务、应急能力建设和公益性服务等领域发挥更大作用。支持参与公共服务的国有企业壮大产业集团、做大做强品牌,重点培育发展一批实力雄厚、具有较强竞争力和影响力的大型社会服务企业和企业集团。鼓励和引导国有经济以兼并、收购、参股、合作、租赁、承包等多种形式参与公共服务,拓宽国有经济进入渠道。

第三节　提高公共服务便利共享水平

推进新技术创新应用。推动数字化服务普惠应用,充分运用大数据、云计算、人工智能、物联网、区块链等新技术手段,鼓励支持新技术赋能,为人民群众提供更加智能、更加便捷、更加优质的公共服务。促进“互联网+公共服务”发展,推动线上线下融合互动,支持高水平公共服务机构对接基层、边远和欠发达地区。促进人工智能在公共服务领域推广应用,鼓励支持数字创意、智慧就业、智慧医疗、智慧住房公积金、智慧法律服务、智慧旅游、智慧文化、智慧广电、智能体育、智慧养老等新业态新模式发展。促进公共服务与互联网产业深度融合发展,大力培育跨行业跨领域综合性平台和行业垂直平台。探索“区块链+”在公共服务领域的运用。加快信息无障碍建设,切实解决老年人等特殊群体在运用智能技术方面遇到的突出困难,帮助老年人、残疾人等共享数字生活。充分发挥全国一体化政务服务平台一网通办枢纽作用,推动更多公共服务事项网上办、掌上办、一次办,持续提升公共服务数字化智能化水平。

推动服务数据互联互通。探索实施民生档案跨区查档服务项目,建立互认互通的档案专题数据标准体系。推进数字政府建设,强化教育、医疗卫生、社会保障、社会服务等重点领域数据信息交换共享,加快实现民生保障事项“一地受理、一次办理”。加强部门间信息共享和证明互认,通过完善信用监管、全面推进告知承诺制等方式,实施证明事项清单管理制度,减少不必要的证明事项。加强地区间的信息互联互通,积极推进残疾人“两项补贴”跨省通办、社会关系转移接续、流动人员人事档案信息化管理、异地就医结算等便利服务。逐步建立以社会保障卡为载体的居民服务“一卡通”。建立健全政府及公共服务机构数据开放共享规则,在加强公共服务数据安全保障和隐私保护的前提下,推动医疗卫生、养老等公共服务领域和政府部门数据有序开放。

推动服务重心向基层下沉。在明确服务标准规范的基础上，强化街道、乡镇和社区的基本公共服务职能，加强基层人财物保障力度，持续改善各类公共服务设施条件，推动基层综合公共服务平台统筹发展、共建共享。推进审批权限和公共服务事项向基层延伸，推动医疗卫生、就业社保、养老托育、扶残助残、家政服务、物流商超、治安执法、纠纷调处、心理援助等便民服务场景有机集成和精准对接。推动基本公共服务与社会治理深度融合，实现社区综合服务中心等基层公共服务供给站点与以社区网格员为主体搭建的社会治理网络有机结合。培养专业化专职化的城乡社区工作者队伍。

第四节　健全公共服务要素保障体系

完善财力保障制度。落实公共服务领域中央与地方财政事权和支出责任划分改革要求，优化财政支出结构，加大中央和省级财政对基层政府提供基本公共服务的财力支持力度。将更多公共服务项目纳入政府购买服务指导性目录，完善财政、融资和土地等配套优惠政策。规范购买流程，按照政府采购法律制度规定确定承接主体，实行竞争择优、费随事转。进一步完善政府购买公共服务的绩效管理。加大金融支持力度，综合利用债券、保险、信贷等方式，为公共服务项目融资提供支持。

强化人才队伍建设。进一步完善统一开放、竞争有序的人才资源市场，积极探索人才服务新模式，促进公共服务人才有序流动和合理配置。充分发挥高等学校、职业学校、科研院所作用，大力培养公共服务人才。健全公共服务从业人员教育培训制度，定期组织职业培训和业务轮训，提高公共服务专业化水平。探索公办与非公办公共服务机构在技术和人才等方面的合作机制，对非公办机构的人才培养、培训和进修等给予支持。加快农村公共服务和治理人才队伍建设。引导鼓励公共服务人才向中西部地区和基层流动。

保障设施用地需求。根据多层次多样化公共服务需求，优化土地供应调控机制，有效保障公共服务用地供给。将公共服务机构和设施用地纳入相关规划和年度用地计划并优先予以保障，农用地转用指标、新增建设用地指标分配要适当向公共服务机构和设施建设用地倾斜。在符合相关法律法规的前提下，鼓励利用低效土地、房屋建设公共服务机构和设施。符合条件的公共服务设施和机构建设用地，可采取划拨方式予以保障。探索实行长期租赁、先租后让、租让结合的弹性土地供应方式。

优化资源配置机制。细化完善公共资源与常住人口挂钩、与服务半径挂钩的制度安排，提高公共服务的有效覆盖。逐步完善精准服务、主动响应的公共服务提供机制，实现从“人找服务”到“服务找人”的转变。逐项明晰公共服务标准及所需的软硬件标准规范，加强对公共服务供给水平和质量的有效评估监管，建立健全公共服务需求表达和反馈机制，并根据评估结果动态调整国家基本公共服务清单，不断完善公共服务资源配置。

第五节　强化服务国家重大战略能力

促进人口长期均衡发展。提高优生优育服务水平，发展普惠托育服务体系，推进教育公平与优质教育资源供给，降低家庭教育开支。完善生育休假与生育保险制度，加强税收、住房等支持政策，保障女性就业合法权益。对全面两孩政策调整前的独生子女家庭和农村计划生育双女家庭，继续实行现行各项奖励扶助制度和优惠政策。建立健全计划生育特殊家庭全方位帮扶保障制度，完善政府主导、社会组织参与的扶助关怀工作机制，维护好计划生育家庭合法权益。

助力城乡区域协调发展。健全城市群公共服务便利共享制度安排和成本共担、利益共享机制，推动京津冀、长三角、粤港澳大湾区和成渝等主要城市群率先实现基本公共服务常住人口全覆盖，逐步实现区域内服务标准相互衔接、服务信息互联互通、服务事项异地享有。适应农村人口结构和经济社会形态的变化，强化农村公共服务供给县乡村统筹，推进县乡村公共服务一体化、均等化，鼓励社会力量兴办农村公益事业。在东、中、西部和东北地区选择一批县(市)开展县乡村公共服务一体化试点示范。加强边境地区公共服务设施建设，增加优质服务资源配置，发挥公共服务暖心留人、稳边固边的积极作用。

第七章　加强规划实施保障

第一节　加强党的领导

坚持党中央集中统一领导，把党的领导贯穿于公共服务发展各个阶段、各个领域、各个环节，把党的政治优势、组织优势转化为推进公共服务体系发展、促进共同富裕的强大动力。切实增强“四个意识”，坚定“四个自信”，做到“两个维护”，不断提高政治判断力、政治领悟力、政治执行力，坚持重大改革事项由党中央决定、整体工作进度由党中央掌握、政策实施情况及时向党中央报告，确保党中央关于公共服务体系建设的重大决策部署落地生效。

第二节　凝聚实施合力

国家发展改革委要会同各有关部门完善基本公共服务标准体系建设部际联席会议机制，牵头制定本规划主要任务分工方案，加大对跨区域、跨领域、跨部门重大事项协调力度，研究推动重点任务、重大改革、重大项目等，着力解决堵点难点问题推动协调协商机制化常态化。各有关部门要按照职责分工，依据本规划细化提出可衡量、可考核的具体实施任务，明确工作责任和进度安排，深化政策解读，强化宣传引导，健全统计调查体系，定期分领域开展公共服务发展情况监测评估，确保本规划重点工作任务有效落实。

各省、自治区、直辖市人民政府要把公共服务体系建设作为本地区“十四五”经济与社会发展重点任务，加强组织领导，明确责任分工，编制省级公共服务专项规划，细化落实举措，做好重大项目衔接统筹，确保本规划明确的重要任务和政策举措落实到位，实现公共服务能力和水平稳步提升。对新增公共服务事项、提升服务标准等要审慎研究论证，确保财力可承受、服务可持续。鼓励有条件的地区在公共服务体系统一规划、统筹建设、体制创新等方面开展试点，探索积累经验，分步推广实施。

第三节　动态监测评估

国家发展改革委要会同有关部门完善规划实施监测评估机制，积极做好本规划实施年度监测、中期评估和总结评估工作，重大情况及时向党中央、国务院报告。各有关部门要定期开展分领域公共服务发展情况监测评估，跟踪督促各地区落实重点任务。

第二篇

发展综述

2021中国电子政务发展综述

2021年是我国电子政务发展的又一关键节点，既是中国共产党建党一百周年，也是国家政务信息化发展“十四五”（2021—2025）规划《“十四五”推进国家政务信息化规划》的开局之年。从理念上看，新时期的电子政务与信息化技术结合，不断更新着电子政务的发展内涵和运作模式。从实践上看，推进“互联网+公共服务”，促进部门之间信息共享，是深化简政放权、放管结合、优化服务改革的重要内容，实现了行政效率的提高和行政资源的升级。2021年，我国政务信息化程度进一步深化、优化，我国政府治理的信息化水平、信息化技术与信息化覆盖率显著提升。

一、新时期电子政务发展的内涵

电子政务的内涵在不同时间、不同发展阶段具有不同的解读。全面理解新时期电子政务的发展内涵，需要从电子政务的发展阶段、发展形态、主要内容三个方面进行分析。

（一）电子政务的发展阶段

由于起步时间、发展重点和国情需要不同，电子政务发展阶段的划分在国内视角和国际视角上存在差异。世界银行信息发展项目组提供的《发展中国家电子政务手册》中，将电子政务的发展分为信息发布、信息交互和事务处理3个阶段。联合国公共经济与公共管理部在《电子政务测度：全球透视》报告中，将电子政务的发展划分为5个阶段，即网上初现、增强出现、交互出现、在线处理出现和网络化评估。此外，亚洲开发银行的《亚太地区电子政务发展》等报告中均对国际电子政务发展阶段的划分有着各异的解读。整体来看，国际上电子政务的发展并没有固定的模式，但各种模式下政府都在电子政务逐渐成熟的过程中从开始的“露面”到渐渐“消失”，政府的地理位置和具体职能逐渐模糊，公众需要的政府信息和服务逐渐清晰。

而我国电子政务发展阶段的划分标准较为统一，大致可分为4个阶段。具体来看，我国电子政务发展的第一阶段是1981—1992年，标志着我国电子政务的从无到有，逐步实现办公自动化。1981年，“六五”计划明确提出要在政府管理中使用计算机。“七五”时期，我国建设了包括国家经济信息系统等十余个信息系统。此阶段“电子政务”的概念还未被正式提出，政府信息化多以“办公自动化”为表现形式，为政府的电子化建设管理奠定了相应的基础。

我国电子政务发展的第二阶段是1993—2000年，取得了“三金工程”和政府上网的进步。1993年，为顺应全球建设信息高速公路的潮流，我国启动了“三金工程”，即金桥工程、金关工程和金卡工程。“三金工程”的主要内容为信息化基础设施和通信网络的建设。1999年,国家启动了政府上网工程。这一阶段极大地推动了公共信息基础设施建设,政府专网、业务系统建设开始逐渐铺开。2000年,我国将“电子政务”列为“十五”计划的重要内容,正式拉开了电子政务发展的大幕。

我国电子政务发展的第三阶段是2000 — 2013年,实现了从单向应用向全面发展的突破。2000年以来,我国政府投入了大量的资金进行电子政务方面的建设,政府网站在规划、内容建设、功能性、互动性等各个方面都取得了长足发展,真正开始政府网上办公的实质性应用。

我国电子政务发展的第四阶段是从2014年至今,目标是从各自为政到统筹推进。2014年以来,中共中央网络安全和信息化委员会办公室破解“九龙治水”难题,推动全国电子政务发展和推进工作进入了一个新时期。其中,政务信息系统整合共享和“互联网+政务服务”成为电子政务工作重点。“数字政府”建设正式成为当前我国电子政务发展的落脚点,打造和普及数字政府成为我国电子政务走向下一个新阶段前必须完成的任务。

(二)数字政府——新时代电子政务的新形态

经过多阶段的深化进步,电子政务发展到数字政府这一新形态。数字政府作为数字经济时代涌现的新型政府模式,是指电子政务发展过程中通过建立多个政府机构间无障碍协作机制,借助信息技术来实现数据间应用共享,从而破除政府内外部行政壁垒,促进政府治理向整合化、透明化、现代化转变的新时代电子政务形态,是电子政务发展至新阶段结合技术与时代要求而呈现的一种新形态。

数字政府从系统范畴来看,具有“价值—结构—功能”三个向度的特征。其中,数字政府价值向度的基本要求是坚持以人民为中心。一方面要树立尊重人性的用户思维,精准把握群众需求、精准提供公共服务,坚持以群众需求为导向;另一方面要树立科学分析的数据思维,具备科学分析数据的关联意识和能力,并做到以科学缜密的数据思维创新政府治理工具。

数字政府建设结构向度的任务是重塑组织服务流程。要求从内部着力重塑政府结构和流程、重构政府权责边界;从外部着力整合公司资源、强化多元主体协同合作。

数字政府建设功能向度的当前目标是赋能政府治理能力现代化。数字政府治理功能凸显的是基于数据治理满足社会整体对政府的多元化需求。一方面需要推动政府数字化转型,驱动公共治理精细化;另一方面需要筑牢技术制度基础,创造良好的数字生态。

在数字化时代,数字技术逐渐渗透并深度融入国家治理和社会运行过程,发挥着至关重要的作用。建设数字政府能有效地推动政府、市场与社会的良性互动与合作,最终将带来政府治理范式的变革,这是实现有效治理并最终实现“善治”目标的必由之路,也亟待从价值重塑、结构优化和功能强化三个向度着手，提高政府公共服务与社会治理的民主化、高效化、法治化水平。

（三）新时代电子政务的主要内容

数字政府只是新时代电子政务的表现形态之一。“十四五”时期，我国电子政务要直面新发展阶段的新方向、新定位。现阶段电子政务的使命是，为实现全面建设社会主义现代化的未来蓝图提供强有力支撑，依托大数据、人工智能、区块链等新一代信息技术群，为政府部门与公众之间、政府部门与企业之间、政府部门与政府部门之间提供安全、便捷、高效、绿色的政务服务。更进一步，要以电子政务为牵引，全面深化政府管理和社会治理模式创新，加快实现政府决策科学化、社会治理精准化、公共服务高效化、国家治理民主化。

从电子政务的内涵和主要任务来看，我国电子政务目前已取得一定成就，在国际上也获得了一定认可。《2020联合国电子政务调查报告》显示，我国电子政务发展指数大幅度提高，位列全球第45位，2020年排名比2018年上升20位，创历史新高，达到全球电子政务发展“非常高”的水平。其中，作为衡量国家电子政务发展水平核心指标的在线服务指数排名大幅度提至全球第9位。

从“价值—结构—功能”的三维向度来看，相应地，“十四五”时期，电子政务建设的主要内容可总结为“六个强化”：加强管理体系建设、加强数据资源建设、加强协同治理建设、加强网络安全建设、加强干部人才的数字能力建设和加强疫情防控常态化建设。上述“六个强化”正对应我国数字政府的发展特征，从价值、结构、功能三个维度进行了全面优化。同时，“十四五”时期的电子政务还要主动与全面建设社会主义现代化国家新征程的历史使命相适应，与十九届五中全会提出的加快建设数字政府的发展任务相匹配，坚持法治思维，创新新时代公共参与模式与机制，采纳应用信息技术对政府组织、职能、流程重塑再造，打造形成一个整合的无缝隙的智慧政府运行新模式。具体而言，集“一网通办”“一网通管”“一网通放”“一网通汇”“一网通评”于一体的“五个一”新模态是未来一段时间我国电子政务的发展愿景和大概轮廓。

在我国电子政务未来的宏伟蓝图中，顶层设计、法律法规、政务服务、网络安全、数据治理、基础设施、政务应用和疫情防控是最为关键的八大着力点，下文将从这八个方面对我国2021年电子政务发展状况进行综合评述。

二、新时代电子政务发展的特征

(一)顶层设计逐步完善

2021年是“十四五”规划的开局之年,是电子政务发展的关键之年。从中央到地方,各相关部门推出了一系列对数字政府、电子政务发展具有建设性意义的规划路径和战略布局。在中央层面,“十四五”规划提出,需加强统筹推进机制,深化数据资源开发利用,打造整体协同网上政务服务体系,探索多元参与的电子政务建设模式,提升领导干部信息素养,促进电子政务可持续发展,提升电子政务建设整体效能。《“十四五”数字经济发展规划》提出,应立足新发展阶段,完整、准确、全面贯彻新发展理念,构建新发展格局,推动高质量发展,统筹发展和安全、统筹国内和国际,以数据为关键要素,以数字技术与实体经济深度融合为主线,加强数字基础设施建设,完善数字经济治理体系。《“十四五”信息化建设发展规划》强调,要建立完善先进的信息化网络基础设施,建立专业高效的信息技术管理服务体系,加快推进档案信息化建设。各级地方政府高度重视政府数字化建设,围绕国家治理体系和治理能力总体建设目标,31个省、自治区、直辖市均出台了数字政府建设专项规划或者在相关文件中专门阐述了数字政府建设方案。浙江省深入推进企业投资项目“最多跑一次”改革,坚持整体智治、高效协同、主动服务理念,持续迭代建设在线平台3.0版本,最大程度“减事项、减材料、减环节、减时间、减费用”,最大程度创新提升服务投资主体水平。北京市全力打造发展改革系统网上政务服务大厅,实现固定资产投资审批“全覆盖、全流程、全在线”的“一网通办、全程网办”,为企业办事减成本、提效率、优环境,在提升政府治理能力的同时有效改善了民生。作为信息化建设先行省份,福建省率先建立信息资源的基本管理制度《(福建省电子政务建设和应用管理办法》),将电子政务应用纳入绩效考核,强化应用推广。2021年是电子政务发展的关键之年。相关顶层设计的形成,为未来五年乃至更长时间的电子政务、信息化发展奠定了基础、指明了方向。

(二)法律法规日趋优化

电子政务的有序开展和推进,极大程度依靠各种法律手段的约束,中央和地方相继出台多部法律法规,积极贯彻依法治国的基本战略手段,进行电子政务方面事务的多方指导与协调,进一步完善了我国的法律体系。2021年中央和地方政府均对电子政务、数字政府、数据安全、信息管理等方面作出了更加详尽的法律指示,这使得我国法律体系更加完备,电子政务服务更加规范化。在中央层面,人力资源和社会保障部办公厅发布《电子劳动合同订立指引》,指导有订立电子劳动合同意愿的用人单位和劳动者协商一致订立电子劳动合同,确保电子劳动合同真实、完整、准确、不被篡改。《全国一体化政务服务平台电子证照特种作业操作证》标准提出,自2021年11月15日起,在全国范围内推广应用特种作业操作证电子证照。《关键信息基础设施安全保护条例》指出，对关键信息基础设施实行重点保护，采取措施，监测、防御、处置来源于中华人民共和国境内外的网络安全风险和威胁，保护关键信息基础设施免受攻击、侵入、干扰和破坏，依法惩治危害关键信息基础设施安全的违法犯罪活动。在地方层面，2021年福建省、山东省分别修订《电子政务建设和应用管理办法》，推动电子政务资源的统筹建设和整合共享，规范电子政务管理，提升数字化发展水平。安徽省数据资源管理局、湖南省人民政府、上海市人民政府分别印发电子政务外网管理办法，加强地方电子政务外网管理。贵州省贵阳市审计局印发《贵阳市审计局电子政务网应用考核管理暂行办法》；广西壮族自治区柳州市柳城县人民政府办公室印发《柳城县电子政务外网管理实施细则》；广西壮族自治区河池市罗城仫佬族自治县人民政府办公室印发《罗城仫佬族自治县电子政务外网管理办法》，广西壮族自治区南宁市大数据发展局印发《南宁市电子政务云暂行管理办法》。

（三）政务服务质量提升

2021年，随着全国和各地方电子政务平台的不断完善，政务工作正逐步向线上转移，不但显著提升了服务效率和服务效果，而且获得了民众大量的正面反馈。这一切都说明2021年我国电子政务服务质量正在向更高的台阶迈进。一方面，电子政务提高了“互联网+政务服务”效能，全面提升全国一体化政务服务平台功能，加快推进政务服务标准化、规范化、便利化，持续提升政务服务数字化、智能化水平；另一方面，电子政务提升了社会服务数字化普惠水平，加快推动文化教育、医疗健康、会展旅游、体育健身等领域公共服务资源数字化供给和网络化服务，促进优质资源共享复用。效率上，电子政务平台提供了更广泛的线上服务，使得办事相关方能够避免地点限制，更快更好地完成信息上传、处理、保存等工作；效果上，电子政务平台使得政务服务带给民众更佳的体验，缩短甚至省去排队时间，并利于存证、取证工作，切合碳达峰的政策方针。四川省以办成项目审批“一件事”为目标，推进完善制度体系建设，将项目审批外部流程与内部流程全部纳入平台“一网办理”，引领投资审批工作“数字化转型”。浙江省建设省市县一体化在线平台，为全省企业提供最普惠的便利服务，目前省市县16条线已经全覆盖，全省共有1921个审批部门、约1.5万名审批人员、超25万家企业用户，共同应用在线平台3.0进行项目申报和审批。重庆市加快“智能”“多维”平台建设，运用大数据强化投资项目事中、事后监管，该平台将于每月25日自动发送短信提醒反馈工作进展，实现重大项目分级分类数字化调度，确保事事有回应、件件有落实。全国政务服务网站办理事项覆盖46个国务院部门，31个省、自治区、直辖市和新疆生产建设兵团，累计事项实施清单超过527万项，汇聚政务服务办件超过133826万件，群众对电子政务均有高度积极的评价。2021年，政务服务质量在电子政务服务进一步发展的推动下有了显著提升，电子政务有效解决了传统线下办理的效率和效果问题。

(四)网络安全不断优化

在"十四五"规划和2035年远景目标纲要中,网络安全成为未来中国发展建设工作的重点之一。中央政府及各级地方政府积极贯彻网络强国战略,加强网络安全保障体系和能力建设,大力促进网络安全技术产业发展,营造安全网络生态环境。2021年,网络安全相关法律法规密集出台,重点关注网络建设规划、安全防护、安全管理等方面内容。2021年,国务院正式颁布了《关键信息基础设施安全保护条例》(以下简称《条例》)。作为网络安全法的重要配套法规,《条例》为建立健全关键信息基础设施安全保护体系,提升网络安全防护能力,提供了更具有操作性的法律依据。同时,网络安全国家标准体系日益完善,截至2021年10月,制定发布共322项国家标准、共12项包含我国技术贡献和提案的国际标准。在中央政策的支持下,各省市亦陆续出台了大量的支持性政策以推动网络安全建设。天津市发布《天津市新一代信息技术产业发展"十四五"专项规划的通知》,指出在关键信息基础设施中实施国产化工程,支持扩大自主可控产品的市场占有率。湖南省在《湖南省"十四五"信息化发展规划》中提出,要建设国家网络安全产业园区(长沙),发展省内自主可控基础软硬件、整机及外设、云计算及信息安全等产品。海南省积极探索自主可控、安全可靠的新型视频传输网络,"一网两线"系统方案通过攻防演练测评。广东省紧随其后发布《广东省人民政府办公厅关于印发广东省数字政府改革建设2021年工作要点的通知》,将选择部分领域探索建设具有自主知识产权和国密算法加密能力的去IP化新型视频传输网络,以提升政务基础设施支撑能力。网络安全实现安全可控、自主化和国产化已成为发展趋势。我国信息和网络安全领域持续发力安全可靠工程战略,初步实现对信息技术产品的国产化替代,在新的起点上构筑牢固的网络安全网。

(五)数据治理趋于规范

随着各部门业务系统的加快推进,加上人口基础数据库、法人数据库、宏观经济数据库、自然资源与空间地理数据库等国家四大基础数据库的陆续建设,为政府治理、社会治理和公共服务提供了营养丰富的数据土壤。数据治理突出强调大数据技术的应用与管理,通过对数据的可视化采集与存储,进而实现对数据的深度挖掘和知识共享,其重点目标是突破传统治理过程的局限,提升资源利用效率,助推政府治理向纵深发展,全面促进政府的数字化转型升级。《法治政府建设实施纲要(2021—2025年)》中强调,加强数字政府建设,推动政务数据共享,一定要坚持总体国家安全观,建立健全政务数据安全治理体系,确保共享数据的安全。2021年6月颁布的《中华人民共和国数据安全法》对政务数据安全与开放提出明确要求,提出按照规定及时、准确地公开政务数据。对此,全国各地陆续开展试点以推动数据治理能力建设。重庆市数据治理"十四五"规划中指出,全市大数据资源中心全面建成,数据图谱与城市信息模型基本建成,数据共享开放水平走在全国前列。上海市发布《上海市数据条例(草案)》,在全国率先为公共数据授权运营立法,加快推动政务信息系统互联和公共数据共享。广东省率先探索“数字政府”省域治理“一网统管”,着力打造全国数字化治理示范省,还在全国首创试点的首席数据官制度,推动数据开放与共享,为政府治理赋能。珠海市发布全国首个公共数据资源治理能力成熟度评估体系,帮助政府部门找到数据治理中的主要问题、改进方向和建设路径,为统筹规划公共数据资源治理提供有力支撑。数据治理不仅成为政府现代化治理的重要组成部分,也回应了数字经济时代对政府效率、社会质量和公民需求的关键诉求,政府实施并利用数据治理框架和以数据为中心的电子政务战略,以创新方式创造公共价值。

(六)基础设施更新迭代

实现电子政务有效可持续发展需要建成集约完备的新型基础设施。2021年,电子政务建设在基础设施架构设计方面取得重要突破,主要成就可以分为以下四个方面。第一,移动互联促进电子政务重大政策举措的一致性和协调性进一步增强。“互联网+监管”深入推进。截至2021年年底,全国一体化在线监管体系基本建成,事中、事后监管效能不断提升,实现了31个省(自治区、直辖市)、新疆生产建设兵团和国务院有关部门“互联网+监管”系统互联互通。“互联网+督查”取得初步成效。中央政府门户网站开通的国务院“互联网+督查”平台及小程序的影响力持续提升,为企业群众搭建社情民意直通车,大范围拓宽了督查线索来源渠道,有力促进相关难点、堵点、痛点问题解决。“互联网+政务服务”向乡村延伸。2021年,全国已挂牌县级融媒体中心超过2500个,不断发挥乡村基层主流舆论阵地、综合服务平台、社区信息枢纽的重要功能。“互联网+教育”“互联网+医疗”“互联网+城乡供水”“互联网+公共服务”“互联网+灾害防控”都在2021年实现了快速普及优化,数字政府建设稳步推进。第二,大数据的运用。2021年,国家坚持扩大内需的战略基点,充分发挥数据作为新生产要素的关键作用。大数据产业规模从2016年的0.34万亿元增至2021年的超过1万亿元。全国统一的扶贫开发大数据平台“七个一”网络扶贫信息服务体系基本建立。中国科技云汇聚315PF计算资源、150PB存储资源及数十PB的科学数据资源,集成部署综合服务平台52个、各类科研软件400余款,为国内广大科技工作者提供便捷易用的云服务。第三,“政务云”的整合。2021年国务院办公厅印发《全国一体化政务服务平台移动端建设指南》的通知,在京津冀、长三角、川渝等区域开展试点,率先实现试点区域内高频政务服务事项在移动端“区域通办”“无感漫游”。第四,内外网的构建。2021年广东省政务服务数据管理局设计的“粤政易”移动办公平台正式上线,其作用是以满足政府部门内部办文、办事、办会的需求为基础,以提供跨层级、跨地域、跨部门、跨系统、跨业务的数据共享和业务协同为导向,打通政府各部门应用的业务流程,推进部门纵横联动和协同办公,与服务群众为主的外平台“粤省事”共同助力广东建设“数字政府”,提高政府服务百姓的效率和能力。在移动互联网等数字技术的支撑下,我国的政府治理手段明显提升、治理模式不断创新、治理效果持续改善,为国家治理体系构建奠定了良好基础。

(七)政务应用蓬勃发展

就群众、企业、地区而言,电子政务建设实现了群众普遍受惠、企业普遍受益、地区普遍获利。对群众来说,政府服务效率方面取得了明显成效,广大人民群众的办事服务获得感得到极大提升。截至2021年年底,基于大数据的各类社会安全防控智能化应用广泛推广,大幅提升社会安全防控业务开展效率。国家网上身份认证体系加快建设,完成了28个省(区、市)互联网户政管理服务应用,北京、天津、山西等12个省(区、市)开展了电子居住证试点,“覆盖城乡、上下联动、层级清晰”的四级网上服务体系初步形成。对企业来说,线上政府为众多企业提供了便利的政务服务。线上政府中的在线政务服务利用多种网络接口高效率地提供较全面的商事服务,有效降低企业办理业务的行政负担,改善营商环境。截至2021年12月,广东省粤商通市场主体注册用户数突破1100万,已覆盖广东省近九成活跃市场主体,累计上线涉企高频服务1689项,集成1333类电子证照,日均访问量保持在200万次以上,为打造整体推进、政企合作、管运分离的数字政府创造了良好的条件。对地区来说,新型智慧城市建设向纵深推进。2021年前后,住房和城乡建设部等陆续印发《关于开展城市信息模型(CIM)基础平台建设的指导意见》《关于加快推进新型城市基础设施建设的指导意见》《关于推动物业服务企业加快发展线上线下生活服务的意见》等指导文件,加快推进基于数字化、网络化、智能化的新型城市基础设施建设,提升城市建设水平和运行效率,有力支撑新型城镇化建设和县域经济社会高质量发展。重庆、太原等16个城市开展新型城市基础设施建设试点,广州、厦门、南京及北京城市副中心、雄安新区和中新天津生态城都开展CIM平台建设。浙江启动未来社区试点建设,上海持续推进智慧社区试点建设,广州、深圳、杭州、成都、郑州、苏州、青岛、嘉兴等开展智慧物业建设试点,积极打造有归属感、舒适感和未来感的新型城市功能单元。我国电子政务应用持续优化,网上政务服务供给能力持续改善,政务信息资源开发利用深入推进,国际认可度不断提升,企业和群众的获得感不断增强。

(八)全面助力疫情防控

2021年,面对疫情防控常态化管理的新形势与新需要,电子政务持续发力、赓续创新。从中央政府到全国各地,数字化信息技术与管理方法的应用加快实现全方位覆盖,向纵深推进,助力疫情防控,完善治理体系。中央层面,疫情防控信息化成为提升政府防控治理能力与服务水平的关键举措。在中央全面深化改革委员会第十二次会议上,习近平总书记强调要鼓励运用大数据、人工智能、云计算等数字技术,在疫情监测分析、病毒溯源、防控救治、资源调配等方面更好发挥支撑作用。除国家政务服务平台防疫健康码外,33个省级行政区进一步完善地方健康信息查询服务。健康码的应用空间不断升级,增加各类公共服务与办事通道等便民功能,并将核酸检测、疫苗接种情况纳入,关注民生诉求,满足百姓需要,增添群众福祉。截至2021年8月5日,中国信息通信研究院与三大国有电信企业联合研发的通信大数据行程卡利用用户手机所处基站位置累计提供查询服务超120亿次,为各地疫情防控提供重要手段保障与有力数据支持。2021年9月,国家政务服务平台将健康码和行程码整合为"一页可查",使健康码、行程码在全国全面实现一页通行式的"二码合一"。在全国各地,各类场所扫码登记的推行帮助实现行程定位精准化,而大数据流调系统的应用贯穿各地疫情防控的各流程,为疫情防控提效增速,助力精准防控。河南省郑州市采用智慧流调溯源系统,将经典流行病学理论和新型冠状病毒肺炎疫情防控方案相结合,利用技术赋能重大公共卫生事件调查与风险管控全流程,通过一个平台完成各类个案信息的采集、编辑和分析全过程,全面升级以流调为核心的疫情应急处置效率和智能化分析水平,助力疫情快速控制。当前,我国正处于疫情防控常态化管理阶段,信息技术的升级应用助力防疫工作提质增效,推进民生服务持续创新。

三、新时代电子政务发展的难点

(一)数据共享难

数字化时代的政务建设是具有复杂性、系统性、长期性的治理变革,因此发展电子政务、培育数字政府更需要耐心和决心。在电子政务的发展历史中,"信息孤岛"一直是难以有效治理的现象,导致政务系统效用落地难的结果,这需要建设长期稳定的数据共享机制。同时,数据管理部门往往权限不高,协调业务部门难度比较大,出现"小马拉大车"现象,这进一步加大了落地的难度。此外,部门的"数据职责"需要实现清单化管理,数据采集生成、更新维护、共享使用没得到规范化界定。实践中,各部门常态化工作有规可循,而在政务数据的采集生成、更新维护、牵头共享等方面,尚待从部门职责角度予以清晰界定。这就容易造成部门数据底数不清、标准不齐,在数据汇聚和共享过程中产生适配的困难。最后,政务系统效用落地还需要重视"最后一公里"的问题。数据的反馈与采集需要按照标准流程即时传输,这需要提升基层组织的数据监测能力和基层干部的数据素养。

(二)均衡发展难

中西部地区经济的差距直接导致地方政府推行中央的数字政府治理的进度不一致,效果参差不齐。经济发展较为发达的地方政府电子政务发展水平要明显优于欠发达地区,国内地方政府之间存在非常明显的信息鸿沟,而电子政务的发展受到信息鸿沟的掣肘。纵观我国六大经济区域带具有东、中、西梯度分布的特点,对华北、华东和东北地区三个东部较发达的地区而言,各地区凭借地理位置优势、产业集群等优势通过招商引资壮大自身发展,诸如京津冀、辽中南、沪宁杭和珠三角等具有代表性的区域经济带的发展也日渐完善。与之相反,中西部的经济发展就较为落后,西部地区大的发展以能源为主,生产性工业发展相对落后,而在信息化发展迅猛的今天,中西部地区的发展十分受限,要缩小东西地域经济发展的差距,无疑要大力推行信息化建设。此外,不同于传统能源的开发利用,数据流通本身就是数据生产的重要影响因素。因此,发达地区的人口流动和经济活动优势在电子政务上体现得更加明显,可能进一步加大了治理数字鸿沟的压力和难度。这需要完善电子政务政策的“顶层设计”,并加强对电子政务决策者的战略思维培养。

(三)环境配套难

政策实施环境好坏是影响政策成功与否的重要因素。电子政务的建设需要与之配套的制度、技术和文化环境。目前,地方政府网上服务系统主要以政府行政力量驱动,多方参与电子政务的认识不足、积极性不高,这是影响电子政务驱动的难点。由于缺少对政策环境的考虑,相关设计方案在需求论证、功能设计、系统测试阶段缺少需求端体验,导致系统不接地气、不好用,群众不愿用、不常用等问题突出,这可能会导致相关设计方案和设备的改造,甚至重新修整。同时,相关法律和技术标准与电子政务的匹配程度有待磨合与完善。电子政务的实施缺乏法律规范的制度保障主要体现在五个方面:一是行政流程审批缺少法律法规制度保障,二是政务数据资源共享缺少法律法规依据,三是业务办理中的电子化板块缺少法律保障,四是法律法规的制定缺少统一的标准,五是电子政务的独立法律规定。数据素养的提升是发掘电子政务潜力的关键。目前,政府工作人员的数据素养亟待提升,社会群众对电子政务的理解也需进一步深化。

四、新时代电子政务发展的趋势

(一)政务安全提升总体国家安全观

电子政务从门户网站到OA系统办公再到移动办公等各种业务支撑系统的应用实现,电子政务建设在加速前进的过程中产生的问题也逐渐增多,对电子政务网络的安全提出了越来越高的要求,电子政务网络安全成了电子政务服务的基础保障,受到了政府部门的高度关注。根据国家互联网应急中心(CNCERT)的《2019年我国互联网网络安全态势综述》,2019年某黑客组织对我国300余家政府网站发起了1000余次DDoS攻击,在初期其攻击可导致80%以上的攻击目标网站正常服务受到不同程度影响;重要党政机关部门遭受APT攻击,钓鱼邮件攻击数量50多万次，月均4.6万封，这些安全威胁一旦成为攻击事实，就会对政府公信力造成极其恶劣的影响。总体国家安全观的理念的落地，需要建立以科学网络安全观构建网络安全主动免疫保障体系。"十四五"是我国政府数字化转型的关键期，电子政务的核心内容就是要通过数字政府的构建来提升国家公共服务、社会治理等的数字化、智能化水平，在国家治理体系和治理能力现代化方面迈出更坚实的一步。保障新时期的电子政务安全体现在环境营造、技术支撑、态势感知、信任体系和等级保护制度等多方面的合力。

（二）电子政务新形态推动社会高质量发展

我国电子政务发展过程中的数字政府扮演着决策者、分配者、领导者的角色，对数字化转型下数字理念、数字精神、数字环境的形成发挥着巨大的影响力，促进了经济社会各领域数字化转型。从电子政务的需求量分析，人们对电子政务的需求逐步增加，提高电子政务的服务质量已经成为未来的发展趋势。因此，未来电子政务发展的重心将公共服务发展确定为主要目标。数字政府的发展为经济社会注入了新活力和新动力，数字化带来的新兴网络市场为发展提供了新理念和新领域，电子政务对推动经济社会高质量发展的作用必将日益凸显。2022年，广东省将在全省全面推广首席数据官制度，创新公共数据运营模式，加快建设公共数据运营机构，推进公共数据资产登记与评估试点，不断拓宽公共数据资产凭证应用场景。同时，广东省政府还将深入推广"一件事"主题集成服务，持续推进政务服务"跨省通办、跨境通办"，依托全国一体化政务服务平台，建设泛珠三角区域"跨省通办"专区和移动端专区，在大湾区内地城市和港澳地区互设"跨境通办"专窗，推进一批高频事项"跨境通办"。

（三）电子政务驱动治理能力现代化

随着电子政务建设的逐渐完善，以数字政府为代表的新内涵正在成为治理能力现代化的核心驱动源。基于数字孪生原理的智慧城市、以数据铁笼为模型的数字治理，正成为电子政务促进治理能力现代化的新趋势。在广东，深圳把"数字孪生"从城市建设写进了"十四五"规划，以智慧城市时空信息云平台打破不同部门的藩篱，构建一个清晰可见的"智慧城市"，实现与物理城市的数字孪生。深圳主干道的红绿灯可以读车数放行；宝安国际机场实现一张脸畅行无阻；坪山民生诉求系统构建民情大数据地图，虚拟世界里"孪生"的莲花山与市民中心可以被演示出来，海量电子政务数据资源的整合囊括了1200万条数据的语义地址库，并关联楼房位置，实现地址查询定位和批量落图，集成发布了历史、现状、规划等多类数据。而在贵州省，"数据铁笼"正在以技术力量不断加强对腐败的打击，是利用大数据等技术实现反腐的应用创新，是以应用为导向实现政府治理能力提升、公共服务模式转型及技术监督反腐体系完善的重要载体。

(四)技术革新赋能“元宇宙”政务建设

我国电子政务发展过程中的“元宇宙”概念,指的是整合多种新技术而产生的新型虚实相融的互联网应用和社会形态。群众对美好生活的向往,就是数字政府创新发展的方向。未来数字政府建设的关键环节是实现技术、业务与数据要素的深度融合。云计算、大数据、物联网和移动互联网等新一代信息技术的出现,使信息技术生产、交付和使用的结构及运作模式发生了深刻改变。“十四五”时期,我国数字政府建设将全面开通“跨省通办”“全网通办”等政务服务模式,充分释放人工智能、大数据等技术能量,加速教育、医疗、文化、科技、住房、户籍及交通等业务数据交互融合,促进保障和改善民生。技术、业务与数据之间互联互通,形成部门改革和服务创新的合力,加速实现跨部门、跨系统和跨行业之间的数据共享,创造更具包容性和开放性的扁平管理模式。

(中国电子政务年鉴编辑部特约专家
王　鹏)

第三篇

中央国家机关电子政务发展概况

2021年最高人民法院电子政务发展概况

2021年是“十四五”开局之年，也是全面建设社会主义现代化国家新征程开启之年。最高人民法院坚持以习近平新时代中国特色社会主义思想为指导，深入贯彻习近平法治思想和习近平总书记“七一”重要讲话精神，推动现代科技与法院工作不断融合，开创了智慧法院建设新局面。

一、以信息化建设五年发展规划为引领，做好“十四五”智慧法院建设总体布局

最高人民法院坚持以信息化建设五年发展规划为引领，持续做好“十四五”智慧法院建设布局。

一是坚持战略引领，确保行稳致远。编制发布的《人民法院信息化建设五年发展规划（2021—2025）》《最高人民法院信息化建设五年发展规划（2021—2025）》，明确了全国法院信息化指导思想、建设目标、重点任务、实施路线，为未来五年各级法院信息化建设提供了依据，指明发展方向。与中共中央办公厅、国家发展和改革委员会等部门对接，在《中华人民共和国国民经济和社会发展第十四个五年规划和2035年远景目标纲要》中明确要“加强智慧法院建设”，将智慧法院建设纳入国家信息化发展的总体布局；将电子诉讼占比作为“十四五”信息化发展主要指标纳入《“十四五”国家信息化规划》，为人民法院信息化建设提供了极好的机遇和有力的支持。

二是坚持规范引领，推动改革融合。编制《人民法院在线运行规则》，明确人民法院在线运行的基本内涵、基本原则、适用范围，确定人民法院在线运行的信息系统建设、应用方式、技术保障、运行管理等要求，支持、保障人民法院依法履行在线诉讼和在线调解职责，维护当事人及其他诉讼参与人的合法权利，实现更高水平的数字正义。修订发布《案件类型代码技术规范》《电子档案目录管理技术规范》等21项信息化标准，科学指导人民法院信息化应用建设。

三是坚持评价引领，牵引质量提升。开展全国智慧法院建设评价，聚焦智慧法院智能化建设成效和综合保障能力，倒逼法院电子诉讼整体水平提升。

四是坚持任务引领，赓续发展后劲。完成《法治信息化工程（最高人民法院建设部分）》申报工作，相关建设架构及初步设计方案得到了评审专家的认可和支持。

二、加快推进司法模式在信息化时代转型升级和弯道超车

近年来,最高人民法院坚持将司法体制改革和智慧法院建设作为工作发展的“车之两轮,鸟之双翼”,加快推进司法模式在信息化时代转型升级和弯道超车。目前,智慧法院4.0版信息化建设取得了如下进展。

一是持续完善一站式多元解纷和诉讼服务体系,加强智慧诉服建设。以巩固一站式多元解纷和诉讼服务体系建设成果为目标,推进中国移动微法院标准版(自2022年3月1日起更新升级为“人民法院在线服务”)在全国法院部署应用;实现人民法院送达平台多条电子送达渠道有机融合,为当事人提供电子文书送达的统一管理与验证服务;推动将全国法院裁判文书上传和发布通道切换至法院专网,实现全国法院办案系统建设质量管控分析辅助功能及裁判文书公开审批功能。

二是着力提升办案平台整合应用能力,加强智慧审判建设。丰富网上合议、“云视庭”等办案平台功能,推动实现多案件环节、多情景审判业务流程网上办理;以提升办案平台电子卷宗随案同步生成和深度应用的智能化辅助能力为重点,拓展办案平台上下级协同办理功能。

三是多措并举,全力提升智慧管理水平。人民法院信息化4.0版建设的关键和难点任务就是司法数据中台和智慧法院大脑。我们以中国司法大数据研究院作为牵头单位,联合20多家优势厂商协作开展整体设计和平台建设工作,以人民法院大数据管理和服务平台为基础,经过一年多的集智攻关,目前已经初见成效。建设司法数据中台,实现从“人找数”向“数找人”模式转变。基于大数据平台汇聚的全国法院2亿多案件数据,最高人民法院开展数据资源的深度挖掘,实现覆盖审判、执行、信访、调解等业务维度67类统计数据的推荐能力,根据各类用户进行精准定制化推荐,将干警关注关心的告警、绩效、态势和热点信息进行有效推送。构建司法知识服务平台,实现从“多头建设”向“共建共享”模式转变。为进一步推进应用系统的平台化整合、模块化建设,最高人民法院分析应用系统智能服务能力需求,构建知识共建共享机制,在全国法院范围内遴选优质智能服务,与司法人工智能引擎集成整合,为智慧服务、智慧审判、智慧执行、智慧管理等各类应用提供智能服务支撑。目前,已经上线当事人画像、立案辅助、庭审语音识别等54项智能化服务,累计调用次数已经超过1.5亿次。加强大数据专题分析,服务社会治理。最高人民法院高度重视发挥司法案件作为经济社会发展“晴雨表”和“风向标”的作用,持续开展司法大数据分析研究工作,累计形成1100余份专题研究报告为党和政府科学决策提供参考;联合全国1000多家法院,开展“数助决策”研究工作,共计形成数千份经济社会运行情况评估报告,辅助各地党委政府及时发现区域社会治理中存在的风险和隐患,推动矛盾纠纷化解在基层和萌芽状态。例如,先后形成罪名适用情况评估、社会保险法适用情况评估等专题研究报告,为相关部门做好法律完善提供支撑。加强司法链平台

建设，推动区块链技术与法院工作深度融合。2019年5月，最高人民法院建成司法链平台，目前已经具备面向全国法院提供统一的数据存证验证能力。截至2021年年底，司法链累计存证数据超17亿，累计验证超过300万次。除了存证验证服务，司法链还提供可信操作、智能合约的应用能力，有力支持"让数据更可靠、让信息更公信、让操作更安全、让流程更优化"的目标。各地法院积极探索区块链智能合约技术在法院工作中的应用，北京互联网法院上线调执衔接智能合约，实现未履行调解协议案件自动发起执行案件立案。具体流程是，法院在送达调解协议时会附带履行条件，如果调解协议没有履行，该平台在核验当事人信息通过后便根据合约设置条件，由执行立案系统触发自动立案流程，采集调解系统材料、当事人补充材料进行自动执行立案，这样在优化流程的同时对当事人履行协议形成督促作用。

四是瞄准"切实解决执行难"目标，积聚升级智慧执行能力水平。推动人工智能、大数据等先进信息技术与执行无纸化业务深度融合，围绕执行办案的自动化、集约化、智能化的需求，以执行案件电子卷宗随案同步生成和深度应用为基础，推进实现执行办案智能化。制定执行办案智能化升级的技术规范，通过长效机制维护司法权威，推进社会诚信体系建设；建设完成执行款物管理系统，规范执行案件款物管理工作；推动执行信息公开网升级并与12368对接，为社会公众提供便利；升级优化信用惩戒系统，实现更加安全稳定运行。

三、继续深化并充分运用智慧法院建设成果

进入疫情防控常态化阶段，最高人民法院继续深化并充分运用智慧法院建设成果，确保审判执行工作有序开展。

一是不断优化人民法院在线运行制度机制，推动实现在线诉讼模式全面转型升级。2021年6月17日，最高人民法院发布《人民法院在线诉讼规则》，首次构建较为系统完备的在线诉讼规则体系，确立在线诉讼基本原则，建立在线诉讼程序规范，明确区块链技术存证等新型证据规则，推动我国诉讼制度不断与时俱进，确保在线诉讼活动规范有序。2021年12月31日，最高人民法院发布《人民法院在线调解规则》，对在线诉讼和在线调解的适用范围、法律效果、程序要求等都给出了规则指引。最高人民法院发布《人民法院在线运行规则》，并于2022年3月1日起正式施行基于智慧法院建设应用成果，进一步指导和规范信息系统建设、完善应用方式、加强运行管理，支持和推进在线诉讼、在线调解等司法活动，完善人民法院在线运行机制，方便当事人及其他参与人在线参与诉讼、调解等活动，提升审判执行工作质效。同时，通过《人民法院在线诉讼规则》《人民法院在线调解规则》和《人民法院在线运行规则》三个既各有侧重，又相互配合、有机衔接、三位一体的规则体系，推动构建中国特色、世界领先的互联网司法模式。下一步，最高人民法院将在规则的指引下，运用互联网、大数据、云计算、移动互联、人工智能和区块链等信息技术，完善智慧法院信息系统，规范应用方式，强化运行管理，以

在线方式满足人民群众多元化司法需求，高效支持审判执行活动，努力推动构建中国特色、世界领先的互联网司法模式。

二是积极应用智慧审判体系服务经济社会发展大局。各地法院结合疫情防控常态期间矛盾纠纷特点，依托远程视频提讯系统、在线庭审系统，推动刑事、民商事案件网上办理，通过转变工作方式、健全流程机制、优化平台系统，不断完善从起诉立案到宣判执行的在线诉讼工作闭环，提供全方位在线司法服务，推动线上线下诉讼模式兼容并蓄、双轨发展，同时公正高效化解涉疫情防控、经济运行、网络治理等大量矛盾纠纷，实现法律效果和社会效果的有机统一。

三是全面总结提升智慧法院创新成果运用。智慧法院创新成果作为重点展项参加“十三五”国家科技成就展，获得充分肯定。联合中国科学院举办“科学与技术前沿论坛”，推动科技与法治融合发展。联合最高人民检察院、科学技术部、司法部、中国科学院、中国工程院举办“区块链在司法领域应用研讨会暨信息技术与法治建设科学与技术前沿论坛”，推进更高层次、更大范围、更多频次的广泛交流，为依法治国和法治社会建设提供更加有力的科技保障。

四是持续推进智慧司法领域科技创新。在科学技术部大力支持下，“十三五”期间国家重点研发计划开始支持智慧法院建设，在2021年取得了显著进展。“多元智能化诉讼服务及审判执行关键技术研究”等10个国家级科技创新项目圆满通过专家验收。通过这些科研项目，人民法院全面攻克了超大规模复杂系统的设计与开发，多源异构海量数据汇聚、治理和服务，基于综合知识引擎的全链条司法人工智能，云网端一体的多通道泛在化诉讼和执行等一系列关键技术，全面支撑了智慧法院建设。同时，最高人民法院协同最高人民检察院和司法部突破性采用“中央+地方”三部门联动示范方式，完成“十三五”公共安全专项司法专题收官项目“司法区块链关键技术及典型应用示范研究”申报并成功立项；最高人民法院协同最高人民检察院和司法部共同组织完成“社会治理与智慧社会科技支撑”重点专项实施方案编制，创新完成《智慧司法技术总师试行方案》编报并获批启动，通过制度创新助力智慧司法领域科技创新。

（最高人民法院信息中心）

2021年最高人民检察院电子政务发展概况

2021年，最高人民检察院以习近平新时代中国特色社会主义思想为指导，深入贯彻习近平法治思想，认真落实中央有关要求，秉持科技强检理念，立足检察工作实际，遵循科学化、智能化、人性化原则，紧贴检察主责主业，贴近检察业务办案需求，以电子检务工程建设、法治信息化工程(暨智慧检务工程)申报为核心，以全国检察业务应用系统建设和完善为抓手，以检察机关数字化服务效能提升为重点，顺应数字时代趋势，遵循科技发展规律，坚持效能优先，确保安全与发展并重，全面推进检察机关数字化转型发展，对检察工作高质量发展起到了引领、助推作用。

一、承前启后，新时期检察信息化顶层布局进一步优化

紧紧围绕最高人民检察院党组“智慧检务引领、助推检察工作高质量发展”的要求，全力推进检察机关重大信息化工程实施，完善“十四五”检察信息化发展规划，努力突破发展瓶颈。按照国家电子政务工程建设管理要求，严格按程序推进最高人民检察院本级和地方各级检察机关电子检务工程建设和验收工作。目前，电子检务工程（中央本级建设部分）建设项目全部完成合同终验。地方检察机关电子检务工程验收顺利进行，除个别正在履行变更审批手续外，其余均已提交验收结项报告。全国检察机关电子检务工程进入尾声，智慧检务方兴未艾。立足适应检察新需求和信息时代发展，组织编制“十四五”时期科技强检规划纲要，绘制检察科技发展新蓝图。积极推进法治信息化工程（最高人民检察院建设部分），在工程可行性研究报告得到批复后，落实中央有关文件要求，借助科研单位、科技企业力量，结合地方信息化建设先进经验和优秀成果，组织编制完善工程初步设计方案，坚持业务导向，充分吸取各条线检察业务部门意见，开展工程深化设计论证，全面提升新时代法律监督质量和效果，助力实现检察机关“四大检察”“十大业务”高水平发展。分类指导各级检察机关因地制宜开展智慧检务工程建设，目前浙江检察机关智慧检务工程相关建设任务已经实施完成，有力促进了当地检察机关办案能力和监督水平提升，为各地智慧检务工程建设提供了积极样本。

二、聚焦办案质效提升，业务信息化支撑更加便捷、高效

检察办案信息化从以规范保障程序合法，到注入大数据、人工智能应用，全方位提升检察办案质量、效率，更加强有力地助力司法公正。全国检察机关业务应用系统由最高人民检察院集中研发，融办案、管理、统计于一体，实现对全国检察机关所有司法办案活动的全程、统一、实时、动态管理和监督，搭建起纵向贯通、横向集成、资源共享的司法办案平台，自2014年1.0系统上线运行以来，共办理各类案件5100余万件，生成法律文书超过1亿份，对提升检察工作信息化水平、促进检察机关司法规范化建设、提高法律监督公信力具有重要意义。近年来，最高人民检察院紧紧围绕提升检察办案质效，持续优化升级该系统，全国检察机关业务应用系统2.0版于2021年6月在全国检察机关全面部署应用。该系统在全面保持1.0版、1.5版系统优点的基础上，重点在促进政法共享协同、深化智能化应用和大数据应用等方面进行了创新探索。系统设计、建设过程中以“分层解耦”方式构建数据融合、随需应变、快速迭代的格

局,打造了“厚平台、薄应用”的构架。通过330余个案件流程、1400余个案卡表、4100余份文书、250余项系统功能和80余个个案功能构建流程办案总体功能,实现对检察办案业务的全系统覆盖和全方位支撑。同时,不断完善智能辅助、知识服务、数据应用三大功能,嵌入案卡填录、自动编目、一案一号、“案件比”自动生成、业务数据态势分析等功能,集成了20余类、60余款智能化的办案辅助工具,提升办案科技含量,为精准打击和预防犯罪提供数据支持。围绕检察信息化生态,全国检察机关业务应用系统2.0版开放了260余个接口,各地检察机关信息化优秀成果可以直接集成,共建共用。截至目前,各级检察机关已通过系统受理各类案件约365万件,办结约185万件。检察机关积极利用业务应用系统产生的数据开展数据分析,形成多份数据分析报告,其中正当防卫案件分析数据被首次写入最高人民检察院工作报告。

最高人民检察院加快推进民事行政案件专家咨询网全面部署应用,与全国检察机关业务应用系统2.0版打通,在本级和25个省(自治区、直辖市、新疆生产建设兵团)试点运行。截至2021年年底,全国检察机关共发布咨询案件1826件,办理完结1750件,专家接受咨询6204人次,充分借助了律师、法律专家的力量,为检察官办案提供专业线上咨询服务,使民事行政案件办理质量得到进一步提升。

三、落实司法为民,检察为民服务网络通道进一步拓宽

坚持以人民为中心,积极拓展检务公开和司法为民。检察机关原有检察公共服务整合为12309中国检察网,“一个窗口”对外服务,集案件信息公开、办事服务、监督意见等功能于一体,针对不同群体分别开设人大代表政协委员联络、公益诉讼、未成年人司法保护和非公经济专区等模块,并集成了最高人民检察院官方网站、中国检察听证网等服务入口。最高人民检察院于2021年3月启动律师互联网阅卷试点工作,并于年内积极推进律师互联网阅卷在全国范围内的部署应用。截至2021年年底,32个省级院、3个地市院全部部署完成,开通业务,共收到在线阅卷申请29082条,审核通过16736条,实现律师身份核验、申请、阅卷线上完成,从“最多跑一次”升级为“一次都不用跑”,是为法律职业共同体提供贴心服务、切实维护当事人合法权益的有效措施,体现了对律师的真诚尊重、真心支持,特别是在新型冠状病毒肺炎疫情背景下,减少线下接触,很好地保障了人民群众身心健康。中国检察听证网应用场景逐步拓展,使用量快速上升,31个省(区、市)397家检察院接入中国检察网,开展检察听证直播449次,累计直播时长约395小时,网站点击量28.8万人次,全面提升了检察透明度和公信力。检察机关不断增强网络服务的多样性、丰富性,让公平正义可见、可信、可感,起到了很好的释法说理和宣传作用,取得了良好的政治效果、法律效果和社会效果。

四、坚持数据赋能，检察机关大数据建设与应用全面推进

最高人民检察院贯彻落实《中共中央关于加强新时代检察机关法律监督工作的意见》，积极推进数据共享、构建大数据监督模型、强化数据挖掘分析，努力以“数字革命”驱动新时代法律监督提质增效。最高人民检察院提出最高法、最高检、司法部信息化部门技术协商机制倡议，建设最高检、最高法内部工作网数据跨网交换基础设施和软件工具，建立了有线网络的即时通信系统，实现“两高”之间通过信息中心间进行消息、文件网络交换及语音、视频通话的“应用通”。与司法部协同，实现司法部律师身份核验平台接入检察机关互联网检察公共服务，为检察机关向律师提供便捷、贴心的检察服务打下基础。指导推动政法协同平台投入应用，结合业务应用系统2.0版建设，全国有24个省（自治区、直辖市）检察机关完成政法协同平台和政法协同子系统搭建任务，实现跨部门数据交换、业务协同和一体化办案，线上协同收送案件超过150万件（次）。在全国检察机关推广“绍兴经验”，开展智慧民事检察监督平台试运行工作，各部门紧密合作、积极探索、充分调研，有效打击虚假诉讼，维护人民群众合法权益。在此基础上，检察机关切实推进大数据在法律监督方面的运用，进一步分析研判典型案例、提炼可行经验，组织检察官、检察技术人员及大数据专业人士研究大数据法律监督模型的构建工作，目前已形成涵盖刑事、民事、行政、公益诉讼检察四大检察领域的近100个法律监督模型。

五、安全与发展并重，检察机关安全保障体系进一步巩固

最高人民检察院持续完善安全保障体系。全力推进信创工程，完成主体建设项目实施及应用系统适配改造，检察机关信息系统国产化水平迈上新台阶。完善检察工作网边界接入安全防护措施，印发《检察工作网边界安全接入平台建设规范》，制定检察工作网安全保障系统跨网交换的具体建设和管理要求，做好建设衔接工作，为破除数据壁垒、推动政法协同工作提供基础支撑，保障数据交换安全、稳定、可靠运行。增强检察机关互联网服务安全防护能力，增加安全策略和防护设备，及时处置数起互联网服务安全事件，组织四级检察机关互联网侧网站、业务系统网络安全抽查，督促存在安全漏洞的单位加强整改。定期开展最高人民检察院机关信息系统安全大检查，加强机关网络安全防护。

（最高人民检察院检察技术信息研究中心）

2021年教育部电子政务发展概况

2021年教育部以推进教育政务信息化建设和教育管理信息化为重点,全面提升网络安全防护能力,探索开展教育信息数据服务,推动教育部电子政务各项工作由信息化逐步向数字化转型。

一、教育政务信息化建设取得明显成效

政务信息化建设全面提速,网络建设成效显著,一体化在线政务服务建设取得重大突破,业务支撑作用日趋凸显,办公自动化服务能力大幅度提升,教育政务信息化建设成果显著。

一是"教育部一体化在线政务服务"平台基本完成建设并投入应用,实现了教育部政务服务统一入口、一网通办;实现了留学回国就业报到等公共服务通过平台的跨部门支撑能力,让数据多跑路,优化流程,大幅度提高服务效率;实现了电子证照制作和汇聚共享,为全程在线办理及大幅度提升群众办事的便捷性奠定基础。截至2021年年底,一网通办用户已累计约1300万,7项行政许可年平均办件量5200件,高等教育学籍或学历在线验证等8项办理服务年均办件量6800万件左右,全国大学英语四、六级考试成绩查询等7项查询服务年均办件量4700万件左右,群众好评率为99%以上。完成普通话水平等级测试等级证书和国(境)外学历学位认证书约7200万张电子证照制作及汇聚工作,被调用共享百万余次。

二是教育部机关内部的办公信息网已经初步建成,政务内网覆盖部内所有办公场所和京内的直属单位与部属高校,部内公文已能够实现上下贯通的电子化运转;互联网上的公文与信息交换系统和省级教育行政部门、直属高等学校互联互通;视频会议系统联通范围进一步扩大。

三是教育部政府门户网站已经成为部机关实施信息公开、新闻宣传、公众互动的主要平台。门户网站全平台浏览量和访问人数连续5年保持上涨态势。年度页面浏览量2.2亿次,日均63万次,环比增长8.27%;年度独立访问用户9356万次,环比增长17.63%。在中国政府网站绩效评估结果中,门户网站名列第八,比2020年提高了两个名次。

二、教育管理信息化应用支撑作用凸显

国家教育管理公共服务平台建设任务基本完成,国家教育管理信息系统已全面应用,教育管理信息化标准体系基本形成,建成全国学生、教师、学校三大基础数据,实现全国学生和教师"一人一号"、学校"一校一码",建成了一批部省"两级建设"、部省市县校"五级应用"的管理信息系统,服务范围覆盖各级教育行政部门和50多万所学校、1600多万名教职工和2.78亿

学生。

系统应用日益广泛,全国学前教育管理信息系统、全国中小学生学籍信息管理系统、全国中等职业学校学生管理信息系统为国家个税改革提供了常态化的数据支撑;全国中小学生学籍信息管理系统的跨省业务在中央统一办理后,减少中间技术环节,进一步提高了办理效率,使学生家长免于往返各地办理转学手续,节省了大量的时间和费用;通过与公安部人口库进行数据共享,在中小学学籍、中职学生、学前信息系统开展的跨学段查重认证服务,实现对学生学籍信息精准把控;将全国学生资助管理信息系统与国家乡村振兴局、民政部和中国残疾人联合会等部委线上数据共享比对,让贫困学生充分享受到教育资助;全国中小学生学籍信息管理系统通过与公安部国家人口信息库适龄少年儿童、国家乡村振兴局建档立卡信息进行比对,形成了精准到学生个体的全国控辍保学工作台账,为控辍保学、脱贫攻坚工作提供精准数据支撑。

三、教育信息数据服务实现突破

教育管理数据应用服务能力日益增强,在"互联网+"、大数据、精准扶贫等国家重大战略中发挥了作用,有效提升了管理公共服务平台支撑教育业务管理、决策支持等方面的水平。数据应用广泛开展,教育管理信息化支撑服务教育治理现代化的作用初步显现。特别是新型冠状病毒肺炎疫情促进教育信息化应用跨越式发展,在新型冠状病毒肺炎疫情暴发高峰期全面发挥了管理信息系统和数据作用,教育部疫情领导小组切实掌握教育行业疫情情况,科学推进防疫工作和部署有序复学等工作提供了精准的数据支撑服务。

四、网络安全防护能力显著提升

网络安全全方位支撑教育系统平稳运行,网络安全制度体系逐步健全,网络安全法律法规政策有效落实,防护水平显著提升,安全监测预警和应急机制初步建立,教育安全认证体系基本建成,教育密码支撑服务体系基本建立,网络安全宣传教育有序开展。按照"谁主管谁负责、谁运维谁负责、谁使用谁负责"的原则,建立健全网络安全责任制和问责机制。教育网络安全工作取得显著成效,基本完成了预定目标,初步保障了教育信息化的健康发展。

(教育部教育管理信息中心)

2021年民政部电子政务发展概况

2021年,民政部坚持以习近平新时代中国特色社会主义思想为指导,全面贯彻党的十九大和十九届历次全会精神,认真贯彻落实党中央、国务院关于网络强国、数字中国、智慧社会建设的战略部署,统筹推进疫情防控和民政信息化工作,信息化顶层设计做出新部署,重大信息化项目取得新进展,政务服务水平得到新提升,大数据治理开展新实践,信息基础设施提供新能力,网络安全保障做出新贡献,民政电子政务发展再上新台阶。

一、认真贯彻落实党中央、国务院重大决策部署

认真贯彻落实党中央、国务院关于网络安全和信息化工作的重大决策部署,抓好民政相关工作任务的落实。一是按照党中央网络强国战略工作部署,持续推动提升特殊人群信息服务水平、构建基层综合服务管理平台、推进"互联网+民政服务"、加快网络社会组织和信用体系建设等。二是推进民政部数字乡村发展任务落实,参加数字乡村发展统筹协调机制,印发民政部数字乡村建设任务分工方案,推动乡村治理和农村社会救助、儿童福利、残疾人服务等公共服务数字化水平提升。三是贯彻落实党中央、国务院关于知识产权保护的决策部署,建立健全工作责任制,全面推广使用正版软件,完成正版软件使用情况年度检查。四是贯彻落实党中央关于巩固拓展脱贫攻坚成果同乡村振兴有效衔接决策部署,建立低收入人口动态监测工作机制,加强顶层设计和标准规范体系建设,印发总体建设方案,完成全国低收入人口动态监测信息平台建设,汇聚全国5800多万低收入人口数据。

二、完成"金民工程"建设任务并全面推广应用

金民工程是"十三五"国家电子政务重大工程,对民政业务应用一体化、政务服务便民化、信息化标准规范化、信息基础设施集约化起着重要的支撑作用。一是完成"金民工程"标准规范体系、信息资源规划与数据库、业务系统、应用支撑平台、信息基础设施、机房改造等全部建设任务,组织并完成工程、技术、档案、财务等分项验收和工程整体预验收,通过国家发展和改革委员会组织的项目评估并获好评。二是全面应用推广"金民工程",持续扩大系统覆盖范围,18个系统中15个正式运行、3个试运行,总体应用推广覆盖联通率达98%。三是完成"金民工程"全部培训任务,先后在福建、海南、河南、新疆等地举办四次现场培训,培训业务和技术骨干500余人。

三、持续推动“互联网+民政服务”向纵深发展

全面贯彻落实党中央、国务院关于“互联网+”的决策部署，积极运用互联网的创新成果与民政工作深度融合，拓展民政服务领域，推动服务模式创新，不断提升公共服务供给能力和服务管理水平。一是围绕基本民生保障精准化，深入开展基于互联网的社会救助、儿童福利、救助寻亲、残疾人福利应用。建立全国低收入人口动态监测信息平台，完善低收入人口数据库，汇聚全国约5800多万低收入人口数据，动态监测预警救助对象，有效实现对低收入人口精准覆盖。大力提升应用人像识别、精准地域弹窗等技术开展救助寻亲工作水平。开展孤儿、事实无人抚养儿童认定和残疾人两项补贴“跨省通办”。二是围绕基层社会治理精细化，深入开展基于互联网的社区治理、社会组织、志愿服务等应用。构建基层综合服务管理平台，初步实现对全国49.2万个村民委员会、11.5万个城市居民委员会的信息汇聚、统一管理、动态更新。完善社会组织信用体系建设，搭建社会组织信息公开矩阵，实现全国90多万家社会组织信息“一网通查”，为党政机关、企事业单位、社会公众核验社会组织信用状况、鉴别非法社会组织提供便捷的“指尖途径”。推广应用全国志愿服务信息系统2.0版，汇集注册志愿者超过2亿人，志愿服务队伍超过108万个，志愿服务项目超过580万个。推广应用全国社会工作信息系统，汇集社会工作者27.9万人，社会工作服务机构注册总数量为7000多家，乡镇(街道)社工站注册数量为1.7万个。三是围绕基本社会服务便捷化，深入开展基于互联网的养老服务、婚姻管理、殡葬管理、区划地名应用。持续优化完善“金民工程”养老服务信息系统，形成覆盖全国、动态更新的农村留守老年人数据库，实现个人、家庭、社区、机构与养老资源的有效对接和优化配置。初步建设完成国家基础殡葬信息数据库，构建部省两级全国殡葬管理服务信息平台体系，提高殡葬在线政务服务水平。建设发布中国·国家地名信息库2021年版，推动将367.5万条乡村地名载入互联网地图，满足群众生活、社会治理、科学研究、国防建设等方面需要。

四、加快推进民政政务服务事项“跨省通办”

按照《国务院办公厅关于加快推进政务服务“跨省通办”的指导意见》要求，积极推动孤儿、事实无人抚养儿童认定申请受理，困难残疾人生活补贴和重度残疾人护理补贴资格认定申请，结婚登记、离婚登记“跨省通办”。一是印发《民政部办公厅 中国残联办公厅关于全面开展残疾人两项补贴资格认定申请“跨省通办”的通知》，依托全国残疾人两项补贴信息系统，在全国范围内全面实施残疾人两项补贴资格认定申请“跨省通办”，已成功办理“跨省通办”340例。二是印发《关于开展孤儿、事实无人抚养儿童认定申请受理“跨省通办”工作的通知》，依托全国儿童福利信息系统，在全国范围内全面实施孤儿、事实无人抚养儿童认定申请受理

"跨省通办",成功办理"跨省通办"41例,将党和政府对广大特殊儿童群体的关心关爱落地落细落到实处。三是启动婚姻登记"跨省通办"试点,印发《关于开展婚姻登记"跨省通办"试点工作的通知》,全国累计办理"跨省通办"结婚登记21597对、离婚申请4823对,有效节约流动人口办理婚姻登记的时间、人力、物力和经济成本。

五、充分发挥民政一体化政务服务平台效能

按照《国务院关于加快推进全国一体化在线政务服务平台建设的指导意见》《全国一体化政务服务平台移动端建设指南》部署和要求,围绕深化"放管服"改革、推进数字政府建设的总体目标,创新服务方式,增强服务能力。一是持续推动民政一体化政务服务平台优化完善。不断优化平台注册登录、办事服务等操作流程,完成平台无障碍和适老化服务功能升级,推动平台服务功能和用户体验提升。积极推进平台服务资源对接,累计完成社会组织登记办理、婚姻登记预约、残疾人两项补贴申请、区划地名查询、慈善组织信息查询等60余项高频便民服务上架应用。切实做好与国家政务服务平台对接、民政部政务服务窗口建设维护工作,累计面向超过21.3万注册用户提供180多万次服务,增强人民群众获得感、幸福感、安全感。二是顺应移动互联网的发展趋势,积极推动民政一体化政务服务平台移动端建设,开通上线"民政通"App、微信小程序、百度小程序和支付宝小程序等,全面拓展民政一体化政务服务平台移动端服务渠道。发挥移动端服务效能,首批上线河北、吉林、黑龙江等7省婚姻登记在线预约服务,同步完成社会组织查询、社会工作查询等在线服务上架应用,初步实现民政政务服务掌上查、指尖办,累计访问人数超过740万人,累计提供服务22.5万余次,为便捷查询办理民政政务服务提供了途径。三是依托民政一体化政务服务平台建成上线"民政部'跨省通办'事项专区",集中汇聚展示民政领域高频"跨省通办"服务事项办事指南、政策依据,面向公众提供精准政策解读与办事指引服务。

六、深入推进大数据治理体系和治理能力现代化

深入贯彻落实国务院关于加快推进数据有序共享的工作部署,持续优化民政数据共享交换平台,扎实推进民政政务数据共享,有效促进跨部门业务协同能力全面提升,以数据赋能民政事业高质量发展为目标,在完善数据标准、提升数据质量上持续发力。一是强化民政数据资源融合汇聚。依托数据交换平台建立民政部与31个省(区、市)和新疆生产建设兵团数据交换常态化机制,持续开展部省数据汇聚,累计汇聚各类政务数据7亿条,初步形成全口径、全覆盖的民政信息资源库,按照"总对总"信息共享机制,实现与最高人民法院、公安部、外交部、自然资源部、国家移民管理局、国家公共信用信息中心、国家电网有限公司等部门数据共

享。二是体系化提升民政大数据治理能力。持续推动民政数据资产管理,初步建立数据质量评价体系,梳理形成覆盖社会组织、社会救助等8类民政业务的数据质量评价细则。建立质量检查规则,开展业务类数据分析,持续提升民政数据质量。开展重要数据调查摸底,有序开展民政领域数据资源分类分级工作。三是深化民政大数据服务和协同应用。通过全国一体化政务服务平台发布数据服务接口20个,累计向14个国务院部门和31个地方部门提供约6.03亿次数据服务。深化跨部门数据比对分析,定期对教育、乡村振兴等部门政务数据进行多维度挖掘,累计核验孤儿学籍信息60余万条,主动识别脱贫不稳定、边缘易致贫、突发困难等人口中的潜在救助对象200余万人。深化和国家电网有限公司的合作,持续为养老服务机构运营监管、社会救助对象生活状况监测等业务提供数据支撑。

七、完善信息基础设施和加强网络安全保障

加快信息基础设施集约化建设进程,依托金民工程项目建成民政政务云中心、异地灾备中心,并与民政部大数据中心构建"两地三中心"的信息基础设施格局,提供面向互联网和电子政务外网的网络、计算、存储资源,以及等级保护三级安全防护能力与IPv6访问支持,实现民政信息基础设施技术融合、互联互通、资源共享、整合利用和动态调配,同时进一步完善多网融合、稳定运行、安全可信、全面管控的民政网络和信息基础设施大平台,提供统一云服务和安全保障。深入学习贯彻习近平总书记关于网络安全工作的重要指示精神,坚决贯彻落实党中央、国务院有关网络安全的决策部署,认真贯彻落实网络安全工作责任制,加强关键信息基础设施安全保护,推进应用安全防护和数据安全治理,完成网络安全等级保护测评,加强网络安全监测预警和宣传培训,组织开展网络安全应急演练,圆满完成各项重大活动网络安全保障任务。

（民政部信息中心）

2021年人力资源和社会保障部电子政务发展概况

2021年,人力资源和社会保障部(以下简称"人社部")以习近平新时代中国特色社会主义思想为指导,围绕人力资源和社会保障中心工作,充分发挥信息化服务、保障、引领作用,全力推进人社网络安全和信息化建设,全面落实人社信息化便民服务创新提升行动,加强数据共享和开发利用,促进人社服务"跨省通办""一网通办",积极推进社会保障卡在人社及其他民生领域应用,人社政务服务能力大幅度提升。

一、推进重大项目实施

全力推进人社信息化便民服务创新提升行动,聚焦解决当前企业群众办事堵点痛点和监管能力不足的问题,在全国范围内推动人社系统"全数据共享、全服务上网、全业务用卡",全面提升人社信息化便民服务水平。加快金保二期建设,推动就业管理、社会保险管理、人才人事管理、劳动就业跨地区管理等信息系统建设,实现对人社主体业务的全覆盖。参与国家层面区块链相关工作,完成"区块链+人社"创新应用试点单位遴选工作,探索区块链在人社领域应用。开展与国际劳工组织、欧盟国际合作项目"中国社会保险的数字化转型"研究。

二、保障重点改革任务

以"大管控"为建设原则,组织全国统一的企业职工养老保险全国统筹信息系统建设,支撑和保障养老保险全国统筹制度实施。目前已完成部本级建设任务,并实现部分省份先期接入上线运行。组织推进全国集中的个人养老金信息平台、职业伤害保障信息平台建设,支持个人养老金制度实施和新就业形态人员职业伤害保障试点等重点改革任务。拓展"就业在线"平台服务渠道,开通App服务,助力"百日千万"、三地联合招聘等专项活动,截至12月底,累计发布超过1639万条岗位信息,访问量超过9196万。

三、稳步推进社会保障卡和电子社保卡发行应用

推进社保卡发行,截至12月底,全国持卡人数13.52亿人,覆盖95.7%人口,第三代社保卡累计发卡1.38亿张。推进电子社保卡签发及应用,电子社保卡领用人数超过5亿人,已开通459个渠道、62项全国服务、1000余项属地服务,全年累计访问量超112.51亿人次。全面推广以电子社保卡为载体的职业培训券工作,年度累计发券1873.74万张、用券496.21万张,提前完成年度任务。积极与交通运输部、文化和旅游部、财政部、教育部对接,加快推进社保卡居民服务"一卡通"应用;指导长三角三省一市在交通出行、文化旅游领域初步实现居民服务"一卡通"。

四、进一步建设完善全国性政务服务平台

一是完善全国人社政务服务平台、国家社会保险公共服务平台应用,落实"跨省通办""一网通办"任务。两个平台共提供75项全国性服务,累计访问量超过44亿人次。如期实现社保卡服务(申领、启用、补换、临时挂失、制卡进度查询),参保证明查询打印,工伤事故备案,流动人员人事档案接收,转递等14个事项"跨省通办"。推进人社服务"好差评"数据归集应用与

系统建设，完成与国家平台的数据汇聚，推动部本级各政务服务事项、服务渠道对接，以及各省数据汇聚。二是加快适老化、无障碍改造升级。截至2021年年底，人社服务“适老化”改造初步完成，各地统筹线上线下经办服务全流程，围绕老年人高频事项和服务场景，全面提升服务质效。建成部级社保待遇资格认证系统，面向各地提供远程待遇资格认证等查询下载服务。电子社保卡推出“亲情服务”“工作人员服务”模块，累计使用人数超过3300万。电子社保卡上线“长辈版”，月均使用人数92万。三是发挥12333热线便民服务作用。通过12333电话为社会公众提供人社政策咨询、信息查询、在线受理和投诉举报等便民服务，2021年全国12333共接听群众来电约1.5亿次，日均接听群众来电40余万次，综合接通率保持在80%以上。部级12333短信平台发送服务短信2200多万条。12333在电话服务的基础上，拓展短信、微信、网站、移动应用、智能咨询等多种服务渠道，多元化、智能化的公共服务体系逐步形成。在有条件的地方推行12333电话办事，失业登记、社保卡挂失等更多服务事项电话可办。推进12333电话系统全国联网，部分省份已实现对接。落实国家优化政务服务热线任务，指导各地12333做好与12345政务服务热线归并优化和服务衔接，确保平稳过渡。

五、加强政务数据共享和应用

一是制定并实施相关人社业务信息行业数据标准、联网数据采集标准、养老保险全国统筹数据中台标准、数据质量检查标准、数据库及信息系统安全管理办法、数据安全管理办法等，有效支持行业数据治理标准化工作。建设完成数据管理平台，统一管理部级数据资源，开展数据治理工作。二是搭建全国性平台全面支撑人社部的跨部门、跨层级、跨地方数据共享工作。建设完成外部数据共享交换平台，支持与国家政务服务平台、国家数据共享交换平台及其他政府部门开展数据共享应用；扩建联网监测系统，进一步完善部省联网监测数据采集上报机制，提高数据采集频率，扩展采集上报指标；建设完成业务协同平台，实现所有省份的部署实施，有效支撑行业内信息共享和业务协同。目前已有超过100个部门调用人社部共享接口服务。人社部也充分利用国家平台上各部委的接口，申请卫健、民政等相关服务，供业务调用。通过业务协同平台、外部数据交换平台，将获取的部门外共享接口提供给各地使用，同时也开放部门内数据，支持人社服务打包快办、“告知承诺”等，充分释放数据价值。截至2021年年底，向各地提供58项跨层级、跨部门的数据共享查询和比对核验服务，累计调用32.7亿次。三是支持社保基金风险防控工作。自2021年5月起，人社部集中开展了社会保险基金管理风险排查，部级统一归集各地生产库数据，通过对要情特点研究，开展大数据分析，筛查疑似问题数据，结合与公安部、司法部等数据比对结果，筛查疑似死亡人员及虚假待遇人员，有力支持了基金监管及风险防控工作。四是通过与铁路、出入境、电子社保卡等共享出行、“活体”信息，与国家人口库共享死亡信息，支持各地用大数据手段判别社保待遇人员生存状态，实现了寓认证于无形。通过调用学历、公安、专业技术资格等信息，在全国职业资格考试网上报名时，实现报考资格一键核验，减少了报名信息造假、替考等风险。通过打通人社等部门数据，浙江等地实现了“出生一件事”，新生儿出生后即可联办出生证明、户口登记、医保参保登记、社保卡申领、接种证办理等服务，免去家长奔波。深圳等地通过联网共享人员资格证书、教育经历、社保缴纳等信息，将人才引进工作提速到“秒办”，实现人才落户、参保等服务快速办理。

六、进一步夯实电子政务基础设施

遵照国家有关标准，借鉴行业标准、地方标准，制定了人力资源和社会保障信息化相关的标准，主要包括系统建设管理规范、系统运维管理规范和信息结构通则，DNS域名规划、IP规划、容灾系统建设和运维等基础设施标准，电子认证体系规范、电子印章体系规范等信息安全标准，人力资源社会保障一卡通应用、平台接入标准等相关的业务流程规范、业务指标体系等。完成部本级公众服务网网络系统建设、安全系统建设和部级电子认证系统的升级改造工作，基本完成部本级同城及异地灾备机房网络系统及存储系统建设，提升基础支撑能力和应急保障能力。拓展与其他政府部门、金融机构的专线互联，支持信息共享。

七、保障网络和数据安全

对部级统一建设的系统开展等级保护测评和密码测评，全面提高系统自身的安全防护能力。参加公安部、中共中央网络安全和信息化委员会办公室组织的各项网络安全专项检查和保护工作，提高了全行业安全防护和应急响应处理能力。配合《中华人民共和国数据安全法》《中华人民共和国个人信息保护法》的颁布实施，开展了人社行业数据安全隐患排查工作。

八、加强队伍建设，增强工作合力

推动建立适应省级集中、全国一体化的信息化工作机制和管理模式，做好人员队伍、场地设施等方面的支撑保障工作。不断加强全系统网信人才培养，结合金保工程二期等项目开展培训和知识提升，增强技术应用和业务创新能力。

（人力资源和社会保障部信息中心）

2021年自然资源部电子政务发展概况

2021年，自然资源部坚持以习近平新时代中国特色社会主义思想特别是习近平总书记关于网络强国的重要思想为指引，深入贯彻落实党的十九大及十九届五中、六中全会精神，围绕网络强国和数字中国建设总体部署，遵循《自然资源部信息化建设总体方案》框架布局，按照“统筹化谋划、集约化建设、多元化应用、协同化治理、精准化决策”的总体思路，加强工作统筹，夯实基础设施，提升网络安全防护能力，拓展区块链、大数据等技术在自然资源行业的创新应用。自然资源三维立体“一张图”和国土空间基础信息平台进一步完善和深化应用，自然资源数据系统内共享和系统外应用取得积极进展，“一网通办”服务支撑能力明显提高，部高频政务服务事项基本实现“跨省通办”，大数据深度融合和创新应用持续提升“用数据说话”能力，自然资源领域网络安全防护能力进一步提高。

一、深化拓展，支撑自然资源政务服务水平提升

一是国土空间基础信息平台应用支撑作用进一步强化。一是按照“共建、共用、互联、共享”的原则，进一步完善国土空间基础信息平台分布式技术架构，实现了对倾斜摄影模型、BIM、精模、点云、矢量、地下管线、地形、DSM、场模型等多源异构数据的一体化存储与管理，三维场景中的快速构建与可视化表达，三维量算、空间运算、空间关系判断、空间分析、网络分析等三维分析功能。二是持续提高平台支撑能力，全年为生态红线审核、农村乱占耕地建房问题整治、违建别墅、耕地占补平衡指标库、国家统筹补充耕地指标核查、全民所有自然资源资产清查等50余项自然资源部重要核查和重大专项工作，提供面向基本农田、规划、监测图斑、自然保护区等比对套合和内外业核查工作。将三维立体“一张图”融入智能审批系统，在各项业务的审查环节提供项目面积计算、规划符合性分析、基本农田占用与补划、国家级自然保护区避让等多维数据的比对分析功能，进一步提高了“带图”审查的精准度。开展了与全国地质灾害信息平台服务接口对接工作。开发“一张图”与全国地质灾害信息平台数据共享服务接口，为地质灾害信息平台提供遥感影像、DEM数据服务。

二是实现部本级所有非涉密行政许可事项网上办，基本实现高频政务服务事项“跨省通办”。一是依托自然资源部“互联网+政务管理服务系统”实现城乡规划编制单位甲级资质认定、南北极考察活动审批、深海海底区域资源勘探开发许可3个行政许可事项网上办理，自然资源部本级22项非涉密行政许可事项全面实现在线办。截至目前，自然资源部政务服务门户实名认证用户超过5300人，总访问量超过50余万人次，全年在线申报超过2.1万件，90%以上事项实现“最多跑一次”。二是商品房预售等3项不动产登记有关政务服务事项基本实现“跨省通办”。31个省（区、市）已经有2580多个县市通过互联网接入自然资源部不动产登记

网上“一窗办事”平台,并通过自然资源部“一窗办事”平台与全国一体化政务服务平台“跨省通办”服务专区对接。10项有关探矿权和采矿权登记的政务服务事项、3项测绘地理信息有关政务服务事项均已实现“跨省通办”。

二、加强协同,持续拓展自然资源数据共享服务

(一)健全自然资源数据共享机制

编制印发《自然资源部依托全国一体化在线政务服务平台开展政务数据共享工作机制(试行)》,建立自然资源部与其他部门基于平台开展非涉密政务数据共享的工作机制、途径、流程。完善《自然资源部政务数据共享清单》,8个事项被纳入《国务院部门数据共享责任清单》。

(二)推进自然资源数据共享服务

一是国家级不动产登记信息共享系统接入国家电子政务外网,通过专线方式向国务院有关部门提供“总对总”不动产登记信息共享服务,日均查询10万次。二是通过云平台实现卫星影像T+1天、7×24小时的在线推送,全面支撑和保障部系统各项业务管理及其他行业部门、国际合作交流工作。三是基于“三调”政府共享版数据库,向相关单位提供基础数据和分析服务,为国土空间规划、生态修复专项规划编制等工作提供数据保障。

三、强化融合,全面推进自然资源数据治理和数据开发利用

(一)持续更新完善自然资源“一张图”

一是建立时空信息标准体系,明晰语义定义,确定信息分类,规范时空数据生产、处理、管理、计算、分析、应用与服务。出台《国土空间调查、规划、用途管制用地用海分类指南(试行)》《国土空间规划“一张图”实施监督信息系统技术规范》(国标)、《国土空间用途管制数据规范(试行)》《智慧城市空间信息服务平台时空数据建库规范》等数据治理相关标准规范,从底层统一数据分类、处理和使用规范。二是集成了遥感影像、基础地理、地理国情普查、天地图、土地、矿产、地质环境、地质灾害等现状类数据,永久基本农田、生态保护红线、城镇扩展边界、国土空间规划、城乡规划、土地利用总体规划等管控类数据,以及土地批、供、用、补、查,矿产资源探矿、采矿、储量等管理类数据。新增海洋遥感影像、用海审批、海洋构筑物、海洋功能区划、国家级海洋保护地、围填海现状调查和海底地形数据、海岛三维等海洋类数据和服务,整合集成了全国DEM数字高程模型、DSM数字表面模型和部分城市倾斜摄影三维模型、矿产资

源三维模型的数据，季度卫片影像、第三次国土调查及2020年变更调查、小比例尺中国地理格局数据、违建别墅、历史文化线、永久基本农田储备区、基于手机信令的人口数据、海岸线修测数据等，优化提升国家海洋综合数据库。"地质云3.0"整合构建地球科学大数据"一张图"。

（二）稳妥推进自然资源数据的社会化服务

一是充分发挥政府信息公开平台作用，持续开展政务公开、新闻宣传、办事服务和政民互动等工作，持续加强自然资源部门户网站、微信微博、App、手机版等新媒体运行维护，实现网站信息全媒体传播融合，不断提升网站政务服务水平，全年门户网站发布各类信息32万余条，日均点击量470万人次。制作专题9个，处理"建议留言"10426条。二是天地图2021版上线发布，完成与国家政务服务平台用户认证对接，在线API全面支持IPv6。上线天地图微信小程序，提升移动端服务能力支撑应用约70万个，持续为30余家直属单位约50个应用系统提供稳定的在线地理信息服务。目前，天地图已有注册用户73.73万个，其中2021年新增注册用户61.35万个，全年日均地图服务接口访问量约7.82亿次。三是地质数据共享与服务平台——"地质云"新增发布遥感数据、钻孔数据、地质图等数据资源，2021年处理社会化网络服务订单2000余个。"地质云"上线3年来，注册用户数达8.5万人，数据产品下载量达270万次，年均访问量500万次，社会满意度和认可度不断提升。四是开展海洋数据信息服务，建设运行国家海洋科学数据中心，开展45个涉海专项数据的接收、审查和管理工作，形成数据集1081个，建设运行海洋数据共享服务门户系统，公开发布更新400余个数据集，提供数据服务580余万次，累计注册用户12000余人。

四、转变理念，创新"互联网+监管"方式

（一）构建"互联网+监管"技术体系

设计并统一了涵盖土地、矿产及测绘管理关键环节的自然资源信息化监管指标体系。构建了一系列网络化信息实时采集与监测系统，与各地各类信息系统对接，保障全国各类管理信息动态监测与实时汇集。构建涵盖土地和矿产资源重点业务与关键环节的50个监管分析业务模型，为自然资源监管提供数字化描述判断准则。

（二）开展多业务、多场景专题应用

在土地和矿产卫片执法、海域海岛卫片监管、互联网"问题地图"监管、地质勘查监管、矿业权人信用管理、测绘成果质量监督检查、空间规划实施监管、海洋船舶动态管理和监控等方面，开展多业务、多场景、多维度的"互联网+监管"专题应用。

(三)深化大数据技术应用

为国家"互联网+监管"系统建设提供全国范围的基础地理信息等服务。依托人工智能、互联网大数据、手机信令等技术,探索开展非现场监管、房地产调控监管、人地关系研究与城市评估等监测应用。

五、夯实基础,推动基础设施集约化建设

完善"自然资源云"。一是加强电子政务基础设施集约化建设,通过虚拟化、云存储、大数据等新技术集成整合资源,统筹考虑计算资源、网络资源、安全资源、运维运营管理等要素,在国家电子政务外网、自然资源业务网和互联网分别建设了政务云服务平台。二是通过统一的政务云服务平台,为各类自然资源重要业务系统提供计算、存储、网络和安全等云服务,实现各类资源的"全面管理、动态分配"和应用的"集成化展示、一体化服务"。

六、全面部署,持续加强网络和数据安全保障

(一)制定出台网络安全工作配套措施

印发《关于加强自然资源网络安全工作的指导意见》《关于进一步做好网络安全保护工作的通知》《关于进一步安全规范使用互联网的通知》等系列行业指导性文件,切实落实网络安全主体责任,确保网络安全防护措施合规有效,重点加强网络安全防护、构筑网络安全底线等总体要求,明确保障网络安全防范管理、监测预警、应急处置等工作任务。召开自然资源系统网络安全工作会议,将网络安全工作作为年度重点工作,以最高标准、最严要求、最强措施做好各项保障工作,坚决防止发生网络安全事件。

(二)提高自然资源领域网络安全保护能力

一是对部署各单位网络安全等级保护工作进行调查摸底、统计分析。二是指导部属单位根据网络的功能、服务范围、服务对象和处理数据情况,科学确定网络的安全保护等级。三是加强网络安全保卫工作,全面排查网络安全风险,全面开展安全整改加固和防护,加强应急值班值守,并专门成立检查组对有关单位整改落实和安全风险防控情况进行检查督促。

(三)保障自然资源数据安全

一是初步梳理自然资源数据分级分类规则,重要数据实行每日备份和异地备份。二是对不动产登记数据等重要数据开展优化防火墙安全策略控制,建立了覆盖存储、传输、更新、用户认证各环节的加密机制,确保数据安全。

(自然资源部网信办)

2021年生态环境部电子政务发展概况

2021年，生态环境部坚持以习近平新时代中国特色社会主义思想为指导，深入学习贯彻习近平生态文明思想和习近平总书记关于网络强国的重要思想，紧紧围绕加快建设智慧高效的生态环境信息化体系，扎实推动电子政务发展，生态环境综合管理信息化平台不断拓展升级，水生态环境管理平台深入支撑业务运行，COP15第一阶段会议、庆祝中国共产党成立100周年等重大任务信息化保障完成圆满，生态环境部政府网站建设在国务院组成部门网站绩效评估中稳居前十。

整合建设生态环境综合管理信息化平台，基本实现业务全覆盖、数据全联通、系统全集成。搭建信息化与业务数字伴生的生态环境综合管理信息化平台，实现“一图统揽、一键调度、一屏会商”，持续为生态环境部各业务部门提供信息化服务，有力支撑精准、科学、依法治污。完成冬奥保障、大气环境、排污许可、环境执法等40余个专题分析展示，构建统一基础底座，搭建二三维一体化环境数字地球，开展移动App建设，完成空间分析、三维飞行、场景制作、融合通信及20余个环境状况统揽功能开发和技术白皮书编制工作，持续做好平台基础运维服务。整合汇聚部内重要业务领域数据，协调接入水文、气象、电力等外部数据。积极推动综合平台地方试点，接入北京市空气质量预报预警系统、江苏大数据平台和福建省生态云平台，为福建省、浙江省、江西省、山东省等多个地方信息化综合平台建设提供技术支持。

扎实推进全国水生态环境综合管理平台建设，应用效能不断提升。构建“全国—流域—重要水体—控制单元—行政辖区”五级空间框架，整合内部涉水业务系统数据，汇聚外部水利部、中国气象局等相关数据，完成断面水质、水体、排污口、污染源、辖区等数据连接。聚焦业务需求，面向多方用户，建成空间关系、形势分析、问题聚焦、业务支撑4大业务板块，设计开发20大类213个功能模块，初步形成“一图统揽”全国水生态环境要素对象，“一键生成”每月水生态环境形势分析，“一表纵观”突出问题及工作滞后地区的服务能力，为全国水生态环境宏观形势分析和突出水生态环境问题发现与推动解决工作机制运转提供信息化支撑。

不断优化一体化在线政务服务平台，利企便民服务得到进一步提升。完成“互联网+”政务服务平台与实体政务服务大厅业务融合和国家政务服务平台对接，部本级全部行政审批事项实现“一网通办”。2021年，生态环境部政务服务平台用户数较上年增长90.8%，办件数较上年增加140%，用户好评率持续保持100%。将投诉举报、垃圾焚烧、海洋倾废等监管资源接入国家“互联网+监管”系统，设计开发风险预警、非现场监管、大数据分析等应用功能，完成火电、水泥、造纸三个重点行业试点省份重点排污单位监管数据汇聚和数据处理、入库等设计工作。部“互联网+监管”数据仓持续归集，并向国务院办公厅推送数据。

持续强化重点业务应用,助力打好污染防治攻坚战。升级完善生态环境综合调度平台,实现污染防治攻坚战重点任务“挂图作战”。将碳排放注册登记系统、碳排放交易系统及相关数据接入生态环境综合管理平台和生态环境信息资源中心,保障全国碳市场上线交易启动仪式顺利完成。完成COP15东道国网站上线运行与信息联动发布,国际线上会议、网上直播、线上展览等信息化保障安全顺利。完成江苏省、广东省深圳市、安徽省、重庆市、四川省、河北省雄安新区、天津市、河南省鹤壁市、海南省、内蒙古自治区的10家国家智能环境治理实验基地申报、遴选工作。

(生态环境部信息中心)

2021年农业农村部电子政务发展概况

2021年,农业农村部坚持以习近平新时代中国特色社会主义思想为指导,认真贯彻落实党中央、国务院有关决策部署,高度重视和大力推进数字政府建设,扎实推进农业农村部电子政务发展,积极创新政务治理和公共服务,不断提升电子政务服务能力,以信息化推进治理体系与治理能力现代化,取得了新进展、新成效。

一、总体情况

经过一年的建设与发展,农业农村部电子政务建设与运维总体平稳健康高效。网络与通信基础运行环境更加高效稳定,承载能力持续提升。应急指挥视频会议系统运维保障有力。数据资源建设及应用力度持续加大。重要政务信息系统运转平稳,性能持续提升。“网上农业农村部”不断优化。农业信息化标准化工作快速推进。网络安全支撑保障能力全面提升。

二、具体工作

(一)电子政务基础设施集约化建设工作

一是农业农村部电子政务内网已覆盖部机关并延伸到直属单位领导及办公室,完成与国家电子政务内网的对接。二是农业农村部电子政务外网实行统一规划、设计、建设和管理,网络体系覆盖部内各单位并延伸到各省农业农村厅(局),建立统一分配管理的IP地址体系和域名体系,积极推进IPV6在电子政务外网的应用,网络可靠性达到99.99%,为农业农村部系统提供了互联网、财务、办公、视频会议、数据交换等政务业务服务。三是持续推进政务云建设,不断加强基础设施集约化建设与管理。初步建立以国家农业数据中心为基础的农业农村政务“云”平台，可提供12000核心的计算能力和5PB（5120TB）的存储能力，实现了计算资源和存储资源的按需动态分配与管理。

（二）数据资源建设及整合共享工作

一是建立健全政务数据共享协调机制。编制完成《农业农村部政务信息化项目建设管理办法》和《农业农村部办公厅关于建立健全政务数据共享协调机制加快推进数据有序共享贯彻落实方案》，即将正式印发实施。二是持续丰富数据资源。在确保数据库和数据仓库系统平稳高效运行的基础上，加强农业农村部内外30多个渠道的数据资源收集、治理工作，全年累计新增结构化数据10.5亿条，存量数据超过53亿条。三是持续推进政务数据共享应用，完成国务院部门第三批、第四批共享责任清单15条数据资源的目录发布及数据对接；审核地方对农业农村部垂直管理系统对接需求39条、地方对农业农村部高频政务数据需求25条，向海关总署等13个部门提出政务数据共享需求59条。为兽医卫生综合信息平台对接共享教育部学历数据9.1万条、学籍数据4.3万条，提高了执业兽医资格考试报考人员信息审核工作的工作效率和准确性；向安徽省农业农村厅等4个地方农业农村部门共享批发市场价格等信息约36万条，为相关地方开展数据分析、大数据应用提供了数据支撑。四是面向社会提供数据产品和服务。按照十九届四中全会的有关部署，研发运行全国农业农村重要经济指标专题数据库，并通过农业农村部门户网站数据频道向社会开放服务。会同国家发展和改革委员会、商务部、海关总署、国家统计局，建立生猪全产业链信息权威发布制度，每月定期发布生产、价格、消费、进出口、成本收益等全产业链核心数据，有效引导市场预期。全年采发全国农产品批发市场价格数据240余万条，编发价格日报、周报约300篇，每日发布“农产品批发价格200指数”。五是不断丰富数据开发应用场景。贯彻落实《数字农业农村发展规划（2019—2025年）》中有关“重要农产品全产业链大数据建设项目”的工作部署，自2019年年底起，深入推进单品种全产业链大数据建设试点，首批开展了苹果、大豆、棉花、茶叶、油料、天然橡胶等6个品种的全产业链大数据建设试点，截至目前茶叶、苹果、大豆项目已基本建成，陆续上线运行。

（三）政务服务平台及政府网站建设工作

一是推进农业农村部一体化政务服务平台建设。优化业务流程，完成43个政务服务事项审批流程优化改造，从国外引进农业种子、苗木检疫审批等11项行政许可事项实现全程网办。截至2021年年底，已有50%的许可事项全部或部分实现了全程网办。构建政务服务统一接口平台和数据共享库，汇集、管理部内外数据及应用接口，推动完成国务院办公厅下发的第二批10个重点垂直管理信息系统与国家平台对接任务及6个事项数据共享清单任务，完成“兽药进口通关单、农药进出口放行单”等3个事项与海关单一窗口的对接。推进“证照分离”改革，制定了植物检疫证书、农药登记证等9项高频电子证照标准，为下一步电子证照应用奠定了良好基础。丰富优化平台功能,完成接口管理、需求变更、等保测评、密评改造等功能完善工作,同步优化完善“益农e服”移动端App,实现线上线下、多终端、多渠道同源无差异服务。二是推进“互联网+政务服务”“一网通办”“跨省通办”。2021年,农业农村部政务服务平台用户41188个,比2020年增长30%,日活用户1200个;全年支撑办理各类政务服务事项申请数207032个,比2020年增长2.3倍;向国家一体化平台汇聚事项办理数据94273条,证照信息数据28973条。约4万件申请不需要提供纸质申请材料,为申请人节省差旅、印刷、邮寄等各项直接费用800万元以上,政务服务评价满意度100%。10个重点垂直管理信息系统涉及的24个业务事项与国家一体化平台对接数据40多万条,6个业务事项共享清单向国家一体化平台共享数据15万多条,有效助力各地方破解数据共享难、用户不互认等难题,为农业农村部深化“放管服”改革、优化营商环境提供了坚实的平台支撑。三是在全面梳理监管事项目录清单的基础上,重点实现监管事项、监管对象、执法人员、监管行为的数据采集和管理,完成与国家“互联网+监管”系统统一身份认证、监管事项和工作门户的对接任务,实现重点监管数据的归集共享,为不断提升农业农村部监管能力和水平提供了强有力的平台支撑。四是政府网站及有关应用完成适老化、无障碍改造升级。依托云服务、大数据、人工智能等技术,结合人工干预的形式,采用在线辅助浏览、智能解析等技术对农业农村部政府门户网站各级页面进行适老化与无障碍改造,建成了界面简约化、服务差异化、布局扁平化、标识统一化的人机交互界面,为老年人、视力障碍人士、听力障碍人士访问农业农村部门户网站提供了便利。

(四)相关政策法规和标准规范建设情况

一是先后研究制定了信息资源共享管理暂行办法、共享评估考核办法、网站管理办法、正版软件管理办法、网络安全管理办法、重大信息平台运维专项经费管理办法等一系列牵头抓总的制度。二是农业农村部农业信息化标准化技术委员会加速推进涉及电子政务发展的行业标准化工作。重点完成了《农业信息资源分类与编码》《农业农村行业数据交换技术要求》《农业大数据核心元数据》《农业信息系统接口要求》《农业农村地理信息数据管理规范》等支撑电子政务发展的标准制发工作。研究编制了《〈农业信息化行业标准制修订编制说明〉编写要求》,进一步规范标准制修订工作。

(五)网络和数据安全保障情况

一是在农业农村部网络安全和信息化领导小组的领导下,认真贯彻落实《网络安全法》《数据安全法》《个人信息保护法》《关键信息基础设施保护条例》等法律法规要求,切实压实网络安全工作责任制,强化对网络和数据安全的规划、部署和要求,保障人力、物力、财力投入。定期组织网络安全自查、网络安全绩效考核、信息系统等保定级、网络安全宣传培训等工作,加强对网络安全工作的全面管理。二是全面排查网络和信息系统风险隐患，重点提升实战化应急响应能力和网络抗攻击能力。在农业农村部系统针对100个目标信息系统，组织部系统攻防实战演习，全面检验了各单位对信息系统和重要数据的安全防护水平，为重要时点、重大活动的顺利召开提供网络安全保障。三是建立健全常态化安全防护体系，加强农业农村部政务内网、政务外网安全防护、监测、检测和风险评估，全年未发生安全事故和失泄密安全事件。全年监测并拦截各类网络攻击661.14万次，通过漏洞扫描、渗透测试等手段主动检测处理信息系统高危风险4329个，形成持续的检测发现、研判分析、整改加固的风险闭环管理。建设网络安全态势感知平台，形成农业农村部本级和11个部直属事业单位机房网络安全的安全态势可视化感知和联动，有效提升了网络安全防护水平。

三、探索与创新

（一）电子政务重点应用系统的重构及应用

一是重构建设政务内网OA办公系统。一次性将系统运行和使用所必需的计算机终端、服务器及配套软硬件进行替换，全面兼容国产化软硬件设备，开创了公文线上、线下同步运转办理的新模式，实现了涉密文件办理的全程可追溯。二是全国农业农村视频会议系统发挥重要作用。系统已建成2个主会场，连接31个省（区、市）农业农村厅（局、委）和新疆生产建设兵团、北大荒农垦集团有限公司，覆盖全国341个地市（仅缺少三沙市）农业农村局和1800个左右县（市、区）农业农村局。2021年以来，面对新型冠状病毒肺炎疫情防控常态化，全年共保障各类视频会议174次，比2020年增加29次，超过2010—2019年十年的总和，再创历史新高，为“十四五”“三农”工作实现良好开局提供了强有力的视频会议系统平台支撑。

（二）行业政务数据的创新开发与利用

一是农民工就业情况监测平台。联合产学研各方力量，利用手机信令大数据的位置信息和用户画像信息，融合已有的城乡边界地理信息数据和农村户籍人口数据等，自主创新建立基于手机信令大数据的现代化、信息化农民工就业情况监测新工具。自2020年年初新型冠状病毒肺炎疫情暴发以来，持续开展农民工规模流动、行业分布、收入变化等情况的监测分析，提出了一系列关于助力返城复工复产、促进稳定就业等方面的对策建议，及时报送农业农村部领导和有关部门决策参考，填补了农业农村部在返乡农民工监测方面的空白，为稳就业、保就业提供了重要决策参考。二是生猪信息发布共享数据库。2021年4月，农业农村部会同国家发展和改革委员会、商务部、海关总署、国家统计局，建立生猪全产业链信息权威发布制度，确定建设生猪信息发布共享数据库，以此为支撑，每月在中国政府网生猪信息专栏、各相关部门网站定期发布生猪生产、价格、消费、进出口、成本收益等全产业链核心数据,有效引导市场预期,为有效平抑市场价格波动,引导生产主体合理调整产能,保持生猪市场平稳运行等发挥了重要作用。三是国家农业农村时空数据服务平台。该平台将地理信息技术与云计算、大数据、物联网、移动互联等新一代信息技术融合,构建农业农村时空数据中台,实现数据资源的充分汇聚,利用时空数据治理工具实现数据的互联互通、业务的协作协同交换共享,实现数据的可视化上图,初步构建了农业农村时空数据"一张图",利用已发布的地图服务及辅助分析工具,围绕种植业、畜牧兽医业、渔业渔政等领域提供了专题应用服务。四是重点农产品市场信息平台。围绕粮、棉、油、糖、畜产品、水产品、蔬菜、水果等8大类重点农产品,搭建了平台总体框架,初步形成重点农产品数据资源体系,数据资源管理、重点农产品全产业链分析、数据查询等平台功能进一步优化完善,农产品批发市场价格系统全面升级,对农产品批发价格200指数计算程序进行了优化完善,打造了"一站式重点农产品数据服务平台"。

(农业农村部信息中心)

2021年应急管理部电子政务发展概况

2021年,应急管理部坚持以习近平新时代中国特色社会主义思想为指导,全面贯彻落实党的十九大和十九届历次全会精神,以支撑重大安全风险防范和大震巨灾应急救援为牵引,推进重大工程实施,深化"智慧应急"试点,加速构建以大数据、"互联网+"为核心的业务应用模式,为推进应急管理体系和能力现代化积蓄了力量,有效提升了数字政府效能。

一、重点工作及成效

(一)全国统筹集约建设格局基本形成

坚定走好集约化建设、融合式发展、扁平化应用道路,印发《关于推进应急管理信息化建设的意见》,开展全国信息化专项治理,推广部省两级统建、地方免费应用模式,减轻地方应急管理信息化建设投资负担,发布42个系统和182个课件供地方学习使用,提升全系统信息化应用水平。组织天津、河北、黑龙江等10个省(市)完成"智慧应急"试点建设,形成30余个典型应用模式,为全国提供基层先进经验,带动全国"智慧应急"建设整体发展。

(二)软硬件基础设施提档升级

建成异地一体的云计算平台,形成了政务外网、行业专网和互联网"三网一朵云",具备了跨网大数据服务能力，全面支持微服务、分布式运算等先进技术，为100余个业务系统提供上云服务。应急指挥信息网全面支持IPv6，提升了信息传输链路稳定性、安全性。推进应急管理大数据资源池建设，实现4大类52小类信息资源汇聚治理，为全国应急管理部门提供数据服务近3000万次。加强标准供给，组织编制了《政务外网办公系统技术规范》《统一电子印章技术规范》《数据治理技术规范》等标准，为政务办公、数据接入等提供依据，促进数据共享。按照网络安全技术措施"同步规划、同步建设、同步使用"的原则，构建横向联动、上下协同的一体化网络安全纵深防御系统，形成与业务模式和信息化发展趋势相适应的网络安全保障体系，有效提升网络安全防护能力，圆满完成重要活动期间网络安保任务。

（三）大震巨灾应急准备不断深入

依托卫星、翼龙无人机平台、应急窄带等构建空天地一体化应急通信网络，探索了大震巨灾通信保障新模式。瞄准"单兵数字化、战场网络化、作战可视化"的新型应急救援模式，构建应急战术互联网，研发数字化现场指挥调度平台，加快推进应急救援数字化战场建设，有效提升了重特大灾害应急通信保障、指挥决策、力量调度等实战能力。河南郑州"7·20"特大暴雨灾害期间，主动调派翼龙无人机，利用空中应急通信平台定向恢复了灾区移动公网，累计接通用户6000个，打通了灾区居民报告灾情、报送平安的生命线。加快应急资源管理平台推广应用，完成救灾物资中央仓改造升级，汇聚全国1.31万个仓库的物资信息，使用区块链+二维码技术，实现一物一码精细化管理、全程监管、在线溯源，做到了底数清、情况明，为智能快速调拨物资奠定了坚实基础。持续提升应急指挥"一张图"灾情获取能力，实现灾害事故实时定位和救援队伍、救援装备动态调配，初步满足了"全灾种、大应急"的需要，有力支撑了云南漾濞彝族自治县地震、青海果洛藏族自治州地震等灾害应急救援指挥决策。

（四）"智慧应急"建设稳步推进

持续拓展监测预警覆盖面，实现6900余家危险化学品重大危险源企业全部监测联网，加强应急卫星在全国尾矿库遥感识别和林火高风险区日常观测应用，提升安全生产和自然灾害高危风险监测预警能力。提升大数据核灾评估能力，利用卫星遥感技术自动识别洪涝灾害受灾区域淹没范围和房屋数量，通过铁塔大数据分析受灾区域通信受损情况，及时研判受灾严重程度，为精准决策提供有力支撑。利用大数据技术提升安全监管能力，与国家电网有限公司签署战略合作协议，完成26个地区2万余家高危行业企业用电大数据监测分析，智能识别预警明停暗开、超负荷生产等异常用电行为，动态展示企业产停状况，实现预警信息自动推送、执法人员现场核查、检查结果自动反馈的闭环管理，新型安全监管模式初步形成。利用手机通信大数据建立关停矿井监测分析模型，开展大数据分析和视频智能识别，基于大数据分析的矿山安全监管模式初步形成，威慑作用初步显现。建成危险化学品、煤矿等重点行业企业全息档案和知识图谱,智能解析5300余份事故调查报告并形成事故案例库,为构建应急管理知识库奠定基础。

(五)“互联网+应急管理”业务模式加快构建

“互联网+执法”系统在15省推广应用,累计执法2万余家次、出具文书8万余份,江西实现100%线上执法。建成“互联网+监管”系统,编制包含58个主项、379个子项的监管事项清单和127个部本级监管事项检查实施清单,建成7个重点行业领域风险预警模型,实现与国家平台数据共享共用,累计向国务院办公厅推送政务数据1000万余条。深入推进“互联网+政务服务”,建成一体化在线政务服务平台,建设政务服务管理、电子印章和电子证照等3个应用系统,梳理19个政务服务事项,实现部本级政务服务事项“一网通办”,为全国政务服务部门提供危险化学品生产许可证等12个政务数据资源共享,为社会公众提供注册安全工程师查询、特种作业操作证查询等11个高频政务服务。建成部门户网站智能问答机器人,提升政务服务便捷化水平。

二、探索与创新

(一)研发智能分析模型

建设应急管理大数据应用平台,发布应急知识库、知识图谱、模型众创、应急智搜、智能语音、文本语义、自助报表、灾害事故案例库、企业全息档案、智能外呼、智能问答等基础服务模型,满足业务系统的快捷集成需求。创新监管方式,探索智慧监管,开展风险预警模型建设,建成了区域安全生产风险预警、非煤行业安全生产风险预警、危险化学品安全生产风险预警、危险化学品区域风险、煤矿企业复工复产分析、煤矿企业有无带班领导下井分析、煤矿CH4传感器标校情况分析等7个风险预警模型,并接入了“互联网+监管”系统,显著提升非现场监管能力,得到国务院办公厅电子政务办公室充分肯定。

(二)创新利用社会资源

首次将电力、电信、卫星遥感等外部数据资源引入应急管理领域,通过相关大数据分析技术探索形成了数据监管模式,减轻基层监管负担的同时,远程在线监管模式对安全生产违法违规行为形成了震慑。同时,利用数据核灾、数据救灾等新技术手段,提高了核灾、救灾的工作效率,为灾害事故精准、快速救援提供了支撑。

(三)实现系统融合应用

建成危险化学品安全生产风险监测预警系统,接入了全国危险化学品企业数据,重大危险源温度、压力、液位等关键参数实时监测数据，储罐区、中控室等关键场所视频数据，互联网舆情数据等，实现了部省数据的共享与交换，盘活了数据存量，被国务院办公厅电子政务办公室列为国家“互联网+监管”系统重要示范应用。

三、下一步工作计划

2022年是《应急管理信息化发展战略规划框架（2018—2022年）》收官之年，也是全面实施《“十四五”国家应急体系规划》的重要一年。应急管理部电子政务工作将坚持以习近平新时代中国特色社会主义思想为指导，坚持人民至上、生命至上，坚持实战实用导向，锚定以信息化推进应急管理现代化的总目标，以构建国家“智慧应急大脑”为核心，以应急管理大数据工程实施为主线，以全国“智慧应急”建设为载体，推进人工智能、移动互联、区块链等新技术在应急管理业务中深度应用，健全科技装备创新和卫星应用体系，推动传统治理向现代“智”理转变，为构建大国应急管理体系、防范化解重大风险、全力保护人民群众生命财产安全和维护社会稳定提供有力支撑，以优异成绩迎接党的二十大胜利召开。

（一）建强应急大脑，核心能力全面智能升级

建设国家“智慧应急大脑”，具备全面汇聚全国灾害事故风险监测预警信息和灾害事故信息、实时采集综合呈现灾害事故现场动态信息、全程可视化模拟推演灾害事故发生发展过程及多手段通信融合保障前后方音视频互通等能力特点。加速推进应急管理大数据工程实施，构建一批企业安全风险、区域安全风险、行业安全风险、安全指数等大数据分析模型，健全完善应急智搜、知识图谱、知识库等基础服务，形成统一的应急管理大数据应用平台，为地方应急管理部门提供直达式智能化服务。

（二）打通救援堵点，救援实战效能持续提升

深化大型长航时无人机空中通信平台应用，着力提升“三断”等极端条件下前突侦察能力，加强地铁、矿井等地下复杂空间应急通信能力建设，基本形成“随遇接入、公专互补、宽窄融合、韧性保底”的应急通信体系。健全完善智能外呼、灾害风险报送系统，畅通获取灾害事故现场信息的互联网途径。建立统一互联网灾害应急救援救助平台，实现求救与救援救助的精准匹配。会同相关单位制定应急广播强制性播发标准，总结推广地方应急广播应用先进经验，为灾害预警和群众自救互救提供支撑。

(三)强化现代"智"理,业务模式加速创新发展

推动矿山、危化品、烟花爆竹、工贸等行业领域企业加快安全生产信息化改造升级,形成一批"工业互联网+安全生产"示范企业和标杆应用,解决企业自身监管难题。深化电力、铁塔、电信运营商等社会资源应用,打造一批国家级大数据分析应用产品,构建企业用电分析、关停矿井人员监测分析、受灾区域分析、人口转移等智能化监管、服务模式。大力推广"互联网+执法"系统,全面实现线上执法,加强执法数据分析应用,强化"监管、执法、服务"协同联动。加快无人智能装备推广应用,实施"机械化换人、自动化减人、无人机换岗"专项行动,提升重要领域、重点岗位人工替代比例。组织开展城市安全风险综合监测预警平台试点建设,形成城市安全风险监测预警示范样板,提高城市防控重大风险与突发事件能力。

(应急管理部科技和信息化司)

2021年国家市场监督管理总局电子政务发展概况

2021年,国家市场监督管理总局按照党中央、国务院有关"数字中国"战略部署,积极推动数字政府建设,市场监管数字化整体水平稳步提升。

一、积极统筹规划,有序推进全国统一市场监管信息化体系建设

一是印发《关于加强信息化工作的指导意见》《关于进一步深入推进智慧监管的意见》等规范性制度文件,进一步加快市场监管信息化统筹规划,为构建全国统一市场监管信息化体系奠定制度基础。二是积极谋划"十四五"市场监管信息化发展,完成《"十四五"市场监管信息化发展规划》编制工作,同时积极推进市场监管信息化工程纳入"十四五"国家政务信息化规划框架。三是加快推进"十三五"市场监管信息化工程立项工作,工程框架方案获国家发展和改革委员会批复,完成工程可行性研究报告编制并正式上报。四是制定《市场监管信息化标准化管理办法》《市场监管信息化标准体系》,有序推进市场监管信息化标准体系及标准制修订工作,组织编写并发布《市场监管信息化标准化工作指南》等19项先行急用的市场监管信息化标准,进一步提升标准规范化管理水平。

二、围绕商事制度改革及食品、特种设备、重点工业产品监管等急需领域,深入推进智慧监管建设

一是进一步强化信用监管,以食品、特种设备等生产企业监管为切入点,建立重点领域企

业清单，建设重点领域企业公示专区，在公示系统已标注食品、特设等重点领域企业约24万家，推动联合惩戒和信用修复，并在全国推广企业信用风险分类管理。二是集成19个食品安全监管专项信息系统，初步建成统一食品安全监管一体化应用平台，全面提升食品安全监管系统的业务覆盖面、综合分析能力与智能化水平。三是完成企业开办系统建设，强化企业开办“全程网上办”规范应用，集成全国27个省、自治区、直辖市提供统一登记注册服务，实现向全国各地提供统一的标准化、规范化登记注册应用服务，累计向全国各地提供9250多万次服务。四是以电梯、移动式压力容器为重点提高特种设备智慧监管能力，加大有关数据信息采集力度，努力推进信用信息、日常监管信息共享。五是建设工业产品生产企业及产品数字档案，升级改造工业产品生产许可监管与产品质量监督抽查系统，进一步提升产品质量安全监管的精准性。六是完善优化国家企业信用信息公示系统，优化系统性能，新增实名制查询，增加公示食品生产企业和特种设备获证单位标记，服务重点领域信用监管，支撑以信用监管为基础的新型监管机制的运行，全年日均访问量1.21亿人次。七是持续优化全国12315平台性能，平台日交易处置能力超过100万笔。八是开展网络交易监管移动平台功能建设，建设线上食品安全、产品质量安全监管子系统，及时向各辖区分发违法线索，推进形成违法线索处置闭环管理能力。

三、充分发挥数据要素作用，提升市场监管支撑能力

一是推进市场监管大数据中心建设，加大力度归集各领域业务数据，推动市场监管各业务领域之间的数据共享和业务协同，已开通14个省级市场监管部门市场监管大数据管理与服务平台数据共享门户权限，提升总局市场监管大数据中心对地方局日常监管工作的支撑能力。二是完善智慧监管中心数据分析与展现功能，围绕实现全国重点领域市场主体从宏观态势到微观监管的精细化展示目标，加强场景化决策分析，探索开展重点领域风险预警。三是支撑共享协同服务大数据分析应用。依托市场监管大数据中心与国家数据共享交换平台对接，与公安部等部委实现数据共享。四是开展市场主体活跃度分析研究，完成“全国市场主体发展”专题建设，建设企业活跃度数据库，分析数据显示，企业活跃度保持在70%左右。在李克强总理来国家市场监督管理总局视察时，对市场监管部门培育1.5亿市场主体的成效和深远作用，给予了高度肯定。五是建设网络经营主体数据库，采集830个网络交易平台、2400多万户网络经营主体，摸清平台经济监管底数，对接电商上报和监测获取的重点领域信息，实现对网络餐饮虚假证照自动化识别和处置。

四、加强网络安全和基础保障，开展“护网2021”网络攻防实战演习工作

国家市场监督管理总局高度重视网络安全保障工作，2021年精心部署，全力组织开展公

安部组织的"护网2021"网络攻防实战演习,成立以副局长任指挥长的防守指挥部,制定严密的演习防守方案,明确防守原则,做好各项防护加固工作。演习期间,为国家市场监督管理总局关键信息基础设施保障互联网访问请求141.72亿次。根据公安部通报的演习成果,国家市场监督管理总局拦截网络攻击(含扫描)20余亿次,处置网络安全事件16起,封禁攻击IP地址1.4万个。

(市场监管总局信息中心)

2021年中国气象局电子政务发展概况

2021年,中国气象局以习近平新时代中国特色社会主义思想为指导,认真落实习近平总书记关于气象工作的重要指示精神,对接《关于国民经济和社会发展第十四个五年规划和2035年远景目标纲要》《关于加快构建全国一体化大数据中心协同创新体系的指导意见》,立足新发展阶段、贯彻新发展理念、服务新发展格局,坚持把推进气象管理体系和治理能力现代化作为气象管理信息化工作的总目标,以气象管理数字化转型为主要途径,以加快推进管理数据汇聚共享、政务管理应用整合互通为切入点,构建一体整合大平台、共享共用大数据、协同联动大系统,把气象管理信息化工作深度融入气象现代化和气象强国建设,助力气象事业高质量发展。

2021年,《全国气象部门管理信息化工作管理办法》《中国气象局管理信息化实施计划(2021—2025年)》相继印发,规范和指引了气象部门电子政务的全面建设,在政务服务平台、政府门户网站、政务数据共享、气象行业数据治理等方面取得突破性进展。

一、"互联网+政务服务"

围绕深化"放管服"改革要求,落实国家提出的全面构建全国一体化政务服务平台的目标,2021年,在原有气象8项行政审批平台基础上,信息中心创新提出"数据向上集中、服务向下延伸"的模式,为中国气象局一体化在线政务服务"垂直对接"提供支撑。一是强化横向整合,实现数据充分共享。结合气象部门垂直管理体系及各地方行政审批信息系统发展不均衡的特点,充分深入基层调研,坚持内侧与试点并行方式,建立以"公共双向接口"模式实现与地方政务服务平台开展对接,通过数据的集中服务减少基层二次录入,满足一窗受理要求,实现气象部门与5个地方政府"部省协办",是"信息技术"和"组织管理"双驱动的有益实践。二是突出纵向联动,支撑业务分级管理。按照国家构建全国一体化在线政务服务平台的技术和服务体系有关要求,统一数据标准、完善管理规范,为气象部门四级审批的信息共享和业务协同，提供无差异、均等化政务服务奠定基础。充分把握和统筹气象部门管理信息化工作，将行政审批系统整合到管理信息化的“大系统”中，充分发挥集约化效益，向基层服务延伸。通过建立行政审批数据格式、电子证照标准，便于各级管理人员行政行为的标准化、规范化管理。三是持续优化功能，切实减负利企便民。构建全国气象部门统一的“事项目录库、实施清单库、用户信息库、办件信息库、电子签章库、电子证照库”，通过压缩办理时限优化办事体验，不断推动“以部门为中心”向“以用户为中心”的服务模式转变，为群众办事和企业营商提供便利。及时调整已取消的15项证明事项相关申报表单，将“营业执照”与“质量管理体系认证证书”申报表单调整为对应的“统一社会信用代码”与“质量管理体系认证证书编号”填报项，依照国家政务服务平台相关工商部门提供的“统一社会信用代码”服务对提交信息进行核验，以此实现“证照分离”。启用一体化政务服务平台移动端小程序，实现政务服务从“网上办”到“掌上办”。

二、部门管理信息系统

2021年年初，全国气象部门“一级部署、四级应用”的气象政务管理信息系统（以下简称“气政通”）2.0版本正式业务化运行，全面纳管7个列入国家政务信息整合共享清单的已建管理应用。到2021年年底，完成气政通2.5版本的建设，气象部门管理信息化全面步入“信创”新时代，可全面适配气象部门多种国产化生态体系的终端，安全自控能力得到基础性提升。气政通2.5版本进一步集约整合气象部门3个统一建设的管理信息系统，已基本实现对中国气象局11个内设机构核心管理应用的全覆盖，将分散、独立的管理应用系统及模块整合为数据贯通、横向联动、深度应用的协同治理大系统，跨单位、跨层级应用整合能力进一步增加，办公协同能力进一步增强。

具体建设和应用成效有：一是实现管理数据实时在线。扩展管理数据中心，持续接入各职能管理基础数据约20余种，为现代化指标管理、业务档案等提供管理数据支撑。人员和组织机构等主数据提供干部培训、离退休干部管理使用，初步建立行政办公、人事人才、计划财务、科技管理等主题数据库，综合管理、专业管理等多场景决策可视化数据应用展示。二是实现管理应用的协同化、移动化。初步建立政务管理平台协同中心，实现平台公共角色与授权、统一委托授权、公文转督办等多场景业务应用横向协同。推动“业财融合”发展，出差请假与财务报销一体化协同应用系统投入业务运行。完成局机关平台“办公区”布局优化，已搭载11个中国局统建移动应用的基于阿里钉钉的“气政通”移动办公平台全国正式上线运行，完成12个省（区、市）气象局及其下属单位的移动应用安全接入。三是实现管理系统的全覆盖。推动气政通2.0版本搭载的会议管理、应急管理、制度树、老干部管理、党建管理等应用正式上线运行，基本完成旧版办公系统历史公文迁移。推进气政通2.5版本多应用建设，突发事件上报、省级督查督办、用印管理、“三公”管理、内设机构任务承办单、政策法规管理、现代化指标管理等多项新建及升级管理应用具备试运行条件。持续推进政务信息系统集约整合，减灾政务管理平台、预报预测系统、观测一体化平台、全国防雷减灾综合管理服务平台、气象档案业务系统等多个管理应用接入气政通。

三、政府门户网站

按照国务院办公厅政府信息与政务公开办公室文件(国办公开办函〔2021〕28号)关于推进政府网站、政务新媒体适老化与无障碍改造工作相关要求，中国气象报社根据工业和信息化部发布的《网站设计无障碍技术要求》《信息技术互联网内容无障碍可访问性技术要求与测试方案》等相关标准，完成了中国气象网门户网站适老化及无障碍改造工作。

中国气象网门户网站适老化及无障碍改造工作采用网页内容智能解析技术为改造技术方式，实现了为包括老年人、盲人在内的残疾人提供语音阅读、视觉辅助和支持第三方辅助软件的服务支撑等功能。充分满足了信息无障碍重点服务人群盲人用户的需求，并通过提供全程键盘和人机语音互动等替代操作方式，网页文本信息影音化和特大文字网页等推送方式，为行动障碍的残疾人、低弱视力的视障人士、文化认知有障碍人士，以及阅读能力下降的老年人提供更加便捷高效、更加智能友好的服务，消除“数字鸿沟”，实现老年人和残疾人等群体平等便捷获取教育政务服务。

四、政务数据共享

中国气象局充分考虑地方政务服务平台对“一网通办”的实际需求，主动采用较为复杂的“双向接口”模式，实现了垂直管理系统与国家政务服务平台数据双向流通，建立数据归集共享、分析处理和业务协同办理机制，适应省部两个平台“双入口申报、单系统审批”的改革要求，解决企业和群众在不同地区和部门平台办事时需要重复注册验证等突出问题，破解基层流程冲突、二次录入等痛点难题。采用基于国家政务服务平台的《气象行政许可事项数据》一套标准，通过分别与31个省政府大数据管理中心建立微信群方式，积极主动推动垂直管理政务服务数据和行政审批系统的共享对接。目前，辽宁、河北、内蒙古、陕西、广西等5省(区)政务服务平台已实现垂直管理数据共享对接的正式运行，13个省(区、市)地方政务服务平台完成数据接口测试。

(供稿单位：国家气象信息中心　撰稿人：王甫棣)

2021年国家文物局电子政务发展概况

2021年是"十四五"开局之年。以习近平同志为核心的党中央高度重视文物工作，首次将文物工作写入党的历史决议，彰显了文物工作在党和国家事业全局中的重要地位，有力激发了广大文物工作者的自信心、自豪感。国务院办公厅发布《"十四五"文物保护与科技创新规划》，文物事业五年规划首次上升为国家级。国家文物局紧紧围绕贯彻落实党中央、国务院决策部署，担当作为、开拓创新，推动文物工作与党和国家全局工作同步同向、向上向好，加快推进政务服务"一网通办"，创新事中、事后监管，切实做好国家文物局电子政务建设与运维保障工作，利用信息化手段提升国家文物局行政审批、行业管理的效率和质量，为行政管理机构、从业机构和人员、社会公众提供便捷高效的技术服务；各项重点任务取得新成效，实现"十四五"良好开局。

一、多方面齐头并进，推进政务服务建设

（一）国家文物局"十四五"信息化专项规划编制

为贯彻习近平总书记关于文物工作的重要指示批示精神，推动落实《中共中央关于制定国民经济和社会发展第十四个五年规划和二〇三五年远景目标的建议》《"十四五"国家信息化规划》《"十四五"推进国家政务信息化规划》《"十四五"大数据产业发展规划》等文件关于加强数字政府建设，提升公共服务、社会治理等数字化智能化水平，深化政务公开，扩大基础公共信息数据有序开放，推动数据资源开发利用等系列要求，结合《"十四五"文物保护和科技创新规划》，编制《国家文物局"十四五"信息化专项规划》。规划重点任务为实施数据资源一体化、政务服务一体化、技术支撑一体化建设。"十四五"时期，国家文物局将按照数字政府建设要求，加强顶层设计，加快推进"互联网+政务服务"，加强行业资源动态管理，建成国家文物资源大数据库，充分发挥数据要素价值，通过构建大数据驱动的政务服务新机制和新平台，完成政务信息化管理架构、业务架构、技术架构的重塑，推进政务服务标准化、规范化、便利化，深化政务公开，推动5G、云计算、大数据、人工智能、区块链等新一代信息技术在文物领域中的创新应用，全面提升文物行业的行政管理、文物保护、博物馆管理、执法督察、科技创新、市场监管、公共服务等方面的履职能力，让文物真正活起来，为更好认识源远流长、博大精深的中华文明，弘扬中华优秀传统文化、增强文化自信提供坚强支撑。

（二）推进国家文物资源大数据建设

建设国家文物资源大数据库是贯彻落实习近平总书记关于"要建立健全历史文化遗产资

源资产管理制度,建设国家文物资源大数据库”重要讲话精神的重要举措,是提升文物事业治理体系和治理能力现代化水平的关键。2021年,国家文物局进一步推动国家文物资源大数据库建设工作。一是开展国家文物资源大数据库方案编制。组织开展广泛、深入的大数据库调研,系统梳理数据资源现状及管理应用情况,沟通存在问题和建议,明确各单位“十四五”时期数据资源建设、管理与应用需求,编制大数据库建立方案。二是完成《国家文物登录管理暂行办法(草案)》和国家文物登录平台可行性研究。总结分析当前全国文物登录与数据动态管理现状,研究国家文物登录平台核心业务、制度标准、业务流程、安全与技术支撑体系,初步设计国家文物登录平台业务体系及总体架构,完成《国家文物登录平台可行性研究报告》编制。三是组织《国家文物资源数据管理办法》研究与编制工作。四是启动央地视频联动平台建设。拟通过调取世界文化遗产、全国重点文物保护单位、大遗址、革命文物、博物馆,以及重点文物保护工程项目施工与考古发掘等现场实时视频信号,充分利用卫星遥感、无人机航拍、专用传感器等设备与物联网、大数据等新技术应用,动态汇集展示重点文博单位运营数据,结合移动视频,实现远程现场察看、远程调度、在线会商,提供文博单位实时监测和形势研判,以“看得见、听得见、用得上”为标志,逐步实现对全国文物资源的有效掌握和管理,实现国家文物局与地方文物行政部门、文博机构的互联互通,把握形势、掌控全局。

(三)开展信创工作

借助信创契机,国家文物局全面重新梳理政务服务相关工作,完善行政审批指南,全面梳理行政审批流程,优化提升国家文物局综合行政管理平台和一体化在线政务服务平台及文物“互联网+监管”系统;在优化过程中同时考虑解决文物领域老年人运用智能技术困难问题,保障老年人的基本文化权益;实现与国家政务服务平台的对接工作标准化、规范化,确保今后的应用接入和业务协同等更加便利,努力做好国家政务服务平台的使用方和提供方。

(四)初步建成全国革命文物资源信息管理平台

以习近平总书记关于革命文物工作重要指示精神为指导,贯彻落实国家文物局关于革命文物工作的整体部署,充分运用大数据等新一代信息技术,初步建成“一库、一平台、一体系”,即革命文物资源大数据库、管理平台及管理体系建设,基本实现全国革命文物资源一体化采集、管理与展示应用目标。通过构建全国统一的革命文物资源管理平台,汇集革命类可移动文物、不可移动文物、革命博物馆纪念馆等革命类文物数据资源,初步建成全国革命文物资源大数据库;实现革命文物数据录入、管理、发布、查询、统计分析与可视化展示,面向社会发布革命文物工作动态、推荐革命文物保护优秀成果、公布革命文物名录、支持专家学者对公开数据进行研究利用。平台成果入选《2021政府信息化创新成果与优秀案例》。

（五）构建统一用户体系

为更好落实“放管服”，开展指尖上形式主义整改落实，为全国文物系统用户提供更优质便捷服务，国家文物局着手开展现有业务系统的用户情况梳理和统一用户体系设计、构建工作，在信创实施过程中作为试点试用，并结合试用情况编制建设指南，支撑国家文物局政务服务平台和各类业务系统融合成统一的工作办事平台，同时对地方的系统建设提供指南和参考。

（六）基础数据库建设试点

进一步提升公共服务能力，依法依规加强共享信息使用全过程管理，保障数据的完整性、准确性、时效性和可用性，建立数据公开共享长效机制。启动基础数据库建设试点工作，实现数据同源管理和标准接口发布，为国家文物局官方网站、国家文物局综合行政管理平台及全国一体化在线政务服务平台提供数据服务。

（七）规范提升博物馆年度报告备案与信息公开工作

博物馆年度报告备案是促进博物馆事业发展的基础，为做好博物馆基础运营管理，更好地发挥博物馆服务社会的功能，进一步加强博物馆信息公开，强化社会监督，2021年持续完善全国博物馆年度报告信息系统建设，并通过系统完成全国2020年度5788家博物馆年度报告信息备案、数据统计分析与基础信息公示工作。

二、深化监管工作，加强指导服务

（一）开展文物保护工程备案工作

为加强监管全国重点文物保护单位文物保护工程方案审批，建立文物保护工程方案数据库；促进落实国家文物局或省级文物行政部门对方案的批复过程管理，提高方案质量与工程质量；对各省备案工作定期开展专项评估，了解各省开展方案批复和核准工作的数量、质量、效率等。将备案方作为工程检查评估与验收、工程进度监管的重要依据，为文物保护工程全流程管理提供支撑。

（二）深化文物保护工程资质管理改革，强化进度监督

加强文物保护工程进度实施监管，对已通过文物保护工程备案的项目进行全流程监控，监管对象包括已获批年度计划项目、抢险工程项目和自筹资金项目等。监管涉及招投标、开工、设计洽商变更、工程检查、竣工、初验、终验等环节。

（国家文物局办公室）

第四篇

地方电子政务发展概况

2021年北京市电子政务发展概况

2021年以来，北京市以推进国家治理体系和治理能力现代化为目标，以加快推进数字政府建设为方向，加强统筹协调，完善电子政务基础设施建设，深化大数据体系建设，强化信息安全保障能力，持续提高电子政务服务便利化水平，不断提升人民群众的获得感、幸福感。

一、加强电子政务基础设施建设，夯实信息底座

一是不断加强电子政务外网建设。北京市电子政务外网于2001年建成并投入使用，历经多次升级改造，上联国家电子政务外网，下联16个区级政务外网。网络设有6个核心节点和29个汇聚节点，敷设光缆总长约2800多千米，骨干网带宽达到40~100Gbps。网络累计接入6458家单位、近3万台移动终端，承载了政务云平台、应急视频会议系统、“雪亮工程”等重要业务系统，可满足数据、语音、视频、图像等多种业务的传输需求。

二是持续推进政务云应用。北京市政务云自2015年开始运行，为市级各行政事业单位非涉密信息系统统一提供云计算、网络、云平台安全及相关配套服务，成为北京市大数据发展的重要基础设施。市级政务云按照“企业投资建设、政府购买服务”方式建设运营，引导云服务商适度竞争、充分合作。不断完善政务云管理体系，政务云成为驱动产业快速发展的新引擎，为城市治理提供信息化技术支撑。截至目前，按照应入尽入原则，北京市共有1344个政务系统入云，分配云主机超过2万台。

三是大力加强北京市深入推进互联网协议第六版（IPv6）规模部署。按照“强化责任担当、落实主体责任、加强督导检查、做好跟踪检测”的理念，印发《北京市深入推进互联网协议第六版（IPv6）规模部署和应用实施方案（2021—2025年）的通知》《北京市深入推进IPv6规模部署和应用近期重点工作安排》，积极推进全市IPv6规模部署工作。截至2021年年底，网络基础设施、千兆光网、5G网络等新建网络全部支持并部署IPv6，已完成LTE网络、固定网络、IDC、CDN、公有云产品、市级以上门户网站及应用、业务运营支撑系统等网络改造，IPv6网络规模增长迅速。根据国家IPv6发展监测平台（www.china-ipv6.cn）数据显示，北京市IPv6综合发展指数为65.55%，全国排名第一。

二、深化大数据体系建设，推进数据有序共享和开发利用

在政务数据共享方面，北京市自2018年全面启动“大数据行动计划”，按照“四梁八柱深地基”的建设蓝图，逐步完成“入云”“上链”“汇数”等工作。目前，全市各区、各部门共计“上

链”职责目录59278条、数据目录282739个数据项。市大数据平台已汇聚57个市级部门3万余个数据项,340多亿条数据,为各部门各区共享数据,支撑疏整促、放管服、疫情防控、城市大脑等150余项业务场景,并创新开展数据专区建设,进一步发挥数据共享效能。

在政务数据开发利用方面,为响应大数据与人工智能创新应用需求,通过北京市公共数据开放平台,将北京市2021年公共数据开放计划中全市113个相关部门的7589个数据集,549100个数据项,约0.78亿条涉及公共服务事项指南、财税金融、城市管理等热点领域的公共数据面向社会无条件开放。截至目前,北京市公共数据开放平台累计注册用户41191人,开放数据累计下载使用总量286789次,无条件开放政务数据浏览总量达225.9万次。

三、加强政务服务平台建设,提升政务服务能力

一是推动更多政务服务事项掌上办、自助办。建成覆盖四级的网上政务服务体系,68个市级部门和16区、经济开发区全部入驻北京市网上政务服务大厅,个人用户数达3100万,企业用户数达230万。除涉密等特殊情况外,政务服务事项应上尽上,市级91.88%的事项实现“全程网办”。成立京津冀政务服务合作工作专班,统筹推进三地政务服务“跨省通办”、自贸试验区政务服务“同事同标”等工作。依托全国一体化平台,推动128项国家“跨省通办”事项在北京落地。依托国家电子证照服务系统,打通京津冀三地电子证照库,实现了京津冀150个证照区块链上可共享。

二是加强“互联网+监管”建设。目前已建成“互联网+监管”数据中心,向国家监管数据中心汇聚7050万条监管行为数据、1787万条监管对象数据、12万条执法人员数据、34万条投诉举报数据、15万条“双随机、一公开”计划数据和613万条企业年报数据,持续推进监管数据汇聚。

三是持续推广12345热线。北京市设立12345市民服务热线及其网络平台,作为受理诉求人诉求的主渠道,推进除110、119、120、122等紧急服务热线以外的政务服务便民热线归并至12345市民服务热线。印发《北京市接诉即办工作条例》,提升为民服务水平,规范接诉即办工作提供法律依据。发挥信息技术资源优势,在受理环节中已使用智能分类推荐达810万次。

四是落实政府网站适老化、无障碍改造建设。市政务服务网上线了“老年人服务专区”“养老助残卡”专题,提供统一的涉老服务入口、在线读屏等无障碍功能及授权代办功能,并在4个移动端推出长者版专属界面,页面布局、服务功能更加符合老年用户使用习惯,让老年人办事的便利度不断提升。

四、推进信息安全和标准体系建设，保障政务系统安全稳定运行

在安全保障体系建设方面，贯彻落实党委（党组）网络安全工作责任制若干措施，按照谁主管谁负责、属地管理的原则，明确网络安全工作职责和分工。强化对政务数据的分类分级，对政务云平台运行日志、流量信息、运营管理数据等开展集中采集、处理及存储等工作，并制定《政务数据分级与安全保护规范》，对政务云数据实现分类管理和分级保护。持续开展年度政务信息安全监测预警保障工作，政务网络安全态势总体良好，无重大信息安全事件发生。圆满完成年度重大活动政务网络安全保障。顺利完成年度突发信息安全事件应急处置。开展2021年电子政务网络安全检查工作，持续开展冬奥会、疫情防控相关系统安全检查工作。对80个重要政务网络和信息系统开展远程安全性测试，对10家政务单位和政务云服务商开展现场检查，指导其加强防范并整改。

在标准体系建设方面，印发《北京市数据中心统筹发展实施方案（2021—2023年）》，推进北京市数据中心绿色化、智能化、集约化发展。制定《政务数据汇聚共享规范》《政务数据资源目录体系》《北京市目录区块链技术规范》《自然人综合数据源规范》等多项电子政务相关标准，推动电子政务标准体系建设。

（北京市委网信办）

2021年山西省电子政务发展概况

2021年，山西省统筹推进政务信息化建设管理，提升数字政府建设水平，创新体制机制，打通信息孤岛，再造服务流程，推动数据共享利用，有效促进了营商环境改善、政务服务效能提升，打造了数字政府改革建设的山西样本。

一、构建政务信息化管理新体制，高效推进数字政府建设

山西省通过重塑政务信息化建设的管理运行架构，构建“一局一公司一中心”的“品字形”管理架构，从体制层面解决了政务信息化领域各自为政、重复建设导致的“信息孤岛”“数据烟囱”等问题。

2018年，在省委省政府的统一领导下，山西省在全国首家组建成立省市县三级行政审批服务管理局，全部加挂政务信息管理局的牌子，将原来发展和改革委员会、工业和信息化厅等部门的政务信息化职责整合到政务信息局，统一归口管理信息化项目、运维及资金，确保政务信息化建设“一个口子对外”，实现了管理体制上下贯通、一体运作，走在全国前列。

改革省直各部门信息中心,以山西省经济信息中心为主体组建省数字政府服务中心,为全省政务信息化工作提供技术支持、决策咨询、可行论证、运行指导和风险评估等,承担政务信息化建设的政策规划研究、标准规范制定,承担政务大数据的研究、开发、利用等相关工作。同时,强化省直部门对本部门、本系统政务信息化统筹规划、集约管理职责,要求省直部门明确一个内设机构统一承担本部门、本系统政务信息化管理职责,提升统筹能力。

以省内互联网优势国有企业——山西云时代技术有限公司为主体,通过与中国移动、中国联通、中国电信及中国建设银行等优势企业实行股份制改造,组建山西政务信息化建设的旗舰式企业,统一负责全省各部门政务信息系统的建设及运维工作。

通过改革,突破了传统业务条线垂直运作、单部门内循环的模式,特别是从体制层面彻底解决了政务信息化领域各自为政、重复建设导致的"信息孤岛""数据烟囱"等问题,构建起"管运分离"的政务信息化管理新体制,为提升政务信息化建设和运行效能打下坚实的体制基础。

二、以"五个一"为统领,形成全省"一盘棋"的政务信息化格局

针对省直部门信息资源碎片化、业务应用条块化、政务服务隔离化等"散乱小"问题,坚持从完善顶层设计入手,提出数字政府一朵云、一张网、一平台、一系统、一城墙的"五个一"总体思路和要求,制定出台《山西省加快数字政府建设实施方案》《山西省数字政府建设规划(2020—2022年)》,构建全省"一盘棋"的信息化建设格局。一是建设"一朵云"。由云时代公司承担全省政务云建设,将省直部门非涉密信息系统全部迁移上云,全面整合行业云、市级政务云,形成省市两级架构、分域管理、互联互通的全省一体化政务云平台体系,各部门不再保留数据中心,"1+N"的云基础架构基本形成。二是构建"一张网"。政务外网实现省市县乡全覆盖,依托外网实现互联网统一出口管理,推动实施外网扩容升级"万万千"工程,推进各部门涉密和非涉密专网及信息系统分别向政务内网和外网整合迁移,全面实现省直机关网络接入机房统一托管,加快各部门政务信息化设备资产划转,形成跨层级、跨地域、跨系统、跨部门、跨业务的统一网络体系,为全省电子政务应用提供稳定可靠的网络支撑。2021年,按照国家电子政务网IPv6改造相关任务要求,山西省电子政务外网互联网区所有门户网站均实现互联网IPv6访问。以晋城市及高平市作为省市、县级电子政务外网提速扩能改造试点,积极探索山西省电子政务外网发展新经验、新模式,加快推进山西省数字政府"一张网"向高速率、广普及、全覆盖、智能化发展。三是搭建"一平台"。构建全省数字政府的数据中台和业务中台的"大中台"架构,统筹基础数据资源库建设,加强数据资源规划、采集、存储、开放、共享,打通各业务系统数据壁垒,实现政府数据互联互通和共享融合;充分发挥一体化在线政务服务平台的支撑能力和"总枢纽"作用,完善数据资源整合、服务支撑、系统运维、安全管理等功能,为数

字政府的创新应用提供标准化开发组件。四是完善“一系统”。按照“一个领域内一个软件管全省”的要求，在政务信息化项目立项审核时，要求各部门强化内部信息系统整合，以审促管，提升项目评审和管理水平，落实边审批边整合的思路，发挥好数字政府基础支撑体系、数据资源体系、应用支撑体系和安全保障体系的基础性保障性作用，优化资源配置，减少重复投资。业务条线上由省级建立统一标准，统筹省市县三级信息化建设，由云时代公司（数字政府建设运营公司）统一开发、统一运维，既避免重复建设，又提升了集约化水平。五是筑牢“一城墙”。实施“云、网、数”一体化安全防护平台建设工程，加快推动安全态势感知与安全动态防御平台建设。构建网络身份安全认证系统、云平台及网络安全主动防御系统、应用风险主动发现及防护系统、数据分级分类、敏感数据保护、数据专利、数据版权等一批安全应用。利用区块链等技术，建设专业领域存证保全、电子取证、数字签名、密码管理等信息安全服务平台。

三、标准统领，规范先行，建立数字政府建设长效制度机制

2021年，制定出台了《山西省党政机关电子政务建设和管理“十四五”规划》，顶层设计更加完善。出台了政务云、政务数据共享管理等系列办法意见，制度更加健全。起草《山西省政务数据安全管理办法》，推动建立健全政务数据安全保障体系，确保数据的可用性、完整性和保密性。编制《政务数据共享考核指标》并纳入2021年度营商环境考核体系，强化了政务数据共享工作的管理和监督考核机制。制定实施政务数据共享交换的地方标准规范8个，正在按程序推进政务数据共享分类分级、采集、交换、平台对接、安全保障、项目应用等方面的省级地方标准规范4个，政务云建设标准规范10个，初步形成了数字政府建设长效制度机制。

四、坚持“统筹、集约、安全、共享”原则，提升数字政府统一数据支撑和应用支撑能力

山西省充分发挥体制机制优势，坚持统筹、集约、安全、共享的数字政府建设原则，建设了一系列公共能力支撑平台，作为山西数字政府建设的公共产品，为省直部门业务应用提供坚强的数据支撑和应用支撑，大幅提升财政资金的使用效益。

依托省数据共享交换平台，山西建设人口、法人、宏观经济、公共信用、空间地理、电子证照六大基础资源库，为省直部门提供强大的数据支撑。实施“千项数据共享工程”，发布两批共1032项共享数据，挂接率达100%，数据共享平台累计提供接口调用服务1亿多次、库表交换116亿条，有力支撑了跨层级、跨地域、跨部门、跨系统、跨业务的信息共享与业务协同。数字治理能力明显增强。扩充电子证照基础库内容，提供核验类证照共享资源227条、查询类证照共享资源258条。设立“政务服务”主题类和“一体化在线服务”专题类数据，为各部门优

化审批流程,提高服务效率提供数据支撑。

依托省一体化在线政务服务平台,山西建成了统一门户、统一身份认证、统一事项管理、统一电子证照、统一电子印章等公共基础支撑平台,为各部门业务系统提供强有力的共性应用支撑。

以国产化替代为契机,山西统筹建设了全省集约化协同办公(OA)系统、门户网站集约化平台、督查督办系统、安全文件集中存储系统等,统一为各部门提供菜单式办公应用服务,满足各部门日常办文、办公、办会需求。

打造"晋政通""三晋通"两大移动应用品牌,对面向机关提供服务的移动应用,全部通过"晋政通"实现,省直各部门47个移动办公系统、领导驾驶舱、信息督办系统移动端已全部集成到"晋政通",在"晋政通"App协同办公平台"领导驾驶舱"应用系统,全面打通了各部门信息系统,实现数据实时对接,省领导能随时查看40余个省直部门提供的全省经济社会运行指标等信息,随时监测安全风险,随时召开应急会议。对面向企业和群众服务的民生山西、健康山西等移动应用,全部集成到"三晋通"App,目前,"三晋通App"注册用户数量超过2700万人,占全省总人口的3/4,近2300项政务服务事项实现指尖办、随时办、随地办。

五、高频政务服务事项"跨省通办",政府服务效能持续提升

2021年,山西省政务服务效能持续提升。通过运用互联网、大数据、人工智能等科技手段,山西省创新优化政府治理流程和方式,提升法治政府建设数字化水平。推进"全程网办、一网通办、全省通办",医保、社保、公积金等184项高频政务服务事项实现"跨省通办",实现"好差评"系统覆盖全省市县,汇聚评价数据从200万条上升到7000万余条、办件数从11万件增加至500余万件,全省政务服务事项网上可办率达到了93.86%,太原市实际网办率达到50%以上。推动115项乡镇(街道)便民政务服务事项、45项村级(社区)事项实现"就近办",网上政务服务平台省、市、县、乡、村五级全覆盖。持续推进12345热线归并升级,整合优化了省级12396、12333等68条热线,建立了省对市的查话务、查工单、查回访热线监管模式,大同市12345政务服务便民热线网络覆盖市县乡村四级。长治市开展"政银合作",企业登记注册全程电子化帮办代办等服务覆盖全市68%银行网点。吕梁市开发建设"政企通"惠企政策兑现综合服务平台,为企业群众提供了"找得到、看得懂、用得上的一站式服务。临汾市全力打造领办、代办、专办、一网通办的"四办"公共服务品牌,实现政务服务智慧小屋7×24小时"不打烊"。

(供稿单位:山西省数字政府服务中心　撰稿人:景　涛)

2021年江苏省电子政务发展概况

2021年是中国共产党百年华诞，也是“十四五”规划的开局之年。这一年，江苏省紧密围绕党中央、国务院和省委省政府决策部署，坚持理念创新、政务牵引、系统集成、开放共享，大力推进政府数字化转型，有力驱动电子政务发展，持续提升企业群众获得感幸福感。

一、系统谋划数字政府建设

（一）强化数字政府建设顶层设计

根据江苏省政府工作部署，编制《江苏省“十四五”数字政府建设规划》，2021年8月底由省政府办公厅正式印发。编制《江苏党政机关电子政务建设和管理“十四五”规划》。编制首席数据官制度试点方案，协同推动数字政府建设和数据共享。开展政务服务、社会治理、政务运行等三大领域事项清单梳理和改革研究，推动政务服务一件事通办、社会治理一类事统办、政务运行一体事联办。

（二）统筹推进标准法规建设

研究编制《江苏省公共数据管理办法》，以省政府令148号颁布实施，为数据共享开放、开发利用、运营运维和安全管理等提供法规依据。加快推进数字政府标准化技术委员会组建，起草数字政府标准体系规划。《政务大数据数据元》等7项省级地方标准正式实施，在省级政务信息化项目预审中落地使用。《电子政务外网安全大数据和运维保障平台接入要求》被列入地方标准项目计划。

二、不断提升政务云支撑保障能力

完成江苏省大数据“两地三中心”过渡期建设项目审批流程，完成一期工程优化提升项目建设并释放能力，推动省级部门新增业务系统全部上云、存量系统逐步上云。研究制定省级政务云管理办法，建立云资源分配和回收机制，提高云资源配置效率。搭建多云管理平台，实现省级云平台资源的统一管理，省级政务云平台被评为智慧江苏标志性工程和重点工程。

三、全面加强政务外网承载能力

编制《省电子政务外网管理办法（试行）》《省电子政务外网IPv6地址及路由规划（试行）》。开展省级政务外网核心骨干网络设备IPv6升级，完成省市政务外网互联网区IPv6改造。搭建电子政务外网5G固移融合测试环境，利用5G开展应急接入保障、移动设备使用等，5G政务专网平面荣获“绽放杯”5G应用大赛省级三等奖、国家级优秀奖。扎实推动省级部门专网整合,提升政务外网覆盖面和承载能力。完成与国家安管平台对接测试,实现省市运管平台和安管平台互联互通,开展常态化数据监测与共享,基本形成了全省一体化的运维管理和安全管理协同体系。

四、进一步深化政务数据共享应用

(一)持续增强数据服务能力

印发《关于建立健全全省政务数据共享运行机制加快推进数据有序共享的实施方案》,明确未来三年的重点任务和责任分工。完善省市一体化数据目录体系;建立健全数据供需对接机制,基本建成省市两级人口、法人、电子证照、自然资源和空间地理、社会信用等五大基础数据库。确立全省一体化大数据共享交换体系为公共数据共享交换的唯一主干通道,省大数据共享交换平台被评为智慧江苏标志性工程和重点工程、2021年数字政府管理创新奖。有序推动政务数据回流,初步解决数据回流难的问题。

(二)拓展数据创新应用

开展公共数据资源开发利用试点,18项重点任务和12个试点项目进展顺利。持续开展电子证照证照汇聚、电子印章加盖、标准化等工作,大力推进办件汇聚、上报和回流。融合基础库、办件库等数据,建成老年人服务、新生儿一件事、企业登记注销、企业投资分析等专题库。结合国务院办公厅政务数据目录编制工作,梳理省级部门和设区市开放目录,发布上线江苏省公共数据开放平台。无锡、苏州、徐州、泰州、扬州等多地积极举办公共数据创新大赛,获得社会各界高度关注。

五、逐步释放公共技术支撑能力

按照“做厚平台、做强应用”原则,建设大数据应用支撑和服务管理平台,优化电子印章、电子证照、电子支付、智能客服、短信平台等系统功能,基本实现共性支撑能力复用。完成公共技术支撑平台28套系统功能开发、测试集成和上线试运行,逐步对外服务。加快建设江苏省政务中台,以场景化应用迭代推动数据共享供需精准对接,满足多样化的政务需求。

六、大力提升政务服务智能化水平

(一)深入推进“一网通办”

梳理公布130项高频“省内通办”事项清单,逐一完善应用场景,编制事项清单,推进高频政务服务“省内通办”事项线上线下办理。完成第二批74项“跨省通办”任务,在江苏政务服务网开通“跨省通办”服务专区,120项事项或服务实现长三角“一网通办”。

（二）深入推进“一件事”改革

以企业和群众高效办成“一件事”为目标,印发《关于深化“一件事”改革为民办实事的实施方案》,5个精品“一件事”全部实现网上办理,8个省定标准“一件事”有序推进落实。

七、积极探索跨部门综合监管

（一）实行系统化顶层设计

2021年10月,印发《关于深入推进跨部门综合监管改革的实施意见》,通过建立“一张清单”(跨部门综合监管事项清单)、建优“一支队伍”(综合行政执法队伍)、建强“一个平台”(江苏省一体化在线监管平台),明确清单形成程序,完善监管数据标准,探索形成全方位、多层次、立体化监管体系。

（二）健全“互联网+监管”平台支撑

完成江苏省“互联网+监管”系统建设任务,全面实现与国家、13个设区的市“互联网+监管”系统互联互通;梳理监管事项目录清单、编制行政检查事项实施清单,逐一明确监管事项名称、监管方式等内容。

（三）强化监管数据归集应用

依托江苏省大数据共享交换平台,建立常态化监管数据归集共享机制,搭建监管数据中心,强化监管数据汇聚和共享,强化风险预警线索关联分析,提升风险预警预测能力。

八、扎实推进安全保障体系建设

起草政务服务网络安全规划,以政务外网、云、数据、应用为防护重点,构建涵盖安全管理中心、区域边界、通信网络及计算环境的“一个中心、三重防护”的安全防护体系,定期开展网络攻防演练和数据安全监督检查。组织江苏省网络安全自查检查,发现问题并整改到位。试行设立江苏省网络与信息安全通报中心分中心,建立网络安全联合通报机制,联合网信、公安等部门印发网络安全事件通报。

（江苏省大数据管理中心）

2021年安徽省电子政务发展概况

近年来,安徽省依托全国一体化政务服务平台,扎实做好"数字政府"建设、"互联网+政务服务"和"互联网+监管"等各项工作,取得了积极成效。连续4年在省级政府一体化政务服务能力第三方评估中位居第一方阵,在首次"互联网+监管"第三方评估中位居第一方阵。

一、夯实数字化发展基础

一是加强顶层设计。研究起草《数字安徽建设总体方案》,梳理安徽省数字化发展框架和思路,明确推进数字安徽建设"1153"的总体架构,即高标准建设一体化数据基础平台,夯实泛在先进的一体化数字基础设施,围绕智慧党建、数字经济、数字政府、数字政法、数字生活五大领域构建多跨协同应用,完善标准规范、安全防护、体制机制三大支撑体系,全面推进全省数字化发展,形成以数据为纽带、互相协同的数字生态系统,实现生活方式、生产方式和治理方式的整体性变革。

二是构建支撑平台。按照"以用促建、共建共享、安全可控"原则,建设全省一体化数据基础平台,作为全省政务信息化的总底座、总枢纽和总集成,全面支撑信息化项目集约高效建设。主要建设统一的云管中心、数管中心和用管中心,为各类信息系统开发建设,提供统一的云资源、算力、数据和通用组件能力,以及一站式低代码开发工具,推进各类应用的集约化建设和快速开发应用。同时,以市场化方式促进平台及功能迭代升级,推动政府和企业间数据规范流动,满足数字政府集约建设和数据高效运行需要。

三是统筹项目管理。按照集约高效原则,加强政务信息化项目管理,规范项目审批制度,推动项目建设统一平台支撑、统一专家把关、统一立项审批,构建"部门定义业务需求、平台提供支撑能力、应用快速开发迭代"的信息化建设新格局,做到"一地创新、全省受益"。加快成立安徽省数字专家委员会,为全省数字化发展决策咨询和重大项目论证提供支撑。

二、提升"互联网+政务服务"水平

一是丰富服务渠道,建设"一源五端"。重点打造移动端,形成了全省统一的"皖事通"移动端,接入服务近1万项,最高日活跃用户1000万人,累计装载量超过1亿次,总访问量超过100亿次。在中国软件测评中心等多个机构发布的评估报告中,"皖事通"均位居全国同类移动端前列。迭代升级电脑端,实施智慧政务工程,开展全程网办和办好"一件事"攻坚行动,安徽政务服务网年均办件量超1亿件。上线"皖企直达"服务,2021年兑付金额2.66亿元,惠及1452家企业、4.27万人,以此为基础,按照电子政务办要求建设上线"助企纾困服务专区",努力实现政策直达、补贴直领，乃至“免申即享”。积极推进“跨省通办”，长三角地区实现120项服务“一网通办”和30类电子证照互认应用。全面推广自助端，开发上线全省一体化智能自助系统，聚焦高频热点领域推出第一批100多个定制化自助办理事项，并在全省8000多台银行自助机上线社保、公积金等领域333项高频服务，实现“就近能办、异地可办”。探索推出电视端，在IPTV电视端上线205项特色服务、124条视频攻略，触达全省850万电视用户。持续优化窗口端，推进综合窗口改革，设立涉企服务窗口、“办不成事”反映窗口，在业务量大的政务服务窗口推行周末轮岗制度，形成线上线下融合互补的服务渠道。

二是创新服务模式，推出“一图导办”。在全国首家推出政务服务地图的基础上，牵头建设长三角政务服务地图。长三角政务服务地图融合网上办、掌上办、窗口办、自助办等多种办理方式，方便区域内企业和群众跨省查询、跨省申请、导航办事，相关做法得到中央依法治国办公室法治政府督查、国务院第八次大督查肯定。截至2021年年底，长三角政务地图已覆盖长三角地区7万多个服务场所，其中省关联2.5万个服务场所、192万个服务事项，访问量1亿多人次。

三是强化数据共享，推进“一键调用”。建成江淮大数据中心总平台，累计汇聚数据317亿条，数据共享调用4043万次、交换1.05万亿条，有力支撑了跨部门跨层级数据融合应用。数据赋能方面，推动相关数据在公证服务方面应用，减免自证材料，为化解遗产继承公证“自证循环”难题提供安徽方案。数据核验方面，在政务服务审批后台上线“核验助手”，行政审批机关一键调用信息数据接口和电子证照，已在18家省直单位使用，覆盖1000多个事项。

四是深化数字抗疫，实现“一码通行”。新型冠状病毒肺炎疫情发生后，第一时间推出了全省统一的“安康码”，并以“安康码”系统为纽带，建设了发热门诊登记系统、药品零售与动态监测系统、全员核酸检测系统、疫苗接种预约与登记系统、冷链食品追溯登记系统等多个防疫系统，努力实现从前哨预警、过程管控到事后追溯的全流程闭环管理。为保障“安康码”平台在极端条件下平稳运行，对“安康码”系统进行全面升级。目前，“安康码”主平台每小时可支撑1亿人次亮码，备用环境每小时可支撑1.6亿人次亮码，具备在30分钟内完成再次扩容的动态扩容能力，主系统出现故障可在10分钟内切换至备用系统，访问量突增超出极值时，系统在2分钟内自动启用排队、限流等措施。与此同时，持续拓展“安康码”功能，实现与电子健康卡、电子社保卡、电子医保凭证融合，与电子身份凭证等多类电子证照的关联，与云闪付、支付宝等多种支付渠道的打通，全省350多家景区和公共场馆“一码游览”，90多家试点医院“一码就医”。2021年，作为全国第一批试点地区，在完成省级疫情防控管理平台建设任务的基础上，根据安徽省疫情防控22个专项工作组和工作专班业务需求，进一步拓展优化完善平台功能，更好发挥数字“抗疫”作用。

五是开展移动监管,推广“一网通管”。截至2021年年底,安徽省“互联网+监管”系统已经开通18.6万个工作人员账户,覆盖8.3万个监管事项。重点开展了省移动监管平台建设,接入省直有关单位监管业务,推动监管执法业务向移动端延伸,为基层一线执法人员赋能减负,提升工作效率和监管效能,已在5个市进行试点应用,并与“双随机、一公开”系统全面对接,实现了统一用户登录、检查事项关联、检查任务同步。

(安徽省数据资源管理局)

2021年江西省电子政务发展概况

2021年,江西围绕“作示范、勇争先”的目标要求,真抓实干,主动作为,不断实施新型信息基础设施建设,全力推进重大平台建设,深入推进政务数据共享应用,实现了“十四五”全省电子政务发展良好开局。

一、“云网数”等一体化平台体系不断完善

坚持集约高效,统筹推进“一网”“一云”“一个数据共享交换平台”“一批共性支撑平台”建设,一体化平台体系逐步完善,支撑能力进一步加强。一是政务外网支撑能力不断强化。完成国家电子政务外网江西主节点建设,成为全国图像业务传输网工程第一批集成实施省份,全国唯一一个视频图像系统灾备中心落地江西。开展政务外网“十四五”建设规划研究,进一步强化全省政务外网建设顶层设计。完成机构改革后新成立部门的联网,省级政务外网联网单位累计达333家。积极对接企事业单位联网需求,全面推动政务外网企事业接入。二是政务云承载能力稳步提升。省级政务云平台新增虚拟服务器2320台,存储容量2300TB,已承载102个政府部门563个信息系统。高质量完成江西省医保云平台建设,保障省级和11个设区的市医疗保障信息平台顺利上线。完成城市综合管理服务平台等116个业务系统上云。推动两地三中心容灾备份体系建设,研究探索江西省政务云异地远程灾备中心建设,建成江西省电子政务外网数据备份中心,完成部分业务数据在上饶落地存储。各设区的市也积极抓好政务云建设,推动市县两级信息系统依托政务云建设。三是数据共享交换平台覆盖面不断扩大。数据共享交换平台已部署78个交换中心和1962个跨部门、跨区域节点,形成上联国家、下达市县的“三横一纵”王字型全省数据共享交换“骨干网”,全省数据共享枢纽地位进一步强化。四是共性平台应用不断深化。在全省各地各部门的共同努力下,电子证照、身份认证、“一窗式”综合服务、网站集约化等一批共性支撑平台深入推广使用,网上中介服务超市系统上线运行,实现江西“一网选中介”,共有4000余家中介机构入驻中介超市,入驻项目业主

7000余家，发布采购项目超4万个，成交额超1.5亿元。网上中介服务超市入选国务院第八次大督查发现的典型经验做法并受到通报表扬。五是标准规范体系进一步健全。完成《电子政务共享数据统一交换平台安全接入技术规范》《“赣政通”平台组织及人员数据规范》《政务服务热线系统对接技术规范》等3个地方标准的制定。至此，江西电子政务领域共有24项技术规范作为地方标准在全省施行。

二、政务数据共享向纵深推进

紧紧围绕政务服务和政府治理的需求，全力抓好数据共享落地落实。一是数据共享机制不断完善。制定《关于建立健全政务数据共享协调机制加快推进数据有序共享的实施方案》，推动建立权威高效的数据共享协调机制，不断提高数据共享质量和效率。编制信息资源目录和共享开放责任清单，明确任务和责任分工。二是数据共享有序开展。依托江西省大数据中心，推动各部门在数据共享交换平台挂载数据资源，向国家平台申请订阅一批数据资源。各部门共挂载数据资源2万余项，其中省级部门挂载数据资源超2000项，挂载率95%以上。充实完善16个高频共享库，累计归集数据33.3亿条，提供443项数据接口服务。高频共享库接口服务订阅量累计达3000余次，调用次数5.8亿次，有力支撑了各地各部门政务数据共享应用，以数据共享交换平台为主体的江西省政务数据一体化平台荣获中国信通院“行业大数据应用标杆案例奖”。三是数据回流稳步推进。积极响应各地数据回流需求，建立数据回流共享机制，实现与吉安、九江、南昌、赣州等设区市的数据回流，以吉安为试点开展基层数据向省级汇聚，打通数据回流双向通道。江西回流数据的类别、总量均处在全国前列。四是巩固扩大“破孤岛”成果。落实政务信息化项目技术评审机制，开展省级政务信息化项目技术评审工作。各地主动作为，完善工作机制，以应用场景为牵引，推动数据高效有序共享，吉安共享开放平台还荣获中国新型智慧城市创新应用大赛“智佳奖”。

三、数据创新应用初现成效

依托政务数据共享推进数据创新应用，重点支撑一批政务服务和政府治理系统，应用成效进一步提升。一是数据应用试点取得新成效。积极推进政务数据共享应用试点工作，举办全省政务数据共享应用观摩会，涌现出了南昌“先看病后付费”、上饶出生一件事“一次不跑”、宜春“招生服务e网通”、萍乡“农村经营户信用信息核查平台”、新余“普惠金融创新”、高安“义务教育新生报名‘一次不跑’”等优秀应用案例。二是数据融合应用效果显著。在政务服务领域，重点打造“赣服通”平台，以数据共享支撑“赣服通”实现3499个事项无证办理，1817个事项不见面审批。在政府治理领域，重点推动了人口、法人、信用、社保等数据的创新应用，支撑了社会救助审批、贫困户精准识别、税收风险核查、不动产登记、信用奖惩等业务开展。三是数据开放应用扎实推进。举办第二届开放数据创新应用大赛,持续拓展赛事广度和深度,开放数字经济、医疗健康、普惠金融、城市交通、乡村振兴等领域数据,鼓励参赛队伍引入外部数据开展数据挖掘,有效促进公共数据与市场化数据的融合应用,形成了一批优秀应用成果。同时,依托政务数据开放网站开放816万余条数据,鼓励支持社会力量创新应用政府开放数据。

四、“两通”平台功能不断优化

以创新为引领,以“赣服通”“赣政通”平台为依托,全力推动平台优化升级,支撑全省“放管服”改革向纵深推进。一是“赣服通”不断迭代升级。推出“赣服通”4.0版,省委省政府主要领导出席上线仪式。创新推出全国首个全省性评价分“赣通分”,率先在政务、金融、社会、商务、现代流通五大领域场景服务。优化完善“赣通码”服务,累计申领赣通码2895万张,亮码3.4亿次,为全省疫情防控提供有力支撑。完成金融服务专区等26个部门及特色专区建设,进一步拓展了服务内容。平台累计上线服务事项6855项,电子证照240种,实名用户数突破3500万,累计访问次数超过24亿人次。赣服通地市分厅建设进展顺利,多地上线推广了一批基于身份认证和电子证照的业务应用,为市民和企业提供了便捷服务。二是“赣政通”加快推广应用。全力推动分厅建设,平台应用和推广工作取得新成效,已建“赣政通”分厅81个,注册用户突破40万,日活跃用户数8万人次,接入各类业务应用近千个。推动地市整合各类政务移动App向“赣政通”迁移。三是深化“前店后厂”模式建设。持续推动“赣服通”“赣政通”融合对接,31个省直单位的565个省级行政审批事项实现“赣服通”前台受理“赣政通”后台办理。“赣政通开启江西政务服务‘前店后厂’新模式”案例荣获2021政府信息化创新成果与实践案例奖。

五、公共服务创新应用建设成效显著

以重大平台建设为抓手,全力公共服务创新应用。一是推进公共信用信息平台建设。完成江西省公共信用信息平台二期项目建设,推进“信易+”创新试点,探索信用评价应用,拓展信用信息应用场景。推动信用立法,制定《江西省社会信用条例》。以平台归集的信用数据为依托发布红名单信息6万余条、黑名单信息近40万条,提供标准查询接口39个,提供信用信息查询服务1.8亿次。江西省公共信用信息平台和信用门户网站获评2021年省级特色平台网站。九江市公共信用信息平台和网站荣获2021年度全国“特色平台网站”称号。二是推进公共资源交易平台建设。持续完善平台功能,优化技术架构,高效支撑全省公共资源线上交易，确保平台安全、稳定运行。推动不见面开标和异地评标建设，进一步提升平台便民服务，降低企业交易成本；截至目前，平台累计成交项目近20万宗。三是推进江西省“生态文明”大数据平台建设。建成生态文明“一张图”，实现192类生态数据汇聚、共享和应用；建设生态文明知识图谱、生态环境监测预警、节能减排项目监测监管、生态文明专项任务调度等子系统，助力全省生态文明信息化建设。

六、技术运维和安全保障能力不断增强

坚持发展与安全并重，进一步规范建设运维，提升重大信息基础设施、重大平台系统、数据资源等安全保障水平。一是推进江西省政府网站建设运维。完成江西省政府网站PC端和手机版适老化和无障碍改造工作，开发建设老年关怀模式入选2021年省级政府网站“十佳”优秀创新案例。江西省政府网站在2021年数字政府服务能力评估中位列全国前六。二是统一开展技术服务。依托全省信息系统，为各级政务部门处理系统、网络等故障，确保政务网络、政务云、政务应用安全稳定高效运行。各市县智慧城市、城市大脑、一网统管等重大平台建设和运维能力进一步增强。三是持续落实网络安全等级保护要求。针对“赣服通”“赣服通”、江西省公共资源交易、江西省公共信用信息平台、“赣通码”等存储有重要数据和个人信息的关键基础信息系统，加强3级等保备案和测评工作，并按照3级等保要求，做好身份认证、数据库安全防护等工作，网络和信息安全保障水平进一步提升。

（江西省信息中心）

2021年山东省电子政务发展概况

山东省委省政府高度重视大数据工作。2021年，山东省全面启动数字强省建设，成立数字强省建设领导小组，出台《山东省“十四五”数字强省建设规划》《山东省大数据发展促进条例》等文件，系统谋划了“十四五”时期数字化发展蓝图，并就电子政务相关工作作了全面部署。一年来，山东省实施数字政府强基工程，加快政务服务模式重构，强化数字公共服务新供给，深化数据创新应用，不断提升整体安全防护能力，深入推进山东省电子政务建设。

一、强化基础设施集约化建设

持续统筹政务云、电子政务外网建设管理工作，组织制定《政务云平台服务质量评价指标》《政务外网管理规范》等标准规范，按照统一的技术标准重构了全省规范的电子政务外网，进一步扩大公共服务域网络连接范围，实现省、市、县、乡、村五级接入，省市县部门接入2.2万

余个,乡村实现全覆盖。深入推进“一网多平面”建设,承载数据、视频、物联感知等多种业务,实现网络服务的灵活定制和动态调度。持续推动政务系统向政务云集中部署,按照集约化建设的原则,不断优化完善政务云布局,形成了“1+16”(1个省级政务云平台,16个市级政务云节点)的全省“一朵云”服务格局,不断推进政务信息系统部署迁移上云,实现了“应上尽上”,其中省级系统实现云上部署1800余个,各市上云7000余个。实施“全省一朵云2.0”提升工程,建设骨干云节点,构建起灾备体系,持续强化政务云服务能力建设,从以基础设施服务为主逐步升级为覆盖基础、平台、数据、应用等各层级全栈服务。组织云原生技术应用试点,着力发展在政务领域应用实践,支撑政务信息系统敏捷开发和迭代升级。

二、提升政务服务便民化水平

组织制定《山东省政务服务能力全面提升行动实施方案》《山东省政务服务线上线下融合提升工作方案》等工作方案,深入推进“一网通办”“全省通办”“跨省通办”,全省依申请政务服务事项网办理达到96%、全程网办率超过90%。实施“双全双百”工程,围绕个人出生、教育、工作、养老等全生命周期和企业开办、准营、运营、退出等全生命周期,各推出不少于100项企业和群众办事需求大、关联度强、办理频率高的事项,强化数据共享,实现关联事项“一链办理”,共压减环节20%,压减材料43%,压减时限40%。在国家一体化在线政务服务平台框架下,建立全省政务服务统一业务中台,实现各渠道依申请政务服务事项在线申请办理的统一入口、统一进度查询和统一数据归集,推动在PC端、移动端、窗口端、自助端等线上线下多渠道事项同源、服务同源、数据同源建设。山东省一体化政务服务平台共支撑省45个省级部门1800余项依申请事项运行,2021年省级各部门办理业务超过718万件,较2020年提升83.63%。已累计向国家政务服务平台汇聚政务服务办件数据数据4.6亿条,位列全国第一位。迭代升级“爱山东”政务服务平台移动端,接入服务事项超过2万项、注册用户突破9000万人,高频服务事项全部实现“掌上办”,基本实现“一部手机走齐鲁”。2021年6月,首届中国政务服务掌办指数发布会上“爱山东”在“掌上好办”综合指数评级中获评“A”级,位居全国前列,被授予“指日可待”奖。

三、深化公共服务数字化供给

围绕教育、医疗、社保、医保、养老、救助等重点领域,推动新一代信息技术与公共服务深度融合,扎实推进国家公共数据资源开发利用试点,组织开展大数据创新应用突破行动,打造出一批典型数字化应用场景。在教育方面,通过开展不动产登记信息、常住人口信息、交易网签合同信息、租赁备案信息、个人参保信息、个体工商户登记信息和企业法人基本信息等数据共享和自动比对审核，重塑入学流程，逐步实现入学报名“零证明提交”，有效解决了孩子入学时家长现场集中排队、耗时过多等问题，实现义务教育入学报名“网上办、掌上办”，使招生效率更高效、招生过程更阳光、招生结果更透明。全省义务教育招生阶段网上招生实现全覆盖，惠及260余万个家庭。在医疗卫生方面，积极打造“互联网+医保+医疗+医药”模式，推动就医服务“掌上办”。群众通过手机就可以快速办理医院预约挂号、异地就医备案、社保卡信息查询、就诊费用清单及缴费查询、医保信息查询等就医事项。在婚育方面，启动结婚登记“跨省通办”“全省通办”，全国首张跨省办理的结婚证在济南市发出。以打造“出生一件事”为切入点，通过共享公安、卫健、医保、民政等部门数据，将出生医学证明开具、落户、疫苗接种、医保办理等8件关联事项整合成“生育一件事”，由原来的填报11张表单、52份材料减少至1张表单、4份材料，办理时限从4.5天压缩至3分钟。在养老方面，通过共享公安、卫健、医保、医院、交通、民政等部门的户籍管理、健康体检、门诊就医、公交卡储值、交通出行、健康码、养老院入住、殡葬管理等数据，准确掌握老年人动态，优化认证流程，实现社保待遇无感“静默认证”、高龄津贴“精准发放”等服务，寓认证于无形。全省社保待遇无感“静默认证”、高龄津贴“精准发放”人群占比达90%。在社会救助方面，推动公安、民政、医保、卫生等部门数据共享，建立数据模型、开展数据比对，主动挖掘潜在救助对象，对全省脱贫享受政策人员、即时帮扶人员、低保对象、特困人员和农村低收入人员等对象开展参保、就医等信息动态监测，开展残疾人“两项补贴”精准发放，提升救助工作精准化水平。

四、创新政务数据共享开放模式

强化数据汇聚。在全省启动开展数字机关建设，加快推进各级各部门业务数字化，按照“业务—系统—数据”匹配的原则，梳理数据生产“责任清单”，强化数据供给。基于省一体化大数据平台，系统谋划了基础库、专题库、主题库、通用办公库“四库一体”的数据资源体系，推动数据跨部门、跨层级、跨区域汇聚。创新汇聚方式，实行“物理汇聚”和“逻辑汇聚”相结合，对于应用范围广、需求量大的基础数据，逐步实现“物理集中”，统一提供服务；对于技术性强、内容敏感的行业数据，采用共建一体化大数据平台行业分节点的方式，变“数据搬家”为“服务搬家”，稳妥推动“逻辑集中”。结合疫情防控等工作需要，将数据汇聚范围拓展至出行、通信、水电气暖等公共数据。对其他公共服务机构、相关企业及第三方平台数据，采用协商、采购、合作开发等方式推动汇聚。已在金融监管、国土遥感等领域，创新采用“统采复用”模式，由大数据局统一采购相关数据后，汇聚至省一体化大数据平台，供各级各部门共享应用。强化数据共享。健全完善常态化数据供需对接机制，定期梳理发布数据供需清单，推动实现数据精准共享应用，已梳理数据供给清单1243项，数据需求清单761项。建立“数据返还”机制，针对数权在省级、事权在基层的情况，推动相关数据向各市“返还”，变各市“被动要”为平台“统一给”,各市依托返还数据开展创新应用,取得明显成效。强化数据开放。针对部分社会需求强烈,但涉及隐私、不便主动开放的政务数据,探索推动在数源部门、数据主体“双授权”的前提下,向特定主体定向开放。依托山东省一体化大数据平台,打造“服务中台”式服务,需求单位可在“服务中台”上建模分析,获取分析结果,不带走原始数据。该模式已在融资服务领域开展应用,提供企业注册登记、社保缴纳、不动产、公积金等60余类数据服务,有效缓解了银企“信息不对称”带来的融资难、融资贵问题。

五、筑牢整体网络安全防护基础

加强顶层设计,统筹推进数字政府安全体系建设,着力构建覆盖数据全生命周期的数据安全保障体系。建立了网信、公安、通管、保密、大数据等部门的协同联动机制,落实全省网络安全管理职责。完善制度规范,研究制定《山东省数字政府网络安全体系规划》《山东省电子政务安全管理办法》《山东省电子政务外网管理办法》等11项安全相关管理制度及数据分级分类标准,明确5级分类标准。建成省级政务安全态势感知平台和电子政务云数据安全防护平台,以及数据安全中枢系统和数据安全运营系统,强化数据安全监测和防护能力,实现数据安全态势感知、威胁预警、协同处置和回溯分析,保障数据全生命周期安全。网信、公安、大数据等部门联合,定期检查各级各部门及云服务商、网络运营商安全管理制度落实情况。针对政务云平台和各上云系统,定期开展常态化的技术渗透、远程监测等检查工作,及时发现风险隐患并督促整改。定期组织开展“鲁数网安”攻防演练以及网络安全事件应急演练,从事件监测发现、分析研判、预案启动、应急处置等环节,强化全流程应急处置。

(山东省大数据局)

2021年湖北省电子政务发展概况

近年来,湖北省委省政府高度重视政务信息化、数字政府建设,坚持全省一盘棋,以建立集约完善的数字底座基础支撑体系、打造高效便捷的政务服务体系、构建科学精准的治理应用体系为工作目标,推进湖北省整体协同、高效运行的数字政府建设,在2019 — 2020年国办电子政务办委托中央党校(国家行政学院)组织的省级一体化政务服务能力第三方评估中,湖北省政务服务能力均保持全国前十的优秀成绩。

一、基础设施体系建设方面

（一）湖北省政务外网情况

湖北省政务外网已实现“省市县乡村”五级全覆盖，横向接入111家省直单位，纵向接入17个市州，市（州）、县区、乡镇、村级政务外网接通率达到100%。当前，主用线路带宽255兆，约40个国家部委各系统业务协同和数据共享依托政务外网开展协同业务，湖北省政务外网已成为承载全省政务系统上下贯通的骨干通道。

按照《省人民政府关于印发湖北省数字政府建设总体规划（2020—2022年）》发展目标要求，湖北省正在开展政务外网升级整合工作。该项目完成后，将大幅提升网络承载能力、业务支撑能力和网络信任能力，总体上实现全省政务外网的长足发展，使其成为一个网络覆盖全面、传输高速畅通、运行安全稳定、业务支撑完善、运维模式高效、技术应用新颖的政务外网基础平台。能充分满足各级政务部门决策、办公、管理、服务、协调、监督和应急的需要，为未来5~8年电子政务应用的发展提供良好的网络支撑平台，支撑湖北省电子政务、国家政务外网建设，助力“数字政府”建设和“放管服”改革决策部署落实落地。

（二）云资源集约化建设情况

湖北省按照“全省一朵云”顶层设计，正在推动“1+17+N”的云平台融合工作，其中：“1”为省级政务云，由省大数据中心政务云和国资企业建设的楚天云共同组成同城双中心；“17”为湖北省17个市州、省管县、林区分别建设的地方云平台，承担地方政府信息化系统的资源承载；“N”为公安、卫健、教育等行业云。省级政务云作为云融合的骨干枢纽，承担更多省级政府信息化系统的资源配属利用：

1. 湖北省政务外网机房水果湖中心

湖北省大数据中心机房（水果湖中心）云环境分为政务外网区、互联网区和应用安全区。政务外网区和互联网区通过边界网闸设备物理隔离。目前共承载28家省直部门，175项应用部署。为湖北省数字政府一期工程“8+3”项目的统一身份认证平台、大数据能力平台、电子证照、电子印章等应用系统提供云资源服务。同时承载了湖北省信用信息公共服务平台、湖北省投资项目网上联合审批平台、湖北省公共资源交易平台、湖北省“雪亮工程”电子政务共享平台等四大重点工程。

2. 湖北省楚天云情况

楚天云是省委省政府为提升省级政务云集约化效能，加快促进政务信息融合共享，推动应用上云的重点工程。楚天云按“多节点融合”模式建设，算力资源利用了花山主中心、武钢二中心、武汉临空港三中心、异地灾备中心。其中花山主中心机柜数量260台，物理服务器

1018台，可提供6000台虚拟机(8C16G)、4PB存储服务能力。目前，平台为80多家省直部门及二级单位累计1064多个应用系统提供上云服务，承载了湖北省数字政府一期工程"8+3"项目、鄂汇办、政务服务网、湖北健康码、湖北省疫情防控管理平台、应急管理、婚姻登记等核心热点民生应用和系统。

二、安全保障体系情况

湖北省高度重视网络安全工作，政务外网安全保障六大体系建设基本完成，安全、稳定的系统环境为全省政府信息化保驾护航。

（一）网络防护体系

政务外网按照国家标准划分为外部接入安全域、互联网接入域、数据库安全域、应用安全域、存储资源池及安全管理域6个安全域，域与域之间统一用边界防火墙进行隔离。同时采用运维审计系统(堡垒机)保障网络和数据不受外部或者内部使用人员的入侵和破坏。互联网接入域部署了IPS入侵防御、IDS、抗DDOS等设备来防止SYN Flood、分布式拒绝服务等各类网络攻击。

（二）应用防护体系

将各应用系统专门划分在应用安全域中进行统一管理，并通过WAF防火墙、应用安全域防火墙、Web漏洞扫描、网页防篡改等系统对政府网站统一防护。同时，定期通过Web漏洞扫描系统对Web资产进行扫描，扫描的结果及时送报用户单位并整改。

（三）数据库防护体系

通过数据库审计与风险控制系统、数据库安全域防火墙为数据采集、治理、存储、应用组成数据库防护体系。坚持数据安全底线思维，定期开展数据库备份，加强内外部数据库使用行为记录，提高平台数据库资产安全。

（四）操作系统防护体系

建立全网安全态势感知体系，通过主机漏扫系统定期对业务系统服务器进行漏洞扫描。及时跟进国家安全中心安全预警信息，制定本地安全策略组策略，及时向全省用户单位推送操作系统漏洞预警报告，协助各部门做好系统修复工作。

（五）身份认证体系

政务外网省级平台已建设湖北RA(Registration Authority)系统，该系统上连国家CA，是国家CA在湖北省本地的数字证书注册服务分支机构，为湖北省电子政务外网的用户提供数字证书的申请、下载、更新、注销等本地化服务，能颁发支持RSA和SM2(国产)算法的证书。同时，RA系统配备了目录服务系统，对外提供数字证书和黑名单数据的下载服务。

(六)安全运维体系

在以上5个防护体系之上，为了更加清楚地掌握政务外网的安全状况，政务外网省级平台部署了态势感知系统，每日对接入政务外网的各个资产、各网站运行状况等进行实时监测；对APT设备的异常数据包进行分析与研判，对安全事件开展应急响应与处置工作，保证各类事件的损失最小化，并开展事后分析与留档。网络安全态势管理范围包括省电子政务外网省级平台各网络设备、安全设备、服务器、应用系统及111个省级政府部门、17个市(州)电子政务外网接入设备的安全监测。

2021年，省电子政务外网通过态势感知平台累计发现并拦截各类安全告警6195万次，平均每月近563万次；不间断对来自互联网的异常攻击进行分析、判断并记录，及时处置安全异常事件，避免安全威胁扩散，有效保证了全年省电子政务外网安全稳定运行。

在此基础上，根据政务外网态势感知平台网络安全监测情况，对全省接入政务外网的节点部门实施全天候全方位安全监测。2021年整理并发送涉及13个市(州)、22个接入政务外网的省直部门异常联通事件共175起。通告发出后协助相关单位进行及时处置，有效避免安全影响范围进一步扩大。通过近几年持续有效的安全协同通告，有效推动了各市(州)安全建设工作，部分市(州)由原先的“被动挨打”转换到“主动感知、主动发现”，全省电子政务外网网络安全保护水平不断加强。

三、政务业务应用方面

湖北省大力推进省一体化政务服务平台建设，已构建覆盖省、市、县、乡、村五级，面向各类政务工作人员、群众、企业及其他法人的综合服务体系。已基本形成“一网通办”的一体化服务平台架构，湖北政务服务网、鄂汇办App、线下综合受理平台、自助终端等多门类服务渠道为群众提供线上线下标准化、同质化服务，统一身份认证、统一数据共享、统一电子证照、统一电子印章、统一物流等一批公共支撑平台的建设，不断提升企业群众获得感、体验感。

(一)“一网通办”的线上服务零距离

为了适应日益增加的服务上线和用户使用的需求，政务服务网多次升级改版。一是增强办事体验。通过提供实名实人、安全登录等方式优化统一认证登录服务，通过适老化改造、交互体验等方式优化PC端和移动端的办事操作便利、通过研究电子签章应用来促进跨系统跨区域调用系统落实落地等任务,着力提升了企业群众办事满意度。二是拓展“减材料”“减跑动”“减时限”空间。减材料方面,推进电子证照应用便利化,推进证照材料名称标准化,实现基于政务服务网推进网上办事免提交。截至目前,全省51本证照免提交标记202186个,比例为98.83%。减跑动方面,通过优化考核指标,助力全省“最多跑一次”比率提升至98.8%。减时限方面,通过对标上海、浙江、广东等地,自我加压,协同实现省市县三级审批事项办理时限分别比法定时限减少了72.4%、84.5%、86.7%。三是提升“四办”能力。优化“一网通办”,加快更多高频易办事项“掌上办”,截至2021年年底,鄂汇办App上线应用总数5565项,月活访问量超过500万次,基本达到了先进省份标准。推进“一门一窗”建设。协助开展市州分中心、事项入驻、综窗设置、自助终端建设等数据统计分析工作,为推进“一窗通办”等工作提供基础支撑。依托一体化平台,协同支撑“全省通办”“跨省通办”“一事联办”。完成新增的12个“一事联办”事项落地。全省17个市州均已与外省市开展“跨省通办”合作,事项累计达1000余项。上线专区,其中武汉“1+8”城市圈实现政务服务及公共服务319项、“襄十随神”上线服务356项、“宜荆荆恩”67项,为区域企业和群众提供了更加方便快捷、高效务实的政务服务。

(二)“一窗通办”的综窗服务破藩篱

湖北省坚持以“一门一窗”提质增效为目标,以服务事项规范梳理为基础,以业务系统深度对接为路径,以受审分离模式创新为驱动,通过大力推进全省统一受理平台建设运行,构建省市县乡村五级全面覆盖的线下综合窗口审批模式,创新政务服务线上线下融合,逐步实现全省各层级、各部门服务全程监督、数据全量汇聚、质效全面感知。

自2020年下半年,在全省各级政务服务打通推行“统一受理”模式。一是构建标准规范的事项管理体系。以事项编制标准化统领线上线下服务同质化、无差别办理。二是建立线上线下的服务感知体系。线上通过政务服务网,线下通过综合窗口,由统一受理平台统一生产办件流水号,汇集全省业务办理系统产生的过程和结果数据,实现业务办件全量感知。三是逐步实现窗口无差别跨域受理。采取试点分步推进,开展小区域、小范围的试点,推动“小综窗”建设,将业务按主题进行分类,容易掌握的业务优先纳入“综窗”。通过数据共享、材料共享共用、业务流程再造,实现了多个事项联审联批,套餐式、集成式的“一件事”审批。通过与国家政务服务平台深度融合,加快与国家、省直垂管业务系统和数据的互联互通,完善了全省一体化政务服务体系,推动实现“异地通办、跨省通办”。

(湖北省大数据中心)

2021年广东省电子政务发展概况

2021年是“十四五”开局之年，广东省委省政府高度重视全省数字政府改革建设工作，将深化数字政府改革建设、建设高标准数据要素市场体系，作为新发展阶段推进创造型引领型改革的重点任务进行部署推进。广东省数字政府系统认真贯彻落实党中央、国务院和广东省委省政府有关决策部署，通过优化政务服务“一网通办”、推动省域治理“一网统管”、强化政府运行“一网协同”，推动实现三“网”融合，促进政府治理能力和水平不断提升，同时推动数据要素市场化配置改革，赋能数字经济高质量发展，为“十四五”期间数字政府改革建设开好局、起好步，努力开创数字政府改革建设新局面。

一、构建泛在普惠的政务服务“一网通办”新体系

（一）深化“粤系列”平台应用建设，全面提升一体化政务服务能力

出台《广东省数字政府移动政务服务平台（粤系列）管理办法》，加快全省各级各类移动政务服务平台和资源整合。粤省事平台实名注册用户突破1.52亿人，累计上线2230项服务及91种个人电子证照，其中1137项实现“零跑动”；推出“粤省事码”，支撑一秒亮码、一键授权及一码办事。粤商通平台市场主体注册用户突破1100万，累计上线1700项涉企服务，实现电子营业执照集成、粤商码免证办。建设“粤省心”政务服务便民热线平台，整合各部门分设的30多条服务热线，实现12345一号对外。加快推动政务服务向基层延伸，“粤智助”平台总计接入设备32991台，其中包括16262台政府服务自助机，16729台银行等智慧终端，上线事项数171项，累计业务量超1574万笔，服务群众超877万人。

（二）积极探索服务创新，推动政务服务高质量发展

开展首届广东省市县级政务服务标杆大厅评估，广州、深圳、惠州、东莞、中山、江门6个地市，珠海市金湾区、佛山市禅城区、韶关市南雄市、汕尾市陆丰市、肇庆市德庆县等15个区县获评标杆大厅。推进企业开办和工程建设项目审批“一网通办、全程网办”，实现“一次登录填报、全流程在线审批”。召开泛珠三角区域政务服务跨省通办合作第一次联席会议，邀请香港、澳门有关负责同志参会，签署泛珠九省区跨省通办合作协议，全力推动跨省政务服务“用户通、系统通、数据通、证照通、业务通”，实现300项高频政务服务事项“跨省通办、省内通办”。创新政务服务“跨境通办”业务场景和服务模式，与港澳合作开展一批高频公共服务跨境通办。建设上线“珠澳通”App，一站式集中提供湾区资讯、办事指南和服务入口。推进政务服务适老化改造，开通在线服务平台无障碍导览通道，推行刷脸认证全覆盖、高频服务代申办功能。

二、打造整体联动的省域治理"一网统管"新格局

(一)构建省域治理"一网统管"体系

在全国率先提出省域治理"一网统管"建设思路,构建"1+3+5+N"的工作体系。创新打造"粤治慧"基础平台,为应用专题建设和接入提供组件化、模块化的开发环境。目前,该平台已陆续部署试用,基本满足工作初步需求。发布全国首个省域治理"一网统管"理论体系,对广东省有关经验探索进行总结、提炼和深化,为超大规模的省域治理提供广东经验。

(二)稳步推进各地各部门应用创新

在广州、深圳、中山、江门、茂名、汕尾、潮州等8个地市,深圳前海、珠海横琴、东莞松山湖、阳江阳西县、清远英德市等5个县区,开展"一网统管"试点。其中,广州创新打造了"穗智管"城市运行管理中心并接入省平台。茂名、江门、佛山、潮州已部署基础平台,深圳、阳西、汕尾基于现有平台接入省平台,各地城市治理水平不断提升。各部门依托"一网统管"基础支撑能力,积极开展系统建设和应用,经济运行、自然资源、生态环保、水利、基层治理、风险防控与应急指挥、消防救援、住房城乡建设等8个省级试点应用专题稳步推进并取得了标志性成果。

三、深化融合互通的政府运行"一网协同"新模式

(一)持续提升"粤政易"平台能力

"粤政易"平台已基本覆盖广东省五级公职人员,已开通用户205万人,日活跃率高达66.7%,日均发送消息600多万条。不断提升粤政易平台开放性,强化业务应用接入支撑能力,接入各部门业务系统及办文、办事、办会等业务应用900多项,电子公文交换系统覆盖全省36844家单位,粤视会系统支撑视频会议高效运转,深化跨部门、跨层级业务协同,各级政府部门履职能力整体提升,掌上办公理念深入人心。

(二)助力基层减负新突破

建设统一高效、互联互通、安全可靠的数字政府填表报数系统,推动系统与粤政易、广东省统一身份认证平台、短信平台、全员人口系统及各级数据中心对接,解决基层填表报数重复填报、数据口径不一等突出问题,实现填表报数从"找基层"到"找系统"的转变,基层减负效果突出。截至目前,填表报数系统已在佛山市、广州市越秀区、汕尾市陆河县试点应用,试点地区表格数量压减40%以上、数据项压减近80%、填报工作量压减60%以上。

四、推进数据要素市场化配置改革率先破题

(一)健全数据要素制度体系

印发全国首个数据要素市场化配置改革方案,在释放公共数据资源价值、激发社会数据资源活力、加强数据资源汇聚融合与创新应用、促进数据交易流通、强化数据安全保护等方面提出了24条改革任务和71项工作内容。推行全国首个政府首席数据官制度,在广东省委政法委等13个省级单位和广州市等11个地市开展首席数据官制度试点,强化跨部门、跨层级、跨领域统筹协同机制。出台《广东省公共数据管理办法》,在国内首次明确将公共服务供给方数据纳入公共数据范畴、首次在省级立法层面真正落实"一数一源"、首次明确数据交易标的,有利于进一步规范公共数据共享、开放和利用,释放公共数据价值。

(二)发布全国首张公共数据资产凭证

广东省于2021年10月16日发布了全国首张公共数据资产凭证,并在企业信贷("电费贷")场景中成功应用。在11月26日召开的首届数字政府建设峰会的成果发布活动上,发布了深圳市的公共交通服务,珠海市的跨境信贷、企业港澳商务签注备案审批,佛山市南海区的气象灾害财产保险、环境保护税征管,江门市的个人信贷等6个试点场景成果。公共数据资产凭证是广东省在公共数据资产化管理的一次重要探索。

(三)加快推进公共数据资源开发利用

完成首轮政务信息化能力和公共数据资源普查,基本形成广东省统一的系统清单、数据清单、需求清单。推进公共数据资源开发利用试点,以企业和群众对公共数据需求迫切的46个应用场景为切入点,在广州等10个地级以上市和省公安厅等11个省有关单位开展试点,以点带面逐步建立公共数据资源开发利用长效工作机制。紧紧围绕疫情防控需要,充分发挥技术优势,为常态化疫情防控提供有效保障,有力支撑复工复产、高考、第十三届中国航展、第十七届中国国际中小企业博览会、第130届广交会、数字政府峰会等关键节点、重要活动的疫情防控工作,助力各地各部门圆满完成各项重要任务。

五、不断夯实数字政府基础支撑能力

(一)提升政务云网支撑能力

省和14个统筹市政务云累计发放超过32万核vCPU、860TB内存、32PB存储,支撑106个省级单位和636个市级单位共3351个业务系统稳定运行。重点围绕打造弹性高效、可管可控

的广东省一片云,提升政务云的统筹管理力度和服务支撑能力。政务外网已基本实现省、市、县、镇四级全覆盖,按需覆盖的村居级网络覆盖率达到93%,横向连接了各级政务云平台及全省26000多家政务单位。整合三大运营商5G专网资源,在全国率先推出首张省域5G电子政务外网。创新落地"服务1+N"架构,大幅提升网络承载能力,为大规模集约化部署的系统提供了稳定可靠的网络保障。

(二)强化省政务大数据中心服务支撑能力

升级广东省政务大数据中心及分节点功能,完成14个政务大数据中心地市分节点建设,优化共享数据编目挂接、审批、权限管理等流程,实现广东省数据共享平均办结时长缩短至13.3小时,形成政务数据资源的统一管理和统筹调度能力。建成广东省视频和感知数据共享管理平台,接入广东省委政法委、广东省公安厅等8个省级单位和21个地市共96万路视频资源,并通过数据共享方式有效支撑了广东省消防总队智能指挥和广东省武警总队反恐处突、重大安保等场景应用。

(三)构建立体网络安全保障体系

加强政务云平台网络安全保障。2021年,共阻断9100万次安全攻击,封禁19万个攻击源IP,发现并处置217个网站木马,发送安全风险预警通告1200次。印发《广东省电子政务外网网络安全管理办法》,建立了监管部门联合安全检查机制。开展数字政府网络安全实战攻防演练及地市数字政府网络安全效果评估,组织开展"粤盾—2021"广东省数字政府网络安全演练,各地各部门在防守中发现并清除32类982个网络安全隐患,排除499台重要设备风险隐患。

(四)推动标准化工作取得新突破

在全国率先成立数字政府标准化技术委员会,组织制定数字政府标准化管理办法。持续完善数字政府标准体系,构建涵盖400项标准的数字政府标准体系框架,采纳国家层面标准224项,自研数字政府工程标准165项,已印发实施90项,并对39项重点标准累计开展11场宣贯培训,向省直各部门及21个地市2000余人次详细解读标准。同时构建"一网统管"标准体系框架,拟定待研制140项标准规范,已印发实施2项,完成初稿编制40项,其中25项已发至各试点地区供其参考使用。狠抓标准应用实施,在电子文件归档、政务服务大厅标准化建设、数据开放共享等方面率先发力,充分发挥标准引领作用。

六、全力做好数字政府重点专项工作

（一）成功举办全国首届数字政府建设峰会

2021年11月26日至27日，广东省政府与中央党校联合主办的第十六届中国电子政务论坛暨首届数字政府建设峰会在广州召开。大会是国内数字政府领域首个全国性、高层次专题活动。广州、深圳、珠海、佛山、惠州、东莞、江门、肇庆等地市积极参与，全省通力合作，确保了大会的顺利圆满召开。峰会期间发布政府、企业重大成果32项，42个重点合作项目完成签约，有力促进数字政府交流合作发展，树牢广东省数字政府改革建设标杆，助推广东省全面数字化发展再上新台阶、再创新辉煌。

（二）顺利完成国考迎评工作

各地各部门按照迎评工作部署，精心谋划、高位推动，相继开展了一系列工作，从群众的实际需求出发，认真对标对表、狠抓末端落实。从全省范围看，问题整改类指标整改成效明显，数据上报类指标的重心从“注重数量”向提升覆盖率和数据补偿方向转变，优化提升类指标的“规定动作”基本完成，各地各部门转入上线“自选动作”，上报类指标的要求也从“报数”转向“质优”。在促进政府职能转变、提升行政管理和服务效能方面，取得了明显成效。

（广东省数字政府研究院）

2021年济南市电子政务发展概况

2021年，济南市以数据整合共享、数字政府建设、数字泉城建设为重点，积极主动作为，勇于开拓创新，数据开放和泉城链、可信身份认证、不动产业务掌上办理、掌上亮证等场景应用走在全国全省前列。其中，数据开放成为全国标杆，济南市被评为2021年数据开放标杆城市；数字政府服务能力评估获评“优秀级”；政府互联网服务能力步入全国领先行列；数据中心规模数量保持全省首位；“无证明城市建设”做法列入全省典型经验拟上报国务院办公厅，入选“2021信息化科技创新推荐目录”；泉城链政务数据可信共享新模式，荣获第一届中国新型智慧城市创新应用大赛二等奖；“保医通”数据共享模式被国家、省医保部门试点推广；“卡码联动”智慧出行新示范，被省自贸办列入拟在全省复制推广的候选改革试点经验；社区长者助餐、退休静默认证、老年免费公交卡免年审、机场老年身份证联通健康码、“泉城码”卡码联动等一批便民利民场景被央视新闻专题报道。

一、持续推进数字基建,数据应用基础实现新提升

一是进一步提升政务云网支撑能力。全市政务上云率实现100%,电子政务外网实现部门、区县、街镇、中心社区全覆盖;完成城市大脑底座平台一期和统一政务区块链平台建设,部署市交通大脑、一体化综合指挥平台、齐鲁卫星数据服务等应用系统,构建"一云多平台"创新模式,荣获"未来运营领军者"奖项;电子政务外网与量子技术创新融合试点示范项目通过国家电子政务外网管理中心测试验证,认为具有重要的电子政务外网应用示范推广价值。二是进一步完善大数据资源体系。市数据共享交换平台发布数据目录1万余个、数据资源1.4万余项,有效支撑疫情防控、义务教育入学网上报名、泉城链、保医通等应用场景的数据需求。济南市被评为2021年数据开放标杆城市,位居全国开放数林标杆城市第五位、副省级城市第二位,其中,数据数量、数据质量、数据规范和开放范围等数据层指标位居全国第一,连续3年荣获全国"数开成荫"奖。三是进一步推进一体化综合指挥平台建设。济南市一体化综合指挥平台已接入系统104个,覆盖经济发展、城市管理、社会治安、疫情防控等领域;汇入视频监控资源16万余路;归集事件130万余条,梳理事项4205项,相关指标均居全省前列,基本实现视频指挥、综合调度、事件处置等功能。四是进一步加快数据要素流通。在山东省率先出台《济南市数据资源登记和交易流通试行办法》,建成数据资源登记系统,积极探索推动数据要素市场化改革,推进构建大数据产业生态。五是进一步推进数据中心建设。加快推进新型数据中心试点创建,积极争取省级财政用电补助总额1894万元,居山东省第一位,占山东省数据中心用电补贴资金的60%以上,数据中心规模数量保持山东省首位;8家数据中心纳入省级大中型数据中心和边缘数据中心(第一批)试点建设名单,以市政府名义申报一体化大数据中心省级核心区和10个省级行业节点,数量全省最多。六是进一步强化数据安全保障。"量子+"数字政务融合创新安全应用平台列入山东省网络安全试点示范工程,"三位一体"数据安全防护体系相关做法入选杭州"西湖论剑"十大新型智慧城市案例。

二、持续打造数字政府,营商环境实现新优化

一是全面推行"一网通办"。完成"一网通办"总门户改版上线,全市依申请政务服务可网办事项网办率,"一件事"服务专区全链条网办事项,归集上传山东省平台办件数据,均居山东省前列。数字政府服务能力评估获评"优秀级";政府互联网服务能力评价位居全国337个城市第9名、333个副省级和地级城市第7名,其中,政府互联网服务供给能力指标位居山东省首位。二是持续拓展"掌上办"应用。打造"爱山东·泉城办"全天候服务型"掌上政府"被济南市政府列为2021年为民办的22件实事之一,优化不动产登记全链条掌上办,首创新建商品房和二手房业务全链条掌上办理,率先实现无犯罪证明等证明掌上开具和电子不动产证掌上亮

证,创新实施的新生儿、身故全生命周期“一件事”掌上办上线运行,政务服务应用1760余项,提前超额完成全年目标任务。“爱山东·泉城办”App被评为“2021年度电子政务典型案例”“2021数字政府‘二十佳’优秀创新案例”和“2021年度中国信息化数字政务创新奖”。三是加快推进“无证明城市”建设。31个领域的办事事项实现“免跑腿”,42个市级证明事项网上开具,18项市级高频证明可在“泉城办”App掌上办理,累计减少纸质泛证明材料1200多万份;在热点领域开通运行22个高频可信身份认证应用和32个高频电子印章应用,提供服务1200万次以上,济南市政务服务大厅70%“一窗办理”事项实现亮码可办,公安、人社、公积金等业务实现“一章通办”;在全市推广为新开办企业免费发放电子印章,同步推出85个政务服务应用事项。济南市“无证明城市”建设走在全省前列,有关做法列入山东省典型经验拟上报国务院办公厅,并入选“2021信息化科技创新推荐目录”。四是不断深化机关内部“一次办成”改革。推动跨部门、跨层级事项“并联办理”“一次办成”,实现市直机关内部跨部门已上线事项“一次办结率”90%以上,区县级跨部门已上线事项“一次办结率”达70%,事业单位工作人员职业生涯“全周期管理一件事”在全省率先上线运行。机关内部“一次办成”改革“全程数字化”运行机制荣获“2021政务服务最佳创新应用奖”。

三、持续构建数字社会,智能应用场景得到新拓展

一是全国首创泉城链政务数据可信共享新模式。该模式得到国家信息中心专家高度评价,荣获第一届中国新型智慧城市创新应用大赛二等奖。目前已在金融服务、司法公证、政务服务、社会应用等领域落地应用,省会城市经济圈(黄河流域)等省内城市复制推广。其中,普惠金融领域累计授信金额超过50亿元,中国农业银行、浦发银行、华夏银行等多家银行金融机构总行给予充分认可。二是“保医通”服务平台拟在全国、山东省推广。率先探索建设“保医通”服务平台,7家主流保险机构的30余款商业医保产品实现无纸化、线上化快速结算,企业补充医疗保险实现即时结算,普通健康保险最快赔付时间2分钟,国家、山东省医保部门明确要求试点推广。三是在山东省率先打造“卡码联动”智慧出行新示范。实现公交卡与健康码“卡码联动”、自动核验,被山东省自贸办列入拟在山东省复制推广的候选改革试点经验;社区长者助餐、退休静默认证、老年免费公交卡免年审、机场老年身份证联通健康码、“泉城码”卡码联动等一批普惠便民典型应用场景被央视新闻专题报道。

四、持续强化数据保障,助力重大战略实施取得新进展

一是加快推进黄河流域生态环境保护和高质量发展。国家生态环境监测大数据超算云中心已在国家超级计算济南中心揭牌。黄河大数据中心规划论证工作已完成。二是积极助

力强省会建设。持续优化统一政务区块链平台,公安、人社、市场监管等部门486类数据已接入“泉城链”;济南市新型城市级一体化安全运营中心建成启用;空天信息创新平台构建完成。三是强力支持新旧动能转换起步区建设。推进“智慧生态黄河”建设,依托市大数据平台,完成生态环境主题库建设,实现环保数据共享开放;支持起步区开展智慧城市顶层规划编制和建设智慧城市运营指挥中心,目前规划已形成初步成果,指挥中心实现试运行。四是大力支持自贸区建设。依托济南市大数据平台,支持自贸区加快数字政府建设,完善数据资源共享体系,为自贸试验区提供了有力数据保障。

(济南市大数据局)

2021年青岛市电子政务发展概况

2021年以来,青岛市在电子政务重点环节上持续放大优势,接连发布《数字青岛2021行动方案》《2021年重点推进的政务服务“一件事”和城市运行“一个场景”工作方案》,发起“为民服务数据赋能”攻坚行动,以城市云脑“一体贯通”为重点,聚焦政务服务效能提升和市民体验优化改善,全面推动数字政府建设攻坚战。

青岛市网上政务服务能力建设再次进入全国前五名,数字城市建设获评中国数字城市百强榜第六名,政府数据开放水平位居全国开放数林标杆城市第二名,青岛政务网位列副省级及地市级城市政府网站第一名,相关工作经验被国务院办公厅两次宣介推广。

一、数字平台“一网支撑”迈出新步伐

进一步增强政务云和政务网的支撑保障能力,全市政务部门累计上云790个业务系统使用3500余台云主机。升级优化视频监控资源共享平台,汇聚视频资源超过23万路,增强了视频资源服务社会综合治理的效能。始终将安全摆在首位,加强网络安全管理,提升综合防御能力,进一步筑牢政务信息系统安全稳定运行的网络空间环境。

二、数据资源“一网共享”取得新成效

开展“为民服务、数据赋能”攻坚行动,全面破除数据“壁垒”,建立政务数据共享清单和负面清单,凡未列入负面清单的数据必须共享。日均数据共享交换226万条,市级需求共享满足率达99.5%,打造了人才引进“秒批”等一系列典型案例。“信用中国(山东青岛)”网站累计公示等各类信用信息650万条,助力相关部门查询调取信用数据超123万次,及时发现失信记录4982次。完善信用修复办理机制,累计受理信用修复申请6515件次,修复企业失信信息3591件次,实现企业失信信息修复工作“零跑腿”“零投诉”。

三、惠企利企“一网赋能”确立新标杆

以社会化投资、市场化运作方式在全国率先建成政务数据深度开放的服务平台——青岛市政务数据中台以安全可控方式累计向社会提供近60类2000万条涉企信用数据。截至2021年年底，进驻的金融机构已累计放款总额约237亿元，惠及企业近6.2万家，有效提高了中小微企业贷款可及性和便利度。助力破解惠企资金申报难题，通过企业综合画像，实现超4亿惠企资金“免申即享”“无感兑现”，惠及企业近千家。国务院办公厅优化营商环境办公室以专刊形式对青岛市的做法进行了宣传推广，并在中国政府网刊发《山东省青岛市探索利用大数据为中小微企业融资赋能助力营商环境持续优化》。

四、政务服务“一网通办”跑出新速度

将前沿数字技术融入政务服务各个环节，创新打造“五零”全生命周期审批服务链条，实现数据赋能、业务申报“零材料”，链上核验、授权审查“零跑腿”，自动比对、审批审核“零人工”，AI辅助、文件归档“零纸张”，线上协同、审管互动“零时差”，疏通行政审批“中梗阻”，助力“赛道转换”，推动政务服务从“可办”向“好办”“易办”转变。持续打造“掌上政府”，“爱山东·青e办”App上线7900多项服务，建成52个服务专区、30类专题服务，提供42类市民常用证照。全面推进电子证照、电子印章应用，502类电子证照可“亮码”应用。率先打造“无证明城市”，推进“不见面服务”，除批准的事项外，市级依申请政务服务事项网办率达100%。

五、城市治理“一网统管”构建新场景

以建管用结合、平急特结合的方式，建成城市应急指挥中心、城市运行综合管理指挥中心、城市云脑大数据中心等一体化城市云脑综合指挥中心，满足应急指挥调度、城市运行状态监测和综合业务协同联动等工作需要。建成青岛市统一的城市云脑平台，形成4个统一体系、5个技术层次、3屏交互、8视角呈现的“4538”架构体系，全面打造城市云脑应用集群，融合建设接入140个业务系统、252个应用场景、1000余项数据指标，将应急管理、城市管理、基层治理、生态环境、农业农村等“千条线”纳入一网统管。构建“平战结合”的一体化城市管理体系，日均处置城市管理各类问题1.4万件。

六、数字机关“一网协同”再上新台阶

全面推进网上办公，让“数据多跑路”助力文山会海问题解决，深入推进纵向贯通市、区、镇、村四级机构，横向互联企业、协会、驻青部门的一体化金宏办公系统，2021年网上公文流转

量超1.05亿件、召开跨部门跨层级视频会议1585次，市级领导实现网上办公，机关内部办文、办会、办事基本实现网上办。

七、公共服务“一码通城”实现新突破

打造全市一个码——“青岛码”，打通部门、平台、应用间“码”的壁垒，在政务服务、交通出行、医药卫生、公共场所管理、文化旅游、基层社区管理、商贸流通、内部事务管理等8大领域推动“一码通城”。实现“码”上统一，“多码”向“一码”转变，并在重点领域实现一码通城应用突破：政务大厅一码办事、一码取号，重点景区一码通行，医疗机构一码挂号、病历一码查询，重点商超一码入场等重点场景已上线应用。

八、“双12”打造数字化转型新模式

聚焦群众生活中最迫切需求、最急难问题、最高频事项，创新开展12个政务服务“一件事”和12个城市运行“一个场景”改革，将分散在各部门办理的“单个事”集成为市民和企业眼里的“一件事”，推进部门协同、流程再造，为城市治理解决问题，为市民生活提供便利。“义务教育入学一件事”实现20余万名学生家长“零跑腿”；“惠企资金申请一件事”实现奖补资金免申即享、快速兑现；“水电气暖有线与房屋协同过户一件事”实现房屋过户登记一次全办；“全市一家医院”启动建设，建成互联网医院45家，二级及以上医疗机构预约诊疗率基本达到80%；“全市一个停车场”持续推进，市区整体路网平均速度提高9.7%、通行时间缩短25%；“一码通城”在政务服务、交通出行等8大领域拓展应用，市民中心、医疗机构、风景区、商超已实现“一码认证、一码入场”超4000万人次。

（青岛市大数据发展管理局）

2021年广州市电子政务发展概况

2021年，广州市以党的十九大、十九届历次全会精神，习近平总书记在庆祝中国共产党成立100周年大会、出席深圳经济特区建设40周年庆祝大会和视察广东重要讲话、重要指示精神为指导，以开展党史学习教育为契机，积极开展“我为群众办实事”实践活动，为公平营商创条件，为群众生活增便利，各项工作取得明显成效。2021年国家网上政务服务能力考核在全国32个重点城市排名第二名。广州12345政务服务便民热线入选国家首批社会管理和公共服务标准化典型案例；“深度应用电子证照”“运用区块链技术提高招投标效率”的经验做法入选国家优化营商环境创新案例；“推进数据共享共用，实现社会共治共管”入选中国信息协会

“2021政府信息化创新成果与优秀案例”。广州市政务服务大厅在2021年全省首届市县级政务服务标杆大厅评估中获评“标杆大厅”。荣获“粤盾·2021”广东省数字政府网络安全攻防演练最佳防守单位。

一、深入推进“数字政府”改革建设

（一）优化“数字政府”、智慧城市建设顶层设计

全面对标对表中央、广东省关于“十四五”时期数字政府建设的决策部署，坚持远近兼顾，印发《广州市关于进一步加快智慧城市建设全面推进数字化发展的工作方案》《广州市数字政府改革建设2021年工作要点》等文件，编制了市数字政府改革建设“十四五”规划、“智慧城市”建设综合改革试点实施方案等顶层规划文件，着力搭建“十四五”时期广州数字政府改革建设的“四梁八柱”。

（二）打造“一网通办、全市通办”的“穗好办”政务服务品牌

1. 建设“穗好办”移动政务总门户

“穗好办”App以数据驱动引领“一网通办、全市通办”，陆续推出“羊城先锋”“党员微心愿”“校外培训机构”“长者长寿金发放服务”等特色服务应用，服务事项超2000项，97%的事项可通过电子证照、电子签名、电子印章、双程邮寄等方式完成办理，实现“零次到场”“全程网办”，办结周期缩短至0~3天的服务事项达99.7%，注册用户超1200万。

2. 依托广东省政务服务网广州分厅统一市、区、街镇、村居四级网上办理入口

市级依申请事项实现100%可网办、“最多跑一次”，98.64%“零跑动”；广州区级依申请事项实现99.33%可网办、99.98%“最多跑一次”、96.49%“零跑动”。

3. 加快电子证照应用

全市电子证照系统与广东省电子证照系统无缝衔接，基于全市政务服务事项编制电子证照发证、用证清单，将电子证照签发和应用情况纳入年度机关绩效考核，已上线557类高频电子证照，签发电子证照约8000万张，推进在获得电力、不动产、金融、工程建设审批等营商环境领域的互信互任，关联业务办理事项超1.3万个，推动减证便民；全市统一政务区块链平台提供区块链+电子印章、电子证照、电子档案、信用共享等基础应用，实现30类700多万条业务数据上链，并推进区块链技术在信用、不动产、统计数据等政务服务领域的应用，推出区块链个人股权转让应用、公共资源交易区块链平台、区块链可信认证服务平台等多个应用场景。

4. 大力推进自助办理

通过省市协同、政银合作推动“就近办”，全市累计布设近4000台一体化政务服务终端，

基本覆盖各区、镇(街)、村(居),市民可7×24小时就近办理社保信息查询、个税清单打印、最低生活保障申请预约、公积金提取申请等社保、税务、公积金、民政等业务。

5. 拓展广州数字政府新体验

以广东省政府举办全国首次数字政府建设峰会为契机,开展数字政府公众开放日活动,邀请近百名市民代表分批走进12345热线、广州市政务服务中心和广州市智慧城市运行中心,“零距离”现场参观、互动体验和座谈交流,为广州“数字政府”、智慧城市建设建言献策。

(三)建成“一网统管、全城统管”的“穗智管”城市运行管理中枢

1. 夯实“穗智管”数据底座

整合城市信息模型(CIM)平台、四标四实平台、时空云平台、视频云平台、政务云网数等全市基础平台资源,建设AI智能中台、区块链基础平台、大数据中台、融合通信系统等,融合社会互联网平台入口、交通热力大数据,搭建了集三维立体地图、城市基础信息、视频监控、智能识别分析、数据融合共享、跨系统实时通信等能力于一体的支撑底座。

2. 推动城市体征“一屏统揽”

依托“穗智管”基础底座功能,全面推进市各相关部门数据归集和系统对接,已对接业务系统115个,汇聚数据超42亿条,形成城市体征数据项2800多个,构建自然资源、交通运行等8大类211项指标的城市运行评价体系。建成生态、交通等20多个应用主题,建立“人、企、地、物、政”五张全景图,完成市智慧城市运行中心场地建设,基本实现在重点企业空气质量、重点水域质量、易涝点、气象灾害、交通运力、城市环境、重要工地等方面实时动态监测,基本具备了城市运行体征部分重点指标“一屏统揽”。

3. 探索试点应用场景

围绕高效处置“一件事”,联合公安、城管、交通、住建等部门,打造了泥头车跨部门综合治理场景,打通车辆黑白名单、工地视频、行程轨迹、交通卡口等实时数据,实现泥头车从工地到消纳场两点一线全流程各部门齐抓共管;通过汇聚安全生产、气象、水务、水文、海洋、舆情监测数据,以及安全生产风险点、积水风险点等基础数据,构建三防综合指挥调度场景,通过监测珠江潮位、重点水库等各领域的实时数据,调取易涝点现场实时监控视频,动态感知三防灾害风险源,并实时搜索预警点周边的应急资源和重要防护目标等情况,利用融合通信设备调度一线人员抢险救灾。

(四)科技赋能打赢疫情防控硬仗

1. 搭建“穗智管”疫情防控信息平台

打通省、市各类疫情业务系统,全面汇集疫苗接种、核酸检测、隔离酒店、入境人员、涉疫

人员、社区监测、穗康码、哨点监控等相关领域数据，辅以标准地图精准定位，打造可观、可查、可管的疫情防控“驾驶舱”，实现全面监控疫苗接种和核酸检测动态。

2. 穗康码在全国首创赋“黄码”制度

上线“高考”标识，开发核酸检测结果48小时有效“紫码”便民应用，率先实行新型冠状病毒肺炎疫苗接种木棉花“皮肤”，受到中央电视台及社会广泛点赞。实现注册用户数超过5500万人，生成穗康码超过3900万个，亮码超63亿次。强化核酸疫苗数据治理，及时共享核酸检测结果有效信息超2亿条。构建离穗人员电子围栏，助力防范广州本土新型冠状病毒肺炎疫情外溢。

3. 建设隔离酒店智能管控系统

充分运用人工智能、大数据、云计算技术，建设全市一体化的隔离酒店智能管控系统，提升隔离酒店全流程闭环管理科技水平，替代数千房次医护现场巡查工作，实智能监测和预警、业务闭环管理、可视化分析研判。

4. 有力支撑130届广交会

以智能化、信息化为大会疫情防控赋能，织密织牢防疫安全防线，确保广交会线下安全有序举行。首创“证码互通”，将穗康码、粤康码、核酸检测、健康申报、疫苗接种等人员健康信息与广交会证件系统进行数据对接，广交会期间共保障60万人次无感进场。

5. 增设广州12345热线迅速疫情防控事项受理专席

启动应急场地和远程居家坐席，对涉疫诉求提级响应、优先办理。打破传统工单逐级转派的工作流程，对防疫物资供应、学生赴考、隔离酒店等涉疫重点工单逐一联系市民了解详情，第一时间报送街道指挥长和攻坚小组组长调度处置。

（五）提升政务数据治理、政务外网安全防护能力和水平

1. 建设公共数据管理制度体系

制定《广州市公共数据管理规定》，推行首席数据官制度试点，建立上下贯通的首席数据官组织体系，完善广州市上下贯通、纵横联动的公共数据资源协同机制，提升全市数据治理能力和水平。起草数据要素市场化配置改革行动方案，通过创新公共数据管理体制，完善相关法规制度规范，健全数据要素流通与监管规则，进一步促进数据由资源向要素转化，推进数据要素市场化配置改革，推进产业和政府数字化转型，提高数字政府建设水平。

2. 完善数据管理机制

研究编制职能数据清单，明确一数一源的数据采集原则，对照各级部门“三定”方案，梳理得出政府职能职权相对应的全量数据资源目录清单，解决采集权责问题。在省公共数据元规范的基础上，编制《广州市政务大数据公共数据元规范》，进一步规范公共数据采集、使用技术

标准。制定指标科学、评价合理、作用有力的数据管理评价指标体系,以闭环管理倒推数据资源全生命周期管理各项工作。

3. 优化基础公共服务平台

建立全市统一的公共数据资源体系,进一步提升政务信息共享平台、政务大数据中心的支撑能力,完善人口、法人、地理空间、电子证照、信用等基础数据库,持续丰富金融、医疗、交通、生态、市场监管、文化旅游、社会救助等主题数据库,已归集自然人基础信息1965万条、法人基础信息292万条,建立信息共享专项应用42个,累计共享数据115亿条。建成全国首个以区块链技术为支撑的"信任广州"数字化平台,接入境内外10家认证服务机构。

4. 推动数据开放和流通

上线市政务数据服务门户,简化部门数据申请流程,提升数据共享效率。健全公共数据开放制度体系,组织各区、各部门以公众需求为导向,开放1507个公共数据集,数据量共计1.42亿条。开展公共数据资源普查工作,摸查全市公共数据资源底数。探索跨行业、跨区域、跨部门的数据要素流通交易机制及配套建设,推进南沙(粤港澳)数据要素合作试验区建设,探索"数据海关"监管模式,海珠区出台全国首份数据经纪人试点工作方案。

5. 加强政务网络安全管理

落实疫情防控期间加强安全、保密管理的工作部署,印发《广州市电子政务外网管理办法》。开展网络安全检查和培训。加强2021年度国务院办公厅电子政务办公室网络攻防实战演习期间的网络安全保障,开展五方网络安全和保密联合检查,封堵网络安全漏洞,提升网络安全意识。

6. 加强全市政府网站、政务新媒体管理

全市54个政府网站实现统一标准体系、统一技术平台、统一安全防护,信息资源实现高度共享。推动全市政务新媒体清理整合,加快清理漏报、瞒报账号,排查"僵尸""空壳"账号。加强市政府门户网站内容建设,运用图表、音视频、新闻发布会、动画、H5等新形式发布政策解读,让政策内容更好读易懂。精心策划并上线庆祝中国共产党成立100周年、疫情防控、广州"十四五"规划、优化营商环境政策集成等专题。

二、持续营造便民利企的政务服务环境

(一)推进政策兑现"一门式"办理

编制政策兑现事项清单,构建"一窗受理""一网申办"的一站式兑现服务,在市和11个区政务大厅共开设23个政策兑现综合受理窗口,全市编制并公布政策兑现事项清单和办事指南1118份并全部纳入集成服务。上线惠企政策"直通车",覆盖咨询、受理、审核、督办等环节

的兑现服务功能模块，推进政务服务线上线下深度融合，以“数字化”共享方式对符合条件的企业实行免予申报、直接享受、一次不跑。

（二）深化“一件事”流程再造

按照“一套材料、一张表单、一次申请、一窗受理、一网通办、一次办结”模式印发深化政务服务“一件事”工作方案，打造全国最高标准的“一件事”改革体系，对行政审批流程进行全方位、全周期、革命性重塑，公布1138项“一件事”改革主题服务，加快推进涉及市场主体和民生服务的“一件事”。其中，自然人“身后事一站式联办”受到市领导充分肯定，批示作为重点改革经验上报。

（三）全国首创“1+1+N”模式规范审批事项特殊环节

梳理1张清单，统一明确特殊环节操作规范、计时要求、系统流程等内容，形成审批事项涉及的特殊环节清单。优化1个平台，将传统清单管理升级为数据信息化监管，实现审批过程中特殊环节一个平台智能限制、实时监管。发挥N项应用，加大信息公开力度，将政务信息公开贯穿审批全流程。全市165个审批事项涉及的295个特殊环节已纳入“互联网+”统一监管。该项工作得到省政务服务数据管理局充分肯定，并在全省推广应用。

（四）拓展政务服务“跨省跨城”通办

在广东省内与深圳、珠海等16个城市，在广东省外与海口、武汉等15城市联合推进政务服务“跨省通办”“跨城通办”，实现4625个项事项实现通办。在市政务大厅设置“跨域通办”专窗，为群众提供咨询、收件、邮寄等服务。将量大面广的高频事项纳入政务服务自助终端机和“政务晓屋”自助设备，打造24小时全天候“跨省通办”“跨城通办”自助服务体验。

（六）推进政务服务更加便民利企

推行“云上办”。引进“政务智慧晓屋”等，设立“云窗口”，组建“云坐席”队伍，为企业和群众提供远程互动引导式政务服务，实现业务跨层级、跨地域一站式办结。推广“码上办”。依托“穗好办”App，办事企业和群众进入“亮码办事”页面，即可在大厅实现亮码取号、办事、取件、查询进度、维护办事信息、授权管理、查询排队叫号情况，并可授权窗口人员读取身份信息、表单预填写、调取办事人各类电子证照及电子材料，实现政务服务“码上办”“免证办”。深化“企业代办”服务模式。通过企业代办服务室、5G视频会议、在线多方协同等方式，搭建起全方位服务平台，建立“广州政务讲堂”政策宣讲直播云平台，为企业解读营商环境政策，在线为企业答疑解惑，推动政策宣讲工作实现跨部门合作、政企双向互动转变，切实提高企业和群众对惠企利民政策的知晓率。

三、持续提升12345热线服务能力和水平

紧抓一个“中心”(以人民为中心)、把握两个“定位”(24小时全天候的政务服务“总客服”、公共服务和社会治理的“总枢纽”)、坚持三个“理念”(便民、智能、高效)、完善四个“手段”(法治化、标准化、智能化、数字化)、提升五个“能力”(接通即答能力、接诉即办能力、未诉先办能力、政务协同能力、智慧治理能力),建成一体化政务服务体系的重要环节,成为数字政府、智慧城市的重要组成部分,为提高政府服务和社会治理的科学化、精准化、现代化贡献热线力量。

(一)以人民为中心,形成市民企业诉求全周期闭环管理

2014年起,在全国率先探索对110、119、120、122等紧急热线以外的政府热线进行整合归并,已完成全市89条非紧急政务热线整合,推进一个号码对外服务,成为全国整合最彻底、服务体量最大、业务范围最广的城市。通过电话、微信、网站、“穗好办”App等多种渠道,统一受理有关经济调节、市场监管、社会管理、公共服务、生态环境、疫情防控等领域的诉求,即时解答率达89.42%,领先全国其他政务热线。热线已实现横向覆盖各区、市各职能部门、国有公共服务企事业单位等116个承办单位,纵向搭建市、区、街(镇)三级“一号接听、有呼必应”热线服务体系,通过不断督办,压实承办单位责任,提高热线工单办理效率。

(二)以标准化建设,打造全国领先的“广州样本”

着力打造覆盖面广、融合共通、整体协同、智能支撑、数据慧治的标准化体系,成为广东省首个政府服务热线标准化示范点。2021年10月,入选国家市场监管总局首批通报推广的13个典型案例。主导编制广东省地方标准《12345政府服务热线知识库标识编码规范》并通过专家审定,为广东省各地市统一政府热线知识库建设提供首个规范指引。以标准化为引领,热线的服务效能得到提升,话务处理时长缩短40%;网络渠道服务能力大扩容,互联网渠道服务量占总服务量50%以上;营商环境服务大幅提升,企业服务专席一站式即时解答企业全生命周期92%的问题,话务满意率99.5%。

(三)以智能化手段推动基层解决人民群众急难愁盼问题

开展包括智能坐席助手、智能派单、智能查询、智能质检、智能回访等一系列新技术、新模式的应用。在全国首创智能坐席助手,以语音识别、大数据处理技术为基础,实现通话自动识别、地址标准化、自主填单、服务态度提醒等多种功能,话务员处理效能提升20%,互联网专席效能提升40%。推行智能派单,实现市民诉求事项与对应承办单位靶向匹配,实现市民诉求

工单直派至具体承办单位，工单转派时长从原来平均1小时缩短至19秒。在全国首推“长者版”贴心服务，为长者提供大字体、大图标、高对比度、免排队、专人对接等服务。拓展智能查询，提供智能对话服务，文本对话机器人根据市民输入内容引导市民快速定位到问题并及时准确地回复，让市民享受7×24小时不间断服务，实现政务信息秒查秒知道。

（四）推动从“话务中心”向“数据中心”转变

立足政府和人民群众“连心桥”的定位，以7000多万市民诉求为基础，采用数据挖掘、海量分析、机器学习等技术手段，从渠道融合、平台优化、数据研判和能力提升四个方面发力，带动热线从“话务中心”向“数据中心”转变，不断提升承担重大任务、应对突发事件、防范化解风险的能力，逐步实现热线成为城市治理智库的转型升级。在全国率先建立城市治理投诉大数据共享平台，实现全市热线受理数据的统一汇总和深度分析运用，可视化展示市民诉求总量、办理时长、热点问题、热点区域和满意率情况。积极配合疫情防控、环保督察、民生实事遴选、纪检监察等全市各项重点工作需要，最大化地释放和利用热线数据的价值。

（广州市政务服务数据管理局）

2021年长沙市电子政务发展概况

2021年，长沙深入贯彻落实国家关于建设数字中国、网络强国、智慧社会的战略部署及习近平总书记推进“三融五跨”的重要指示精神，紧紧围绕建设“新型智慧城市示范城市”的总目标，加强统筹协同，推进集约节约，加快融合共享，切实强化规划发展“一盘棋”、建设运营“一体化”、数据资源“一本账”和数字经济“一生态”，各项工作迈上了新台阶：率先发布实施“十四五”时期新型智慧城市建设顶层设计和三年行动计划，编制出台《长沙市“十四五”大数据发展规划》；市政府门户网站在“2021年中国政府网站绩效评估”中排名全国省会城市政府网站第二名；在2021亚太智慧城市发展论坛上，长沙获评“2021中国领军智慧城市”。

一、加快建成核心基础设施，构建了集约安全的能力体系

一是“长沙城市超级大脑1.0”正式发布上线。“长沙城市超级大脑”初步建成并投入运营，构建起以“数据大脑平台”为主线，涵盖三中台（数据中台、应用中台、AI中台），二赋能平台（数据资源管理平台、数据开放平台）和三体系（数据资源管理体系、标准规范体系、安全管理体系）的城市智能中枢。向社会发布《长沙城市超级大脑发展白皮书V1.0》及系列标准规范，并发布能力清单187项，在服务科学决策、推进数据融合共享、提升城市治理水平、助力数字化

抗疫等方面均发挥了重要作用,“一脑赋能、数惠全城”的智慧城市运行格局加快形成,为武汉、贵阳等城市落地城市大脑提供了长沙方案。

二是政务云规模、绩效排在全国前列。坚持科学用云、精明用云、高效用云、安全用云,按照“全市一朵云”的思路构建了“一主多辅、多云融合、自主创新”的政务云新体系,联合华为打造了长沙市政务云创新中心,成立了全国首个“鲲鹏政务云标杆实验室”。政务云平台持续扩容升级,已为78个单位356个系统提供云服务,通过云化部署、虚耗资源释放每年为市财政节约7611.55万元。华为云城市峰会在长沙召开,发布《长沙政务云白皮书》,为全国政务云发展提供长沙样本。

三是其他共性基础设施建优建强。率先全国省会城市建成政务外网区块链服务网络(BSN)。电子政务外网形成“纵向到底、横向到边”覆盖体系。以“给城市修城墙”的整体安全理念推进城市网络安全运营中心建设,实现对全市重点行业2300多应用系统的网络安全监测。迭代升级市综合指挥平台,完成五级联动视频会议系统建设,初步建成视频云平台并实现与“天网”“雪亮”平台的对接,已接入各类视频10万余路,视频资源统筹管理、共享共用水平全面提升。

二、精心建设智慧应用,打造了便民普惠的数字生活

一是“一网通办”“指尖办事”不断优化。进一步聚合服务能力,打造高效数字政府,助推营商环境优化。一体化平台实现300余件高频政务服务“一件事”在全市范围内跨域跨层通办,长沙网上政务服务能力位列全国重点城市第九。“我的长沙”App圆满完成数字人民币试点相关任务,初步完成“城市服务+融媒体”融合创新,共上线各类服务2000多项,高效便捷服务全市580余万常住人口,荣获“2021城市App综合示范奖”“2021年全国广播电视媒体融合典型案例”第一名。

二是重点应用全面提升市民获得感。天网工程建成27万余路“智慧眼”守护城市平安。智能网联与智慧交通实现融合发展,获批全国首批“双智”试点城市。智慧医疗接入全市251家医疗机构,有效提升就医体验。智慧医保全年救助服务18230人次,救助金额达7030万元,查出违规单据9万多条,追回医保基金约1462万元。智慧教育新型冠状病毒肺炎疫情期间支撑百万师生“停课不停学”。智慧文旅加快实现一部手机游长沙、品长沙、享长沙。智慧党建打造了“指尖党建服务大厅”。

三是全龄友好智慧城市加快实现。持续推进适老化改造,长沙市政务服务网开发上线老年人服务线上专区,实现“无障碍浏览”,支持语音跟读,字体、鼠标放大等辅助浏览功能。“我的长沙”App推出老年人优待证线上服务,实现办证不跑腿及亲属代办,已累计服务近3000名65岁以上老年人。

三、全力推进数据共享开放，释放了赋能增效的数据价值

一是“总枢纽”“总仓库”地位全面强化。修订出台《长沙市政务数据资源管理办法》，编制发布数据全生命周期管理规范。启动人社、教育等市直部门和各区县（市）部门数仓建设、数据治理，初步形成“1+9+N”城市级数据治理体系。健全人口、法人、地理空间等基础数据库，初步建成全市二维底图，集成时空云平台463项地理空间服务能力，为构建全市“数字一张图”奠定坚实基础。组织开展“数据共享630攻坚”等多次专项行动，归集数据总量143亿多条，面向全市共享开放，累计被调用100亿余次。

二是数据创新应用取得实效。联合湘江新区开发上线长沙市金融专题库和金融大数据服务开放平台，汇聚36类金融领域急需政务数据，签约服务银行20家，助推破解中小微企业融资难、融资贵问题。开展“大数据服务美好生活”系列活动，开放首批14类政务数据赋能互联网地图精准位置建设。运用大数据助力全市社保、医保基金专项整治行动，通过数据共享比对守好群众养老钱、看病钱、救命钱。在常态化疫情防控中，进一步强化“大数据分析+网格化排查”机制，开发上线市防疫核查系统，有效减轻基层工作人员负担，助力精准高效防疫。举办长沙首届“数据之巅·麓山论剑”数据比武大赛，吸引全国19支队伍参赛，形成20余个数据融合分析应用成果。

三是数据服务全市中心大局成效显著。创新推进政务数据与社会数据融合，开展“三高四新”战略实施等课题研究。推进长株潭数据共享，签订长江经济带部分城市和长株潭都市圈政务服务“跨省通办”合作协议，长株潭三市数据共享交换平台已实现互联互通，已在省共享网站发布1007个信息资源目录，位列全省第一。长株潭都市圈、长沙—朝阳区通办专区及长江经济带跨省通办线上专区、长株潭异地代收代办平台等建成运行。协同省电力公司推进湖南能源大数据智慧平台项目建设，已具备对外提供服务能力。

四、充分发挥场景牵引效应，培育了融合发展的数字生态

一是服务头部企业。持续推进长沙与腾讯、华为等头部企业的战略合作。截至目前，腾讯长沙公司累计形成产值13.3亿元，纳税超4亿元；华为鲲鹏计算产业技术创新战略联盟引进小滴云、用友审计等多家生态企业，联盟企业达98家。南威软件与长沙签订合作框架协议，太极云软落户天心区。推动有方科技、上海爱数与数智科技合作，浙江大华在望城区落地智慧物联终端制造基地及华中智造总部项目，总投资50亿元。指导举办2021全球地理信息开发者大会、岳麓峰会智慧城市专场等活动，吸引相关企业来长投资。

二是强化场景牵引。在全市范围内开展智慧城市典型应用和解决方案征集活动，评选出“十大典型应用”“十大解决方案”“十大微创新”及46个优秀应用案例、解决方案、微创新。协

同市工信局发布第三批智慧城市领域应用场景，引导相关企业积极参与长沙市智慧城市建设。对信创、北斗等产业应用开展专题研究，为北斗、人工智能、智能驾驶、信创等新技术、新产品提供应用场景。

三是加快生态培育。成功举办2021年区块链服务网络(BSN)应用创新峰会、智慧城市生态共建大会等多次重大活动，助推相关项目落地。指导数智科技集团出台数字化伙伴计划，完成智慧城市研究院组建，搭建开放协作平台。“数字星城”生态共建联盟成员企业达700余家。鲲鹏与PK体系实现融合发展，长沙成为国内唯一在两大体系均形成完整产业链的城市。依托市新型智慧城市研究会进一步壮大丰富智慧城市生态库，开展产业目录梳理。支持湖南大数据交易所建设，协调解决金融牌照问题，已实现试运营。

(长沙市数据资源管理局)

2021年郑州市电子政务发展概况

郑州市以“一网通办、一次办成”政务服务改革为抓手，深入推进“我为群众办实事”实践活动，依托全市统一的“四端协同”一体化政务服务平台，充分运用大数据、人工智能等技术，不断解决企业群众办事难、办事慢、办事繁等热点诉求。截至2022年3月底，郑州市政务服务网、“郑好办”App上线运行1785项高频事项和便民应用，其中“郑好办”App上线1594项。

2021年5月26日，国务院办公厅电子政务办公室发布《省级政府和重点城市一体化政务服务能力(政务服务“好差评”)调查评估报告(2021)》，郑州市在全国重点城市一体化政务服务能力总体指数排名中位列第十，两年晋升12位，为全国增速最快城市。2021年12月23日，武汉召开“2021智慧中国年会”，“郑好办”App获“2021城市App综合示范奖”。郑州市“一网通办”政务服务改革已经成为提高城市治理现代化水平的有力牵引，成为全国具有引领力的“金字招牌”。

一、主要工作开展情况

(一)开展流程再造、业务集成，形成一件“事”成果清单

一是聚焦群众需求梳理“一件事”。在分析企业群众高频办理事项的基础上，广泛征求职能部门、企业群众意见建议，首选公积金、社保、户籍、住房等重点领域高频便民事项率先攻坚，通过与各部门逐项沟通确认，形成“一件事”清单。在事项要素梳理的过程中，再根据群众办事需求进行细分、整合、延伸、拓展，确保“一件事”便民易办。二是统筹做好权责事项梳理。

在对标借鉴上海、杭州等先进地区经验基础上，依托市县两级政务服务事项目录，将行政审批、公共服务和便民服务事项全部纳入“一件事”事项梳理范围。事项梳理前，市政务办、大数据局与相关部门共同商定梳理标准。事项梳理中，政务办牵头，大数据局、技术团队、职能部门、司法局法制审核五方共同讨论商定、确认。事项梳理交付后，大数据局牵头，其他部门配合做好调研、技术开发、系统打通。三是编制“三个一”实施清单。开展“减环节、减材料、减时限、减跑动”工作，最大程度压减审批时限、群众跑动次数。逐项编制实施清单，整合“一件事”事项申请表单为一张联办申请表。用一张要素标准化清单规范实施依据、办理条件、材料名称、共享需求、办理流程等36个要素；用一张审批流程图落实“一套材料、一次提交、并联办理、一窗出证”的运行机制。四是强化系统对接和数据共享。逐事项确定需打通的系统，逐表单确定需信息共享的字段，政府机关核发的证照、文书、资料等文件一律采取系统共享获取的方式，按需打通系统、实现数据的集成和共享。

（二）加强系统顶层设计，构建“四端协同”一体化政务服务平台

结合郑州国家中心城市、河南省会“龙头”城市的发展需要和思路定位，郑州市打造了基于业务、数据“双中台”架构为支撑，集政务服务、公共服务和便民事项为一体、“四端协同”的一体化政务服务平台。通过系统打通整合，把传统割裂的数据、用户、表单、事项、接口等，统一由中台支撑，变成可以复用的资源，以适用于面向群众的各类服务场景，能够快速地开发、上线、优化和迭代。“郑好办”App于2020年3月20日上线，实现手机端“掌上办”；郑州市政务服务网于2020年6月6日上线，作为省网的分厅单独建设，实现PC端“网上办”；升级改造原四级联动政务服务系统，实现实体大厅“一窗办”；全市部署200余台综合业务自助一体机，实现街道社区“就近办”。

（三）聚焦系统打通和数据共享，变“群众跑”为“数据跑”

系统打通和数据共享是改革攻坚的难点和堵点。郑州市委市政府主要领导高度重视，亲自协调，根据一件“事”应用场景及群众企业办事高频事项，梳理涉及各级专网业务系统101个，目前已实现系统打通、数据对接的97个（其中市级自建系统70个、省部级系统27个）。同步启动电子证照归集专项工作，推动2018年以来的历史证照和新产生证照信息同步更新入库，累计归集生成市本级152类500余万张电子证照、20个种类5.1万余条电子批文。跻身全国电子营业执照和电子印章试点城市，实现1.5亿市场主体电子营业执照的实时调取共享。

（四）以“运”促改，持续提升群众和企业的服务体验

为真正地为群众解忧、破难、办事，增强一体化政务服务平台的服务能力，提升群众办

事体验。一是政民互动,按需供给。通过意见征集、客服热线、智能助理等渠道,加强和广大群众的互动交流,健全从群众提出需求到解决落地的闭环机制,持续开展群众需求及问题反馈的收集、分析和处理工作,解决群众关注的热点、痛点乃至堵点问题,满足群众和企业的办事需求。二是数据运营,服务优化。通过数据分析,对办件量较低或受理、审批缓慢,存在办件积压的事项,确保内部业务、技术全链路畅通,并通过数据校验、表单信息通过接口回填等方式,持续优化服务体验,提高事项的办结率。三是部门联动,服务闭环。"一件事"攻坚组定期向主管单位提交运营数据汇报,以通报、督查督办等措施,与业务部门联动解决办件积压或办结率低的问题。通过有效的运营机制,促进郑州市一体政务服务平台服务能力持续增强,服务体验稳步提升,政务服务"网上办、掌上办"真正从"可用"到群众"好用、爱用、易用"。

(五)打造城市综合平台,服务场景持续拓展

2020年3月,城市综合服务平台"郑好办"App上线,涵盖便民生活服务、交通出行、政民互动、智慧城市服务等服务功能,是郑州市提升城市数字治理、实现市域治理现代化的重要途径以及城市数字化转型的重要抓手。自上线以来,经过近两年的运营,截至目前累计实名注册用户1084.8万人,日活用户数超70万人。"郑好办"App作为郑州市"一网通办"政务服务改革"掌上办"的总入口,不断拓展服务的广度和深度,成为为广大群众提供全方位、多维度、有温度的城市级综合服务平台。一是从政务服务向城市服务拓展。已上线智慧健康、智慧停车、智慧文旅等7项智慧城市场景服务。其中"智慧健康"服务群众可线上申领"电子健康卡",全市60家医疗机构实现"亮码就医","疫苗接种"预约和记录查询已覆盖全市438万儿童接种群体。"智慧停车"已接入全市98%以上的封闭停车场和100%路侧停车泊位,助力破解"停车难""乱收费"问题,初步构建"全市一个停车场";"智慧文旅"实现"掌上游"郑州,群众可在掌上体验嵩山少林寺、中原福塔等20余个景区虚拟全景VR及各大景区的电子年卡、"语言导游"等。二是从"可用、能用"向"好用、爱用"拓展。坚持听民意、解民忧、破难题,上线心通桥、随手拍、好差评等功能,群众可随时在线反馈衣食住行等方面的问题,后台自动流转至相关职能部门及区县(市)进行处理、督办和反馈,同时,在近一年的探索中,"坚持以人民为中心",形成了"群众提出需求—职能部门评估方案—开发团队上线应用—运维团队持续优化提升"的开发建设模式,真正做到了"民之所盼就是我之应建"。三是从实体证照向电子证照的拓展。推行电子证照社会化应用,目前已上线身份证、驾驶证等7类电子证照,实现手机亮证和亮码核验功能,办事企业和群众可以通过"刷脸""扫码""亮码"等方式,服务窗口自动关联调取身份证等电子证照数据。同时,积极推进政务服务大厅及交通执法、宾馆入住等试点应用场景"无证办事",最大限度推进"减证便民"。

截至2021年年底，“郑好办”累计上线涉及51个政府部门和公共服务单位，服务内容涵盖户政、卫生健康、社保、教育、住房保障等与群众生活密切相关的方方面面。累计办件申请量344.4万件，办结量343.3万件，信息查询类超1800万次。初步估算，大约节省了3224万张纸，帮群众缩短办事时间累计370万小时，实现审批效率和服务质量的“双提升”。2021年以来日均办件5000件以上，最高日办件量2.3万，极大地提升了政务服务效能，降低了行政成本。

二、经验启示

（一）持续提升群众感知，创新服务模式

郑州市“一网通办”政务服务改革始终把群众需求放在首位，本着“急事优先、民生为本、服务协同”的原则，急民之所急，解民之所忧，形成“按需供给”的服务模式。通过采用“一件事”有奖征集、“老年人服务建言献策”、客服团队收集问题，收集用户关注度高的服务事项进行开发上线，形成“群众和企业提出需求、政府评估实施方案、开发上线服务、持续运维优化”的事项选定、开发、上线和优化模式。例如，每年秋季新生“入学季”，很多家长为了孩子能报上名，常常是携带一大堆纸质材料，提前几天蹲守学校，来回跑趟补充材料，连夜排队填写报表，孩子上学成了许多家长的揪心事、烦心事、操心事。联合市教育局打造了小学一年级新生入学全国首创“零材料”掌上办，2021年入学季共有82501名适龄儿童通过线上渠道成功报名。

（二）推进政务数据共享，创新政务流程

按照各级机关事业单位制作的证照、文书、资料等通过政务数据共享获取，能被其他材料涵盖或替代的证明一律取消的原则，按照“刷脸办”“零材料”的目标进行数据归集共享和业务重构，充分利用人脸识别、政务数据共享、数据比对分析、核验等技术手段，再造业务流程，减少办事材料，缩短办理时限，从而能实现群众申报和政府内部的全流程网络化、智能化，极大地提升服务效能。例如，公积金提取通过打通6个部门、9类数据，通过政务数据共享代替纸质材料，实现11个提取类事项“零材料”“智能批”，无须人工审批，资金“秒到账”。居住证快速核发，将传统的办理暂住登记半年后才可申领取居住证，优化为通过6类政务数据校验在郑州是否居住半年，实现居住证申领5日审核、10日领证。工程建设项目审批制度改革中打通了省政务服务网等4个省级平台、打通了部门业务专网、电子证照库等7个市本级系统，运用电子证照、电子批文、电子签章以及共享复用办件数据信息，进一步精简了办事提交的材料，提高了服务效能，给企业办事带来了便利。

(三)数字化践行整体政府理念,推进“一件事”业务集成

践行整体政府理念,打破部门界限,实现民生领域“一件事”集成服务。立足数据分析,基于事项办事情形、办事材料间的前后置关联关系,结合办事场景的内在联系,将“跨部门、跨层级、跨区域”的事项组合、重构为群众眼里的“一件事”,建立职责同构、上下联动、业务协同的政务服务体系,优化办理流程、合并精简申请材料,优化再造“一件事”一次受理、集成服务、并联审批、一站办结的新流程。例如,新生儿出生一件事,打通卫健委、公安、人社、医保四个单位专网系统,实现新生儿落户、医保参保、社保卡制卡等事项全流程、一站式“掌上办”和网上办。

(四)建设与运营并重,持续优化服务体验

定期“回头看”,建立长效机制,持续打磨已经上线的事项,持续优化群众办事体验。通过数据分析,对办件量较低、受理审批缓慢或存在办件积压的事项,确保内部业务、技术全链路畅通,并通过数据校验、表单信息通过接口回填等方式,持续优化服务体验,提高事项的办结率。同时,定期向各业务单位提交运营数据汇报,以通报、督查督办等措施,与业务部门联动解决办件积压或办结率低的问题,持续提升一体化政务服务平台的能力,促进“一网通办”政务服务改革工作提质增效。

(郑州市大数据管理局)

第五篇

中央国家机关电子政务专项成果

·(一)智慧法院专项成果·

北京市高级人民法院大数据破解“送达难”

送达是司法程序中的至关重要环节,送达是否准确和及时关系到案件能否正常审理,程序是否合法,判决结果能否及时传达,当事人权利能否得到保护。近年来,随着我国社会经济快速发展,社会公众法律意识逐渐增强,全国法院民商事案件普遍呈现快速增长趋势,“送达难”这一制约人民法院审判质效的问题愈发凸显。为破解“送达难”问题,北京市高级人民法院以信息化为依托充分运用“智慧法院”建设经验,集成大数据、人工智能等技术成果,构建送达新模式,对企业、涉诉自然人、律师及其他特殊主体送达地址进行采集,对多种来源、不同类型的送达地址进行数据采集、清洗、处理和管理,建成北京法院地址库,实现了各类主体送达地址集中管理及智能应用。

一、建设背景

党中央、国务院高度重视营商环境工作,选取北京作为开展营商环境创新试点工作的首批试点城市。为深入贯彻党中央、国务院关于优化营商环境的决策部署,落实北京市营商环境创新试点相关任务,持续打造市场化、法治化、国际化营商环境,北京法院致力于进一步提升信息化水平和诉讼服务能力,稳步提升审判工作质效,破解“送达难”成为重要任务之一。

为贯彻落实最高人民法院关于进一步推进繁简分流司法改革的相关精神及《关于进一步加强民事送达工作的若干意见》,北京法院致力于依托信息技术推动送达机制和方法的创新,改进和加强送达工作,确保立案、审判、执行工作各环节顺利衔接和高效运行。

二、建设目标

“送达难”是全国法院普遍存在的共性问题。随着民商事案件量的持续攀升,法院为完成送达所花费的时间成本、人力成本和经济成本越来越大。北京作为中国经济发达的一线城市,人口密度大,社会经济活动频繁,北京法院年均收案量已突破百万件,其中民商事案件占了大部分,破解“送达难”问题更为紧迫。经调研发现,当事人提供地址不对、下落不明、逃避送达、外出务工人员无固定住址和联系方式等现象是导致“送达难”的重要原因,北京市高级人民法院追本溯源决定研发一套全市法院共用的可快速定位当事人送达地址的信息化服务,以全面提升送达速度、力度、精度。

三、基本概况

北京法院送达地址库集“采集、应用、管理”三大功能为一体，主要用于采集企业、律师、涉诉当事人等各类主体送达地址信息，实现送达地址数据集中管理和全市法院共享应用。北京法院送达地址库目前已对接了电子诉讼平台、法院在线服务平台、北京市经济和信息化局大数据平台、北京市企业服务e窗通平台、北京通小程序、电商平台、北京法院集约送达一体化平台以及全国法院统一送达平台八大渠道。审判执行办案人员在案件办理过程中可以通过查询浏览不同来源地址信息定位当事人送达地址，并择优选取最有效的送达地址，完成精准送达。随着北京法院送达地址库不断完善，送达地址数据采集范围不断扩大，各类主体的送达地址信息不断汇聚，地址标签更加精细，送达工作将越来越精准便捷，有效助力民商事案件“繁简分流”取得实效，有效缩短民商事案件审理时限。

四、技术应用

北京法院送达地址库包含两大功能模块，分别为数据查询模块和数据生成模块。

数据查询模块对外提供地址数据查询，可通过识别被送达人的证件类型、证件号码、人员类型等信息查询地址库中存储的送达地址数据并且按照既定规则排序推送送达地址“最优解”。

数据生成模块分为数据采集、数据清洗、数据处理三个子模块。在数据采集方面，北京法院送达地址库通过数据库采集、接口采集及消息采集三种渠道拓宽送达地址采集范围。北京法院送达地址库对接北京市经济和信息化局大数据平台、北京市企业服务e窗通平台、北京通小程序、电商平台等其他渠道，不断拓展数据采集源。为了减少系统的计算量，释放系统算力，除了全量采集以外，还支持对于已经提供数据的采集源使用数据增量策略进行增量采集，最后根据模块默认的增量规则对采集到的数据进行增量计算。在数据清洗方面，首先对主体的名称、证件类型、证件号码及地址中的手机号码、电子邮箱进行检查；其次对通过检查的数据进行主体证件类型和证件号码的转换，在完成数据校验、淘汰步骤后，将不同来源的数据转换为统一格式；最后将清洗转换后的数据持久保存在数据库中。在数据处理方面，将清洗后的大量无序数据做精细化的数据分类、数据去重及数据合并，形成处理后的数据。根据业务规则对不同主体采集到的多个唯一地址进行标签定义，为用户提供更加准确的地址推荐服务。数据收集与管理部分整合了现有的收集渠道并保留对新渠道的扩展能力。北京法院送达地址库将送达地址确认书采集、企业信息采集、涉诉自然人信息采集、律师信息采集、特殊主体信息维护全部纳入地址库中管理，并定时进行数据比对和更新，以保证现有采集渠道中地址数据发生变化时，地址库可以及时更新。

五、核心功能

北京法院送达地址库包括市场主体地址库、律师地址库、涉诉自然人地址库及其他特殊主体地址库四类主体的地址库内容。为了解决法官送达工作中"找人难"的问题,北京法院将送达地址库嵌入在更符合业务场景应用的集约送达一体化平台并配置地址管理模块。

审判执行办案人员在应用集约送达一体化平台送达时关联案件当事人、代理人身份信息,自动访问送达地址库。北京法院送达地址库将展示企业及个体工商户、律师、涉诉自然人等主体已确认的或最新有效的送达地址信息,并提供查询历史送达地址及案件送达情况。

为方便北京市企业参与诉讼和便捷接受司法文书,北京法院送达地址库通过与北京市经信局大数据平台数据共享实现与北京市企业服务e窗通平台企业地址信息的同步。北京法院送达地址库会定期获取企业变更后的地址信息,确保北京市企业送达地址的持续有效。

北京法院送达地址库送达地址采集方式多元化,将采集包括送达地址确认书中地址、诉讼涉及的合同和往来函件中约定的地址、诉讼中提交的其他书面材料中载明的地址、一年内其他涉诉仲裁案件中提供的地址、一年内民事活动常用地址、户籍地、经常居住地、实际经营地等17个地址标签,以便于审判执行办案人员准确区分地址来源,高效开展送达工作。

六、应用成效

自北京法院送达地址库上线以来,累计访问次数达30余万次,市场主体地址库收录地址94万余个,律师地址库收录地址3万余个,涉诉自然人地址库收录地址345万余个,其他特殊主体地址库收录地址一个。随着服务的不断推广,收录有效地址信息将不断积累扩大,大数据助力送达的效能将进一步显现。

北京法院送达地址库有效缓解了北京法院送达地址采集难问题,有效解决了市场主体送达地址不统一和协同难问题,显著提升了北京法院送达质效,减少法院送达人财物投入。在信息技术与审判业务不断融合的时代背景下,数据是法院重要资源,北京市高级人民法院通过北京法院送达地址库建设将海量"沉睡"的送达地址数据全面"唤醒",发挥大数据应用价值,最终实现为审判执行工作提质增效的目标。

(北京市高级人民法院)

辽宁省高级人民法院构建全域诉讼服务新模式

为深入贯彻落实习近平总书记重要指示精神、网络强国战略,认真落实《关于加快推进“互联网+政务服务”工作的指导意见》《人民法院信息化建设五年发展规划(2021—2025)》《最高人民法院关于健全多元化纠纷解决机制建设现代化诉讼服务体系的意见》等相关文件工作要求,辽宁省高级人民法院结合发展实际,在院党组的部署下,坚持统筹规划、问题导向、协同发展、开放创新的原则,践行司法为民、公正司法的服务理念,优化司法服务流程,创新司法服务方式,全面部署一站式多元解纷和诉讼服务体系建设工作,努力提升新时代人民法院化解矛盾纠纷的能力水平,建成覆盖辽宁全省的全地域、全事项、全通道、全时间、一网办理的全域诉讼服务体系,打通服务群众“最后一公里”,实现让人民群众“只进一扇门”“最多跑一次”,让人民群众办事更方便、更快捷、更有效率,最大程度便民利民,尤其在疫情防控常态化条件下,充分发挥了诉讼服务信息化成果作用。

一、突出规范常态运作,完善综合配套保障机制

坚持以人民为中心的发展思想,以丰富电子诉讼、增强诉讼参与人感受为抓手,按照“长谋划、短安排”的工作思路,进一步强化组织领导、优化工作部署、完善制度机制,全力推进诉讼服务信息化建设。

一是转变思想观念,创新工作模式。统一思想认识、明确任务目标,从满足新时代人民群众司法需求角度出发,将全域诉讼服务作为主抓手、助推力,定期开展建设与应用和推广,让人民群众有更多司法获得感方面的新实践。

二是成立推进工作领导小组,构建顺畅的协同工作机制。领导班子亲自带头、行动、指挥,成立“一化两中心”工作领导小组,明确推进工作总负责人,统筹协调业务部门、技术部门与推进团队间建立畅通的协同工作模式,明确全域诉讼服务建设的基本步骤、阶段性目标、任务分解、责任部门、完成时限等关键内容和推进路径,确保整体工作有章可循、有规可依。

三是制定相关管理制度,确保各项工作有序进展。根据省法院制定的《关于推进全省法院现代化诉讼服务中心建设的指导方案》《辽宁法院现代化诉讼服务体系建设技术规范》,各级法院结合了实际工作需要,对外制定操作流程、网上立案指引等,对内制定诉讼材料集中收转、部门协同工作规定等规章制度,确保各项工作顺利开展。

四是加大软硬件基础设施投入,成立司法事务智能协同中心。各级法院结合法院实际,明确现代化全域诉讼服务新模式所需配置的各类软硬件基础设施,改造相关服务场所,同时引入了社会化外包服务,成立司法事务智能协同中心,科学配置司法资源,实现办案流程、办

案方式、监督管理模式的创新，实现集约扫描、集约编目、集约流转、集约输出、集约归档、集约送达“六个集约”。

二、革新传统诉讼模式，构建全域诉讼服务平台

辽宁法院创新性向当事人和广大群众提供了“全地域、全时间、全事项、全通道”的全域诉讼服务。先后建设及推广了辽宁移动微法院、辽宁法院诉讼服务网、辽宁法院庭审云平台、人民法院调解平台、人民法院律师服务平台、人民法院保全平台、辽宁法院对外委托专业机构信息平台、辽宁法院集约送达平台、全国法院涉诉信访管理系统、辽宁法院12368诉讼服务热线等十余个信息化平台，实现了在线立案、跨域立案、网上缴费、网上开庭、网上送达、网上证据交换、网上申请保全、在线调解、网上阅卷、在线鉴定、在线联系法官等全流程、多层次、多渠道的网上诉讼功能。

同时省法院为各级法院配发全域送达一体机、自助立案一体机、全域联系法官终端和统一文书输出终端等信息化设备，进一步打破常规工作时间及地域限制，当事人可以随时发起诉讼申请，办理诉讼事项，查阅办理进展，实现诉讼参与人在全省范围内的跨域领取文书、跨域自助立案、跨域联系法官，丰富了各级法院诉讼服务中心自助服务功能。

全地域是指当事人和广大群众可就近在辽宁法院辖区范围任一法院诉讼服务中心、任一法庭诉讼服务站、任一24小时诉讼服务终端跨域提交属于辽宁法院范围内法院管辖处理的诉讼服务事项。全时间是指辽宁诉讼服务网、24小时自助诉讼服务中心等全天候在线为当事人和广大群众提供诉讼服务。全事项是指系统可向当事人和广大群众提供包括登记立案、材料转递、卷宗查阅、远程调解、远程庭审、文书送达、执行约谈、远程信访等全流程诉讼服务事项。全通道是指当事人和广大群众可通过诉讼服务大厅、辽宁法院诉讼服务网、12368诉讼服务热线、24小时自助诉讼服务中心自助设备终端等通道办理诉讼服务事项，实现通道数据对接，线上线下互连互通。

三、坚持创新引领，实现全域诉讼服务新模式

辽宁法院始终坚持以问题和需求为导向，坚持创新引领，用现代化的理念和手段，建立了一套主要诉讼事务委托就近诉讼服务中心或者诉讼服务点代办，全域覆盖，联网运行，就近服务的全域诉讼服务（图1）新的诉讼服务体验模式。

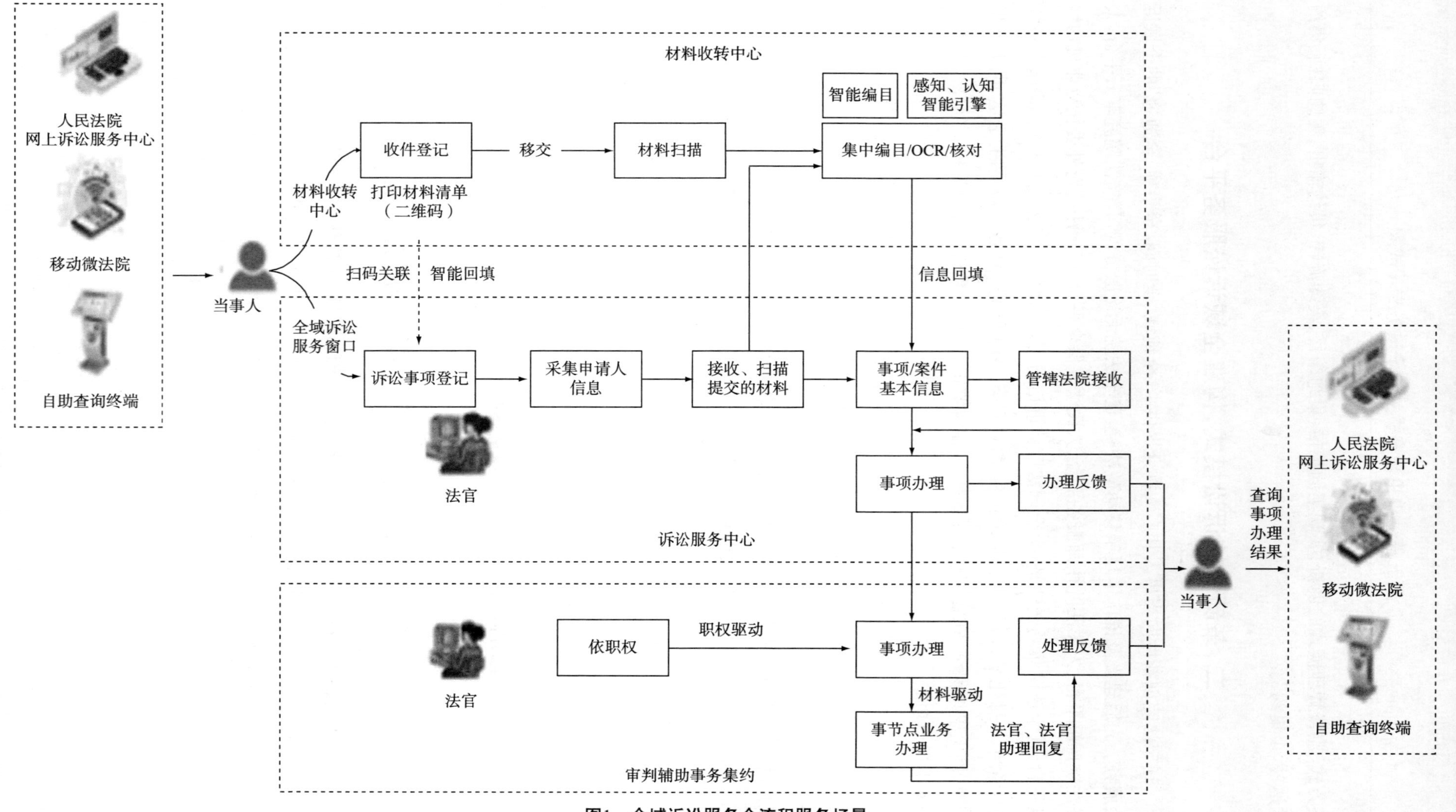

图1　全域诉讼服务全流程服务场景

通过全域诉讼服务平台融合线上、线下诉讼服务资源，将诉讼服务资源集约化、实体化运行，归口管理线上、线下各类诉讼服务事项，打破了法院与法院之间、法庭与法庭之间的壁垒，实行中心与中心之间、中心与点之间的跨区域委托办理，实现各类诉讼服务事项的收集，实现立案、送达、交材料、查询、生效证明开具、文书送达、预约法官等诉讼服务事项的全省收集、办理（转办）、跟踪等。

“尊敬的×××，请点击链接签收关于××纠纷一案，我院依法向您短信送达《传票》等法律文书……”下午时分，诉讼代理人张律师收到了这样一条特殊的短信。接到信息后，张律师点击短信链接直接接收到了电子开庭传票，开庭信息一目了然；庭审结束时，已经是晚上6点多了，代理律师来到24小时全域送达服务一体机前，顺利取走了开庭传票。（节选自辽宁智慧法院公众号）

集约化的诉讼服务中心管理，改变了以往异地当事人、律师的诉累，将立案、送达、交材料、查询等业务进行集约化办理，当事人、律师就近法院诉讼服务中心或法庭诉讼服务点就可以办理其他法院的业务（图2）。通过自助立案机、全市通办窗口等，可跨法院提交材料、提起跨法院诉讼服务申请（图3）。

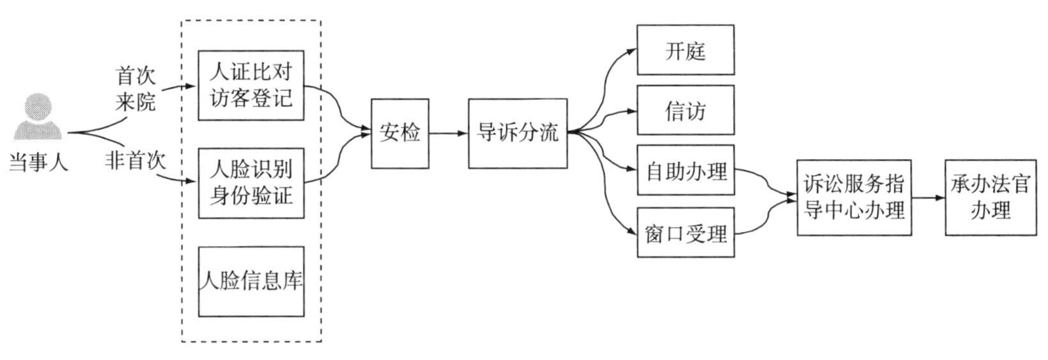

图2　大厅服务场景

新型冠状病毒肺炎疫情期间，通过网上立案功能，指导身在国外的当事人远程立案；与西藏地区法院进行跨域立案，仅8分钟便实现了4000多千米以外的申请立案；在法院诉讼服务中心工作人员的组织下，加拿大籍华人当事人在相隔万里的大洋彼岸通过“中国移动微法院”顺利立案成功，整个立案过程流畅且高效。（节选自辽宁智慧法院公众号）

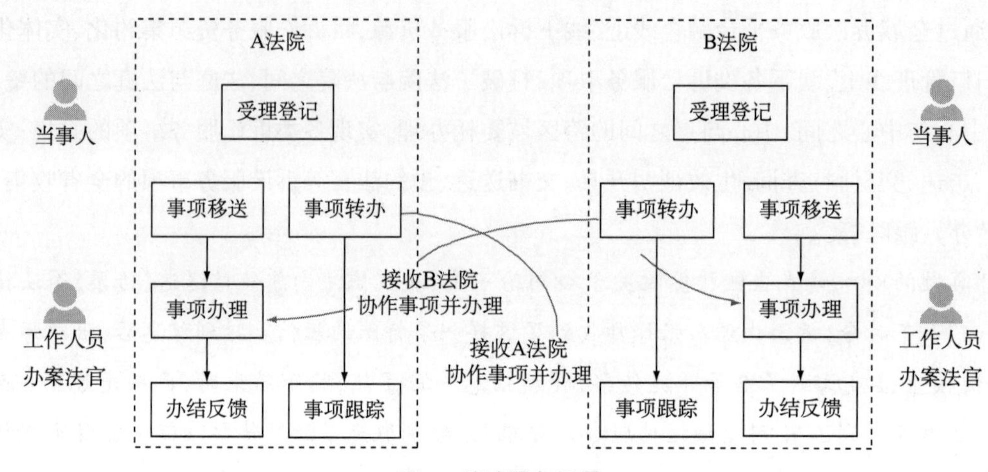

图3　跨域服务场景

2021年,辽宁全省法院累计网上立案224553件,接收跨域管辖案件2462件,提交跨域立案案件2670件,网上调解成功240382件,电子送达1176578次,网上缴费284867笔,网上开庭33453次,12368热线服务群众608605次,全省法院自助诉讼服务终端共计服务人民群众达153万人次。全域诉讼服务新模式解决了人民群众“立案难、跑断腿”等难题,节约了当事人的时间成本,满足了人民群众的各类诉讼服务需求,大大提升了诉讼参与人的体验感。同时,加强了法院之间、各个审判部门、各服务窗口、各业务环节的整体联动,推进全方位诉讼服务中心窗口服务工作,使诉讼服务中心成为当事人与办案法官之间沟通的桥梁纽带,大大提升了诉讼服务效率和满意度。

四、以服务群众为导向,实现诉讼服务四大转变

辽宁法院现代化全域诉讼服务新模式,通过运用现代信息技术,对传统诉讼服务流程进行全新再造,以需求为导向,以服务群众为宗旨,实现诉讼服务的四大转变,使当事人、诉讼参与人、律师、法官、法院等均有较强获得感。

从单一法院服务向跨层级法院跨区域诉讼服务转变。传统诉讼服务模式,当事人和广大群众除了通过网上渠道申请诉讼服务以外,还需要到管辖法院诉讼服务大厅现场办理诉讼服务申请。全域诉讼服务模式,打破法院原有的层级和区域限制,实现诉讼事项跨区域远程办理、跨层级联动办理,打通服务群众“最后一公里”,努力满足各类诉讼群众的司法需求。

从传统诉讼服务向重视各方用户体验转变。对当事人来说,“全地域、全时间、全事项、全通道”的诉讼服务,让其办理各类诉讼服务事项可以有更多的选择,最大限度地给予当事人诉讼便利。对于法官或书记员来说,剥离专业性不强的烦琐事务工作,让审判法官更好地专注于“审”与“判”。对于法院来说,当事人发起的所有诉讼服务事项均有章可循,有据可查。

从立案诉讼服务向全流程一站式诉讼服务转变。将诉讼引导、材料收发扫描、智能编目、文书送达、财产保全、案件信息查询、卷宗查阅、鉴定评估等审判辅助职能全部整合到诉讼服务中心，进行集约化管理。将对外诉讼服务职能全部整合于“全域诉讼服务”系统，统一提供多元解纷、登记立案、分调裁审、审判执行辅助、涉诉信访、12368诉讼服务热线等全流程诉讼服务。

从大厅现场服务为主向线上线下多渠道全方位诉讼服务改变。整合线上线下服务系统，归口管理线上线下各类诉讼服务事项，实现各通道、各类诉讼服务事项的收集、办理（转办）、跟踪等功能，实现线上线下诉讼服务的融合发展。当事人和广大群众可以选择线上办理诉讼事务，也可选择线下诉讼服务大厅或24小时诉讼服务中心自助办理诉讼事务。

全域诉讼服务建设是展示人民法院司法形象的基础窗口，是维护人民群众合法权益的重要平台，是联系社会方方面面的桥梁和纽带。通过标准化、跨域化、智能化、集约化相互融合的全域诉讼服务平台，从诉讼的起点到诉讼的终点，将环节进一步简化，将诉讼节点流转时间进一步缩短，实现“一窗受理”“一网通办”“跨域通办”，让当事人打官司“最多跑一次”、甚至“一次不用跑”成为可能，让人民群众在每一起司法案件中感受到公平正义，共享“互联网+政务服务”发展成果，为打造具有辽宁特色、时代特征的市域社会治理新模式作出更多司法贡献，为全省治理体系与治理能力现代化贡献更多实践经验和司法智慧，助推辽宁经济社会高质量发展，助推更高水平的平安辽宁、法治辽宁建设。

（辽宁省高级人民法院）

上海法院以现代电子卷宗单套制改革试点实践

2018年，最高人民法院在上海等8个地区30余家法院实现“电子档案为主、纸质档案为辅”的案件归档方式。2020年3月，国家档案局等三部门联合发文确定上海市高级人民法院承担电子文件单套归档和电子档案单套管理试点任务，上海市高级人民法院以此为契机，积极开展三级法院联动试点，以现代科技为依托，通过智能编目、区块链存证、元数据管理等技术保障电子文件形成、处理、归档全流程规范性、安全性，实现新技术在档案管理领域的新运用；以安全保障为底线，积极推进“电子档案库房”建设，形成高院数据库汇聚一套以应用为主的在线数据、各试点法院档案部门存储两种四套离线备份数据的电子档案保管模式，确保电子档案的长期保存绝对安全。

经过几年的努力，试点工作取得了显著成效，顺利通过国家档案局等三部门的验收，为上海法院推进全流程网上办案体系建设奠定了重要数据资源基础。2021年2月23日，最高人民法院院长周强对上海法院电子卷宗归档改革试点工作作出“成效明显,要大力推广”的重要批示,上海市奉贤区人民法院电子卷宗混合单套制归档改革试点工作入选《人民法院司法改革案例选编》。

上海法院在电子卷宗单套制试点改革中,始终坚持现代科技驱动,牢牢把握现代科技发展趋势,充分运用大数据、区块链、云计算等现代科技,破解电子卷宗单套归档和电子档案单套管理中的改革难题,提升改革效能,为法院档案工作插上现代科技翅膀。始终坚持信息安全保障,牢牢把握电子档案单套归档和单套管理的本质属性,强化试点工作的安全性、保密性,充分认识档案信息安全对于维护司法公正和群众利益的重要意义,确保试点工作中法院电子档案信息资源的绝对安全可靠。

一、以先进信息技术保障电子文件形成、处理的规范性及电子档案“四性”

上海法院在试点过程中,以国家档案局相关技术标准规范为依据,重点通过智能编目、区块链存证、元数据管理三个方面保障电子文件形成、处理过程中的规范性、安全性,确保电子档案“四性”得到有效控制。

(一)智能编目技术确保电子文件形成规范性

上海法院基于OCR识别技术和自然语言处理技术,对电子卷宗采取内容识别、信息抽取,并向已有业务系统进行信息回填,实现卷宗入库自动归目。自动编目功能可以将立案法官从重复、琐碎的人工处理文件工作中解脱出来,全面提高电子文件规范性,提升法官办案体验感。

1. 精准的识别技术

系统采用精准的图像处理和OCR识别技术,将当事人提交的扫描件材料中的文字转换成字符信息,从而达到提取图片内容的目的,用于减少法院工作人员文书书写工作量。目前系统支持千类材料识别,印刷体识别准确率达到95%,规范手写体识别准确率达到86%,签名和捺印检测的准确率超过99%。其中包含近百种手写体材料及送达回证、票据,身份证等近60类证件,可自动对材料进行纠偏、去空白页、去黑边,可识别红章、方章、长方章、合缝章及指纹等。

2. 要素抽取引擎

要素抽取引擎采用自然语言处理技术,结合正则表达式和机器学习,将文本里无结构化信息进行结构化或半结构化处理,最终可以加上不同的应用展现方式变成表格或者图例的组织形式,实现更精确的抽取,实现人物信息抽取、案情要素抽取、各类案由所有证据名抽取、客观鉴定类证据信息抽取、自定义证据要素(作案时间、作案地点等)抽取。目前民事一审、刑事一审(公诉)、行政一审、普通执行四大类案件立案文书与结案文书的提取准确率在95%以上。

3. 案件信息智能回填

在立案、送达、管辖、结案等多个环节,案件信息智能回填功能可将材料内容与案件信息进行交叉比对验证,提高案件信息与文书信息的一致性、完整性,减少案件信息录入工作量。

4. 自动编目

编目是否规范有序,将极大影响法官电子阅卷的体验感,也是电子卷宗深度应用的基础。上海市高级人民法院在院本部建立了人工智能训练平台,针对不同类型卷宗建立多元化的标签抽取规则,采用深度神经网络、自主强化学习等方式不断完善识别模型、提升识别准确率,目前电子编目软件识别率达到80%以上,实现电子卷宗自动按照案件归档目录进行编排,自动对需要归档的卷宗进行筛选,还可以根据不同的业务场景及法官需求对待归档的卷宗目录进行手动灵活调整。

(二)区块链存证确保电子诉讼文件全流程安全

为确保电子材料、电子文书的安全存储、防丢失、防篡改、操作留痕可溯,电子文件生命周期的存证、取证等,上海法院建立电子卷宗存证机制,充分运用区块链自身的去中心化、分布式存储、可信时间戳、hash链式结构、共识机制等特性,结合区块链提供的标准对外接口服务,对于电子卷宗材料的录入、生成、流转、归档等环节进行同步上链存证,对接审判业务系统实现对电子文件全生命周期的安全保障。2021年全年上链存证材料2000余万份,基本覆盖案件所有证据材料,确保电子卷宗材料的安全可信。

(三)元数据管理确保电子档案数据长期可信

2020年新修订的《中华人民共和国档案法》明确了“来源可靠,程序规范,要素合规”的电子档案与传统载体档案具有同等效力。上海市高级人民法院高度重视电子诉讼档案元数据管理功能,详细分析梳理审判业务流程,拟定了《上海法院电子诉讼档案元数据方案(草案)》,作为电子卷宗随案生成系统和电子档案管理系统实现“四性检测”的基本依据。实践中,在庭审改革建设中,上海市高级人民法院设计了对替代传统纸质庭审笔录的庭审录音录像元数据签名确认制度,是在全国法院处于领先水平。

(四)引入自动校验机制,确保电子卷宗完整

为了确保电子卷宗在办案中真正发挥作用,上海法院明确:“真实、完整、安全、可用的电子卷宗与纸质卷宗具有同等效力,法律、法规另有规定的除外。”上海法院建立电子卷宗完整

性校验机制,梳理7大类185种卷宗材料,将其中的起诉状、身份证明、受理和应诉通知书、裁判文书等16种材料作为必备清单,如案件卷宗材料中缺失任一种必备清单所列材料,则该案整个电子卷宗可用率判定为零。

二、积极推进应用上云,较好解决系统响应速度问题

随着电子卷宗应用的不断推进,一方面,电子卷宗的材料数量呈倍数增长;另一方面,办案法官非常看重系统的响应速度,因此,阅卷速度成为推进电子卷宗深度应用的关键点。2019年10月,借助上海市大数据中心的政务云资源,上海法院主要应用系统都完成了上云部署,电子卷宗系统也在2020年3月完成上云。得益于云资源可配置、易拓展的优越性,目前上海全市法院9000余干警的办案平台,即使在办案高峰期并发操作很多的情况下,电子卷宗、电子签章系统的调取响应时间平均2秒,最长不超过5秒,实现了对电子卷宗深度应用的强有力支撑。

三、多方打通数据交换通道,较好解决材料流转不畅通问题

一是打通与业务协同单位电子卷宗及材料的流转通道。2019年1月,上海市高级人民法院将审判业务系统与公检法司的办案协同平台进行联通,刑事案件中(除涉密案件外),公安的侦查卷及检察院的公诉电子材料也同步引入办案电子卷宗,其他所有案件的公安侦查卷、检察卷起诉电子材料均纳入电子卷宗。此外,与司法局的减刑假释案件也实现了100%的电子化移送,2021年1至8月,上海市法院接收减刑假释案件1125件,电子材料4万余份,全部实现电子化移送。二是打通与政府部门的电子数据交换通道。2019年11月,上海市高级人民法院依托上海市“一网通办”政务总平台的公共支付平台,实现诉讼费票据电子化,当事人通过线上或者线下渠道成功缴纳诉讼费后,上海市财政局将电子票据相关数据通过接口推送到高院,实现诉讼费电子票据自动归入电子卷宗。此外,上海市高级人民法院积极推进与上海市大数据中心的数据对接,实现电子证照数据信息自动进入电子卷宗系统。

在全市法院的共同努力下,电子卷宗“单套制”归档改革工作成效初现,原生性电子文件比例大幅上升,全流程网上办案体系建设初见成效;网上立案电子材料质量明显改善,在线诉讼递交材料规范化建设初步成型,业务部门归档效率显著提升,档案部门管理效益凸显。

(供稿单位:上海市高级人民法院　撰稿人:曹红星　陆　诚)

浙江法院"一件事"改革完善综合治理执行难

习近平总书记强调:"要切实解决执行难,依法保障胜诉当事人及时实现权益。"习近平总书记在浙江工作时就指出:"执行难不解决,不仅关系到当事人的权益,更重要的是法律的尊严得不到维护,法律的权威树立不起来",要求"花大力气解决'执行难'问题"。浙江高院根据《最高人民法院信息化建设五年发展规划(2021—2025)》《浙江省数字法治系统建设方案》《浙江省政法智能化发展"十四五"规划》《关于推进建设"浙江全域数字法院"重大改革的实施方案》,坚持"让数据多跑腿、让当事人少跑腿",积极推进执行"一件事"综合集成改革。自2021年启动以来,全省法院通过该改革发起执行协查3500万次,执行到位995亿元,平均办案用时缩短24天。仅不动产一项通过拍前多部门"一门联审"后已处置4800多宗,成交132.7亿元,每年可节约20多万人次的线下工作量。

一、需求分析

一是解决查人找物难的需要。查人找物是执行工作面临的第一项任务,查不到财产、找不到人,后续的执行工作就无从谈起。在传统执行工作模式下,执行人员要到各个部门"登门临柜"查找财产,不仅效率低下,还经常遇到被执行人下落不明、隐匿财产、规避执行、不协助执行或其他不配合查人找物等问题,难以保障申请执行人的合法权益。据统计,无财产可供执行案件中70%的案件被执行人处于下落不明状态,每年多达十几万人。

二是解决财产变现难的需要。财产变现是实现申请执行人利益的关键环节。司法网络拍卖是财产变现的一种重要方式,大大优化了评估拍卖程序,提升了财产处置效率,但在网拍过程中,因为涉及部门多、环节多、程序复杂,而且往往是多部门串联的处置流程,若一个环节一个部门出了问题,就会导致整个财产处置程序陷入停滞。尤其是一些"问题"资产,处置起来更加困难,影响了财产变现的效度。

三是解决惩戒打击难的需要。当前我国社会信用体系建设不够健全,失信惩戒力度不够,失信成本较低,导致有些当事人不守信用、不讲诚信,不仅不主动履行生效裁判确定的义务,反以各种手段规避执行、抗拒执行,且被执行人转移、隐匿财产的手段越来越"高明",借名买房、买车,利用他人银行账户转移资金等逃避执行的手段层出不穷。对这些情形,由于多数部门之间的信用系统无法共享,多部门精准惩戒、打击失信被执行人的合力尚未形成,一定程度上纵容了被执行人规避执行、抗拒执行的行为,加剧了执行难。

二、场景建设

(一)明确定义内涵

执行“一件事”综合集成改革，以数字化改革为牵引，以“浙江全域数字法院”改革为依托，综合利用全省法院一体化办案办公平台、智慧执行2.0模块、“总对总”“点对点”查控系统、“浙政钉”等平台功能，构建纵向到底、横向到边、执行有力的一体化多跨协同联动机制，推动执行工作跨业务、跨部门、跨层级、跨区域、全方位高效协同，将破解“执行难”从“法院单打独斗”向“多部门协同作战”转变，变“多部门的N件事”为“执行当事人的一件事”，实现查人找物、财产处置、失信惩戒等执行事项“一网通办、一次办结”，最大限度兑现胜诉当事人权益，提升司法获得感。

(二)做好任务拆解

按照“大场景、小切口”的思路和急用先行、高频优先的原则，梳理确定“执前督促”“自动履行正向激励”“司法查控处置”“执行清偿和分配”“拒执打击”等12项一级任务，并进一步细分拆解为二级任务、三级任务、四级任务(最小颗粒度任务)。其中，在“司法查控处置”一级任务中拆解出“商品房、厂房”“国有土地使用权”“机动车”“船舶”“排污权”“股权”查控处置6项二级任务；“不动产(商品房、厂房)司法查控处置”为首期重点推进二级任务，经逐级拆解进一步细化出“在线自动查询”“查封”“确定价值”“拍前联审”“司法拍卖”“转移登记”6项三级任务，再细化拆解出“网络询价”“司法评估”“学籍使用”“水费清欠”“出具完税证明”等30项四级任务。

(三)明确业务协同

按照“一类事项由一个部门统筹、一个场景由一个部门负责”的原则，梳理权力事项、职责边界，明确牵头单位和协同部门。以“不动产司法查控处置”多跨协同场景应用为例，浙江省高级人民法院为一级任务牵头单位，浙江省发展和改革委员会、浙江省公安厅、浙江省人民检察院、浙江省自然资源厅、浙江省税务局、浙江省生态环境厅、浙江省市场监督管理局、浙江省民政厅、浙江省大数据局等为一级任务协同部门。二级、三级任务根据具体业务内容，逐项确立牵头单位和协同部门。

(四)建立事项标准和指标体系

围绕效果和进度评价要求，逐一明确不动产(商品房、厂房)司法查控处置子场景应用的所需支持事项及业务流程的数据指标，实现事项的标准化、数字化。通过多个相对独立又相互关联的指标构建，形成统一整体的指标体系，配套建立工作体系、政策体系、评价体系，确保任务可量化、可监测、可评估。

（五）确定数据需求和数源系统

围绕每个最小颗粒度事项，从浙江省权力事项库（监管库）中找到对应的权力事项，在每个环节上标记所用到的行政权力事项编码，梳理数据需求和数源资源清单，确定数源单位、数源系统、对接方式及相关数据接口，形成数据目录清单。以“不动产（商品房、厂房）司法查控处置”多跨协同场景应用为例，确定协同任务事项25项、数据需求25项，确定浙江法院办案办公平台、智能送达系统、跨域一体化办案系统、类案智能推送系统、“三省一市”执行系统等11个数源系统及12个数源单位。

（六）落实业务及数据协同

一是确定业务协同流程。围绕“发现、受理、交办、处置、反馈、评价”等环节，以精简提交材料、优化办理流程、压缩办理时限，实现执行事项“一张清单、一键办理、一网通办、一次办结、一链服务、一体协同”的思路，绘制业务协同流程图，实现“线下多头式”向“线上并联式”的业务协同模式转变。二是确定数据集成流程。将业务流程图进行数字化拆解，由各协同部门业务系统负责数据采集，通过“浙政钉”实现业务数据互联共享和由一体化智能化公共数据平台统一归集数据、按需调用提取相结合的模式形成数据集成流程图，以数据集成驱动业务流程再造。三是实施业务集成和数据集成。根据业务协同流程图和数据集成流程图，按照前端数据共享、事项协同办理，中端数据碰撞、研判分析，终端预测预警、精准推送的综合治理工作理念，开发相应功能模块，进行功能权限配置和功能模块组装，实现场景塑造，并将考核评价规则、权重比例嵌入每个业务环节。

（七）开发多跨场景应用

执行“一件事”综合集成改革围绕执行事项多部门协同需求，开发司法查控处置、执前督促、自动履行正向激励等12个多跨协同模块。试举4个例子说明。第一，如“司法查控处置”模块，包括商品房、厂房、国有土地使用权、机动车、船舶、排污权、股权等子模块，以“不动产（商品房、厂房）司法查控处置”为首批突破点，横向对接自然资源、税务、生态环境、综合执法等十几个业务部门，将原来分散在各职能部门的权属调查、违章建筑调查、税收缴纳、解封登记、转移登记等20余个业务事项综合集成，从线下搬到线上，实现“一门联审、一窗受理、一网通办、一次办结、一链服务”。如查封被执行人名下房产，法官可以在法院办案办公平台上直接向自然资源部门发送“协助执行通知书”，自然资源部门便在其业务系统中办理查封登记手续，查封结果实时反馈法院，同时支持全省域、跨地市、无差别办理，实现“一次不用跑”。此项应用实现司法拍卖用时缩短40%以上，平均办证用时由改革前的20多天缩短至2天，最短1小时，投诉率为零。第二，如“涉众型刑事案款清退”子模块通过建立“集资参与人信息登记核实系统”和“涉众型案件案款发还系统”,实现债权人信息登记、投资审计、案款发还等一平台全流程办理,确保涉众案件投资申报、确权信息准确,发放案款便捷高效经济,避免人员聚集而产生社会风险,杭州“龙炎”非法集资案利用该模块仅一天时间即向14万余名集资参与人发放案款17亿元。第三,如“打击拒执犯罪”子模块通过进一步规范拒执打击工作中公安、检察院、法院移送、审查、办理、会商等工作,解决公检法在线沟通协调平台缺失、数据共享制约、工作实时监督缺位等问题,在上虞法院试点启动后,共移送拒执犯罪线索254件276人,同比增加97%,检察机关批捕147件,法院判决131件146人,同比增加120%,主动履行165人254件,金额达11686.4万元。第四,“如司法拘留子”模块,法院牵头大数据发展中心、公安局、医院等单位,重塑新型冠状病毒肺炎疫情期间司法拘留的送拘流程,大幅提高司法拘留效率。在天台法院9月上线运行后,送拘流程线下流转次数(环节)从原来的8次以上缩减至1次;被执行人轨迹查询结果反馈时间从原先的1小时缩减至2分钟;被执行人送拘前核酸检测实现人到即检、线上反馈检测结果报告直接归入案件电子卷宗。上线一个多月即送拘24人,送拘平均耗时从原先的7小时缩减至3小时,提速57.14%。

三、改革突破

改革统筹运用数字化技术、数字化思维、数字化认知,以线下协同机制和线上数据、系统、业务流程一体化综合集成同步建设的模式,构建“全业务平台通办、全时空泛在服务、全流程智能辅助、全省域资源整合、全方位制度变革”的现代化执行工作新模式,以技术变革推动综合治理从源头切实解决执行难的体制机制、组织架构、方式流程、手段工具全方位、系统性重塑。

(一)构建浙江智慧执行“最强大脑”

立足“服务办案、服务管理、服务群众”理念,以“平台+大脑”模式,打造智慧执行2.0系统,实现执行领域8类案件、100余个流程节点信息、20余类涉执财产信息全部在线归集,每年全省近60万执行案件在同一平台全流程线上办理,推动全方位重构执行工作流程、多维度搭建人财查控处置体系、全覆盖强化监督管理、全节点实时留痕公开。同时,将“执行指挥中心”核心模块嵌入智慧执行2.0系统,打造为“数字管理驾驶舱”,发挥中枢作用,实现“一屏看全省、一网管全程”,全面提升执行工作监督管理水平。

(二)构建横向到多跨协同机制。

以法院为主导,建立横向联通相关协助职能部门的多跨协同机制,打破数据壁垒,实现信息共享,推动执行工作从“求人求部门办事”到“相关部门依法履行司法协助义务”理念的重大转变,与相关部门的信息已初步实现实时无感交互。试点以来,浙江省高级人民法院与浙江省自然资源厅印发《关于协同推进网络查控司法协作和司法处置不动产登记"一件事"改革的实施意见》，建立司法协助不动产登记省级"总对总"共享协作机制，实现全省不动产登记信息查询、查(解)封登记、协助登记"全网办""无纸化"。与浙江省市场监督管理局建立深化网络协助执行和信息合作制度，实现股权及其他投资权益的信息查询、冻结、解除冻结网上协同办理。2021年11月，新增执行"一件事"改革第二批共21个子场景应用(35家试点法院)，逐一明确业务横向、纵向协同部门，积极丰富、拓展执行"一件事"多跨应用场景。

(三)构建长三角区域执行工作一体化机制。

联合上海市高级人民法院、江苏省高级人民法院、安徽省高级人民法院签署《长三角地区法院执行工作"一体化"备忘录》，就长三角地区房产、车辆、股权、社保、公积金等各类涉执信息的跨域共享、跨域立案、跨域查控等事项达成共识。嘉善法院会同上海青浦、江苏吴江法院，积极对接三地政务服务和数据管理部门，上线"长三角示范区执行在线"平台，推动不动产、公积金、车辆查控等16个高频执行协作事项线上"跨域办理、一网通办"，办理事项最短仅需5分钟；三地还进一步完善失信联合惩戒机制，对接"社会治理云"平台，与乡镇网格等共享执行数据，网格调查的信息反馈率100%，实现"一地失信、三地联惩"，营造"惩治失信、倡导守信"的良好氛围。

(浙江省高级人民法院)

赣法廉韵系统全面打造智能防控体系

一、概述

在全国法院2018年党风廉政建设和反腐败工作视频会议上，最高人民法院院长周强指出，要运用制度建设和信息化的手段加强权力监督。江西省高级人民法院院长葛晓燕在全省中级法院院长会议上强调，要借助信息化手段把审判权、执行权关进"制度铁笼"和"数据铁笼"。

近年来，江西省高级人民法院紧紧围绕司法责任制改革和审判执行权力运行的新情况新问题，积极运用智慧法院建设成果，切实加强审判执行权力监督，开发构建了全方位、立体化的司法风险动态防控系统1.0版。特别是政法队伍教育整顿以来，江西省高级人民法院针对顽瘴痼疾整治暴露出的审判执行突出问题，及时完善相关平台功能，对司法风险动态防控系统1.0版进行全面升级改造，构建赣法廉韵，切实提高对司法权力运行监督的针对性、操作性和实效性。

二、业务需求

(一)回应我国智慧法院建设的政策导向

智慧法院是近年来我国法院建设的重要内容,也是实现公正权威高效司法、推进司法便民、司法公开的重要保障,已经成为"十三五"国家信息化规划的组成部分。当前,全国"智慧法院"已初步形成,今后需要进一步深化完善,在薄弱环节下更大气力。特别是在2017年全国法院第四次信息化工作会议上,最高人民法院院长周强指出,"要准确把握服务人民群众、服务审判执行、服务司法管理、服务廉洁司法的要求,不断满足人民群众日益增长的多元司法需求,促进提升审判执行工作水平和司法决策管理科学化水平,充分运用信息化手段铸牢'制度铁笼'和'数据铁笼',坚决防范司法腐败,促进司法廉洁",更是把廉洁司法纳入法院信息化建设的总体目标,为推动法院党风廉政建设和反腐败斗争向更高层次发展擘画了蓝图、指明了方向。

(二)回应司法权力运行模式的深刻变化

随着司法改革的推进和各级法院案件数量的攀升,独任法官和合议庭自主权明显增强,工作压力显著提升,造成司法权力运行中产生种种异化蜕变的风险,"放权不放任,用权受监督"是这次改革得以贯彻的一个关键因素。因此对于司法权力监督,其最大的现实在于,传统的监督手段越来越难适应司法权力自主化、专业化的发展趋势;其最大难点在于,如何既能确保司法权能够在法律和纪律的框架内运行,又要保证法官正当行使权力不受干涉,也即如何确定监督权介入司法权适当的时机、条件和程度。对此,是否存在一种监督方式,能够在司法权力运行发生风险时准确而及时地给出警示,在发生违规违法现象时准确而及时地给予处置,是江西高院思考创新监督模式的重要切入点。

(三)回应法院纪检监察工作的现实短板

一段时间以来,法院纪检监察工作存在多方面短板,已不能满足"把纪律和监督挺在前面"的时代要求。一方面,监督力量不足;另一方面,监督手段不足。由于技术条件的限制,过去法院纪检监察工作主要靠人工监督管理和事后问责处置,监督执纪成本高、制度空转风险大。如何让开展监督、接受监督、习惯监督成为常态成为法院纪检工作需要解决的重要问题。另外,监督专业化程度不足。与其他单位相比,法院纪检监察工作特殊性在于,需要有对执法办案合法性的专业化判断作为前提和依据。因此,案件质量评查成为落实法官办案责任、实现法院纪检监察工作职能的关键环节。然而,由于平台和机制还不完善,专业监督与纪检监督之间的衔接转换还存在一些障碍,亟须研究解决。

（四）回应公正廉洁高效司法的强烈需求

近年来，随着社会经济、政治、文化等各方面的快速发展，人民群众对司法审判工作的需求与法院审判执行工作实际都有新的发展变化，司法服务已经作为一种公共产品走入社会生活各个领域。一方面，人民群众对司法公正提出了更高要求，对案件审判执行的质量和效果有了更高的期待；另一方面，法院工作面临一系列挑战，司法案件数量大幅增加、新类型案件层出不穷、违规违法办案形式越来越隐蔽等，这些都给满足人民群众司法需求带来巨大压力。在这一背景下，如何创新手段，尽可能降低因权力运行异化造成的治理成本，用“做减法”的思路为规范权力运行、提高人民群众司法公正“获得感”提供保障，也是江西高院改革创新监督模式的重要出发点。

三、功能模块

系统立足法院审判实际工作，构建风险阈值库、黄灯预警、红灯警示、案件评查、智能审务督察、干警信息管理六大功能模块。

风险阈值库，是指可量化、可定义的技术阈值，即触发风险点预警或警示的临界数值。2018年7月，风险阈值库正式上线时确定了76个风险点，为贯彻落实关于强化对办案风险防控的重要指示精神，结合办案实践和队伍教育整顿中暴露出的突出问题，梳理增加了45个风险点，其中涉及立案阶段4个、审判阶段9个、执行阶段20个、案款管理12个，风险防控更加精准聚焦。至今为止，赣法廉韵共设置121个风险点，并且每个风险点都有对应的名称。

黄灯预警，是指系统即将触发相关风险点而进行的一种预警，即员额法官在办案过程中即将触发系统中设立的风险点。根据系统设置的规则，推送黄灯预警给预警责任人及对应部门负责人。黄灯预警后仅需要预警责任人了解掌握预警内容，提起对预警事项进行处置。

红灯警示，是指系统已经触发相关风险点而进行的一种警示，即员额法官在办案过程中已经触发系统中设立的风险点。根据系统设置的规则，推送红灯警示给警示责任人、部门负责人、审管办负责人、督察室负责人，此时红灯警示责任人需在系统中提交自查报告，进入案件评查流程。

案件评查，是指风险点触发后，审管办进行介入，先进行案件的评查，完成后再送监察室再进行相应的处置。在案件评查过程中，风险点触发人上传自查报告，经所在部门负责人出具评查意见和选择过错类型后送审管办，审管办在线下组织评查完成后，上传评查报告，经审管办主任审核后送督察室，由督察室进行最终的处置。

智能审务督察，是指针对办案法官在办案过程中行为的监督。如在庭审过程中法官的着装是否规范、是否按时到达法庭、是否有接打电话行为等。系统以庭审视频为基础，截图记录不规范行为,推送至相应法官,同时针对该问题进入案件评查流程。

干警信息管理,是指干警个人重大事项在线填报,严格落实任职回避规定,有效防范干警及其家属违规经商办企业、违规参股借贷等问题发生。

四、实践成效

经过近四年的上线运行,赣法廉韵开启了司法案件智能化监督的新时期。系统上线以来,全省法院广大法官注重办案细节、遵守办案程序的意识不断增强,黄灯预警、红灯警示案件数量呈明显下降趋势,司法风险防范成效显著。这项创新举措,获得最高法院周强院长"这一做法好,应予推广"的重要批示,得到新华社和《人民日报》《法治日报》《人民法院报》等主流媒体广泛宣传,入选2019年全国政法智能化建设"智慧法院"十大创新案例。

五、推广意义

赣法廉韵的上线和运行,将从更长远、更广泛的层面做好审判业务的质效监管和廉政风险的源头防控,有助于激活内部监督机制,增强干警防范意识,促进规范执法办案,提升审判执行质效。

(一)打通信息壁垒,激活内部监督机制。

一段时间以来,法院内部监督较为分散,业务监督和纪检监察监督合力不足,业务部门碍于情面对信息反馈不及时,纪检监察部门又苦于信息掌握被动、不全。赣法廉韵如同一张网,将法官和负有监督管理职责的院庭长、审判管理部门、纪检监察部门进行全覆盖,通过科学权限设置,构建了法院内部不同监督主体之间可量化、能互联、有差别的监督信息通道,打通了法院内部监督机制的各个壁垒,激活了内部监督机制,提升了监督实效。此外,系统通过对接案件庭审巡查、诉讼服务窗口监控和考勤记录等系统,可自动获取审务督察相关信息,实现了"人员少跑腿,数据多跑路",节约了外调时间,提高了工作效率。

(二)预警处置一体,促进规范执法办案。

现有的网上办案系统偏向于辅助干警办案,工具性突出而规范性略显不足,诸如操作不规范,信息录入不全、不及时等问题普遍存在,干警还可通过后台更改信息,造成相关信息无法转化为执纪问责的线索和依据,也未能引起干警思想上的高度重视,造成一些"小问题"层出不穷。赣法廉韵通过与网上办案系统、财务管理系统等进行对接,搭建起风险预警向处置问责转化的通道与桥梁,干警一旦触发预警,系统不仅能及时提醒承办人员,同时将预警信息向分管院领导、庭室负责人、审判管理部门、纪检监察部门进行推送,由审判管理部门组织对案件质量进行评查，最终由纪检监察部门根据评查结果依纪依法予以处理，以倒逼之势促进规范执法办案。

（三）监督与管理并重，提升审判执行质效。

赣法廉韵通过内嵌网上办案系统，将审判监督和业务管理有机结合起来，既实现了对审判权整体运行流程的管理，又突出了对关键环节、重点岗位的监督。院庭长通过该系统能够实时、全面地掌握部门干警触发风险的总体情况和详细说明，及时发现问题，强化案件管理，为切实履行“一岗双责”和有效行使审判管理权、监督权奠定基础；审判管理部门、纪检监察部门通过该系统对所有案件进行全员全程的质效监管，能够督促干警进一步规范司法行为，改进办案方式，提升审判执行质效。

（江西省高级人民法院）

广西法院智慧运维管家

一、概述

（一）建设背景

2018年4月，最高人民法院召开专题会议，会议要求加强法院信息化建设发展规划，推动法院信息化建设转型升级。《人民法院信息化建设五年发展规划（2021—2025）》（以下称“规划”）提出，建立统一规范管理、组织架构明确、运行保障有效、团队执行有力的质效型运维队伍，优化完善可视化质效型运维管理平台监控覆盖能力、多维呈现能力和智能分析能力，提升信息化运行质效分析和关联评估水平，不断完善体系完整、管理规范、上下联动、主动智能的质效型运维管理体系。

根据规划要求，广西壮族自治区高级人民法院（以下简称“广西高院”）首创“四一三化”智慧法院运维管家概念，即一个中心：广西智慧法院运维中心；一个平台：法眼平台；一套制度：运维管家服务标准规范；一支团队：广西法院特色的运维服务团队。逐步实现运维工作的标准化、集约化、智能化。

（二）实现内容

广西法院智慧运维管家能够对广西法院信息化运行过程中基础设施、应用系统、数据资源、信息安全及运维管理等多个要素的运行质效实施全面管控，并建立一套标准化的运维管家服务标准规范，成立一支具有广西法院特色的运维服务团队，为全区法院提供信息化管理和建设决策,促进法院信息系统的改进和质效提升。

(三)现实意义

广西法院智慧运维管家是信息化运维保障机制建设的重要组成部分,改变以设备完好型为目标的应急式运维管理模式,通过“四一三化”的建设,全面提升运维质效。

转变以往“重建设、轻应用”的模式,把提升应用成效作为信息化工作的一项重要任务,建立和运行有效的应用成效评估、通报和改进机制及相应支撑系统,助力以审判为中心的各项工作的开展。

二、业务需求

经过不断的摸索和实践,我们总结了以下三个方面的需求。

一要打造一体化管理工具,对信息化资源进行整体管控。各部分软件处于独立运行状态,不利于实现法院信息系统的整体监管,需要通过一体化的运维管理工具,完成信息化管理工作。

二要建立主动式、预防式运维管理模式。实时掌控信息化的运行情况,形成一个事前预防、事中定位、事后总结的闭环流程,主动检测运行情况,通过趋势预判、故障告警等方式,为解决故障提供及时准确的支撑。

三要加大数据和业务融合力度,真正实现信息共享。为跨业务或部门的分析决策提供数据支撑,另外能够将有价值的信息传递到决策层,对信息化未来的发展方向提供科学的评判依据,有效地支持“智慧法院”的建设。

三、建设内容

(一)建设目标

广西法院智慧运维管家总体目标是对信息化系统的各要素运行质效实施全面的管控,并对其运行质效实现集中统一的可视化展示,打通各信息系统之间的信息壁垒,全面掌握信息系统的运行状况和态势,为广西全区法院提供信息化管理和建设提供决策依据,促进信息系统改进和质效提升,更好地服务于审判和执行工作。

(二)建设内容

基于最高人民法院法眼平台建设了具有地方特色的广西高院法眼平台,有最高法院平台版本的模块:基础设施监控、业务系统监控、数据资源监控、信息安全监控、运维监控及资产周期管理。同时根据广西高院自身情况，建设了全区法院业务数据可视化模块、机房管理及可视化模块、运维服务台模块，丰富了法眼平台的功能。在此基础上，广西高院建立了一套运维管家标准规范，成立了一支专业化运维服务团队，为运维管理部门提供高效、便捷、统一的运维服务，助推以审判为中心的各项工作开展。

一是建立广西智慧法院运维中心。集实时监控、统一调度、可视化呈现等功能为一体，由一线运维、二线运维组成的专业化队伍进行一站式运维服务的综合性场所。

二是建立广西智慧法院法眼平台。该平台通过对广西高院基础设施、应用、数据、安全、运维五大要素质效数据的采集、整理、分析，实现大屏、PC端信息化运行态势监控展示，同时辅助输出信息化运行质效报告，为信息化管理者决策提供数据支撑。

三是建立一套运维管家标准规范。制定适合智慧法院发展需要的质效运维服务管理制度，是智慧法院质效型运维服务管理模式合理、规范、高效开展的制度性保障和依据，是进一步扭转"被动式"运维模式向"主动式"转变的基础。

四是建立一支专业化运维服务团队。致力于更好地提高对综合、复杂信息系统的运行保障能力，保障高性能业务系统运行稳定，进一步发挥新型技术在法院信息化管理中的服务能力。

四、集成实施

（一）建成智慧法院运维中心，打造一站式服务场所

广西智慧法院运维中心场所于2022年1月26日建设完成，是一个集实时监控、统一调度、可视化呈现等功能为一体，由一线运维、二线运维专业化队伍组成进行一站式运维服务的综合性场所。整体布局按照智慧服务、智慧审判、智慧执行、智慧管理划分为四个区域，采用"1+N"模式，由浪潮集团有限公司担任总管家，各信息化承建厂商派驻运维人员，实现运维工作的统一管理和调度。

（二）完善可视化质效运维平台，掌握法院信息化运行态势

2022年2月，在原有平台基础上，建设完善了系统访问使用情况可视化功能，对法院专网应用系统访问量、登录用户数、在线用户数等指标进行采集，为系统优化、下架提供数据依据。建设了软件压力测试模块，为系统上线提供性能测试，为后续业务系统性能达标提供业务抓手。

（三）制定运维管家服务标准，覆盖运维管理所有节点

为规范质效型运维服务管理工作顺利开展，根据ITTL、IOS20000等国际服务标准体系，制定适合智慧法院发展需要的运维管家服务标准规范。运维管理制度涵盖运维组织人员管理、组织运转流程管理、信息化资产管理等方面。

1. 人员管理制度

人员管理制度的基本规则是日常工作管理制度,涉及运维人员工作过程中需遵守的,例如考勤管理、日常工作制度、机房操作规程、安全保密制度、服务行为规范等。

2. 流程管理制度

流程管理制度是为充分保障运维服务工作效率。流程管理制度覆盖信息化运维的所有环节,比如事件管理、问题管理、协同管理、场所管理、配置管理、变更管理、发布管理、知识库管理、应急管理、数据备份管理等。

3. 资产管理制度

信息化资产管理是质效型运维工作中非常重要的一环。制度覆盖所有信息化基础硬件资产及其所承载的各类业务应用系统资产,所有业务应用系统运行时产生的各类数据资产,守护信息系统平安运行的安全资产,形成全方位的资产管理制度。

(四)建立广西法院特色运维服务团队,提升运维保障能力

为更好地提高对综合、复杂信息系统的运行保障能力,广西法院建立了专业的运维服务团队,其运维组织架构如图1所示。

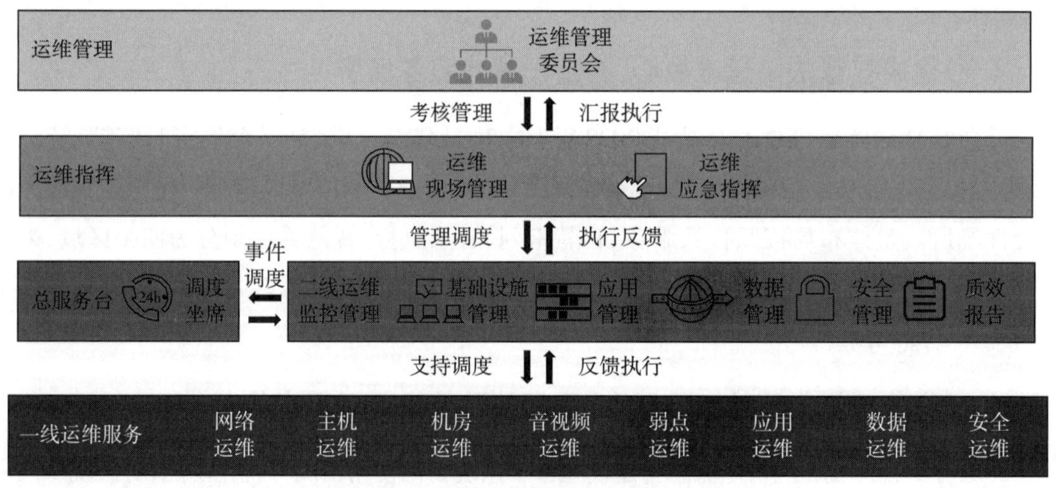

图1 质效运维服务组织架构

1. 运维管理层

运维管理层成员由单位信息技术管理部门负责人和运维团队所属公司上层管理者组成。制定运维工作年度和阶段目标,年度末对全年运维工作作业计划执行完成情况进行审核评估,对运维指挥层工作开展方向与工作重点提供指导。

2. 运维指挥层

运维指挥层由各厂商现场运维团队负责人、办公区域负责人、二线运维负责人及外部运维资源负责人组成，主要负责整体现场运维指挥调度，按照运维管理层批准的运维工作目标计划开展工作。

3. 运维监管层

运维监管层由运维团队二线高层次技术人员组成。运用可视化运维监控管理工具软硬件，对数据及安全方面进行监控与分析，定期形成信息化运行质效分析报告。对信息化建设规划、基础设施资源优化、应用系统研发改善及用户业务应用感知改善提供数据依据。

4. 运维执行层

运维执行层由一线运维实施技术人员组成，主要工作内容是全生命周期管理合同范围内的所有信息化资产，实时处理信息化运维管理对象运行过程中发生的情况。

五、应用成效

广西智慧法院运维中心建设完成，运维管家服务规范的实施，让运维工作标准化；场所建设的完成，使得原来的分散式运维转变为集约式运维，可视化运维平台的升级完善，让运维工作更智能。

截至目前，质效运维体系智慧运维管家监控并提前处理系统预警300余起，成功解除重大系统隐患25起，出具信息化运行质效分析报告35篇，用户集中投诉事件量较专项行动前下降近50%。打破了被动式、救火式的传统运维模式。自智慧运维管家落地以来，基础设施和应用设施故障率及用户投诉数量明显降低，干警满意度有了大幅度提升。

广西法院智慧运维管家提供高效、便捷、统一的运维服务，助力以审判为中心的各项工作顺利开展。

六、推广意义

法院业务系统面临软硬件设备种类多、数量多、业务厂商多、运维人员多、运维管理工作繁杂等现状。

广西高院目前在用业务系统98个，基础设施1000余台，软硬件运维厂商16家，运维支撑人员100余名。

智慧运维管家提供服务后，实现了人员统一管理，建设了服务标准规范，使运维工作标准化、流程化，提高了运维效率，故障处理平均时间大大缩短；运维场所的建设，使运维工作集约化，方便沟通交流及统一管理。

广西法院智慧运维管家的运维模式，为其他法院或单位提供一定的借鉴意义。

（广西壮族自治区高级人民法院）

贵州省高级人民法院深化无纸化办公办案

近年来,贵州省高级人民法院认真贯彻落实最高人民法院关于智慧法院建设安排部署,在与信息化同频共振的改革浪潮中激流勇进,立足问题需求成效导向,坚持以“四智”促“四服”,以“四用”(实用、好用、管用、想用)检“四智”,重塑办案流程,整合系统资源,以无纸化工作为抓手全面深化智慧法院建设,助力法院工作高质量发展。

2021年,贵州省99家法院全部实现无纸化办案工作,无纸化立案81597件、庭审53601件、结案54036件、归档29157件,实现上诉案件平均移送天数和案件平均审理天数均大幅减少,一审判决案件改判发回重审率较去年同期下降30%以上,当庭裁判、一审服判息诉率和法官人均办案数均有所上升,无纸化工作成效得到最高人民法院院长周强批示肯定。

一、坚持问题导向、厘清问题堵点,确保无纸化工作有条不紊

一是高位推进。贵州省高级人民法院党组深刻认识到无纸化运行是构建于系统建设和系统应用之上的顶层设计,是不断完善“四智”体系的“总引擎”,是新时代法院工作高质量发展的必然要求和必然选择。全面总结先行法院经验,制定《贵州法院推行无纸化办案工作规程(试行)》,规范全省法院可复制、易推广、出成效的无纸化办案统一工作模式,把无纸化工作作为“一把手”工程,宏观把控全省法院无纸化发展的方向和进度。

二是定点攻克。充分发挥钉钉子精神,一步一个脚印切实把无纸化工作落深落细落实,聚焦无纸化工作推进和信息化建设中存在的难点症结,组建专项调研小组,制定调研提纲和工作计划,组织工作专班开展无纸化工作及信息化建设调研,实地指导各级法院无纸化工作,定点逐一梳理无纸化流程、收集无纸化需求、总结无纸化经验亮点,切实解决无纸化工作推进中的实际困难,绘就一幅遍布全省99家法院的调研足迹图,为全省法院无纸化工作顺利推进保驾护航。

三是思维传导。以调研为载体,传递信息化工作理念,破除传统办案模式的惯性思维,将全省干警从传统办案方式引导到信息化时代线上办案模式。要求各级法院要强化责任担当,班子成员带头开展无纸化工作,运用无纸化流程办理案件,发挥示范引领效应,主动适应信息化发展步伐,提升信息化系统应用能力,确保无纸化工作落到实处。

二、把握关键环节、重塑办案流程,构建无纸化办案新模式

一是立案阶段,采取“线上+线下”服务模式,线上积极引导当事人通过贵州移动微法院、电子诉讼服务平台、律师诉讼服务平台进行网上立案,用数据跑路代替群众跑腿;线下成立了

材料集中扫描中心，将扫描事务分离服务外包，法官只需对立案材料进行审核，审核通过后将材料流转至扫描中心，扫描人员通过材料收转系统进行集中扫描并进行归目，将当事人提交的诉状、身份证明、证据等全部电子化实时同步至电子卷宗系统，运用立案信息自动回填功能通过系统一键生成案件受理通知书、缴费通知书、送达地址确认书等程序性文书并实时同步入卷。

二是审理阶段，成立卷宗管理中心，运用物联网技术，将案号信息与材料中专用柜（高密柜或智能档案盒）进行数据挂接，进入法院的材料扫描电子化后，全部存入材料中专用柜，实现纸质卷宗的统一管理，法官只需通过电子卷宗进行案件办理，实现审判业务线上流转。

三是庭审阶段，全面升级智慧法庭，庭审法庭与电子卷宗系统对接，实现卷宗实时调阅、庭审语音识别、证据同屏展示、笔录自动生成等功能应用，庭审结束后当事人通过电子签名板对庭审笔录签字捺印确认即可。

四是结案阶段，系统生成的所有文书均实现一键同步电子卷宗，无须打印扫描，有效避免“一案两扫”问题，调解书、判决书等裁判文书电子签章后自动入卷，提升案件办结效率。

五是归档阶段，根据无纸化工作流程对档案管理系统进行升级改造，实现电子与纸质材料异步归档，严格落实“以电子归档为主，纸质归档为辅”。

三、坚持目标导向、提升办案质效，让法官享受到数字红利

一是全流程线上办理。以无纸化办案为驱动，实现信息技术和审判执行工作深度融合，加快建立与互联网时代相适应的新型诉讼模式，重塑办案流程，依托电子卷宗随案同步生成和深度应用、智慧庭审、电子签章、电子签名、电子送达等信息系统，实现立案、调解、缴退费、审理、合议、开庭、结案、归档等全流程线上办理。

二是全业务智能辅助。从制度上规范办案网上流转，从业务上协助法官打通无纸化办案流程，以无纸化促进干警转变思维，主动适应信息化发展新时代。全省法院干警广泛使用立案信息自动回填、卷宗智能编目归目、裁判文书左看右写、电子卷宗同屏对比、法信智推2.0、文书智能纠错等辅助办案系统，上诉案件平均移送和案件平均审理周期减少约10天，为法官节省大量时间成本，有效化解“案多人少”矛盾；法定正常审限内结案率、当庭裁判率、一审服判息诉率和法官人均办案数均有所上升，为案件办理提质增效。

三是全节点监督管控。全面推进系统应用和无纸化工作，不断强化流程治理，所有审判活动均实现网上流转、电子留痕，便于全程监督管控，对外委托鉴定网上流转办理精准记录鉴定交办和返回结果时间，有效助力解决长期未结案问题；减刑假释案件、暂予监外执行等案件全部网上流转，对案件实行责任倒查提供了强有力的技术保障，通过技术手段避免“减、假、暂”顽疾。

四、坚持需求导向、优化系统功能,智慧法院建设纵深发展

一是建设全域数字法院。充分发挥无纸化“黏合剂”作用,把办案法官和技术人员、审判业务和信息系统紧密串联起来,形成工作合力,每一名法院干警既是系统的使用者,也是需求者和建设参与者,以应用促建设,以建设促发展,促进信息技术和审判执行工作深度融合,在应用中发现问题、检验系统、解决问题,促进系统功能更加符合使用需求,助推系统向“实用、好用、管用”标准升级,达到人人“想用”的最终目标,积极探索全域数字法院建设。

二是助推系统迭代升级。坚持“系统建设自上而下、应用推进自下而上”的发展理念,统筹技术、业务和应用三个要素,对信息化发展进行统一规划、统一建设、统一部署,打造架构统一、版本统一、标准统一的审判流程管理系统、执行流程管理系统、减刑假释系统、电子卷宗随案同步生成和深度应用系统等,紧跟时代发展的步伐,充分发挥贵州大数据试验省的优势,切实以无纸化工作成果推动智慧法院建设,助推信息系统迭代升级。

三是创造数字经济价值。大力推广政法单位跨部门业务电子流转,充分应用统一送达平台,实现程序性文书和裁判文书电子签章线上流转,推进刑事案件电子流转、电子换押、电子交付执行等业务全流程网上办理,最大限度减少纸质材料。落实《人民法院在线诉讼规则》,强化电子诉讼服务系统建设,为当事人提供网上立案、网上开庭、网上缴费等泛在化服务,让数据跑路代替群众跑腿,减轻群众诉累。与传统办案模式相比,无纸化办案减少了纸质、墨粉、打印机等耗材设备损耗,节省了线下送达、开庭来回奔波的时间和经济成本,实现低碳诉讼服务模式。

扬帆起航正当时,贵州省高级人民法院认真贯彻落实最高人民法院无纸化工作部署,撑起无纸化办案这面坚强船帆,在与信息化同频共振的改革浪潮中乘风破浪,紧跟时代发展步伐,顺应贵州省大数据战略发展趋势,把握新时代信息化发展机遇,推动智慧法院建设向全面智能化、智慧化转型,进一步巩固无纸化办案成果,以数据应用向知识服务延伸,以知识驱动助力审判体系和审判能力现代化,全面推进贵州法院信息化4.0版建设,用科技赋能更高水平数字正义。

（贵州省高级人民法院）

新疆法院多语种智能翻译系统助力司法为民多元化

使用本民族语言文字进行诉讼，是一项宪法权利。人民法院对于不能知晓当地通用语言文字的诉讼参与人，应当为他们提供翻译。近年来，随着信息化建设步伐的加快，新疆法院在保障少数民族诉讼参与人的诉讼权利方面推出了一系列利民惠民的优秀科技产品，让新疆各族群众享受到了智慧法院建设成果的“红利”。

一、紧盯服务群众，推进技术研发

智能语音识别技术是一项广泛应用于人民法院庭审活动的公众技术，对于推行庭审记录方式改革起到了跨越式飞跃的推进作用。2018年1月，新疆维吾尔自治区高级人民法院（以下简称“新疆高院”）制定《新疆维吾尔自治区人民法院信息化建设三年发展规划（2018—2020）》（新高法〔2018〕19号），提出“基于全区法院科技法庭建设情况，实现庭审语音同步转录技术全覆盖，提高庭审活动质效。并广泛应用于合议庭评议、审委会讨论、会议交流等，最大限度减轻非审判性事务负担，提高审判执行工作质效”目标任务，新疆法院上线启用了科技法庭智能语音系统，可以使用汉语语音自动识别系统完成庭审活动，完成庭审语音同步转化成文字，并自动生成庭审笔录目标任务，书记员可对语音转化内容进行实时校对、编辑，系统记录内容精确度高、完整度好，最大限度简化工作流程，解决了“实时记录不全，事后反复确认”的问题，大大提高了庭审效率。

新疆作为少数民族人口较多的自治区，涉及多语种的案件数量较多，2019年新疆法院使用少数民族语言诉讼案件94151件、产生120394件裁判文书，2020年93270件、裁判文书115986件，2021年135524件、裁判文书205882件。但能够熟练掌握维吾尔语、哈萨克语、汉语的法院工作人员稀缺，社会翻译人员水平参差不齐，尤其是熟悉审判业务的翻译人员更少，工作滞后、准确率低的问题凸现。在汉语智能语音识别技术广泛应用的基础上，如何将少数民族语言语音自动识别技术应用于司法实践，成为新疆法院信息化建设的攻关重点项目。

二、紧盯现实需求，推进系统应用

早在2017年7月，新疆高院与新疆大学签署了《软件应用战略合作协议》，共同合作研发智能语音识别技术，以实现科技法庭庭审应用系统的汉语语音和少数民族语言语音自动识别、自动生成完整准确的庭审笔录。为切实提高维吾尔语语音转写服务能力，新疆高院收集汇总了大量原始庭审母本，经过近3年的定向研发提升，取得了明显成效。

2021年8月，新疆高院在科技法庭智能语音系统的基础上，增加拓展了维吾尔语语音转写服务，使庭审语音同步转化成文字方面实现了汉语、维吾尔语的全覆盖，当年2166件维吾尔语案件的庭审笔录均自动生成,大大减轻了法官助理、书记员的非审判性事务负担,提升了审判执行质效。

信息化的优势在于升级迭代技术的几何倍增长。2021年10月,新疆高院、乌鲁木齐市中级人民法院和科大讯飞公司积极开展实践探索,以多语种智能“语音技术+翻译技术”双轮并进,试点研发部署建设了“多语种语音云平台及应用系统”,将高级法院、乌鲁木齐市两级法院、喀什地区两级法院及布尔津县法院共16家法院298个科技法庭纳入试点范围,试运行多语种语音云平台及应用系统。该系统在前期维吾尔语、汉语庭审语音转写的基础上,扩展了“维吾尔语⇌汉语的文”本翻译、“哈萨克语⇌汉语”的文本翻译等功能,该系统能够实现多语种(汉语、维吾尔语、哈萨克语)文书之间的快速文本互译,着力解决在卷宗翻译、双语文书翻译、裁判及通知文书翻译等场景下的翻译需求。

三、紧盯成效分析,推进多场景融合

从应用场景来看,多民族语言智能翻译系统具有以下功能特点和应用优势。

一是提高庭审效率。通过庭审实时转写和智能翻译(将少数民族语言语音转写为相应少数民族语言文字,并实时翻译成汉语),打破传统“1~2位书记员+1名翻译人员”的双语案件记录模式,1名双语书记员即可完成庭审记录和文本翻译工作,破解传统庭审记录速度慢、翻译滞后等问题,普通少数民族语言案件审理时间缩减幅度近50%,极大缓解了人员紧缺现状,提高庭审效率。

二是实现文书智能翻译。通过实现汉语、维吾尔语、哈萨克语等文书之间的自动快速文本互译,满足法官在个人终端上实现裁判文书及通知文本的翻译场景需求。以一份20页的少数民族语言裁判文书为例,通常情况下,初步翻译工作需要1~2天,使用多语种翻译系统仅需6~10秒,极大地减轻了法律诉讼和司法业务中的文书翻译工作强度,提高了翻译效率,节省了翻译经费。

三是提升诉讼服务智能化水平。在诉讼服务窗口配备智能翻译机,多语言文字实现同步屏显、同步播报合成语音,实时翻译少数民族群众咨询,打破语言沟通障碍,为汉语法官同少数民族群众直接交流提供有效便捷模式,既缓解了少数民族法官紧缺现状,又进一步提升了诉讼服务智能化水平。

四是实现应用场景多元化。该系统服务进一步延伸至法院办公终端,方便法官随时应用少数民族语言文本在线翻译、语音输入、语言转写等功能,特别针对年龄偏大、打字速度慢的法官来讲,增加一个小小的麦克风,就能实现语音识别自动生成裁判文书。少数民族语言和汉语混合合议庭讨论也能实时转换、同步呈送、同时签名,切实提高了工作质效。

五是实现少数民族语言案件可视化评查。目前,汉语案件基本实现常态化自动评查,但少数民族语言案件评查仍然依靠人工核查，效率低且难以服众。将智能翻译系统引入少数民族语言案件审判管理中，通过智能化文本翻译，实现可视化监管评查，有效解决了少数民族语言案件“监管难”“评查难”问题，提升了少数民族语言案件审判质量。

目前，新疆法院科技法庭语音系统应用率达到100%，汉语语音转写准确率已达到98%以上，维吾尔语语音转写准确率已达到95%以上，完全可以满足庭审语音转写笔录需求。全区115家法院共计建有1007个科技法庭，其中超过300个法庭支持庭审语音（汉语、维吾尔语）转写，平均每家法院有2个科技法庭实现了该功能。多语种语音云平台及应用系统自2021年10月上线以来，全区法院使用庭审语音转写系统共计7213次，累计使用时长4188个小时，转写3123万余字。维吾尔语⇌汉语文本翻译系统共计使用了8432次，哈萨克语⇌汉语文本翻译系统共计使用了433次，共计翻译裁判文书3400余份、文书笔录5300余份，普通少数民族语言案件审理时间缩减幅度近50%，有效缓解了当前少数民族语言案件审理过程中翻译工作压力。

四、下一步工作打算

多语种翻译技术在法院行业的试点应用，不仅能助力法院审判提质增效，还是保障少数民族群众使用本民族语言文字参与诉讼权利的有力举措，更是实现数字正义更高水平的有效载体。科技的“翅膀”让信息化应用的服务半径越来越大、越来越广，新疆高院在推进多语种翻译技术方面仍然在奔跑的路上。为了提高哈萨克语的庭审语音技术准确率，新疆高院收集汇总了近6000份哈萨克语裁判文书，近2500场次使用哈萨克语庭审的录音录像，用来提高机器的智能学习能力，提高语音辨识率和精准度，2022年下半年语音转写力争上线使用。同时，多语种语音云平台及应用系统的试点工作也将华丽转身，在全区法院全线覆盖，以科技赋能为人民群众提供更加多元化、智能化的诉讼服务。

（新疆维吾尔自治区高级人民法院）

保定中院助推电子卷宗随案同步生成与深度应用

一、建设背景及意义

为深入贯彻最高人民法院《关于全面推进人民法院电子卷宗随案同步生成和深度应用的指导意见》《关于进一步加快推进电子卷宗随案同步生成和深度应用工作的通知》《全国法院电子卷宗随案同步生成和深度应用相关系统功能建设参考(2020版)》等文件要求,河北省保定市中级人民法院(以下简称"保定中院")以电子卷宗的应用为核心,以全流程无纸化、智能化为目标,加强电子卷宗的全面应用、融合应用,以监管促推电子卷宗随案同步生成及深度应用工作。

电子卷宗是建设智能化、信息化、数字化法院的重要基石,保障电子卷宗的随案同步生成是推进智慧法院建设的关键环节,电子卷宗质量的提升有助于信息回填、生成文书、类案推送、在线合议等审判活动多场景的深度应用。由于人民法院案件数量庞大,仅靠传统人工监管巡查的方式难以实现有效的监管,如何通过智能化手段对全市法院电子卷宗随案同步生成的及时性、准确性、完整性、规范性进行监管已经成为亟待解决的问题。

二、系统建设

保定中院为提升电子卷宗随案同步生成及深度应用水平,在全省法院率先上线了电子卷宗巡查系统。系统可实现对电子卷宗生成的及时性、卷宗材料的完整性、归目的准确性、图像质量等多方面进行自动巡查,同时对不合格案件智能预警、一键生成案件通报。同时,保定中院积极构建配套工作机制,制定了《保定市两级法院电子卷宗随案同步生成及深度应用工作实施方案》,全面推进全流程无纸化办案模式。

一是保障电子卷宗生成时效。依托《河北省高级人民法院电子卷宗随案同步自动生成及深度利用的管理规定》相关要求,目前主要检测案件类型为民事、刑事、行政等,共涉及11种审判程序、280种目录、320种文书。依据审判流程将案件划分为立案、庭前、庭后、结案、归档五个必要检测阶段,每个阶段的检测时限定为2天,建立健全电子卷宗随案同步生成时效的管理体系,促进电子卷宗随案生成时效的有效提升。

二是提升电子卷宗生成质量。系统围绕电子卷宗的完整性、归目准确性、图像质量三个方面进行重点检查,全方位提升电子卷宗生成的质量。依据《人民法院诉讼卷宗材料排列顺序(试行)》中的目录管理规定,系统自动检测每个案件在各阶段必要审查目录中是否上传文书,保障电子卷宗随案同步生成的完整性;利用OCR文字识别技术,提取文书内容与目录进行对比，检测文书与目录是否一致，使得电子卷宗的归目准确性得到有效监管；电子卷宗图像质量核查主要包含对图像是否歪斜、是否有黑边、是否有印痕、是否存在空白页等方面进行检查，电子卷宗的图像质量为电子卷宗深度应用奠定了基础。

三是实现电子卷宗全面监管。系统按照省、市、县三级法院架构，根据法院管辖范围对电子卷宗分级监管、统一汇总。各级法院内部根据监管职责划分管控权限，法官可清晰查看所承办案件的卷宗瑕疵情况，业务庭庭长可直观掌握本部门案件卷宗问题，审判管理部门可对全市法院电子卷宗数据进行分析汇总，一键生成电子卷宗制作统计报表、电子卷宗质量情况统计图、电子卷宗案件通报等，进一步提高审判管理效率，实现数据监管范围全面覆盖。

三、应用成效

电子卷宗巡查系统一方面保证了电子卷宗制作时效和质量，为电子卷宗深度应用工作打好技术基础；另一方面极大弥补了人工监管的不足，为管理者提供了便捷、智能、高效的技术抓手。2021年，全市法院有效监管案件550000余次，电子卷宗制作率达到100%，电子卷宗合格率达到近99%。系统对有瑕疵的电子卷宗自动预警188000余次，并提醒案件承办人及时更正卷宗材料。系统用数据说话，及时、清晰、直观、准确地展示了电子卷宗的制作状态和存在问题，审管部门依据系统每周对两级法院电子卷宗工作督导，规范了全市法院电子卷宗标准，全面推进电子卷宗随案同步生成与深度应用。

保定中院围绕电子卷宗同步生成及深度应用工作主线，依托高质量的电子卷宗文件，实现了网上阅卷、智慧庭审、审委会讨论、案件评查等多场景深度应用，切实做到了全业务网上办理实现网络化、全流程依法公开实现阳光化、全方位智能服务实现智能化，推动智慧法院向无纸化办案方向迈进。

（河北省保定市中级人民法院）

吉林延边中院探索案款“E支付”系统

为进一步规范执行案款管理，优化案款支付流程，吉林省延边朝鲜族自治州中级人民法院（以下简称“延边中院”）充分运用信息化技术手段，创新打造了案款“E支付”系统，为实现智慧执行增添助力。

一、聚焦执行工作，开启案款管理全新阶段

2021年执行案件数量呈现逐年上升趋势，人案矛盾问题逐年增大，原有案款管理方式对

案件承办人要求较高,且财务部门需要纸质材料入账留存,发放手续多、发放过程慢,有时会导致执行案款发放超过规定时限,无法及时将案款发放给申请执行人,导致执行款管理不规范。加之有些执行款信息不全,无法将款项与执行案件一一对应,产生很多不明案款,在一定程度上阻碍了案款的发放进程。为了能够更好地帮助胜诉当事人实现自己的合法权益,延边中院对案款发放流程中存在的痛点、难点进行深刻分析。如何充分运用信息化手段发挥执行作用,为延边经济社会高质量发展提供司法保障,成为延边法院面临的新课题。

延边中院根据《2021年吉林智慧法院重点任务台账(修订版)》部署,推动智慧法院建设成果在执行工作落地实施,积极推进执行案件办理信息化实践。依照最高人民法院“智慧执行”的智能化标准,延边中院在现有执行信息化基础上,准确把握大数据在司法领域辅助办案的功能定位,大力推进智慧科技与人民法院执行业务的深度融合,着力推动执行业务全流程网上办理,全面推进法院执行信息化工作向智能化跨越。围绕影响执行案款管理的堵点、难点问题,延边中院对执行法官在办案中遇到的问题和需求进行深入分析、精准提炼,全新打造了以信息化为支撑、以案款监管流程再造为基础的案款“E支付”系统,实现案款一键标记、自动发放、线上办理、监管有序。

二、分解办案环节,构建案款发放全流程网上办理模式

案款“E支付”系统充分结合现有科技成果,借助互联网应用、OCR识别、区块链等技术,构建“E发放”“E审批”“E管理”的案款发放全流程网上办理模式。

(一)自动采集

系统采用OCR识别(Optical Character Recognition,光学字符标识)技术,在当事人来法院递交材料的同时,对申请人银行卡的开户银行和卡号进行信息提取,回传至系统后生成《申请人收取案款信息确认表》,申请人通过电子签名板确认签字,保障后续案款发放的准确性,也满足了当事人只跑一次的愿望。

(二)一键标记

对于账户中到账的案款,通过系统提醒和短信通知,提醒办案法官及时认领并对案款一键标记是否自动发放。对于标记自动发放的,系统审核信息无误后自动生成执行款支款通知书报领导审批。对于标记非自动发放的,需要在系统上传暂缓原因说明及选择暂缓期限,并且上传附件,交由领导审批。

一键标记、自动发放流程有效促进案款到账、及时发放,通过关联“一案一账户”的案件库,案款分配的同时触发关联案件自动化程序,充分运用信息化手段替代手工操作中提升工

作效率，倒逼办案人员进一步规范执行案款的发放工作，真正做到应发尽发、能发早发，彻底清除待认领款，有力缓了解执行款的暂存情况，形成规范案款发放的长效机制。

（三）线上审批

针对以往案款发放需要集齐3份材料、经过两个部门、多人签字审批流程，导致的付款手续繁杂、耗时长等弊端，延边中院重塑审批流程，在保障依法依规操作的同时使审批流程更加简便合理。在新流程中，执行收取通知书自动加盖办案人员签名章，支款通知书、说明文件实时推送至领导，保证审批操作更加便捷、安全、高效。

（四）精细管理

系统强化对案款认领的提醒。在系统站内提醒的基础上，增加每日短信通知，提醒办案人员及时认领案款，并重点突出系统内“待认领”模块，有效化解案款无人认领的积压问题。

同时，针对办案人员、财务人员、执行局负责人三方角色，系统个性化设置统计功能，通过精细化管理，促进执行案款管理工作的良性运转。

1. 办案人员

办案人员可查看当前案件历史案款发放、相关联案件发放情况，辅助标记、辅助计算发放金额；可实时查看3日内未标记、系统审核不通过案件列表；增加超期案件统计功能，可统计区间内超期及发放情况。

2. 财务人员

财务人员可实时查看超2日未认领案件统计，及时请领导督查办案人员认领。

3. 执行局负责人

可查看不明案款未认领情况、到账7日内未付款、超2日未认领、超3天未标记案件列表，还可统计超过暂缓期限案件、超期发放案件等情形并配置对应的催办功能。

各角色以系统为支撑，以统计为抓手，三方联动、统筹协调，重点强化办案人员自身管理及执行局负责人的监督管理职能，实现案款流转的有序、顺畅、及时。

三、整合系统功能，助力执行工作迈上新台阶

（一）保障申请执行人的合法权益

案款“E支付”系统将法官、财务、银行等多个业务系统整合，实现一键信息录入、一键标记案件、一键智能分配、一键案款发还、一键通知领款，全程自动化、无纸化、智能化，在降低办案人员工作量的同时，极大提升了办案人员案款发放效率，有效缓解案款积压问题，执行案款付款周期由平均20天缩短至7天，付款能力由1天8笔增强至1天24笔，极大提升了向申请人

支付案款的速度，缩短了胜诉当事人实现权益的时间，成功实现“三个做到”，即“做到让申请人只跑一次、做到足不出户收取执行案款、做到人民群众获得感的不断提升”，让当事人真正体会到在现代科技的推动下，司法服务的高效、便捷，不断满足人民群众对执行工作的新要求、新期待。

(二)规范执行案款的管理发放

案款发放全过程中产生的所有文书都会实时推送财务人员存档。通过信息化手段，在数据双向统一的基础上，确保每一笔案款的收付登记明确、详尽。通过执行案款管理系统的规范化、智能化、精细化处理，使案款管理关口前移，强化了对执行案款收付的廉政风险点的防控，切实有效杜绝了消极执行、拖延执行和乱执行等不规范执行行为，倒逼办案人员进一步规范执行案款的发放工作，真正做到应发尽发、能发早发，切实提高了案款发放效率，形成案款规范发放的长效机制。通过辅助提醒、催办功能促进执行案款工作良性运转，同时还标志着执行案款发放节点正式加入全流程无纸化办案闭环，借助区块链技术对案款发放全流程进行跟踪管理，交款、认领、发放、暂存、退款等操作实时上链存证，全程可追溯，执行案款进出账全程留痕、动态管理，过程透明，全面实现了对执行案款的规范、高效、精细化管理。

(三)优化人力资源的配置和管理

案款发放是执行工作的重中之重，如何快速、高效发放执行案款一直是所有执行干警的疑难痛点。案款“E支付”系统的上线使用，通过自动化手段有效化解人为因素导致的案款积压问题。通过系统对银行卡信息的自动收集和匹配功能，将以往需要人工核对校验的非审判执行性事务剥离出去，有效减轻了办案人员的负担。案款发放线上审批解决了以往审批过程中“签字难”的问题，为办案人员节约更多的办案时间，办案法官可以投入到更有价值的智力型工作中，促进执行团队人员优化和重组，提升人力资源的精细化管理水平。

区块链、大数据、人工智能、5G技术等现代信息技术成为“智慧执行”不断创新升级的引擎，“智慧执行”既要着眼于满足执行办案的需求，更要着眼于把执行工作通过网络方式融入整个社会治理体系。目前“基本解决执行难”的目标基本实现，人民法院正在向着“切实解决执行难”的目标迈进。在新征程中，延边中院将不断挖掘案款支付痛点问题，持续优化功能、细化流程、完善制度，进一步将案款支付与法官移动办案有机结合，把握数字赋能新机遇，切实利用信息化手段加强执行工作、加大执行力度，为营造法治化营商环境、推进社会诚信体系建设贡献“延边智慧”。

(吉林省延边朝鲜族自治州中级人民法院)

无锡中院运用物联网技术助推强制执行

2020年，最高人民法院智慧法院实验室建成启用，全面建设智慧法院向纵深发展，这标志着人民法院围绕智慧审判、执行、服务、管理的智慧法院体系基本建成，开始真正走出了一条中国特色社会主义法院信息化道路。但随着各地法院对于“互联网+”的深入探索，单纯依靠“互联网+”技术的局限性日益凸显，尤其是一些执行工作的难题仍然没有解决，作为中国物联网技术发展前沿城市的无锡，探索将物联网技术运用于强制执行领域，产生了意想不到的效果。

一、理论渊源：物联网技术含义及应用背景

（一）物联网技术的概念特征

中国物联网校企联盟将物联网（Internet of Things）定义为当下几乎所有技术与计算机、互联网技术的结合，实现物体与物体之间环境及状态信息实时的共享，以及智能化的收集、传递、处理、执行。广义上说，当下涉及信息技术的应用，都可以纳入物联网的范畴，是科技融合体的最直接体现。物联网科技带来“万物互联”，以现实场景中等价资产动态变化的远程可视化、存在感和真实性，打破动产与不动产的固有界限，使其价值利用可趋同化。同时，让社会公众从时间、空间两个维度全面感知实体经济行为，在数据采集、降低成本、提高效率、促进交易安全等方面为各行各业注入新的生机，是继互联网和移动通信网之后的第三次信息产业浪潮。

物联网具有以下四个本质特征：一是关注外部。物联网关注的是外部的目标、事件和环境等，事件流的方向是从网络外部到网络内部。二是不可确定。物联网感知的是系统以外随时发生的事件，都是不可预知的，具有极强的不确定性。三是无法重现。物联网需要应对和处理外部的目标和事件，都是不可重现，难能重复的。四是外部驱动。物联网是由外部的目标、任务和环境驱动的，进而触发网络进行响应处理。因此为了实现感知这个目的，物联网具有社会化的需求，将从虚拟信息空间、人人互联发展到对现实物理世界的感知，为信息传输和信息处理提供更为丰富的需求源泉和强大的发展助力，推动信息技术迈入社会化时代。也就是说，以物联网技术为代表的第三次信息产业浪潮将推动信息领域从计算处理的“智能化时代”、通信交互的“网络化时代”迈进万物互联的“社会化时代”[1]。

（二）物联网技术的应用原理

物联网是全新的事物，它的发展必须要有一套全新的理论体系作为支撑，来揭示物联网

[1] 刘海涛．物联网：重构我们的世界［M］．北京：人民出版社：61-64.

的工作机理和原理,辨析它与其他信息系统的本质差别。物联网感知技术主要有以下几种:

(1)轮廓体积感知。主要是利用激光轮廓扫描技术,定时对煤炭、木材等堆积型货物的轮廓体积进行扫描记录,根据不同时段扫描记录的比对分析,进而判断感应对象是否发生变化,实现对体积类外形的货物实时监管。

(2)重量与位置感知。重量感知与位置感知是相辅相成,配合使用的,后台管理系统通过货物相应位置和重量,实现对标的物的精准管理,一旦发生变动,后台管理系统就可以即时精准获取变动标的物的位置和重量,实现对储存货物的动态管理。

(3)运行状态感知。包括运动感知、损坏感知及监测感知。运动感知是对于货物从静止到运动,以及从运动到静止的相关状态的感知。损坏感知是指对货物突然处于异常加速或突然停止等异常状态的感知,进而分析设备运转异常的结论。监测感知是指货物是否一直处于被监管之中的感知和判断。

(4)物品精准识别感知。是指通过边缘网关设备配合和人工智能服务器的应用,对监管现场可能出现的人和物预先进行智能学习和分析,进而实现对监管区域内各种动态事件的综合判断,如感知判断搬运货物是否符合要求,是否放置预设位置,重量是否准确等基本要素。通俗地说,就是类似于人脸识别系统,可以形象地称之为物品识别系统。

通过上述物联网技术的综合应用,可以实时采集企业生产经营中的客观信息,运用终端协同及边缘计算,建模还原企业日常生产运营的真实状况,对生产经营企业原材料、产成品数量等进行动态监管。

(三)物联网技术在司法领域的应用可能

物联网技术在中国泛司法领域中最早的应用可以追溯到监狱管理中。早在2011年,一篇《物联网在监狱管理中的应用》❶就对整个监狱管理体系产生了巨大冲击。如果说物联网在监狱管理模式中只是粗浅地涉及对人的行为监控,那么后来物联网技术革新演变成应用在安防体系中,“将传统安防系统与物联网技术结合起来,可以很好地解决传统人防带来的弊端,实现区域入侵的检测报警,现场视频监控及录像取证。”这才是物联网技术在司法领域的首次应用。❷

二、现实困境:司法执行领域存在的难点与问题

(一)查封现场监管难

查封现场的纸质封条被当事人或案外人拿走或撕毁,人民法院很难取证;被查封的动产,也常因监管缺位而发生减损甚至被非法转移或处置,查封效果不佳。

❶ 姜华旺.物联网在监狱管理中的应用[J].信息化建设,2011(4):152.

❷ 叶亭,陆晓岳.浅谈物联网技术在安防系统中的应用[J].中小企业管理与科技中旬刊,2014(5).

（二）执行人行踪掌握难

执行人员难以为个案经常前往被执行人住所地查找被执行人，同时被执行人常为躲避人民法院的执行，故意早出晚归，查找被执行人下落费时费力。

（三）拍卖标的交付难

对于待拍不动产，部分案外人、被执行人故意安排一些老弱病残人员入住待拍标的，导致潜在竞买人心存疑虑而放弃拍卖；或者拍卖成交后因各种执行异议而影响拍卖标的物的实际交付。

（四）不规则动产处置难

已经报废的机器设备或者类似钢材等有国家交易指导价的不规则动产，处置过程重复性工作多，费用支出大，往往存在处置剩余价款少甚至无益处置现象，导致申请执行人不愿意垫付评估费或不要求法院进行处置。而不及时处置又可能造成其他影响，如会导致拍卖厂房的整体交付等，不规则动产的处置成为执行实务中的实质难点。

（五）价值冲突解决难

执行过程中，申请执行人加大执行力度与被执行人尽可能减少损失，减小对生产经营影响程度之间不同的价值冲突一直存在，也是执行法官一直难以圆满解决的难题。另最高人民法院善意文明执行的司法政策和理念也一直难以真正在执行实务中落地实施。

三、实践探索："物联网+执行"司法应用的初步尝试

无锡市中级人民法院（以下简称"无锡中院"）与积极探索"物联网技术"赋能"智慧执行"的新路径，目前在执行领域的司法应用主要有物联网电子封条、物联网称重系统和物联网财产监管系统。

（一）物联网电子封条，实现对被执行财产的"活"查封

物联网电子封条将物联网感知技术融合到传统封条中，克服了同类产品成本高、续航能力弱、适用范围有限等客观问题，具有以下特点：

一是延续传统样式，震慑力强。我国自唐朝以来，司法机关使用的封条都具有标准的尺寸，在社会公众的印象中，传统封条产生的司法震慑力根深蒂固。物联网电子封条基本沿用传统封条的样式，用硅胶材料替代了传统的纸张，并保持原有尺寸，上面印有"XXX人民法院封"，同时在封条中嵌入包含摄像头、感知卡、语音播报设备、4G传输设备等集成的感知终端设备，使用方便，张贴更为牢固，延续了传统封条固有的威慑力；当有人靠近时，电子封条就会

自动感知并发出警告声,进一步增强了电子语音设备带来的震慑力。电子封条持续震动或被强行拆除时,会自动拍摄6秒以上视频及3张现场照片,并上传至管理平台,有利于对破坏查封标的或封条的行为及时固定证据,为追究相关人员责任提供证据支持。

二是低功耗值守,操作性好。在无外来事件的时候,采用低功耗值守模式,每48小时报告一次"心跳",即向管理平台自动回传一张查封现场的照片,确保电池续航能力至少在六个月。同时在管理平台可以实时查看每个电子封条的实际使用天数及电池剩余电量比例。如果超过期限仍需继续使用的,可以至现场直接充电并继续使用,操作简单、方便。

三是可复制性强,推广性高。物联网电子封条具有防水、防晒及自动曝光装置,可适用于原来传统封条使用的任何场景,包括在雨天、阳光照射下都能正常感知、取证并回传,具有很好的适用性和推广性。

(二)物联网称重系统,实现对特殊动产的"快"处置

物联网称重系统是将感知器安装在起重设备上,在起吊过程中,实时测量物品重量,相关结果即时回传至管理平台及执行人员手机终端,形成"称重—结果回传—价值确定—直接驳载到运输车"的处理流程,一次性处置完毕,省去"委托评估机构—评估机构聘请起吊公司—出具评估报告"的环节,真正利用感知技术有效解决执行过程中对于铜、铝、钢材等有国家交易指导价或成熟市场价的金属材料以及其他需要称重的不规则动产的估价问题,大大减少处置费用和成本,有效提高相关财产的处置效率。

(三)物联网查封财产监管系统,实现对被执行财产的"智"监管

物联网查封财产监管系统将对"特定财物"的监管发展为对"特定价值"的监管,最大限度保证被执行人企业财产价值不减少,又能让企业正常生产经营,实现对企业财产"边查封边经营"的司法需求,降低因强制执行对企业经营造成的重大影响。

一是全程动态感知监管。系统通过前端物联网设备的轮廓体积感知、重量位置感知、状态感知、异常行为感知,尤其是通过感知技术精准识别物品,动态监管被执行企业所有的原材料、成品、生产设备等有价值的财产,并将相关情况实时回传至后方监管平台,实现对被执行企业财产的全流程、全时段、全方位感知和预警。

二是全方位动态评估监管。系统实时采集被执行企业生产经营中的用电、用气、原料投入、成品产出等信息,通过终端协同和边缘计算,建模还原企业日常生产运营的真实状况,帮助法院和申请执行人判断企业经营是否正常以及生产经营能力,确保"生产可延续、货值可稳控",既"控得住财产,又稳得住企业"。

四、成效检验："物联网+执行"司法应用成效凸显

（一）物联网电子封条

物联网电子封条自2020年9月29日首次使用，目前无锡两级法院使用125条，因案件执行完毕或查封标的物依法成交的70件，案件执结率达56%，执结标的3.5余亿元，成功查找到被执行人52人。目前已经在江苏省全省法院进行推广使用。具体成效如下：

一是独特震慑力。除了传统封条的司法威慑外，电子封条还有语音播报、实时取证并回传等功能，使当事人及案外人知晓人民法院通过电子封条可以对相关违法行为及时固定证据，并进行处罚，因此使电子封条产生了独特的震慑力，真正使封条产生了"查封"和"监管"的效果。

二是找人有奇效。物联网电子封条具备全时段、全方位感知功能，有外来事件时，会自动拍摄照片和视频，产生一个预警事件上传至管理平台和执行人员、申请执行人手机微信小程序客户端，可以实时查看回传的信息，从而判断被执行人是否居住在被查封场所及其活动规律，有利于解决因被执行人故意规避而"找不到人"的难题。此外，对一些长期找不到被执行人的案件，执行人员可以通过手机端实时关注被执行人是否回到住所地，查找被执行人的效率大大提高。

三是信访见效果。申请执行人可以通过微信小程序实时观察电子封条查封现场的情况，既可以提醒执行人员及时出警赶赴现场处置，又消除了因信息不对称而使当事人产生的对法院工作的不理解，进而使一些长期上访、信访户通过电子封条的应用而消除误解，成功息访。同时也使执行公开内涵更加丰富、务实。

四是快速促成交。拍卖标的清场后，通过电子封条的使用，可有效防止他人进入，并有效保障执行人员及申请执行人对于标的现场的实时监管。在拍卖过程中，使意向竞买人也买得更放心，有效促进拍卖标的快速、高效成交。

五是及时固证据。对于当事人或案外人破坏人民法院查封标的或撕毁封条的行为，及时固定证据，为追究相关人员的法律责任提供有力证据。

（二）物联网称重系统

2020年11月6日，无锡市梁溪区人民法院在执行过程中首次使用物联网称重系统，据执行法官反馈，从安装到使用不到5分钟，设备起吊后1秒钟，被称设备的重量就显示在电脑终端和执行法官的手机微信小程序中，每次称重5分钟左右就可以称重完毕。不到两个小时，70余吨废弃设施全部称重完毕。在物品的搬运过程中就可以直接显示称重结果，从而实现物品价值的确定，即一次起吊过程就完成了标的物的称重，一次称重过程就完成了标的物的搬

运和处置,一次称重数据的反馈就完成了处置标的物价值的确定,大大减少了标的物处置的环节,大大降低了处置费用,有效提高了财产处置效率,保障了申请执行人的合法权益,同时更为营造优良的法制营商环境提供了强有力的技术支持和法律保障。

(三)物联网查封财产监管系统

无锡中院在执行无锡市凌峰铜业有限公司担保纠纷一案中,因企业整体拍卖一拍未成交,遂采取“物联网查封财产监管系统”对被执行企业进行全面监管,既让企业正常运营,增加企业偿还债务能力,又监管好企业财产价值。在第二次网络司法拍卖企业整体资产过程中,近5281人次围观,6个竞拍者,出价63余次,从起拍价1.2亿余元竞拍到1.6亿余元,溢价4000万元,远超采用物联网技术监管前第一次拍卖流拍价,得到了地方政府、当事人的高度赞誉。通过“物联网查封财产监管系统”的应用,坚持“适度、合理、必要”的善意执行理念,在充分保障申请执行人权益的同时,尽量减少对被执行企业生产经营活动的影响,取得了社会效果、法律效果双赢的良好局面。这也是无锡法院充分运用信息化技术赋能执行,有效服务保障“六稳”“六保”的典型案例,为同类案件提供了可复制、可借鉴的“善意文明执行”工作做法。该案被评为“江苏法院2020年度十大典型案例”。

(四)复制推广情况

2020年11月9日,江苏省高级人民法院在无锡召开执行工作现场会,在全省推广“物联网+执行”的工作经验;目前江苏省全省法院已经在试运行中。福建厦门地区、广东汕头地区也在尝试推进应用。

2020年12月11日,“物联网+执行”的工作经验被最高人民法院执行局第72期《执行工作动态》刊载推介,并要求全国法院学习借鉴。12月18日《人民法院报》头版头条报道了无锡法院“物联网执行”的相关应用。

中共中央全面依法治国委员会督导组在江苏督查期间将无锡法院“物联网+执行”的司法应用作为全省三个先进经验典型案例上报。

五、结语

“物联网+执行”的司法应用,作为一个新生事物不可否认还有一些局限性,但这并不能否认其对于释放市场主体活力、提升社会治理效能具有的重大潜在价值。经实践证明,这些创新成果的运用对于解决一些执行难题、服务社会经济发展有着良好的效果。无锡法院也定将继续完善应用,争取为全省乃至全国法院贡献“物联网+执行”的无锡模式。

(江苏省无锡市中级人民法院)

嘉兴中院“深度智能检索引擎”应用建设与实践

近年来，嘉兴市中级人民法院（以下简称“嘉兴中院”）始终重视智能化项目建设，不断探索运用人工智能技术提升司法数据分析的精细化度、准确度。根据最高法院关于智慧法院建设总体规划，按照浙江省高级人民法院（以下简称“浙江省高院”）关于“全域数字法院”改革的具体部署，加快人工智能、自然语言理解和大数据分析在智慧法院建设中的实践和运用。通过研发“深度智能检索引擎”系统，对传统司法数据进行标签化、要素化、颗粒化拆解、重组和分析，不断丰富审判信息数据资源，形成知识服务平台；推动司法数据由工具化检索向智能化分析转变，实现办案系统由无纸化办案向数字化赋能转变。系统建立以来，已完成“涉电信网络诈骗”“涉商贸综合体”“涉民营企业”等类型化案件的知识模型构建并上线运行，同步完成基于自然语言理解的搜索引擎图形化结果展示等功能上线。“深度智能检索引擎”获评2021年度浙江法院司法改革“微创新”示范案例。

一、构建类案知识图谱，形成案件专题数据库

随着司法大数据分析能力的不断增强，司法大数据深度专题分析报告往往反映地方社会治理过程中矛盾纠纷的深层次特点和趋势，对地方党政决策具有一定的参考价值。但传统的专题分析因案件类型难以精准确定、案件信息来源不全、案件定义复杂等问题，分析的精准度低、成本投入大，不能满足统计需要。“深度智能检索引擎”针对一定时期内党政关注的案件类型，通过构建知识图谱，实现精准统计分析。一是确定检索案件类型。根据检索需要，对涉及当前热点、办案办公常用、传统检索无法实现的案件类型进行梳理。组织业务部门、综合部门干警整理形成“涉电信网络诈骗”“涉未成年人”“涉民营企业”“涉民生”“涉教育培训机构”等15个重点领域案件类型。二是绘制法律知识图谱。根据每类案件的不同特征，按照“案由”“核心关键词”“争议焦点”“事实认定”“关联法条”等能够确定类案指向的要素，绘制每类案件的法律知识图谱，形成数字化知识图谱数据库。三是建立专题数据库。依托知识图谱数据库，将有数字化档案历史以来的相关类型案件建立专题数据库，该数据库对类案进行详细分解、重组，并支持自动生成专题数据分析报告，展示历年案件分布、当事人分布、当事人特征信息、案件认定事实类别、争议焦点类别等信息。

二、引入人工智能算法，建立案件数据标签池

类型化案件没有固定的案由，往往是以多维度的案件特征来确定其类型。以涉电信网络诈骗案件为例，案件类型中既有诈骗罪案件，也可能有盗窃罪、信用卡诈骗罪等不同的案件类

型。传统的类案检索主要通过案由、关键词、标题等结构化信息来进行检索,对于大量具有个案特征、相关特征未进行结构化的案件,往往难以匹配或精准匹配。“深度智能检索引擎”通过人工智能算法,有效实现精准检索。一是建立数据标签池。为实现检索的匹配准确度,累计确定带有各类型案件属性的标签数量上万个。具体包括“当事人身份信息标签”“案件基本信息标签”“庭审程序基本信息标签”“裁判结果基本信息标签”“诉讼费负担信息标签”等通用标签,也包括“合同解除原因标签”“借款利率标签”“涉黑涉恶标签”“涉枪、涉毒、涉黄、涉赌标签”等等,上述标签池的建立是深度检索的基础性工作。二是引入人工智能算法。组织辖区法院办案法官,对拟开发的15类案件进行数据标注,即将数据标签在对应的样本文书中予以注明。集中对1000余件样本案件中的裁判文书、起诉状、答辩状、代理词、庭审笔录、证据材料等电子卷宗一一达标,并通过人工智能算法对样本和样本标签进行机器批量学习,进而对海量历史电子卷宗进行自动达标。三是形成通用能力覆盖全类型案件。因案件种类较多,无法对每一类案件均采用建立知识图谱的方式形成专题库,故数据标签池的建立,为专题库之外的案件实现深度智能检索提供技术基础。类似“犯罪手段”“犯罪行为”“合同解除原因”“违约行为”“行政处罚行为”“违约金数额”等标签成为数据统计分析的通用标签,可以直接在未建立专题数据库的案件类型中进行复用,实现全部案件以标签池为基础的深度检索和分析功能。

三、重构检索交互方式,实现结果反馈可视化

传统的检索是通过在一个或多个检索框内输入检索关键词,由系统反馈对应的结果。这类检索方式要求关键词精准,且只能对文本信息进行检索,反馈的同样为文本信息。“深度智能检索引擎”通过自然语言学习技术,对检索方式进行重构。一是运用自然语言学习技术。通过机器对自然语言的学习,将检索框化繁为简,一个检索框实现全部功能。用户可以直接将口语化的检索需求输入检索框,系统将进行自动学习归纳检索要点,并反馈检索结论。大大提高了检索的精准度和便利度。二是实现可视化反馈效果。“深度智能检索引擎”在发起检索后,对检索需求在后台进行分析计算,并将结果以图形化的形式予以反馈。以“2010年至2020年全年收案情况”为检索内容,系统将通过柱状图的方式反馈2010年至2020年期间每年的收案情况,并进行同比数据的计算。三是自动生成可视化分析报告。对于已经建立专题库的类型化案件,系统支持一键生成专题报告。以“涉电信网络诈骗”专题库为例,系统可直接生成包括“五年来收结案情况”“地区分布”“审判程序信息”“被告人分布(年龄、职业、学历、籍贯等)”“法条引用分布”“犯罪模式特点”“是否涉及犯罪集团”“犯罪情节”等要素在内的专题分析报告,大大减少了统计、分析等人员的工作量并提升了工作效率。

四、运用成效

（一）生成大数据分析报告，服务党政决策

通过“深度智能检索引擎”可自动分析生成相关数据分析报告。例如，依托涉行政纠纷专题数据库，形成《基于司法大数据的长三角地区法治政府建设评估报告》。报告从行政纠纷万人成讼率、行政赔偿纠纷万人成讼率、行政案件不予立案率、行政案件调撤率、行政机关败诉率、行政非诉执行案件不予执行率、行政机关负责人出庭应诉率等7项指标情况，对近三年嘉兴法治政府建设情况进行全方位“数字体检”，并与长三角地区主要城市做比较分析，形成专项评估报告，确保政府部门及时掌握法治政府建设中的成效经验和风险隐患，助推提升依法行政和法治政府建设水平。该份报告得到浙江省高院副院长、嘉兴市委主要领导的批示肯定。依托涉亚运会专题数据库，形成的《亚运会相关法律风险前瞻与防范司法大数据研究报告》对2018年以来全国法院审理的涉大型运动会的案件进行深度分析，并对涉亚运会案件的收案趋势、主要案件类型、案件特点及反映的司法风险进行分析并提出意见建议，该报告呈送浙江省委主要领导后，得到肯定。

（二）精准类案检索，提升法律统一适用水平

“深度智能检索引擎”，通过对审理过程中案件卷宗的全量结构化和数据分析，与现有案例库、文书库中的相关类案进行检索，实现较传统类案检索更加精准的类案推送功能，实现辖区内类案同判。系统建成以来，嘉兴市法院法官通过“深度智能检索引擎”类案检索1万余次，在线生成类案分析报告500余份。全市法院法律适用不统一的问题得到一定程度改善，2021年全市法院一审判决案件改判发回瑕疵率为0.04%，位居浙江省前列。

（浙江省嘉兴市中级人民法院）

厦门中院金融司法立审执全流程平台

近年来，金融案件频发，大宗批量案件增加。法院“案多人少”矛盾日益突出，不仅导致案件积压，给法院造成压力，同时也造成个案审理周期变长，当事人诉讼时间成本增加。事实上，金融案件大多事实清楚、案情相似，具备提炼要素的条件。金融司法立审执全流程平台是大数据、物联网和人工智能时代下的金融司法诉讼创新型产品，针对金融案件“类型化”“批量化”的特点，打造金融案件智能审判平台，实现案件繁简分流，建立小额诉讼速裁机制，为当事人诉讼开辟高速的“绿色通道”。

一、项目建设背景

在国内银根紧缩、国际经济低迷的宏观背景下,近几年来我国企业经营发展的形势趋于严峻,尤其是民营经济发达的厦门市,许多中小企业的发展面临诸多困境。诉讼案件在某种程度上是社会经济发展的晴雨表,上述情况反映到法院审判工作中,主要体现为民商事案件大幅上涨。以厦门为例:众多历史积压与快速增长的年案件量多达28000件以上。案件多导致立案队列进展缓慢,送达难、执行难,且案多人少,审结周期漫长。

2016年6月28日,最高人民法院发布《关于人民法院进一步深化多元化纠纷解决机制改革的意见》。对深化多元化纠纷解决机制的指导思想、主要目标和基本原则,对完善诉调对接平台建设、健全诉调对接制度、创新诉调对接程序、促进多元化纠纷解决机制发展等提出了系统的指导意见。

2016年9月12日,最高人民法院发布《关于进一步推进案件繁简分流优化司法资源配置的若干意见》。一方面,指出繁简分流改革是司法体制改革的重要内容,当然也就与其他的改革措施密切相关。繁简分流改革的背景就是人民群众希望法院、法官办案要又好又快,繁简分流改革是一个系统性的工程,不仅需要通过构建多层次诉讼制度体系来优化和激活现在的诉讼机制,而且要通过结合其他的配套改革举措来完善又好又快办案的保障机制。已一方面,提出了我们要实现办案的人员、案件数量以及司法程序有机的、高效的、无缝的衔接,从而最大限度地挖掘办案潜力,提高司法的生产力。

2020年,最高人民法院发布《关于人民法院深化"分调裁审"机制改革的意见》。提出进一步发挥多层次诉讼制度体系的整体效能、进一步突出解决制约审判效率主要问题的关键实招、进一步创新审判工作机制、进一步优化司法资源配置、进一步重视信息化建设对审判质效的支撑保障。

二、平台运行机制

(一)金融案件管辖集中化

金融案件集中管辖实现专业化、专门化审判,逐步落实中央全面深化改革委员会会议要求的"对金融案件实行集中管辖"的重要安排。

(二)金融与司法协同化

银行、法院数据互通,实现金融案件诉求信息迅速向法院流转。

(三)金融案件审理在线化

立案、送达、举质证、庭审等全程在线,实现电子化贯穿,当事人一趟不用跑。

(四)金融案件审理标准化

规范化、模式化的案件进入与准入流程(案件基本信息、证据、证明文件等)。

(五)数据信息融合化

通信运营商、一标三实数据库、EMS等相互验证、修复,有效解决送达难,缩短送达周期。

(六)诉讼文书批量生成批量化

立案、送达、调解、庭审、裁判等文书批量生成、批量送达。

(七)金融案件裁判类同化

实现同类型案件“要素式”判决,提升审判质效。

三、主要功能模块

(一)在线立案

金融案件民商事纠纷原告大多为金融机构且委托律师诉讼,为此平台提供更便捷的电脑端立案申请,因其专业性强,立案申请内容准确性高,可减少立案人员工作,减轻负担。通过内外网交互通道,实现内外网数据互联互通,大大提高了办案法官的审判效率。支持“6+6”种案由立案,要素包括:信用卡、金融借款合同、保证保险合同、融资租赁合同、追偿权、保险人代位求偿权纠纷。

在立案方面,金融案件要素相似性极强,而传统的金融案件收案却仍需分别立案,当事人对相同立案信息的数据要进行多次重复录入,法官逐案审核,不仅导致当事人诉讼时间成本高,也造成了司法资源的浪费。针对这一现象,平台在立案阶段,引导原告填写要素表,通过平台进行要素式、模块化立案,基本可达到诉讼请求明确、事实理由完整,案情脉络清晰,及时高效解决大批量金融纠纷立案。从立案源头加大力度为要素式审判增速加码,提供当事人端批量立案功能,可以高效解决金融机构大批量案件立案困难问题。

(二)批量化电子送达

平台充分利用原告在线立案资源,创新送达方式,实现金融民商事纠纷原告方的百分百电子送达。一键推送新法标立案、受理通知书、立案审批表、缴费通知书等文书批量生成→电子送达。节约司法资源，针对被告当事人，采用多渠道送达，涵盖电子送达、邮政送达等多种送达方式，结合在线查人找人、公安协查等，极大地增加了被告当事人受送达率，解决了“送达难”的痛点。

(三)要素式庭审

平台基于要素式立案，法官在开庭阶段采用要素式庭审，对系列案件进行批量集中开庭审理。通过要素表准确理清案件事实，明确争议焦点，提升审判效率，以专业化审判助力金融案件类案批量审理，通过线上互联方式，当事人或代理人可实现异地开庭，远程无缝参与庭审，减轻了当事人诉累。

(四)裁判文书批量生成

平台对常见金融民商事纠纷建立相应的裁判文书模板，与立案登记的标准化、要素化相对应。通过大数据人工智能学习模拟法官的裁判能力，提供高效的金融审判模式，实现裁判文书当庭制作、当庭宣判、当庭送达，实现了在事务性工作上为审判团队减负、为审执工作增效的目标。

平台覆盖的文书类型有：判决公告、合议庭笔录、宣判笔录、庭审笔录、民事调解书、要素式判决书、调解协议书、调解笔录、转普审批表、转普裁定、送达证等。

(五)电子支付令生成与送达

在对纠纷标的较小、争议不大、债务关系明确的案件推出“电子支付令”，平台根据提交的案件信息智能生成并采用无纸化送达。实现了“申请—审查—立案—送达”等全流程在线办理。

与普通诉讼程序相比，“电子支付令”省去了诸多程序，审理时间更短，诉讼成本更低，使用便捷，大大减轻了当事人诉累和降低了诉讼成本，为司法审判过滤、增速、减压，把有限的司法资源让渡给疑难复杂案件。

(六)运用司法大数据分析，服务社会综合治理

延伸金融审判内涵，通过平台对受理金融案件作出大数据分析，为政府部门出具司法建议，服务和保障厦门市金融产业发展，助力以专业化的金融审判为金融安全保驾护航，为厦门市营商环境优化奠定了司法基础。

四、平台成效显著

自创建平台以来，金融司法协同工作实现融合发展，纠纷化解能力持续提升，风险防控成

效显著增强，金融法治环境逐步优化。截至目前，中心共受理金融借款、保险、出口信用证、互联网金融等传统和新类型金融案件14699件，标的235.56亿元，办结案件13567件，结案标的202.13亿元。审判执行时间比中心成立前缩短一半，执行标的到位金额提升2.66倍。

针对信用卡纠纷新出现的以信用卡合同为名行金融借款之实等问题，推动监管部门和金融机构点面结合肃清乱象；针对助贷领域金融违约大幅上升趋势，推动银行和保险机构明晰产品定位、降低融资成本；在审理全省首例投标保证保险纠纷中，推动建设行业规范工程履约保证保险，为工程招投标业健康发展保驾护航；针对金融机构授权和使用个人金融信用信息现象严重问题，推动金融机构建立金融消费者长效保护机制。

线上立案率超过95%，线上开庭率超过46%，真正实现金融纠纷当事人“一趟不用跑”。新型冠状病毒肺炎抗疫期间，始终开启在线服务云模式，保障新型冠状病毒肺炎疫情期间司法为民“不打烊”，特别是在线成功调解标的数千万的涉疫情案件，最高法院周强院长专门作出批示予以肯定。

五、总结

不负韶华，砥砺前行。法治是最好的营商环境，是未来城市发展的核心竞争力，金融司法协同中心将站在新的起点上，持续贯彻落实全国、全省、全市金融工作会议精神，紧紧围绕厦门打造金融“两区两高地”发展定位，深入推进金融司法协同机制创新，为建设金融强市、打造金融科技之城营造一流的法治化营商环境。

金融司法立审执全流程平台的落地，是厦门中院在智慧法院建设探索征程上一座标志性的里程碑，随着司法改革红利的不断释放，当前，以知识为中心的智慧法院深入建设图纸已徐徐展开，厦门市中级人民法院将牢记初心使命、永葆生机活力，坚定理想信念，以高标准、高要求打造一流的审判队伍，以科技创新为驱动，致力于向人民群众提供更加优质、高效、便捷的司法服务，提升人民群众的司法获得感，积极推动信息化审判建设向纵深发展，努力打造人民法院信息化4.0样本。

（福建省厦门市中级人民法院）

打造“无纸化办案”岳阳模式

随着智慧法院建设全面推进,法院工作与信息技术逐渐紧密结合起来,全国各级法院不断深入推进智慧法院建设,有力支持了审判执行、诉讼服务和司法管理等工作。习近平总书记深刻指出“没有信息化就没有现代化”,因此要想推进审判体系和审判能力现代化,就离不开智慧法院建设。对于各级法院而言,要实现智能回填、类案智能推送、文书智能编写、诉讼风险识别等现代化审判能力,都离不开电子卷宗随案同步生成和深度应用这一基础工作。

近年来,湖南省岳阳市中级人民法院(以下简称“岳阳中院”)深入贯彻最高人民法院、湖南省高级人民法院决策部署,坚持以人民为中心的发展思想,紧紧围绕“努力让人民群众在每一个司法案件中感受到公平正义”这一价值追求,提出“向数字化要生产力”这一工作目标,以“全流程无纸化办案”为抓手,深入推进智慧法院建设,打造“无纸化办案”岳阳模式。

一、坚持有序推进,强化顶层设计

根据最高人民法院印发的《关于全面推进人民法院电子卷宗随案同步生成和深度应用的指导意见》《关于进一步加快推进电子卷宗随案同步生成和深度应用的通知》等文件精神,岳阳中院将全流程无纸化办案工作列为“一把手”工程,由该院党组书记、院长简龙湘同志任无纸化办案工作领导小组组长,由“一把手”亲自研究无纸化办案工作中的重大问题,调度相关部门、资源,强化顶层设计。2021年5月12日,岳阳中院召开党组(扩大)会暨信息化工作推进会,部署无纸化办案相关工作,中院党组成员、处级以上干部、各内设机构负责人和基层法院院长参加,会上各与会人员积极建言献策并作表态发言,全面统一了思想,建立了两级法院上下联动机制,同时会议还全面梳理了近五年全市法院信息化工作成果与不足,厘清了现状,找准了短板,明确了要求。积极走出去,岳阳中院多部门联合基层法院前往沿海发达地区考察学习,引进先进理念;同时还前往经济欠发达地区的先进法院考察学习,切实解放思想。

为有序推进相关工作,岳阳中院制定并出台了《岳阳市中级人民法院2021年无纸化办案工作计划》,将工作任务分解到各内设机构,明确职责分工,确定了无纸化办案时间表、路线图;制定并出台了《岳阳市中级人民法院关于开展电子卷宗随案同步生成和深度应用工作的实施方案(试行)》,确定了以电子卷宗同步生成为核心的无纸化办案工作模式。

坚持试点先行原则,分阶段、分步骤有序推进。5月底,选取该院骨干员额法官、法官助理进行无纸化试点;7月1日起,诉前调解案件、民商事二审案件、行政二审案件全部实行无纸化办案,明确该类案件一审法院不再移送纸质卷宗;9月1日起,除刑事案件、执行案件外,其他类型案件全面推行无纸化办案。10月8日起，在下辖的两家基层法院进行试点。全市法院无纸化办案推进情况的专题简报定期通报、督促、调度。

二、坚持问题导向，注重高效便捷

针对科技法庭无法满足无纸化庭审的问题，岳阳中院清理了全院内外网络，明确业务部门原则上只保留一台外网电脑。同时利用网络清理后多出的电脑改造了科技法庭，实现法官在庭审中直接调阅案件的电子卷宗内容，同步查看书记员记录。

针对生成的电子卷宗质量不达标的问题，岳阳中院成立了材料扫描中心和卷宗中间库，采用集中扫描模式统一标准、统一扫描，并对过程卷宗统一管理。同时针对基层法院一审卷宗扫描不规范等问题，通过召开视频培训会和下沉基层法院督导等方式逐项解决，指导基层法院建立扫描中心，规范两级法院卷宗扫描及命名。

针对网上立案率低等问题，岳阳中院技术部门和立案庭联合进社区进行网上立案宣传，并积极与市司法局、市律协沟通，引导律师（含法律工作者）主动进行网上立案、网上交换证据、注册移动微法院和最高人民法院律师服务平台，并在部分律所建设互联网庭审专区。同时严格落实《人民法院在线诉讼规则》，规范各项在线诉讼活动，充分利用智慧法院建设成果，为诉讼参与人提供高效便捷的诉讼服务。

针对新型冠状病毒肺炎疫情期间无法满足偏远地区当事人诉讼需求的问题，岳阳中院联合邮政公司，依托邮政村级网点，深化“为民办实事”，利用移动微法院、湖南网上法院等平台，建立普及两级法院融合网上立案、网上庭审、网上调解功能为一体的基层远程诉讼综合体。该综合体旨为偏远乡村、年迈等不具备网络操作能力的人群提供快速便捷的诉讼服务，有效打通诉讼服务“最后一公里”。

三、坚持守正创新，紧抓“电子卷宗”这个牛鼻子

电子卷宗随案同步生成是无纸化办案过程中的重要基础，是应用其他各项深度应用功能的关键。该院依托新成立的材料扫描中心和卷宗中间库，建立起纸质材料统一收转、集中管理和流转机制（图1）。

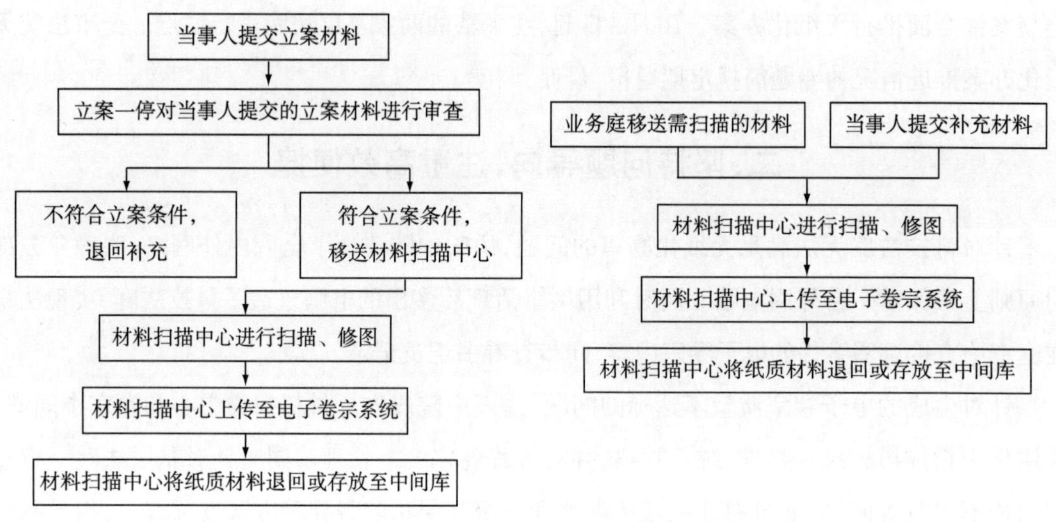

图1　扫描中心流转机制

材料扫描中心设置在诉讼服务中心，对于现场立案的，经立案窗口登记人员审查符合登记立案条件后，当事人、代理人或立案窗口登记人员将材料移交材料扫描中心扫描上传，经移送人员核对电子材料的完整性和一致性后，材料退回给移送人员（确需留存材料存放至卷宗中间库）；对于诉讼过程中当事人、代理人提交的材料，由诉服人员或审判人员引导至材料扫描中心扫描上传（同时在《举证通知书》上载明，当事人应将材料提交至扫描中心扫描），经核对后，材料退回或留存至卷宗中间库；对于直接提交至审判人员的材料或诉讼过程中岳阳中院产生的纸质材料，由审判人员填写材料清单后移送至材料扫描中心，原则上审判人员不再接收、留存当事人、代理人提交的纸质材料。同时利用“云柜”和岳阳中院自建的微信小程序“卷宗流转系统”实现“一案一码”，准确定位和跟踪纸质材料流转情况。对于因办案确需纸质材料的，经审批登记后，审判人员可以在卷宗中间库借阅纸质卷宗材料。

在实行无纸化办案后，由于部分纸质材料已在扫描后退还给当事人、代理人，岳阳中院开始探索案卷归档模式，确立“以电子卷宗为主、纸质卷宗为辅”归档机制，仅将确有必要的纸质原件以电子档案附件形式整理、归档（不分正副卷），完整的电子卷宗直接提交档案室申请归档。为有效解决电子卷宗随案同步生成和归档后电子化需要两次扫描，造成的人、财、物浪费的问题，岳阳中院深化“一键归档”应用目标，在进行无纸化办案前期，该院明确电子卷宗随案同步生成的电子材料应符合归档要求。在案件归档前，经承办人对电子卷宗进行审查确认后，一键提交档案部门申请归档，同时由档案部门和审判管理部门对电子卷宗质量进行抽检。

四、坚持目标导向，应用成效初显

6月22日，岳阳中院第一起全流程无纸化办理的案件当庭宣判，该案件于5月24日立案，全流程使用电子卷宗系统、收转发一体化送达平台、无纸化庭审系统进行办理。

自2021年5月份开展全流程无纸化办案以来，截止至2021年12月30日，该院共实现全流程无纸化办案结案2160件，实现无纸化“一键归档”282件，利用OCR识别、智能文书编写系统，生成文书7000余份，材料扫描中心扫描6091案、材料107385页。

下一步，湖南省岳阳市中级人民法院将坚持以习近平新时代中国特色社会主义思想为指导，按照最高人民法院、湖南省高级人民法院无纸化办案要求，守正创新，不断深化智慧法院建设，实现全市法院无纸化办案“一盘棋”，加快建设本地OCR图文识别系统、智慧法庭、语音识别系统，探索两级法院异地灾备系统、互联网庭审、异步质证、异步合议系统建设，加大对卷宗自动归目、一键归档、立案风险甄别等系统的应用水平，以更高的智慧法院建设成果，努力让人民群众更有获得感。

（湖南省岳阳市中级人民法院）

广州法院打造破产审判全生态审理系统

随着供给侧结构性改革的推进，特别是近两年，法院“基本解决执行难”工作和营商环境建设的助推下，全国各地法院企业破产案件都呈现几何级增长态势，也掀起了借助信息化手段提升破产审判质效的探索热潮。其中，广州市中级人民法院在破产审判信息化方面持续发力，一直走在全国法院前列，破产审判信息化已经成为广州法院破产审判的品牌之一。

一、发展脉络：三个系统实现两次迭代升级

（一）破产资金管理系统

2018年5月，广州法院上线破产资金管理系统。这是全国首个专门用于破产案件的资金管理系统，在破产资金放在法院代管款账户和完全由管理人管控之间，走出了第三条道路。截至2021年12月31日，资金管理系统中共设立破产案件专用账户1471户，在系统内划转破产资金13907笔，合计36.02亿元。

（二）智慧破产审理系统

2019年6月13日，广州法院研发的智慧破产审理系统（以下简称“智破系统”）上线。智破

系统通过合规的数据转换方式,为法院、管理人、债权人搭建共同的线上交流平台,彻底打破破产审判中各方参与人之间的信息壁垒,构建起破产审判信息化的核心生态圈。

截至2021年12月31日,智破系统共召开网络债权人会议175场、为39929位债权人提供线上参会的服务,债权人线上表决19931次,节省债权人会议成本1750万元;管理人在线提交2925份工作报告,减少管理人工作汇报和债权人参加会议往返法院7.73万人次,对在新型冠状病毒肺炎疫情期间正常开展破产审判工作提供了有力保障。

(三)破产重整"智融"平台

2021年1月,广州法院与平安银行、阿里巴巴拍卖平台、京东拍卖平台、南方产权交易中心、广州产权交易所等机构和平台,共同上线全国首个着力于破产重整融资的"智融"平台,针对性解决破产财产处置效率不高、重整价值识别困难、重整期间新融资难等突出问题。

截至2022年1月15日,"智融"平台共发布资产处置和重整投资人招募等重大公告99个,获关注人次183910次。广州法院审理的广东科利亚现代农业装备有限公司重整案,通过该平台投资人融资2.5亿多元;广州百筑房地产开发有限公司重整案通过该平台吸引投资人投资8000万元盘活资产,解决开发项目烂尾问题,使土地资源再次进入市场。

二、功能模块:全面回应破产审判的现实需求

(一)破产资金监督与管理功能

破产企业账户中资金的使用和监督是破产制度的落脚点。如果破产企业账户由管理人自行管理,则资金的安全完全取决于管理人的职业道德,风险大,追究管理人责任的事后监督模式,滞后且无法有效弥补损失。一些地方法院将破产资金放在法院账户监管,但破产案件办理过程中需要多次支付破产费用,法院账户的资金支付审批流程非常严格,给法院增加很多工作量且影响管理人工作的开展。

资金管理系统以完备的事前监督模式确保破产资金安全。通过"一案一账户"方式,将每个案件与专用银行账户绑定,破产财产处置和变现后的资金直接进入案件的监管账户,法官可以实时查看账户的资金变动情况。对破产费用的日常开支,资金管理系统以"交易授权"方式设置限额和审批功能,管理人在一定限额内自行支出破产费用,但超出限额的,需要向法官申请,法官审批信息同步到银行账户的监管系统后,管理人才能从该监管账户支出资金。同时,资金管理系统为管理人提供了强大的资金管理服务。在债权申报时管理人通过债权人名称与银行账户的互相验证和人脸识别技术确认线上债权人的真实身份;财产分配时由管理人在系统上直接划转至债权人申报时登记的银行账户,免去管理人实地多次往返银行的奔波。

（二）法官与管理人在线工作交互功能

破产案件办理过程中，存在法院、债权人要了解案件进展以便对管理人的工作进行监督，管理人要向法院、债权人提供信息和汇报工作，债权人要向法院反馈意见等多个信息交互的场景，但法官日常工作中使用的审判管理系统是法院内部局域网，管理人、债权人使用的是互联网，这就在法官和管理人、债权人之间形成信息壁垒。各类信息多以书面方式在法院、管理人和债权人之间流转，破产案件的参与者之间存在严重的信息壁垒，缺乏一个共享的信息平台，导致案件信息在多主体之间的流动存在速度缓慢、成本高昂、内容受限等问题。

智破系统通过合规的数据转换方式，实现法院局域网与管理人、债权人互联网的信息对接，为法院、管理人、债权人搭建共同的线上交流平台，管理人线上提交工作报告、法官在线审核；管理人线上公示案件信息、债权人线上申报债权。该系统彻底解决破产审判中各方参与人之间的信息壁垒问题，极大降低破产审判中信息流转的时间成本，对传统的破产审判管理模式将产生深远影响。

传统的债权人会议召开时，管理人需要完成通知债权人、会议当天的组织安排、会后表决票的回收和统计、表决结果向债权人通报等烦琐工作，工作量大、流程冗长。但在智破系统中，管理人可一键向所有债权人发送会议召开的信息，系统自动统计表决结果，管理人审核后发布，债权人再次登记查看即可，债权人会议召开的费用成本将大大降低。该网络债权人会议功能可同时容纳60万名债权人参加会议。另外，系统针对管理人人工核算债权迟延履行金耗时长、易出错的痛点，设计了便捷核算工具，管理人输入债权金额、期限、利率等参数即可直接获取计算结果，把管理人从复杂、低效的计算工作中解脱出来。

（三）债权人程序参与保障功能

破产程序设置的意义就是实现破产企业财产在不同债权人间的公平受偿，债权人是破产审判工作中重要的参与方。但因管理人向债权人披露案件信息没有严格的程序要求，由管理人主导，为减少工作量，管理人只会选择将必须披露的信息告知债权人，债权人接收信息处于被动、落后的状态。同时，债权人因对管理人工作监督的利益驱动，需要向法官反映管理人履职中存在的问题。但原有的破产审判实务并没有为债权人提供相应的途径，债权人只能通过书面或电话方式与法院反映。

广州法院破产审判系统首先是一个综合的信息展示平台，因法官、管理人都在该平台上开展工作，破产推进过程中的所有信息都会在该系统中展示或留痕。债权人通过注册可以绑定对应案件，了解案件的全部信息，更有利于行使对管理人的监督权。同时，智破系统的在线申报债权、线上债权人会议、在线表决、在线分配等功能，大大降低债权人参与成本，也便于债权人行使监督权。此外，智破系统也为债权人与法官之间搭建了沟通桥梁，债权人可以随时在线向法官反映案件的意见和建议,且可以对管理人的履职情况进行评价。智破系统为债权人打造了全方位、全流程参与破产程序的信息化平台。

(四)外部信息整合推广功能

破产审判工作并不是单纯的审判业务,还涉及破产财产的处置、破产过程中的融资、重整案件中投资人的招募等,是其市场化特征的重要表现。破产审判工作的整个生态系统的良好运行,离不开拍卖、评估、审计、融资等各领域的支持与配合。但实务中缺乏一个针对破产企业的综合性信息平台,法院在官方网站发布的信息因受众的特殊性未能得到社会普遍关注,这些破产信息在资本市场上以零散的形态存在于不同领域,这对破产资产的处置、破产企业的融资等无法通过分地市场竞争来实现,影响了破产价值盘活资源的重要功能。

广州法院"智融"平台与智破系统着力于破产审判工作不同,其在信息内容上以披露企业状况特别是资产状况为主、在受众上以不同市场主体为主、在功能上以提升破产资产的变现价值或助推破产重整为主。"智融"平台将破产过程中涉及的资产处置、拍卖交易、评估审计、融资投资等信息,通过产权交易平台,精准地向意向市场主体进行推送,提高信息的有效性,对保障整体破产生态系统的良性运转具有重要意义。

广州法院立足破产实际工作,从破产审判中核心的资金监管出发,一步步探究破产审判规律,扩展破产审判的功能外延,以全面回应破产审判的实务需求,通过多次迭代升级,构建起包括核心圈法官、管理人、债权人和功能圈投融资、拍卖、评估等多主体的破产审判全生态智能化系统。因其切实有效的实用性,一经推出,在全国同行中引发强烈反响,目前系统已经被大量法院复制推广。

(广东省广州市中级人民法院)

渝中法院"云上共享法庭"建设

重庆市渝中区人民法院(以下简称"渝中法院")坚持以习近平新时代中国特色社会主义思想为指导,深入贯彻习近平法治思想,更加注重系统观念、法治思维、强基导向,全面落实重庆市高级人民法院(以下简称"重庆高院")关于强基导向专题会议部署和要求,持续推进科技赋能,推动现代科技与司法审判深度融合,结合区情院情实际,建机制、强技术、重协作,不断深化"云上共享法庭"基层创新实践,最大限度满足人民群众在线参与司法需求,提升人民群众司法体验感,充分发挥司法职能助力社会基层治理。

一、主要做法

（一）坚持党的领导，凝聚“云上共享法庭”建设合力

坚持党的领导，司法服务大局保障民生。积极争取党委政法委支持，及时主动向区委、区委政法委专题汇报工作，推动区委政法委出台《关于切实推动渝中全域“云上共享法庭”建设的工作方案》，形成区委政法委牵头，人民法院与公安、司法、检察、街道、社区协同配合，社会组织广泛参与的“云上共享法庭”建设工作大格局，更好将组织优势转化为治理效能，推进基层治理体系和治理能力现代化，努力建设符合渝中城市治理特色的全域“云上共享法庭”，让渝中社会治理处处都有司法的话语、力量和智慧。

（二）健全完善制度，确保“云上共享法庭”有序运行

坚持机制保障，明确“立足现实、不等不靠，全面建设、夯实基础，解放思想、大胆创新”工作思路，召开党组会专题研究渝中全域“云上共享法庭”建设工作，制定《“云上共享法庭”建设实施方案》，安排院级领导分工负责、包点到人，部署开展“两所共享微法庭”“行业共享微法庭”“社区共享微法庭”各类别试点单位建设工作。建立在线庭审技术常态化培训机制，明确“云上共享法庭”庭审案件类型和程序，印发在线庭审操作手册，帮助法官及审判辅助人员熟练掌握在线庭审技巧，提高审判效率。加大“云上共享法庭”宣传力度，结合“一街道一法官、一社区一法官”开展“云上共享法庭”宣传活动，在法院微信公众号等平台发布“云上共享法庭”使用指南和典型案例，线上线下齐发力，增强“云上共享法庭”知晓率、普及率和认同感。

（三）优化技术设备，实现“云上共享法庭”提质增效

坚持科技赋能，秉持“拥抱科技超车”理念，认真贯彻最高人民法院、重庆高院信息化建设五年规划，以新审判办公大楼搬迁为契机，深入推进“云上共享法庭”建设，结合渝中区情实际，整合以“云数据研究应用中心”为中心，以法院专网和互联网为载体，覆盖街道、社区、派出所、司法所、检察院、金融机构、律师事务所等8家组织机构的“1+2+8”渝中全域“云上共享法庭”模式。在院内建成8个“云上共享法庭”，自主配备远程庭审系统，当事人通过在线庭审App，输入庭审系统发送的短信序列码，即可通过“云上共享法庭”远程参与诉讼，千里之外，云上解纷。在院内设立“共享云舱出庭室”，与全市各法院连接，居住在渝中区的当事人可就近来院参加其他法院的在线庭审，通过跨域庭审强化司法协作，便利群众诉讼。在大阳沟派出所配备集成式一体化“云上共享出庭室”，推进“一庭两所”在线纠纷化解。在区检察院和区看守所建成“检察共享出庭室”和“刑事共享出庭室”，铺设法院专网三方连接，控辩审实时隔空开庭，从“面对面”到“屏对屏”，提高开庭效率，节约提押时间，降低提押风险。作为全市“数字

金融一体化纠纷解决”试点法院，以及在线金融借款合同纠纷案件集中管辖试点法院，与中国建设银行重庆市分行召开联合座谈会，将金融纠纷化解与“行业共享微法庭”建设融合推进，探索建立更加高效实用的“数字金融纠纷一体化解决”工作机制。

(四)扩展应用功能，释放“云上共享法庭”潜在动能

坚持联动创新，落实强基导向，充分发挥信息技术基础保障和支撑作用。依托“云上共享法庭”与“人民法院老马工作室”紧密结合，开展网上音视频调解工作，有效节省当事人时间成本和经济成本。依托“云上共享法庭”为全区人民调解员开展线上课堂，围绕商事、劳动、旅游等主题开展以案释法，全面提升调解员解纷能力。依托“云上共享法庭”助力“一街道一法官、一社区一法官”工作，社区纠纷在线解决，社区普法在线进行。依托“云上共享法庭”强化协作配合，结合“一庭两所”工作，与渝中区大阳沟派出所、大坪司法所等12家单位建立专网专线，实现司法确认当天申请、在线审核、线上回传。依托“云上共享法庭”优化诉讼服务，聚焦群众“急难愁盼”问题，自主研发“云端小马”智慧诉服平台，提供咨询查询、联系法官、预约调解、法治宣传、事项办理等15项线上服务，打造“云上共享小助手”。

二、创新特点

一是积极助推基层治理。渝中区作为全市社会治理智能化建设试点区，地域面积小、流动人口多，金融商贸数字等产业发达，专业性行业性调解组织密集。渝中法院坚持因地制宜、简便易行原则，积极探索运用信息化手段参与和融入基层治理，依托社区、行业组织现有信息化设施，建设“社区共享微法庭”“两所共享微法庭”“行业共享微法庭”，将“云上共享法庭”理念延伸至基层社会治理的神经末梢，把调解指导、纠纷化解、线上诉讼、普法宣传等司法服务送到群众家门口，逐步形成涵盖街道、社区、公安、司法、行业协会等诉讼服务网络，为推进社会治理现代化提供重要引擎。

二是分类推进全面覆盖。积极争取党委领导支持，用1~2年的时间建设覆盖渝中全域“云上共享法庭”，推动形成全面覆盖、功能完备、运行高效的“云上共享法庭”布局和运行体系。结合渝中“11个街道、79个社区”实际，2021年年底率先在具备条件的社区打造“社区共享微法庭”示范点，并于2022年年底在79个社区全面设立；率先在辖区11个司法所、12个派出所全面设立“两所共享微法庭”；针对类型化案件集中的特点，率先在重点金融机构、律师事务所设立“行业共享微法庭”，并逐步向全区15个专业性行业性调解委员会全面铺开。

三是科技创新提升服务。进一步拓展云上服务功能，打造“云上共享小助手”，自主研发“云端小马”智慧诉服平台，集成“小马接听”“小马约见”“小马辅调”“小马说法”“小马快办”五个版块，提供咨询查询、联系法官、预约调解、法治宣传、事项办理等15项智慧便民服务，致力

打造便民服务快车道和诉源治理直通车，努力为人民群众提供更好的诉讼服务、更好的审判效益、更好最好的执行兑现。

四是借智借慧夯实保障。以渝中法院成为全市“数字金融一体化纠纷解决”试点法院为契机，积极与建设银行、海尔小贷等金融机构对接，探索搭建基于区块链技术的司法存证系统，实现互联网电子数据认证与司法系统的对接。按照重庆高院部署，渝中法院与中国建设银行重庆市分行共同打造的“数字金融纠纷银企易诉平台”于今年2月正式启用，并依托“云上共享法庭”在线开庭审理首例数字金融纠纷试点案件。此外，渝中法院坚持实用导向，致力先进技术融通，与华为云计算、捷旭科技共同签署战略合作协议，成立“云数据研究应用中心”，借助尖端科技公司在人工智能、云端共享、智慧终端等方面优势，为“云上共享法庭”功能拓展和场景应用提供更加有力的技术保障，切实推动“人来人往”向“云来云往”转变。

三、实践成效

一是“云上共享法庭”建设成效初显。基于渝中区情实际，渝中法院积极延伸司法触角，与大阳沟派出所、大坪司法所等12家单位建立了专网专线，大阳沟派出所、石油路司法所、桂花园新村社区等单位已完成设备配置，“云上共享法庭”正式启用，成效初显。同时，还将在专业性行业性调解委员会、重点金融机构、律师事务所设立“行业共享微法庭”，并在2022年全面铺开，实现“云上共享法庭”渝中全域全覆盖。

二是在线开庭调解便民利民。2021年以来，渝中法院通过“云上共享法庭”在线审理案件498件，在线调解案件8731件，运用区块链技术，在电子证据存证平台查验、审核证据113次，让数据多跑路、让群众少跑腿，有效方便群众诉讼，提供优质司法服务。2021年9月，通过“云上共享法庭”远程连接上海、浙江、山东等地六家企业在线联调，成功化解一起涉案金额达2000余万元的借款合同纠纷，有效节省诉讼时间成本和经济成本，收到了当事人锦旗致谢。

三是在线司法确认成为常态。强化协作配合，以“云上共享法庭”联动“一庭两所”工作，依托与渝中区大阳沟派出所、大坪司法所等12家单位建立的专网专线，建立“在线司法确认”模式，实现司法确认当天申请、当天审核、线上回传。2021年以来，“一庭两所”联动完成线上司法确认539件。

四是在线诉讼服务更加便捷。自主研发的“云端小马”智慧诉服平台，作为群众“云上共享小助手”，自2021年11月运行以来，提供在线诉讼咨询查询243次、联系法官112次、预约开庭调解36次、接收意见建议7条，努力解决群众“急难愁盼”问题。

（重庆市渝中区人民法院）

法治E平台助力咸阳法院
“五链共治、法在基层”诉源治理实践

党的十八大以来，习近平总书记提出了一系列社会治理的新理念、新思想、新战略，特别是对坚持发展“枫桥经验”作出重要指示，要求把“枫桥经验”坚持好、发展好，把非诉讼纠纷解决机制挺在前面。党的十九大报告明确提出“打造共建共治共享的社会治理格局，加强社会治理制度建设，完善党委领导、政府负责、社会协同、公众参与、法治保障的社会治理体制，提高社会治理社会化、法治化、智能化、专业化水平”。2021年10月，最高人民法院院长周强来咸阳调研时指出，咸阳市法院在地方党委领导下，主动融入基层综治格局，探索“五链共治、法在基层”诉源治理模式，推行党建引领、诉源治理、多元解纷“三三制”工作机制，及时妥善化解矛盾纠纷，取得良好效果。这是弘扬新时代“枫桥经验”的创新举措，对于加强市域治理、县域治理具有重要意义。

一、建设背景

(一)“五链共治”诉源治理模式是推进国家社会治理体系和治理能力现代化的重要举措

“五链共治”诉源治理作为基层社会治理的重要组成和有力抓手，是“枫桥经验”的传承和延伸，亦是多元化纠纷解决机制在新形势下的重要理念转型。咸阳市中级人民法院(以下简称“咸阳中院”)着眼市域治理新需求，在强化审判主业的同时，不断拓展司法服务职能，以依法推进诉源治理为抓手，坚持政治、自治、法治、德治、智治，“五治融合”，积极助推党政引领下的多元主体参与、多方责任共担、多种机制共振、多项资源整合，着力把诉源治理融入基层党建链、跨越发展链、群众兴趣链、乡风文明链、创新服务链，形成了“五链共治、法在基层”社会治理新模式，使大量矛盾纠纷止于诉前、消于萌芽。

(二)信息技术是促进诉源治理调解体系和调解能力智能化的关键支撑

充分发挥信息技术优势，推进“智防风险”“智辅决策”“智助司法”，推动诉源治理体系架构、运行机制、工作流程的智能化再造，加快诉源治理方式现代化。一是创建“四级共通”智能平台。结合咸阳“智慧城市”建设，依托社会治安综合治理“9+X”信息系统，搭建以诉源治理为核心、以智能服务为载体的“矛盾纠纷在线调解平台”，整合线上调解、线上提交材料等功能，全面打通与综治管理等平台系统连接，实现市、县、镇、村(社区)四级“纵向全贯通、横向全覆盖”。二是搭建“智慧精准”解纷体系。在充分利用互联网在线调解技术的基础上，内引外

联,整合资源,利用大数据分析技术,准确掌握各区域纠纷状况、纠纷解决成效、纠纷解决力量配置等情况,根据诉源治理实时态势,及时采取科学决策、调度调解力量化解矛盾纠纷。

(三)新冠疫情是加快矛盾纠纷化解体系和化解能力云端化的现实动因

2020年年初新型冠状病毒肺炎疫情突如其来,为我们创新应用互联网信息技术、推进社会治理带来了新的驱动力。2021年12月27日,最高人民法院审判委员会第1859次会议通过《人民法院在线调解规则》,对在线调解活动进行了有效规范。咸阳法院纷纷采取"互联网+调解"模式,利用互联网开展远程调解活动,借助互联网技术实现视频调解"面对面"、证据材料"云端见"等非接触式司法活动。这既解决了部分当事人因无法出现导致的打官司难,又有效避免因人员流动和聚集增加病毒传播风险,也妥善解决了案件积压带给法官的办案压力。疫情防控需要为广泛开展的互联网调解实践提供了直接而强烈的现实动因,也为互联网调解的功能实现与拓展提供了实践基础。

二、系统研发

(一)系统概况

咸阳法治E平台(以下简称"法治E平台")依托既有的智慧法院建设成果,充分利用互联网技术,融合"三三制"调解工作机制,集案件登记、审核、指派、受理、调解于一体,实现管理、学习、决策、调度、分析、统计等功能(图1),于2020年10月正式上线。自法治E平台上线以来,共受理案件16126件,登记调解人员1822人、调解组织980个。平台包括4大子系统,分别为统一业务后台管理系统(以下简称"咸阳e法管")、群众矛盾纠纷在线化解平台(微信小程序端,以下简称"咸阳e解纷")、工作人员移动办案端(安卓App,以下简称"咸阳e法办")和Web网站(以下简称"咸阳e法治")。为破除法治E平台数据孤岛问题,法治E平台所有调解案件数据可以直接推送至最高人民法院人民调解平台,给调解员使用带来巨大的便利性。

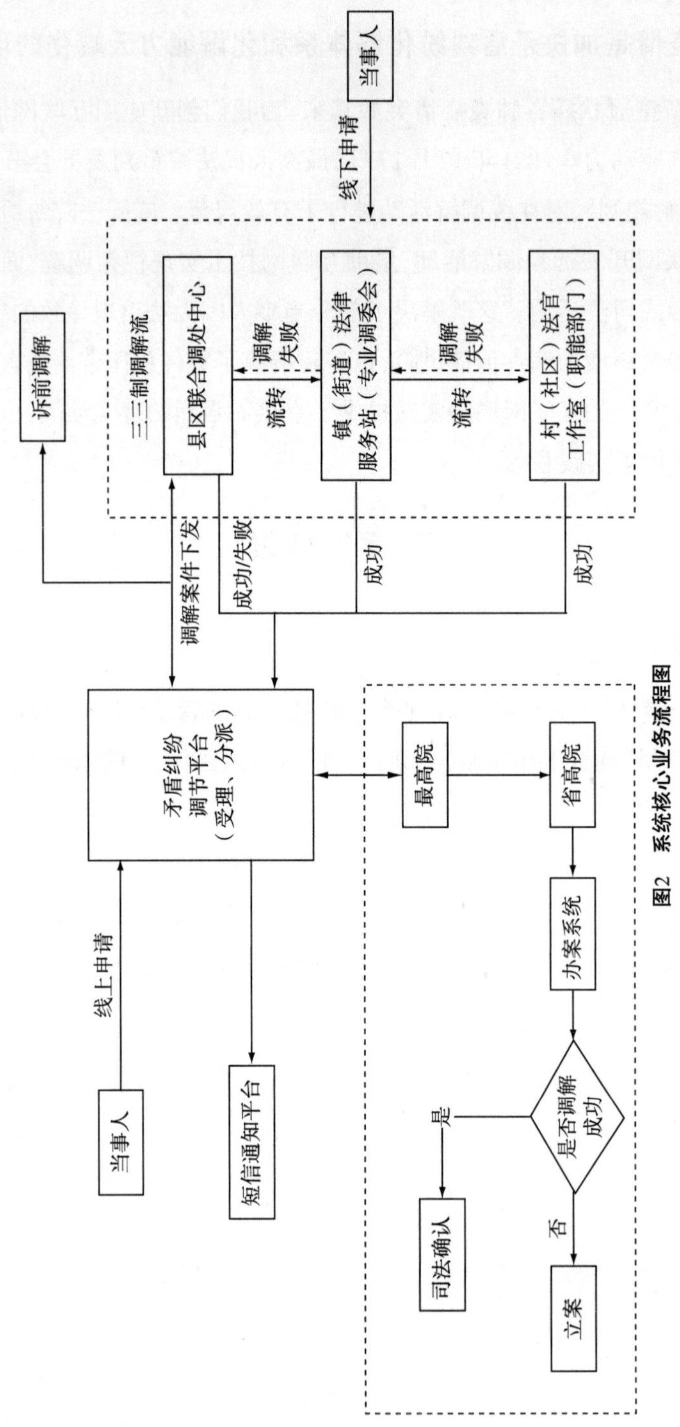

图2 系统核心业务流程图

（二）设计实现

1.“咸阳e法管”子系统建设

“咸阳e法管”是咸阳法治E平台项目的核心，为“咸阳e解纷”微信小程序、“咸阳e法办”工作人员App以及“咸阳e法治”Web网站提供关键数据支撑。系统对接咸阳市统一身份认证服务平台，打通各系统间用户体系，使诉源治理全流程业务数据的使用过程更为便捷。“咸阳e法管”集成了法治CMS内容发布系统，用于管理Web网站、指挥调度平台、数据可视化分析等相关内容，最关键在于它是整个系统核心业务流程的管理中枢，是法治E平台的大脑。

2.“咸阳e法办”子系统建设

“咸阳e法办”工作人员办案App用户群体为诉源治理工作人员和案件调解人员，该App集案件全流程办理（登记、审核、流转、办理、查阅材料）、预约视频调解和在线视频调解等功能于一体。主要用于工作人员补录历史调解案件、在线协助案件申请人登记案件以及调解员在线进行视频调解等工作。“咸阳e法办”App借助移动互联网优势，实现调解人员掌上全流程办理案件，为工作人员随时随地办理案件带来巨大便利性。

3.“咸阳e解纷”子系统建设

“咸阳e解纷”微信小程序旨在为广大人民群众提供一站式线上矛盾纠纷调解服务，在为人民群众带来线上一站式调解服务的同时，还将诉源治理工作动态展示融合其中。“咸阳e解纷”设计之初就将便民利民放在首位，涵盖了申请调解、智能咨询、法律法规查询、可视化地图查询附近调解机构等多项功能，其中，“五链共治”模块作为展示全市诉源治理工作相关政策、动态和治理成果的窗口，让人民群众在指尖滑动之间既能了解全市诉源治理工作面貌，又能方便地享受一站式调解服务。

4.“咸阳e法治”子系统建设

“咸阳e法治”网站是咸阳市诉源治理工作宣传的重要窗口，网站集全市诉源治理工作宣传和诉源治理工作管理于一体，将“五链共治，法在基层”诉源治理工作以丰富多样的内容形式展现得淋漓尽致，不仅可以在“咸阳e法治”上学习法律知识，还可以了解诉源治理工作的全貌。

（三）亮点特色

1. 科学监测诉源治理案件流转全过程

以调解流程节点为横轴，以“三三制”三级机构为纵轴，搭建一套可视化科学监测平台。将全市诉源治理案件处理全过程分布用数据流向图展现出来，不仅展现了每一级机构受理案件情况，还将每个节点上的案件处理分布情况用水泡图显示出来。实现了办案记录全覆盖、可查询、可追溯，有效提高了诉源治理工作监督智能化水平。

2. 大数据动态监测诉源治理工作态势

法治E平台底层将全市诉源治理案件相关数据进行汇聚,利用大数据分析技术,从新收案件、已结案件、各县区受理案件数量、超时限案件数量等多个指标进行多维度、多层次分析,再将分析处理结果以多样化图表形式生动形象地展现出来。通过各县区每日案件情况、热点纠纷动态以及超时限案件列表等图表反映全市诉源治理工作态势,当某一县区某一时刻的某种类型纠纷超过内设阈值时,监测平台就会以红色亮块予以标注显示,提醒工作人员平台监测到异常现象,应及时进行处理。

3. 可视化指挥调度诉源治理调解力量

法治E平台在建设实践中,为便于科学决策指挥,搭建了一套可视化诉源治理指挥调度平台。通过“咸阳e法管”“咸阳e解纷”和“咸阳e法办”三大案件来源,平台将根据行政县(区)、镇(街道)、乡(社区)来显示案件所在地理位置。工作人员可根据地图上显示的案件直接查询到案件办理调解人员,并通过点击调解人员头像直接进行视频通话,及时了解案件情况,并给出相应的建议指导。

三、应用实践

(一)全流程调解服务减轻群众诉累,便民利民效果更加凸显

当事人经实名认证并申请调解后,只要在“咸阳e解纷”微信小程序上填写完善相应的信息,系统就会将案件自动发送至所在地区的调解机构,当事人只需要等待后台工作人员核实处理。调解员在征得双方当事人可以进行线上调解同意后,就可以直接在网上进行在线视频调解,使得当事人足不出户就可以化解矛盾纠纷,真正实现让“数据多跑路,群众少跑腿”。

(二)全流程线上调解减轻调解员负担,智能化云端调解快捷高效

案件的审核、流转、处理都是由工作人员在后台操作完成。当事人提交案件信息后,调解员就可以在后台审核相关信息,并及时联系当事人进行核实确认。核实无误后进入调解过程,在征得双方当事人可以进行线上调解同意后,就可以直接在网上进行在线视频调解,调解结束后直接将调解结果相关材料上传至云端,极大地提高了调解员的工作效率。

(三)全流程网上监管提高决策效率,大数据决策分析科学合理

系统内置的指挥调度平台和大数据监测平台,能够对调解过程进行全流程监管。工作人员根据数据监测结果可以及时掌握咸阳地区诉源治理矛盾纠纷发展态势,并通过指挥调度平台直接视频连线当地调解机构的调解员,了解当前工作情况或者指导诉源治理工作开展。真正让“数助决策”服务于诉源治理工作,科学合理地指导工作实践。

四、前景展望

（一）推动系统融合更加深入

立足现有平台推进系统功能更加完善，进一步完善软硬件等设施建设配套工作，加强两级法院对系统的全方位推广应用。推动与交大慧谷审判系统等平台对接，形成诉讼与非诉讼解纷方式线上分流和联动工作体系，巩固提升一站式多元纠纷解决和诉讼服务体系建设。大力使用先进技术进行创新，推动区块链存证、数字签名、电子数据云存储等新技术的融合应用，使平台从无纸化真正转变为全数字化。

（二）推动共享协作更加顺畅

加强法治E平台与市委政法委综治网格系统之间的业务协同应用，特别是调解员与网格员之间的业务数据互联互通，建立网格治理过程中涉法涉诉问题网格员与调解员相互协作机制，从网格员“随手办”到调解员“依法办”一键无缝衔接。按照《人民法院在线调解规则》，明确在线办理流程和调解规程，积极引导各方参与人有序开展在线调解活动，全面建立符合在线调解规则的共享协作调解模式。

（三）推动数据使用更加安全

严格落实相关规定，一手抓系统建设应用，一手抓数据安全防护，进一步提升信息安全意识，始终将网络信息安全放在工作首位。加强信息安全管理，强化数据备份等措施，防止发生数据泄露、遗失、篡改等风险问题，保障数据安全稳定。加强电子材料管理，不断提升证据材料和调解协议的综合管理水平，尝试通过区块链技术解决电子材料使用过程中防篡改等问题。

（陕西省咸阳市中级人民法院）

第五师中级人民法院“智慧法院”建设进行时

近年来，新疆生产建设兵团第五师中级人民法院（以下简称“第五师中院”）坚持“以智为擎，以效为引”应用理念进行信息化建设，以“集约化、智能化、便利化、实体化”为目标，以建设诉讼事务现代化集约中心为抓手，创建“集约型”事务工作中心，用“智能化”信息技术助力审判执行与管理，逐步形成集约型智慧法院新模式。现将智慧法院建设及应用情况汇报如下。

一、优化布局,诉讼事务集约办理

第五师中院在诉讼服务大厅基础上建成诉讼事务现代化集约中心,实现了诉讼服务、审判辅助事务集约化。诉讼服务、法庭、事务中心置于同一层楼,打造了线上线下、窗里窗外、诉前诉中诉后、庭上庭下服务一体化的工作模式,为当事人提供了一站式诉讼服务,为法官减少了诉讼性事务工作,提高了审判质效。

一是完善硬件设施,打造一流窗口。围绕"区域设置科学化、流程信息公开化、立案手段科技化、服务措施便民化"的目标,努力健全软硬件设施,建成"一站、两室、多能"诉讼服务中心。两级法院诉讼服务大厅面积近200平方米,设有一站式导诉台、法官会见室、人民调解室和多功能服务中心。

在大厅配备测温仪、消毒液、一次性医用口罩等防疫用品以及报纸杂志、休息座椅、饮水机、签字笔、便笺纸、老花镜、口罩、电脑、打印机等便民设施,在醒目位置摆放供当事人免费查阅的《诉讼指南》及各类诉讼文书样式,收费处开通微信扫码缴纳诉讼费服务功能。人民调解室按照家居标准进行装修,悬挂以"和谐"为主题的字画和温馨标语,突出对话氛围,减少对抗因素。

二是完善绿色通道,提升服务标准。第五师中院诉讼事务现代化集约中心将立案窗口、事务中心、审判管理、电子送达、档案管理、人员集约一体化管理。在诉讼事务现代化集约中心即可完成文书扫描、智能校对、自动归目、档案装订与归档、卷宗借阅与档案借阅、审判管理、电子送达等一系列事务,实现了纸质卷宗和电子诉讼材料的标准化、专业化、流程化、集约化的"全链条"闭环式科学管理。同时诉讼服务窗口严格落实立案登记制度,建立服务承诺、办事公开等制度,提供诉讼引导、诉前释明、便民服务、立案审查、诉讼费收取、查询咨询、材料收转、信访接待、诉前保全、诉前调解、立案调解、司法确认、诉前分流、排期开庭、文书送达、判后答疑等服务。目前当场立案率达到98%以上,案件审批"多事一流程、一窗办多事",窗口综合受理,后台分类审批,绝大多数当事人均能实现一窗通办,只跑一次路,达到"走进一个厅,事情全办清"。

二、依托科技,打造司法为民平台

一是畅通网上诉讼服务渠道。第五师中院在兵团分院统一部署下已完成移动微法院网上立案、跨域立案、跨境立案、送达平台、人民法院调解平台、律师服务平台、道交平台、鉴定平台、保全平台、互联网法庭等平台的运行和应用,全面推广网上立案、网上缴费、网上调解、在线庭审、网上保全、网上鉴定等功能,为人民群众提供"一网通办"的诉讼服务。近年来,第五师中院各平台运用率显著提高,真正做到依托科技手段助力审判执行工作,让当事人少跑路、数据多跑路。目前,第五师中院累计办理网上立案2件、跨域立案51件、网上保全1件、委托鉴定2件、在线调解19件、在线开庭6件。

二是开启集约送达中心新模式。第五师中院依托全国法院统一送达平台,结合新民事诉讼法积极探索集约送达机制,建成集电话送达、电子送达、邮寄集约送达、外勤送达、公告送达、来院领取于一体的集约送达中心。采取多样化、便捷化、无纸化送达方式,减轻当事人诉累,缩短送达周期,极大地提高了干警办案效率,更为当事人提供了便利服务。目前,五师中院电子送达法律文书900余份、邮寄集约送达13件、网上公告1件。

三是推广应用电子签章系统。为了提高工作效率,加快推进无纸化办公进程,第五师中院响应新疆生产建设兵团分院号召,全面推广应用电子签章系统,严格规范操作流程,加强用印管理,实现裁判文书盖章申请、审核、盖章、打印、送达全流程网上流转并全程留痕。目前,第五师中院出具电子签章传票、文书70余份。

四是建成远程提讯系统,开辟网上庭审新模式。新型冠状病毒肺炎疫情防控期间,为有效避免人员流动交叉感染,同时也保证刑事审判工作正常进行,在多部门通力配合下,第五师中院在短时间内迅速建成远程提讯系统,实现法院、看守所、公安局、司法局等多方互联互通,方便就地庭审。民事案件方面,为解决当事人异地来往不便,减少因疫情影响不能正常开庭的案件,规避案件积压现象的发生,经各方当事人同意,积极运用互联网庭审系统,把法庭建在"云"上,极大地便利了当事人。自远程提讯系统和互联网庭审系统应用以来,第五师中院利用远程提讯系统开庭6件、讯问2次、安排律师会见7次,利用互联网庭审系统开庭6件。

五是推行"分调裁审"机制。依托诉讼服务中心,积极探索以人民调解为基础、行政调解为补充、诉讼调解为主导、司法审判作保障的多元联动调解工作新机制,引导当事人选择多种途径解决纠纷,实现纠纷解决的便利、高效、低成本和多元化。立案前,对符合人民调解的纠纷,征得当事人同意后,委派人民调解员进行免费调解。调解成功后,当事人要求法院出具法律文书的,由诉讼服务中心根据调解协议内容当场制作法院调解书或司法确认书并送达。对调解不成进入诉讼程序的案件,实行繁简分流,做到简案快审、繁案精审,轻重分离、快慢分道,确保审判质效。

三、亲民爱民,彰显司法人文关怀

一是成立群众工作室,用群众工作法统揽信访接待工作。第五师中院设立信访接待室及远程信访工作室,实行院长、庭长、承办人三级信访接处制度,严把"初访"和督查关口。指派资深法官负责信访接待、诉讼指导、法律咨询工作,对依法应当处理和可以处理的问题当即予以解答或解决,对依法不能办理或不属法院管辖的事项,向当事人耐心说明情况并告知解决的渠道,做到来访必接、有问必答。

二是开展司法救助,传播司法温暖。将司法救助的规定和程序主动告知符合条件的当事人,对当事人申请缓/减免交诉讼费的,由诉讼服务中心严格把关并提出意见,交院领导审批。2021年以来,第五师中院累计减免当事人诉讼费9万余元。对涉及农民工及妇女、儿童、老人等合法权益的案件开辟绿色通道,实现优先立案、优先排期开庭、优先分流审理。

四、"一站式"得分情况

自"一站式"建设以来,第五师中院高度重视"一站式"建设进度和建设成果,在兵团分院监督指导下,五师法院"一站式"在建机制、搭平台、推应用方面稳步推进,积极向先进、优秀法院学习经验,从排名垫底到名列前茅,取得了巨大的进步,各平台应用也愈发成熟。

五、下一步打算

一是继续制定完善出台相关工作机制和规范;二是加强宣传,进一步提高群众对诉讼服务中心的知晓度和认知度;三是完善机制,进一步理顺诉讼服务中心对内对外的职责划分、工作衔接,充分发挥其高效、便捷的职能优势;四是优化服务,进一步探索为民服务的新路子、新方法,依托信息化建设增强便民利民实效,不断拓展服务领域,提升服务层次,强化服务功能。

(新疆生产建设兵团第五师中级人民法院)

北京朝阳法院研发"案件空间"微信小程序

近年来,北京市朝阳区人民法院(以下简称"朝阳法院")通过一系列举措不断完善信息化建设,线上线下一站式服务中心、12368热线服务站、无讼朝阳平台,在为当事人提供全方位诉讼服务同时,也在内部形成了"智慧高效、便民利民"的立体化诉讼工作模式。在深化智慧法院建设的实践中,我院发现当事人期望能够更加及时便捷地与法官进行沟通对话,期望能够进一步缩短空间和时间距离;同时我院在对辖区提供司法服务时,也需要一个能够提供定制化的宣讲、互动、交流的平台。

为切实解决司法服务需求,朝阳法院依托于使用人群广泛的微信,创建了群众与法官、法官与群众双向沟通的平台——"案件空间"小程序。

一、扩展在线司法空间,实现纠纷化解加速度

"案件空间"采用聊天室的设计方式,当事人与法官无须添加好友,以案件为核心,由法官

创建沟通群组，可以手动添加当事人，也可以让当事人扫描“案件空间”小程序码加入。每个群组中包括法官与各个诉讼参与人，在沟通群中各方可完成文书送达、约定开庭时间等各项事务性工作；同时可在法官组织下完成诉讼调解等各项实质性审判工作，从而充分发挥移动端优势，利用双方碎片化时间，在庭前充分查明案件争议焦点，实现异步进行中，提升审判效率。

（一）扩容司法空间，实现在线沟通

“案件空间”系统以微信小程序的形式实现移动端沟通，通过聊天群的设计，法官能够将所有案件参与人邀请至案件中，在线上模拟线下与不同当事人进行“一对一”或者“一对多”的临时对话，在每个案件中根据谈话沟通需求，创建不同的沟通空间，将接待场所“搬到”移动端，方便当事人随时随地联系法官。在对话空间中，法官还可以对当事人实现发言管理，对于违规发言，法官可查看该群成员并作禁言处理。在案件成员管理中，还能够查看当事人的在线状态，对于离线状态的当事人，可以进行留言，当事人看到留言后可直接对法官进行回复，实现像微信一样便捷的聊天和沟通功能，“案件空间”系统在保障实时在线沟通的同时，无须法官和当事人互相添加好友，保证私人空间不受影响。

（二）功能整合一体，前置推进流程

通过构建微信群式的聊天组，法官可查看案件详情，随时掌握案件的基本情况。在群组中，设置了释明告知功能，法官在群组沟通中，可以通过设置常用释明告知功能维持群组沟通秩序，也可以向当事人发送送达告知。同时案件空间引入多种沟通方式，支持向诉讼参与人发送实时文字，也支持语音对话，同时在群组中也可以上传图片、视频、文档，由法官对材料进行审核后，再发送到群组，方便法官、当事人之间进行更直接生动的沟通，在庭前充分查明案件争议焦点，提高庭审效率；适时进行移动端的调解工作，促进当事人以非对抗方式化解矛盾。

（三）云端收发文书，实现高效诉讼

针对事实清楚、权利义务关系明确、争议不大的诉讼案件，法官在促成双方调解之后制作结案文书。通过“案件空间”系统的文件签名功能，可快速对文书或材料进行线上签名，法官在线上发起签名后，当事人双方无须通过其他软件或平台，即可直接在微信上对调解笔录等材料进行签名确认并签收调解书，以及下载签名后的图片，努力实现当事人化解纠纷“零跑腿”。

(四)直通司法需求,全面司法答疑

借助“案件空间”系统,法院结合辖区经济社会发展中的多元司法需求,围绕矛盾易发、多发领域,以在线答疑、网上专题讲座等形式提供订制化服务,通过直播间与群众进行“一对多”互动、“网对网”交流,直播过程中观众可以在线留言,法官在直播中直接解答实时提出的各类法律问题,切实提升群众的司法获得感。

二、辅助事务异步办理,实现诉讼服务更高效

(一)四大优势

一是服务审判,方便当事人联系法官。当事人、代理人、辅助机构以及其他诉讼参与人可扫描小程序码,先完善个人信息,后加入“案件空间”,也可由法官先行邀请当事人进入“案件空间”。在“案件空间”中能够与法官、其他诉讼参与人进行实时文字、语音聊天,可在聊天群组中上传图片、视频、文档;法官可以随时查看案件详情,组织文件签名;当事人可以与法官单独沟通,诉讼参与人之间既可以实时在线沟通,又可以相互留言,实现消息的异步查看回复;在“案件空间”中,沟通结束后也保留有聊天记录,诉讼参与人可随时查看,对重要的信息、通知可以查阅参考;当事人能够对自己的个人身份信息进行维护,如上传身份证照片、修改签名等,便于法官核对身份、快速对文字签字进行确认。

二是应用轻便,适合多维度应用场景。小程序依托于微信,不需要下载安装客户端,当事人上手快,对交流场所、时间兼容度高,不受地点、时差等限制,登录上线“一键即聊”,能够在调解、审判、执行等各个阶段使用小程序创建沟通空间,让案件办理各个环节都能够坐上高效、便捷的“直通车”。

三是广泛开展法治宣传,构建“普法教室”。结合“京法巡回讲堂”“法律十进”等活动,精心策划学习民法典等系列专题,通过“案件空间”系统向机关、医院、学校、街道、企业、商务楼宇等对象开展常态化普法,突破过去“一次进一校”“一次进一村”等的限制,扩大了普法宣传的受众范围,拓宽了传播路径,让规则意识和法治观念更深入人心。

四是在线指导人民调解,提供“专业辅导”。建立基层矛盾纠纷调处对接的线上指导机制,法官通过“案件空间”小程序对调解组织和调解人员开展业务培训,对常见纠纷的调解方法及法律法规进行讲解,及时指导化解具体纠纷,助力基层调解组织、调解人员增强解纷实战能力,让调解更高效、群众少跑路。

(二)三大转变

一是推动文书送达从“当面签收”到“云端领取”的转变。依托微信小程序的文件传输功

能，法官可在核查送达对象身份之后，通过案件空间系统在聊天群组中送达文书，由双方在各自移动端查收、签名并由法官截图确认，各方当事人无须电话预约到庭或另外确认地址邮寄送达，在足不出户的情况下即可收到案件文书。

二是推动预定开庭从“单向通知”到“多向沟通”的转变。由法官向当事人进行“单向通知”式的预定开庭模式，转变为法官在聊天组中发布通告，引导当事人对正式开庭时间进行协商预定，避免因单向联系、间接沟通可能出现当事人时间冲突、反复更改开庭时间等问题。

三是推动案款发还从“线下领取”到“线上分配”的转变。执行法官在进行案款发还时，可利用“案件空间”系统为每个案件建立案款发还聊天组，当事人通过“案款空间”小程序完成案款分配的笔录签字，并提交案款发还所需的银行卡信息。在新型冠状病毒肺炎疫情防控期间，“案件空间”系统的运用能够有效减少人员来院聚集，降低当事人办理领款手续的时间和交通成本。

三、精准直通纠纷源头，实现诉源治理效果好

案件空间小程序自上线以来，在我院推广到13个庭室使用，已为323个案件创建沟通空间，为780名当事人搭建了与法官的沟通桥梁，在线签署文件469份。使用期间，小程序有16339名人员访问，累计访问量44500次，让诉讼服务更加便捷高效、智能精准。在新型冠状病毒肺炎疫情期间朝阳法院通过小程序为街乡、社区调解机构组织业务培训直播7场，传授调解技巧及分析疫情期间典型案例，提升基层调解能力。

当前，全国基层法院尤其是发达地区的基层法院，普遍面临案件数量大、当事人多的问题，“案件空间”小程序使当事人联系法官更加便捷，节约了诉讼成本，并且优化了资源配置，让法官能够充分利用碎片化时间，提升审判效能。

（北京市朝阳区人民法院）

天津武清法院数智金融巡回法庭

提到巡回法庭，我们脑海中往往会浮现出法官背负肩扛巨大的国徽，巡行在田间地头，穿梭于山峦草原的画面。在科学技术成为第一生产力的当下，胡继文在楼宇构成的钢铁森林里，打造了一个数智金融审判巡回法庭。

天津市河北区人民法院数智金融审判巡回法庭于2020年11月正式揭牌运行，共有4个在线调解室和3个互联网法庭，其显著特色是审案多、速度快、质量高。据统计，截至2021年11月，法庭共立案4635件；相比通常水平2小时，法庭案件平均庭审用时极短，仅需25分钟，

金融借款合同案件平均审理期限仅为10天,审理效率提升67%;一审息诉服判率99.29%。

数智金融巡回法庭为天津市打造科技赋能、数字化引领、产融交汇的金融生态提供了精准的司法服务和保障。现已吸引厦门国际银行、新网银行、度小满公司、君钰科技、成都债清、亦嘉等公司落地河北区,并有捷信金融公司、齐鲁银行、中银消金、哈尔滨银行、华融湘江银行等多家金融机构正在洽谈中。

数智金融巡回法庭之所以取得一系列优异成绩,既归功于用信息科技服务审判实践,又得益于政治引领和顶层设计,还有赖于多方联动、多元解纷。

一、巧用互联网科技"一招鲜"

数智金融巡回法庭从硬件设施到工作方式,无不体现着互联网、大数据科学技术为审判工作带来的新动力、新变化。

进入法庭,宽敞明亮的大厅中,设有投诉辅导工作台,由常规的人工服务为当事人答疑解惑,但穿梭其间的智能导诉机器人显然是一大亮点,群众可以对机器人表达出自己诉求,届时机器人经过精密处理,会为当事人的诉讼行为提供个性化指引,节省人力。人脸识别智能储物柜能够妥善保管群众的随身财物,免去当事人丢失存物凭票的麻烦。

互联网科技应用,不仅在线下与群众见面,更渗透于金融智审平台和现代化智能法庭中,在具体司法过程中悉数体现。

搭建金融智审平台,全方位提高办案效率。长期以来,内外网数据不共享、法官重复录入多等问题为提高立案速度立关设卡,为打破这一桎梏,数智金融法庭连通智审平台与法院办案系统,通过"平台+服务"方式,引入数字金融一体化办案平台,使内外两网数据实时相互推送。金融机构自动生成要素化起诉书,签章后一键传输至法院,立案法官可以即时启动立案审查,核验无误后使用批量立案功能,快速完成案号分配。更事半功倍的是,该平台可以实现金融消费类案件全流程在线处理,让当事人"一次都不跑"即可完成诉讼,真正做到省时、省力、省心、省钱。批量案件立案后,法庭可集中排期开庭进行联审。通过对接天津市高级人民法院批量庭审直播系统,金融法庭采用要素化庭审方式,在45分钟内实现集中审理17起金融借款合同纠纷并同步庭审直播,刷新快速庭审历史纪录。

构建现代化智能法庭,实现批量庭审。数智金融巡回法庭拥有4个在线调解室和3个互联网法庭,它们是现代化智能法庭的组成部分,也是实现快速庭审的金城汤池。智能法庭可以通过共享屏幕、语音识别、庭审过程同步录音录像等技术,使当事人足不出户即可完成传统庭审流程中的关键环节,为当事人带来便利的同时,有效助力疫情防控,防范群众健康风险。智能法庭不仅能够实现金融案件批量立案、庭审直播、生成判决、结案和文书上网,还能实现200余件批量案件同时庭审的新型开庭模式,大幅缩短人工操作时间,节约司法资源。

依托“高科技”，送达快过“一日千里”，通话不愁“无人接听”。针对无法联系到当事人的情况，数智金融巡回法庭运用失联修复技术，与通信运营商和公安身份信息库联通，实现当事人姓名、身份证号、手机号匹配验证，有效解决受送达人“难验难找”问题。同样地，金融法庭能够依托云计算、人工智能技术分析判断当事人状态，对可以接通电话的当事人自动集中外呼，再将能够联系到的当事人信息及时反馈至调解员，极大缩短了人工联系的无效时间。

二、顶层设计牵动集约、高效“牛鼻子”

即便建设常规巡回法庭，也无法一蹴而就，而理念更先进、统筹更复杂，科技含量满满，集约、智能、高效的数智金融巡回法庭，更是得益于主管此项工作的各位院长和河北区法院党组的坚实政治引领与顶层设计。

问题为抓手，痛点为导向。习近平法治思想的根本立足点是坚持以人民为中心，坚持法治为人民服务。法治建设要积极回应人民群众的新要求新期待，研究和解决法治领域人民群众反映强烈的突出问题，不断增强人民群众获得感、幸福感、安全感，用法治保障人民安居乐业。

随着人民生活水平和经济能力的提升，金融行业蓬勃发展，金融消费产品成为近年来群众乐于购买的热点。然而，行业欣欣向荣背后的侵权、纠纷现象不容小觑。金融消费类纠纷有着送达耗时长、辅助事务多、批量处理不便捷的特点，它们会延宕消费者合法权益的实现，进而影响整体营商环境，阻碍经济社会进一步发展。

基于此，河北区人民法院自觉把数智金融审判巡回法庭建设置于全面深化司法体制改革工作任务中，以解决实际问题为出发点，成立专门调研组，梳理全院金融案件审理情况，并前往广东、浙江、江苏等地法院学习经验，两次召开辖区内金融机构座谈会，前往天津银行、中国建设银行天津市分行实地走访问需。以高度的责任感和紧迫感，确保任务取得实效。

政治为引领，党建为基石。河北区人民法院将数智金融巡回法庭作为推动“十四五”时期高质量发展的有力抓手，以优质司法服务形成金融集聚效应，实现筑巢引凤效果。数智金融审判巡回法庭坚持把党的政治建设摆在工作首位，确保法庭保持正确政治方向。金融法庭由优秀党员干警组成，紧紧围绕“党支部建在庭上，党小组建在审判团队上”的原则，以审判团队为单位，成立党小组，做到审判执行工作推进到哪里，党的组织就延伸到哪里。精心打造党建活动室，设立党建图书角，定期开展组织生活，增强党建工作氛围，发挥党支部战斗堡垒作用。围绕“抓党建、带队建、促审判”工作思路，以党的建设全面领航执法办案，做到党建工作和审判业务同步加强、同步提升。

人才为支撑，进取为动力。硬实力、软实力，归根到底要靠人才实力，河北区人民法院致力于为金融法庭打造高素质审判团队，选派优秀员额法官和审判辅助人员6人，常驻巡回法庭开展工作。面对互联网金融案件审理新挑战,团队积极探索要素式审判方式,优化流程,提高效率;定期召开专业法官会议,集思广益解难题,齐心协力破藩篱;经常开展法官沙龙,与天津财经大学等高校开展学术研讨,主动加强交流促学习;立足于金融审判前沿,积极提升金融审判专业化能力水平和审判质效,竭力维护法治化金融营商环境,回应人民关切。

三、多方联动画好司法为民“同心圆”

单丝不成线,孤木不成林。河北区人民法院广结社会力量,打造数智金融巡回法庭,又把共同奋斗的成果回馈给社会,用于优化营商环境,保障人民福祉。

聚合多方资源,推动多元共振。“社会调解优先、法律诉讼断后”是胡继文等河北区法院人所共同坚持的。天津地区调解资源充足、丰富,却也存在分布“散”、对接渠道不连贯等问题。金融法庭将智审平台与人民法院调解平台融通,强化资源整合和信息共享,以开放、共建的崭新姿态提升优势解纷资源的“虹吸效应”,并通过优质金融司法服务吸引更多金融产业入驻,优化金融法治环境。与天津市金融消费纠纷调解中心等行业组织、仲裁、律协、天津各大高校法学院签署共建合作协议,邀请见习律师、高校老师、法学研究生进驻调解平台担任调解员,提升解纷专业性,加快形成工作合力。法院、政府与社会多元共振,有效衔接,共同化解矛盾。

坚持以案释法,发挥示范作用。维护清朗环境,要靠公正司法,更要倚仗群众增强法治意识,社会树立诚实守信理念。金融审判巡回法庭通过典型案例指引、组织庭审观摩、开展普法活动等多种方式,进一步提升金融纠纷当事人和社会公众的认知度、信任度,引导群众树立正确维权观念、规范金融交易。承办河北区第六期“津英汇”论坛,与天津市仲裁委员会、天津市律师协会、天津市金融监管部门和多家金融机构共商“互联网趋势下金融多元解纷方案”。邀请天津市金融工作局一行30余名干部现场观摩金融案件网络庭审。发布《金融审判白皮书》,其中一金融案例入选“天津法院优化营商环境典型案例”,各级人大代表、政协委员多次视察金融审判巡回法庭,并多次被全国和市区级媒体报道,受到社会各界广泛关注,起到较好的宣传效果。

现在,胡继文副院长将好做法、好经验带到了天津市武清区人民法院,他将在武清区人民法院党组的大力支持下,加大创新力度,积极推进“无书记员庭审”“电子档案单套制”改革的试点,持续深化互联网科级在审判业务中的运用,发挥科级引领示范作用,努力营造地区良好营商环境,切实增强群众的获得感、幸福感和满意度。

(天津市武清区人民法院)

“RPA自动化流程机器人”在珲春法院信息化转型中的应用

随着智能化和数字化趋势的日渐清晰，人民群众参与诉讼的司法需求愈发多元，智慧法院建设势头方兴未艾，如何进一步转型升级迫在眉睫，这是适应新科技新环境的必要选择，大数据、人工智能和云计算等数字技术的落地应用成为衡量法院信息化程度的重要标志。对于法院来说，存在大量如司法公开、财产调查、文书制作等耗时长却难度不大的工作，严重消耗着法院人力、物力。针对上述难点，机器人流程自动化（Robotic Process Automation，RPA）的出现为法院提供了一种切实可行的解决方案。本文以珲春市人民法院实践应用为视角，详细阐述了机器人流程自动化的应用特点，分析了其在法院司法公开、财产调查等方面的应用潜力，以此提升法院司法管理水平，助力法院信息化转型。

RPA是一套通过模拟人工操作进行自动流程执行处理的软件。RPA可以代替办公人员操作电脑和软件，自动完成各类软件系统的工作和业务处理，准确高效地实现业务流程自动化，将办公人员从每日的重复工作中解放出来。随着业务流程自动化管理的精细化和人工智能技术的深化，RPA的功能领域和应用场景越来越广泛，从“流程机器人”“软件机器人”到“虚拟员工”“数字员工”，称谓的演变足以证明，相比传统劳动力，RPA已呈现出无可比拟的优势。

近年来，珲春市人民法院（以下简称“珲春法院”）紧紧围绕最高人民法院、吉林省高级人民法院信息化建设的统一规划，立足内外网业务需求，探索智慧法院建设新模式，形成了可复制、可推广的“珲春经验”。在此基础上，为进一步实现智慧法院转型升级，切实解决法院干警事务性工作负担，2021年10月，珲春法院被吉林省高院确定为“机器人流程自动化（RPA）”试点单位。承接试点任务后，珲春法院积极探索建设机器人流程自动化系统，将干警从每日的重复工作中解放出来，提高工作效率。

一、RPA应用背景

（一）符合智慧法院4.0版建设需要

《人民法院信息化建设五年发展规划（2021—2025）》中提出“一体查控批量处理”“网络查控流程办理自动触发”等智慧法院建设新理念，RPA的引入正是对这些要求的生动实践，通过自动化替代劳动力，有效释放人力资源，将更多的智力、精力投入到产生更大价值的事务工作当中去，是智慧法院4.0建设的一项重要内容。

（二）直击法院场景下事务性工作负担痛点

法院日常工作事项中，存在集约程度高、案件体量大、操作共性多等特点的工作流程，例如,在司法公开方面,据统计,珲春法院年均电子送达量达10000余次,文书笔录公开3000余次,送达或公开不成功往往还需重复点击、多次操作,书记员在此项工作上需耗费大量时间精力。在执行事务方面,往往需要1~2人专职从事大量的邮单打印、制作各项通用文书工作,财产报查及结果查询、限制被执行人高消费、网络财产冻结及结果查询工作需要在系统间频繁切换,人工录入、导出、上传,工作难度低,人力成本高。

(三)法院数字化、人力资源改革的优化路径

目前智慧法院建设已呈现全业务网上办理、全流程依法公开、全方位智能服务的特点,如何更加集约、集成、高效地完成审判执行工作,成为法院信息化改革的方向,从珲春法院实践中可以看到,随着全流程无纸化办案方式的推行,代表集约的诉讼服务中心、送达中心、聚能中心(办案辅助中心)等均将事务性工作聚集于一处,有效减轻了法官、法官助理、书记员工作负担,从而提高了工作效率,当事人从中受益。但即使在如此集约的情况下,人力资源问题例如工作忙闲不均、工作实质性内容不强等依然存在,如何在高度集约的工作模式下进一步剥离事务性工作,如何摆脱人力资源困境使得RPA成为优化解决路径,是下一步工作重点。

二、RPA应用特点

(一)代替简单重复工作

正如上文提到,司法活动中,许多环节需要人工不断操作,而RPA可以降低人力成本,消除人为操作失误,提高工作效率和事务处理质量,不仅可以提高信息维护速度,还能在最短的时间内处理大量重复性业务。

(二)24小时不间断工作

以往的人工模式下,法院干警工作时间受限,工作量较大时,人们的常规工作时间无法满足业务需求,只能加班完成,但这也会间接影响工作质量。比如司法公开,每天公开业务量十分庞大,这类高强度工作可以依靠RPA处理程序,通过机器人不间断工作弥补人工疲劳操作的缺点,降低人为误差。由此可见,RPA更加适用于24小时全天候的业务工作。

(三)快速部署实施

在法院日常工作中,干警会通过软件、网页等协助完成工作,往往会出现信息无法互联互通的问题,这将导致业务流程需要在各个软件系统内游走。与以往的技术软件不一样,RPA主要受过程驱动,只会运行在系统和软件表面,对原本的IT体系不会造成改变。RPA可以兼容不同系统,通过模拟人的阅读与操作方式,在不改变系统运行的情况下完成任务。

三、RPA应用具体实践

（一）以RPA+AI助力司法公开向深度发展

根据最高人民法院《关于人民法院通过互联网公开审判流程信息的规定》，受理案件通知书、应诉通知书、判决书、裁定书等诉讼文书及庭审、质证、证据交换等环节笔录应当于送达后通过互联网向当事人及其诉讼代理人公开，最新修改的《中华人民共和国民事诉讼法》明确了裁判文书可通过电子方式对当事人进行送达，以上举措均为保障当事人对审判活动的知情权，促进司法公正，提升司法公信。为充分保障司法公开的及时性、提升公开信息的覆盖度，RPA将公开程序写入“智慧大脑”，固定时间节点汇总案件列表，系统自动发起公开流程，自动切换法官业务系统账号，自动录入相关案号，将程序中前置写入的相应文书进行电子送达，后对案件进行精准公开（图1）。

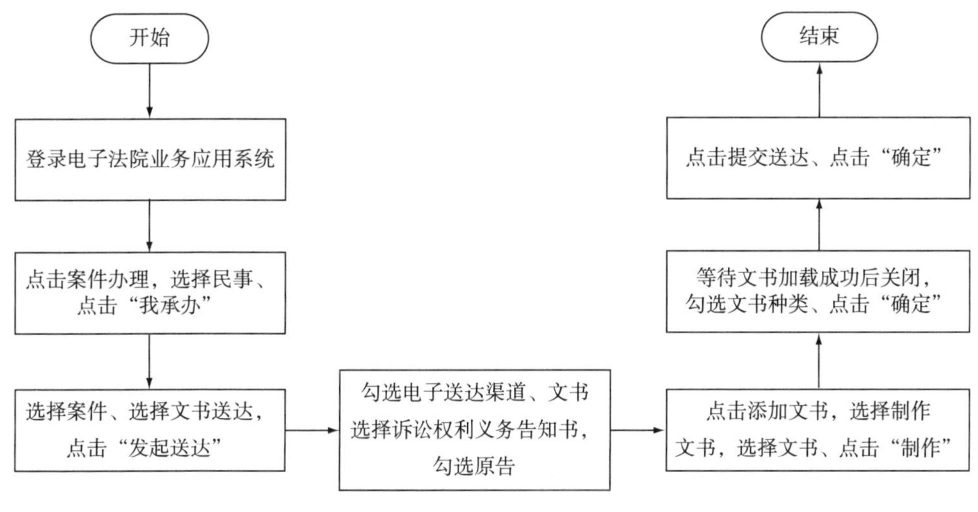

图1　文书笔录公开业务流程

（二）以RPA+AI助推执行信息化创新实践

实践中，充分复盘执行工作流程当中重复性较高环节，力求通过RPA改变往日逐案处理、重复录入工作模式，经过整理、部署、实施，主要将RPA运用到执行文书制作、财产调查、执行强制措施三方面工作内容中。在文书制作方面，将工作重点锁定在邮单打印、制作执行通知书、执行通用裁定、报告财产令等方面，通过程序写入，系统自动执行，实现批量录入、批量制作、批量处理、批量回传。在财产调查方面，RPA通过非侵入式手段打通办案系统和总队总查控系统两个系统间的数据，查控工作全流程通过RPA完成，实现财产自动报查、财产报查结果查询，自动上传、下载反馈信息表。在执行强制措施方面，实现网络财产冻结、财产冻结结果查询，银行、网络银行冻结反馈回执自动上传下载（图2）。

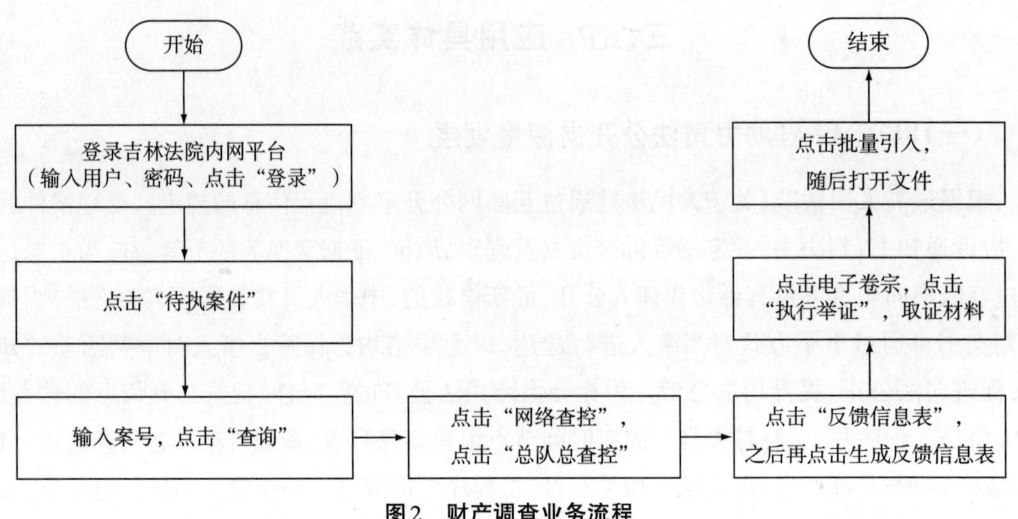

图2　财产调查业务流程

(三)可视化监控RPA工作质量效果

建设可视化监管平台,针对多种场景,可远程控制RPA操作,实时查看工作情况,还可实时对人力、物力进行成本计算,对执行数据进行可视化统计分析,使各场景管理人员能够对RPA的运行可控、可视、可管。

四、RPA取得的成效

从需求梳理、方案设计到落地实施,仅用7个工作日的时间就实现了RPA机器人各项自动化操作,从RPA实施部署2个月以来,审判流程公开网电子送达、文书笔录公开已不再需要法官、书记员另行操作,已通过RPA进行电子送达1054次、文书笔录公开(成功)453次。执行事务方面,通过RPA执行邮单打印304次,打印制作各类文书428份,执行财产报查结果查询544次,银行冻结反馈回执下载上传160次,网络银行资金回执下载上传208次,查控组执行法官每日工作量减少60%,财产查看效率提升60%,财产查冻准确率接近100%。从数据上看,RPA的实施运行极大减轻了执行法官的工作压力,并有效提升了办案工作效率。

五、未来展望

“RPA自动化流程机器人”的使用充分释放人力资源,有效提升法官工作自由度,改善法院整体工作效能。当然,RPA本身也有其不足之处,如认知能力欠缺,当涉及复杂信息和非结构化数据分析时,往往需要人工干预。下一步,珲春法院将借助AI的势能不断延伸RPA能力边界,拓宽应用场景,利用知识图谱、智能决策和机器学习等技术使其能应对非结构化的复杂场景,并及时总结经验,积极固化成果,为智慧法院建设提供更多“珲春方案”。

(吉林省珲春市人民法院)

·(二)数字检察专项成果·

律师互联网阅卷成功上线

近年来,最高人民检察院、司法部等中央政法各部门坚持以人民为中心,高度重视保障律师职业权利,建立维护律师权利快速联动处理机制,完善诉讼各环节保障律师执业权利的措施,积极为律师行使诉讼权利提供各种便利,赢得了广大律师的广泛好评。在总结律师执业权利经验做法的基础上,检察机关积极运用信息化手段,进一步开展完善便利律师参与诉讼机制的有益实践,与司法部开展紧密合作,共同推动律师互联网阅卷的建设、试运行工作,取得了良好成效。2021年12月31日,在建党百年、喜迎党的二十大,深入学习贯彻习近平法治思想和中央全面依法治国工作会议精神之际,律师互联网阅卷系统在全国检察机关全面上线,让律师阅卷从“最多跑一次”到“一次都不用跑”,最终实现“一网阅尽万水千山”。

一、总体设计

为了实现互联网阅卷功能,系统紧紧围绕打通互联网、工作网和检察专网,实现跨网数据交换这个关键点,结合检察业务流程、全国检察业务应用系统部署情况,对系统做出总体设计,在确保信息安全的基础上保证业务顺畅运作。经过充分论证,为实现三网数据交换形成了两大部署架构,根据检察机关互联网、工作网、检察专网三网并行的信息系统建设现状及现有单向导入设备的配置情况,设计了“互联网—检察工作网/互联网—检察专网部署”和“互联网—检察工作网—检察专网部署”两种部署方式,分别实现互联网与工作网、检察专网的并行连接和串行连接。在此基础上,根据地区实际采用最高检和省级院两级部署、四级检察机关同时使用的建设方案,最大化利用单向导入系统等安全防护设备,降低建设成本,同时充分保障“异地阅卷”的工作模式。

系统通过四大模块实现律师身份认证核验、在线阅卷、网上核验阅卷申请和电子卷宗下载等四大主要功能。一是律师身份核验模块。与司法部律师身份核验平台对接,自动完成律师身份核验并进入系统,减少律师登记注册和审核的工作量,提高身份核验效率和准确性。二是在线阅卷模块。律师可通过该模块办理“在线阅卷”,提交申请,由检察人员在线审核并完成卷宗网上推送。三是卷宗管理模块,实现对卷宗推送、卷宗下载、卷宗删除的集中管理。

四是卷宗下载模块,对互联网阅卷流程的每一个环节,以短信方式实时向律师发送通知,告知办理进度,传递卷宗下载密钥和解压密钥等信息,实现全过程信息可知。

二、安全措施

律师互联网阅卷系统横跨互联网、检察专网、检察工作网,涉及敏感的电子卷宗数据的网上流通,为保证网络、数据安全,在系统设计和实施过程中,始终坚持以安全为第一要义,用高度的责任感把控方案各个环节,采取多种安全措施,重点加固可能产生安全风险的薄弱环节。一是保证系统部署符合相关安全保密标准,防止攻击者以阅卷系统为跳板攻击检察专网和检察工作网。严格按照国家保密局和公安部规定,建立数据安全传输机制,综合运用单向导入,光盘刻录等数据传输方式在不同密级网络间进行数据交换。通过加装各类安全防护设备,保障各网络间的物理隔离,保护内部服务安全。制定详细的系统部署方案,指导各省级院严格按照方案规定完成系统部署工作,确保上述数据安全机制完整落地。二是保证互联网侧数据安全,防止互联网侧电子卷宗泄露。综合采用多种技术手段,实现对系统内部互联网侧电子卷宗数据全生命周期的安全性管控。运用SSL加密技术,通过加密协议传输数据,防止电子卷宗通过通信渠道泄露。在互联网端电子卷宗存储服务器配置严格的白名单访问控制策略,只允许来自高检院和各省级院的访问请求。定期清理电子卷宗数据残留,在律师下载卷宗后3天内删除保存在互联网侧的电子卷宗压缩包,最大程度降低数据泄露风险。三是严格控制电子卷宗查阅范围,确保电子卷宗只能由申请阅卷的律师下载、打开。综合采用司法部律师身份核验平台提供的律师人脸识别服务和下载密钥等多种身份认证技术,确保电子卷宗下载操作人员身份,同时以加密压缩包的方式提供电子卷宗下载,确保其他渠道泄露的卷宗无法被打开。系统在卷宗卷面加盖水印,用以在卷宗泄露的情况下追溯泄露源头。四是建立互联网阅卷“双审核”工作模式,确保在线阅卷申请符合互联网阅卷条件。通过人工审核对每一个在线阅卷申请把关,首先针对互联网阅卷范围确定的问题,由案管部门审查案由、犯罪嫌疑人身份信息等内容,完成对不适宜通过互联网方式开展阅卷的案件的初步筛选,其次由承办检察官对案件进行审核。用“双审核”构筑“双保险”,严格控制互联网阅卷的安全、合规风险。

三、推广历程

为了确保律师互联网阅卷业务的顺利开展,最高人民检察院与司法部通力合作,一体推进。在管理方面,组织人员制定《关于开展律师互联网阅卷试点工作的通知》及《人民检察院开展律师互联网阅卷试点工作规定》,为各地检察机关开展律师互联网阅卷业务提供政策依据和制度保障。在技术层面,编制了《律师互联网阅卷系统部署方案》《律师互联网阅卷数据接收与发送服务部署手册》，为各地检察机关部署工作提供指导，召开全国部署情况汇报会，面向全国检察机关信息化部门开展了3场专题视频培训，详细讲解部署方案，为各地检察机关解答部署中遇到的问题。对于完成技术准备工作的省级院，及时批复开通律师互联网阅卷业务，确保该项工作顺利有序和及时开展。在方法层面，根据各地设备设施到位情况，按照先行试点、条件成熟再全面铺开的方式开展部署上线工作，控制时间节点、压实部署责任，确保律师互联网阅卷业务如期全面完成。

四、应用成效

律师互联网阅卷是检察机关切实尊重和保障律师执业权利的重要举措，体现了检察机关对律师群体的重视和尊重，有利于构建良好的检律关系，进一步优化律师执业环境。律师互联网阅卷的相关规定，最大程度上规范和便利了阅卷程序，使得阅卷过程更加公开透明。律师互联网阅卷系统提供更加便捷的阅卷方式，减少路途奔波之苦，提升律师执业效率，让律师在执业过程中提高了获得感和幸福感，在异地律师办案时更加突出。在新型冠状病毒肺炎疫情背景下，互联网阅卷为律师正常阅卷提供了有效保障，有力保障了正常的社会经济发展。

系统于2021年3月在上海、安徽、重庆三地开通试点运行，期间随系统建设、部署进度的发展不断扩展系统运行范围。2021年12月31日，律师互联网阅卷系统在全国范围内四级检察机关全面开通，截止到2021年年底，共收到在线阅卷申请29141条，完成16947条。

（供稿单位：最高人民检察院检察技术信息研究中心　撰稿人：何熙巽）

山东开展移动办案系统建设　打造检察机关办案新模式

近年来，检察机关信息化建设和应用取得了一定的成效，司法办案、检察办公等工作网系统应用逐步推进，但是基于互联网等外部网络，使用新技术的移动应用还较少。为贯彻落实科技强检规划和电子检务工程、智慧检务有关要求，适应“互联网+检察业务”需要，针对检察机关实际工作需求，将检察工作网业务向移动互联网延伸显得日益重要，也是当前不少检察机关的发展方向。山东省检察机关在最高人民检察院的统一领导下，2020年年初启动了移动办案系统的建设，基于检察工作网和互联网，面向检察机关内部用户和各类社会用户，提供综合性服务。系统已于2021年下半年上线，取得了良好效果。

一、系统功能

(一)工作网端应用

系统基于检察工作网,利用移动终端,向办案检察官及各级领导,围绕办案和管理需求提供综合服务,实现案件办理流程审批、案件信息查看、智能化辅助办案、知识服务、在线沟通会商等。具体功能如下:

1. 案件移动化办理

一是通过与检察业务应用系统2.0对接,实时获取案件信息,同步案件办理流程,并推送到移动终端。使用户能够通过移动端应用实现在办案件信息、已办案件信息的查询与浏览,了解案件办理阶段,进行在线审批。二是通过移动端辅助办案工具,实现移动智能辅助阅卷、证据审查与裁判结果审查,辅助办案检察官智能化案件办理。三是基于法律法规、典型案例等数据知识库,利用知识服务引擎,结合移动端信息查阅的特点,面向办案检察官提供移动化办案知识服务。

2. 案情在线会商

通过移动端即时通信和群组通信功能,构建在线案件讨论环境。使办案检察官之间和办案组之间实现针对案情的即时性案件会商。提供文件发送、图片发送、群通知、群文件管理等便捷性辅助沟通功能,降低案件办理过程中的沟通成本,提升沟通效能。

3. 案件信息统计

基于移动终端,实现案件分析报告的查询与浏览,方便各级领导从宏观上了解案件办理情况,掌握各类案件的发案趋势,发现案件办理过程中的问题,为便捷化决策提供支撑。

4. 案件监督

实现对案件办理过程的监控与分析,并将监控结果实时推送到移动终端,实现对案件流程问题、案件风险的动态掌控;对整改情况动态跟踪,对重点案件持续关注等。

(二)互联网端应用

系统基于互联网,以小程序的形式,面向各类社会公众,提供综合性一体化服务,满足信息公开、线索举报、咨询沟通、案件服务、援助救助、接受监督等广泛需求。服务对象包括如下几部分:社会公众、人大代表、政协委员、人民监督员、律师、当事人等。

具体功能如下。

(1)信息公开:以信息推送、查询查阅等形式,面向社会公众公开案件信息、典型案例、法律法规等,满足公众了解案件详情、学法懂法的具体需求。

(2)线索举报:基于互联网,结合移动终端设备特点,综合拍照、录像、录音、文字等多种形式，以便捷的方式为人民群众参与案件线索举报构建通道。

(3)咨询沟通：以小程序的形式，面向社会公众开放咨询沟通的网络窗口。结合智能问答、法律咨询、释法说理等不同形式，提供丰富的沟通渠道，提升使用感受，满足人民群众多样化的法律需求。

(4)援助救助：面向未成年人和弱势群体，提供法律宣传教育、维权申诉、社会救助等服务，基于移动互联网，提升服务的及时性和触达性，满足弱势群体多角度的服务需求。

(5)案件服务：针对律师、当事人及诉讼代理人，提供便捷化的案件服务，借助网络手段，降低沟通和信息获取成本，满足个性化需求。

(6)接受监督：通过移动终端，连接人大代表、政协委员和人民监督员，开放检察工作情况，构建沟通桥梁，为监督工作开展提供便捷通道。

二、系统技术能力

(一)分级部署能力

基础平台具备“集中管理，分级部署，数据私有，业务打通”的能力。多个独立部署平台之间可建立互通关系，每个独立的平台维护自己的通讯录数据、消息数据、应用数据，同时相互关联的平台之间的关系数据进行共享。

(二)国产密码算法

基础平台支持国产密码算法，实现数据传输安全保护。在身份认证、数据传输、数据存储等方面全面支持国产密码算法，保障远程通信过程中的机密性和完整性，防止泄密和篡改等攻击行为。

(三)数据总线技术

基础平台数据交换总线是基于互联网时代的DSB，定制标准数据服务接口，通过统一的数据服务平台，实现不同业务系统联通、业务整合、数据汇聚等，使各系统可以充分利用其他相关业务系统中的数据，打破数据与业务孤岛，最终形成检察机关自己的大数据中心。

(四)开放平台能力

为符合多终端统一办理的业务需求，将基础平台作为移动端统一入口，通过开放平台实现现有系统、门户及第三方各业务应用系统等的对接集成。通过基础开放平台可满足在移动办案系统中的案情浏览、案件审批、辅助办案、应用扩展等能力。

(五)开发平台能力

开发平台提供一个集开发、调试、发布、部署于一体的应用开发IDE环境，基于PaaS架构，可面向业务及未来场景生成各种SaaS应用，一次性开发多平台支持(Android、PC客户端、Web浏览器)，开发人员可以方便地使用平台提供的通信服务、公众号服务、通讯录服务、手机客户端设备能力(拍照、录音、录像、扫码、蓝牙、GPS、RFID、Wi-Fi)等各种功能，同时提供配套的部署运维及数据存储方案，极大地降低了运维成本。

三、关键技术及创新点

检察机关移动办案系统提供了可以在任何时间、任何地点处理流程办案等业务的全新模式，通过统一接口和安全管控技术实现业务应用系统2.0的移动交互，包括在手机端进行案件审批、事项审批、移动阅卷和统计分析等功能。通过移动办案系统不断延伸办案应用场景，提高办案效率，有效降低检察机关内部的沟通和办案成本，是全国检察机关检察业务应用系统2.0的有效补充和扩展。山东省检察院通过不断进行系统研发和迭代完善，重点在两个方面有技术创新。

(一)面向检察机关移动办案服务的统一接口运行支撑平台关键技术及标准规范

基于全国检察机关业务应用系统2.0发展和业务场景变化，以支撑检察办案效率优化为目标，建立了数据驱动的移动办案接入技术规范、管理规范；构建了全国检察机关业务应用系统2.0移动版接口平台，支持微服务架构和接口服务动态管理能力，具备智能化构建、部署和运维功能，兼容快速构建场景化应用的PaaS平台，并实现对数据标准化处理及数据质量的深度分析和校验。

接口运行支撑平台的稳定运行，关键在于如何抽象、屏蔽和适配全国检察机关业务应用系统2.0针对平台服务层组件在不断演化且日益复杂的业务场景下的各类差异化特征，为全国检察机关业务应用系统2.0移动版在多层级网络上统一部署和一体化管理提供核心技术支撑。因此，全国检察机关业务应用系统2.0移动版的平台服务层无关性，是实现移动版系统在松耦合部署和应用的关键技术。

(二)面向检察机关移动办案系统在多层级网络上统一部署和应用的多级高安全管控技术

依据检察机关数据共享交换安全等级保护规范，山东省检察院研究了移动办案数据交换总体架构，采用安全交换和加密技术，支撑多网络跨密级的安全通信网络接入、安全区域边界防护、安全管理认证、敏感数据加密传输等安全约束的数据共享交换。系统应用了移动终端加密接入和移动虚拟化方案，兼容APN、VPDN等数据专线链路，适配双系统手机、云手机等容器化手机系统。

移动办案系统的建设，结合新时代检察工作的总体任务和要求，以全国检察机关检察业务应用系统2.0为基础，基于检察工作网、互联网等，借助具有前瞻性的人工智能技术，面向检察机关用户提供服务。通过积极探索、大胆创新，推动了检务工作与信息化技术深度融合和创新发展。打造了融合检察机关信息化优质成果、汇聚各类科技性服务能力的检察业务移动端产品，实现了移动办案一站式服务模式，在全省检察机关应用中取得了良好的效果。

（山东省人民检察院）

湖南“智慧案管”系统助力检察机关强化对案件全流程立体化监管

《中共中央关于加强新时代检察机关法律监督工作的意见》（中发〔2021〕28号）文件明确提出“加强检察机关信息化、智能化建设”要求。最高人民检察院《“十三五”时期科技强检规划纲要》中提出了“持续深化落实科技强检战略，围绕科技与检察业务深度融合，按照‘智慧、融合、创新’的总体思路，全面推进人民检察院科技强检工作跨越式发展”要求。全国检察机关第二次案件管理工作会议提出智慧管理工作理念。湖南省人民检察院认真贯彻中央和最高人民检察院有关精神，全力推进“智慧检务”系统建设，其中“智慧案管”系统先行先试，智能化成果已初步凸显。

案件管理部门是检察机关业务工作的中枢部门，担负着案件的统一受理流转、办案流程监控、案件文书监管、案件质量评查、业务数据监管等工作职责，是检察业务工作的“大管家”、检察机关内部监管部门。2021年，最高人民检察院统一部署的全国检察业务应用系统2.0版正式上线，该系统是检察机关统一的基础办案工具，是“全业务智慧办案”的核心和基础。但是，该系统难以完全满足新时代检察机关案件全流程、立体化监管的工作需要。因此，湖南省人民检察院结合案件管理工作的经验特色，深度定制开发了“智慧案管”辅助应用系统。

一、系统简介

“智慧案管”辅助系统立足于检察业务应用系统，通过编辑监控规则，对系统内的海量数据和案件信息进行自动化抓取、筛查、比对、分析、评查等，实现自动校验文书和案卡，排查案件信息错、漏填问题，自动筛查案件程序问题，发出问题预警提示，自动发现和完成个案、类案监控,并对发起的个案、类案、专项监控进行案件化办理,自动筛选重点评查案件并开展智能辅助评查,自动完成问题汇总分析和线索移送,自动监控分析检察业务运行中存在的问题,利用系统实现自动化考评和结果运用等七大主要功能。该辅助系统分为日常业务监管系统、案件质量评查系统、检察业务数据和分析系统三大子系统,各子系统间数据交互、共享,共同完成对案件的全流程、立体化监管。目前,该系统已在全省各级检察机关案管部门间同步开展测试和试用,部分功能还在完善之中。

(一)日常业务监管系统

日常业务监管系统总体目标是实现对日常监督管理中需要及时掌握的业务数据和工作数据的实时获取、展示和汇总,并对接检察业务应用系统,提供由数据到案件的反查功能及支持数据导出,支持自定义数据抓取和展示、导出功能。实现“让数据多跑路、让人少跑路”,从数据和功能的衔接上减轻案管人员的工作负荷、提高工作效率。统计数据校验分析模块帮助用户有理有据地检查自身数据的质量,辅助案管部门不断改进和优化数据质量管理机制和手段,进而为数据的科学整合、深度融合和共享挖掘提供支持。

(二)案件质量评查系统

该系统应用于湖南省三级检察机关,系统实现对办结案件办理过程的数据进行筛选、存储、检索和分析,以方便案件管理部门对案件进行评查。系统制定了针对案件评查的规则和管理办法,用以评查人才库的建设,并结合全方位的评查统计分析,为案件质量评查标准化、规范化、智能化提供平台支撑。具体体现在:一是提升了评查员工作效率。以往开展的案件质量评查特别是全省的大摸底类评查,需调派大量人员现场评查,耗费大量人力、时间。该系统可做到简单而迅速地对本级院或下级院办结的案件网上评查,无须派人到现场评查。系统可直接抽调全省的业务骨干加入评查人员库,评查组长或评查负责人筛选分配待评查案件,评查人员只需登录系统即可对分配的评查案件进行评查。二是方便评查员查阅案卷材料。案件质量评查系统通过与检察业务应用系统和电子卷宗系统程序接口,无缝载入电子化的文书及卷宗资料供评查员查阅,评查人员可在线调阅案件相关资料,如案卡、文书卷宗及附件、电子卷宗等。三是评查细则标准化。评查标准是案件质量评查系统中的一大特色,它通过灵活、方便的配置,对系统能够自动检测的评查项配置算法公式。系统结合评查标准规则判断被评查项有无问题、问题点等。评查项为评查员评分提供细致化、标准化的辅助工具,使得评查更加快速、精准。四是评查机制多样化。在案件质量评查系统中,除固有的按时集中评查外,可以灵活地将日常不定时常规评查、重点评查和专项评查相结合,构建多样的评查工作机制。五是评查结果统计分析。案件评查的数据都储存在数据库中,可以通过系统配置实现灵活多变的统计分析,并可以通过数据挖掘来进一步分析评查结果。可实现对评查结果全方位分析，帮助案件管理部门深入挖掘办案中的问题，提高办案质量。六是评查全过程可控、可追踪。评查过程中的步骤操作、评查结果及评查报告等都会被系统记录并保存到数据库中，使评查过程可控、可追踪。

（三）检察业务数据和分析系统

检察业务数据和分析系统是在数据中心的基础上建立数据应用展示平台，服务于检察院各级领导、案管部门、检察官管理部门、研究室及统计人员，使其通过信息化的手段及时、全面地掌握从宏观到微观的业务工作情况。充分利用大数据资源池中的数据，为检察官提供面向检察工作的各类业务报表及分析专题，以图、报表及文字等方式直观展现，便于领导及统计人员更加全面、深入、及时地了解和跟踪业务情况，更好地发挥统计数据的监督指导作用，贴近检察院工作热点，为检察院管理、检察工作开展、领导决策等提供依据。

二、应用效果及案例

湖南省检察院案管部门依托“智慧案管”系统构建了“日清月结季评年考”的业务监管常态化工作机制，充分发挥案管部门“探照灯”“显微镜”“监控器”“指挥棒”的作用，实现对案件的实时、全程、全面监督和管理，并通过业务大数据对检察业务运行态势进行全面、实时、精准的分析研判，辅助检察决策，优化检务管理。

（一）实现对案件进行全面、全程、实时监控

湖南省检察院案管部门依托“智慧案管”系统，每日自动生成《湖南省人民检察院案件质量监管日报》，对全省三级检察机关办案活动进行监控。根据业务监控规则，实时抓取存在疑似问题的案件，并将疑似问题案件按照问题情形列出清单，问题案件落实到单位、个人，提示承办人及时整改纠正。对监控中发现的问题进行提示并督促相关单位进行整改。同时，按照问题类型、环节、地区、单位、承办人等进行多维度分析，分维度进行排名，全面及时反映各地办案质量状况。

（二）开展案件专项监控

教育整顿期间，湖南省检察院利用“智慧案管”辅助系统，将案件可能存在的普遍性、典型性的质量问题编辑成为智能抓取规则，在检察业务应用系统中进行全网筛查，清查出疑似问题的案件进行专项核查、评查和分析，及时整改纠正问题，有针对性地建立长效机制，防范同类问题重复出现。例如，利用测试版“智慧案管”系统，对检察机关一审公诉案件刑事判决结果审查情况进行筛查，发现一批未按照法律规定对刑事判决进行审查或者超过规定期限审查的案件，因此对该批案件进行了整改。又如，利用测试版“智慧案管”系统，对全省2014年以

来检察机关作出存疑不批准逮捕决定后公安机关超过一年未重新移送的案件进行了筛查,有力地督促相关责任单位整改到位。再如,将未成年人犯罪案件情况质量问题编辑成规则嵌入"智慧案管"系统,实现对未检案件的专项监控,及时发出预警,一旦出现讯问未成年犯罪嫌疑人未通知法定代表人到场、未成年人犯罪记录未依法封存、性侵不满14周岁被害人的成年被告人判缓刑或免刑、未提供未成年人法律援助等案件质量问题时,系统自动抓取并提示承办人和本院案管部门及时核查、纠正。

(三)提高案件质量评查工作质效

一是通过"智慧案管"系统提高筛选评查案件的效率。通过一键筛选,既可按比例随机抽选每名检察官办理的案件,又可设定规则,筛选出应评查的重点案件开展重点评查,或就某类案件进行专项评查,确保评查案件一键筛选、应评尽评、不漏一案。二是提高评查效率和质量。通过自动评查功能,一键筛查案件存在的程序、文书问题,让评查员把精力集中到案件的实体评查上。此外,通过电子卷宗、文书、流程环节的线上查找,免除了调卷、翻卷的烦琐。评查系统设计了法律、法规、司法解释、案例联想、法律文书比对等智能辅助功能,帮助评查员准确查找案件质量问题。三是确保评查程序公正。在系统内能实现远程听取意见、视频讨论、线上审批、审议等功能,且全程留痕,案管部门实时对评查工作进行全流程监控,既提高了工作效率,又确保了评查的程序公正,提高了评查的权威性和公信力。目前,各地正在试用该系统进行案件评查,均反映评查程序更规范,评查工作效率和评查质量明显提升。

(四)强化检察业务分析研判

一是实时监控、检查数据信息。确立以数据质量为中心的常态化监管模式,利用系统"案卡医生"功能检测案卡错误问题,一旦数据出现较大偏离度时即发出异常数据报警,引导案管部门开展数据核查和督查,确保案件质量。例如,10月利用"案卡医生"功能检测出全省检察机关错误案卡413张,利用系统的"数据看板"功能直观显示出错类型、单位,逐一通知了责任单位核查整改。二是对业务数据指标进行分析。将全国、全省的《案件质量主要评价指标》一览表嵌入"智慧案管"辅助系统,自动监控业务指标的变化情况,对全国、全省、全市排名情况,自动生成图表和分析报告,为领导决策和业务部门改进工作提供数据参考。此外,利用系统内置的检察业务考评功能,根据需求设置不同时段对各市、州检察院进行检察业务考评,并对各地区主要得分点、失分点进行简要分析。同时,所有考评指标均支持自定义设置,为后续考评指标更迭提供了便利条件。例如,利用"智慧案管"系统测试版对2021年度湖南省检察机关平安建设考评中的执法质量状况进行了试测算,系统自动得出考评结果和排名情况,与人工核查结果基本一致

（五）管好案管部门的“管理”

“智慧案管”系统在对案件进行全方位、立体式监管外，可对全省各级院的监管履职活动全程留痕，并进行全面的监管、分析和评价，倒逼案件管理部门履职尽责。

三、系统创新点

（一）日常业务监管系统

一是日常监管全覆盖。系统涵盖了收案、送案、信息公开、电子卷宗、辩护与代理、涉案财物、流程监控、监管统计、监管报告等案件管理业务中的日常工作事项，形成发现、通报、反馈、整改的业务闭环。日常业务监管系统的其他子系统实现了不同平台数据的集中展示及问题数据的流转处理。二是日常监管高效率。减少了案件管理工作中手工统计数据的困难；实现多业务数据自动分析统计，帮助案管人员掌握工作情况，快速形成案件管理工作的工作成果，让案件管理工作人员从繁杂的日常事务当中解放出来。三是规则编写具有开放性。案管监控规则不是一成不变的，需要根据法律法规调整和日常监控发现的类案问题适时补充，该系统提供丰富的日常监管规则，并支持监控规则的自定义、后续新增规则的扩展，软件数据的标准、算法等可进行调整，实现了软件的快捷性和拓展性。四是监控形式丰富。该系统与检察业务系统中的流程监控模块不同的是，其不仅可对在办案件进行监控，还提供对已办案件、类案、专项的监控功能，并可由上级院指定交办、交叉监控，丰富了流程监控工作的形式。

（二）质量评查系统

一是评查过程全程可控可追踪。评查过程中评查操作、评查流转以及评查文书都会被系统记录。二是实现了评查结果的统计分析。系统提供多样化的统计分析，全面满足评查的日常统计工作。三是评查机制多样化。系统提供常规评查、专项评查及多样的案件筛选机制，丰富评查工作。四是提升了评查效率。系统可实现跨院评查，线上视频讨论、线上听取意见、线上评审会议等功能，辅助评查员日常评查工作，节约评查员时间、提升评查工作效率。五是可便捷查阅卷宗材料。系统对接检察业务应用和电子卷宗系统，评查人员可以在线调阅案件相关资料。六是有多种辅助评查工具。系统提供自动评查、法律法规库以及三书比对等辅助工具，辅助评查员的评查工作。

（三）检察业务数据和分析系统

一是全业务覆盖。通过设置主副指标、分段考评，全业务覆盖“四大检察”“十大业务”。二是多元化数据。数据来源多样，可自动或手动填录。通过对检察业务应用系统、统计子系统等多系统中的数据进行提取,形成数据资源库。三是多维度呈现。不拘于表格化呈现,通过图形、文字、对比分析等功能,多维度呈现数据。四是灵活化配置。系统中的多项功能能够支持自定义,极大地满足了系统和操作人员的个性化使用。五是立体式分析。系统采用多种分析模式,从数据、报告、流程中对业务数据的应用展开分析,实现多种分析结果的展示与对比,以方便业务人员日常办公。

四、系统前景

“智慧案管”系统是湖南省人民检察院积极探索运用大数据、人工智能等现代化科技手段创新的监督模式,推动案件监督从盯人盯案、层层审批向全院、全员、全程的实时动态监管转变的最新探索。将监督事项嵌入检察业务应用系统,实现了办案信息全程记录、司法活动完全留痕、办案风险实时提示、违规案件自动推送,有效提升了主动发现不规范司法行为的能力。下一步,我们将加大对海量司法数据的挖掘开发力度,进一步总结检察工作风险规律和顽瘴痼疾,着重在监控规则、软件功能完善、数据筛查、数据资源共享等方面深度开发,在保证系统使用便捷性、准确性、灵活性基础上全面推广使用,运用智能化手段完善司法办案风险防控体系。

(湖南省人民检察院)

湖南智慧赋能检察破解虚假诉讼监督难题

一、业务背景

为深入贯彻习近平法治思想,推动最高人民检察院“五号检察建议”落地生根,加大虚假诉讼监督工作力度,维护司法公正和权威,促进社会诚信体系建设,积极回应人民群众司法公正的更高要求,湖南省人民检察院于2021年11月与杭州某科技有限公司合作开发了智慧民事检察监督平台,通过对计算机智能排查海量信息资源进行大数据分析、研判,挖掘、获取有效的监督信息,破解虚假诉讼发现难的困局,实现对虚假诉讼的精准监督。实施科技强检,打造智慧检务,既是检察机关创新办案方式、促进法律监督现代化的重要途径,也是推动检察工作创新发展,更好服务国家治理体系和治理能力现代化的应有之义,同时以科技强检作为重要支撑,引领、助推民事检察工作高质量发展,为人民群众提供更优质、高效的民事检察产品。

二、系统简介

(一)概述

近年来,民事诉讼领域里虚假诉讼多发,成为破坏诉讼秩序、损害司法公信力的一大顽疾。检察机关作为专门的法律监督机关,对于监督和惩治虚假诉讼行为负有法定的重要责任。然而,目前虚假诉讼案件线索发现难,获取相关线索办法不多,有着被动受案、碎片化监督的困扰,成为各地检察机关办理此类案件普遍面临的难题。

为了有效解决上述难题,湖南省人民检察院引进开发了智慧民事检察监督平台。该平台使用大数据等方法,改变原有检察机关对虚假诉讼被动监督的方法,赋能检察机关更加全面、及时、有效地掌握虚假诉讼的情况,通过相应算法智能筛查发现异常信息、可疑信息,精准发现监督线索,为法律监督注入强大动能,大大提升了虚假诉讼监督的效率和效果,对维护司法公信力和社会公平正义起到重要作用。

智慧民事检察监督平台是电子检务的延续和提升,不仅仅是检察科技工作的重要变革,更是提升检察履职能力现代化,服务国家治理体系和治理能力现代化的重要路径;不仅仅是检察业务工作方式的全新革命,更是信息时代检察监督现代化的一场思维革命。

(二)项目创新亮点

智慧民事检察监督平台通过大数据算法技术处理海量裁判文书数据,以自然语言处理技术梳理监督异常点,以神经网络学习算法不断优化线索质量,着力解决因监督线索碎片化、片面化导致的质量问题和人工筛选效率低下导致的数量问题。相对于传统的数据搜索模式,该平台具有以下创新亮点。

1. 数据搜集全面

该平台连接湖南省、全国裁判文书查询系统,形成刑事生效裁判文书数据和民事生效裁判文书数据,司法大数据样本全面,能够满足日常的办案需求。

2. 工作效率高

该平台通过对结构化的文书数据进行自然语言处理,从而提取特征,并通过对比监督模块的相关特征发现异常点,避免从海量数据中进行人工查找,大大节约办案时间。

3. 精准化程度高

该平台以自然语言处理技术梳理监督异常点,能准确识别案件特征,同时根据承办结果的反馈,以神经网络学习方式,不断地优化筛选算法,完善监督模型,对案件线索实现更精准识别。

4. 系统直观简洁

该平台以时间、空间、数量、当事人、代理人、法官、案件类型等搜索特征生成多维度可视化报表,线索特征直观简洁,便于发现异常点。

5. 系统操作简单方便

当办案人员需要检索相关信息时,运用主动搜索功能,输入关键词,就能从海量的数据中搜索到要寻找的信息,操作简单,便于运用。

三、平台建设效果

(一)实施情况

部署开发智慧民事检察监督平台后,便构建"套路贷"虚假诉讼监督模块。一是根据"套路贷"虚假诉讼案件特征,运用自然语言处理技术建立"套路贷"虚假诉讼监督模型。二是根据智慧平台的大数据算法,对湖南省内、全国的裁判文书数据进行采集、清洗、融合,把纯文本数据转化成程序能识别的结构化数据。三是将处理好的结构化数据,经过监督模型的筛选之后,得出初步的异常数据。四是运用神经网络深度学习后的算法,对异常数据进一步筛选,得出监督线索,并进行推送。五是根据办案结果反馈,完善监督模块。

通过该智慧平台监督模块发现"套路贷"虚假诉讼线索1500余条,已全部交予下级检察机关办理。目前,上述线索已成案200余件,其他线索还在办理过程中。其中,某区检察机关办理的谭某虚假诉讼监督系列案,已查明湖南某投资咨询有限公司在未取得金融借贷资质的情况下,为规避金融监管,以谭某的名义向不特定对象发放贷款,并以谭某名义向人民法院提起民事诉讼1200余件,涉嫌"套路贷"虚假诉讼。该系列案将分批次向人民法院提出监督意见。

(二)实施效果

1. 深度挖掘数据价值,突破对虚假诉讼监督屏障

目前,各地检察机关普遍反映,虚假诉讼监督的线索发现难,获得案件线索的来源渠道不畅,究其原因,一是虚假诉讼隐蔽性强,涉案双方有预谋、有准备且大部分是调解结案,检察机关很难发现。二是检察机关缺乏与法院数据共享的渠道。检察机关通过简单地搜索法院裁判文书网来发现线索,筛选个案数据困难且效率低下,监督效果极不理想。

构建智慧民事检察监督平台后,便可通过已有数据碰撞分析,快速发现数据异常点,打破个案搜索数据的局限性,有效挖掘"套路贷"虚假诉讼违法行为线索。

2. 充分发挥监督职能,变被动监督为主动监督

传统的虚假诉讼线索发现更多依赖于案外人的举报,由于举报的线索较为有限,没有相关的系统对其进行有效分析,再加上调查核实权行使难,案件成案率不高。检察机关坐等虚假诉讼线索上门的被动监督状态已成为常态。

智慧民事检察监督平台通过对已有数据进行深度分析,可以主动搜索到原有隐藏在海量数据中的特征线索,建立线索之间的联系,检察机关可以有针对性对线索进行调查核实,从而提高线索发现率和成案率,改变了原有的被动监督工作模式,符合目前检察机关积极、主动监督的功能定位。

3. 实现精准监督,有效提升监督质效

虚假诉讼线索过程中存在碎片化、偶发性的问题,线索之间难以建立联系,以往检察机关会针对发现的线索进行大量的调查核实工作,但最后可能成不了案。虚假诉讼一定程度上存在打击失准的情况,致使检察机关束手无策。

最高人民检察院检察长张军提出,民事检察要树立精准监督的理念,在精准上下功夫,通过优化监督实现强化监督。智慧民事检察监督平台充分挖掘数据价值,通过大数据分析,从数据中筛选出符合监督特征的案件信息,突破原有个别、碎片、偶发的线索来源渠道,形成全面、整体、系统、立体的线索推送方式。检察机关通过该平台能获取成案率高的案件线索,从而能对虚假诉讼实行精准监督,有效提高监督质效。

4. 创新办案方式,有效推进社会治理现代化

检察机关在开展虚假诉讼监督时,由于获取的虚假诉讼线索比较有限,大多是个案监督。智慧民事检察监督平台利用大数据等方式,汇总司法数据大样本,提炼同类案件的事实,从而发现类案监督线索。检察机关借助智慧平台,可以有效推动类案监督。相对于个案监督,类案监督更具有普适性,更有利于提高法律监督的效率。

“套路贷”虚假诉讼不仅侵害借款人的合法权益,还扰乱正常的金融秩序、破坏了司法秩序、损害法律权威。检察机关进行“套路贷”虚假诉讼的类案监督,对社会普遍性、倾向性、苗头性的问题提出治理对策,与审判机关共同解决社会治理问题,保证法律的正确实施,维护司法和执法的公平正义,有利于维护社会稳定。社会治理是多元社会主体共同参与,旨在规范和维持社会秩序、预防和化解社会矛盾、维护社会稳定、推进社会进步的活动。检察机关作为社会治理的重要主体之一,运用智慧平台,创新办案方式,参与到社会治理中去,能够有效推进社会治理现代化,最大化提升社会治理效果。

智慧民事检察监督平台从检察机关的民事监督业务实际出发,借助科技手段,通过智能化监督方式推进精细化监督,形成全盘、精准监督格局。系统打破传统限制因素壁垒,利用实时获取、处理数据的科技优势,充分挖掘数据价值,有效识别、提取法院可能违规的关键信息,

及时生成便于检察人员分析的直观数据,有效提升检察系统的监督能力和监督效率。目前,湖南省人民检察院与杭州某科技有限公司开发了虚假诉讼监督平台。下一步,打算开发民事执行监督平台、审判程序违法监督平台,将基本覆盖民事监督全范围。当然,所开发的监督平台具有普遍性、通用性,易于学习使用、便于推广。

(湖南省人民检察院)

甘肃省检察机关移动办案应用系统

一、突破固定场所办案限制

长期以来,检察机关办案系统部署于检察专网,由于密级高、系统接口封闭,系统扩展难度大,办案场景也因此受限于固定办公场所,在出差、外出参会等场景下无法对案件进行审批,影响办案进度,纸质卷宗更是无法随身携带,电子卷宗也仅限于在办公室的内网电脑上查阅。2019年,最高人民检察院组织研发了统一业务应用系统2.0,并在2020年1月开始试点工作。统一业务应用系统2.0相比1.0开放了接口,大大增强了可扩展性,并且系统部署在检察工作网,为办案系统打破固定场所的限制创造了条件。根据最高人民检察院于2016年9月29日正式印发的《“十三五”时期科技强检规划纲要》中关于“加快推进检察工作网建设,将需要从外部接入数据的系统接入至检察工作网。根据开展移动检务应用工作需要,基于成熟移动网络通信技术,适时建立移动安全接入平台”的要求,自2019年起,甘肃省人民检察院率先以省院为试点,实施建设移动检务终端管控平台,得到业务人员的好评,并在2020年将移动检务终端管控平台扩容至10000个节点,使其能够承载全省检察院移动检务应用及终端安全接入,奠定了移动端应用建设的基础。

二、智慧手段拓展办案途径

甘肃省检察机关移动办案应用系统,实现了在移动端对案件的审批、查询、阅卷、统计分析,此外还设计有电子工作证、消息提醒、小工具等实用功能,有效拓宽了检察官的办案途径,显著提升了检察官的办案质效以及碎片化时间的利用率。

(一)移动审批

移动审批功能完全同步全国检察业务应用系统2.0的审批流程和审批类型,可移动端实现了审批功能的全适配。

在审批表适配方面，实现了对全国检察业务应用系统2.0中的通用流转签发单、会签单及自身审批表三类形式的适配；

在文书浏览方面，可以实现对文件的浏览和修订并同步电脑端；

在审批工作方面，可以实现对审批表进行决定和意见的审批结果选择，并且已对接电子签名系统，在审批的同时，自动进行电子签名；

在审批流程方面，可以实现对审批单的暂存、转批、返回承办人等操作。

（二）移动阅卷

移动阅卷功能对接了检察业务应用系统2.0的流程办案和电子卷宗子系统，检察官可以查看到在办案件的案件列表，对系统读取识别后的电子卷宗文件进行阅卷工作，并且系统支持对材料进行定位、搜索、收藏、批注等操作。

1. 材料阅读

在阅卷页面的首页材料，以缩略图的形式展现，缩略图上显示材料名称和材料页码，可以通过缩略图快读地定位到想要阅读的材料。点击缩略图可以查看该材料的详情页面，了解材料的详细信息，并支持双指放大、左右滑动切换显示上一份或下一份材料、长按材料复制识别文字等操作。

2. 目录

在目录管理中可以实现目录与材料的双向定位，目录树以多层结构横向展开，避免不必要的目录节点干扰，可以随时展开需要的节点，隐藏不需要的节点，操作更灵活。

3. 搜索

移动阅卷提供搜索功能，可以对目录、材料内容、笔记等进行模糊搜索，方便快速地定位到想要了解的卷宗位置。

4. 批注

在阅卷时，可以对一些关键材料进行批注，以辅助审查。也可以对已批注的内容进行编辑或者删除。

5. 收藏

案件卷宗中的各类材料众多，如需要对同一处重要材料重复查看时，若每次都需要检索或者翻阅则会令操作烦琐，移动阅卷提供收藏功能可以将重要卷宗或者感兴趣的内容进行收藏，可以快速地再次定位跳转进行阅卷。在收藏夹中有贴边和平铺两种模式，贴边模式可以在收藏夹中切换材料的同时，在左侧预览材料内容；平铺模式能够展示更多的材料，适用于需快速找到某个已收藏材料的情况。

6. 材料比对

在阅卷的过程中，可以将需要进行比对的不同位置的材料添加比对，方便对案件卷宗的阅读和审查。

7. 拖拽条

展开目录后,在材料详情页面会显示拖拽条。长按拖拽条会以不同颜色显示收藏过或做过文字笔记的材料,方便快速预览和定位。

8. 离线阅读

卷宗文件由于是扫描的高清卷宗,在线阅读会有下载时间,甚至在网络不佳的情况下会出现加载时间过长或加载不出的情形。为了避免此种情况的发生,可以在网络通畅的情况下提前将卷宗进行缓存,缓存完毕后可以在设备离线的状态下阅读卷宗材料。

9. 用户教学

由于阅卷的功能相对复杂,对于首次使用的用户,系统将提供友好的用户教学过程,以便用户更快速地熟悉系统功能。

(三)案件查询

案件查询功能的查询权限与全国检察业务应用系统2.0实现同步,以保障信息安全。使用者可根据部门受案号、案件名称、案件类别、承办单位、承办检察官姓名和受理日期等关键字信息查询权限范围内的案件。最终可以查到案件的基本信息和嫌疑人信息,如有电子卷宗,可以跳转到移动阅卷功能进行阅卷。

(四)统计分析

此系统的统计分析功能对接检察业务应用系统2.0,提供案件总览、各业务统计分析和检察官画像三部分功能。

1. 案件总览

该部分由展示案件基本情况和移送案由排名Top8两部分内容构成。一是展示案件基本情况:展示选择单位和时间下的受理、在办和办结总数;点击受理案件、在办案件和办结案件可进行切换查看,以环形图的方式展示刑事检察、民事检察、行政检察、公益诉讼、未检和其他业务下的案件办理数及占比数。二是移送案由排名Top8:分别展现刑事检察、民事检察、行政检察、公益诉讼和未检的案由受理总数,并展示受理案由的前八名以及以同比环比数显示本单位的办案统计数据,暂不提供反查功能。

2. 各业务统计分析

该功能包括案件比趋势、案件比详情和质量评价指标三部分,一是案件比趋势,展示案件比、案数、“案数+件数”和12个月的案件比趋势,选择时间范围以最终结束日期的月份向前推11个月。二是案件比详情,展示各办理环节的件数、占比、同比和环比。三是质量评价指标,展示各业务页签，包括刑事检察、民事检察、行政检察、公益诉讼、执检、控申、未检业务下的质量评价指标，如捕后不诉率、撤回起诉率、认罪认罚适用率、提前介入率等。

3. 检察官“画像”

对检察院进行检察官的群体“画像”，分承办人办案分析和办案趋势分析两部分。一是承办人办案分析：展示办案人员总数和办案总数，以饼状图展示“检察长+副检察长+检委会专职委员+检察官+检察官助理+书记员+检察技术人员”，其余的加和为“其他”类型的人员数、占比数和办案数。二是办案趋势分析：展示12个月的办案数和人均办案数，选择时间范围以最终结束日期的月份向前推11个月。

（五）电子工作证

电子工作证提供电子工作证的申领、挂失和展示功能，信息展示同实体工作证一致。

（六）实用小工具

实用小工具提供了房贷计算器、汇率换算等功能，丰富了系统功能和实际使用的功效，从辅助的角度提升办案质效。

（七）消息提醒

消息提醒功能对接了全国检察业务应用系统2.0的消息提醒模块，默认推送在办案件消息、待批案件消息，以及自行订阅的消息类型，包括但不限于超期消息、预警消息，案件删除消息等。移动办案应用系统包含消息提醒和短信提醒两种提醒方式，即使在另外一个系统使用也会收到短信提醒，确保使用者不会漏掉重要的办案信息。

（八）通用功能

通用功能如下。

个人中心：查看修改个人信息。个人信息实现与检察业务应用系统2.0的同步。

登录：登录包括密码登录、手势登录等方式。

个人中心提供了简约白、检察蓝、护眼绿三种主体颜色供选择使用。

三、应用成效展望美好未来

甘肃省检察机关移动办案应用系统自2021年年底正式上线在全省范围运行使用以来，至2021年2月份案件办理共计使用人数894人，登录次数6432次，办案量达904件，移动办案在实际的办案过程中发挥了重要作用。为了深入践行最高人民检察院党组和检察长张军提出的“科学化、智能化、人性化”智慧检务建设思路，围绕甘肃省人民检察院党组“深耕主责主业,服务中心大局”的工作方针,甘肃省人民检察院信息化建设以“大系统、大应用、大运维”的理念为引领,按照“强基础、重应用、稳提升”的工作模式,从省级院角度出发,持续做好顶层设计,不断夯实信息化基础设施建设,拔高应用系统建设的含金量,以需求为导向,进一步推动大数据、人工智能、5G通信等前沿科技与刑事、民事、行政、公益诉讼等各类检察业务深度融合,打破地域限制,创新工作模式,提升办案时效,着力打造“指尖上的甘肃检察”。

(甘肃省人民检察院)

苏州案件现场全息复刻技术实践案例

案件现场是司法实践活动中重要的信息源之一,案件现场信息采集的准确性、客观性、全面性是案件办理的基础和关键。本文以苏州市人民检察院“智慧检务”建设中案件现场全息复刻技术的实践背景、过程及成果为基础,对案件现场全息复刻技术的客观特性、功能设计、价值定位等进行了阐述,描述了案件现场全息复刻技术在司法实践活动,尤其是在刑事案件、公益诉讼案件领域中作为新型现场勘查手段的应用价值,以及作为弥补传统照片、视频等证据材料不足的新型证据种类的应用前景。本文结合苏州市人民检察院的实践经验,提出了发挥案件现场全息复刻技术潜在价值的推进规划,旨在构建更加智慧的司法办案新模式。

在检察机关司法活动中,案件现场应当是包含刑事性质、民商事性质以及公益诉讼性质在内的概念。在刑事案件领域,案件现场在概念上通常与传统意义上的“犯罪现场”一致,是指犯罪嫌疑人作案的地点和遗留有犯罪痕迹、物品、物证的场所,其中蕴含有大量的、原始的犯罪信息,客观记录着犯罪嫌疑人在现场的犯罪行为。在民商事案件领域,由于民商事活动的高度自主性,其活动现场相应地也具备了高度的不确定性,因此案件现场的概念范围相对而言更为宽泛。在公益诉讼案件领域,笔者认为,案件现场可以限定为蕴含公共利益受损状态、事实等信息的场所。

可见,对检察机关而言,案件现场在检察办案场景中,尤其是在刑事、公益诉讼领域,因其具备客观、原始、海量的信息,如能直接“提供”给案件办理人员,将对案件的办理起到积极的辅助作用。

一、实践背景

在司法活动中,对案件现场的利用,目前通常是以现场勘查的方式,对现场的痕迹、物品、物证进行采集、固定和提取。基于现场勘查发现或形成的如物证、书证、视听资料、电子数据和勘验、检查等笔录,均是客观性较强的,具有较高证明价值的证据。

然而传统的现场分析及现场勘查手段和勘查成果，如现场照片、现场录像等，存在较大的局限性，由于此类方式受侦查人员主观意识影响较多，能否完全获取相关信息或能获取多少信息，往往取决于在现场实施勘查行为的办案人员的分工和经验。且由于呈现方式的限制，其产出的通常是二维的、平面的数据，在实际应用中存在诸多不便：一方面此类方式生成的用以记录案件现场的内容多为碎片化、非连续的，综合反映现场信息的能力有限；另一方面，案件现场因受客观条件影响，如开放的现场场景，其包含的原始有效信息存在较大的、随时间推移或环境影响而被破坏甚至灭失的风险，不利于后期实行侦查实验、案情推演等情况下的现场重现或重建。

为此，苏州市人民检察院立足构建能够与传统的照片、视频等现场勘查素材相互补充、相互印证的现场勘查手段，用于获取、存储案件现场某一时刻完整的空间信息和全量细节，配合视频素材捕获的线性时间信息和照片素材能够呈现的局部特定细节，实现对案件现场所含信息最大限度的固化。

二、实践过程

（一）现状调研

2018年，苏州市人民检察院对应用新技术辅助现场勘查的情况进行了初步调研，发现为将案件现场以立体、直观、真实的方式记录和数字化，已有部分机构（如北京市检察机关等）应用3D重建、虚拟现实重建等技术来记录和重建（重现）案件现场。

但经过初步调研，我们认为此类技术存在操作难度大、建模时间长、重建成本高等弊端，不利于普及性应用。具体体现在现场模型的构建，在技术上需要专业技术人员对专业软件进行复杂操作，在重建上需要业务人员乃至案件相关人员参与对现场细节、场景的描述。另外，由于此类对现场的重建，通常是在事后较长一段时间，如庭审示证前，而且侧重于侦查实验方向，强调对在现场中发生事件情况的重演，实现十分复杂，不仅成本高，而且因为是一种“由果推因”的行为，无法避免掺杂了制作人的主观因素。

（二）技术选型

在扎实调研的基础上，苏州市人民检察院选择将应用新技术提高现场勘查手段的场景限定在对案件现场尽可能尽早地进行客观的“固化存证”。在此限定下，最理想的状态就是在侦查活动环节的现场勘查阶段就介入新技术。这就要求这种新型的现场勘查手段，需要满足操作简单、应用方便、生成时间短等特点。

为此，苏州市人民检察院在对商用技术进行逐项论证后，选择技术实力自主可靠的研发企业,将全景技术、计算机视觉、3D建模、虚拟现实技术等融合,建成软硬件一体的案件现场全息复刻系统,用以对案件现场进行数字化复刻,全量保存客观信息。

(三)推进路线

1. 需求引领推进研发

深入对接公安民警、检察干警等司法办案一线干警,立足服务办公办案,形成轻量便携、实时预览、快速生成、重点批注、辅助推演等一系列具有政法领域特色的应用需求;会同研发公司应用敏捷开发模式,迭代式推动建模算法升级和扫描设备优化改造,建成集轻量便携的拍摄设备、高速稳定的建模后台、操作简单的测量工具、直观可视的模型操作工具等于一体的软硬件综合平台。

2. 问题导向提升体验

建用并举,坚持在应用中发现问题、响应问题、解决问题,通过刑事、公益诉讼等司法办案领域的场景化应用推动案件现场全息复刻系统与检察业务的深度融合,切实将其纳入苏州智慧检务建设总体布局,与苏州市人民检察院的单轨制“易办案”平台等对接,解决离线展示、跨平台调用演示等应用痛点,建成能随案流转、跨业务阶段共享的新型应用模式,充分发挥被“复刻”的案件现场固有及潜在的“证据”价值。

3. 实战驱动产出价值

坚持共享、共赢的建设理念,发挥跨部门协同的经验优势,与公安、法院积极磋商,探索侦查环节、审判环节的应用前景;率先在庭审示证环节进行实战应用,迈出从理论到实践的第一步;同步推进全息复刻在场景介绍、课堂教学等情境下的应用,发挥案件现场全息复刻系统的优势。

三、实践成果

(一)技术成果

上述实践下,苏州市人民检察院建成了软硬件相结合的案件现场全息复刻系统,包含现场数据采集、内网服务器数据处理、案件现场编辑展示等功能。其中,数据采集通过三维空间扫描仪、手持Pad等终端配合采集软件来操作;数据处理功能用于对采集数据进行自动化加工、渲染,生成现场模型;案件现场编辑展示功能提供系列定制化工具,对现场模型进行二次利用,包括绘制平面图等。

1. 现场数据采集

三维空间扫描仪是具有深度采集功能和色彩采集功能的精密扫描设备,能通过手持Pad

上的App进行控制,实现空间三维景深信息和色彩信息的自动采集。硬件方面使用了3D结构光,软件方面应用机器视觉、HDR等技术进行三维重构和信息优化。

2. 数据处理

采用自主可控的三维结构重建算法,对彩色相机获取的原始照片进行初步处理,缓解混合色温环境下由于白平衡不准引起的偏色问题以及解决昏暗环境下拍摄引入的噪声问题等;通过扩大曝光范围,增加单张照片的亮度动态范围,还原拍摄现场高光和阴影区域更多的细节信息;利用曝光补偿算法优化画面彼此间的亮度差异,让每一幅画面在最终现场模型上的呈现达到较高的亮度一致性;将各个视角拍摄的彩色照片进行全景拼接;根据拼接结果,再对全景照片的亮度、色度、饱和度、对比度、锐度等颜色指标进行加强处理。

用户将采集设备采集到的数据通过手持Pad上传到服务器上。在数据全部上传完毕以后,服务器将会自动启动对数据的处理。现场全息复刻系统能够快速地处理用户采集的数据,真实地恢复出用户采集的三维场景,整个系统的架构图如图1所示。

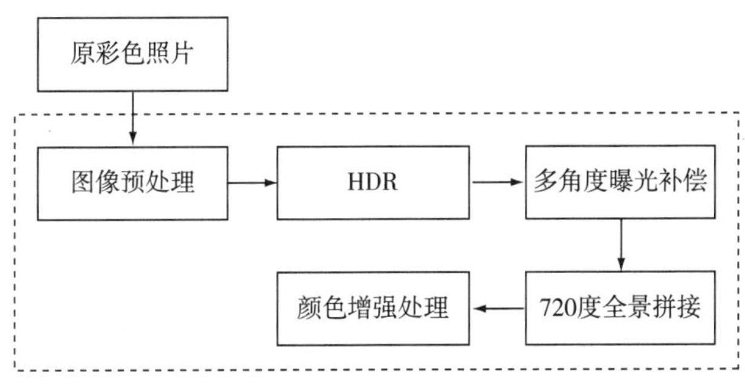

图1　模型处理流程

3. 案件现场编辑展示

支持对已经制作完成的案件现场模型进行编辑、二次利用,能够快速绘制现场平面图、增加现场情况讲解,对特定区域进行标注、测量,设置物体摆放等。

采用主流编程语言,对模型展示环境进行重构,使操作人员能够直接使用主流浏览器进行浏览。

通过上述功能,目前建成的案件现场全息复刻系统具备以下特点:

"快":一个100平方米的案件现场从扫描到生成至发布,总耗时不超过2小时;

"准":复刻的案件现场物品的尺寸、方位、形态与原始场景等比例呈现,可以进行缩放、测量,也可以与现场勘查资料关联展示;

"真":不同人员以不同视角、不同路径"进入"复刻现场察看的场景与实地一致,能够消除不同人员对案件以及空间布局理解存在的差异;

"全":全面记录案件现场任何一个角落、任何一个细节的形态、相对方位,在任何时间对案件进行回顾都不会遗漏任何细节。

(二)应用成果

在实践中,苏州市人民检察院应用案件现场全息复刻支撑了部分刑事、公益诉讼案件的办理,并取得了一定的成效,其中"南宋名将墓葬保护行政公益诉讼案"被最高人民检察院评为"公益诉讼技术支持典型案例"。

1. 刑事案件领域的应用

现阶段,苏州市人民检察院将案件现场全息复刻技术用于重大或现场复杂的刑事案件领域中,用于解决现场布局过于混乱导致的空间关系难以对应,或图文表述下对案情理解困难等问题,用以帮助一线干警快速理解案情。

以2018年发生的姜某某故意杀人案为例:案发现场为群租房,原本三室一厅的房间被隔成8个小房间,房间布局完全颠覆正常的房屋结构。案发时,部分房间已被整治拆除,部分违规隔断的房间依然被保留,且现场曾被姜某某放火破坏,较常见的规整现场而言相对复杂,不利于把握现场的空间信息和特征。在案件现场全息复刻引入前,承办检察官对于案情的理解需要多次前往现场进行感受,引入案件现场全息复刻后,承办检察官仅需结合讯问笔录、现场勘查笔录等材料,即可对案发经过进行合理推敲,增强内心确信。

此外,在该案办理过程中,我们还发现,案发后除公安民警多次进入过现场外,还有消防人员、物业工作人员等进入过现场,由于有关人员现场保护意识的缺乏,现场被"二次破坏",造成相关信息提取困难。而若及早以数字化形式保存实地案发现场,就能避免因其他因素导致的现场破坏和细节灭失。

2. 公益诉讼案件领域的应用

在建设案件现场全息复刻过程中,苏州市人民检察院选择了两种扫描终端设备,一种是基于结构光的,另一种是基于红外线的。基于红外线的扫描终端设备,能够对环境光线特别强、干扰比较多的现场进行扫描,基于结构光的扫描终端设备能够在较多环境下提供快速的扫描拍摄体验。因此,对于公益诉讼案件现场常见的"开放"或"半开放"场景,案件现场全息复刻技术都能够很好地适应,将公益受损的状态如实保存、记录下来。

以"南宋名将墓葬保护行政公益诉讼案"为例,该案中韩蕲王祠被非法占用盆景园,面积约2亩,破败不堪,道路及部分地面已被硬化,摆放各类盆景百余处,有一排简易房用于办公,一排砖混房用作鸽子棚。出于直观展示、客观呈现的考虑,将案件现场"搬进"庭审现场能够让诉讼活动的参与者、旁观者不用亲至现场即能"亲临"现场,极大地提高了庭审的效率和效果,同时也避免了公益受损状态调查过程中被破坏、掩饰的可能。

(苏州市人民检察院)

苏州智慧检务建设模式

苏州智慧检务建设模式是苏州市人民检察院聚焦“科学化、智能化、人性化”，践行“单轨制”办案理念，围绕破除传统检务信息化建设模式与满足检察业务个性化需求，建设符合“一网统建”“一网统管”数字化新发展理念的集约化应用平台间的矛盾，立足实践、革新思路，探索切实可行、行之有效的新型检务信息化建设模式，从强化系统思维、全局观念等方面出发，提出以增强项目全局理解深度和管控力度、提高智慧检务建设主体能动性、改进信息化工程项目建设方式来实现对拟建项目、研发队伍、整体布局的有效管控。在实践过程中，逐步积累沉淀出符合本地需求的基础能力平台，形成具有苏州特色的“厚平台+薄应用”式快速迭代建设模式。

苏州市人民检察院智慧检务建设模式曾获评首届“江苏智慧法治十大优秀案例”，为苏州检察机关创建最具现实价值的“单轨制”办案模式提供了有力支撑，为“易办案平台”（原“办案E卷通——检察单轨制办案系统”，获评“2019年全国政法智能化建设十大创新案例”）、案件现场全息复刻系统等具有苏州检察特色的应用系统提供了坚实基础。

一、建设背景

苏州市人民检察院作为全国检察机关业务应用系统三家非省级部署点之一，聚焦“科学化、智能化、人性化”，在智慧检务建设过程中率先提出“单轨制”这一新型办案理念，并予实践。

早在2009年，苏州市检察机关就通过探索建设政法信息综合管理平台等方式践行这一理念。随着苏州市政法平台（政法信息综合管理平台）的不断完善，苏州市政法部门间“单轨办案”“网上协同”的基础和实践初具成效，但就检察机关内部而言，检察机关业务应用系统和市政法平台间缺少能够打通网内“最后一公里”的支撑平台，导致基于电子卷宗的跨部门网上单轨办案模式始终无法在检察环节发挥其应有价值。

为做深做实检察环节“单轨制”办案模式，苏州市人民检察院在“2017年全国检察机关智慧检务工作会议”（简称“苏州会议”）后，围绕建设满足苏州检察工作需要的办案支撑系统开启了数年探索实践，在从“刑事检察单轨制办案系统”向“易办案平台”过渡完善的过程中，几经曲折，发现总结了传统信息化建设模式中无法适应苏州检察工作需求的几点矛盾。

一是与响应本地个性化需求间的矛盾。长期以来，机关事业单位的信息化建设表现形式，往往是由在对应业务领域有长期实践经验、已经拥有比较完整成熟的软件产品的企业将早已固化、封闭的、独立的软件半成品或成品根据项目需求进行相对简单的“本地化”调整后直接交付的。这种模式下，由于此类软件半成品或成品基本是面向通用共性领域的，多为企业的核心研发力量进行攻关研发、固化而成,而在具体实施过程中,通常只会由非核心研发团队提供"本地化"支持,因此在根据个性化需求进行"本地化"改造的过程中,企业能够提供的力度和支持是有限的。一方面,由于本地化团队对产品的认知程度和改造权限有限,它们会避免对该类产品的底层架构和实现逻辑进行修改;另一方面,在项目利润无法达到企业预期的情况下,它们也缺少动力调用核心团队对产品的核心架构或代码进行修改,即使同意修改,这个过程也将困难且漫长。可见,常规的信息化建设模式,虽能提供经反复验证、测试的成熟商用产品,但在应对个性化需求灵活多变的场景中,存在难以调和的矛盾。

二是与资源集约管理、合理利用间的矛盾。项目制是苏州市人民检察院作为地级市检察机关开展信息化建设的主要手段。由于项目的独立性,在推进信息化建设的过程中,苏州市人民检察院发现系统间不可避免地存在一定的独立性——即使所有的系统均在同一个规划蓝图下实施,服务检察业务工作。系统间的独立最直观的表现就是每个系统的能力是不相通的,使用的资源也是单独计算的,而由于检察信息化建设思路的逐渐趋同,一些共性的、基础的、与业务属性弱相关的能力成为很多系统所必备的组成部分,这些能力通常是以高度耦合的形式"封闭"集成在该系统内部,仅为系统内的其他功能模块提供支撑。因此,对于这部分共性且基础的能力存在重复建设、重复部署却只能"一次性"利用的情况,对机关的软硬件资源乃至项目经费都造成了极大的浪费。以"OCR识别"能力为例,"OCR识别"作为提取、利用扫描电子文档的必备能力,在建设每一套涉及处理扫描电子文档的系统时,按照常规的建设模式,很可能不得不采购或建设含有"OCR识别"能力的系统。

三是与精准运维管理、二次利用间的矛盾。项目制下的信息系统很少是由相同的企业研发建设的,交付的成果也多是一套能够顺利运行、满足当下需求的系统,具有较强的"企业所有"属性。系统间相互独立、自成一体,即使是经验收、交付后,作为甲方的检察机关也很难在运维管理的层面真正地完成承接。由于系统的建设实际上多由企业主导,"底数清、情况明"的理想状态在事实上很难做到,甲方最终能够获得的产物本质上容易沦为"软件使用权"和"运维管理权":对软件本身具备的一些特别的能力,受限于软件建设的独立性、能力的封闭性,进行二次利用以满足其他方面的需求十分困难;由于软件的"企业所有"属性明显,对于一些比较复杂的系统而言,后期的运维及修改调整容易高度依赖企业,名为运维实则只能对运维人员进行管理。

二、主要成果

(一)完善优化苏州智慧检务建设模式实践思路

上述传统的信息化建设模式在苏州检察实践中凸显出来的三个主要矛盾,促成苏州市人民检察院根据自身经费、资源、能力对智慧检务建设模式进行深入思考。

一是智慧检务建设必须突出对项目的掌控力。智慧检务是用“科学化、智能化、人性化”的信息技术成果引领、支撑、服务检察业务开展的重要手段。由于检察业务的专业性、特殊性较一般行政机关业务有所区别，因此苏州市人民检察院在总结前期信息化建设经验的基础上认为，在推进智慧检务建设时强化对各信息系统项目的掌控力，从事实上的公司主导转变为检察机关主导是前提条件。检察机关主导意味着，对检察机关而言每个项目对应的信息系统其具备的能力、数据资源等应当真正地在检察机关内部落地——检察机关对项目的建设拥有高度的自主性，能够将共性的、基础的、弱业务属性的能力剥离于特定的信息系统之外，作为共用的能力资源进行持续完善、优化、改进和重复利用，而不是简简单单地“建、部、用”。

二是智慧检务建设应该强化对研发队伍的主动权。研发应当是为检察机关服务的。但常规的信息化建设模式一旦进入实施环节，由于不再有竞争压力并且商务约束手段相对温和，导致检察机关缺乏对研发队伍的约束力，很容易造成效率低、响应慢等情况。因此，在智慧检务建设过程中，应该通过创新与研发队伍间的合作模式，如通过引入多方参与同一个能力或系统的研发，优先选用质量高、效果好的研发成果，激发竞争，以“赛马”选“好马”，强化对研发队伍的主动权才能够及时有效地响应永远在变的需求。

三是智慧检务建设需要提高对检察信息化工作的统筹力。智慧检务建设是一项长期的工程，需要持续的投入。无论智慧检务建设的具体实现方式如何，智慧检务的最终成果必然是持续交付的。在持续建设、持续交付的过程中，统筹好项目与项目间的关系，做好基础共性能力的落地，促成各能力的复用与共用，对以合理投入最大化提升智慧检务建设成果尤为重要。此外，检察机关是上下领导机关，在智慧检务建设中统筹考虑各级检察机关的职责范围、能力范畴，引领、促进检察信息化向优化发展是上级检察机关应当予以充分考虑的。如充分发挥部署点资金、资源优势，建设符合本地区实际的通用基础能力平台，为下级检察机关尤其是基层检察院提供能力支撑，助力其聚焦实现针对特定需求点的工具型“轻应用”，以达到快速响应一线干警需求的目标。

（二）更新迭代苏州智慧检务建设模式实践方式

近年来，苏州市人民检察院在围绕深化“单轨制办案”模式使用体验和应用成效，促进苏州智慧检务建设能力水平长足发展的实践中，逐渐摸索出了一条较为清晰的新路径，形成了“能力+应用”的建设格局。

一是强调项目的能力落地。项目是为特定的需求而建设的，而信息化项目的交付成果一般是信息系统。对信息系统而言，需要解决的问题不同，其逻辑实现自然不同。但是，在模块化、构件化系统实现思想深入人心，微服务、能力中台等概念层出不穷的背景下，几乎所有的能够重复交付的商用现代化信息系统,其研发单位为了实现利润的最大化,都会事先构建企业内部的代码库或构件库,在此基础上再进行面向特定业务领域的开发。这些模块化或构件化的产物通常就是能够重复利用的“能力”。项目的“能力”落地是指,在实施项目建设的过程中,苏州市人民检察院首先会对项目落地的形态提出具体要求,对于此类“能力”则要求企业将之接口化、独立化;而对于部分本身即可作为通用“能力”提供对外支撑的信息系统(如案件现场全息复刻系统),则会要求企业在项目落地的过程中,根据本院的实际对该系统进行重构或改造,提供可调用的接口。“能力”落地后,由于能力已经是弱业务属性的,因此对“能力”能够持续进行优化、升级和完善,提高“能力”的“本地化”水平,再由此逐渐积累形成底层能力平台。

二是强调项目建设的解耦。项目建设的解耦不同于对项目建设的信息系统进行解构、分析识别出系统内含的基础“能力”的过程,是需要从智慧检务建设整体、长远规划的角度,对项目与项目间的关系、项目与能力间的关系进行研究,识别出不同项目(功能模块)间可能涉及的共性“能力”、将之拆解出来进行独立建设、以实现能力复用的过程。项目建设的解耦首先需要对信息化建设的蓝图有较为清晰的认识,还需要尽可能地把通用“能力”的业务属性剥离出去,放在能力平台的角度去分析该“能力”的定位。这里需要指出的是,“能力”与“应用”之间是包含关系,但“能力”与“能力”之间并不必然是并列关系,也可能是包含关系,如苏州市人民检察院“易办案”平台中的制卷应用包含“智能编目”能力,而“智能编目”能力则包含“OCR识别”能力。因此,解耦的粒度和层级也是项目建设解耦的重要内容。

三是强调项目建设方式的转变。苏州市人民检察院在建设“易办案”平台服务“单轨制办案”的过程中,改变了传统的项目建设方式。通俗而言,可以简单地看作是从单纯的“买软件”转变成了“买能力”和“买服务”。在推进项目建设的过程中,苏州市人民检察院不再作为单纯的需求提供方去采购软件系统,而是在采用“赛马”机制促使企业良性竞争的同时,尽可能地向前转变,充分发挥信息技术人员的专业知识能力,承担了部分将需求转化映射为技术功能或模块的工作。让信息技术人员参与到软件开发的具体实施过程中,一方面能够增强对项目的掌控力和主动权,提高对项目的全面认知,真正实现对项目的管理;另一方面还能够在转化映射的过程中识别能力,保证项目能力的落地,最终内化成检察机关的信息化基础能力,服务智慧检务建设大局。此外,为了充分发挥能力平台的价值和作用,帮助业务部门逐步明确需求,提高他们固化需求的能力,苏州市人民检察院将敏捷开发、原型化开发模型和面向服务、构件的开发方法结合,深入一线直接对接使用干警,通过“短平快”的开发节奏迅速迭代产品,逐步丰富功能,取得了较好的建设成效。

(苏州市人民检察院)

徐州打造“阳光e检通”服务办案建新功

“阳光e检通”是一款检察机关辅助办案小程序，该程序依托微信平台，实现远程办案，24小时在线服务。当事人、律师经过实名认证，可与检察官实时交流、移交证据材料、申请司法救助、在线签署认罪认罚具结书；律师可预约阅卷、程序性信息查询、在线签收法律文书。沟通内容全程记录，敏感词汇自动识别，检务督察同步监督，确保远程办案的规范、透明、高效。

一、适应智慧检务新形势，创新服务办案新途径

政法队伍教育整顿试点以来，徐州市人民检察院加快推进检察信息化建设，找准信息技术服务检察办案的切入点，依托微信庞大的用户群体以及强大的社交功能，决策研发一个办案辅助小程序，着力提升智慧检务和司法便民水平。在教育整顿查纠问题环节发现，除了检察人员在工作时间、工作场所接待当事人、律师外，还存在当事人、律师在工作时间或非工作时间打电话与检察人员沟通案件、阐述意见甚至直接向检察人员递交有关材料等情形，极易造成双方不规范接触、交往行为。检察人员虽想拒绝此类交往情形但又担心影响检察服务质量，检务督察部门对此类情形亦难以认定。

为有效解决检察人员与当事人、律师不规范交往问题，徐州市人民检察院与科技公司合作，共同研发“阳光e检通”微信小程序，在实现检察人员与当事人、律师物理隔离的前提下，进一步规范办案中的接触交往行为，保障当事人合法权益和律师执业权利。2020年11月，“阳光e检通”微信小程序完成功能及流程测试、上线试运行，2021年元月份，在徐州市两级检察院展开应用。

二、着眼便捷实用易操作，打造功能丰富新平台

通过精心打造，“阳光e检通”小程序具备多样化实用功能，具有便捷、安全、易用等特点。

一是操作简单易上手。使用手机微信搜索“阳光e检通”小程序，当事人、律师通过身份证号、手机号、律师执业信息、人脸识别、手写签名等认证手续后，即可登录使用。

二是规范交往“一键通”。当事人、律师与相关案件绑定后，即可进入该案空间，按照提示与检察官点对点、实时进行文字、语音、图片和视频交流，提交有关材料，实现交流沟通“24小时不打烊”。

此外，还可以进行律师预约阅卷、案件程序性信息查询、在线签收法律文书等一键操作。检察官通过案件空间可以实现在线告知、文书送达等程序性操作，并以“视频电话+电子签名”的方式，邀请律师在线见证认罪认罚具结书的签署。

三是信息安全有保障。“阳光e检通”部署于腾讯云服务器,服务器端绑定CA证书,全程SSL加密数据传输。系统内案件同步数据按照最小化原则,重要信息模糊处理。及时导出结案案件的空间信息,并从云端删除,确保数据安全可控。后台使用动态短信登录验证,前端用户必须通过人脸识别、身份认证,且依据身份信息赋予不同的权限。

四是检务督察有抓手。该院要求检察人员除在工作时间、工作场所接触当事人、律师外,只能通过“阳光e检通”办案辅助小程序与当事人、律师进行非接触式交往,私自接听当事人、律师电话以及接受邮寄、递交材料等情形视为违规。小程序后台对交流内容全程同步记录,对讯问视频同步录音录像,全程留痕。检务督察部门通过调取后台记录,对检察人员是否规范司法,是否规范与当事人、律师接触交往进行有效监督。

五是其他功能亦强大。“阳光e检通”定位于服务和监督并重的互联网平台,除前文提到的规范检察人员与当事人、律师交往及实现相关办案功能外,还涵盖羁押必要性审查、社区矫正监督、听证调解、司法救助办理等诸多功能模块。

三、围绕提升技术贡献度,有力推开项目新应用

徐州市人民检察院党组大力支持,加大小程序宣传推介和推广使用力度。利用各种时机介绍小程序丰富功能,循序渐进引导干警和律师、案件当事人积极使用,对注册、使用情况采取每周一汇总、每月一通报的方式进行督促,在两级院强力推开小程序实践运用。截至目前,“阳光e检通”共有460余名检察人员、380名律师认证上线,两级院案件全部导入,检律交流信息近万条,在服务检察办案、规范内外交往等方面发挥了独特作用,取得了明显成效。该小程序功能不断完善,使用得到优化,已获得国家版权局计算机软件著作权证书,获得江苏省政法工作优秀创新成果三等奖。受到中央政法委、江苏省委政法委和江苏省人民检察院高度认可,相关经验在教育整顿简报刊发。

“阳光e检通”作为教育整顿试点的科技成果,受到各级领导的高度好评,相关领导认为极具推广价值,指示检察机关进一步探索,为在更广的执法司法领域推广应用,保障执法司法工作规范透明、便捷高效运行作出检察贡献。

下一步,徐州市检察机关将对小程序进一步提档升级、扩展综合功能、优化用户体验,更好服务检察办案,在规范办案交往、助推“三个规定”落实等方面发挥更大作用,真正使小程序成为具有徐州检察特色、规范交往、顺畅衔接、高效办案的得力辅助手段。

(徐州市人民检察院)

泸州创新运用非羁押人员智能管控平台
提升司法治理现代化水平

四川省泸州市检察机关认真贯彻最高检将“少捕慎诉慎押”落实到每一个诉讼环节的工作要求，主动探索对非羁押人员使用智能管控系统办案新机制、新平台。有力破解了当前案件批捕率高、审前羁押率高的难题，切实谋求检察工作新发展。

一、多措并举做好非羁押智能管控平台应用工作

2021年6月15日，党中央专门印发《中共中央关于加强新时代检察机关法律监督工作的意见》，明确将“严格依法适用逮捕羁押措施，促进社会和谐稳定”作为检察机关的一项重要任务。泸州市检察机关积极思考把信息化资源整合融入检察业务中，于2021年8月在江阳区院、泸县院试点该项工作，以点带面，逐渐向全市两级院铺开。

一是制定对刑事诉讼非羁押人员使用智能管控系统监管的协作机制。2021年9月，经市、县两级院共同研究，由江阳区人民检察院、泸县人民检察院牵头制定《关于对刑事诉讼非羁押人员使用智能管控系统监管的协作机制》，详细规定智能管控系统适用范围、适用程序、监控措施、监控处理、责任追究等方面，确保系统运作有规可依。多次组织法院、公安局、监管系统研发方召开联席会议，对智能管控系统运行的相关法律问题进行探讨，就非羁押人员动态监管适用条件、信息采集录入、打卡报告、行为动向监控、传讯对接等衔接问题形成共识，确保公检法三机关之间达到无缝对接，保证智能管控系统有效推进。

二是加强平台深度研发，构建监管信息数据资源平台。信息化赋能法律监督，首先要解决的是平台软件开发问题。在对非羁押人员适用监管措施过程中，检察官探索的办案业务流程是需不断变化调整的，如果用传统的技术研发模式，经过了立项、审批、招投标等诸多流程，具体到软件开发是先制图再施工，缺点是时间长、资金需求大，软件开发灵活性不足，难以适应不断变化的检察实际办案需求，会造成软件应用实效性差。在非羁押智能管控平台开发上，我们采用“业务驱动驻场敏捷式”开发模式，通过与软件公司签订战略合作的方式，开发人员长期入驻泸州市检察机关，运用人工智能、大数据、区块链、云计算等新兴技术，通过设置周界围栏、外出提醒、违规预警、定时打卡和不定时抽检等多重功能，建立定位实时回传展示的数据集中平台，对数据流进行精确梳理、筛选，定期做出阶段性分析，运用智能AI发散性思维发现“类问题”或“潜信息”，确保直观科学掌控未被羁押的犯罪嫌疑人、被告人在必要的管控下的趋势预测和风险防范提供数据参考。

三是提升监控技术实现对被监管人员的多形式监管。非羁押人员智能综合管控系统含

非羁押人员智能管控平台、移动客户端、智能管控手环、云服务器系统四大子系统构建。一是“非羁智能管家”实现掌上管控。“非羁智能管家”具有图形化显示、人员案件信息展示、位置信息、非羁押智能评分、自动分析预警、报警等功能。检察官通过移动App,用手机完成嫌疑人信息、外出审批、轨迹查询、即时通信等业务。通过科技震慑限制嫌疑人的行为,纠正其社会活动行为,实现对非羁押人员的监管从“人防”到“技防”的新提升。二是“非羁小助手”实现动态监管。非羁押人员通过扫描“非羁码”下载“非羁小助手”,实现打卡监测、人脸识别、实时定位、低分预警。“非羁小助手”运用人工智能、大数据、云计算等技术手段,智能计算非羁押人员的运动轨迹与实时监管区域的吻合度,非羁押人员得到全方位监控。三是电子手环实现实时定位和通信。非羁押人员佩戴电子手环,通过当前北斗导航定位技术,能够精准定位当前位置,最高精准度可达1米。检察官通过“非羁智能管家”与佩戴电子手环的非羁押人员取得联系,实时掌握非羁押人员情况。同时手环还兼具防拆、防水、低能耗等特点。

二、创新突破铸造试点工作取得明显成效

以“少捕慎诉慎押”的刑事司法政策理念对检察机关做优刑事检察、参与社会治理提出了更高要求。泸州市检察机关在刑事检察中有效运用“非羁押人员智能管控平台”机制,让检察官更能放下思想包袱,对依法作出不捕、变更强制措施等决定更加有信心,推动提高非羁押强制措施适用的司法办案质效。

一是节约司法资源有效降低羁押率。对非羁押人员实行智能管控,能够节约司法资源,化解社会矛盾,减少社会戾气。例如,犯罪嫌疑人李某某伙同他人盗窃自己工作的建筑工地11捆钢筋并变卖获利,被发现后将卖出的钢筋买回并送还,因其有积极退赃的悔罪表现,为减轻其与工作单位的对立情绪,减少矛盾滋生,决定对其不批捕并使用非羁押人员智能管控系统进行监管。该平台自2020年9月在江阳区人民检察院和泸县人民检察院上线试运行以来,已对30件案件46人开展了管控措施,涵盖销售伪劣产品、交通肇事、危险驾驶、故意伤害等不同类型案件,当地批捕率和诉前羁押率均有明显下降。

二是同步提升司法温度和管控刚性。通过创新运用智能管控平台,“以人为本”更为凸显,在办案中坚持因人施教实施感化教育,释放最大司法善意。在犯罪嫌疑人唐某某等人敲诈勒索案中,唐某某有多次被行政处罚劣迹,但其犯罪情节较轻微,对其不批捕体现出落实宽严相济的刑事司法政策,可最大限度挽回犯罪嫌疑人,同时使用非羁押人员智能管控系统对其进行监管可有效预防其再次实施违法犯罪行为。

三是力求多赢共赢,促进社会治理。对涉企案件的管理人、技术骨干等犯罪情节轻微、没有社会危害性且积极配合调查的采用非羁押智能管控平台,促使其及时回到工作岗位。如在办理的一起挪用资金案中,犯罪嫌疑人陈某某利用自身经手某公司财务事务的职务便利,挪

用公司账户资金交由他人使用，被逮捕后积极退赔赃款，社会危险性小，同时考虑企业经营需求，可通过对其佩戴电子手环和安装智能管控App双重智能管控措施，故而决定对其启动羁押必要性审查程序，由逮捕措施变更为监视居住。

三、存在问题困难及下一步工作打算

试点工作开展以来，针对工作中存在的相关配套机制不够完善、平台界面待优化、适用对象范围不明确等问题，我们下一步将重点做好以下两个方面工作。

一是加强协作机制的深化运用和使用对象探索。根据试点工作中出现的机制不完善和存在的问题，会同公安、法院细化完善协作机制内容，对系统使用审批表、使用承诺书、电子手环义务告知书等程序性文件进行优化调整，确保程序上的合法正义。在运用非羁押智能管控平台时应当在做好风险评估、必要性审查等各项工作后决定是否适用，具体适用条件参照我国现行取保候审等非羁押强制措施的规定，如考虑可能判处的刑罚、社会危险性等，以便决定适用机关充分掌握适用人员的相关情况，及时分析监管风险，实现多方管控。

二是提高监管信息资源共享和软件优化水平。不断改善和提升智能监控技术，构建监管信息资源平台，实现高度开放的司法大数据共享是非羁押智能监管措施应用的必备要素。下一步不断优化完善系统应用，避免应用数据孤岛现象，做好与统一业务软件2.0对接，做到案件信息直接推送到本系统，不需要手工录入，依托跨部门办案平台，让案件数据随案移送，实现网上办案流程化、科学化、智能化。同时在现有的基础上对市院数据管控管理平台迭代升级，对基层院办案数据进行统计分析，使其更直观、更具科技感，实现将被动监控转变为主动监管，提高监管品质，坚持为推动非羁押智能监管措施制度创新和有效应用不断努力，为推进社会治理、司法为民发挥应有的主导作用。

（四川省泸州市人民检察院）

未来检察　雄安先行

2021年10月11日至12日，2021中国IPv6创新发展大会在北京举行，河北省人民检察院雄安新区分院（以下简称“雄安分院”）受邀参加，并荣获2021中国IPv6创新应用优秀案例奖，这是全国检察系统唯一获奖单位。雄安分院院党组书记、检察长纪志明参会并领取获奖证书。

雄安分院自挂牌伊始，坚持高点定位，坚守政治性，增强创新性，突出协同性，坚持国际性，强化智慧性，持续深入推进科技强检战略，主动要求将智慧检务建设纳入雄安新区数字城市建设总体规划,努力在"感、传、知、用、管"五位一体的智慧检务应用体系中推进IPv6、5G等新技术的规模部署和应用,努力将雄安检察机关打造成全国检察机关科技创新和智慧检务的高地,为构建雄安新区全域纯IPv6未来之城贡献力量。IPv6的引入,改变了传统智慧政务、智慧检务以及社会公共服务等领域的建设模式,让系统架构更为扁平,业务逻辑更为简单和清晰。

雄安分院主要在基础网络、终端设备、应用系统三方面全面开展了IPv6规模部署和应用。基础网络方面,雄安新区检察机关搭建了基于IPv6的基础网络。终端应用方面,打造一体两翼三节点多触角(即以分院信息化综合指挥中心为主体,以地上移动检察室和水上检察室为两翼,所辖三县院为节点,多个派出检察室及移动办案单元为触角)的信息化基础设施建设体系,配备的检察办案办公电脑、检察办案记录仪、视频会议终端等终端设备全面适配IPv6,为促进雄安新区全域"纯IPv6+"检察服务、检察办案、检务公开、检务保障打下坚实基础。同时,在检察日报正义网技术支持下采用双栈协议实现对新区检察机关外网门户网站的IPv6支撑改造,明显提高了用户访问速度。

一、IPv6基础网络—雄安检察SRv6专线

雄安分院采用基于IPv6转发面的SRv6技术,部署雄安分院专线网络,全面支持IPv6。同时使用Flex-E作为专线切片技术,为雄安分院专线提供切片刚性管道,业务体验从尽力而为升级到确定性保障,实现业务高品质承载;使用iFiT技术作为专线随流检测技术,实现整个网络SLA(带宽使用率、时延、丢包、抖动)实时可视,专线业务实现智能运维、故障秒级精确定位。目前,雄安分院已开通从本部至所辖三县检察院、移动和水上检察室以及多触角的端到端SRv6专线,面向"IPv6+"组建完成新区检察院的高品质行业专网。

二、IPv6终端设备——多场景终端设备的适配

在雄安新区"智能城市"整体规划要求下,雄安分院与雄安新区共成长,将新技术应用贯穿信息化建设的全过程。打造一体两翼三节点多触角的信息化基础设施建设体系,配备的信创检察办案办公电脑、检察办案记录仪、视频会议终端等终端设备全面适配IPv6,整合打造使用IPv6、5G、视频分布式播放技术的移动检察室,为促进雄安新区全域"纯IPv6+"检察服务为民、检察办案、检务公开、检务保障打下坚实基础。

三、IPv6应用系统——双栈协议实现对外网门户网站群的IPv6支撑改造

在《检察日报》正义网技术支持下采用双栈协议实现对雄安新区检察机关外网门户网站的IPv6支撑改造，为门户网站提供IPv4和IPv6的网络出口，并根据终端的IPv6兼容情况择优选择协议进行访问，提供IPv6服务和无障碍阅读等功能，明显降低了访问时延，提高了用户访问速度。同时，雄安分院利用大数据和机器学习技术，预测全网访问流量，实时感知流量态势。搭建备份镜像源站，从源站自动同步网站静态内容至备源，针对源服务器内容被篡改、破坏、甚至宕机的情况，代替源服务器向访客提供网站备份数据，防止被篡改页面流出，保证网站在线。

下一步，雄安分院将立足检察职能，在新区智能城市建设规划和高检院智慧检务统一规划下，充分发挥雄安新区作为大数据、人工智能、物联网、IPv6等高新技术试验场的特殊优势，着力构建“全业务智慧办案、全要素智慧管理、全方位智慧服务、全领域智慧支撑”的智慧检务新格局，以科技发展助力司法办案、检察管理、检察服务、检察办公水平全面提升，更好地满足人民群众对检察工作的新期待、新需求。

（河北省人民检察院雄安新区分院）

未来检察　智慧先行

2019年1月10日建院以来，河北省人民检察院雄安新区分院（以下简称“雄安分院”）在河北省人民检察院和雄安新区党工委、管委会领导和雄安新区有关部门的关心支持下，立足雄安新区“千年大计、国家大事”的历史定位，深入推进科技强检战略，全面融入雄安新区智能城市建设，适度超前地开展信息化建设，努力在“感、传、知、用、管”五位一体的智慧检务应用体系中推进IPv6、5G、人工智能、大数据分析等新技术的规模部署和应用，为新区建设发展贡献检察智慧和检察力量。

经过三年的努力，部分检察信息化工作成果走在全省、全国前列，培养树立了雄安分院信息化品牌，受到中央、省和雄安新区领导充分肯定，15篇经验成果在《检察日报》《高检院信息通报》《河北法制报》、河北省人民检察院专刊上刊发，检企共建、检察外脑、移动检务、未成年人法治教育平台等4项应用软件获得著作权证书，“未来检察　智慧先行——雄安分院IPv6规模部署和应用案例”获评“2021中国IPv6创新应用优秀案例”，雄安分院被中共中央网络安全和信息化委员会办公室确定为国家区块链创新应用试点。

一、以信息化顶层设计为统领,全面支撑检察业务工作开展

雄安分院成立伊始,院党组认真调研、精心谋划,检察长亲自牵头挂帅,确定了坚持高起点规划设计、突出高标准建设管理、注重高质量创新应用、适度超前发展智慧检务的理念,主动将智慧检务建设纳入雄安新区数字城市建设总体规划。

(一)坚持高起点规划设计,精准确定智慧检务发展定位

随着雄安新区的建设发展迎来了关键节点,进入到滚石上山、爬坡过坎、攻坚克难的新阶段。雄安分院充分立足雄安新区数字城市建设和高端信息技术云集的大背景,积极与雄安新区数字城市建设领导小组、数字城市公司等对接,全面融入雄安新区数字化社会治理体系,努力将检察数据全面、实时融入雄安新区块数据平台和CIM体系,在城市大脑中打造检察智脑,努力实现检察数据与社会治理数据的无缝衔接,为检察业务提供全方位的计算支撑,为一线检察干警提供精准、高效的智能辅助,以更好地发挥法律监督职能作用,为雄安新区人民群众提供优质检察产品,为雄安新区社会治理贡献检察智慧。目前,新区“视频一张网”公共区域全域视频信号已经接入我院,块数据平台应用率走在新区前列。

(二)突出高标准建设管理,深入推进智慧检务建设模式

根据数字城市建设要求,雄安分院将智慧检务建设作为检察业务创新发展的带动性工作来抓,坚持以法治建设和检察业务需求为导向,确定了“四个一体化”智慧检务建设模式,即雄安新区两级检察机关“一体化规划、一体化设计、一体化施工、一体化运维”。

坚持一体化规划。根据一张蓝图绘到底的原则,研究制定了《雄安新区检察机关信息化工作管理办法》,成立了由雄安新区两级检察院检察长亲自牵头挂帅,雄安新区有关部门、科研机构和上级检察机关专家学者组成的工作专班,先行完成基础信息化建设,逐年迭代完成智慧检务建设。

坚持一体化设计。坚持与检察改革的整体要求同步、与雄安新区整体建设规划同步、与雄安新区两级检察机关一体化建设同步,编制了《雄安新区智慧检务项目建议书》,在新区和检察机关整体标准框架内出台《雄安新区检察机关司法人员职务犯罪办案中心标准(试行)》《雄安新区检察机关派驻检察室建设标准(试行)》等多个标准,努力构建雄安智慧检务标准体系。

坚持一体化施工。雄安新区两级检察机关所有信息化项目按照统一规划设计,统一开展施工建设,明确两级院建设内容、建设时间,统筹资金使用,形成建设合力,当前,雄安新区首个部门全面基础信息化建设项目——雄安分院基础信息化建设项目(一期)已经全面完成建设,“一体两翼三节点多触角”(即以信息化综合指挥中心为核心,移动检察室和水上检察室为

两翼，所辖三县院为节点，多个派出检察室为触角）的信息化基础设施建设体系基本形成。

坚持一体化保障。发挥雄安新区检务保障大部制优势，将智慧检务建设与经费保障、检察科技装备采购、基础设施建设统筹推进，为实现智慧检务建设跨越式发展提供了物质保障。同时，广泛邀请业内专家学者登台授课，2021年以来，两级检察机关一体化对500余人次开展科技信息化应用培训，开展检察官走进信息化指挥中心活动，培养了一批既懂检察业务、又懂信息技术的一专多能人才；科技信息化人员2人荣获三等功，1人获得河北省检察机关“争做人民满意的公务员”先进个人，1人获得最高人民检察院“第二届轻应用开发活动”三等奖，5人获得嘉奖、“优秀公务员”“优秀共产党员”荣誉称号，两支队伍分别获得“冀信2021”网络安全技能竞赛雄安赛区一等奖和优秀奖。组建两级院一体的运维队伍，配备专业运维软件，实现对两级院数据、音视频、系统后台、运维事项、运维人员的一体化管理、一体化运维，在集约资源的同时，确保了各项工作的规范、高效运行，2021年累计进行运维工作1215余次，同比2020年增加73.3%。

（三）注重高质量创新应用，着力打造智慧检务全国样板

雄安分院坚持从大处着眼，从小处着手，积极探索新时代信息化条件下司法办案方式的转变和办案能力的提升，着力推动实现雄安新区检察机关智慧检务跨越式发展。

积极推广新技术在雄安新区检察机关中的应用。在雄安新区的大力支持下，按照雄安新区智能城市建设的要求，先行先试，IPv6、5G等新技术应用初见成效。从基础网络、终端应用、应用系统三个方面开展IPv6规模部署和适用。世界领先的SRv6检察骨干网络搭建完成，检察办案办公设备全面适配IPv6，两级检察机关一体化建设的外网网站群在《检察日报》正义网技术支持下采用双栈协议实现对雄安新区检察机关外网门户网站的IPv6支撑改造，保持IPv6/IPv4并行，提供IPv6服务和无障碍阅读等功能，明显降低了访问时延，提高了用户访问速度。搭建了5G移动检察工作网，为移动办案提供有力支持，在全国检察机关率先使用5G进行远程提讯、远程庭审。截至2021年年底，两级检察机关共开展远程提讯824次。

积极打造全流程的服务为民、检察办案科技信息化支撑体系。与《检察日报》正义网共同研“发律检通”（律师身份核验服务平台），在雄安新区群众服务中心、雄安新区政务服务大厅、雄安新区公安局执法办案中心、12309检察服务中心等10余处部署应用，为雄安新区广大人民群众和律师提供身份核验服务，受到律师的好评。高标准建设24小时12309检察服务中心，构建受理案件、信访接待、法律咨询等一体化智能检察服务平台，为人民群众提供优质高效及时法律服务。积极探索科技信息化手段对检察办案的全流程应用支撑，依托大数据分析平台（雄安检察大脑）和大数据应用辅助系统（民事检察监督助手、行政检察监督助手）、两法衔接平台等为检察办案提供线索和方向支持，依托新区全域的视频监控和视频会议系统实现

对检察工作的全方位指挥,依托司法鉴定实验室和5G全景布控系统实现对证据的收集、固定,依托远程提讯、远程庭审、远程指挥等系统实现无接触办案,依托信息化涉案款物管理中心实现对涉案款物的全流程管理。

积极推进智慧检务与公益诉讼检察深度融合。将智慧检务运用于公益诉讼调查取证和案件办理,打造公益诉讼巡回工作站、公益诉讼无人机和水上检察室(在建)"三位一体"的综合监测办案平台,为雄安新区实现碧水、蓝天、净土提供最大技术支撑。

积极探索智慧检务与未成年人法治教育深度融合。围绕一号检察建议的落实,与科研单位运用大数据、人工智能、语音识别等技术共同研发了能够自主学习、自动问答、法治宣传教育、在线留言、闯关答题等功能的AI检察官,并广泛应用于自助服务、法律咨询、普法宣传工作,实现了多形式、全方位、精准化、全天候的法治宣讲和法律服务,人均访问量连创新高。

积极做好科技信息化保障工作。打造智慧党建、移动办案办公系统、24小时智能保障中心、24小时智能图书柜,为干警提供全方位的检察服务保障,实现党建队建、智能借阅、物品领用等精细化管理,节约人力资源,基本实现无纸化会议。

二、以基础信息化项目(一期)为支撑,全面开展信息化建设

在数字城市公司的大力支持下,雄安新区首个部门全面基础信息化建设项目——雄安分院基础信息化建设项目(一期)已经由数字城市公司代建完成,项目总预算4111.64万元,项目建设内容"一个平台,三套网络,五大中心,N个应用"已经全部投入使用。("一个平台"是指基础块数据平台打造基础检察信息化支撑平台;"三套网络"是按照检察机关内部要求,在新区网络框架内建设检察工作网、视频网和外网;"五大中心"是指满足检察业务开展所需的信息化基础中心,包括:12309检察服务中心和案件管理中心、新型办案中心、检务保障中心、全媒体中心、新区城市运营中心检察分中心等五大信息化中心;N个应用是指根据当前工作开展情况打造的移动检务服务、"检察+N"共建服务系统、未检法治教育系统、舆情监控分析应用等N个应用服务系统。)覆盖新区两级检察机关的3套基础网络已经按照三级等保要求完成建设并与雄安新区数据中心、雄安新区法院、雄安新区看守所、雄安新区公安局执法办案中心等实现了互联互通;12309检察服务中心、检务保障中心、全媒体中心、智慧检务综合指挥中心,党建活动室等投入使用;13套系统已经在日常为办公办案中发挥重要作用,目前系统所产生的5万余条非涉密数据待新区雄安云资源分配到位后将全量迁移到块数据平台。分院信息化办公办案能力已经赶上河北省平均水平,部分亮点工作走在全省甚至全国前列。

雄安新区首席信息官张强对建院以来信息化建设的成果给予充分肯定,基础信息化项目取得了远超规划预期的效果;对基础信息化建设中体现出的领导班子的战斗力,相关团队的执行力,包容、开放的工作方式以及以信息化带动各项工作开展的做法给予充分认可。

三、坚持一张蓝图绘到底，塑造智慧检务品牌

（一）加强信息化统筹规划，全面融入新区数字城市建设

严格执行《新区检察机关信息化工作管理办法》《雄安分院信息化管理办法》等各项规章制度，进一步加强一把手对信息化工作的统筹、领导，落实网络安全和信息化工作领导小组及其办公室例会制度，定期召开信息化工作领导小组办公室办公会解决问题，推进工作进展，加强对新区两级检察机关信息化工作的管控，做好顶层规划、年度规划、两级院一体化规划，严格按照规划进行建设。

（二）注重智慧检务的引领作用、品牌建设和自身能力提升

适度超前地谋划打造符合新区建设发展要求，同时与当前检察工作发展相适应的品牌工作，需做到以下五点。

一是深化“一体两翼三节点多触角”的信息化基础设施建设，做好与雄安新区信息化基础设施的衔接。深入参与雄安新区新时代社会综合治理工作，探索运用信息化手段实现检察进网格，与数字城市公司沟通，实现雄安分院信息化综合指挥中心与城市运营中心、视频一张网、社会治理信息节点的全方位衔接，在容东城市运营中心等社会治理信息化节点设置检察办公位，为检察办案提供支撑，为新区社会治理和社会服务提供检察保障。

二是以“一块，一链，一图”建设为引领，带头推动新区跨部门信息共享工作落地，实现精准监督能力提升。依托当前雄安新区块数据平台底层，打造检察块数据平台。按照雄安新区规划将“1+N+M”的块数据平台框架在雄安新区检察机关落地。依托当前雄安分院已经完成的基础信息化建设项目、获批的涉密信息系统分级保护项目，在雄安新区数字办指导下，在雄安新区块数据平台底层上打造检察块数据平台，将雄安新区块数据平台构想在检察机关落地。一方面探索区块链技术在检察机关的应用。梳理检察业务在司法办案中的位置、流程，建立证据标准体系、证据审查模型，标准案卡，标准案卷模型等基础模型、流程，厘清区块链在检察业务中的应用，探索建立雄安检察链，力求将证据、文书、办案过程上链，实现对案件办理的全过程精准监督。另一方面，以雄安新区范围地量信息底图与各类检察数据相结合，通过图示加数据的方法，为领导决策提供依据，为检察官办案提供直观辅助。

三是以雄安AI检察官品牌推广应用为引领，助力检察业务工作提档升级，实现办案智能化能力提升。以一线检察官的需求为导向，以案件为导向，充分考虑检察官的裁量权，将检察官从机械重复的劳动中解放出来，探索人工智能、大数据分析研判、预判在检察办案中的场景化应用，对检察官办案流程进行梳理和建模，实现检察办案的标准化、规范化。

四是以绩效考核应用系统为引领，探索构建新时期检察管理体系，实现高效应用能力提

升。探索构建检察机关在新时期数字化治理体系下,“四大检察”“十大业务”,大部制分工、一体化工作模式下绩效考核模型、监督考核模型。探索运用区块链等技术从大处着眼,从小处着手打造一批绩效考核类和监督类系统,如考勤、党建、队伍建设、基层院建设、案件质量评查、分析督导系统,在动态考核、差异考核上下力气,实现将队伍和基层基础建设量化、数字化、可视化,实现对人、对事、对物的科学、精准、高效考核,推动队伍和基层、基础建设落到实处。

五是以保障系统建设为引领,推动科学化、智能化、人性化建设,实现信息化便捷服务保障能力提升。探索大部制模式下保障体系建设,构建新时期检察机关事项、财物保障体系模型,借助企业管理思维和物联网、大数据、区块链技术,建立集中、高效、快捷、规范的保障系统,实现各类保障事项一点申请、多点处理、全程留痕。

下一步,雄安分院将立足检察职能,在雄安新区智能城市建设规划和最高人民检察院智慧检务统一规划下,充分发挥雄安新区作为大数据、人工智能、物联网、IPv6等高新技术试验场的特殊优势,着力构建“全业务智慧办案、全要素智慧管理、全方位智慧服务、全领域智慧支撑”的智慧检务新格局,以科技发展助力司法办案,检察管理、检察服务、检察办公水平全面提升,更好地满足人民群众对检察工作的新期待、新需求。

(河北省人民检察院雄安新区分院)

云龙微检察·社区矫正平台

一、建设背景

在当前互联网日益成为创新驱动发展先导力量的形势下,将检察服务推广到互联网或手机应用上,既是顺应人民群众对检察业务的新要求新期待,也是实现“互联网+检察”的有益探索。检察监督社区矫正对象的监管情况是刑事执行检察的重要业务之一,为有效解决传统监督模式下,检察监督主要处于依托社区矫正机构主动报送情况的被动工作状态问题,进一步加强检察机关对社区矫正工作的监督,徐州市云龙区人民检察院紧紧围绕服务检察工作需求,通过运用现代化信息技术手段,积极探索“互联网+社区矫正”新检察监督模式,研发“云龙微检察·社区矫正平台”,将监督方式从事后监督转变为实时监督、从纸面监督转变为线上监督、从到社矫机构找问题转变为带着问题去找社矫机构,将监督效果从盲目巡察转变为精准出击、从底线监督转变为有效监督,从碎片化监督转变为全覆盖监督,从“管得住”转变为“管得好”,实现对社区矫正对象广覆盖、全方位、多维度、实时性综合监管矫治,有效履行检察机关法律监督职责,推进社区矫正工作逐步走向规范化。

二、平台功能

“云龙微检察·社区矫正平台”同时部署于政务微信App和微信小程序端，依托于微信庞大的用户群体以及强大的社交功能，界面设计友好，不同文化水准、不同操作熟悉程度的用户均可以自如使用。该平台涵盖入矫检察、谈话教育、司法报备、情况反映、奖惩公示、定位抽检等功能模块，检察办案、监督、宣传一线输出，不仅实现了对社区矫正对象全方位、多维度、实时性综合监管矫治，推动社区矫正工作逐步走向规范化，也使检务工作从传统型向智慧型转变，提升检察机关智能化网上服务水平，缩短了司法为民距离。

“云龙微检察·社区矫正平台”充分运用线上线下、内部外部、自动手动“三个整合”，服务对象包括检察官、司法局工作人员、社区矫正工作人员和矫正对象等。该平台共分为PC端和移动端。PC端检察官通过手机验证码登录后，可以在后台进行入矫检察、谈话教育、司法报备、情况反映、奖惩公示、定位抽检等模块信息管理和数据分析，全面掌握社区矫正对象的基本情况及社区矫正工作进展，实现对社区矫正实时、动态化监督。移动端设计了检察官、矫正对象、司法局社区矫正工作人员等不同的权限，用户通过人脸识别认证身份后可以使用。

移动端检察官通过“谈话教育”模块可以建立独立谈话空间，对社区矫正对象分类管理，以文字、语音、图片、视频等多种方式构建检察官、社区矫正对象、司法局干部等一键沟通桥梁，实现指尖监督、掌上检察；通过“定位抽检”模块对矫正对象实行定期不定期、定位巡检，平台设置矫正对象每周需发送一次自己的定位，如超出徐州市大市范围则会短信通知检察官预警，帮助检察官全面掌控社区服刑人员行踪，减少其再犯罪机会；通过“入矫检察”模块宣传法律法规知识，注重矫正对象的思想改造，把社区服刑人员改造成为守法公民，保证社区矫正对象及时回归社会。社区服刑人员通过该平台人脸识别成功后可在线定位打卡、接受学习教育，所有资料全程留痕；也可以通过“情况反映”模块举报司法局社区矫正干部在矫正过程中的违法行为，保证了社区矫正工作依法、严格、规范文明进行。司法局工作人员可通过“司法报备”“奖惩公示”模块及时报备社区矫正对象信息变更及对矫正对象奖惩情况。平台加强了与检察官、社区矫正对象三方之间的沟通交流，突出社区矫正监督重点，推动社区矫正工作有序、规范开展。

三、应用成效

（一）实践效果

徐州市云龙区人民检察院智慧检务工程——“云龙微检察·社区矫正平台”同时部署于政务微信和微信小程序端，于2019年12月正式上线运行。上线运行以来，检察官通过该平台实时掌握矫正人员思想动态,实现了对社区矫正对象全方位、多维度、实时性综合监管矫治,有效防范了矫正人员脱管、漏管事件发生,应用效果显著。截至2022年2月,云龙区人民检察院通过该平台与司法局深入对接,及时开展在线社区矫正监督,已将辖区内10个司法所、68名社区矫正干部、563名云龙辖区内社区矫正对象录入系统。目前,在矫对象291名,检察官已开展定位抽检5000余人次,与矫正人员进行谈话教育1000余人次,答复各类程序性和业务咨询近千次,开展入矫检察150次,接受司法局工作人员司法报备389人次,受理情况反映36件,检务督察部门全部审查。

(二)所获表彰

"云龙微检察·社区矫正平台"自2019年12月上线运行以来,满足了疫情防控、教育整顿等各个时期检察工作需要,缩短了司法为民距离,应用成效显著,被新华网、《检察日报》等市级以上媒体深入宣传报道百余篇。创新性举措受到中央政法委领导、中央指导组领导、江苏省政法委领导、江苏省人民检察院检察长刘华等多位领导及社会各界的充分肯定。于2021年2月1日获得由国家版权局颁发的计算机软件著作权登记证书。获得了"第三届全国检察机关信息化网上轻应用比赛"二等奖、2021年江苏省人民检察院二季度典型事例、江苏智慧法治十大优秀案例、第四批法治徐州建设优秀实践案例等国家级、省市级诸多奖项,并在徐州市检察机关全面推广使用。

(三)社会影响

1."疫情防控、检察监督"两不误

在疫情防控的特殊时期,依托于该平台非接触式监督的方式,检察官及时开展检察监督,严格防范脱管、漏管事件发生,确保"疫情防控、检察监督"两不误。检察官通过该平台随时对社区矫正对象进行谈话教育、实时定位抽检,加强疫情防控知识及法律法规知识宣传,实时掌握矫正人员思想动态,提升社区矫正人员的防疫、法律意识,还可以及时接受司法局工作人员司法报备。社区矫正人员通过该平台进行在线定位打卡、学习教育,足不出户便能接受学习教育。司法局工作人员通过该平台上报疫情防控期间的日常监管措施及社区矫正对象信息变更、奖惩公示等情况,在线与检察官沟通交流,实现社区矫正工作全程留痕。"云龙微检察·社区矫正平台"的使用,确保疫情防控期间工作不中断,监督不停歇,有效防范矫正人员脱漏管现象发生,检察机关以实际行动助力特殊时期社区矫正对象的监管工作,为打赢疫情防控阻击战贡献检察力量。

2."设计理念、主动作用"获肯定

2021年4月,在"第三届全国检察机关信息化网上轻应用比赛"中,云龙区人民检察院研发的"云龙微检察·社区矫正平台"从来自全国13个省(区、市)的34个作品中脱颖而出,取得第六名，获得全国二等奖。在第三届全国检察机关信息化网上轻应用评审会上，最高人民检察院领导们对该平台注重矫正对象思想改造的设计理念及对社区矫正检察监督工作发挥的主动性作用表示一致认可。该项目还被评为2021年“江苏省人民检察院二季度典型事例”。

四、案例总结

信息化建设是推进国家治理体系和治理能力现代化的重要举措。“云龙微检察·社区矫正平台”的上线运行，为检察官、社区矫正对象、司法局工作人员提供了更加高效便捷的服务渠道，降低了沟通成本，提高了多方工作效率，实现高效、精准、智能的社矫工作管理，取得了良好的社会效果。尤其在疫情防控的大考中，通过该平台检察官们远程“零距离”办公办案，检察办案、监督、宣传一线输出，在实战中交出了满意的答卷。目前，小程序已在徐州市检察机关全面推广。未来，徐州市云龙区人民检察院将继续坚持以人民为中心，突出便民利民、提升效能、源头把控，将业务工作与信息化、科技化、智能化深度融合，持续优化升级“云龙微检察·社区矫正平台”的功能，赋予社区矫正平台更多的生命力，让“检察监督”更加实时、快捷、高效，不断满足人民群众对检察工作的新期待新要求，为人民群众提供更加优质高效的检察服务。

（徐州市云龙区人民检察院）

云检智链——非羁押人员云监督管理（取保）智能系统

一、研发背景

云检智链——非羁押人员云监督管理（取保）智能系统是徐州市云龙区人民检察院贯彻落实高检院“少捕慎诉慎押司”法理念，充分履行刑事诉讼指控证明犯罪的主导责任，积极探索构建“互联网+检察”工作新模式的重要成果。2020年12月31日，徐州市云龙区人民检察院被确定为最高检开展“降低羁押率的有效路径与社会危险性量化评估试点”工作的试点单位之一，在大幅降低羁押率的情况下，取保候审人数激增、监管人力不足、监管难度加大等矛盾日益突出，对取保候审人员监管工作提出了更高要求。为此，徐州市云龙区人民检察院以试点为契机，秉承科技赋能检察的工作理念，主动提升智慧检务运用能力，依托大数据、区块链、云计算、人脸识别等技术，研发云检智链——非羁押人员云监督管理（取保）智能系统（以下简称“云检智链”）。2021年12月，云检智链正式上线运行以来，作为保障诉讼程序顺利进行的有效技术手段，成效显著，实现了对非羁押人员的远程动态管控和精准有效监管，并为最高人民检察院社会危险性量化评估提供基础数据支撑。

二、系统功能

云检智链平台依托于微信小程序,借助小程序方便、快捷等特点构建轻量化在线监管系统,主要适用于取保候审犯罪嫌疑人的监督管理。该平台涵盖情况反映、外出报备、谈话教育、定位抽检、检警互动、人员动态、法律法规宣传、警示案例等功能模块,通过实时定位、外出提醒、违规预警等多重功能,实现对非羁押人员的“云”上动态监管。

(一)实时定位、定位抽检

监管人员可随时查看非羁押人员的实时位置信息,无须被监管人员手动打卡、上传。同时监管人员可以随时发起定位抽检,定位抽检信息将通过短信、订阅消息等方式推送给非羁押人员,非羁押人员应当在规定时间内通过“人脸识别+语音识别”完成在线定位打卡,以此来提高平台与人身的依附性,通过主动查看与被动抽检相结合,提高定位精确度和监管质效。该平台的实时定位依托于三大移动运营商,无须城市大脑和公安平台提供数据,具有较强的适用性、推广性和易操作性。

(二)外出报备

非羁押人员如有实际情况需要外出的应当根据外出请假手续向监管单位请假报备并通过手机上传,监管单位同意的即可根据监管单位要求外出,提高了审批效率。同时对于违规外出的,平台会自动启动智能合约,通过“链上验证”向监管人员发出预警信息。

(三)谈话教育

以非羁押人员为主体,检察机关、公安机关相关工作人员可自主建立谈话空间,在空间内实现在线沟通交流。检察院、公安机关可在此空间内对非羁押人员实时传达信息,亦可开启视频通话,监管取保候审人员,并且后台全程留痕、同步记录。

(四)情况反映

为保障被监管人的相关利益,确保监管单位、被监管人及相关人员高效便捷履行诉讼程序。被监管人可通过该模块与检察官点对点联系,随时随地反映相关情况,保障本人合法利益。被监管人说明相关情况、填写反映情况及被举报人的相关信息、上传相关材料。监督单位应当根据被监管人上传的相关信息进行调研和核实并对其及时进行反馈。

(五)检警互动(引导侦查)

1. 法律咨询

公安在小程序端提出问题,并进行问题描述后根据刑案案由、特性提交。检察官根据问题及时答疑解惑，问题也可以跟帖回复。

2. 个案会商

对于公安机关直接取保候审的案件，办案民警可以根据案件类型在该平台向检察官专业办案组递交提前介入函，系统自动引入相关检察官并创建互动交流空间便于检察官与公安的线上沟通交流。线上交流沟通全部内容点对点传输，不通过第三方，手机前端启用阅后即焚功能，云检智链后台全程记录。

（六）警示教育

注重思想改造，专门设置警示教育模块，发布相关法律法规知识、典型案例，及时警示被监管人员，增强被监管人的遵纪守法意识。

（七）可视化管理

拥有管理权限的检察机关、公安机关人员可以通过后台的可视化地图以及相关数据，实时查看非羁押人员当前的位置和相关信息。地图上设置了红黄绿三种颜色的风险等级，可以将被监管人员的实时定位、不同预警信息推送给相应监管单位。检察机关也可以通过可视化地图监督执行机关的上线时间、次数等监管情况。

默认情况下展示江苏省徐州市地图信息和非羁押人员坐标，通过鼠标的滚动放大地图范围可查看更多的徐州市外的非羁押人员坐标，最大可到全国地图。监管人可根据非羁押人员在可视化地图上的位置判断是否超出可活动范围，根据实际情况对非羁押人员发出预警或进行定位抽检。检察官可看到全部人员信息，辖区分局可看到分局相关信息。可视化地图还具有数据收集、分析、预警的功能，预警可以协助办案人员更好地分析研判相关风险点，为未来的办案工作提供数据支撑。

三、应用成效

云检智链平台以最高人民检察院谦抑慎刑理念和宽严相济的刑事政策为指导，将科学技术与检察业务深度融合，充分发挥区块链、大数据、云计算等技术在促进数据共享、建设可信体系、提升协同效率等方面的优势，实现非羁押人员智能化动态监管。为有效解决非羁押犯罪嫌疑人、被告人的监管问题提供了新路径，进一步推进了司法文明建设。同时，该平台嵌入云龙微检察平台，也可作为独立模块应用，具有较强复制性、推广性。

（一）保证司法需求，节约司法成本

云检智链平台相比于电子手铐等监管方式有着成本更低、管理更便捷、功能更齐全等优点。该平台能够打破时间和空间的限制，使监管人员通过该平台可以准确、及时掌握被监管

人员的行踪和位置信息,随时随地可以对涉罪人员传唤以及谈话教育,在保证刑事诉讼程序顺利进行的前提下,让非羁押人员在必要管控下回归日常生活。既减少司法资源浪费,提升工作效率,也减少检察官对适用非羁押强制措施的顾虑。

(二)整合数据,打造信息资源平台

云检智链平台不只停留于对涉罪人员的定位这一基础性监控功能,还可以通过对数据进行精确梳理、筛选,定期作出阶段性分析,发现“类问题”或“潜信息”,促进检警信息实时贯通,为趋势预测和风险防控提供参考数据,从而实现对未来的预判,将被动监控转变为主动监管,提高监管质效。这有助于对降低逮捕率和审前羁押率进一步进行路径探索,推进司法文明建设。

(三)创新思路,提升监督质效

云检智链平台运行逻辑为检察机关搭建平台,侦查机关具体运用,非羁押人员接受监管,检察机关全程监督。这一运行逻辑明显区别于电子手铐等传统平面监管模式,将刑事诉讼活动的多重监督关系均融入其中,打破跨单位协同堵点,形成立体监督管理模式。通过全程留痕、情况反映等功能,检察机关可以对取保候审执行过程形成立体持续性监管。通过信息采集、数据分析、维权诉求等多个模块,检察机关监督侦查机关人员监管行为,发现侦查活动中存在的个案或类型问题,实现监督管理多方共赢,促进侦查活动规范化。同时,检察机关还可以围绕非羁押人员在监管中发生的异常现象,梳理社会管理隐患,提升社会综合治理水平。

（徐州市云龙区人民检察院）

·(三)智慧环保专项成果·

福建海漂垃圾智慧治理

一、案例概况

(一)实施背景

福建省位于中国的东南沿海,海域面积13.6万平方千米,海岸线长度约为3752千米,曲折度1∶7,大小海湾约125个。其中,海岸线长度全国第二,曲折度全国第一。这样曲折漫长的海岸线很容易聚集垃圾,不仅影响滨海景观,同时也危害海洋生态环境,已经成为最受社会关注的海洋生态环境问题之一。

(二)案例简介

习近平总书记指出,生态环境是关系党的使命宗旨的重大政治问题,也是关系民生的重大社会问题。福建省始终坚持生态惠民、生态利民、生态为民,在海漂垃圾综合治理方面大胆创新,探索出一套具有福建特色的智慧治理模式。福建省生态环境厅综合采用卫星遥感、无人机、人工智能、生态云等现代科技和信息化手段,强化问题导向、结果导向,全面摸排沿海地区海漂垃圾分布和组成规律,高效指导地市开展精准治理,科学直观评估治理成效,构建海漂垃圾"查、测、溯、治"全链条"云"管控,推动海漂垃圾问题从"有人管"向"管得住""管得好"转变,取得明显成效,人民群众临海亲海的获得感、幸福感、安全感不断提升。

二、案例具体做法

(一)案例详情

1. 查找问题

①卫星遥感摸排重点区域

通过时序卫星遥感影像数据,全面摸排沿海地区海漂垃圾分布情况,综合考虑功能区划、洋流等因素,生成海漂垃圾重点岸段库,并每年进行动态更新,为精准治理提供宏观数据基础。

2022年海漂垃圾重点岸段库共计413个岸段,总长约2577.23千米,其中A级岸段130个,长746.84千米;B级岸段159个,长1029.40千米;C级岸段106个,长714.66千米;D级岸段18个,长86.33千米。

②无人机航拍分析主要成因

使用无人机对重点岸段进行航拍,获取优于0.03米分辨率的航拍影像,采用软件提取和人工解译相结合的方式,提取海漂垃圾分布位置、组成成分、覆盖面积、平均分布密度等信息,结合周边污染源分布,分析主要成因。

如宁德市蕉城区三都镇三坪村至寒垄村岸段(中心坐标:119°46′21"E,26°35′11"N)长度2.92千米,海漂垃圾面积3369.44平方米,分布密度为1152.31平方米/千米,主要垃圾种类为渔业垃圾,其中泡沫浮球占90%以上。

2. 精准治理

①“云”推送重点岸段问题

通过生态云向沿海地市推送无人机航拍中发现的问题岸段清单,具体包括岸段位置、垃圾种类、覆盖面积、平均分布密度等信息,并提出具体工作要求,指导地方进行精准清理。

②实时“云”管控敏感岸段

对问题较为突出或者群众关注度高的敏感岸段,布设高清摄像头,并配套开发海漂垃圾调度系统App,开展实时“云”管控。采用人工智能算法对监控影像进行自动分析识别,通过App推送分析日报和预警信息,督促地方及时清理。

③“云”预测垃圾漂流轨迹

厦门市率先开发海漂垃圾监测预警预报系统,应用精细化海洋数值模型,每日对九龙江入海垃圾漂移轨迹进行预测预报,形成海漂垃圾海上运动轨迹及岸滩分布图,服务精准清理。

3. 成效评估

①直观展示治理成效

生态云平台提供治理成效评估功能,可在同一岸段形成治理前、治理中、治理后的对比图片,自动评估治理成效并形成台账,供管理人员于云端进行查阅核实。

②创立评价体系

采用无人机航拍解译数据,创立“重点岸段海漂垃圾平均分布密度”指标,用于评价地方海漂垃圾综合治理成效,使成效评价更加科学客观,已广泛用于福建省党政领导环保目标责任书考核以及其他各类专项考核中(图1)。

福建省生态环境厅文件

闽环保海〔2021〕3号

福建省生态环境厅关于做好2021年第一季度海漂垃圾无人机航拍发现问题整改的通知

沿海各设区市生态环境局，平潭综合实验区自然资源与生态环境局：

为贯彻落实省政府办公厅《关于进一步加强海漂垃圾综合治理行动方案的通知》（闽政办〔2020〕62号，以下简称《行动方案》）精神，持续推进沿海地区海漂垃圾精准治理，我厅组织开展了2021年第一季度海漂垃圾无人机航拍工作，有关情况如下：

－1－

附件1

2021年第一季度福建省海漂垃圾无人机航拍情况表

类型 \ 岸段长度（km）\ 地级市		福州市	厦门市	漳州市	泉州市	莆田市	宁德市	平潭综合试验区	合计（m²）
		16.34	6.06	17.90	5.66	8.52	13.00	5.08	72.56
渔业垃圾（m²）	废弃帆布	47.07	0.00	18.37	35.06	6.17	73.17	0.00	179.83
	废弃渔船	57.37	0.00	582.83	27.61	49.60	636.76	27.61	1381.77
	废弃渔网	106.13	0.00	72.45	248.91	63.69	730.17	46.71	1268.06
	木头	42.56	0.00	19.78	53.96	44.61	643.25	44.44	848.59
	养殖泡沫浮球	4072.89	51.17	8396.95	1584.93	170.49	2453.22	1498.10	18227.75
	贝壳	0.00	0.00	0.00	0.00	0.00	0.00	0.00	0.00
	废弃塑料布	69.05	0.00	13.04	29.24	25.01	304.44	13.23	454.02
	小计	4395.07	51.17	9103.41	1979.70	359.57	4841.01	1630.08	22360.02
工业垃圾（m²）	橡胶轮胎	9.48	0.04	1.40	8.86	1.46	104.58	6.29	132.10
	小计	9.48	0.04	1.40	8.86	1.46	104.58	6.29	132.10
建筑垃圾（m²）	废弃建筑垃圾	359.84	0.00	133.18	541.71	78.42	45.90	9.74	1168.79
	小计	359.84	0.00	133.18	541.71	78.42	45.90	9.74	1168.79
生活垃圾（m²）	废弃游泳圈	2.03	0.00	0.40	5.44	0.00	76.09	0.12	84.08
	垃圾袋	199.09	0.00	116.19	23.36	10.57	43.18	11.98	404.37
	塑料桶	3.54	0.00	1.22	0.51	0.96	227.17	0.04	233.44
	饮料瓶	0.68	0.00	0.40	0.16	0.20	37.11	0.20	38.75
	竹竿	5.57	0.00	0.00	0.12	1.68	287.75	0.00	295.11
	废弃家具	8.52	0.00	3.99	2.10	0.00	3.79	0.00	18.40
	小计	219.43	0.00	122.20	31.68	13.41	675.09	12.34	1074.15
自然垃圾（m²）	树枝	0.00	0.00	29.61	0.00	0.00	0.00	0.00	29.61
	水草	733.88	0.00	0.00	0.00	0.00	3.98	0.00	737.86
	小计	733.88	0.00	0.00	0.00	0.00	3.98	0.00	737.86
合计（m²）		5717.70	51.21	9360.19	2561.95	452.86	5670.55	1658.45	25472.91
分布密度RDD（m²/km）		349.85	8.45	522.96	452.70	53.18	436.18	326.34	351.07

分布密度（m²/km）

图1　“重点岸段海漂垃圾平均分布密度”指标

（二）实施效果

实施智慧治理后，充分调动了海洋渔业、水利、住建等部门合力推进重点行业领域源头减量，全省海漂垃圾源头管控力度明显增强；有效引导了地方全面组建“海上环卫”队伍，结合大数据开展精准清理，治理效率大幅提升。2021年共清理12.55万吨海漂垃圾，重点岸段平均分布密度为463.03平方米/千米，比2020年下降了46.56%，海洋自然景观和生态环境明显改善，中华白海豚频繁出现在福建厦门、宁德等地，“水清滩净、鱼鸥翔集、人海和谐”的美丽海湾景象逐步呈现。

三、案例创新点及建议

（一）案例实施的创新点

1. 分析更准确

采用卫星遥感、无人机航拍、高清摄像头等技术手段，构建天空地一体化监测网络，能快速锁定沿海海漂垃圾分布重点区域，具体分析重点岸段海漂垃圾组成和主要成因，相对于以往的人工踏勘，更加准确、快速、客观。

2. 管理更高效

通过生态云应用，实现各类信息共享，提供多维度分析研判结果，能更好地辅助科学决策；通过开发应用智能移动终端，实现任务快速下发、快速响应，显著提高日常管理效率。

3. 评价更客观

采用同一地点治理前、中、后的图片对比，直观展现治理效果；应用无人机航拍数据，创立重点岸段海漂垃圾平均分布密度，评估体系标准化，更具可比性和延续性。

（二）推广价值

1. 有助于高效解决海漂垃圾问题

由于地方政府重视程度不足以及人员短缺、资金缺乏等因素，目前我国大多数沿海地区海漂垃圾问题依然没有得到有效解决。福建省海漂垃圾智慧治理模式，通过各类技术手段应用，在生态云上实现数据信息可视化、预警调度智能化、操作模式简易化、后台管理高效化，缓解了地方人员资金缺乏问题，提供了一种事半功倍解决海漂垃圾问题的方法。

2. 有助于增强海漂垃圾综合治理大数据应用

福建省海漂垃圾智慧治理模式实现了卫星遥感系统、无人机航拍系统、视频监控系统、海洋数值预报模型等全方位设备、模块间的数据互通互动，推广后将获得沿海地区海量垃圾分布、治理以及成效等数据，有助于开展大数据多维度分析应用，更为科学地辅助管理决策。

3. 有助于提高海岸带生态环境管理水平

通过汇集卫星遥感、无人机、智能监控等海漂垃圾治理数据，推进海岸带生态环境管理相关业务、层级间的数据集成汇聚共享，为入海排污口管理、“美丽海湾”建设提供可视化监管参考，实现全局研判、协同治理，提高海岸带生态环境管理水平。

（福建省生态环境厅）

山东省生态环境大数据综合分析系统

一、案例概况

（一）实施背景

生态环境保护是发展问题，也是民生问题。现阶段，山东省生态环境工作取得了积极进展，但随着全省经济的快速增长，资源、能源消耗的持续增加，生态环境面临的压力越来越大。在当前形势下，山东省生态环境厅积极探索数字化应用和数字治理新模式、新途径，依托汇聚的海量生态环境数据，利用新一代大数据分析技术，充分挖掘数据潜在价值，以实现对环境质量和污染源的有效监管，满足现阶段生态环境保护具体业务需求。

2018年起，山东省启动生态环境大数据综合分析系统建设，历时3年建立起横向联动、纵向协同的数据资源共享共用体系，实现了山东省生态环境大数据基础框架搭建，对环境管理到环境质量提升，都起到了关键性助力作用。“生态环境大数据综合分析系统”在已建成的整体框架基础上，通过集成既有业务系统的信息化成果，对包括大气、水、污染源、固废、土壤、自然生态、海洋、环境执法、环境舆情等环境要素进行深度融合，以达到更精细化的环境质量分析与辅助决策。

（二）案例简介

生态环境大数据综合分析系统运用现代化信息技术手段，创新建立全景式生态环境形势研判模式，将大数据作为支撑生态环境管理科学决策的重要手段，加强生态环境质量、污染源、污染物、环境承载力等数据的融合关联和综合利用，全方位分析环保治理痛点（图1）。系统具备数据资源融合、环境污染成因分析、污染过程模拟、污染结果评估、污染态势研判等分析功能，具备典型事件情景构建和模拟分析能力，支持典型事件的复盘与结果评估，可以广泛应用于环境形势综合研判、环境政策措施制定、环境风险预测预警、重点工作会商评估等场景，实现“用数据决策”“用数据监管”“用数据服务”，更好地支撑生态环境决策科学化、治理精准化、服务高效化，提升环境保护参与经济发展与宏观调控的能力。

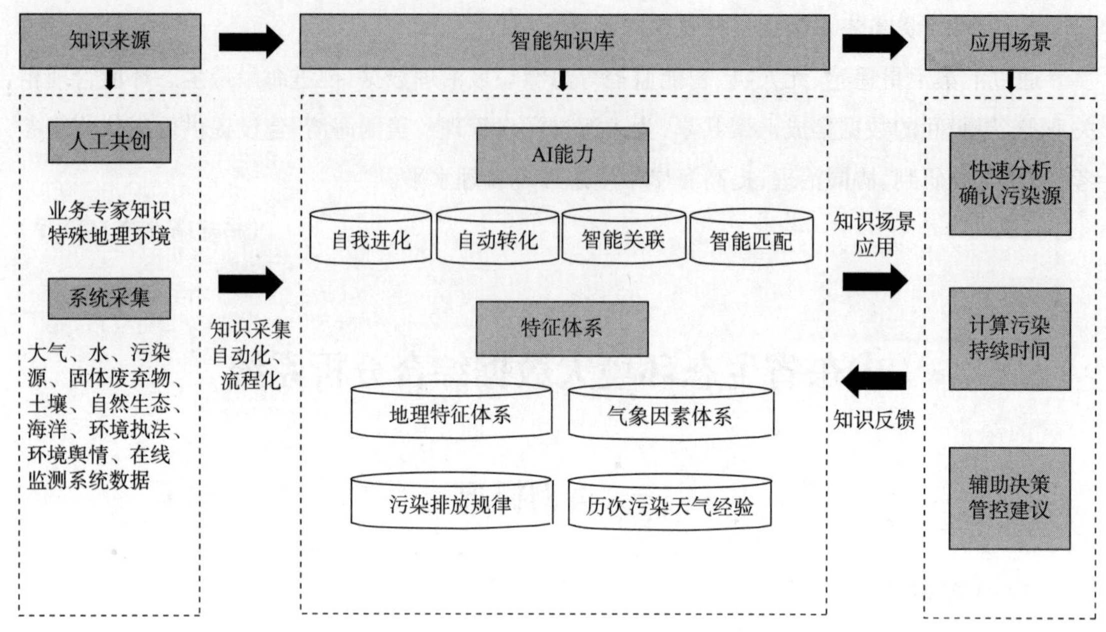

图1　生态环境数据综合分析体系框架

生态环境大数据综合分析系统汇聚了2008年以来375亿条数据,在各省级生态环境部门中最多,在应用实践中,形成了山东地方标准7项,项目建设技术规范10项。2021年4月,山东省委书记李干杰同志来山东省生态环境厅调研时专门查看了大数据平台,给予充分肯定,指出过去看似很难完成的工作,现在借助信息化手段很大程度上就能迎刃而解,要进一步加大信息化领域政策、资源等投入,整体提高生态环保信息化支撑能力,保障各项工作有效开展。在2022年年初重大活动空气质量保障期间,依托该系统建立了"锁定高值区—分析定重点—溯源查源头—开方促治理—实施提质量"工作机制,融合空气质量、污染源、走航等监测数据,创新开展空气质量高值区与周边污染源的关联分析,编制、报送空气质量高值区分析报告40期,锁定高值区366个,走航发现问题186处,在关键时间节点及时推送小时级高值热点超标风险提示,为省指挥部提供工业源排放控制、散煤燃烧替代、烟花爆竹禁燃禁放等对策建议,指导各地采取措施,对症下药,掐尖削峰,有效消除了300余个污染高值区,为成功完成保障任务提供了强有力的技术支撑。

二、案例具体做法

本次案例以大气环境污染过程分析、水环境污染分析两个典型业务应用场景为切入点,依托多元化生态环境监测手段,通过大数据分析技术,挖掘数据深层价值,探索环境污染监管与治理新模式。

1. 大气环境污染过程分析

大气环境污染过程分析主要基于实况污染空间分布、气象条件和污染排放数据，结合本地区环评、排污许可及重污染天气历史情况挖掘成果数据，依托生态环境大数据综合分析系统功能，对大气环境污染的成因、持续、结果进行全过程分析与预测，并辅助减排措施制定与综合决策。

当某地区发生污染过程时，首先根据本地及周边城市近期大气污染情况，结合气象条件，利用地图动态展示空气质量、风场和湿度移动轨迹，通过智能研判确认污染来自外部因素还是内部因素，再根据本地气象条件和污染源排放数据，利用智能知识库最终确认污染具体来源，同时结合超级站组分数据、各区县、站点污染物浓度高值区占比规律和小时变化特征数据，利用污染物浓度高值区规则库确认污染形成的具体成因。

确定污染成因后，先分析本地污染排放量增加是否会加重污染，再利用智能知识库分析未来气象条件是否有利于污染的扩散，最后，结合省内外风场轨迹变化、污染扩散系数、污染排放情况及相似污染天气历史扩散时间，推算污染持续时长。

污染过程结束后，分析本次污染对空气质量造成的影响及对全年的工作任务、空气质量保障带来哪些问题，明确哪些区域是下一步重点监控对象，同时根据此次管控措施跟踪分析后期产生的效果是否达到预期效果。

为更好精准管控，空气质量分析从城市集中到区县、乡镇站，并采用浓度与排放量并行分析模式，首先利用智能知识库实时预警、智能定位重点污染区域，再根据重点区域污染物浓度占比和企业减排情况，利用污染物浓度高值区规则库智能分析污染的具体成因，并借助无人机、高空瞭望、用电监管等物联感知手段精准筛选异常企业，同时，通过目标控制分析功能，快速推算此站点对本城市空气质量目标的影响程度，给出相应的管控建议。

2. 水环境污染分析

以断面水质超标为切入点，汇聚该断面汇水区相关站点水质、超标情况、产业布局、污染源分布、降雨等数据，展开大数据综合分析，形成“溯源产生数据，数据强化溯源”的大数据模式，同时分析水污染对周围环境及经济生活的影响。

当河流断面发生超标预警后，通过河流水质预测机理模型进行沿程分析，明确污染来源于上游还是由汇水区内部污染排放所导致。

首先，系统掌握河流断面水质超标首要污染物及超标前浓度、污染排放量变化趋势，并通过大数据分析挖掘历史超标特征成果数据做辅助分析，同时，通过点面源分布、行业分布，污染排放量变化趋势及近五年排污许可量发放和环评项目建设等方面整体了解汇水区产业布局情况。

其次，分析区域污染排放情况，根据首要污染物和超标前浓度变化情况，确定主要污染行业和超标成因的时间范围,再利用在线和自行监测数据分析成因前后企业排放量的变化情况,智能筛选出成因期间小时超标企业、排放量突增企业以及对应的排污大户。

再次,分析近期降雨情况,结合此区域入河排污口分布及历年降雨与水质超标关联关系,推算出降雨影响的概率。

然后,借助无人机热成像技术,识别是否存在偷排漏排的企业排口和入河排污口,再借助执法情况查看是否存在偷排、漏排案件,进一步缩小污染来源范围。

最后,通过点面源分布、行业分布,污染排放量变化趋势及近五年水环境承载力的变化趋势,结合对应年份的环评、排污许可数据找出影响水环境承载力的重点行业,合理规划产业布局,实现水环境污染防治与经济发展双赢的目标。

三、案例创新点及建议

(一)案例实施的创新点

1. 以环境质量结果分析大气环境污染的成因

山东省大数据综合分析系统在继承原有机理模型污染成因分析结果的基础上,根据近期的气象条件、周边城市空气站监测数据、本地近五年环评项目建设及排污许可证发放情况,并融合更多的环境指标和污染源排放信息进行综合分析,最终判断得出主要污染成因,依靠大数据分析手段,为污染防治工作科学决策、精准监管提供有力支撑。

2. 精准定位环境污染区间与重点管控区域

山东省作为工业大省,污染源较为集中,在不同季节不同时期都有对应的重点管控区域。通过大数据分析,计算出污染高发时段及高值地区,进一步确定主要排污污染区间,同时结合气象条件分析在不同时段、不同风力等外部影响下污染发生的概率,根据各城市自身情况,基于大数据形成地市级智能知识库。在下一年度工作中,提前针对污染高发时段及地区制定有效的管控措施,精准管控重点污染源,提高污染源管控的主动性、准确性和高效性。

3. 引入更多元的环境质量监控手段

根据环境质量监测对时效性和反应及时性的要求,单一固定的监测手段无法满足切实业务需要,本案例积极探索多元化环境监管新模式,借助无人机、高空瞭望、全面用电监控等非现场监管手段,实现环境污染快速跟踪,捕捉污染源违规、违法行为并及时取证。例如:利用无人机解决复杂环境、人员无法到达区域及夜间巡查难题,依托5G技术大速率、低时延的优势,搭载360度摄像头和热成像设备,通过昼夜不间断拍摄,实时回传红外监测和现场视频数据,为第一时间制定污染应对措施提供依据,同时,为确保减排企业措施执行效果,结合企业用电监控数据,全方位24小时智能监管减排企业的措施落地情况。

基于非现场监管全天候、全方位、全地形的特点，打造“生态环境监管多元化”模式。

4. 动态均衡环境保护与经济活动的关系

在重点管控期间，根据设定的空气质量目标，实时跟踪监控重点区域空气质量状况，智能预警异常站点，为切实保障重大活动期间空气质量，配合并借用无人机、高空瞭望和全面用电监管等监控手段，实时巡查异常站点周围情况，为制定减排措施提供更有利的依据。

通过目标控制分析模式，快速推算异常站点对本城市空气质量目标的影响程度及改善难易程度，同时，推算需要减排的污染源区域，全力保障可挽救的污染站点，为管控工作提供有效支撑。

（二）推广价值

经过连续5年的生态环境大数据深耕和积累，对于如何利用大数据分析的方式为环境质量监管提供数据支撑，山东省生态环境大数据探索出自己的一套理论。大数据综合分析方式的出现就是在保留原有业务分析理论的基础上，打破环境业务束缚，从数据的趋势性、关联性等客观结论出发，建立全景式生态环境形势研判模式，为环境监管决策助力。

（1）因地制宜，搭建定制化智能知识库。通过本次案例推广，结合当地地理、气象、经济等各维度数据，利用大数据深度挖掘手段，建立生态环境智能知识库，量身定做生态环境监管方式，为后续污染防治、环境监管提供决策支撑。

（2）创新大数据分析模式，建立结果反馈机制，通过借助历史大数据挖掘技术，实现“用数据决策”“用数据监管”“用数据服务”的模式，不但可以将每一次污染防治过程更全面地记录分析，还可以将监管的结果用来完善数据判断的不足之处。

（3）引入多元化监控手段，构建污染源全景式监管体系。引入无人机、高空瞭望、移动走航、用电监控等多元化监控手段，根据本次案例的经验积累、实践考验，在案例推广中，按照当地污染源监管现状，构建更为科学合理的污染源全景式监管体系。

（4）以目标为导向，制定合理解决方案。借鉴重大活动空气质量保障工作经验，可以更准确地定位问题、发现问题并给出最科学、最快速、最合理的应对方案。

（山东省生态环境厅）

重庆两江新区生态环境智能化风险防控体系

一、案例概况

(一)实施背景

重庆两江新区是继上海浦东新区、天津滨海新区之后,国务院批准的中国第三个、内陆第一个国家级开发开放新区,直管区域总面积约638平方千米,常住人口约100万。

党中央、国务院高度重视成渝地区发展。2020年1月3日,习近平总书记主持召开中央财经委员会第六次会议,作出推动成渝地区双城经济圈建设、打造高质量发展重要增长极的重大决策部署。中共中央、国务院印发的《成渝地区双城经济圈建设规划纲要》提出把成渝地区双城经济圈建设成为具有全国影响力的重要经济中心、科技创新中心、改革开放新高地、高品质生活宜居地。“高标准建设两江新区、西部(重庆)科学城等,重塑‘两江四岸’国际化山水都市风貌,打造国家重要先进制造业中心、西部金融中心、西部国际综合交通枢纽和国际门户枢纽”;“要共筑长江上游生态屏障,推动生态共建共保,加强污染跨界协同治理,探索绿色转型发展新路径”。

党的十八大以来,两江新区开发开放取得重要进展,经济综合实力明显增强,开放能级不断提升,开放型经济发展走在前列,为全市发展大局作出了积极贡献。以不到重庆市1.5%的土地面积,贡献了全市约15%的经济总量,成为重庆经济发展的主战场和重要增长极。

随着产城融合进一步扩展,生产、生活、生态“三生”统筹保护难度激增,全区呈现生态环境潜在问题多、安全隐患多、信访投诉多的态势。新区现有环境风险较大以上企业43家,风险企业数量位居主城都市区前列;危化品年使用量约为12万吨,工业固危废年产生量约为29万吨,含挥发性有机物生产废气年排放量约为480亿标立方,新型污染物质排放底数不清;嘉陵江两江新区段饮用水源地保护任务艰巨。传统污染防治和环境治理模式在体制机制、应急应对能力与手段、前瞻性预警预测、信息化管理水平等方面存在的痛点、盲点、堵点的现象日益凸显。

“十四五”期间,随着城市扩张和产业发展进程进一步加快,两江新区非属地化管理体制、产城高度融合的特性,“三线一单”落地落实、环境风险预报预警和环境应急处置、生态环境质量持续改善任务艰巨。

为深入贯彻习近平总书记关于发展数字经济的系列讲话精神,按照重庆市发展数字经济“十新”总体部署,两江新区加快了以“数字化创新引领、智能化融合示范、智慧化高品质生活宜居、大数据智能化创新”为主要目标的智慧两江建设,强化大数据智能化技术在全域生产生活各个领域的广泛运用,加快成为“智造重镇”“智慧名城”核心承载区和应用示范窗口,加快推进智慧政务、智慧环保、智慧城管、智慧交通、智慧社区等“智慧+”建设,生态环境大数据智慧管理系统同步开发部署。

(二)案例简介

生态环境大数据智慧管理系统于2021年10月底建成投用。系统以环境舆情与环境风险防控为主线,围绕大气、水、固(危)废、声四大污染防治领域,构建数据平台、技术平台和业务应用平台。建成生态环境数据资源中心,形成覆盖638平方千米的生态环境监测一张网,开发部署环境舆情与风控、大气环境、水环境、“固(危)废”、声环境等9个综合应用系统及辅助平台。以云存储资源和安全服务为依托,打通市、区级数据纵向共享通道;通过新区政务信息资源共享平台打通城管、应急安全、社会发展、交通等领域数据横向交换通道。采用云计算、物联网、机理模型、AI智能分析等技术对风险管控对象动态数据的集成融合、深度挖掘、关联分析,构建环境风险源动态预报预警体系,为环境应急业务监管、环境应急响应与处置提供技术支持。

二、案例具体做法

(一)案例详情

两江新区深刻领会习近平总书记关于筑牢长江上游重要生态屏障重要指示的重大意义,生态环境保护始终坚持“系统预防、源头防控、过程减排、末端治理”的环境方针,自觉把生态环境保护各项工作融入新区“两高”“两地”发展大局,坚持从全局谋划一域、以一域服务全局,推进生态环境感知、环评审批、排污许可管理、总量减排、企业风险管理与环境风险管控体系建设一体化统筹,进一步提高污染防治和环境风险防控与应急处置水平。

1. 强化环境风险数据治理

构建数据平台,采用支持、交换、自建等手段构建多源异构大数据系统与数据资源中心,将涉危、涉重、涉环境风险的工业企业中的61家涉水污染源、62家涉气污染源、43家固(危)废和43家较大以上环境风险企业作为环境风险数据治理的重点。采取空间数据模型融合技术将化危品、危险废物仓储设施、运输线路、雨污管网、应急事故池以及环境舆情投诉信息,可能受影响的居住区、文教区、饮用水源保护区、河流湖库、商务区等环境敏感受体信息融入系统,一一进行数据画像,立体勾画风险防控对象之间的要素关联影响和空间关联影响,形成环境风险网状静态数据底图;针对较大以上环境风险源、居民稠密区、饮用水源保护地等重要环境风险受体建立环境应急监测信息储备库,建立两江新区长江流域、嘉陵江流域环境应急空间与设施数据信息库、环境应急物资储备数据库、历史突发环境事件案例数据库、环境违法行为行政处罚数据库等。

聚焦长江、嘉陵江水环境安全与风险防控,深入实施水生态、水污染、水资源“三水共治”。开展梁沱、御临河国控断面、箭沱湾市控断面、133个区控手工监测断面、河湖水质体检等监测数据整合,同时以长江入河排污口查测溯治试点为契机,以河流为主线,在全区重点河流、湖库及雨水管网建立了30台不同类型水质自动监测设施,对河流湖库及管网进行动态监测,将排污口涉及的水质监测数据、水文数据、流域汇水面积、流域内涉水污染源,根据“源—迁—汇”的溯源路径进行关联分析,建立“污染源—水质”响应机制,实施精准溯源、靶向治污,确保悦来、梁沱等饮用水源保护地安全。

聚焦VOCs、臭氧、PM2.5等大气污染因子,深入开展数据汇交。以国控、市控、区控及微站、移动走航监测、雷达气溶胶等大气环境监测数据为基础,整合了新区气象数据、交通数据及各类涉气污染源排放数据,并通过与南京大学、中国科学院重庆绿色智能技术研究院等科研院所合作,初步建立了智慧监测创新研究机制,利用大数据技术形成“环境质量—污染源—治理措施”的响应模型,对区域的空气质量AQI以及污染常规6因子以及挥发性有机物进行各种尺度的多维度评估,初步实现溯源分析、预报预警和网格调度,推动从“人找数”向“数找人”工作模式转变。

聚焦固(危)废闭环管理,搭建固体废物综合管理平台,接入市局固废系统业务数据进行二次开发,强化产、储、运、处(含利用)全项全口径全流程闭环管控,实现从产生到处置全过程信息追踪。健全固危废联防联控机制,加强危险废物源头管理精细化、贮存转运规范化、过程监控信息化、设施布局科学化、利用处置无害化管理,杜绝非法转移、非法倾倒、非法处置行为发生。

2. 提升环境风险感知能力

结合水土、鱼复、龙兴新城环境风险防范体系建设,将环境风险单元、环境风险物质释放扩散途径、园区风险防控应急预案、企业周边环境风险受体分布等纳入网格化监测监控范围。重点针对工业园区、重点环境风险企业危化品仓库和危废堆场、集中式饮用水水源地、重要河流监测断面、敏感受体布设高清高架监控视频,实施24小时监控并接入两江新区生态环境大数据智慧管理平台,初步形成覆盖全域的生态环境监测感知体系,并采用VOCs走航监测、雷达气溶胶走航监测等立体监测手段获取数据。目前正深化以卫星遥感、超光谱无人机遥测等现代化监测手段,延伸深度、拓展广度,实现风险防控对象监测监控动态感知。

3. 提升环境风险应对能力

积极运用云计算、物联网、AI算法和模型模拟等大数据分析技术,实现生态环境数据的集成抽取、关联分析和深度挖掘,提升涉气、涉水、涉危废环境风险和污染事件的应对能力。采用AI智能识别技术,对新区全域烟火、泄漏、违法倾倒等环境风险和违法行为进行智能抓拍,并利用网格化监管体系进行环境事件快速处置;建立了全市首个区县级小尺度空气质量预警模型,既可实现两江新区未来7天污染要素逐小时精细化预报,又可预测污染物的空间分布、传输路径、传输特征,为大气风险防控和扩散影响分析奠定基础;根据"厂—站—网—河—岸—口"污染迁移路径,整合污水处理厂、泵站、管网、河流、流域、生态红线等多口径基础信息,建立了入河排污口水质变化与重点流域、集中式污水处理设施、工业污染源、城市生活源排放关联性分析机制,将入河排污口深度溯源与水污染治理、水生态修复、流域综合治理和城市基础设施规建管有机融合,实施清单化管理,提升综合管理效能,确保城市污水"三率"(收集率、处理率、处理达标率)保持在高位。

4. 提升环境智慧管理能力

平台以"工作数据化、数据可视化、识别精准化、分析智能化、调度网格化、管理数字化"为核心理念,采用"1+9+N"的模式,搭建1套环境感知体系,9个涵盖水、气、声污染防治、环境应急与风险管控等的管理子系统,N项扩展支撑系统与应用。实施《两江新区生态环境保护责任清单》《两江新区生态环境大数据智慧管理网格化运行办法》,以水环境管理、大气环境管理、固危废全流程监管,企业环境应急与风险防控信息化为应用重点,强化预警预报决策会商、环境应急与风险防控和网格化指挥调度。加强突发环境事件分析预判、预报预警和应急响应处置的技术支撑能力建设,防范化解各类环境风险,构建"纵向到底、横向到边"的多层级多部门环境风险协同管控责任体系。

(二)实施效果

实现环境数据大集中。数据平台共汇集环境质量、污染源、风险源、交通、气象、产业数据近1亿条,初步构建了两江新区空间地理信息基础数据库、工业企业产排污基础数据库、环境风险源基础数据库、环境敏感受体基础数据库,为系统技术平台和业务应用平台深度挖掘、关联分析和业务场景化应用奠定了坚实基础。加强了系统性防范区域性、布局性和结构性环境影响的数据融合。基于三线一单智检测服务平台,定量化落实非行政区划的两江新区范围内8个水环境管控单元、9个大气环境优先及重点管控单元、6个分区管控单元(工业园区)的环境质量目标要求、环境准入要求和园区环境准入负面清单,破解产城融合矛盾,推动协调型发展。

提升了日常监管和网格化管理效能。系统安装部署指挥调度综合大屏、PC管理端和App应用端,运行以来网格化推送问题的处置率达到96.2%;环境问题的发现率增加了75%,工作效率较传统"事中事后""双随机一公开"等巡查方式提高了60%。横向到边的"环评—监管—执法—应急与监测"业务联动进一步加强,纵向到底的行政区与开发区应急、城管、建设、公安、卫健委等多层级多部门协同监管的风险管控体制机制进一步健全和完善。

有机融入新区智慧治理体系。系统作为“智慧两江·城市大脑”生态宜居和社会治理板块的重要组成部分,在新型基础设施建设、构建智能化感知预警、网格化集约管理、一体化联动共治等方面,走出了一条管理手段、模式和理念探索与创新之路,源头预防、精准管控、数据共享、治理协同,在生态环境高水平保护、推动两江新区高质量发展中不断深耕厚植。

三、案例创新点及建议

(一)案例实施的创新点

两江新区初步实现了直管区638平方千米水、大气、噪声、固废等全区域覆盖,监测、监管、治理全过程管理,职能部门、街道和园区全方位联动。提升了智慧手段支撑生态环境保护的方法路径和算法能力,提升了多源异构数据的汇交能力、计算能力和挖掘能力;提升了污染防治行政监管能力和环境治理能力。

1. 区域小尺度微观环境风险全要素全方位管理

数据平台建立“监测一张网”,融合了环境质量、污染源、气象、交通、产业等基础信息、监测监控数据和两江新区空间地理基础信息,对重点行业和重点企业的大气特征污染物、涉危涉重涉环境风险的水污染物、环境舆情与风险管控、危险化学品和危险废物等全方位覆盖、全过程监管,重点风险企业数字画像精确到厘米级,实现企业产废环节、风险部位、运输路线、排污管线、扩散路径等实景展现,开展周边风险受体关联影响空间分析,对潜在的环境风险实施精准管控,精量治理。

2. 区域环境风险联防联控协同治理

聚焦环境安全,着力在风险防控领域实施“网格化监测”和“网格化监管”,按照“职责对应、属地管理、分级负责、责任到人”的原则,建立风险防控“装置级—企业级—园区级—流域级”由点及面的四级责任体系,将危险化学品使用、危险废物产存运处形成风险管控问题清单和责任清单,通过政务信息资源共享平台交换风险点源基础数据、环境监测数据和环境舆情与投诉数据。进一步增强“环评—监管—执法—应急与监测”等业务联动,行政区与开发区应急、城管、建设、公安、卫健委等多层级多部门协同监管,构建“纵向到底、横向到边”的风险管控责任体系。

3. 区域小尺度空气质量预报预警体系

系统运用“云+超算+大数据”一体化技术,以数据平台监测数据和排放源清单为基础,建设空气质量预报模型(WRF-CMAQ)、区域尺度溯源预报模型和小尺度污染溯源及过程分析模块(LPDM),开展两江新区未来7天168小时污染要素逐时精细化预报,预测污染物的空间分布、传输特征，厘清污染物各个物理过程的贡献。初步实现对不同网格、不同行业的污染排放源特征贡献清晰解读，为大气污染物分布规律、分布区域、传输通道、传输特征、内外源贡献的分析提供数据基础，精准提出大气污染控制对策措施，增强应对PM2.5、臭氧及环境舆情与投诉处理的系统性、针对性和及时性。

（二）推广价值

建设数字政府赋能数字经济发展。生态环境大数据智慧管理系统的开发部署作为维护高质量发展的绿色本地、保障维护环境安全的具体举措，以“政务云+大数据”的融合为“数字政府”塑形；运用大数据、云计算、人工智能等新一代信息技术，对多源异构数据进行整合、共享和开放，打破数据孤岛、汇集信息碎片，畅通共享渠道，实现开发开放新区污染防治和环境治理多层级多部门的业务协同。

运用数字手段助推双城共筑长江上游生态屏障。两江新区、天府新区集聚了“双城”最精华的产业板块、开放要素、创新资源、开发空间，重庆市中心城区及27个区县，四川省成都市及15个市山水相连，共处长江流域及嘉陵江流域，面临的环境压力、环境问题基本相同。运用云计算、物联网、人工智能等先进信息技术，探索和创新生态共建共保模式，围绕完善跨省市环境监测网络、实施联合预报预警、建设跨省市环境质量信息交换平台、完善饮用水水源地风险联合防控体系、建立健全固体废物信息化监管体系、建立共同预防和处置突发环境事件机制等中心任务，大力提升生态环境感知能力、数据集成挖掘分析能力、互联共享能力、联防联控能力。建设标准一致、规范一致、尺度一致、要素齐全的区县级生态环境大数据智慧平台，为率先打通跨地区、跨流域、跨层级的数据互联、业务协同，继而实现“双城”区县级—地市级—省级（直辖市）三级生态环境智慧管理平台的互联互通，有力支撑“双城”共建生态网络，共抓生态管控、污染跨界协同治理、探索绿色转型发展新路径提供了可借鉴的技术路线。

（重庆市生态环境局两江新区分局）

生态环境大数据资源中心助力云南省环境管理能力现代化

一、案例概况

(一)实施背景

近年来,随着大数据、云计算、物联网、移动互联等新一代技术的日趋成熟,为政务管理带来了更为高效、智慧的能力支持,通过新技术的应用促进政务管理、辅助政务决策成为新的趋势。为此,国务院、生态环境部相继出台了《国务院关于印发促进大数据发展行动纲要的通知》《关于印发生态大数据建设总体方案的通知》等促进环境大数据发展的政策文件,为生态环境大数据建设提出建设要求和指导意见。云南省统筹“数字云南”建设,构建“数字社会”,将“数字环保”列为了重点工程,要求加快发展数字环保智慧化服务体系建设。同时发布《云南省人民政府办公厅关于重点行业和领域大数据开放开发工作的指导意见》,将生态环境大数据开放开发应用示范工程列入云南省重点行业和领域大数据开放开发工作重点任务分工表。

一直以来,云南省生态环境厅高度重视生态环境信息化建设,为支撑各项生态环境业务管理工作建成了多套业务系统。由于建设时间较早,各应用系统架构不一,系统之间数据互不相通,随着生态环境管理模式逐渐趋于多部门协同联动,数据孤岛问题逐渐暴露。

在新技术、新政策、新需求的背景下,省生态环境厅对环境信息化建设现状、数据资源情况进行梳理,持续推进统一标准规范、统一数据治理、统一数据运营,围绕数据资源的采集、梳理、储存、应用、共享等方面进行深化应用,构建“1+N”与“一纵三横”的全省生态环境大数据建设模式。

(二)案例简介

云南省生态环境大数据资源中心通过制定云南全省生态环境部门通行的数据标准规范,建立适应云南全省的生态环境大数据数字大脑,是全省生态环境信息资源、数据标准规范体系和数据共享目录落地的技术支撑平台,实现数据从产生到采集、治理、入库存储、开放共享的全生命周期资产化管理,形成纵向贯通部、省、州(市)、区(县),横向联通云南省发展和改革委员会、云南省气象局、云南省市场监管局、云南省自然资源厅等部门的数据共享格局。

通过标准规范、数据采集、资产管控、挖掘分析、共享交换、产品管理、运维监控等能力建设,围绕生态环境数据资产的“汇聚、管控、挖掘、服务”四大过程,盘活数据的全过程运营和价值化服务,形成数据汇聚“全域化”、数据管控“可视化”、数据挖掘“智能化”、数据服务“开放化”的生态环境大数据能力体系,并实现省、州(市)两级数据联动,向厅内外、州(市)推送数据服务。

同时基于海量数据资源,开发生态环境厅大数据资源中心移动应用,从之前的数据在系统中被动查询,到数据主动推送及建议,根据客户的标签、使用习惯、地理位置进行精准推送,主动向用户展示其希望了解的生态环境质量和生态环境管理情况。解决了数据信息只能被动查询、使用率不高、数据完整性不高等问题,真正实现用起来、有黏性、能辅助决策。

二、案例具体做法

(一)案例详情

1. 建设模式

云南省生态环境大数据资源中心采取“1+N”与“一纵三横”的建设模式。“1+N”即一个云南省生态环境大数据资源中心和N个州(市)级生态环境数据分中心。“一纵三横”即:“一纵”基于云南省生态环境大数据资源中心,向上与生态环境部实现数据互联共享,向下与州(市)、县(区)实现数据互联互通;“三横”即通过云南省生态环境大数据资源中心、州(市)、县(区)级环境数据分中心横向实现与同级其他政府部门间的跨部门数据共享交换。

2. 建设内容

云南省生态环境大数据资源中心围绕生态环境数据的“进、治、管、出”核心需求建设,具体内容包括信息化标准规范体系、数据采集管理、数据资产管控、数据挖掘分析、数据能力开放、数据产品管理、大数据分析应用、统一移动应用门户及运维监控中心。

1)信息化建设标准规范

信息资源规划用于指导后续数据源、资源目录建设,是数据管理、业务系统体系建设的重要参考。同时针对生态环境大数据建设运行涉及的技术、数据、管理、安全等要素,建立一套完整的生态环境大数据标准规范体系,用以指导及规范各项数据服务工作的有效开展。

2)数据采集管理

依据生态环境数据资源分布的形式和特征,构建全面的数据资源采集模式,通过大数据资源中心的数据采集能力,结合完备的数据质量控制手段和采集过程监控手段,实现海量生态环境大数据的稳定、有序采集。

3)数据资产管控

在基于对生态环境信息化建设业务理解的基础上,以“资产”的理念看待数据,构建数据管理能力,通过元数据管理、主数据管理、数据资源目录管理分别实现数据底层的规范化管理、主数据的统一管理和信息资源结构的透明管理,打破以往数据黑箱,并通过数据资产地图完成数据资源摸底,提升生态环境管理部门的数据感知能力,通过数据标签服务和数据指标服务进一步支撑数据资源高效利用。

4)数据挖掘分析

基于业务特点,结合生态环境管理需求分析提炼业务特征模型,建立数据分析算法与模型库,形成数据分析能力,同时集成多种数据智能处理工具,打造敏捷的数据加工与利用能力,以数据分析结果驱动业务运转,能够为各类上层业务系统提供直接可用的分析结果数据源。

5)数据能力开放

突出开放性,对外提供标准、可靠、开放的数据服务接口,使生态环境数据关联方(内部单位、外部单位)均可快速获得数据共享服务,同时构建数据开放共享审核机制,赋能生态环境数据管理部门,使数据管理部门主导数据开放的审核管理工作,实现数据依规开放、有序共享。

6)数据产品管理

生态环境管理部门各类数据衍生产品是数据分析应用能力的载体,围绕已有的数据产品开展分析能力集约化设计,打造数据产品开放超市,对各类数据产品进行上架管理,在统一平台上为生态环境管理部门各机构提供丰富、便捷的成果应用。

7)大数据分析应用

在高质量数据基础之上,构建立体全景式大数据分析平台,将历史管理经验与智能AI算法相结合,摸索污染物时间、空间变化规律,发现环境质量异常变动,实现污染源精细化管理和决策分析,提供科学支撑,精准发现偷排漏排、数据作假等违法行为,实现由"经验判断"向"数据决策"转变。

8)统一移动应用门户

通过统一用户权限、应用集成方式,将全厅移动应用归集为一个移动平台。同时对数据产品进行文本识别、标签处理、相关推送算法等处理后,通过对用户、环境、数据信息的匹配,达到让数据自动找人的目的,实现数据价值最大化。

9)运维监控中心

建立统一的运维监控中心,对数据仓库运行状态、应用运行状态进行实时监控,帮助环境管理部门掌握各业务系统健康状况,及时完成对超阈值指标的响应处理,保障各项功能的健康与稳定。

（二）实施效果

1. 环境业务系统建设有章可循

在生态环境大数据建设过程中，制定了一系列标准规范、规章制度、管理办法来保障大数据建设成果得到完整应用。在环境基础信息编码、数据库设计、环境信息接口、环境信息资源目录体系等相关标准应用之后，全省各类生态环境业务系统建设需根据标准规范进行，通过系统测试、项目验收环节对信息化系统的上线运行进行严格准入，充分保障全省生态环境信息化建设整体的标准统一，有利于不同生态环境部门之间的业务协同与数据应用。

同时通过发布《云南省生态环境数据资源管理办法》《云南省生态环境系统数据资源共享与交换管理办法》《云南省生态环境信息化建设管理办法》《数据资源共享交换管理细则》等管理办法与细则，对全省生态环境数据资源管理与共享交换做出统一规定，确保了“1+N”“一横三纵”环境数据体系格局的有效落地。

2. 生态环境数据资源动态治理

引入数据治理方式方法，在云南省生态环境大数据资源中心建设完成之后，通过长期化、动态化的数据治理服务机制，对各类生态环境数据资源“源头活水”不断进行治理管理。一是实现了省厅41套业务系统近50大类数据资源的采集整合，现有数据总量达到6.37亿；二是完成了10类数据资源目录的动态更新维护，定义49类二级目录、104类三级目录，实现各类数据资源动态采集更新。

通过数据治理服务机制，实现从数据资源规划到数据共享监控全流程、全方位的保障，为数据分析和数据挖掘等数据应用工作打好基础；同时开展数据运营服务，全面进行数据质量分析和业务分析，发挥数据价值，驱动业务流程再造。

3. 多级生态环境数据资源共享

形成了“1+N”“一横三纵”的全省环境数据资源建设模式。向上基于云南省生态环境大数据资源中心，提供面向生态环境部信息系统的统一接口，向下为各州（市）提供国发、省发业务系统数据来源，更利于地方环境管理。同时探索数据资源分中心机制，试点昆明、普洱、红河、西双版纳等数据资源分中心建设，完善“国家—省州（市）—县（区）”纵向环境数据资源互通和横向跨政府部门间数据共享能力。

自生态环境大数据资源中心建成以来，解决了以往数据联动、数据共享存在的壁垒难题。通过资源中心共享回流生态环境部数据12万条；接入外厅局部门数据626万条；实现厅内各业务系统、云南省生态环境工程评估中心、云南省生态环境科学研究院、丽江市生态环境局、保山市生态环境局、文山州生态环境局、昆明市生态环境局、普洱市生态环境局、楚雄州生态环境局、红河哈尼族彝族自治州生态环境局、西双版纳州生态环境局等单位相关业务系统的数据回流和数据源支撑。平台开放主题数据16个，接口开发量达到493余个，接口累计被调用1200余万次,日均调用3万余次。

4. 实现环境数据资源挖掘分析

生态环境大数据资源中心积极响应国家要求,将当前信息化发展成熟的大数据技术与生态环境管理相结合,加速推动环境信息资源的开发利用,加工生态环境数据资源,对环境管理中看似相互之间毫无关联、碎片化、反映问题某个方面表面现象的信息进行智能分析,从中发现趋势、找准问题、把握规律,说清生态环境现状及其变化趋势,提高环境形势分析能力,以打赢污染防治攻坚战为根本目标,动态跟踪当前环境质量目标的达成情况,以创新的环境管理手段实现生态环境管理部门"用数据说话,用数据管理,用数据决策",提高管理决策水平。

5. 形成统一生态环境移动应用门户

一方面,通过生态环境移动应用门户,实现了对全厅各类移动业务应用统一"一个归口"的管理,全厅用户一次登录即可对各移动业务应用中相关信息进行查询和办理。移动应用门户同时提供可持续的移动端集成开放能力,支持基于门户实现各类新建移动应用的快速部署、统一权限管理、单点登录和用户信息集成。

另一方面,移动应用可根据用户的标签、使用习惯、地理位置等进行分析,主动向用户展示其希望了解的生态环境质量和生态环境管理情况,解决了数据信息只能被动查询、使用率不高、数据完整性不高等问题,增加用户的使用频次,提高用户对应用的使用黏性,辅助做出相关决策。

三、案例创新点及建议

(一)案例实施的创新点

1."破":突破环境数据资源壁垒烟囱

云南省生态环境大数据资源中心的建设,较好地解决了以往多个业务系统间形成的数据孤岛和信息化呈现烟囱式发展的问题。通过制定全省通行的生态环境信息化建设标准规范,对环境数据资源共享、数据运营制定相应管理办法,将规范和制度引入全省生态环境信息化建设过程,配套长期有效的数据治理运营服务模式,确保全省生态环境信息化建设发展一盘棋,进而打破传统信息化业务系统建设存在的数据壁垒,实现环境业务信息化支撑的"高内聚、低耦合"。

2."联":实现数据横纵双向互联共享

通过"1+N""一横三纵"模式建设,云南省生态环境大数据资源中心完成了"对内对外""横纵双向"的数据共享交换应用场景。对内主要体现为云南省生态环境厅各业务应用的具体支撑,通过对存在于物联监测、环境业务系统、人工填报等业务系统数据资源的统一采集、清洗、存储与管理，形成环境数据资源“一套数”，支撑业务系统之间的数据共享。对外主要体现为“一横三纵”的数据资源共享交换模式，横向实现全省各级生态环境部门与外部门单位生态环境数据的共享交换，纵向实现与生态环境部、各州（市）、各县（区）生态环境部门数据的共享交换。

3.“用”：提升环境数据复用管理能力

基于生态环境大数据资源中心提供的能力，对数据资源进行采集、治理、形成统一资源目录，为各业务部门的上层业务应用系统提供统一数据支撑，从而实现数据的快速复用。同时，基于持续的数据治理服务，为各业务部门预留数据采集和数据共享的空间，满足各业务部门各类生态环境数据资源的使用和共享需求。

4.“减”：减轻业务系统数据工作压力

通过以生态环境大数据资源中心构筑的数据基础，为全厅后续新建的各类业务系统提供数据和业务上的能力支撑，信息化业务系统在建设的时候只需要关注新的数据源的产生和处理，从而减少业务创新对业务数据的前期采集整合工作，降低业务部门在数据环节的处理工作量。

5.“拓”：拓宽环境数据资源协同体系

通过数据资源目录构建，对数据间的关联关系进行分析，构建数据图谱，将生态环境图谱应用于各类环境业务的具体分析场景，拓宽数据在不同业务、不同场景之间的关联关系，数据不再局限于单一业务、单一部门，实现数据之间的关联关系和业务协同扩展。

（二）推广价值

1. 全省通行的生态环境信息化标准规范

信息化建设，标准先行。尤其是生态环境信息化相关的标准规范，不仅仅需要对信息化技术的理解深刻，还需要深入了解生态环境管理业务实际情况，才能够制定出符合要求的标准规范。云南省生态环境大数据信息化建设相关标准规范，经过3年间从无到有、从有到丰，通过不断地与全省环境业务管理实际情况磨合，量身定制，已经建立起了一套涵盖数据和业务多方面的标准规范，形成环境数据应用和各环境业务信息化相关能力支撑。

2. 持续动态的环境大数据运营模式

生态环境大数据建设并非一蹴而就，还需要长期有效的数据运营和治理服务模式才能够保持大数据平台的活力。通过持续的环境数据治理工作，根据环境业务变化不断优化完善数据标准规范、研究数据需求、编制资源目录、提供数据运维、把控数据质量，形成数据运营管理制度规范，保障环境大数据运营模式的持续运行。

3. 多级数据互联共享管理

云南省生态环境大数据资源中心统一了生态环境数据出口,外部门需要调用生态环境数据时,仅需要从大数据资源中心获取数据,实现从“多对多”到“一对多”的转变,实现数据横向与外部门共享与纵向上传下达,极大程度提升云南省生态环境数据服务质量。

4. 强化数据运用能力和管理能力

以数据为导向,相较于传统应用系统各自为政、独立管理的形式,将现有数据进行统一汇集、梳理、储存的思路,从宏观统筹角度出发,管理数据资产,强化云南省生态环境厅对各信息系统的管理能力,直观了解各系统使用情况、数据产出、数据应用情况等,为应用系统的监控及运维提供支持,进一步提升系统的价值。

(三)未来展望

通过大数据手段助力全省生态环境管理现代化,还需要从数据治理、数据分析、数据服务、系统支撑、领导决策等多个方面不断进行投入和完善。云南省生态环境大数据资源中心未来将从以下几个方面提升自身能力。

推进数据治理。持续提升数据治理能力,建立长期持续的数据治理、数据生产工作机制。

研发数据模型。以生态环境数据为基础,结合实际业务需求构建分析模型,辅助环境业务管理,助力水、气、土壤、固废等污染防治业务信息化场景应用支撑。

丰富数据产品。丰富数据维度和数据集,提供更为全面可靠的数据产品,围绕生态环境管理业务的新需求,开展生物多样性、双碳等数据产品的生产和应用。

业务构建运维。以生态环境大数据资源中心为数据底座,提供面向环境业务信息化开发的通用组件服务,促进业务系统的快速构建及使用,统一运维、统一建设、统一管理。

智能决策支持。促进数据应用智能化决策转型,为辅助领导决策管理提供科学依据和有力支撑。

(云南省生态环境厅)

杭州环保E企管，高效服务与精准监管双向融合

一、实施背景

（一）上级有部署要求

中共中央办公厅、国务院办公厅印发的《关于构建现代环境治理体系的指导意见》，省政府出台的《关于建立健全环境污染问题发现机制的实施意见》，均明确要求创新生态环境监管模式，构建人防、物防、技防结合的问题发现机制，精准打击各类污染严重、性质恶劣、影响重大的环境违法行为。

（二）杭州有先发优势

杭州市大数据、云计算、人工智能等数字技术和产业起步较早，市委市政府从2016年开始建设"城市大脑"平台，数字赋能城市治理现代化，在全国首创"健康码"和"亲清在线"等数字化服务平台，助力疫情防控和复工复产。去年年初习近平总书记在杭州考察时给予充分肯定，并要求杭州市在建设城市大脑方面继续探索创新，为全国创造更多可推广的经验。

（三）基层有现实需求

目前，基层环境监管力量普遍较弱（杭州市执法人员178名），企业污染防治主体责任落实不够自觉，面临"执法难"和"守法难"两大困境，亟待运用物联网技术、大数据分析等非现场监管手段，提高执法效能，提升服务水平。

二、案例简介

该应用集成污染源在线监测、排污许可证管理等环保业务数据以及电力（治污设施用电监控）、公安（易制毒品）等数据，从污染排放、执法监管、公众监督、环境安全等4个方面制定赋码规则，赋予企业"红黄绿"码，一码贯通"服务"与"监管"两端。在服务端为企业输出问题清单，自动提醒整改，引导企业实现自律守法；在监管端对服务后仍然发生的环境违法犯罪行为进行识别和处置，实现精准监管与高效服务双向融合。

截至2021年12月31日，已覆盖12128家企业，提醒问题46406次，有效预防企业违法违规行为为502家次，发现并查处环境犯罪案件7起。

三、具体做法

服务端设在“浙里办”,包括2个子场景。一是守法指引,建设3个模块。“学法积分”模块中,企业学习法律法规和典型案例获得积分,积分可用于违法行为被处置时抵扣部分处罚金额。“自查体检”模块中,企业对照应用推送的常见问题清单(污染治理设施巡查、风险源应急设施巡查等4项),开展守法自查。“自动提醒”模块中,应用根据企业排污口在线监测、治污设施用电监测等方式发现的问题(如排污废水量超标、排污许可证即将到期、治污设施故障等),自动向企业推送预警,提醒企业关注并整改,避免升级为违法行为。截至2021年12月31日,已自动发送48879条提醒消息,企业自我整改48429条。二是整改闭环,建设3个模块。“环境医生”模块中,对“守法指引”子场景发现的问题,免费提供环境医生诊疗服务,对红码企业提供一对一转码方案,截至2021年12月31日,已提供58份环境医生诊疗方案。“中介超市”模块中,在环境医生开出诊疗方案后,对整改落地需要的环境第三方服务机构进行归集评价,包括环评机构、环境监测公司、危废处置单位等5类185个,公布有不良记录的中介机构黑榜。“转码归档”模块中,企业在问题整改后自动转码,环保档案实时自动归集。

监管端设在“浙政钉”,包括2个子场景。一是非现场监管,建设2个模块。“分色管控”模块中,对服务端逾期不整改的行为进行识别,转黄码警告或转红码重点管控。“智能分析”模块中,可识别不符合污染物排放规律的异常数据(污染物排放超标后突降至达标、排放浓度恒定且不超标等),自动匹配同时段视频监控,输出干扰排口监测设备、逃避监管等环境违法犯罪线索;同时,可关联上游危险化学品购买数据(公安易制毒系统)和下游废弃危险化学品处置数据(环保危废转移系统),输出可疑的偷排废弃危险化学品环境违法犯罪线索,推送给相关执法部门,在疫情防控常态化条件下实现对排污企业的非现场监管。二是执法处置。非现场监管输出的重点管控名单和执法线索通过浙政钉“互联网+监管”系统派发线下核查任务,发现违法行为实施处罚或移送公安对,对结果反馈并进行转码,同时根据企业在服务端学法获得的积分情况为其减轻处罚,通过自动提醒、环境医生等模块督促、帮助企业整改闭环,直至恢复绿码。

四、实施效果

(一)监管提质

通过数字化手段实施分色管控、精准执法,实现数据多跑路、人员少跑腿,执法效能大幅提升。“环保E企管”上线以来,全市非现场检查比例明显提高,在环境违法案件数量下降24%

的同时，从严查处了一批大案要案，先后引导查处环境犯罪6起，14名犯罪嫌疑人被刑事拘留。

（二）企业获益

去年以来，“环保E企管”累计线上预警提醒31481次（包括提醒企业及时完成应急预案备案更新415家、许可证到期申领83家、环境风险源自巡查212家、辐射企业巡更打卡65家、环境信用评价修复427家），服务企业普法答题3215家，提供环境医生诊断报告51份，防范企业发生行政处罚1900万元，助力企业减排、减负。

（三）群众有感

“环保E企管”上线以来，红码企业由0.8%降至0.5%，黄码企业由6.8%降至5.7%，企业环境治理水平得到整体提升。全市环境信访投诉总量同比下降约12.3%，第二轮中央环保督察信访总数较第一轮下降40%，群众身边环境问题得到较好解决；环境质量稳中有升，市区PM2.5平均浓度同比下降3.7%，市控以上断面水质Ⅰ~Ⅲ类比例为98.9%、同比上升0.9个百分点。

五、创新点

（一）建立环境保护政企良性互动机制

改革前，政府发现企业环境违法行为，根据违法情况直接进行处罚；改革后，通过应用，建立政府事先提醒、企业自我整改、教而不改再处罚的互动机制，减少了企业非主观意识违法行为。从80多部环保法律法规和上百个典型违法案例中匹配相关信息推送企业精准学习，清单化的自查体检清晰地告知企业守法边界，通过数据协同自动提醒企业自身难以发现的潜在问题；企业整改有困难时，通过“一对一”环境医生的“开方”和优秀第三方服务机构的“送药”，一站式帮助企业解决环境问题，改变了过去以罚代管、罚而不管的现象。

（二）构建生态环境非现场监管模式

印发《浙江省生态环境保护非现场监管工作指南（试行）》，通过物联感知、远程监控、线上固定证据（包括监控视频影像和排放数据曲线）等手段，推动监管模式从现场检查为主向非现场监管为主转变；通过分色管控、模型算法输出线索的手段，执法人员从蹲点守候、经验判断的执法方式，转向精准执法，大幅提升执法效能。

（杭州市生态环境局）

马鞍山市智慧环保建设服务项目

一、案例概况

(一)实施背景

马鞍山市智慧环保建设服务项目是属于智慧城市五大领域之一的生态环境保护领域要求建设项目,符合国家生态文明建设总体要求,也是积极推动生态环境质量总体改善目标实现的重要手段。同时,为适应新时代生态环境改革发展及业务管理变化新需求,环境基础设施集约化、环境信息服务一体化、环境业务应用平台化、环境管理决策科学化等信息化建设新要求已是大势所趋,信息化改革和创新发展是必经之路,这就要求政府运用新一代信息技术创新生态环境工作,加快推进新技术与生态环境融合发展,逐步构建生态环境"大平台、大数据、大系统",形成统一集中、协同共享、创新引领的生态环境信息化发展新格局,全面助力打赢打好"十四五"升级版污染防治攻坚战。

在此背景下,马鞍山市生态环境局申报并获马鞍山市发展与改革委员会通过了《马鞍山市智慧环保项目初步设计方案》,推动生态环境管理水平迈上新台阶。马鞍山市智慧环保项目总投资2.13亿元,在完善监测一张网方面,完成了全市15个地表水环境、14个大气环境(1个VOC)、10个声环境、1个辐射环境质量监测点及168个环境空气小微站建设,对全市生态环境质量自动监测;实现对全市116家重点排污单位污染源的在线监控,对9个省级以上工业园区,90家企业840个污染治理设施、监测站房、排放口、危废库等重点部位以及4个县级以上饮用水源地开展视频监控;通过14条机动车尾气检测线、10个机动车道路遥感监测点(另有10个在建)、1000个柴油机动车OBD,实现对机动车尾气排放的全过程监管。建设完成了15个入河排污口在线监测系统(另有15个在建)。在智慧环保业务应用方面重点完成物联网监测数据接入与物联网感知平台、大数据处理中心、智慧环保业务应用软件平台、配套硬件系统建设以及指挥调度中心装修工程等建设。

(二)案例简介

马鞍山市智慧环保建设服务项目充分利用新一代信息技术,通过"天空地一体化监测网络",全面摸清环境质量状况,开展环境风险预警,研判环境形势发展,加强环境综合执法,提高政务服务水平,在国家生态环境数据回流共享和环保管家科技服务支撑的基础上,建立马鞍山生态环境指挥调度平台和移动监管平台,形成与现代环境治理体系相协调的信息化能力,为马鞍山市生态环境高水平保护和社会经济高质量发展提供支撑,推动马鞍山市生态环境信息化水平达到“全省领先、国内一流”的水平。

马鞍山市智慧环保建设服务项目总体设计建设内容为“8421”，即八网络、四中心、两平台、一张图。“八网络”即水环境监测网、大气环境监测网、土壤环境监测网、噪声环境监测网、辐射环境监测网、固废监测网、污染源在线监测网和生态环境监控网等，形成全市综合一体化生态环境感知网络。“四中心”即大数据处理中心、综合分析中心、电子政务中心、公共服务中心，通过环境数据的汇聚、整合、分析、开发和利用，提升环境管理部门的政务服务和公共服务能力。“两平台”即生态环境智慧监管平台、生态环境智慧监管移动平台（App），为公众、企业、政府提供个性化、专题化的生态环境服务平台，提高全市生态环境监管、预警、分析、调度、公众监督等工作处置效率。“一张图”即生态环境监管一张图，基于地理信息系统，对马鞍山生态环境大数据及其融合分析挖掘结果进行多维度、多方式、全景可视化展示。

二、案例具体做法

（一）案例详情

马鞍山市智慧环保建设服务项目建设任务包括了软件系统建设、配套硬件设施、指挥调度中心装修工程、运维管理服务等内容。

1. 软件系统建设

（1）八网络接入（物联网数据接入与感知平台建设）：整合马鞍山市目前已有生态环境监测点位数据，重点梳理现有的接入数据内容，并按照接入标准规范，建设统一的物联网感知平台，融入城市感知体系。

（2）大数据处理中心建设：建设大数据处理中心，实现全市生态环境数据的广泛且有效的收集与管理，并充分挖掘数据价值，发挥数据作用，强化数据分析服务与共享能力。

（3）业务应用中心建设：形成一个综合业务应用中心，囊括全市环境监管业务，实现业务深度分析与监管协同应用，强化环境精准监管能力

（4）业务协同中心建设：加强生态环境领域电子政务集约化、统筹化建设，推动资源共享和业务协同。打通与市政府服务平台的数据共享与服务通道，实现生态环境领域业务协同办公服务的统一，最终整合汇聚到马鞍山政务服务网。

（5）公共服务中心建设：利旧、整合已建设的生态环境公共服务渠道，建立高效便民的新型“互联网+政务服务”体系，推进网上网下一体化管理实现“一站式”服务，提升服务的便捷性和办事效率。

（6）生态环境指挥调度平台建设：建设包括市级生态环境指挥调度平台与区域分中心的指挥调度平台在内的生态环境指挥调度平台，提供集综合展示、实时监控、预警管理、应急处

置、执法监管、举报受理、公众服务等多种功能于一体的综合调度平台。

(7)生态环境移动监管平台建设:建设生态环境智慧监管移动平台(App),支持移动平台与马鞍山市"皖事通"和"大管家"App对接集成,实现对马鞍山市全市智慧环保相关信息资源的统一汇集、统一应用。

(8)生态环境"一张图"建设:形成一张全景业务图瞰全市环境状况,预测发展趋势,发现环境问题,辅助管理决策,提升可视化分析应用能力。

2. 硬件系统建设

优化建设数据中心基础平台、网络系统平台,建设智慧环保指挥调度中心和视频会议协商系统,保证本次项目各业务系统及大数据平台的稳定、可靠、安全、可视化的运行和展示,确保环境管理的信息化全流程及环境应急的高效性。

3. 政务云租赁

马鞍山市智慧环保平台部署在政务云中,需提供满足马鞍山市智慧环保项目存储、计算和等保三级安全保障服务。

4. 其他配套建设内容

配套完成智慧环保指挥调度中心装修工程建设。

(二)实施效果

马鞍山智慧环保建设服务项目作为马鞍山市唯一的项目,入选科学技术部、财政部"百城百园"示范项目;由中共中央网络安全和信息化委员会办公室牵头开展的国家智能社会治理实验基地(环境治理特色基地)建设工作(中网办秘字〔2021〕820号),安徽省环保厅要求马鞍山市结合马鞍山市智慧环保建设项目的建设,搭建长三角生态环境协同共治信息化试点示范应用场景,具体开展长三角生态环境数据共享模式研究的实验工作,以及省域生态环境非现场监管及智能执法应用效果评估工作。

马鞍山市智慧环保项目建设完成后,将实现马鞍山市生态环境管理模式的三个转变:从单一孤立监管向全面综合防控转变,从被动反应向主动保障转变,从事后治理向事前预警转变,最大限度提升马鞍山市生态环境保护能力,实现生态环境全面化监管、精细化治理、安全化运行,全面提升马鞍山市生态环境智慧化管理水平。

社会效益。马鞍山智慧环保建设可以很好地满足公众对于环境状况的知情权,通过信息多渠道的及时发布可以减少重大环境事件对公众的影响。同时公众可通过环境信息门户网站了解当前环境的各种监测指标,通过环境污染举报与投诉处理平台,向生态环境部门提出投诉与举报,从而帮助生态环境部门更加有效地管理违规排污企业。

另外,企业通过与马鞍山市智慧环保平台的对接,对产生的废水、废气、废渣数量可准确掌握，有助于企业实现精准减排，帮助企业及时有效地完成减排任务。通过监测及数据分析，及时发现企业三废排量过高的设备，避免因超标排放或不合格排放所致的生态环境部门的罚单，避免企业经济损失，也使得企业承担起应有的社会责任。

经济效益。通过马鞍山市智慧环保建设，提高马鞍山市政府环境服务能力，实现生态环境保护的信息共享、业务协同、高效治理、科学决策。通过广泛应用环境信息化技术，实现环境管理核心业务信息化和环境综合决策科学化，促进和优化环境管理工作，调整工作流程，提高工作效率，通过信息化手段降低环境管理成本，增强环境管理和决策的科学性和主观能动性。该项目将为社会公众、环境保护管理人员及有关涉及环保的单位提供环境数据共享目录、信息公开平台和成果发布平台、全市环境质量、重点污染源及生态状况监测信息，服务于马鞍山市生态环境长效良好发展，具有极高的经济效益。

政府效益。马鞍山市智慧环保面向各级环保管理部门，支持应用系统的动态加载，通过统一规划，实现生态环境数据资源互联互通和共享交换，减少政府部门信息重复建设及采集、节省人力成本、提高信息利用率和时效性，产生直接经济效益，为各级生态环境部门的业务系统的建设提供宏观指导作用，直接降低建设投入，节约财政资金。

通过马鞍山市智慧环保建设，将对水、大气、土壤、固废、噪声、污染源、辐射、生态资源等环境对象实现全面实时监测，为环保行政部门提供有效监管手段，同时实现数据分析、政务办公、档案管理、信息发布、信访举报等功能，有效提高生态环境部门的管理效率，提升环境保护效果，解决人员缺乏与监管任务繁重的矛盾，是利用科学技术提高管理水平的典型应用。

通过马鞍山市智慧环保建设，实现环保移动办公、移动执法、移动公文审批，移动查看污染源监控视频等功能，极大地提升生态环境部门的效率，为生态环境部门的工作人员减压减负。

通过马鞍山市智慧环保建设，以多渠道发布环境监测信息、环境事件信息，并通过智能化的信息系统加强环境事件的应急处置能力，极大地提升生态环境部门在社会公众和企业的公信力。

三、案例创新点及建议

（一）案例实施的创新点

1. 实景倾斜摄影，重点高精建模

通过无人机低空多位镜头摄影获取高清晰立体影像数据，自动生成三维地理信息模型。倾斜三维场景建设范围涵盖全市省级以上9个园区，其中对和县精细化工基地开展高精度(2cm)倾斜三维模型建模，便于直观展示园区布局、现状及细节。

2. 搭建生态环境物联网平台,感知设备闭环管理

马鞍山智慧环保服务项目通过物联网平台实现全市生态环境要素监测网络数据梳理与统一接入。同时物联网平台适配了不同的网络环境,使得存在于互联网和专网的各类物联网环保感知设备可以顺利接入。通过MQTT、COAP、Modbus、Bacnet、OPC、TCP/UDP、Http/Https、ODBC、SNMP、GB28181和HJ212等标准协议进行数据传输。同时针对一些特殊非标准化的应用场景,例如噪声监测,OBD在线监控等非标准化私有协议,进行了定制化开发,确保了各类数据的接入。

物联网平台会针对设备运行相关的数据,进行收集和管理,形成设备状态的监测监控页面。同时对相关的设备资产进行运维和管理,并且通过对于设备的运维进行管理,运维单位可以通过个人终端对运维状况进行汇报,生态环境局可以对运维过程进行评价以及考核,形成设备管理的闭环。

3. 指挥调度实景化,技术支持多元化

实现一键调度,对预警、任务一体化调度管理。指挥调度平台采用融合通信作为支撑,实现不同终端手机、车辆、单兵设备、无人机"一键调度",从而实现与现场进行互动实时指挥,同时还支持会商应用联合调度,包括视频会商、人员调度、一键下发批示等。实现现场信息及决策信息快速传达。各类业务系统产生的预警,分为主动预警、被动预警、自动预警,推送指挥中心对预警及任务进行督办催办,最后将任务调度和反馈信息推送至具体应用系统进行闭环处置,提升任务处理处置效率。

实现多屏互动人机交互。指挥调度平台支持12路信号接入,实现多屏个性化业务展示,保证现场实时回传情况可视化分屏展示,实现多业务联合调度运营。

展示9大园区及企业三维实景地图。从"治理设施—企业排口—园区微站—入河排口"全流程动态实景图,助力对园区及企业的运营监管。

4. 开发服务便捷通道,鼓励全民参与

通过企业服务模块实现统一申报,统一处理,查看进度;通过公众服务模块为公众提供环保咨询、环境问题随手拍、建议渠道,实现环境全民共治。

企业可以在企业服务系统填报、申报环保相关的所有资料,系统会把企业提交的材料、文档分发给国家发展和改革委员会、安徽省生态环境厅以及局里的各个业务系统。企业可以在主页统一处理企业所有环保日常工作。例如,企业可以查看局里下发的通知,处理提交整改材料,查看自己申报的环保建设项目和申请排污许可证的进度,也可以查看监测数据、超标提示、预警以及信访投诉等工作。

5. 业务系统科技化,环境管理智能化

项目采用AI人工智能、语音识别、卫星遥感等先进的技术,引用和研发最先进数据模型

算法，用于各业务系统的智能研判、分析统计、预警溯源。从环境各要素进行多角度、多维度的智能化管理，达到精细化和全生命周期过程化管理，充分体现智慧环保项目在环境管理与服务中的环保智慧。

将环境监督长制与环保管家有机地结合起来，运用科技引领智慧环保服务创新。创新运用数字化手段，实现各级环境监督长巡查过程中的轨迹追踪、资源配置、问题发现、任务派发和调度、现场实时的专家支持、专业环保方案库查询、多方会商等功能，真正将智慧体现在环境业务全过程的管理中。

围绕污染防治与生态保护的重点领域和关键技术，组织建立具备环境科学、信息技术等领域的专业服务团队，打造“市—区县—园区—企业”环保管家体系。运用“智慧环保”发现分析问题，依托“环保管家”解决问题，用专业技术服务来反哺环境管理业务，提供包括全方位的环境状况调查、环保问题指导整改、环境基础设施建设运营或咨询、环境管理制度建设、信息化平台数据分析服务、环保法规政策、技术业务培训宣传、协助应对突发环境事件和环境投诉等专项服务，加快智能化、信息化进程，推动环保管家向智慧管家的转变，实现马鞍山面向生态环保领域城市生态管家式服务体系。

（二）推广价值

马鞍山市智慧环保建设服务项目在生态环境综合管理信息化大平台建设方面，为全国各省市的集约化的智慧环保平台建设起到了良好的示范作用。智慧环保平台以推动持续改善生态环境质量为目标，紧密服务精准治污、科学治污、依法治污，全力支撑综合治理、系统治理、源头治理，以生态环境综合管理信息化平台为统领，构建智慧高效的生态环境信息化体系，推进生态环境保护数字化转型，强化数据资源开发利用，创新智能应用服务模式，提升技术服务保障能力，以信息化高效能力服务助力马鞍山市的生态环境高水平保护。

马鞍山市生态环境局按照统一的技术框架与指导要求，搭建或完善本地区的综合性信息化平台，并在建设重点领域和关键环节取得明显进展，提升生态环境大数据综合分析与利用能力，实现基于生态环境综合管理信息化平台集中展现本地区的生态环境信息、集中调度本地区的重点任务、集中研判本地区的环境形势、集中开展区域性环境应急指挥工作。

马鞍山市生态环境局通过建设生态环境智能物联网感知平台，优先推动生态环境智能物联网与信息网“物信融合”。物联网感知平台实现了智能感知、智能控制、智能管理、实时监控，并将跨厂商、跨系统的设备数据聚合后产生新数据，为环保管家管理运营提供辅助支持。

马鞍山市生态环境局重新构建了一个现代化、高标准的环境指挥调度中心，作为生态环境会商指挥中心建设的示范。利用超高清显示屏、智能控制技术、音视频处理技术等新技术，建立综合管理会商指挥中心，支撑日常工作会商、应急指挥会商等不同场景下的领导决策、调度需要。通过各部门的统一协作,极大地提升环境响应水平和治理能力,同时为环境应急事件提供研判环境和应急指挥环境。

马鞍山市生态环境局按照建设“一个大系统”的基本框架,业务应用服务水平迈上新台阶。全面建成生态环境综合管理信息化平台并统领大气、水、固废、辐射、土壤等业务域应用整合协同,生态环境保护业务数字化率达到100%。推动生态环境治理精准化、协同化、高效化发展,发挥信息化在推进环境治理体系和治理能力现代化过程中的支撑作用。

作为长江经济带的重要战略支点,马鞍山市智慧环保建设服务项目,有利于推动“长三角”国家战略区域生态环境信息化协同治理试点示范建设,为全国生态环境信息化区域协同治理树立典型标杆;有利于协同共治协作机制构建、协同共享数据中心设计、数据共享标准规范制定、数据共享交换体系建立、污染联防联控应用场景设计等工作。

(马鞍山市生态环境局　深圳中兴网信科技有限公司)

·（四）“智慧应急”建设专项成果·

广东“智慧应急”推动应急管理事业高质量发展

广东省应急管理厅认真学习贯彻习近平总书记关于网络强国的重要思想和应急管理重要论述，贯彻落实应急管理部关于“智慧应急”试点建设工作的部署，紧密结合《广东省数字政府省域治理“一网统管”三年行动计划》，聚焦“融合指挥、应急通信、短临预警、全域感知、数据智能”五大主攻方向，建成服务于应急管理实战应用的信息化支撑体系，形成“智慧应急”广东模式，提升了“洞察发展态势、感知安全态势、聚焦应急态势、分析统筹趋势”能力，以信息化推进广东应急管理改革高质量发展。

一、以“融合指挥”建设打造省、市、县、镇、村五级贯通的扁平化应急指挥体系

一是应急指挥系统覆盖“全灾种、大应急”。以应急指挥中心为阵地，建立科学高效、左右互通、上下联通的融合指挥体系，整合接入气象、水利、林火、地质灾害、地震、交通、渔船等相关视频监控信息、监测预警信息、风险隐患信息和承灾体基础信息，对多灾种灾害事件实施监测预警、辅助决策，实现监测预警“一张图”、指挥协同“一体化”、应急联动“一键通”，为各类灾害事故处置提供有力支撑。

二是打通应急指挥“最后一公里”。率先建成全国规模最大的省级云视频会商系统，将应急值班值守系统和终端、云视频会商应急指挥调度系统配置至全省1611个乡镇（街道），建立事故信息和应急响应的系统网络，应急指挥调度指令和会商研判直达基层一线，有效提高应急指挥的时效性。

三是建设推广应急“一键通”。将应急“一键通”系统安装至全省84万应急责任人的移动终端，系统实现了监测预警、视频连线、应急响应、移动指挥、融合通信等功能，确保自然灾害监测预警、短临预警信息实时送达应急管理人员和应急责任人，指导基层提前防御。

四是基层应急指挥体系试点延伸至村居社区。梅州市应急管理部门通过与政法综治网联通，将视频调度延伸至全市2174个行政村，实现省、市、县、镇、村五级联通。目前，试点经验在全省推广。依托“融合指挥”建设，有效建立和支撑广东“一个指挥中心、一个前方指挥部、一套工作机制、一个窗口发布”的“四个一”应急处置机制，持续健全省、市、县、镇、村五级贯通的应急指挥体系。

二、以“短临预警”实现强降雨精细化预警和精准化防御，有效降低灾害事故人员伤亡

广东省应急管理厅会同气象、水文部门，充分利用时空大数据库，实时接入卫星、天气雷达和气象水文监测站数据，实现了精细化短临预警和历史重现期预警。

一是短临预警助力精准防御。基于气象降水短临预报，同时结合预警响应能力、应急管理灾害风险防御范围分析，逐时将未来雨量超过50毫米的预警信息(预报到镇)，依托应急“一键通”、手机短信等多种渠道，提前1~3小时对中高风险镇街、隐患点责任人进行精准预警和信息推送，预警到点、责任到人，提高短临预警精准性，实现自然灾害监测预警和防灾减灾水平提升。

二是大数据支撑历史重现期预警。充分利用大数据、并行计算技术，通过长时间序列降雨历史数据分析和暴雨重现期计算模型构建，对过去1小时、3小时、6小时、24小时降雨量超过5年一遇频率的强降雨快速预警，为精准调度可能受灾乡镇、提前部署防御措施、提前转移受灾群众提供决策支撑。在2021年防御“龙舟水”、7号台风“查帕卡”、9号台风“卢碧”中，提前预警、提前防御，提前转移可能受灾的群众，没有发生群死群伤事件。

三是预警信息靶向发布。通过打通三大电信运营商网络，建设发布能力为每秒1万条的手机短信预警发布平台，确保责任人随时接收预警短信和防御指令。针对“龙舟水”通常下半夜雨强较大且人员易疲劳麻痹的特点，进一步强化24小时值班值守工作制度，在夜间加密发布至强降雨可能发生的重点区域，提醒基层做好夜间至凌晨的风险防范。

三、以“两客一危一重货”重点车辆智能监控预警融合平台助力系统精准防范化解道路交通安全风险

一是违法违规、不安全驾驶行为自动预警。推进智能监控预警融合分析应用，将40万辆“两客一危一重货”车辆智能监控数据和省内外在粤运营的76万辆重点车辆卫星定位数据，接入全省“两客一危一重货”重点车辆智能监控预警融合系统，通过数据智能分析，对车辆超速、司机生理疲劳、抽烟、接打手机、未系安全带、双手脱把等违法违规、不安全驾驶行为进行报警提示。

二是安全预警闭环处理。建立“两客一危一重货”融合平台监测预警中心，7×24小时专人值守，应用融合平台开展监测预警、处置干预和风险分析。联合印发《广东省道路运输车辆智能监控数据综合应用管理办法(试行)》，规定道路运输企业、化工企业签收反馈风险分析数据的要求。系统自动将预警信息及车辆相关情况发送至道路运输企业、化工企业签收反馈，并

分送各地市公安局、交通运输局、应急管理局，依职责处理，督促化工企业慎选高风险危险品运输车辆，触发红色预警的“两客”车辆由上线初期的0.69次下降至0.22次，“一危”车辆由上线初期的0.68次下降至0.09次，有效防范重点车辆运行风险。

三是事故实现“双下降”。动态感知在途行驶重点车辆的有关违法违规和不安全驾驶行为，进行监控和报警提示，实现24小时全面预警，为驾驶司机加装“双保险”，为系统防范化解道路交通安全风险提供科技支撑。自2021年3月以来，全省涉“两客一危”交通事故起数和死亡人数与2020年同期相比，分别下降54.93%和47.14%；与2019年同期相比，分别下降71.06%和67.54%。

四、以“数据智能”推动安全生产执法系统数据动起来、活起来、联起来

一是执法程序数字化。运用组件式数据库、任务流程控制、文书智能开具、手写在线签批、自动电子签章等手段，实现执法计划生成、启动、任务指派、检查、复查、立案、调查、处理、结案等执法任务的全流程线上办理，电子文书自动归档。

二是执法检查智能化。系统实现了监管事项清单化，基于大数据AI智能分析，实现隐患、违法行为、法律依据、处罚措施、自由裁量权自动精准匹配。执法人员使用移动终端在现场按单检查执法，有效解决因专业局限导致事实认定和法律适用不准不当问题。

三是安全执法“一网打尽”。系统与应急管理部综合统计直报系统、“互联网+执法”系统、国家“互联网+监管”平台对接，实现数据互联互通互补，自上而下快速制定专项行动计划，构建全省一张网，统一行动时间、统一检查事项、统一工作标准，企业自查、县区检查、省市核查“一网打尽”，为打通安全生产监管执法“最后一公里”提供保障。

四是实现“互联网+执法”工作“全省一盘棋”。安全生产执法信息系统已实现对全省21个地市、202个县区（含东莞、中山镇街）100%全覆盖。系统通过计划管理、法规查询、任务执行、证据采集、审核审批、文书开具等功能，全面满足执法人员全流程、全覆盖移动办理监督检查、行政处罚等执法办案工作需要，为全省夺取疫情防控和安全生产“双胜利”奠定了基础。数据汇聚分析模块对执法数据统计分析、趋势分析、多维查询、透视分析，让执法系统数据动起来、活起来、联起来。

五、以“一网统管”风险防控与应急指挥专题建设，提升防范化解灾害事故风险能力

围绕“全灾种、大应急”，创新提出统筹发展与安全的“三态势一趋势”（发展态势、安全态

势、应急态势、统筹趋势),为研判风险、科学决策提供科技支撑手段。

一是洞察发展态势,精准预测风险。建立14项指数指标,涵盖在粤实时人口、发电用电、工程机械、交通运输、大宗化工商品价格等。利用水电企业实时发电数据,开展水利枢纽水情动态监测。通过电信运营商人口热力数据、实时路况信息,铁路客运、交通站场人流、民用航空和机场人流、海上船舶实时运行信息,为研判分析节假日交通运行风险提供决策支撑。

二是感知安全态势,精准排查隐患。接入危化品监管、"两客一危一重货"、矿山监管、安全执法、城市安全、住建安全等安全专题的监测预警信息,省、市、县分级分类协同处置,形成闭环管理。关联重点行业发展信息和灾害事故警示信息,精准实施监管。

三是聚焦应急态势,精准指挥救援。整合防汛防旱防风、森林防火、地震地灾等自然灾害专题的监测预警信息,优化联动灾害事故信息接报、预警发布、应急响应、应急处置、跟踪督导等处置流程,对接全省1.2万余处地质灾害隐患点、雨窝点、大中小型水库、海上船舶等承灾体数据,辅助支撑灾害事故应急处置,实现"一屏观全域"。

四是分析统筹趋势,精准预判预防。通过大风、强降水模型开展灾害链研判分析,对台风南海影响区域提前8小时将预警信息发布至海上渔船。开展态势分析,结合各地市重点行业风险隐患、多灾种灾害事件特点,探索建立安全态势综合指数、高质量发展与安全指数,提前预警,精准排除风险隐患。

(广东省应急管理厅)

河北"智慧应急"推进业务工作提质增效

河北省应急管理厅围绕"防大灾抗大险"的总体要求,以业务引领、技术支撑为执行纲领,以服务实战为实施目标,依托河北省应急管理信息化综合应用平台,通过建设综合监测预警体系、全过程的监督管理体系、扁平化的指挥调度体系,以及智能化的辅助决策支撑体系,实现"智慧应急"河北模式。开展试点建设以来,围绕安全生产、防灾减灾救灾、应急指挥救援等核心业务,采用"服务化、组件化、智能化"的设计思想,运用大数据、AI智能分析等先进技术,开展了标准规范、应用支撑和服务总线、数据治理、业务应用、网络系统、基础设施、安全运维等七项工程建设,实现了"一张图、八板块、一中心"的综合应用平台布局,为省市县三级用户进行应急管理相关业务开展提供信息化支撑手段。

一、建设应急管理“一张图”，实现数据空间可视化、指挥调度一体化、辅助决策智能化

围绕应急管理能力现代化建设，为实现“平时知家底，战时有支撑”的业务目标，满足智慧救援、智慧辅助决策的支撑需求，建设了河北省应急管理“一张图”。“一张图”由资源保障、安全生产、防灾减灾、应急救援与指挥系统五张专题图组成，初步实现了应急资源的可视化空间化、应急指挥的一体化扁平化、应急辅助决策的智能化精准化。

一是坚持集约共享，强化资源汇聚。应急管理“一张图”以数据为核心，梳理整合厅内分散异构的数据，推动各部门间的数据互联互通与共享，涵盖应急力量、应急物资、防护目标、风险隐患等12类应急资源信息，接入全省740余万家工商注册企业，实时处理累计7000万条风险监测数据，初步形成了省市县三级共建共享的应急管理大数据库。

二是资源动静结合，提高防范能力。应急管理“一张图”基于高清影像地图建设，所有资源都可在图上标识具体位置，能够准确了解资源的情况，以及地理位置周边的情况，再结合视频监控、雨水情监测站、气象站等周边实时监控监测信息，可以更精准、全面掌握资源周边或关注地点的态势情况，提高防范能力。例如，2021年防汛期间，“一张图”呈现全省的汛期风险态势，为应急管理日常监管、预测预警、抢险救援等提供及时、精准和高效的感知信息。

三是图上指挥调度，提升救援能力。“一张图”汇集六大指挥部和应急管理部门等人员信息，应急指挥车、无人机等应急通信设备信息上图，通过GIS地图与融合通信技术的结合，实现电话、音视频、短信、位置信息的一键多媒体融合调度功能，可与各级指挥中心、救援队伍和救援现场进行双向语音音频通信，实现“一图全面感知位置、一键调度全局通信”。图上提供的周边分析、资源检索等辅助功能为应急救援辅助决策提供支撑，大大提升应急救援水平。

二、建设重点化工企业监管系统，提升“重点监管五类人”履职尽责情况智能化监管能力

为督促企业落实安全生产主体责任，有效防范化解危险化学品重大安全风险，加快提升智能化监管水平，河北省建设了重点化工企业监管系统，创新提出“重点监管五类人”业务模式。目前，正在沧州临港化工园区的50家企业试点应用。系统针对危化企业带班领导、值班值守人员、巡检人员、特岗人员、外来人员等五类人员进行监管，通过人脸识别和智能化分析模型对“重点监管五类人”安全生产工作履职尽责情况进行综合监测识别管理，并将智能识别报警信息上传到省厅平台，由省、市、园区分级处置，督促企业落实岗位职责，提升化工企业自身安全管理水平和监管部门的信息化、智能化监管水平。

通过使用重点化工企业监管系统,可有效监督企业相关人员按照园区及企业管理规范进行生产操作,减少因人为因素产生的生产事故。同时,能够辅助各级应急管理部门根据历史信息,进行科学管理,在多发问题时间、对多发问题岗位加强管理督导,为防范化解重大安全风险提供有力支撑。通过对报警处置信息进行分析,河北省应急管理厅发现,处置速度越来越快,报警频率逐步降低,充分说明企业已经充分了解系统功能,能够按照相关政策进行日常生产作业,极大降低了事故发生的可能。

三、建设尾矿库安全生产风险监测预警系统,提升尾矿库风险智能预警防范水平

河北省是矿业大省,现有尾矿库200余座,企业数量多、分布广。为进一步提升尾矿库安全监管能力,河北省应急管理厅将三等以上尾矿库及在用四等、五等尾矿库全部纳入联网范围,实现全省尾矿库监测预警全覆盖。

一是省级统建,分级使用。尾矿库监测预警系统是省、市、县、企业四级共用的应用系统,覆盖全省各级用户,根据用户不同的业务需求、职责,设置了不同权限功能。通过将尾矿库点位、三维模型、监测设备、预警状态等叠加在三维GIS平台上,实现数据融合,提高了数据应用效率。

二是智能预警,防范风险。系统构建了监测指标体系和预警评估模型,制订了线上闭环处置流程。系统自上线以来共产生74次预警,向各级单位相关人员共推送了634条预警短信,为防范全省尾矿库安全风险提供了有力支撑。

三是侧重实战,服务监管。在新型冠状病毒肺炎疫情形势严峻、汛期监管任务繁重的情况下,省应急管理厅和地方非煤矿山安全监管部门充分利用已建成的尾矿库安全风险监测预警系统开展线上巡查。河北省应急管理厅在汛期实行了每日巡查工作制度,并建立了工作台账和问题清单,巡查中一旦发现问题,及时联系尾矿库企业和地方监管部门,督促整改落实。

四是未雨绸缪,保障应急。结合头顶库紧急情况下疏散方案,在每一座头顶库界面均标注了下游群众疏散方向示意,并在生产运行尾矿库和未闭库的头顶库企业中开展了三维倾斜摄影,有效反映头顶库下游真实环境。

四、建设森林草原防火视频监控系统,实现森林草原防火视频监控全覆盖

采取“铁塔公司建设、政府购买服务”方式,建设了森林草原防火视频监控系统,在其原有的4700余个铁塔资源基础上,根据防火实际需要新建了200余个铁塔,每个铁塔加装双光谱

视频监控探头。目前，共有4700余个前端探头接入省级视频监控终端指挥平台，森林草原防火区域监控覆盖率达到83%以上，监控系统同时为省应急管理厅和省林草局等单位提供业务支撑。

河北省森林草原防火视频监控系统的“全覆盖”优势和“千里眼”作用十分突出。一是火情发现早。据统计，视频监控发现火点时间较卫星监测等原有手段一般提前20分钟以上。二是火点定位准。视频监控发现火点后自动定位，并可提供最优到达火场路线。三是监控范围大。每个防火视频监控前端探头，根据监控辐射半径不同，每15分钟可扫描28~314平方千米，是传统人工巡护面积的几十倍。四是科技含量高。河北省防火视频监控系统采用了先进的烟火算法技术，能够克服雾霾、扬尘、光源反射等各种干扰因素，对火情精准识别、远距测温、自动报警，误报率降至1/20000，极大减少人力成本。五是警示震慑强。通过防火视频监控系统，固定违规野外用火证据，进行了溯源打击，破获违法用火治安和行政案件565起，处理违法犯罪嫌疑人603人。六是预警成效显著。系统上线以来，累计发现并推送有效火情信息4000余条，实现森林火情的早发现、早处置，确保“打早、打小、打了”，助力全省首次实现国庆、两会、清明、“五一”期间“零火灾”。

（河北省应急管理厅）

黑龙江依托“智慧应急”建设　加速应急管理能力提档升级

黑龙江省应急管理厅深入贯彻落实习近平总书记关于以信息化推进应急管理现代化的重要指示精神，把“智慧应急”试点建设作为以智能化引领应急管理业务转型升级的重要抓手，抓住全国“智慧应急”试点建设机遇，加速黑龙江省应急管理能力提档升级，着力打造以应急管理精准化、实战化为典型特征的监测预警、监管执法、辅助决策、救援实战和社会动员五大智慧应用体系，形成了以应急辅助决策系统、应急专家管理系统和自然灾害综合监测预警系统为典型应用的一批可复制、可推广系统。

一、应急辅助决策系统

黑龙江省应急管理厅为解决以往在面对生产安全事故和自然灾害时，过度依赖指挥员或专家经验，依靠各种图纸、手册、档案等纸质材料辅助对下一步工作方向进行决策，不能及时有效掌握救援资源和灾害事故发展趋势等信息，造成应急救援资源浪费、决策缺乏科学依据等问题，利用数据融合、数据关联分析等技术建设了应急辅助决策系统，包括综合信息汇聚、力量调度、专题研判等功能，形成了防汛、森火、地灾和通用四个主要专题。

一是实现全维数据精准查询。指挥员可以通过系统对事故、灾害点附近所有信息资源进行查看,包括救援队伍、避难场所、运输资源、通信资源、专家资源、救援装备、视频监控、人口密度、医院、机场、重要设施和风险隐患等,给决策指挥工作提供了全方位的信息资源保障。

二是实现救援方案自动制定。系统通过对事故和灾害数据、预案数据、风险隐患数据、救援力量数据、历史案例数据等进行融合关联分析,利用知识库的智能化知识管理能力,给指挥员或专家提供出最合理的指挥部署方案,并可一键调度方案中涉及的救援力量队伍,保障事件救援处置工作的顺利进行。

三是实现事件态势智能研判。系统构建了多个数据分析模型,包括林火蔓延分析模型、洪水径流分析模型和次生衍生事件链分析模型等。在事故、灾害处置过程中,可以根据实时监测数据模拟计算出事态发展趋势及影响,快速生成评估结果,提供给指挥员或专家进行决策参考,及时调整救援方案,最大程度减少损失。

目前,救援队伍、救援装备、防护目标、风险隐患、重要设施位置信息和省、市、县、镇(乡)、村五级灾害信息员队伍位置信息已全部上图。特别是在2021年防汛期间,针对黑龙江省入汛早、时间久、战线长、强度大等汛情特点,省厅领导依靠系统中河网水系、防洪工程、治河工程、易受灾村屯等数据支持,部署防汛工作,省防指先后2次启动省级防汛应急响应并提升至Ⅱ级,全省累计47个市县启动了相应防汛应急响应等级,严格落实预案措施,扎实做好防范工作,为取得防汛工作的全面胜利奠定了坚实基础。

二、应急专家管理系统

黑龙江省应急管理厅为解决以往在专家选取、使用等工作过程中存在的问题,借助“智慧应急”试点建设契机,重新修订印发了《黑龙江省应急管理专家管理办法》,并开展应急专家管理系统建设,包括专家申报、任务申请、专家抽取、专家派遣、费用结算、专家评价等功能,利用信息化实现了对专家的全链条闭环式管理,形成“智慧”专家管理工作新模式。

一是利用“互联网+”思维,在专家申报、专家抽取、专家派遣、工作评定、费用结算、专家解聘等环节,全面实现了网上操作,便捷了专家申报等步骤,规范了业务部门使用专家的工作流程,大大提高了工作效率。

二是应用大数据技术,构建专家数据标签体系,对专家进行画像,使其特征属性更加明显,并通过数据抽取算法,从多个维度对专家能力进行智能化分析,根据业务部门的实际需求,自动推荐最合适的专家,形成一键式专家抽取模式,实现了专家选用的科学化和精准化。

三是借鉴电商平台评价方式,建立专家工作的评定和评价制度,业务部门和企业可以在专家工作结束后通过系统从规范性、专业性、廉洁性和工作态度等方面进行打分,对专家行为进行有效监督,并将结果数据推送至专家抽取环节,实现专家使用“优胜劣汰”的良性循环机制。

自2021年系统应用以来，专家资源实现全省共享，专家数量同比增加了77.98%，涵盖安全生产、自然灾害、应急救援、医疗、信息化、新闻宣传等领域，实现了企业对专家“零投诉”的目标，充分发挥了专家对应急管理工作的辅助和支撑作用。

三、自然灾害综合监测预警系统

黑龙江省应急管理厅为破解仅能依靠应用其他委办厅局系统进行单一灾种的自然灾害监测这一难题，开展了自然灾害综合监测预警系统建设，包括全要素综合监测、综合风险评估、灾害分析预警和灾害态势智能分析等功能，利用信息化建立了多灾种综合监测、预警机制。

一是多措并举全面汇聚数据构建全要素综合监测，获取了自然资源、水利、林草、气象等监测数据。特别是在水情监测方面，通过和测绘院合作，搭建多源异构高精度时空水文基础数据资源池，解决了危险村屯“点”类、险工弱段“线”类及橡胶坝、泵站、灌区等防洪工程“面”类防护目标的上图问题；在林火监测方面，接入林草部门火点识别产品，把多方应用纳入系统中，实现共建共享共用。

二是结合本省实际情况，通过灾害态势智能分析构建了干旱遥感反演、积雪遥感反演等多个态势分析模型和风险研判模型。干旱遥感反演利用微波遥感获取表层土壤水分，通过与多年土壤水分监测数据进行对比，确定干旱异常程度，实现对干旱的强度、影响范围的分析；积雪遥感反演通过光学遥感和微波遥感联合开展积雪动态观测，对目标区域的雪盖面积、雪深、雪当量进行自动化监测，并实现指定投影和格式的数据产品业务化生产。

2021年11月8日，黑龙江多地遭遇大暴雪及冰冻大风极端天气，自然灾害综合监测预警系统当日发布160余条预警生效信息，直接通知到各级应急管理部门，并结合气象部门接入的实时降水、降雪数据，直观掌握全省各地降雨、降雪实况，关注重灾区的电力抢修和道路恢复情况。系统还联动安全生产风险监测预警系统，掌握企业生产运行数据和视频监控，严防极端恶劣天气造成生产安全事故发生。

下一步，黑龙江省应急管理厅将按照《黑龙江省应急体系建设“十四五”规划》和《黑龙江省国民经济和社会发展第十四个五年规划和二〇三五年远景目标纲要》要求，结合“统筹规划、稳步发展”建设理念，坚持政治引领、服务实战、融合创新、安全可控，推动监测预警、监管执法、指挥决策、救援实战和社会动员的全面智慧健康发展，构建智慧产业应用生态，进一步强化在安全生产突发事件与自然灾害方面的预警、应对、处置与管理能力，达到国内同行业领先水平。

（黑龙江省应急管理厅）

湖北“智慧应急”建设引领业务模式转变

湖北省“智慧应急”试点建设紧紧围绕应急管理部关于试点工作的部署要求，严格按照坚持为民宗旨、坚持问题导向、坚持创新驱动、坚持突出特色的“四个坚持”建设原则，以能力建设为抓手，认真谋划，有序推进，顶层规划设计不断健全，信息资源汇聚不断扩展，业务信息系统不断完善，应用支撑能力不断提升，运维保障体系不断强化，取得了阶段性成果。

一、安全生产风险监测预警系统

湖北省安全生产风险监测预警系统涵盖各类安全生产高危企业，目前，全省烟花爆竹生产企业监测数据及视频监控全面接入，烟花爆竹批发企业监控视频全部接入；工贸企业涉粉尘爆炸、涉氨制冷、深井铸造、金属冶炼等多个细分行业试点企业完成接入；全省尾矿库数据及视频完成接入；全省一二三四级危险源企业240家、涉及18种重点监管工艺企业35家应接尽接，接入重大危险源500余个。通过接入企业视频监控和在线监测数据，建立基于安全控制论的风险动态预警模型，实现了高危企业三维动态综合展示、实时动态监测预警、风险隐患智能识别和风险趋势分析，固化了安全监管模式。

一是线上线下结合监管，实现“人盯死守”向“智能感知”的转变。系统通过高分影像分析、视频智能分析、无人机巡查、在线监测数据比对等方式，自动抓取到企业安全管理重点部位、重点设备、重点人员、重点作业的各种安全隐患，形成电子证据，推送到企业和属地监管部门，督促及时进行整改，并作为现场核查和重点执法的依据。同时，将现场核查和日常检查流程标准化，将企业隐患排查内容、现场核查内容和日常检查内容数字化，将行政审批、专家服务、事故直报、信用信息、行政执法等系统集成化，通过线下核实，进一步落实网上监管的闭环。

二是风险动态监测预警，实现“定期评估”向“动态调整”的转变。通过三所高校和一个科研机构历时3年的课题研究，完成了本质与动态风险的实时预警指标（“5+1+N”指标）体系研究，建立了基于安全控制论的风险动态预警模型。系统通过模型计算出企业和区域的风险等级，当指标有扰动时，企业风险等级会发生变化，达到一定等级，系统自动发布风险预警信息，企业和对应的监管部门就会接收到预警信息，进行分级处置。2021年，监测预警系统共发布70余万条非煤矿山预警信息，全部闭环处置，所有的风险管控痕迹全部在系统中记录，并作为差异化监管的依据。

三是数据辅助决策，实现“经验定性”向“数据定量”的转变。通过大力推进大数据、知识图谱等先进技术应用，将各类法规、标准、案例中的有用信息进行结构化处理，与企业安全管理信息、自然灾害历史信息、各类在线监测数据、企业用电数据进行融合，挖掘出数据间隐含的关联关系和潜在规律。大量的数据转化为具备价值的可视化结果呈现，应急管理干部在风险管控、事故灾害趋势分析、应急救援辅助工作中，逐步习惯了“数据说话”。自系统运行以来，湖北省在专项整治、监管执法、形势分析等工作中，通过系统统计报表分析出高风险行业、区域、企业，有针对性地制定工作方案，大大提高了精细化监管能力。

二、应急指挥调度系统

湖北省应急指挥调度系统通过应急速达码，精准掌握救援队伍状态，并基于融合融通平台，深度赋能多灾种应急指挥业务，填补了面向多灾种的一体化、全流程指挥调度能力建设的空白。

一是构建应急联合体，提升部门协同效率。将全省横纵向有关部门纳入应急联合值守体系，运用AI智能识别等工具，拓宽接报渠道，解决信息倒流问题。如在汛期，横向厅局可在系统中向省政府报送突发事件信息，同时抄送给省应急管理厅。在初步研判后，对于未达到启动预案响应的事件，根据省政府要求，与横向单位协同处理，并跟踪处理结果；对于需启动预案响应的事件，则迅速进入应急响应程序进行下一步处置。

二是推广应急速达码，提升队伍协同效率。系统以调令文书、短信或App通知等方式下发应急速达码，救援队伍识别后可了解任务要求，上报出动时间等信息；行进途中可出示二维码保障行程畅通；队伍到位后可通过二维码完成报到集结，方便指挥部掌握各支队伍出发、到位、归队情况。目前，湖北省正在13支安全生产专业救援队和1支蓝天救援队中试用应急速达码，根据实际使用情况逐渐推广。

三是融合各类通信要素，提升指挥调度效率。优化融合通信底层技术，实现了无人机、单兵、布控球、智能头盔等装备回传信息的接入和上图。接入运营商数据，分析事发地周围影响范围内受灾人口分布定位，有效解决“去哪救”等问题。

当前，系统已接入省、市、区县、专业救援队四级相关用户7000余个，运行至今已协助省应急管理厅处置突发事件1400余起，初步建成了上下贯通、左右融合、反应灵敏、协同联动、高效调度、科学决策、便于指挥，具备“中国特色、湖北模式”的应急指挥体系。

三、“5G+森林防火”系统

湖北省“5G+森林防火”系统依托无处不在的铁塔通信网络、视频监控和云广播资源，通过搭建全省统一的信息系统，内置智能分析算法，实现对重点森林火灾频发区域的实时监测、预警推送、广播提醒。其功能主要有四个：

一是全域全时监控。利用林区铁塔挂高摄像机，运用可见光、双光谱红外热成像等技术对1~3千米范围烟火进行24小时全地域、全天候实时监控。

二是自动识别与报警。运用人工智能算法、大数据和云计算等技术,实现烟火自动精确预警、烟火图片自动抓拍、烟火视频自动录制、烟火经纬度精确定位等功能。

三是精准推送预警信息。第一时间将预警信息精准推送至辖区责任人,并通过现场智能云广播高声示警,还可联动无人机飞抵起火点进行高空侦察和巡查取证。

四是辅助决策及灾后评估。系统录入林区地理资料、林相、林分、水源、气象、道路、应急队伍及预案管理等相关数据,发现火情后可进行资源地图查看、火势蔓延分析、调度指挥以及灾后评估,为森林防火提供实时、准确、科学的决策。

目前系统已在全省应用。近段时间,湖北干旱天气持续了近一个月,黄冈市所有县市区和乡镇全面覆盖了该系统,早期发现火情告警100余次,经过及时处理,未发生一起火灾事故,为保护人民群众生命财产安全提供了有力支撑。

(湖北省应急管理厅)

江西开展“智慧应急”建设　打造应急实战利器

江西省应急管理厅坚持以习近平总书记在中央政治局第十九次集体学习时的重要讲话精神为指导,认真贯彻落实《应急管理部办公厅关于开展“智慧应急”试点建设工作的通知》要求和“智慧应急”建设现场推进会议精神,加强组织领导,建立健全机制,突出实战应用,大力开展“智慧应急”建设,以信息化推进应急管理现代化,取得了明显成效。

一、“党建+应急管理”系统

为打通应急管理“最后一公里”的难题,江西省应急管理厅主要领导亲自谋划部署,推动省委组织部在“江西省基层党建信息化平台”上,建设“党建+应急管理”子系统,创新“党建+应急管理”新模式。子系统包含预报预警、转移避险、救灾救助、宣传教育等应急管理功能模块,能够点对点视频连线全省10万余个党组织、220余万党员,覆盖全省4500万余群众,依托基层党组织强大的组织优势,充分发挥党组织战斗堡垒作用和党员先锋模范作用,提升基层应急管理能力。省领导高度重视,先后多次调研指导“党建+应急管理”建设,专门通过系统视频连线基层应急管理部门,体验“党建+应急管理”调度反应速度和处置能力。

一是预警信息“个性定制、靶向发送”。2021年6月至10月,丰城市应急管理局通过系统将不同类型、内容的预报预警信息靶向发送给相关人员,共发送安全常识信息160条,雷电、暴雨、森林防火等预警信息36条,转移避险预警信息7条。

二是转移避险“快速预警、视频调度”。2021年防汛期间，宜春市领导多次运用“党建+应急管理”系统，现场视频调度掌握水库、山塘等重要防汛点的水情、雨情。6月28日上午8时至下午16时，丰城市荷湖乡降雨89.5毫米，应急管理部门通过“党建+应急管理”平台及时发送灾害预警、转移避险信息，全程跟踪指挥调度，紧急转移荷湖乡车草村陂下组地质灾害点的群众2户共6人，有效避免了群众伤亡和财产损失。

三是救灾救助“线上办理、快捷便民”。2021年5月10日，冰雹大风天气造成丰城市董家镇傅家村委会12户20人房屋瓦片、窗户不同程度损坏，第二天又突降暴雨，屋顶窗户漏水，造成受灾群众暂时无法居住。12户受灾群众通过“党建+应急管理”系统的微信小程序进行救灾救助申报，村委会迅速组织力量，将受灾群众转移到村部生活并进行救助，让受灾群众感受到党和政府的温暖。

四是宣传教育“精准发送、全员覆盖”。通过系统可实现宣传教育内容全员覆盖、定向发送，让信息及时、准确传递到指定目标。丰城市利用系统开展了《生命重于泰山——学习习近平总书记关于安全生产重要论述》电视专题片的宣传教育，最高日浏览量达6300余人次，取得了良好效果。

二、应急指挥信息系统

应急指挥信息系统包含应急值班值守子系统和防汛抗旱等多个专题辅助决策子系统，解决信息上报不及时、不规范、难追溯，指挥调度通信不畅，辅助指挥决策不智慧等问题。自系统运行以来，接获突发事件信息500余起，累计生成各类文档1.2万余份。

一是统一大平台。系统开发了防汛抗旱、森林防火、抗震救灾、危险化学品事故等多个专题研判分析和辅助决策子系统，有效支撑自然灾害和生产安全事故等突发事件的研判分析和决策指挥工作，满足“两委三部”指挥部各成员单位入驻省应急指挥中心值班办公需要，形成全省突发事件统一指挥平台。

二是信息全汇聚。系统接入雪亮工程、高速公路、企业高空瞭望塔等视频监控资源，汇聚了雨水情、气象预警、地质灾害、风险隐患等数据，录入了应急队伍、物资、装备等救援信息数据，进行动态管理。

三是指挥一键通。系统建立了全省应急单位、部门的通讯录，可以一键组建电话会议、发送短信。通过视频会议、卫星通信、宽带集群、手机、固定电话等多种通信手段，省厅指挥中心可与突发事件现场直接进行视频、语音、图像、文字通信。

四是值班线上查。落实视频点名制度，每晚19时以后，通过一键视频点名功能抽查设区市和县区应急值班室，与值班员和带班领导进行视频，查看在岗和值班情况，提高了应急值守保障水平。

五是预警多渠道。系统对接省气象预警信息平台、省广电信息发布平台、“党建+应急管理”系统,可通过多渠道定向发布预警、灾情等信息。

六是人口实时查。可选定区域调阅全省通信运营商公网通信基站实时数据,掌握受灾区域人口实际分布情况,辅助领导进行决策指挥。

七是指挥一张图。汇聚了监测预警、风险隐患、防护目标、救援力量、应急资源等各方面数据,在一张地图上进行展示,融合了危化品扩散模型、危化品储罐爆炸模型,可有效辅助预测灾害严重程度、确定作战方案、明确处置重点。

2021年5月,福山源水库坝底出现漏水情况,省主要领导全程在应急管理厅通过应急指挥系统进行指挥调度。各部门负责人第一时间聚集在厅指挥中心,使用防汛专题一张图进行会商研判和决策指挥,利用救援力量、物资装备、风险隐患等数据自动规划生成救援线路,一键式调度专家和队伍赶到现场,通过系统的模型算法对事故灾害影响范围进行智能化计算分析,并依据分析结果对影响范围内群众进行了转移处置。

三、自然灾害风险隐患识别与管控系统

基于江西省自然灾害综合风险普查、山洪灾害调查评价、地质灾害风险调查等工作成果,以大余县和瑞昌市为示范区,聚焦山洪灾害、洪涝灾害和地质灾害,围绕应急响应、指挥救援等业务应用需求,按照“风险隐患信息识别→风险趋势智能分析→风险综合研判→风险防控→避险转移安置”的技术路线,深度融合致灾要素、承灾体、综合减灾资源等多源数据,构建覆盖自然灾害风险管控全过程数据链,实现灾害信息汇聚“一张图”、精准研判灾害形势、精准发布预警信息、精准避险转移安置、精准救援等业务应用。系统主要功能模块包括风险一张图、风险趋势分析、避险转移分析、风险管控、统计分析等,并开发了手机App与避险转移安全码小程序。

一是风险预警可视化。利用江西省第一次自然灾害综合风险普查数据成果,整合自然灾害相关部门专业系统数据,覆盖了水利、水文、气象、地质、自然资源等多行业,构建自然灾害风险信息“一张图”,实现各类监测数据、风险隐患数据、承灾体数据以及应急资源数据的可视化展示,完成从灾害监测预警、应急响应、避险转移到指挥救援的全过程数据的有效衔接,延长了灾害防控数据链。

二是监测分析智能化。建立山洪及地质灾害分析模型,预测灾害发生的可能性、灾害等级和影响范围,并结合灾害影响范围内的承灾体以及防灾减灾能力现状,为避险转移安置决策提供科学依据。2021年,系统根据气象数据及水利监测数据,基于大余县章江流域水利学模型及分析成果,监测到6月28日大余县内良乡遭遇强降雨,受降雨影响洪水淹没面积将达4.5平方千米,其中淹没耕地200亩,影响人口100余人。根据分析成果,大余县应急管理局对

洪水影响范围内所有网格进行避险转移，智能分析出最佳的应急避难场所，规划避险转移路线，有效降低洪灾造成的人民生命财产损失。

三是避险转移精准化。建设避险转移“安全码”，通过简单的赋码、扫码操作，实时掌握危险区域群众、救援力量、医疗卫生机构、减灾资源分布等情况，为危险区域人员转移、抢险救援队伍通行、抢险救援物资调拨、受灾群众灾后救助等提供实时、精准的服务支撑和管控手段，有效解决以往底数不清、情况不明的问题。2021年7月1日，系统识别到瑞昌市洪下乡张家铺村陶波姜可能发生山洪灾害，关联站点的雨量值达到“立即转移”级别，影响人口44人，影响房屋9栋。系统自动提示责任人引导村民提前转移，结合避险转移“安全码”小程序实现转移人员的实时监测、实时统计，并精准记录人员转移过程，形成灾害风险闭环管理，提高防灾救灾决策科学性和工作效率，最大程度减少因灾害造成的人员财产损失。

（江西省应急管理厅）

天津“智慧应急”以技术创新推动模式创新

天津市应急管理局深入贯彻习近平总书记关于应急管理重要论述，积极落实全国应急管理工作会议精神和“智慧应急”现场推进会议精神，按照《应急管理部关于推进应急管理信息化建设的意见》文件要求，积极开展“智慧应急”建设工作，在提升监管执法、监测预警、社会动员等能力方面取得显著成效，有效发挥了“智慧应急”试点的示范带动作用。

一、推动形成安全生产执法监督工作新模式

天津市应急管理局积极探索利用信息化手段构建安全生产监管新体系，并将信息化作为全面推进依法治安、全面深化安全监管体制机制改革的重要举措。全市各级应急管理部门统一使用天津市安全生产执法系统，覆盖全部执法对象，实现执法过程可记录、结果可溯源、成果可展现，进一步规范行政执法程序，提升执法效率，为全面推进精准执法、构建全流程监管的长效监督机制提供了信息化支撑。在对业务工作的促进提升方面做到了“五个推动”：

一是推动落实安全生产分类分级执法监管。坚持“先分类后分级”的基本原则，制定了《关于推进天津市应急管理系统安全生产执法分类分级工作的指导意见（试行）》，使用执法系统自动实现对企业分类分级，实施动态调整。执法人员依托系统开展执法活动，实现精准执法，充分提升执法效能。

二是推动“双随机”执法方式科学化。为落实“双随机”监管执法工作要求，在执法系统中开发“双随机”抽查功能。通过系统自动计算，对年度执法计划确定的“一般企业”检查家次，

全部实施更加科学精细的“双随机”抽查,落实监管常态化。

三是推动实现执法监督全流程管理。为落实行政执法“三项制度”要求,系统通过远程在线执法监督、随机抽取执法案卷、执法情况全程可追溯等功能,监督执法人员规范运用法条、自由裁量等,实现了全流程执法监督。

四是推动实现执法大数据分析研判。运用可视化的执法大数据统计分析平台,对时间、地域、行业、重点领域等进行多维度展示,通过执法大数据进行安全风险综合统计分析,为高风险行业研判、重大隐患预警、执法力量调派提供数据支撑。对执法人员执法任务的数量、质量完成情况进行汇总,为绩效考核提供了量化指标。

五是推动实现“智能五化”建设。为确保执法新模式落地见效,立足于数据采集标准化、执法模型规范化、基础数据结构化,推进执法任务协同化,逐步实现系统功能智能化,目前已形成智能化导航执法办案窗口、智能化执法文书编制、智能化移动执法等功能。

执法系统启用以来,有效提高了天津市安全生产执法检查的工作效率和水平,已成为执法人员日常执法检查的重要工具。一方面,随着执法全过程留痕、可追溯,执法信息化程度进一步提升,使执法监督管理更加科学,促使执法人员更加严格、规范、自觉地执行行政执法的法定程序要求。另一方面,下达各类执法文书更加高效便捷,执法数据查询更为方便,为执法活动实现“合法、客观、全面、及时”提供了关键的技术保证。

二、构建“监测预警+智能分析+协同联动”的高点云防工作模式

天津市危险化学品生产、存储企业大多布局在较为偏僻的地区,企业周边多野草荒地,极易发生火灾,进而诱发危化品生产安全事故。天津市应急管理局组建之初,危化品安全生产监测预警和自然灾害监测预警工作职能分属危化品处置中心和应急管理事务中心两个单位负责,缺乏紧密的有效联动。为此,市局创新性开展“监测预警+智能分析+协同联动”的高点云防模式试点工作。具体如下:

一是风险隐患“一图清”。基于天津市丰富的地图数据资源,将全市1200余家重点危化品企业及其重大危险源、240个地质风险隐患点位、2900余个重要防护目标等信息上图展示,在宏观上实现风险隐患“一张图”展示,在微观上为精准救援提供数据支撑。

二是异常情况早发现。通过在大港石化基地和南港工业区两个大型危化品企业较为集中的区域部署AI高点云防系统,结合成熟的火点AI分析技术,实现了危化品企业及周边野草荒地的火点识别和智能化预警,做到一个高点发挥多重监测作用,既能实现自然灾害监测,又能对化工园区异常行为进行监测。

三是智能提醒强联动。当AI分析发现疑似火点后,系统会将预警提示推送至自然灾害监测预警岗位的工作人员,同时,为严防次生灾害的发生,系统会自动分析对周边危化品企业

的影响，并将信息同步推送至危化品安全生产监测预警岗。两个岗位工作人员再结合市应急管理局三维地理信息平台中的三维倾斜摄影图像进行分析研判，视情联合消防救援队伍进行火灾扑救或联合相关危化品企业启动应急预案，及时开展处置工作。

2021年4月17日15时30分许，AI高点云防系统发现G338津神线南侧、大港石化园区某公司西侧180米处附近有荒草燃烧火情出现，系统自动发出预警通知自然灾害监测预警岗和安全生产监测预警岗人员，值班人员及时通知属地应急管理部门、消防救援队伍及企业安全管理部门，并通过AI高点云防系统远程指导现场扑火工作。

AI高点云防系统的投入使用，弥补了以往危化品企业忽视“院墙外”安全的不足，在传统的依靠人工报警的基础上拓宽了报警渠道，有效解决了自然灾害和安全生产监测预警互相割裂的问题。目前，天津市应急管理局正在通过AI高点云防系统对狂风、暴雨、防汛、危化品运输等场景进行深入分析研究，强化“监测预警+智能分析+协同联动”的高点云防工作模式。

三、搭建“智能提醒+联动治理+数据应用”的小快灵应用场景

“智慧应急”试点工作开展以来，天津市应急管理局智慧应急工作组着重在“小应用”“小工具”上下功夫，以解决基层一线工作人员实际问题为出发点，基于即时通信系统搭建移动应用平台，开发了一系列小应用，形成了“智能提醒+联动治理+数据应用”模式。具体实现了：

一是值班值守智能报。“值班助手”对接了指挥救援系统值班管理模块，每日定时主动发送信息提醒次日值班人员，并对未及时查看提醒链接的人员进行自动电话提醒，确保值班人员按时到岗到位，辅助做好应急值班值守工作。

二是警示提醒强意识。通过整合天津市生产安全事故历史数据、应急管理部门户网站“警示信息”栏目信息，形成历史事故信息库，每日自动向全体用户发送历史上当日本市及国内外发生事故的警示信息，引导工作人员树牢安全意识，拓展安全监管和执法监督等业务工作的思路与经验。

三是灾情信息瞬时收。“灾害助手”对接了天津市综合治理平台，利用全市6.4万名网格员力量及时报送灾害受损情况，将灾情信息报送时间由原来的两周缩短至两分钟。2021年11月7日，天津市遭遇大雪红色预警的强寒天气，多地受灾。各街道网格员通过天津市综合治理平台移动端上报房屋倒塌、人员伤亡、灾害位置情况，天津市应急管理局灾害统计人员第一时间通过“灾害助手”功能进行了采纳通过和驳回处理，提升了灾害统计的时效性。

四是处置建议握掌中。“危化品信息及危化品运输车辆信息查询”通过对接应急管理部数据治理平台和天津市共享交换平台，应用危险化学品和企业信息以及机动车载运危险化学品

的时间、线路、速度、凭证等信息,为应急处置中心人员提供便捷查询功能,使处置人员能够在前往危化事故现场的途中及时了解危化品理化性质、处置方式及注意事项,提前佩戴防护装备、做好处置准备。

五是社会动员筑防线。为智能化实现防火志愿者的组织号召工作,天津市应急管理局与铁塔公司开展防火志愿工作联动试点工作,将天津铁塔常年外业员工加入即时通信系统。防火志愿者联络员通过系统号召志愿者就近上线,通过地图可查看志愿者上线情况、个人信息以及实时位置信息,实现任务发布,获取现场情况。反之,志愿者也可在发现火情后主动上线,报告灾情相关情况。依托系统功能,实现了第一时间就近动员、第一时间掌握现场情况、第一时间指导灭火的社会动员模式。

下一步,天津市应急管理局将继续深入了解基层一线工作人员使用需求,在地图导航、智能识别、信息快速采集等方面深化拓展各类小工具的开发使用,力争通过智能移动小应用,解决基层大问题。

(天津市应急管理局)

第六篇

地方“互联网+政务服务”专项成果

·合肥市·

合肥财政“惠企直通车”跑出数字服务“加速度”

按照“统一规划、整体联动、协同共建、分级管理”的原则，合肥市财政局建立了体系完整、分工明确、运行高效的财政支持产业政策管理系统（以下简称“管理系统”）。2021年，按照国家、省市关于开展“互联网+政务服务”工作的要求，以及在全市建设“城市大脑”，推进“一网统管”的整体要求下，合肥市财政局主动作为，推进管理系统全面升级，成功打造“惠企直通车”2.0版，实现产业政策兑现全流程管理，系统包含“申报通知、兑现公示、免申即享、政策选阅、政策文件、资料下载”等功能模块，有力保障了产业政策兑现工作的开展，全力助推合肥打造政策服务创新高地和营商环境标杆城市。

系统自上线以来，累计上线产业政策1008项、受理企业兑现申请24624件，日最大访问量高达5000人次，每年兑现产业政策资金100余亿元，集“业务、管理、服务”于一体，涵盖项目申报、审核、公示、兑付、归档等过程管理，服务于企成效明显，为进一步为提升人民群众的获得感、幸福感、安全感提供强大助力。

一、建设背景

2017年以前，合肥市财政支持产业政策各类项目申报流程分散在各业务主管部门，产业政策兑现时存在兑现难、难兑现的问题，主要有：项目信息分散、独立，企业获取政策信息难，也不利于产业政策综合管理、监督、统计和分析；项目存在多头申报情况，不利于财政资金的优化配置；项目存在虚假申报情况，无法进行预警提醒等。

为解决上述问题，推进治理能力和治理体系现代化，合肥市财政主动作为、积极探索，以“最多跑一次”为引领，以数字化转型为路径，充分运用信息化技术手段，2017年10月，在全国首批、全省率先自主研发上线了财政支持产业政策管理平台，有效地破解产业政策兑现难、难兑现的问题。2021年，对系统进行完善，优化功能，创新实施政策“惠企直通车”，实现产业政策一站公开、奖补对象一键告知、兑现过程一网通办、申报内容一库查重等功能。

二、主要做法

1. 政策办理"一网化"

整合涉企政策,全面梳理公布政策项目信息和申报指南,明确申报对象、申报材料、办理流程、申报时间、奖励标准等要素,实行清单化管理,通过登录系统,企业实时在线获取所有产业政策信息,累计上线惠企政策1008项,将政策、流程、材料、时限全上网、全公开、可视化、可监督,实现网上申请、在线审批、刚性兑付全流程"最多跑一次"。同时,针对不同的系统用户设计不同的操作界面、操作内容及操作流程。如政策主管部门可以通过登录系统,实时掌握企业申报情况,实时审核企业申报项目信息,极大地提高了工作效率。

2. 政策申报"线上点"

企业既可以根据申报主体、政策类别、政策名称分类快速查询,又可以在"申报大厅"专栏内查询正处于申报期内的各项条款,实现一键申报,清晰易操作,在申报过程中,企业只要动动鼠标,在线填写,就可以避免提供大量的纸质材料,实现24小时"智能自助";优化再造项目申报流程,对跨层级、跨部门联办的奖补项目,实行"一个部门受理、一套材料申报",压缩审批环节。

3. 政策兑现"掌上办"

信息平台依托"城市大脑",成功对接"皖事通办"手机端、电脑端,首次实现企业政策兑现"指尖办"。通过开发手机H5展示页面,在"皖事通"应用程序(App)上接入"财政产业政策"服务,开通政策兑现专栏,在政策归集和精准匹配、申报提醒和移动申报、跟踪查询和办件落实等方面为企业提供全天候贴身服务,设立"政策选阅""项目申报""兑现公示""企业中心"四个栏目,用户通过手机端登陆,就可以实时办理政策申报业务,还可以实时查询政策兑现进度、政策兑现信息反馈等,极大地方便了用户操作,提高了政策知晓率,扩大政策影响力。

4. 政策兑现"阳光化"

完整政策兑现链条,实现申报、审核、公示、兑付归档等全流程网上公开,对产业政策执行部门也是一种监督,使兑现工作更加透明规范,使兑现流程更"阳光";在简化政策申请和审批的同时,加强对企业申报政策全过程监管,确保"放而不乱、管而有序",通过数据智能分析技术,对企业申报奖补项目实现跨部门、跨时间维度地自动比对查重,防止企业多头申报项目、重复享受财政补助资金。

三、主要成效

1. 政策"一网通览",业务"一网通办"

通过平台集中发布全市产业政策文件、实施细则、申报通知、申报指南等信息,变企业"一对多找政策”为部门“多对一服务”。企业只要访问平台便可“一网通览”，就能方便快捷地找到适用的政策内容。点击“我要申报”，在线就能完成企业申报受理、部门审核、结果公示等业务，实现全过程“一网通办”。

2. 审批环节全程留痕，政策资金“更阳光”

平台实现项目申报、审核、公示、兑付、归档等链条全流程网上公开，兑现进度全流程可查询，全过程网上留痕，让政策兑现更“阳光”。通过数据智能分析，对企业申报奖补项目跨部门、跨时间维度自动比对查重，杜绝虚假、重复、多头申报，营造更加公平高效的政策服务环境。

3. 融入“皖事通”，实现政策“掌上办”

依托“城市大脑”，对接“安徽政务服务网”，在“皖事通”合肥分站开设“财政产业政策”专栏，设定“政策选阅”“项目申报”“兑现公式”“企业中心”四项功能。企业通过手机等智能终端，实时办理政策申报业务，掌握政策兑现进度、信息反馈等。

4. 提供便捷化服务，政策兑现“加速度”

积极探索企业订阅个性化服务，开设“企业中心”，涉企相关的政策便会自动归集、智能展示，变“企业找政策”为“政策找企业”，点击“我要申报”，即可开启政策网上申办，全方位为企业提供便利。同时，开设“免申即享”专栏，让符合条件的企业和群众不用跑腿、不用申请，即可坐收政策“红利”。

四、主要启示

（1）信息化平台是数字政府建设的一个重要基础。政务服务能力的整体提升有赖于各部门数字化水平的普遍提升。提高数字化政务服务能力，必须加强政府数字化、信息化平台建设。要不断创新工作方法，推动业务流程的智能化，简化行政流程，让政务沟通、政务决策与服务回应从烦琐的层级中解放出来，真正实现让数据多跑路、让群众少跑腿。

（2）财政部门制定政策要聚焦管用、好用，在简化政策申请和审批的同时，要广泛开展“问计于企”调查，对标先发地区经验做法，紧盯企业发展痛点、难点、堵点，围绕支持企业融资、扩大有效投资、激励企业创新、壮大市场主体、优化发展环境等方面调整优化，力求政策更加精准、科学、务实、管用，真正当好企业的贴心人、服务员。

（3）面对复杂的国内外环境，财政部门要加快研究新经济、新业态财政支持政策，进一步提高财政支持政策精准性。进一步加强财政与金融等政策协同，注重撬动社会资本，强化与国家、省、县（市）区、开发区政策统筹配合、协同发力。探索开展部门间数据对接、信息共享、协同办公，大力提升数字化政务服务水平。

（供稿单位：合肥市财政局　撰稿人：叶四青）

科技赋能合肥市公安局"放管服"改革切实提高人民群众满意度

一、建设背景

为积极回应人民群众对美好生活的新期待、新要求,贯彻落实国务院全国深化"放管服"改革转变政府职能电视电话会议精神,按照国务委员、公安部部长赵克志关于深入推进"放管服"改革批示要求,公安部部署进一步深化改革,推动"放管服"改革新措施。

合肥市公安局紧抓"放管服"改革有利契机,深入践行"以人民为中心"的发展理念,坚持以问题为导向,以科技创新为驱动,创新"互联网+"公安政务服务新模式。自主研发集治安、出入境和交警业务的多功能便民服务自助终端,有效整合警务资源、创新警务模式、降低警务成本,实现警务效能最优化。以"提高群众满意度"为出发点,以"科技赋能业务服务"为落脚点,以做好"一次办、自助办、就近办、规范办"为增长点,主动作为,勇于创新,切实解决人民群众服务网点少、办理效率低、不同业务异地办理等难题,全面推动各项"放管服"改革举措落地落实。

二、需求分析

整合各警种窗口资源、内部信息资源和自助设备资源,将多警种业务整合到一个自助服务机,"一站式"解决群众办事需求。涵盖治安、交警、出入境等警种热门业务,将多功能警务自助服务平台的规模化应用,整合警务资源、改造警务流程、创新警务模式、降低警务成本,实现警务效能最优化,更能便民利民,真正做到"让数据多跑路,让群众少跑路",进一步提升群众获得感和满意度,打通为民服务的"最后一公里"。

(一)交警业务

1. 驾驶证

期满换证、遗失补证、损坏换证、转入换证、驾驶证信息查询以及联系方式变更等业务自助办理。

2. 行驶证

遗失补证、损坏换证、机动车六年免检、号牌补换领、机动车信息查询以及联系方式变更等业务自助办理。

3. 行政处罚

交通违法行政处罚自助处理，自助缴纳罚款。

（二）治安业务

1. 身份证

期满换领、损坏换领、丢失补领、自助取证等业务自助办理。

2. 身份证明

临时身份证明自助办理。

3. 居住证

居住证自助办理。

（三）出入境业务

1. 签注

港澳台自助签注。

2. 出入境记录

自助查询。

3. 证件照

证件照自主拍摄、一照通用。

三、建设意义

（一）多警种、一机通办；人机交互、不见面办

合肥市公安局组织科信、警令部（市局政务公开办）、治安、交警、出入境支队等警种部门，全力打通“数据壁垒”和“信息烟囱”，推进市级部门业务系统和多功能便民服务自助终端平台互联互通，解决单警种自助终端存在的投入成本大、建设重复浪费等问题。多功能便民服务自助终端在涵盖原有单警种自助终端所有业务内容的基础上，针对群众的高频需求，还增加无犯罪记录证明开具、临时身份证明、机动车六年免检、违法处理、期满换证等多项业务内容，目前可提供近40项业务自助办理，极大地节约了群众时间成本、费用成本。在便民服务模式上，支队大胆进行尝试，运用人脸比对、指纹采集、电子签名、证照成像等技术手段，实现人机交互、不见面办理，新型冠状病毒肺炎疫情期间保障群众安全；打通公安网、政务网、财政专网、互联网，实现微信、支付宝、银联App实时缴费；与快递服务互联互通，可实现邮寄快速送达，切实做到“多警种、一机通办；人机交互、不见面办”。

(二)多网点、就近办理;创新模式,办审分离

目前,群众办理公安局各类警务服务,主要集中在市级办事大厅和各个分所办事窗口,为推进"最多跑一次"改革向纵深发展,合肥市公安局针对当前存在的办事网点分布少、数据共享不充分、窗口服务水平有待进一步提升等问题,在现有办事服务网点的基础上,市局在瑶海、庐阳、蜀山、包河、新站、出入境、交警等多个分局警务站和支队业务大厅共投入15台自助终端,群众可以就近选择"家门口"的警务站,不受天气、环境等影响,可自由选择时间办理业务,既减轻了办事大厅的排队压力,又能最大化地提高办事效率,节约资源。

合肥市公安局在立足便民利民的基础上,充分考虑到基层公安的实际困难,进一步对业务流程进行优化,切实为基层减负。基层业务部门按照自助终端"前端受理、后台审核"模式,改进传统式窗口人工受理模式,人性化优化设计业务办理流程;通过人脸识别、单点登录等技术,减少群众业务办理中多次身份核验、个人信息重复录入等情形。

另外,合肥市公安局积极统筹协调公安部、省厅、系统研发公司,推动自助终端与业务系统联通,业务数据融通;建设全市公安机关集约化自助终端管理平台,将全市各警种不同品牌样式业务自助终端接入,可实现统一管理、统一监测、统一展现,提高设备为民服务效率。

(三)多渠道、持续宣传、操作简便、提高效率

合肥市公安局充分利用发挥媒体作用,联合中国警察网、合肥警方等媒体平台持续加大宣传力度,自助终端现场摆放宣传手册、提供24小时咨询电话,全方位引导群众在家门口无忧办理。

另外为满足不同年龄段、不同文化程度的群众需求,多功能便民服务自助终端提供良好的人机交互,每个业务都包含详细的业务介绍、功能流程,全程配合语音提示和文字提醒功能,并安排专人全程旁站引导群众自助办理,并收集问题及建议,继续优化设备功能,确保群众会用、好用、想用协助群众办理各项业务。

(四)促窗口、数字智能;服务延伸、事务下沉

多功能便民服务自助终端不仅规范业务办理的新模式,还对窗口的业务服务模式及质量的提升具有促进作用,智能化、数字化、专业化的服务水准及体验伴随业务受理的全过程,让业务群众真正地体验到自助办理的便捷性、人性化、智慧化的公共政务服务,通过多功能便民服务自助终端推广,公安服务时间及空间得到极大的延伸,突破时间和空间的限制,让政府的公共服务无时不在、无处不在。

(五)多点位、成果转化、工作减负、初现成效

自2020年12月以来,各分县局、支队扎实推进便民服务一体机推广工作,多维度实现成

果转化。其中，新站户政中心调整工作方式，引导群众在自助终端办理为主，人工窗口受理为辅，相当于增加一个人工窗口服务；蜀山户政中心采取自助终端预受理、窗口确认审核模式，办件量提升20%。截至目前，全市已完成办理户政业务35927笔、交管业务2511笔，合计办理各类业务38428笔，现日均办件量超过100笔，日均办件量同比提升20%，窗口人员工作量同比下降30%，切实为基层一线减负增效。增设自助终端办理渠道，群众等待时间较以往减少一半以上，邮寄送达、警务站办理大大节约了业务办理时间经济成本，赢得广大市民朋友们拍手称赞。安徽省公安厅、合肥市总工会等省市单位莅临现场指导并给予肯定，中国警察网报道我局便民服务科技创新成果，将自助终端誉为“一机通办新窗口”。

四、创新点

基于“以人民为中心”的服务理念，将移动互联网、物联网等技术应用到政府公共服务之中，建设“渠道多、办事易、效率高”的综合服务体系，为人民群众带来全新的服务体验，提高了人民群众对公安机关公共服务的满意度。

（一）优化窗口功能，提升服务质量

始终坚持以发展需求为导向，按照标准化、智能化、便民化的原则，以“互联网+”为抓手，着力建设智慧政务系统建设，不断拓展服务领域，提升服务效能，全力打造人民群众满意的政务服务大厅，实现“一窗通办”，切实解决不同业务异地办理的难题。

（二）提升服务体验，提高群众满意度

自助终端采用全流程智能化，缩短了单笔业务的办理时间，同样的时间能办理更多的业务，缩短人民群众等待的时间，减轻工作人员压力，提高办事效率。实现“一照通用”，避免人民群众为办理业务多次拍照。

（三）业务全程留痕，便于事后溯源

传统的办理方式无法做到人证合一，确认办理人的真实身份难度很大，导致非法办理、非法代办理的现象时有发生。自助服务全程智能留痕，便于事后进行追溯。

（四）提升系统智能化程度，实现无介质化认证

传统人工业务办理业务容易出现的人员卡片遗失、被盗、复制、代刷现象，随着人脸识别技术的不断成熟，采用该技术取代卡片进行身份识别认证已经成为未来的发展趋势，并且将极大地提升系统的智能化程度，为人民群众提供便捷服务。

（供稿单位：合肥市公安局科信支队　撰稿人：孙一鸣　程　伟）

房企云平台实现从“传统分散”到“智慧协同”之变

为坚决贯彻落实党中央、国务院及国家相关部委关于加快推进“互联网+政务服务”“一网通办”,让企业和群众办事“只进一扇门”“最多跑一次”等方面工作决策部署,全力推进政务信息系统整合共享,加速审批服务快捷便民。我局在整合系统统建的基础上,以数据共享为纽带,多策并举、多点发力、多方合作,加快推进“互联网+电子政务”工作,围绕“一网、一门、一次”服务目标,着力解决影响政务服务效能的痛点,在运用信息化手段解决企业和群众办事难、办事慢、办事繁方面做出积极有效的探索。

一、始终坚持数据融通,汇聚信息资源,推进共享关联

1. 整合内部数据资源

制定数据标准,清理整合数据,建设“一网一库一平台”,即全局一张网、一套数据库、一个应用平台,实现局内部数据共享,涉及房产交易、住房租赁、维修资金、预售资金监管等各类业务数据2000多万条,通过数据在业务办理中的流转和利用,为群众办事提供方便、快捷、有效的服务,提升各部门的办事效能,避免群众多次、无效地往返。

2. 房产交易和不动产登记数据实时共享

创新数据共享方式,充分利用房产和国土部门信息资源,实现交易和登记数据同城异地容灾,双方各自在本地机房利用对方的同步备份库实现2400万条数据实时共享,解决了群众在办理交易和登记过程中重复调档、收件、等待和多窗口往返等现象,使得交易和登记工作便捷、准确、及时,实现了交易和登记工作的无缝衔接。

3. 房产交易信息与税务部门实时共享

通过政务内网向税务部门实时推送房产交易信息近60万条,交易双方可直接通过App网上申报纳税、也可通过大厅窗口扫描合同二维码办理纳税,极大地缩短了群众的纳税时间,解决了税务窗口排队的现象;同时,也为交易、纳税和登记三窗合一办理奠定了基础。

4. 编制并完善房产数据资源目录

按数据资源目录向市大数据中心实时归集数据,同时在市数据资源共享平台上公布房产共享资源目录共计71个,供其他部门申请数据共享,让群众在其他部门办事时,尽量减少往返调档房产信息。

5. 多方式共享数据

主要通过提供网页访问、数据交换和应用程序编程接口(Application Programming Interface,API)交互的方式共享数据,近期我们在市数据资源共享平台上公布了API接口资源(有

条件使用)，供有房产信息需求的部门申请调用，已有省公积金、市教育局、省纪委等部门申请调用，调用数据已超过500万条。

二、始终坚持系统互通，加强平台对接，连通省市政务

1. 建设统一转换平台

为提高系统对接效率、实现高效服务，依托现有平台，构建对接电子政务的统一转换平台，将电子政务平台的受理任务传递到各业务系统、各系统的办理结果反馈至电子政务平台，同时，发送短信提醒工作人员办理任务和时限、通知客户办理结果，实现了群众从电子政务平台直接向房产部门申请业务办理。

2. 实现用户互认

在信息整合的基础上，通过先期信息比对、后期确认的方式，实现用户登录电子政务平台后，可直接访问和使用相应的房产信息，使用户充分感受到了电子政务的高效、方便和快捷。

3. 完善政务服务事项

目前共有28个事项进驻电子政务平台，平台年受理业务量超过8万次，其中物业专项维修资金查询、房屋灭失后专项维修资金余额返还已实现网上不见面办理；商品房预售许可证遗失补办、存量房网签、商品房网签合同备案可实现网上不见面办理；其他除白蚁防治和房屋安全鉴定等需现场施工的事项外，均能实现最多跑一次办理。后续，将进一步简化流程、精简收件、优化系统和增加服务事项，推出更多的不见面办理事项，求真务实地提升电子政务服务水平。

三、始终坚持业务畅通，加快集成应用，实现一门办理

1. 限购查询

实现网上申报，一窗审核，对房屋信息实现自动核验，对社保信息网上直查，户籍信息与公安实现交互，年查询量达23万次，做到不让群众多跑路，只进房产一家门。

2. 房产交易

提供商品房和存量房网签交易平台，供交易双方签订合同，双方无须来窗口签订合同，年交易量超过12万次。交易结果经网上审核后，传递至税务和不动产部门供纳税和登记使用，实现了让群众少跑路、数据多跑路。

3. 住房保障

系统实现居委会、街道和区三级管理，由居委会统一受理，区审核通过后，由住房保障部门统一后台办理，群众只去居委会一门办事。

4. 商品房预售资金监管

通过商品房预售资金监管系统,购房人缴纳购房款可直接刷卡至监管账户;预售方可网上申请资金拨付手续,一个工作日办结,为1000多家开发企业提供服务,可全程不见面办理。

5. 互联网+住房租赁应用

合肥市住房租赁交易服务监管平台是实现企业和群众全程自助、自主办理住房租赁业务的互联网服务平台,上线以来短短三年半时间,纳入平台管理的住房租赁企业达633家、实名注册用户29.2万、纳入管理的租赁房源39.8万套/间、合同备案17.4万宗,累计发布房源376万次,通过网页和App为出承租双方、租赁机构提供从实名认证、房源核验和发布、合同签订、电子签章、资金支付、网上备案等全线上流程化服务,支持电话转接、分类查找、地图查房、整租分租、备案查询等应用,确保人真实、房真实、产权真实委托、关系真实和合同签订真实,实现了房源全覆盖、信息全核验和流程全监管。

6. 商品住房摇号管理平台

为合肥市商品住房公证摇号公开销售工作提供全流程支撑服务,累计已提供房源总数超过2.5万套,登记购房总人次达18万人。实现企业摇号方案和登记规则在线申报、购房家庭登记信息集中汇聚、摇号和选房结果系统校验、房源和网签合同统一监管等,同时在合肥市房产信息平台和合肥通App上同步公示摇号登记信息,提供统一登记入口和详细楼盘数据。

7. App应用

App用户通过实名认证后,可核验自身房源信息,并对自身房源进行管理,现已开通自身房源租赁发布、签约、备案等功能,租赁双方可通过App全程自助办理租赁业务。后期将开通存量房交易功能,同时集成物业和维修资金等业务服务功能,并引入热点服务应用,提升房产服务水平。

四、始终坚持监测联通,信息一网通享,部门一体监管

1. 与合肥市市场主体监管平台联动

积极推进跨部门“双随机、一公开”监管信息共享,充分利用三告知信息,及时更新超过3万条房产业务系统企业备案、变更、违法和失信等信息,在协同监管房地产从业企业的同时,更好地服务企业从事房地产市场业务。

2. 多部门联动改善营商环境

与国土、规划部门开展规划设计、测绘、登记、房产等信息整合工作,后续将依托地理信息系统(Geographic Information System,GIS)系统,为相关单位共享土地、规划和房产信息,支撑对应业务开展,提升全市营商环境。

3. 对接市协税护税平台

推送房地产信息到市协税护税平台，并配合财税部门进行大数据分析，研判下阶段税收，以及追缴税款等，保障税收政策的落实。

4. 房地产市场监测分析

收集土地、规划、物价、房产、税务、金融等信息，整合相关数据资源，加强对房地产市场运行环境的监测分析，供政府决策，同时监督房地产各项政策落实。

五、始终坚持安全保通，提升技术服务，保障信息安全

1. 引入第三方服务

我们与中国建设银行、银联、徽商银行和蚂蚁信用等签订了合作协议，在业务开展中，通过系统对接、数据共享，引入第三方金融、支付、信用等服务，方便群众网上办事、尽量少跑路。

2. 应用先进技术

在设备性能方面，我们运用了云计算设备；在用户层面，我们运用了实名认证、资金支付、电子签章等；在管理层面，研制密钥软件，为企业用户免费提供密钥，访问系统；努力从系统性能、服务功能、不用上门的角度解决企业和群众的办事难、慢、繁的问题。

3. 统一系统管理

在"一网一库一平台"的基础上，实行统一用户认证、统一安全管理、统一运维管理，确保系统安全，连续通过等保三级测评。

4. 容灾备份

建立了主备机房，实现数据同城异地容灾和备份。在主库故障时，实现主备自动切换，确保数据安全和系统24小时稳定运行。

5. 数据安全共享

对数据交互限制在政务内网和专网上进行，互联网访问通过密钥交互，应用层面通过软件算法控制，利用API接口实现有条件交互，建立信息共享日志，确保数据共享安全和可回溯。

（合肥市房地产信息管理中心）

·青岛市·

青岛市探索利用大数据为中小微企业融资赋能

一、实践案例概况

(一)实施背景

政务数据是国家各级行政机关、司法机关和法律法规授权的具有管理公共事务职能的组织,在依法履职过程中产生或者获得的,以一定形式记录、保存的信息。一方面,政务数据具有较高的权威性和客观性,包含了重要的应用价值,全面挖掘其价值是政务大数据发展的重要目标;另一方面,政务数据涉及法人和自然人的商业秘密和个人隐私信息,不能直接对社会共享。在安全问题不能有效解决的情况下,目前各级政府在政务数据价值挖掘主要以政府内部共享应用为主。个别社会化应用开展较深入的城市,采取了间接数据服务形式,即授权一家国有企业全权管理数据并进行数据分析,将结果分发给社会使用。这种模式在确保数据不外流的基础上,部分解决了政务数据价值为市场所用的问题,但“大锅饭”式的供给模式难以满足不同机构专业化、个性化需求,客观上存在着“众口难调”的问题。同时,由单一企业全权管理数据本身带有垄断性质,容易造成后续迭代升级动力不足、响应不及时等问题。

为突破现阶段政务数据共享所面临的瓶颈,青岛市积极推动数据要素市场化配置,通过理念、技术和制度创新,再造政务数据服务流程,形成了“政务数据中台”支持下的“可用不可见”数据共享模式,并在实践中取得了比较明显的社会效果。

(二)案例简介

青岛市创新建成“政务数据中台”,建立了政务数据与社会第三方机构不能“见面”,更不能“出库”的安全环境,在此环境中,金融机构可以直接在政务数据中台开发业务算法模型,通过算法模型实现对政府原始数据读取和处理,之后将分析结果输出作为评价企业信用的重要依据。这种“可用不可见”的数据使用模式,实现了对政务数据价值的专业挖掘,有效地解决了政务数据常年存在的供给与需求、开放和安全之间的矛盾,为政务数据的社会化开发利用提供了思路。

截至2021年12月底,全市17家金融机构利用政务数据进行贷前审查、贷中放款和贷后跟踪，累计惠及各类企业6.2万家，涉及综合资金778.9亿元，放款237亿元，提升了中小微企业贷款可及性和便利度。青岛市政务数据中台案例被评为高效青岛建设攻势2020年"十大创新案例"，被省大数据局推荐参展第三届数字中国建设峰会。2021年7月1日，青岛市政务数据中台赋能中小微企业的经验做法被中国政府网刊发。

二、实践案例具体做法

（一）实践详情

一是再造政务数据服务流程，通过"数据中台"实现数据安全直供。创新推出"数据中台"，支持以"可用不可见"的安全模式向社会第三方安全共享。第一，搭建分区隔离的系统架构。所谓"数据中台"，是指在系统用户前台、管理后台之间设置数据处理区，是相对于前台和后台而言的中间逻辑层，彼此之间既物理联通又逻辑隔离。社会第三方开发的相关程序通过中台实现与目标数据对接，避免核心数据库被直接访问。第二，合理设置数据访问权限。在服务器访问环节，通过设置堡垒机，将社会第三方机构的访问权限限定于指定服务器；在数据输出环节，通过设置前置机，对输出数据进行核验，确保输出信息为描述性的分析结果，而非原始数据本身。第三，建立健全数据管理制度。就"数据中台"出台了全流程规范管理办法，建立健全数据建模、数据运维、数据使用授权协议等制度，有效地确保数据库安全运行。

二是加强涉企信息归集，提供多维度的企业信息。全面归集相关涉企数据，打破信息壁垒，构建并逐步完善集约统筹、分级部署的全市政务信息资源共享交换平台。通过该平台已累计向"数据中台"提供74类、663个字段、2100余万条涉企数据，涵盖市场监管、人社、财政、公积金、不动产、电力、招投标等多个方面，涉及企业的基本信息、经营信息、信用信息等情况。在不断优化更新"数据中台"数据的基础上，加强系统运维和安全管理等工作。

三是发挥市场主体的主动性，依托系统开发数据应用算法模型。社会第三方与"数据中台"对接后，结合自身业务需要，自行开发算法模型，实现数据价值挖掘过程中的专业化和个性化。以银行信用评级为例，银行利用政务数据中台提供的脱敏数据完成算法测试和训练，经大数据主管部门安全检测，将符合本机构业务标准的算法模型部署于政务数据中台，便可直接对目标数据进行分析计算，生成结论性数据传到银行端，与银行自有数据融合后，最终形成较为全面、客观的企业信用评级结果。

（二）实施效果

"数据中台"对社会第三方免费开放，广大金融信贷机构积极响应入驻，为中小微企业提供优质、普惠、高效的金融服务。一是有效提升信贷审批效率。得益于政务数据的"加持"，银行获得了更加完整全面的企业运行数据,有效地弥补传统贷款程序中尽职调查时间长、成本高的不足,缓解银企信息不对称的难题。如招商银行开发的"云政通"平台,全面引入政务数据作为参考,大幅降低信贷人员尽职调查时间,实现最快放贷周期缩减至原来的20%。二是提供多元化金融产品。青岛征信服务有限公司开发了"信用综合服务平台",打出"信用+项目+融资"的组合拳,依托"数据中台"为社会提供信用评价产品和服务,更多的中小微企业可因此获得信用评级。青岛金企通公司开发"金融服务信息支持平台",面向小型信贷机构提供数字化智能风控、银企智能撮合等定制服务,缓解相关信贷机构对中小微企业"不敢贷、不愿贷"的困境。三是助力信贷风控。帮助金融机构更加及时跟踪贷款企业经营状况,完善贷后管理,如农业银行青岛分行依托"数据中台"的分析结果,已对10家企业采取风控措施,锁定金额1.1亿元,有效地规避了坏账风险。

三、实践案例创新点及建议

(一)案例实施的创新点

利用数据中台技术向社会共享政务数据,创新了政府数据安全共享模式。通过数据"可用不可见",有效解决了政府数据社会应用和安全保密的矛盾,实现了政务数据价值发现与安全的统一,为市场配置政务数据资源开辟了新的路径。同时"政府搭台,企业唱戏"的运作模式,做到了"让专业的人干专业的事",有效厘清了政府与市场边界,实现了有为政府与有效市场相结合。"数据中台"以开放的平台思维服务市场,即中台面向所有公民、企业法人、政府机构和中介组织开放,有利于打破垄断思维,营造百花竞放的政务数据应用新环境。

(二)推广价值

"数据中台"支持下的政务数据开放共享模式,为解决目前各级政府面临的政务数据安全开放难题提供了可行的途径,有利于加速推进政务数据要素市场化配置进程,助力数字社会发展。

(青岛市大数据发展管理局)

打造“五零”审批服务链条　助推行政审批数字化转型

2021年以来，青岛市行政审批局聚焦数字技术应用，围绕行政审批痛点、难点、堵点问题，积极回应办事企业群众关切，将前沿数字技术融入行政审批各个环节，创新打造“五零”全生命周期审批服务链条，发布上线数字化典型应用场景，全面优化服务流程、创新服务模式、推进信息共享、打破数据孤岛，疏通行政审批“中梗阻”，助力“赛道转换”，推动政务服务从“可办”向“好办”“易办”转变。改革以来，相关经验做法得到山东省领导、青岛市领导充分肯定，在国务院办公厅电子政务办公室《电子政务工作简报》，青岛市委改革办《改革专报》、青岛市《优化营商环境和深化“放管服”改革简报》刊发，《中国纪检监察报》《人民日报》《青岛新闻》《青岛日报》等多家媒体予以宣传报道。

一、改革创新背景

（一）“互联网+政务服务”服务体系不断完善

2016年以来，国家先后出台了《国务院关于加快推进“互联网+政务服务”工作的指导意见》《国务院关于加快推进全国一体化在线政务服务平台建设的指导意见》《国务院办公厅关于印发进一步深化“互联网+政务服务”推进政务服务“一网一门一次”改革实施方案的通知》《国务院关于在线政务服务的若干规定》《营商环境条例》等系列文件，经过几年探索行政审批基本具备数字化转型的现实条件。2021年3月，《中华人民共和国国民经济和社会发展第十四个五年规划和二〇三五年远景目标纲要》提出，“提高数字化政务服务效能，全面推进政府运行方式、业务流程和服务模式数字化智能化”，明确了政务服务“数字化智能化”最新发展方向。市行政审批局以数字技术为依托，探索行政审批数字化转型，是贯彻国家“互联网+政务服务”决策部署，顺应时代潮流的必然选择。

（二）数字技术应用不断成熟

随着大数据、人工智能、区块链技术的日趋成熟以及网络信用体系的日益完善，行政审批由网络化、电子化向数字化、智能化转型已由理想变为现实，在技术上可实现，管理上可操作，应用上可推广。近年来，深圳市推出“秒批秒报一体化”，上海市推行政务服务“一网通办”，北京市印发区块链创新发展行动计划（2020—2022年）。尽快推进行政审批数字化转型，对于青岛跻身先进技术应用潮头，塑造高效服务型政府形象，优化营商环境，抢抓发展机遇具有重要意义。

(三)企业群众办事需求不断提升

民之所望,改革所向。随着互联网的迅猛发展,企业和群众对政府服务也提出了更高的要求,传统的网上办模式已经明显不能满足企业群众的需求。利用数字技术不断提升政府管理服务水平,为办事企业群众提供更加优质、高效、便捷、智能的行政审批服务模式,成为当前行政审批改革亟须研究解决的重大课题。

二、改革创新措施

(一)数据赋能,业务申报"零材料"

聚焦"项目落地年",按照凡是政府部门核发的材料全部免于提交的原则,在全国率先启动施工许可"零材料"改革、在危化品安全生产领域率先推行"三零e办"改革,采取系统间调取电子证照、数据共享核验、告知承诺、行政协助4项"免提交"措施,将企业需要提交的政府部门核发的材料缩减到0。在危化品安全生产领域创新推出许可企业地图,将行政审批系统与数字危化系统对接打通,分区域、分类别、分行业、分品类、分风险、分规模统计分析比对,实现静态数据一次填报、动态数据自动采集、市区两级数据实时共享,极大提升政府部门对安全生产企业的管理水平,消除安全隐患,相关做法获应急管理部肯定。

(二)链上核验,授权审查"零跑腿"

在"建筑业企业资质许可"等39类审批业务领域,创新提供"区块链+审批授权"服务,通过"刷脸认证"和在线比对全国企业、人口基础库信息,将从业资格人员的身份认证、授权过程从"线下"搬到"线上",从"窗口"搬到"链上",打破时间、空间限制,认证过程"全程上链、安全可控",既减轻审批人员现场核验的负担和压力,又有效地破解了可能出现的资质认定难题,实现审批端和办事端的双赢。

(三)自动比对,审批审核"零人工"

推行"智能办"改革,建成全国领先、全省首个支撑市、区两级智能审批改革的综合性、一体化平台,具备智能审批事项"自主定制、动态调整、分级管理、自动发布、情景导服、智能表单、电子档案、成效分析"等功能。依托平台彻底重构业务流程,为办事企业群众提供"全领域、标准化、一站式、秒办结"的智能审批服务,全程无人工干预。截至目前,人社、公积金、建筑业企业、民办非企业单位等22个业务领域429个事项,通过"智能办"平台实现审批办事"即报即批,即批即得"。

（四）AI辅助，文件归档“零纸张”

探索开展全流程审批资料电子归档，打造低碳环保的“无纸化”绿色审批模式，结合机器人流程自动化（RPA）和人工智能（AI）技术，在制证环节自动提取业务过程关键信息，自动录入模板，加盖电子签章，形成电子证照和电子档案。主动与省电子印章制发系统联调对接，在全省率先实现工程建设领域5类资质电子证照“全覆盖”和跨层级、跨领域全流程闭环应用，共为9121家市场主体在线签发电子证照12691余张。申报人通过审批系统认证授权后，即可在线获取具有法律效力的电子证照，审批、执法部门扫一扫二维码，即可实时查询证照详细信息验证真伪。

（五）线上协同，审管互动“零时差”

创新上线“审管一体化平台”，将原来需要线下发函、手动推送业务信息的操作，搬到线上，通过授权共享、开放端口两种途径实现了审批与监管部门线上实时互动。审批业务办结后，平台将申请材料、办理意见、电子证照等主要审批业务信息自动推送至对应监管部门账户，工作人员可即时在线认领查看，并在监管过程按需共享使用。工程建设项目审批过程中，双方也可依托该平台随时发起线上会商、组织联合踏勘、反馈意见建议，降低沟通成本，提高协同效率。目前，市、区（市）两级186个监管部门的3563项审批事项已全部纳入“审管一体化平台”，实现审管衔接市、区两级全覆盖，累计为行业主管部门推送审批业务信息7.6万余次。

三、改革创新成效

（一）项目落地更便捷

“施工许可零材料”“三零e办”等一系列改革措施的推行，促使政府服务意识进一步增强、项目审批程序进一步简化、审批时限进一步缩短，为项目快速落地、有效激发市场创造力提供了数字化引擎。施工许可实现“零材料”办理后，企业需要提交材料由原来的7项缩减到0项，所需填写信息字段从92个最多缩减70个，缩减比例达到76%，先后为6个重大项目办理“零材料”许可服务，涉及投资额52094万元；为627余家企业办理了危化品经营许可，促使企业不出门就能方便快捷地收到许可证。

（二）行政审批更透明

通过推行“智能办”，将传统人工审批变成电脑审批，由系统按照约定的标准化流程，智能判断、自动执行审批决定，全程无人工干预，通过系统的刚性约束，压缩审批自由裁量权，让行政审批更透明。以建筑业企业资质（简单变更）事项为例，推行“智能办”前，企业需要携带变更前后的营业执照、企业章程等材料到办事窗口进行资质变更，窗口工作人员对企业提报的材料进行人工审核后，出具审批意见。改革后，企业不受政府办公时间、办公场所限制，可7×24小时随时发起业务变更申请，且无须提交任何材料，全部由系统从政府内部自动拉取、核验无误后自动作出审批决定，几分钟甚至几十秒即可办结，全程无人工干预，自由裁量权压缩到零。该事项自2019年7月1日推行“无人工干预智能审批”服务以来，全部办件量为4036件，无人干预模式办件量为2980件，智能审批办件占比达到73.8%，智能审批模式从个别化变成常态化，受到了市场主体一致欢迎。

（三）数据应用更安全

行政审批数字化转型离不开对数据的深度挖掘、分析和应用，目前依托我局审批数据中心共汇聚了内部数据2700余万条，依托青岛市政务信息资源共享网申请了国家、省、市123类外部数据资源，确保用数安全，减少因数据滥用产生的法律纠纷问题是行政审批数字化转型的重大课题。2021年以来，通过推行“区块链+审批授权”，将工程建设领域资格人员身份认证、授权过程全部搬到区块链上，全程可追溯、可查证，杜绝了因身份造假产生的法律纠纷问题，确保数据应用更安全。截至目前，该服务为青岛市1870家建设类企业提供了6577人次的远程刷脸认证服务，减少企业群众跑腿近万次，系统上线后未发生一起因身份造假产生的法律纠纷。

四、改革创新启示

数字政府建设是推动国家治理体系和治理能力现代化的战略支撑，是数字中国的重要组成部分，青岛市要牢牢地抓住历史发展机遇，加快推进政务领域数字化转型，充分释放数字红利，为优化营商环境、推动社会经济高质量发展提供重要抓手和引擎。一是加快政务大数据中心建设，盘活政府数据资源，释放政府数据价值，逐步建立以数据为中心的智慧政务战略，充分发挥数据在政务服务过程中超前预判、精准推送、定制服务、科学决策等方面的优势，让政务服务更“聪明”。二是要加快数字技术与审批业务深度融合应用，借助5G网络、人工智能、区块链、虚拟现实等前沿数字技术，赋能政府服务能力优化升级，逐步构建“人脑+AI”融合服务模式，为企业群众提供更加智慧、高效的政务服务。数字化转型任重道远，市行政审批局将立足部门职能，不断加快本部门审批数据汇聚治理应用，深挖数据潜能，赋能审批业务流程再造，为办事企业群众优质高效审批服务，不断提升青岛市行政审批数字化智能化水平，助力营商环境再升级。

（青岛市行政审批服务局）

青岛市运管服平台推进城市管理“一网统管”

一、案例简介

青岛市充分借助住建部在青岛、杭州、深圳等15个城市，开展城市运行管理服务平台建设试点契机，全面统筹整合全市城市管理领域管理和信息资源，建设完善平台数据体系、平台应用体系、平台运行规范体系和建立高位的管理体制机制，构建“上下贯通、左右衔接、协同联动、全市一体、高度集成”的青岛市城市运行管理服务平台。

平台形成了“一中心、一平台、一张图、N应用”的城市管理信息化体系，纵向上与国家平台、省级平台以及区（市）平台实现对接联通，横向上与全市城市运行管理服务相关行业部门实现协调联动，并作为青岛市“城市云脑”首要重点业务应用和主要支撑应用平台，与“城市云脑”深度关联、互为补充，形成资源高度融合、系统高度集成、联动高度协同、监督更加高效的城市运行管理服务新模式，推进城市治理能力与治理水平全面提升。平台于2021年5月上线运行，日均流转处置城市运行管理服务问题1.5万余件，同比上升187.5%，行业智能化监管范围基本实现全覆盖，城市运行管理服务全面提质增效，群众参与城市管理更加便捷，为打造“方便、温馨之城”、助力城市品质改善提升发挥了重要作用。

二、主要做法

按照“1中心+1平台+1张图+N应用”的建设目标，推进平台数据体系、平台应用体系、平台运行规范体系和管理体制机制建设。

（一）全方位整合信息资源，推动城管数据“一网联通”

平台已完成1400余项数据目录、44个专题库建设，形成城市运行管理服务大数据中心，并与城市云脑互联互通，实现数据跨系统、跨行业、跨部门共享运用。

一是大力开展数据普查。通过对全市建成区102类190余万个城市管理部件进行全面普查和更新，建立“数字身份证”，形成了城市管理部件“一张图”，为城市运行管理服务问题高效流转、精准处置和精细化展示奠定数据基础。

二是全面汇集部门数据。通过整合供热供气、环境卫生、综合执法等18个城市管理行业部门数据，汇聚住建、园林、公安、交通等30个市直部门（区市）数据，建立起城市管理基础信息、网格信息、公众诉求等专题数据库，为城市运行管理服务场景应用、指挥调度、决策分析提供了大数据支撑。

三是有效监测动态数据。通过共享3.8万余路有效视频监控数据，共享三维实景数据，接入全市环卫作业车辆、燃气站点、供热站点等与城市运行管理密切相关的物联感知数据,与全市城市管理领域无人机、视频采集车等智能终端进行有效联结,实时获取和掌握行业管理动态数据,为城市运行管理提供有力的前端感知支撑。

(二)立体式打造感知体系,实现问题发现"多元智能"

一是不断拓展传统感知渠道。全市配置了1600余名专职、社区网格兼职的采集员队伍,建立了1.6万个单元网格,同时将全市2000余名城管执法队员、3000余名城管执法协勤人员纳入网格体系,每天对全市建成区12大类、218小类城市管理问题进行不间断的巡查采集、上报,形成主动发现问题的渠道。另外,通过公众服务系统24小时与青岛城管微信公众号,"点·靓青岛"小程序,以及爱青岛、蓝睛等社会App问题爆料模块实时对接,构建了问题多元化来源渠道。

二是全面提升智能感知能力。充分运用物联网、无人机、高点视频、车载视频系统等感知手段,建设智能化感知网络。依托3.8万余路视频对重点区域的市容秩序、环境卫生等11类常见城市管理问题进行自动识别抓拍,并利用视频智能抓拍分析系统对抓拍问题自动派遣和告警提示;依托40路高点视频覆盖人工难以巡查区域,清晰感知点位周边3千米范围内的城市管理类问题;依托全市20余辆视频采集车对道路两侧的城市管理问题进行自动识别、实时回传和派遣处置;依托70余架无人机对违法建设、卫生死角、建筑垃圾堆等问题,进行全覆盖巡查、抓拍取证,形成高、中、低立体式、智能化感知体系。智能感知手段建立以来,累计发现和处置城市管理问题18万余件,特别是在创城巡查、违建治理、市容秩序管控等方面发挥了极大作用。

(三)多层次构建场景应用,推动城管领域"智能监管"

聚焦城市运行管理服务领域高频、多发的问题,搭建城市运行管理服务具体场景应用,实现燃气运行"在线监测"、违法建设"智能防控"、渣土车"统一监管"、环卫作业"数字管控"等。

一是搭建了城市供热、城市燃气、供排水等7个城市运行类场景。优化整合城市运行系统和在线数据,对城市运行保障情况进行实时监测,实现城市运行一屏展示、综合分析和预测预警,提升城市运行基础保障能力。

二是搭建了智慧环卫、智慧广告、建筑垃圾监管等17个行业管理类场景。应用移动互联、AI、数据治理等新技术,实现各城市管理行业可视化展示、精准化分析和智能化监管。建筑垃圾监管场景,接入全市326处工地、254处回填消纳点,以及6000余辆运输车的数据信息,对全市工地、车辆、消纳点状态进行实时远程监管。该应用场景运行以来,新型渣土车违规率和事故率实现了大幅"双降"。

三是搭建了城市综合评价专题。按照住建部城市运行管理服务评价标准(管理指标及评价)评价需要,在平台上首创性地搭建了城市综合评价专题,通过系统对接、平台抓取自动生成和现场评价、问卷调查等方式,从“干净、整洁、有序、群众满意”4个方面,实现对城市管理水平进行综合评价,为推动城市管理工作高质量发展提供科学依据。目前,青岛市作为全国首批试点城市,已完成城市管理评价数据采集和试评试测,并按照住建部要求持续通过平台推进运行指标的数据采集和试评试测工作。

(四)全流程优化运行模式,保障平台运行高效协同

一是打造平台运行协同体系。建立健全平台运行和协同联动工作机制,形成“1个市中心、10个区(市)中心、若干个街镇工作站、304个作业单元”联动一体指挥调度模式,各部门之间无缝衔接。

二是优化完善运行规范。全面推进《数字化城市管理信息系统第十部分:社会监督信息受理》国标主编和《数字化城市管理信息系统第九部分:系统设置》国标以及《城市综合管理服务评价标准》《城市综合管理服务平台数据及交换标准》等6项行标参编任务。着眼青岛市平台运行需要,建立完备的运管体系,编制《青岛市城市运行管理服务平台运行管理指挥手册》《青岛市城市运行管理服务平台运行管理工作制度》等11项运行管理规范,平台运行管理指挥手册在全国率先增设城市管理服务事项,增强平台的为民服务功能;在全国首创了《青岛市城市运行管理服务平台运行工作机制(试行)》,形成涵盖三种运行模式、十项工作机制、三大应用系统运行机制在内的平台运行工作机制,构建起适应高质量发展要求的平台运行体系。

三是推动业务流程再造。全面优化内部工作流程。一方面,在全市试点推进系统案件自动派遣功能的应用,案件流转时间由以前的30分钟左右缩短至1—2分钟。另一方面,着眼重点和疑难问题,建立健全问题处置联席会议制度,对重点案件、高发案件、超期案件实行常态化推送、通报和督导处置,重难点问题处置效率全面提升。

三、建设和应用成效

一是数据体系完备,工作协同性增强。青岛市城市运行管理服务平台,通过构建立体感知体系、推动数据全域互通、加强基础数据建设等方法全方位整合信息资源,全面汇聚、有效利用全市城市管理领域信息要素,城市管理领域各类数据大汇聚、全打通。另外,平台通过对全市城市运行管理工作的统筹协调、指挥调度、监督考核、综合评价和公众服务,基本实现城市管理领域“一网统管、一屏展示”,工作协同性增强,形成了1+1>2的效果。

二是问题处置高效,社会效益明显。青岛市城市运行综合服务平台日均流转处置城市管理问题1.5万余件,问题处置率和群众满意率均在97%以上,为解决群众身边的操心事、烦心事和城市管理痛点、堵点、难点发挥了重要作用。

三是特色应用全面,监管效率提升。打造的24个应用场景,实现违法建设“智能感知”、渣土车“统一监管”、环卫作业“数字管控”、责任区“电子承诺”、户外广告“智能监管”等,打造“智慧城管”标杆。极大地提高了行业监管效率,城市管理领域一直存在各类问题“发现难”“参与难”“查找难”“管理难”得到了有效解决。例如,规划执法远程监控系统,让规划执法监督人员出现场次数减少50%以上,全面降低了人工成本,提高了规划执法工作效能。视频智能抓拍系统,不仅提升了城市管理问题采集效率、流转效率和处置效率,同时还弥补了采集员巡查采集的不足和采集盲区,该应用场景运行以来,自动抓拍和流转处置城市管理类问题35万余件,结案率保持在98%以上,问题发现数量上升127.5%,通过主动发现和自动流转处置,同期12345市民投诉量下降30.1%。

四是服务举措务实,参与渠道拓展。全面落实习近平总书记“人民城市人民建,人民城市为人民”的理念,精准捕捉人民群众需求“靶心”,紧盯群众身边的难题和“关键小事”,做实、做强便民服务举措。通过开发建设“点·靓青岛”公众服务小程序,设置“我拍我城”“家政服务”“公厕查询”“门头招牌前置服务”等14项便民服务功能,建立起市民群众了解城市管理、参与城市管理的窗口,拓展了城市管理标准和信息发布的渠道,实现城市管理问题“掌上报、掌上问、掌上查、掌上办”。

(青岛市综合行政执法支队)

胶州市创新“互联网+党建”数字平台激发工作新活力

一、实践案例概况

(一)实施背景

党的十九大提出,“要善于结合实际创造性推动工作,善于运用互联网技术和信息化手段开展工作”。基层党建工作点多面广、量大线长,是一项复杂的系统工程。从以往情况来看,仅仅依靠传统方式来抓促这项政治性强、业务性高、影响性大的工作,标准不统一、质量不够高、成效不明显,这也成为新时代基层党建的痛点、堵点和难点。近年来,胶州市牢固树立“抓党建就是抓全局”理念,坚持“互联网”理念,不断将新技术、新手段融入基层党建工作,创新打造了“云帆—党建为民在线”平台,有效解决了基层党建工作中存在的“四不”问题:

一是有效解决群众诉求渠道不畅通问题。诉求渠道不畅通是导致干群矛盾的主要原因。从调研情况来看,有超过1/3的受访群众认为在表达诉求上存在渠道单一、环节过多、成本过高、回应不及时等问题。党群沟通渠道不畅，造成信息不对称，致使基层党组织和责任部门在了解和处理群众诉求上比较滞后，往往处于被动状态。久而久之，群众就会产生怨气，进而积累矛盾，出现了通过信访、媒体、上网发帖等渠道发泄自身不满的问题。通过构建“云帆—党建为民在线”平台“为民办事”模块，有效地构建起一个群众能够随时随地表达意愿、各级党组织和责任部门能够第一时间做出回应并及时解决的沟通互动机制，彻底打通了干群沟通渠道，有效化解了矛盾、提升了群众满意度。

二是有效解决履行主体责任不到位问题。一方面，工作职责不清晰、部署和落实脱节、督察考核措施落后等问题，导致基层党组织在履行党建主体责任、发挥政治引领功能上缺位；另一方面，组织网络不健全、有组织无队伍、有队伍无作用等问题，造成基层党组织在带领党员服务人民群众、参与社会治理上缺席。基层党组织和党员的这种“不在场”，导致党组织和党员的影响力、号召力出现弱化。通过在“云帆—党建为民在线”平台构建“党建考评”模块，进一步明确了基层党组织和党员需要“干什么”“怎么干”“怎么干好”等问题，推动基层党组织认真落实党建工作主体责任，引领广大党员主动联系服务群众、积极参与社会治理，进一步夯实了党在基层的执政基础。

三是有效解决党员干部服务不尽责问题。十八大以来，各级党员干部作风有了很大转变，党组织的凝聚力、战斗力和影响力显著提升。但日常工作中，仍然存在个别干部责任心不强、工作效率低下等问题，门好进了、脸好看了，但是事依然难办。这些问题如果长此以往得不到解决，就会形成干群之间的“隔心墙”，削弱党在群众中的公信力。究其原因，主要是缺乏对责任单位和党员干部为民服务的全过程监督机制，没有形成对权力的有效制约。“云帆—党建为民在线”平台通过对群众诉求事项办理情况的全流程公开，使不作为、乱作为问题无处遁形，从而倒逼党员干部主动转变工作作风、提高办事效能，不断提升群众满意度。

四是有效解决基层党建考核不精准问题。加强对基层党建工作的考核，是推动基层党组织履行党建工作主体责任的必要措施。但从传统考核工作来看，存在责任目标不明晰不具体、考核内容不全面不客观、考核措施简单滞后、重事后考核轻过程考核等问题。这种为考核而考核的方式，难以起到对工作的导向和推动作用。依托“云帆—党建为民在线”平台信息化手段，建立网上积分、星级评定、动态排名机制，能够有效地实现由事后人工考核向全过程智能考核转变，既有利于各级党委及时准确把握工作推进落实情况，又有利于党组织及时发现问题，精准施策补足“短板”，确保各项党建责任目标的有力有效落地。

（二）案例简介

胶州市创新建立的“云帆—党建为民在线”平台，是集资源共享、信息服务、数据分析、工作考评、场景展示为一体的智慧化管理平台。利用互联网“大数据、零距离、趋透明、慧分享、便操作、惠众生”的特性,通过“线上键对键、线下面对面”相融合,进一步匹配“人找组织、组织找人”,使组织有队伍,队伍有作用,实现“群众一呼、组织必应;组织一呼,群众百应”。打破传统党建模式,突出实际性、实效性、实用性,增强党员教育力度、增加工作公开亮度、加大基层监管硬度、提高服务群众强度、拓宽政策宣传维度、实现党建管理准度,通过一个平台构建一张网、一台电脑管理一本账、一部手机掌控一盘棋,画出了从工作部署到基层落实再到效果反馈紧密相连的线上到线下(Online To Offline,O2O)闭环,有效提升新时代党建工作的智能化、信息化、实时化、科技化水平。相关工作得到了上级领导批示肯定。中央党校党建部与胶州市委组织部合作开展课题研究,组织全国20余名党建专家专门来胶召开了“胶州服务型党建创新研讨会”,并将胶州模式列为全国服务型党建工作经典案例。同时获评全国“互联网+”优秀成果金奖、入选2020青岛新型智慧城市典型案例和2020青岛信息化百佳典型案例。

二、实践案例具体做法

(一)案例详情

胶州市以科技赋能、技术革新手段创新“互联网+党建”打法,切实将“云帆—党建为民在线”平台建设成集宣传、管理、服务、监督、教育为一体的党建考核指挥部、为民服务连心桥、资源共享新纽带、城市治理好帮手,不断为基层党建赋能增效。

一是精准设置功能模块,打造智能“一平台”。开发建设集资源共享、信息服务、数据分析、工作考评、场景展示为一体的“1张云图10大功能”信息平台。其中,1即党建云,10即新村运转管理、头雁领航百村提升、抓党建促乡村振兴、党组织标准化规范化建设、党员教育培训、服务“双报到”工作、赋能“红色物业”工程、智慧党建引领网格化治理、在线“街呼市应、上下联动”、市级层面数据信息共享等十大功能模块,平台功能既重点突出基层党建各项工作任务,又精准覆盖全市各级党组织和党员群众需求,实现了市级、镇街、村居三级党组织互联互通、信息共享。

二是精准制定积分规则,持平考核“一杆秤”。按照公正、公开、公平原则,分别制定镇街、市直部门、村庄、城市社区、教育系统、“两新”组织、网格等领域党建星级考核积分管理规则,并植入“云帆—党建为民在线”平台后台。各单位党组织将党建责任目标落实情况的资料照片利用党建手机终端向系统提报,按权限进行网上审核确认,纳入基层党组织星级考核网上积分,年度重点工作由市级组织部门每半年评估、分档记分,统一录入网上考核系统,系统动态积分、评星定级。年底组织综合评估确定基层党建年度考核星级,考核结果纳入各单位综合考核,有力推动了各项党建责任落实、落地、落细。2020年,各级党组织共向网上考核系统上报积分项目89181条。

三是精准实施流程再造，下好治理“一盘棋”。针对群众的需求诉求，以及全市重点工作，会同有关部门梳理制定为民服务清单，对7大类28项问题逐一明确责任单位并上传平台，确保齐心协力解决治理难题、办好民生实事。推行巡查上报—线上交办—线下办理—全程督办—在线反馈的“五步工作法”，对收集的问题自动分析并推送给镇街或市级部门，推动形成跨部门、跨层级、跨区域的协同运行体系，真正实现“群众一呼、组织必应；组织一呼，群众百应”。同时，系统定期进行数据分析，形成民生事项分布“热力图”，为领导决策提供数据参考。截至2021年7月，平台共受理党员群众反映的各类民生事项58.98万件，办结58.94万件，其他事项正在按规定流程办理，群众网上测评满意度达98.31%。

（二）实施效果

一是工作规范性显著提升，实现了“封闭自转”到“公开透明”转变。通过将新村运转、党组织和党员“双报到”、抓党建促乡村振兴、党建引领网格化治理等党建重点工作任务集成到党建数字平台，真正将各党组织和党员开展党建工作情况全部“晒”在网上，工作动态随时“一点即查”，实现了工作的全程公开纪实，真正规避了不落实、虚假落实等问题。

二是服务有效性显著提升，实现了“人员跑腿”到“信息跑路”转变。党建数字平台整合了全市各类党建资源，党员群众通过一键查询的方式，随时能够找到党组织、随时能够反映问题、随时能够预约培训，切实解决了“组织找不到人、人找不到组织”的问题，最大程度地提高了服务效率和服务针对性，党群干群关系更加和谐，群众满意度得到很大提升。

三是管理准确性显著提升，实现了“日常估量”到“精准考评”转变。各级党组织根据党建考核要求，及时将党建责任目标落实情况现场照片上传系统，让各项工作有据可查、有迹可循，有效地防止了过去碍于面子人情、主观估量现象，彻底解决了党建考核不精准、不客观、不统一的问题，真正考出了党建工作实绩、考出了工作干劲。

三、实施案例创新点及建议

（一）案例实施的创新点

一是坚持数据共享、信息对称，确保服务精准到位。将党组织信息和党员干部信息利用线上打通孤岛壁垒，通过信息查询、地图导航等实现“人能找到组织，组织能找到人”。将党组织管理清单、服务清单和党员干部职责清单、群众诉求清单及时发布，实现要求和需求的耦合，打通“组织要求做的事党员干部没有干；党员干部干的事不是群众想的事”的堵点。

二是坚持公开透明、实时互动，确保考核有依有据。将党建目标责任进行细化，由基层党组织和党员干部将工作开展落实情况及时上报，通过分类纪实、一线纪实、档案纪实、执行纪实、考核纪实,有效地建立起有“账”可查、有“责”可追的责任体系,彻底解决了传统考核“无法全程监督落实、仅凭材料主观打分”的弊端,最大程度地实现了考核的公开、公平、公正。

三是坚持便捷高效、精准服务,确保治理全员参与。坚持以群众呼声为第一信号,通过构建智慧党建引领城市治理新模式,全面打通“街呼市应、上下联动”的线上呼叫响应平台,充分调度各级组织和党员积极性,有效地解决了在城市治理中组织“不在场”、党员“不到位”和“用会议商事办事”的传统烦琐模式,进一步明晰了权责、提高了效率,全面提升了城市治理活力。

(二)推广价值

一是有利于不断加强基层组织建设。近年来,胶州市各基层党组织层层压实责任,推动党建责任落到实处。在以往工作中,部分基层党组织的党建工作往往存在目标与落实“两张皮”的现象。胶州市政府坚持把抓好党建作为最大的政绩,探索建立科学的量化考核体系,依托数字平台实施智能考核,解决了干什么、怎么干的问题,使基层党组织和党员学有榜样、做有方向、干有标准,指挥棒作用显著增强,党组织书记“第一责任人”认识进一步彰显,党建工作由“软”变“硬”、由“虚”变“实”,落实党建责任更加有力。

二是有利于不断改进基层党建模式。依托智能化信息技术手段对基层党建传统模式进行重塑,是党建未来的发展方向和必然趋势。胶州市立足“互联网+党建”数字平台,既实现了党建资源的全面整合、互联共享,也实现了党组织和党员活动的动态展示、实时感知,加快了基层党建工作从传统到现代的转型步伐。同时,胶州市还在完善体制机制上下功夫,构建起了系统化的党建工作制度、规范化的党建工作程序、高效化的党建工作方法、精准化的党建工作考核机制,让党员行有准则、动有依据、做有规范,推动了党建标准化建设,找到一把解决基层党组织建设问题的“金钥匙”,从而提升了党建科学化水平。

三是有利于不断提升社会治理能力。创新社会治理,根本在于通过加强基层党的建设,把党的领导深深植根于人民群众之中,实现党领导社会治理、依靠群众加强社会治理。胶州市把现代信息技术运用到智慧党建引领社会治理工作中,以市委组织部为指挥部、镇街党组织为“龙头”、农村和社区党组织为“战斗堡垒”,实现信息互联互通,以基层党建的全面加强,盘活了党的基层组织的政治资源,激活了群众自我服务的社会资源,深化了党建引领社会治理创新各项工作,推动了基层社会的健康稳定发展,构筑起了长久持续的社会治理新格局。

(中共胶州市委组织部)

·东营市·

东营市房屋租赁“链上”备案，实现房屋租赁登记备案“指尖办”

2019年10月24日，习近平总书记在中共中央政治局第十八次集体学习会议上强调，区块链技术的集成应用在新的技术革新和产业变革中起着重要作用，要把区块链作为核心技术自主创新的重要突破口，明确主攻方向，加大投入力度，着力攻克一批关键核心技术，加快推动区块链技术和产业创新发展。2020年4月，住房和城乡建设部（以下简称“住建部”）发布《住房和城乡建设部关于提升房屋网签备案服务效能的意见》，提出优化网签备案服务，鼓励使用房屋交易电子合同，利用大数据、人脸识别、电子签名、区块链等技术，加快移动服务端建设，实现房屋网签备案掌上办理、不见面办理。东营市大数据中心积极响应国家信息化发展规划和住建部关于房屋网签备案工作的相关部署，利用区块链技术，打造了以“材料线上传递”“业务全程网办”“数据不可篡改”“记录全程追溯”为优势的区块链房屋租赁登记备案平台，并在垦利区住房和城乡建设局（以下简称“住建局”）上线使用，提升房屋租赁登记备案工作效率和质量，实现房屋租赁登记备案“指尖办”。

一、传统模式下房屋租赁登记备案面临的困境

房屋租赁登记备案对房屋租赁起到了审查、管理和维护秩序的作用，是双方发生纠纷时依法裁定的法律依据，有效地保障租赁双方的合法权益。同时作为申领居住证、申请租金补贴、提取住房公积金等业务的前置条件，近年来房屋租赁登记备案的需求大幅增加。与日俱增的房屋租赁登记备案业务逐渐暴露了传统模式的弊端。

以垦利区住建局为例，住建局有备案系统，但是需要线下办理录入相关数据。因此，办理房屋租赁登记备案时首先需要房东、租客双方同时到现场进行材料提交、签字等程序。若双方时间不同步、无法协调或其中一方不配合均可能导致业务无法办理，增加了房屋租赁登记备案的门槛。其次，针对办理业务时提交的材料，住建局工作人员需对其进行审核，若审核不通过，租赁双方需要回去重新准备材料，再次到现场进行办理，导致业务办理的“多次跑腿”，极大地降低了企业、群众的体验感。最后，业务办理提交并通过了审核的材料无法在办理其他业务时重复使用，导致工作人员的审核对该材料产生的附加价值被浪费。因此，传统模式

在实际的工作中越来越难以适应数字政府的建设要求。

为进一步提升房屋租赁登记备案服务的质效,提升企业、群众的体验感和获得感,充分发挥业务办理过程中各项材料的价值,东营市大数据中心不断探索高效的解决方案,区块链以其“全网共识”“不可篡改”“可信追溯”的特点为以上问题的解决提供了技术手段。

二、东营市区块链房屋租赁登记备案平台

东营市大数据中心基于实际的需求和业务流程,深入贯彻落实“最多跑一次”改革。2021年6月,由东营市大数据中心牵头,基于东营市现有的数字基础设施——东营链建设东营市区块链房屋租赁登记备案平台,包括数字保险箱、区块链数据应用系统,实现房屋租赁登记备案相关材料基于区块链的流转使用,支持企业和群众线上办理房屋租赁登记备案。

(一)东营市数字基础设施——东营链

东营链是东营市大数据中心牵头建设的东营市数字基础设施,采用自主可控的区块链技术,是房屋租赁登记备案材料的安全可信传输通道。东营市大数据中心等政府权威部门通过将租房备案相关数据返还至企业、群众的区块链账户,实现“还数于民”,并与数字保险箱相结合,实现数据授权使用。除此之外,企业和群众也可通过数字保险箱自主上传数据到自己的东营链账户中。比如在进行租房备案时,企业和群众除领取自己的身份证、不动产权证书等权威部门发行上链的数据外,房东可以上传租房合同,但其权威性较低,因此需要通过相关权威机构的审核来提升其可信度。

(二)面向企业和群众的数字保险箱

数字保险箱是面向企业和群众的东营链上数据的自主管理中心,企业和群众通过“爱山东”App、东营“掌上通”小程序即可进入数字保险箱对自己的链上数据进行自主管理和授权使用。基于此,为实现企业和群众对房屋租赁“链上”备案的便捷使用,在数字保险箱中增加“租房备案”的专题服务,租客和房东通过“租房备案”专题服务即可领取身份证、房产证,上传租房合同,并授权住建局使用链上数据进行线上租房备案,无须双方同时到现场进行业务办理。

(三)面向东营市住建局的区块链数据应用系统

区块链数据应用系统是面向住建局获取使用东营链上数据的渠道,住建局通过区块链数据应用系统接收房屋租赁登记备案的申请和申请材料,并可对提交的申请材料进行审核,审核后的数据通过接口同步至住建局现有的租房备案系统中,工作人员基于同步的数据为申请人办理备案;与此同时,审核通过的材料其可信度有所上升,企业和群众可以在备案完成后继

续使用该材料；即便数据审核未通过，申请人线上重新提交材料也避免了“多次跑腿”的问题，节省企业和群众的成本。

三、东营市房屋租赁“链上”备案

基于东营市区块链房屋租赁登记备案平台，东营市大数据中心充分考虑业务办理的便捷性，对东营市房屋租赁“链上”备案的业务流程加以改进，租房备案时房东只需上传租房合同，对于不动产权证书、身份信息等均由系统进行自动填充。

（1）房东通过“爱山东”pp、东营“掌上通”小程序进入数字保险箱“租房备案”专题服务，点击“我是房东”后跳转至资产领取页面领取不动产证，并选择需要备案的不动产进行备案操作。

（2）平台将根据领取的不动产证书自动填充姓名、身份证号码、不动产权证号、房屋产权类型、产权性质、房屋地址、房屋面积等数据。

（3）房东手动录入租赁用途、承租方、承租方身份证号、出租起始日期、出租终止日期、签约日期，同时自己上传多张合同图片作为租赁合同资产，指定授权给东营市住建局。

（4）租客点击“我是租客”后进入备案申请页面，录入房东身份证号码和姓名后发起备案申请，房东通过数字保险箱接收到消息，点击消息后，进行步骤（1）（2）（3）的操作。

（5）东营市住建局登录区块链数据应用系统可以查看到备案申请，并进行审核，审核后的数据通过接口同步到住建局现有系统中。

（6）区块链数据应用系统可根据租赁用途、出租方、出租方身份证号、承租方、承租方身份证号查询备案情况。

四、应用成效

（一）备案材料链上获取，提高租房备案服务质效

对于住建局工作人员来说，通过区块链数据应用系统即可接收租房备案的办理申请和材料，且所需材料通过区块链进行流转使用，不动产权证、身份证信息等均为权威部门上链，基于区块链不可篡改的特性保障了其真实性，减少了住建局工作人员的核验工作量，提高了租房备案服务的质量和效率。

（二）租房备案线上办理，提升企业群众服务体验

对于企业和群众来说，在保证个人隐私数据安全的前提下，线上提交相关材料并发送申请即可办理租房备案，实现了租房备案的“指尖办”，避免了企业和群众的“跑腿办”，房东也无

须线下配合租客的备案办理时间,降低双方的办事成本,真正实现了"数据多跑路,群众少跑腿",提升了企业和群众的对租房备案服务的体验。

(三)与区块链技术相结合,促进房屋租赁行业健康发展

区块链作为七大数字经济重点产业之一被纳入国家"十四五"规划,可见区块链未来前景之广阔。东营市大数据中心创新性地将房屋租赁备案与区块链技术相结合,利用区块链的技术特点破解房屋租赁登记备案存在的痛点和难点问题,提升房屋租赁登记备案比例,促进房屋租赁市场规范运行,进一步推动东营市房屋租赁行业的健康发展。

(东营市大数据中心)

东营区首推慢性病医保延伸服务改革,打通医保惠民"最后一公里"

东营区首创的门诊慢性病医保延伸服务试点以来,坚持问题导向,创新工作机制,以解决群众关心的堵点、痛点、难点民生问题为突破口,缓解了群众看病难、看病贵的问题,以医保延伸"小切口"打开了基层公共医疗服务的大局面,取得了实实在在的惠民、利民成效,推动了"三医联动"改革落到实处。2021年3月23日,新华社山东分社以《将"医保红利"向镇村深度延伸——东营区"门诊慢性病医保延伸服务"改革调查》为题,以专刊形式在《新华社山东要情动态》第18期刊发并于当日呈送省委省政府主要领导,加发东营市委书记和市长,李干杰同志作出批示。3月26日,根据省政府领导批示精神,省医疗保障局局长张宁波作出批示,要求借鉴东营做法,创新方法,尽快形成方案在全省推广。4月6日,省卫生健康委、省医疗保障局按照省长批示精神,对东营区"医保红利"向镇村深度延伸做法进行了专题调研。4月21日,全市门诊慢性病医保延伸现场推进会在东营区召开,会议要求全市医保系统要认真贯彻落实省市主要领导的批示指示精神,全力做好门诊慢性病医保延伸服务工作。

东营区的门诊慢性病医保延伸改革做法已经于2020年11月顺利通过省级标准化试点项目验收,工作指南被列入山东省2020年第二批地方标准制修订计划,为全面复制推广提供了全系列标准。截至目前,东营区已经分批次建成延伸服务点136个,有结算业务的延伸服务点111个,门诊慢性病患者在延伸服务点签约率达到68.7%,其中贫困人口定点签约率达到57%以上。经测算,延伸服务点为每名基层患者年平均节省药费等相关支出1200元左右。

东营区牢固树立"有解"思维,针对"顽疾"精准"开方",推动优质医疗资源向基层延伸下沉,初步实现"医保在身边、健康送到家"新常态。

一、全链条医保下沉，提升基层医疗卫生服务“普惠度”

推行门诊慢性病鉴定、诊疗、取药、结算、报销服务向村（社区）卫生室“一沉到底”，全链条打通“最后一公里”堵点，推动基层医疗卫生服务更便民、更惠民。

鉴定服务下沉。将慢性病城区医院现场鉴定改为申报材料评审，对申报材料不全的贫困人口患者或行动不便的重症患者，组织专家上门鉴定，免除了基层患者来回奔波之苦。对符合条件的患者应鉴尽鉴，对后续增加的患者，动态监控，随时鉴定。目前，全区已鉴定基层门诊慢性病患者6325名，基本实现随申报随鉴定。

医保定点下沉。建立市、区慢性病资格认定联动机制，探索“一级医疗机构提起申请—区级医保部门实地评估—市级部门审核验收”的规范化认定流程，打破门诊慢性病医保资格仅限二级以上医疗机构的限制，并开通医保联网结算终端，构建起诊疗、结算、报销的“一站式15分钟就医圈”。按照“数量优先、合理布局、方便群众”的原则，以全区8个镇（街道）医疗机构为辐射源，在全区布局136个延伸服务点，实现了全区基层门诊慢性病患者“家门口”就医全覆盖。同时，群众在基层定点就诊仍享受一级医疗机构90%的医保报销比例，高于城区医院（二级医疗机构）75%的报销比例，进一步降低了群众就医成本。以门诊慢性病的常用药盐酸二甲双胍缓释片为例，市场价是12.9元/盒，在基层定点个人只需缴纳1.29元/盒。经测算，延伸服务点将为每名基层患者年平均节省药费等相关支出约1200元，减贫惠民效果明显。

药品配送下沉。统一一、二级医疗卫生机构门诊慢性病药品采购配送目录，镇（街道）卫生机构设立门诊慢性病专用药房，定期按患者需求集中招标采购、统一配送至定点村（社区）卫生室，保障了参保患者就近取药、不断药。以史口镇中心卫生院为例，原来其门诊慢性病配送药品品规不足20个，现在药品品规扩大至120余个，并实现100%按需采购配送，有效地满足了基层患者的用药需求。

二、紧密型运行管理，促进基层医疗卫生质量“同城化”

将基层门诊慢性病定点全部纳入国家紧密型医共体试点改革，全面推行一体化服务管理，带动提升基层“守门人”服务能力。

开展互联网医疗。在基层定点统一安装远程诊疗系统，建立区人民医院医生每日轮流坐诊制度，提供远程开方、预约转诊、健康咨询等服务，解决了乡村医生不具备处方资质而致患者远赴城区医院调药的难题，实现了让信息多“跑路”、患者少“跑腿”。

下沉组团式服务。由区人民医院医生组成8支专业支持团队，每月3日至7日通过提前预约的方式集中到基层定点开展坐诊会诊、健康巡讲、慢性病干预等工作。探索“家庭医生团队+私人订制”的家庭医生签约服务模式，按“1+1+N”（即1名镇街卫生院医生、1名乡村医生、

N项巡诊服务)的方式组成14支家庭医生团队,“一人一档”建立健康管理档案,增加每月上门随访次数,对特殊患者群体推出用药指导、代为购药等“定制特色服务包”,全方位提供贴心服务。

简化双向转诊流程。打造便捷的上转通道,在区人民医院设立转诊“绿色通道”,对病情复杂或变化较大的基层患者,持基层定点就医档案即可转诊就医。提供畅通的下转通道,对好转患者实行登记随访、分类规范管理。同时,对转诊到区人民医院的贫困签约患者免除门诊诊察费;对符合规定的转诊住院患者可以连续计算医保报销起付线,进一步降低患者的自负比例,有力地助推了分级诊疗制度“终端落实”。

东营区在推进医保延伸服务中,树立系统协同思维,将慢性病医保服务延伸改革作为民生发展大棋局中的“关键一招”,融入脱贫攻坚、深化医改、全民健康、乡村振兴等工作,激发了“一子落而满盘活”的叠加效应。

(一)变“恶性循环”为“全线兜底”

慢性病与贫困的恶性循环,易使基层群众陷入“因病致贫、因病返贫”的困境。东营区慢性病医保延伸改革试点,实行“三沉一提一免一减”(鉴定、医保、药品全部下沉,基层医保报销比例提高15%,签约贫困患者转诊核心医院免除门诊诊察费,转诊住院只计一次起付线),同时注重做好与基本医疗保险、大病保险、医疗救助等制度衔接,实现个人年内合规费用自付比例不超过10%,大大地降低了基层群众的就医成本,为群众“病有所医”兜住了底线。

(二)变“孤军深入”为“三医联动”

反思早期的医改探索,改革措施大多是单系统、单方面的,虽然取得了部分成果,但没能从根本上解决群众“看病远、看病难、看病贵”的问题。东营区的实践证明,医改不能“孤军深入”“各行其是”,必须坚持“三医联动”(医疗、医药、医保)的医改基本方略,将医保体制改革、卫生体制改革与药品流通体制改革作为一个整体系统谋划推进,才能切实增强改革的协同效应和集成效应,从而有效地解决群众看病“顽疾”。

(三)变“截长补短”为“开掘源头”

基层医疗卫生服务体系中的短板产生既有客观现状方面的问题,也有主观能动层面的原因。东营区坚持“软硬兼施抓两头”的改革思路:既抓镇村医疗卫生机构建设,实现了村(社区)卫生机构标准化建设“全覆盖”,也抓基层服务能力提升,形成了资源共享、功能互补、服务同质的区域紧密型医共体;既让基层群众得到医改的实惠,“15分钟便捷就医”“1元钱看病”变为现实,也让镇村医生从中受益,实现基层定点乡村医生平均年收入达到3万元,高于全市平均线25%,充分激发了他们奉献基层医疗卫生事业的内在动力。

（四）变“被动治疗”为“主动健康”。

健康管理是基本公共卫生服务的薄弱环节，许多基层慢性病患者到病情严重时才被动接受治疗，贻误了治病的最佳时期。东营区慢性病医保延伸改革解决了群众“被动”治病的难题，同时将健康宣传、门诊慢性病延伸政策宣传与脱贫攻坚、乡村振兴宣传工作相结合，进一步增强了群众的健康保健意识，让群众“少生病”“不生病”，增加了沉甸甸的健康获得感。

东营区已经分批次建成延伸服务点136个，有结算业务的延伸服务点111个，门诊慢性病患者在延伸服务点签约率达到68.7%，其中贫困人口定点签约率达到57%以上。经测算，延伸服务点为每名基层患者年平均节省药费等相关支出1200元左右。

（东营区人民政府）

利津县“互联网+政务服务”撬起便民服务“掌上办”

“爱山东”App利津分厅是依托于山东省移动政务服务平台建设的利津县掌上移动办事服务平台。自开展“爱山东”App省级试点工作以来，利津县深入推进“互联网+政务服务”，加快构建数字化惠民服务体系，开展政务服务能力全面提升攻坚行动，推进政务服务运行标准化、服务供给规范化、企业群众办事便利化，基本实现在各服务渠道数据同源、同标准办理。优化场景集成服务，采用“事项联办”“一链办理”主题式服务和延伸事项办理链条等多种方式，对政务服务事项进行了优化集成，取得了阶段性成效。

一、建设背景

2021年，全国“两会”政府工作报告中提出“实现更多政务服务事项网上办、掌上办、一次办”，而“掌上办”的实现则主要依靠以App、小程序、公众号等为主的移动政务服务平台。当前，在云计算、大数据、人工智能、区块链等新基建支撑下的“App+小程序”模式逐渐成为各个政务服务机构的优选模式，以移动办事为牵引，构建全渠道、全方位、全区域的“无处不在”的政务服务，陆续推出“一网通办”“一证通办”等移动创新实践，做到政务服务随时可办、随身服务。移动政务服务正在由一种数字政务的“潮流”走向“主流”。

2021年以来，利津县将政务服务“掌上办”，推动“爱山东”App利津分厅工作列入全县重点工作，在助力营商环境、流程再造、环境打造攻坚专项行动等工作中发挥重要作用。

二、建设内容

(一)组建专业团队规范分厅运维机制

为进一步提升“爱山东”利津分厅服务平台功能,规范分厅运维机制、提升系统使用流畅性和用户满意度,利津县大数据中心制定《“爱山东”App利津分厅建设运维方案》,组建专业的运营团队,对平台进行升级改造,优化栏目布局,聚合同源服务,丰富涉企服务,持续完善“爱山东”App利津分厅服务功能。建立相关用户反馈机制,对用户的意见反馈进行及时回复,确保每位用户的问题都能得到及时有效的解答,自“爱山东”App利津分厅上线以来共为市民回复解答问题63件。

(二)深挖本地化特色便民利企服务

依托“爱山东”移动政务服务平台,会同县行政审批服务局、县文旅局、县民政局等15个职能部门,400余项依申请服务事项已通过“爱山东”App利津分厅实现掌上办理,其中包括医保、社保、教育、事项审批等与市民息息相关的服务事项。为了更好地满足利津县个性化、多样化的服务需求,利津县大数据中心组织县民政局、县图书馆等部门与“爱山东”移动政务服务平台开展对接,实现各部门应用服务通过“爱山东”App利津分厅办理。此外,利津县大数据中心针对利津县新型冠状病毒肺炎疫情及机关单位考勤签到情况创新建设“疫情防控快速登记”和“利津考勤签到”应用。截至2021年12月,“爱山东”App利津分厅共整合建设应用7项。

(三)打响“爱山东”利津分厅本地服务品牌

为广泛宣传“爱山东”App利津分厅移动政务服务新体验、新做法,让群众认识和了解“爱山东”App利津分厅,增强品牌认知度,利津县大数据中心下发《关于开展“爱山东”App宣传活动的通知》,发放宣传物料14万余份,20多个单位参与宣传;联合县自然资源和规划局开展“爱山东”App进集市,让老百姓乐享“办理业务一次不跑”宣传活动,组织人员走上街道宣传便民服务“掌上办”,将“爱山东”App带到老百姓身边,让老百姓亲身体验“爱山东”App带来的快捷和便利。

(四)全面推进电子证照应用

依托东营市电子证照系统和“爱山东”移动政务服务平台,累计入库电子证照数据量106219条,证照类别130类,已实现为全县自然人提供身份证、结婚证、社保卡、医保卡、不动产权证、车辆行驶证、驾驶证等电子证照服务,为全县市场主体提供营业执照、社会团体法人登记证书、民办非企业单位登记证书以及各类生产经营许可证等电子证照服务，通过“爱山东”App利津分厅亮证即用。

三、工作成效

（一）上线“疫情防控登记”，让疫情流调更精准

为应对新型冠状病毒肺炎疫情突发状况，快速排查密接人员，减轻防疫监管人员工作强度，有效遏制疫情扩散和蔓延，“爱山东”App利津分厅上线疫情防控登记系统，用于疫情期间各单位、场所人员信息登记工作，通过扫描二维码即可实现快速登记，确保登记信息真实有效，该系统覆盖面积广、惠及群众多，实现了特殊时期精准查找密接人员。截至目前，共为利津县27000余个单位、村社区、药店、商超及企业等创建登记二维码，累计登记17824人次。

（二）上线“利津考勤签到”，规范机关考勤管理制度

依托“爱山东”App利津分厅平台，创新机关考勤管理制度新模式。利津县大数据中心推出“利津考勤签到”，实现94个机关单位出入考勤打卡、数据采集、信息查询和考勤统计过程自动化，完善人事管理现代化。以此方便职工上下班考勤，代替以往的人工签卡、打卡等不科学或烦琐的考勤手段，方便管理人员及时统计、考核各部门出勤率，准确地掌握员工出勤情况。

（三）上线“利津图书馆”系列应用，足不出户乐享“知识海洋”

为方便市民能够及时了解利津图书馆资源，更快捷地获取资源，利津上线移动图书馆服务，市民可以随时随地通过“爱山东”App利津分厅享用移动图书馆带来的便捷体验。通过移动图书馆，可以进行利津图书馆图书查询、借阅记录查询、图书续借等功能，累计为全县提供服务5000次。

（利津县大数据中心）

第七篇

2021年度电子政务典型案例

依托全国一体化政务服务平台支撑，逐步建立教育行业电子证照库及共享体系

一、引言

为进一步全面提升政务服务规范化、便利化水平，方便企业和群众办事，2019年4月30日发布的《国务院关于在线政务服务的若干规定》（国令第716号）。该规定提出要实现具有法律效力和行政效力的电子证照跨地区、跨部门共享和全国范围内互信互认。电子证照的应用是政府治理理念创新、行政管理方式改革和行政程序再造的有效手段，是打造数字化政府的重要基础支撑。近些年，教育部在配合国务院办公室电子政务办公室开展全国一体化在线政务服务平台建设的同时，积极探索并推进教育行业电子证照库及共享体系的建设。在国务院办公室电子政务办公室的支持下，目前已经完成学历证书、学位证书、教师资格证书、普通话水平测试等级证书和国（境）外学历学位认证书5个各地区和其他部门共享需求比较强烈的电子证照标准的研制工作并已正式发布。教育部教育管理信息中心基于全国一体化政务服务平台和教育部一体化政务服务平台，正在探索推进教育行业电子证照库及共享体系建设。

二、基本情况

教育是涉及民生的重要领域，证照类型多、管理复杂。教育行业电子证照库建设主要存在以下几方面的问题：一是证照相关业务系统归不同单位建设和管理，相对独立，建设分散，难以形成统一的行业电子证照库，影响电子证照的行业化全链式应用；二是各单位信息化程度存在差异性，影响了信息平台和系统整体效能的充分发挥；三是信息化技术应用手段不足，数据治理体系和共享机制不健全，易造成管理效率和使用效率低下。

三、解决思路

根据国务院《关于加快推进全国一体化在线政务服务平台建设的指导意见》，结合教育行业的电子证照制发证和共享用证存在的技术问题、制度问题和管理问题，教育部在整合已有相关业务平台的基础上，遵循电子证照国家标准、教育行业电子证照标准和全国一体化政务服务平台建设要求，以“统一规划、统一标准规范、统一行业目录、分步分级实施管理、确保安全可靠”为原则，以“无介质、等效力、全流通”为目标特性，探索构建以教育部电子证照库为中

央根节点,以直属单位和直属高校为二级节点的电子证照库级联平台,并将二级节点逐步拓展到省级教育行政部门、省属高校、职业院校等单位,打造覆盖整个教育行业的电子证照库级联平台,夯实“互联网+政务服务”的基础,全面实现教育行业电子证照服务跨域互联互通、互信互认。

四、建设实践及成效

教育部依托教育部一体化政务服务平台建设,从2019年10月开始建设教育部本级的电子证照库及共享服务体系。2020年8月完成了电子证照目录、制证、用证和汇聚等子系统建设,完成了电子印章等配套系统的建设,初步具备了制作、存储、管理电子证照文件数据和电子证照信息数据的环境,并可以向国家平台汇聚,实现数据共享。同时,还专门租用了电子政务外网云基础设施环境,保障电子证照库安全、稳定、高效运行。

基于已建系统,进一步开展以下工作:一是按国家目录类型编码标准统一教育部电子证照目录编码、统一证照注册、统一发布和统一管理,确保电子证照互联互通、互信互认。二是配合业务司局进行电子证照模板制作。完成了规划司、政法司、高教司、职成司、学位办、国际司以及语用司27种行政许可、公共服务涉及的相关批文、证件等的模板制作。三是试点开展两级节点(中央节点和二级节点)电子制证和汇聚工作。选择语用司普通话水平等级测试证书作为教育部电子证照库中央节点制证和汇聚的试点,选择教育部留学服务中心国(境)外学历学位认证证书作为二级节点电子证照汇聚试点。截至2021年年底,已经完成7000余万张普通话水平等级测试证书电子证照的制作和汇聚工作,完成67万多张国(境)外学历学位认证电子证照的汇聚工作。

电子证照应用成效正初步显现。一是共享服务体系开始发挥作用,支撑跨部门、跨系统、跨层级、跨地域、跨业务协同联动调用,减少群众办事提供的材料,提高其他政府部门办事效率。截至2021年年底,普通话水平等级测试证书电子证照通过全国一体化政务服务平台已经被调用89万余次。二是进一步支撑群众办事“零跑腿”。如留学服务中心电子证照的启用实现了服务全程线上办理,无须到现场,在新型冠状病毒肺炎疫情期间发挥了巨大作用,留学服务中心因此减少服务办理场地数百平方米,减少办理服务人员20多人,仅纸质证照印刷和邮寄一年节省近千万元,经济和社会效益显著。

实践证明,目前构建的教育行业电子证照库及共享服务体系是可行的,为下一步整个教育行业的大范围建设与应用奠定了基础。

五、经验总结

基于试点示范的基础上，需要及时总结推广典型经验和成熟可靠做法，以点带面、示范带动，推动教育行业电子证照库系统建设取得实效。

（一）要加强“以用促建”专项推进

进一步加强以行业条线形式的电子证照库建设和高频电子证照的制发用，加快形成教育行业电子证照基础库资源，推进业务平台优化、服务流程再造和政府职能转变。

（二）要进一步夯实数据安全

深入探索建立电子证照库全方位网络安全保障体系，进一步明确安全管理主体责任，深化各类安全防护技术应用，特别是基于开放网络环境下的应用，如电子证照加注应用、防伪溯源、黑箱验证等，筑牢数据安全防护底线，不断提升网络安全保障能力和风险防范水平。

（三）要加大数据监管

进一步加大电子证照库系统在线实时监管服务能力，创新监管方式，强化监管，确保电子证照库运行安全、可控、可管，做到事前预警防控、事中常态跟踪、事后监管审计，全面提升服务质量和水平。

（四）要适时推动社会化应用

在确保安全、可靠的前提下，可采用先期进行试点示范，再推广典型经验和成熟做法，全面拓展社会化应用。

六、结束语

通过教育部电子证照库中央根节点建设和二级节点系统建设及其示范应用过程，初步构建了教育行业电子证照库服务能力管理框架，初步设计了电子证照库系统建设与推广路径。下一步在打好安全底座的前提下，稳步推进，逐步形成互联互通、互信互认的教育行业电子证照库级联平台，统筹提供政务服务，促进电子证照库服务效能的提升，并逐步探索教育行业电子证照社会化应用，全面提升电子证照库的服务能力、质量和水平，体现电子证照库的社会价值，真正实现数据慧治、服务惠民。

（教育部教育管理信息中心）

苹果全产业链大数据平台

一、平台介绍

(一)建设背景

农业农村大数据是一个复杂的系统工程,现阶段缺少现成的经验和模式,亟须在单品种全产业链上进行探索创新。我国苹果产业已有相当规模,产业链条完整,国际竞争和市场潜力大,对数字化改造的需求迫切。

2019年农业农村部提出开展苹果、大豆、茶叶、油料、天然橡胶、棉花6个单品种全产业链大数据建设试点,其中苹果全产业链大数据建设试点项目由农业农村部信息中心负责组织实施。时任农业农村部副部长屈冬玉曾明确提出要求,要把苹果项目“做好模板,以利复制”。历经近两年,已初步建成的苹果全产业链大数据平台,在示范引领农业农村大数据发展应用上迈出了坚实一步。

(二)建设目标

在渤海湾、西北黄土高原和黄河故道三大苹果产区建设5个智慧果园,形成“果园环境—生长过程—作业过程—果园管理”全链条的数字化采集技术体系,并利用区块链技术实现苹果质量溯源查询。通过汇聚、治理来自试点智慧果园的物联网数据、农业农村部已有数据、外部购买数据及互联网爬取数据,建设苹果全产业链数据资源体系。充分发挥大数据预测预警和优化资源配置两大核心功能,开发深度挖掘系统和监测预警系统,构建关键环节模型算法,开展精准动态监测和预警结果展现。打造面向社会公众的公共数据频道和公共服务应用程序(App),为政府部门和苹果产业主体提供全链条的信息服务,利用数据驱动苹果产业高质量发展。

(三)主要建设内容

1. 智慧果园

在陕西、山东、山西、甘肃4个省份选择了5个试点果园进行数字化改造,安装、集成一批数字化采集设备实现苹果生产端的自动化数据采集,初步形成了试点果园“天—空—地”一体化的数字化采集技术体系,为果园数字化管理奠定了基础。截至2021年7月,已采集推送气象、墒情、虫情等各类数据10万余条。基于建成的5个智慧果园开展苹果区块链追溯服务,将区块链技术与农产品溯源相结合,建立全面立体、安全可信的苹果产品质量溯源体系,从而提高农产品品牌的内在价值和影响力。总的来看,智慧果园的“智慧”,一是体现在生产作业的数字化改造和数据的自动采集上；二是体现在苹果生产信息的数据上链和安全溯源上，以“一物一码”的方式为苹果贴上数字标签，打造数字苹果，提高苹果价值。

2. 苹果全产业链数据资源体系

按照苹果产前、产中和产后，建成了苹果全产业链数据资源体系，包括苹果生产、价格、流通、贸易、成本收益、消费、加工、舆情八个环节的数据。一是建设了苹果全产业链数据资源体系架构，形成种质资源、栽培管理、生产资料、产后加工、产业支撑、气象数据、经济数据7个一级指标、39个二级指标和485个三级指标，编制了《苹果全产业链数据资源体系元数据表》。二是设计了苹果全产业链关键环节数据库，建设了16个数据库，68张数据表，已入库结构化数据总量约3.3亿条，为苹果全产业链大数据平台提供了基础数据支撑。三是建设了大数据管理系统，结合数据管理工具、数据治理工具以及海杜普（Hadoop）软件，对苹果全产业链环节数据进行清洗、管理，实现了数据的标准化、自动化更新。

3. 苹果全产业链深度挖掘分析系统

基于苹果全产业链数据资源体系建设成果，对结构化和非结构化数据进行深度挖掘，提供通用模型算法，提供从传统的统计分析、计量分析到预测分析、机器学习的模型算法支持，构建了气象灾害预测、产量预测、价格预测等6大类13个子模型。目前，苹果产量早期评估、病虫害和气象灾害监测预警、市场供需和价格走势预测等模型已投入使用，在应用中接受检验、不断校正。

4. 苹果全产业链监测预警系统

利用ECharts可视化、GIS技术、物联网在线视频监控等技术，建设苹果全产业链监测预警系统，构建苹果全产业链监测预警一张图，实现苹果生产、流通、价格、加工、消费、贸易、舆情7个全产业链关键环节数据精准动态监测预警、报告自动生成及多维度数据查询，并通过可视化直观展示监测预警结果。

5. 国家苹果大数据公共数据频道

国家苹果大数据公共数据频道面向社会公众提供苹果相关数据的展示、发布和查询等服务，初步建立了苹果全产业链数据发布机制，同时展示价格指数、数据地图、新闻舆情等内容，用户可及时了解苹果各环节信息，提前预测市场发展趋势。

6. 国家苹果大数据公共服务App

国家苹果大数据公共服务App是面向社会公众以移动终端为载体的服务产品，定位为“可用、易用、实用”，建设了资讯、价格、生产、流通、消费和品牌6个模块。面向果园生产和管理者，专门开发了便捷的农事管理人工数据采集上报和统计系统，让手机成为“新农具”，同时增强信息获取应用能力。

二、部分应用案例

(一)苹果气象灾害预警

通过对苹果主产区历史气象数据和花期数据的机器学习构建模式,预测当年各地苹果花期时间,根据苹果初花期、盛花期等不同时期的冻害温度临界点,判断未来10天哪些主产区会发生冻害并自动预警。2021年4月初,农业农村部信息中心基于系统预警结果和专家会商,在《农民日报》等媒体上发布《2021年全国花期冻害预警报告》,报告指出“今年全国花期较常年偏早”,“陕西北部、甘肃东南部、山东东部等产区要重点预防4月中下旬可能出现的倒春寒影响”,并发布了2个重度、6个中度、27个轻度冻害风险主产县的预警信息,有效地指导了果农防灾减灾。

(二)苹果产量早期评估

利用2000—2018年122个苹果主产县产量和气象数据建立苹果产量预测模型,及时发布早期苹果产量和价格预测。2021年6月,综合模型运算和专家会商结果,农业农村部信息中心发布了“预计今年全国苹果产量约4000万吨,比2019年减产5%,其中主产区陕西、甘肃、山西苹果减产较多。但受新型冠状病毒肺炎疫情对物流和消费的影响,山东、陕西等产地苹果去库存压力较大。预计10月份苹果大量上市期间,价格有可能降至近年低点,甚至出现滞销现象”的评估结论。通过“农业农村部信息”上报了中共中央办公厅、国务院办公厅,并在《农民日报》等媒体面向社会刊出,对于引导地方有关部门做好苹果产销衔接发挥了积极的作用。

三、创新亮点

数字转型是全球发展中国家的巨大机遇,我国农业农村的数字化已走上快车道,疫情应对更加凸显了数字转型的紧迫性。平台的创新性亮点主要表现在:一是立足解决实际问题,探索智慧果园的建设。集成应用了卫星遥感、无人机、物联网、云计算、大数据等多种信息技术,补上全产业链缺乏生产端“活数据”的短板,铺设了一套覆盖“天—空—地”的信息采集网络,更全面地为苹果全产业链大数据平台提供基础资源。二是在“区块链+农产品”领域敢于创新争先。基于试点智慧果园建设了涵盖苹果全产业链的区块链溯源基础平台和个人电脑(PC)端、移动端的区块链溯源系统,实现了数据上链和安全溯源,以一物一码的方式为苹果贴上体现高安全性、高品质的“数字标签”,帮助果农卖出更好的价钱。三是利用现代信息技术实现“求真务实”。变传统的人工报数统计为利用遥感技术实时对苹果长势进行自动化监测,实现苹果生育期整个生长过程地块级别精准服务,并根据生育期长势情况和降水条件自动生成结论和建议。四是以应用为目标,满足了四类用户对数据的应用需求。以算法模型为核心技术的深度挖掘分析系统主要服务于专业分析师团队；基于全产业链数据资源和深度挖掘分析系统成果等为行业管理者打造了管理驾驶舱；公共数据频道和公共服务App面向社会公众提供相关数据查询服务；公共服务App还面向果农提供了智慧果园管理服务。

平台建设较好地发挥了示范带动作用。“单品种突破”的理念影响带动了其他品种的数字化转型。江西、广西、福建、云南、湖南等有关部门纷纷仿照我们的思路和做法，相继启动实施脐橙、甘蔗、茶叶、茶籽油等单品种全产业链大数据建设。

平台的应用更是引起了国内外的广泛关注。苹果全产业链大数据建设多次被作为相关培训班的主体课程和实践案例，首届全国苹果大数据发展应用高峰论坛被主流媒体广泛宣传报道，部领导在世界贸易组织农业政策趋势研讨会和全球食品与农业论坛上分享了数字苹果案例，“数字苹果”项目从参加联合国粮食及农业组织（FAO）2020全球农创客大赛的35个国家172支队伍中脱颖而出，入围决赛并荣获“CHAMPION TEAM”证书。

农业农村大数据建设刚刚起步，我们将继续瞄准“数字苹果”目标不动摇，持续深入推进苹果大数据创新发展，引领数字农业、数字乡村加快建设，为乡村振兴战略的实施提供新动能。

（农业农村部信息中心）

自然语言处理在海关强化监管领域的应用

一、背景与意义

习近平总书记指出，“我国经济社会发展和民生改善比过去任何时候都更加需要科学技术解决方案”。海关总署署长倪岳峰在2022年全国海关工作会议上指出，要“持续提升科技创新应用水平”。随着人工智能等技术的发展，机器正在完成很多过去必须用人的智力才能完成的任务。近年来自然语言处理（Natural Language Processing，NLP）语义分析技术发展迅速，在各场景的应用日趋成熟。

语义分析是自然语言处理核心内容之一，涉及语言学、计算语言学、机器学习及认知语言等多个学科。一般来说语义分析是指运用各种方法，学习与理解一段文本所表示的语义内容，任何对语言的理解都可以归为语义分析的范畴，最终目标是实现对各个语言单位（词汇、句子和篇章等）的自动语义分析，从而实现理解整个文本表达的真实语义。近年来随着海关业务改革和大数据应用深入开展，海关业务场景对信息提取、分析和应用提出了适用大数据技术的智能化要求，同时传统人工分析方法愈发难以满足新的应用目标。通过对语义分析技术的研究,结合海关业务场景具体考量,可以更有效地利用海关文本类信息资源,对提升海关监管智能化具有现实意义。

二、理论研究

语义分析技术可以追溯至20世纪初。早期的研究手段主要是基于经验主义的统计方法,代表人物如马尔科夫(Markov)和香农(Shannon)。前者提出了马尔科夫随机过程理论,建立了马尔科夫模型。后者应用熵的概念,并手工测定了英语字母的零阶熵。从20世纪60年代前后起至80年代中后期,基于理性主义的规则法逐渐成为主流研究方法。1956年,乔姆斯基(Chomsky)提出形式语言理论,成为早期句法理论代表。60年代后期至80年代,菲尔摩(C. J. Filmore)、西蒙斯(Simmons)、富田胜(M. Tomita)等人提出并应用了语法和句法分析理论。这些研究成果共同为早期语义分析技术发展奠定了理论基础。20世纪80年代中后期开始,出于实用化的需求,经验主义方法重新回归,并得到了快速的发展,重要标志是引入了基于语料库的统计方法。20世纪90年代起至今,随着计算机硬件性能和机器学习技术的突破,在应用上出现了如IBM翻译系统、谷歌和百度搜索引擎等为代表的成功案例,在算法上与深度学习结合愈发紧密,应用RNN、LSTM、CNN等神经网络模型解决语言任务已经成为主流方法。

语义分析旨在让机器理解文本的真实含义,其在自然语言处理中主要面对三个层面的问题:一是词汇层面,基本任务是词义消歧。词是能够独立运用的最小语言单位,同一个词在不同语境下可能含义不同,词义消歧就是确定多义词的明确含义。一般可用有监督、基于词典和无监督的方法进行消歧,代表算法如Flip-Flop、基于词典的方法和上下文分组辨识方法等。中文分词、命名实体识别、词性标注等是典型应用。二是句子层面,基本任务是语义角色标注,以谓词为中心,分析出句子中各成分之间的关系,如参与者、事件发生时间、地点和原因等。其理论基础是句法分析,常用标注方法如基于短语结构树的方法、基于依存关系树的方法和自动语义角色标注等。依存句法分析、词位置分析等是典型应用。三是篇章层面,基本任务是关注篇章的衔接性和连贯性,从内容和表达两个层面保证文章的正确性和可理解性。概念依存理论、言语行为理论、中心理论和篇章理论表示等对两个层面的核心问题如指代消解等提供了理论基础。标签提取、文档相似度分析、主题分类等是典型应用。

三、模型构建

在海关缉私和税收等监管场景中,通常需要对进出口申报商品信息进行检查,以确定适用税率或者判断是否存在伪报错报税号等情况,传统人工判别效率低下,可有效甄别单量较少。为提升检查效率,应用语义分析技术结合深度学习TextCNN模型构建报关单商品申报自动归类模型。

构建模型根据报关单申报商品的商品名称和规格型号字段对申报商品税号进行预测，对申报商品与申报税号疑似不符的记录做出预警，以降低报关单归类申报差错率，或提示可能存在伪报等风险。应用场景为报关单审核环节，模型构建数据来源为全章节进出口申报报关单数据。

选取全部章节商品半年内进出口报关单记录条的商品编码、商品名称、商品规格型号字段和《归类决定指导意见书》记录的商品归类结论相同字段作为训练数据。对品名和规格型号字段进行中文分词构建词袋模型，统计词频形成特征词汇30余万，将全章节商品描述记录条转化为词向量作为模型输入数据，有效十位税号类别总计约9000个，总数据量超1亿条。

语义分析在篇章层面的主题分类应用贴合了本次建模需求，现阶段对文本文档分类效果较好的自然语言处理模型大都应用深度学习进行特征提取，本次建模选取基于卷积神经网络的TextCNN模型，该模型通过不同尺寸的感受器（卷积核）对词汇组合进行特征提取，由于卷积核尺寸不同，可以实现不同长度词汇组合的特征提取。

本次建模时先尝试对归类次数较多的第84章节（核反应堆、锅炉、机器、机械器具及其零件）商品构建测试模型，初步得到合适的超参数范围，然后再扩大训练范围至全部章节数据，主要涉及卷积核数量、词嵌入维度、感受器数量和分批训练每批次数据量等参数的组合测试。

选取效果最好的一版模型对全章节数据进行训练，并进行参数的微调。在初始模型基础上，主要增加了尺寸更大的感受器、调整了词向量长度，以增强卷积核对较长商品描述的特征提取能力，增加了训练批次量以加快模型收敛速度。

模型输入的每条中文商品描述均转化成45×1的词向量，经过词嵌入过程与尺寸1×256的参数矩阵做矩阵乘法运算，将维度扩展转换为尺寸45×256的嵌入层矩阵。感受器尺寸为n×256（Conv1D，n=2，3，4，5，7…），每个尺寸的感受器数量为512。每个感受器和词嵌入层经过卷积运算后生成尺寸为（s-n+1）×1（s是词向量维度，这里s=45）的特征向量，并从中选择最大值元素作为下层输入（max-pooling），这样每个尺寸的感受器集合最终输出512×1的特征向量。全部感受器的输出结果是6144×1的拼接特征向量，该特征向量经过全连接层后作为分类函数softmax的输入数据，模型使用交叉熵评估分类结果，通过反向传播完成各感受器和嵌入层参数的自动调整训练。

四、模型效果

模型对验证集和测试集的归类平均准确率均超过90%，验证集和测试集准确率没有较大差异表明模型鲁棒性较好，无过拟合现象。

模型对归类次数较多的税号，以及申报量前十的税号类别归类准确率均达到90%以上，且对较易混淆的商品归类情形和主要申报类商品均有较稳定的识别准确率。

在A海关试点过程中,模型归类准确率基本与业务专家持平。处理单量由过去人工每天数十条提高至超10万条,可覆盖每日全部业务量,归类效率大幅提升。

五、应用展望

(一)不断拓展应用场景

NLP技术在海关有着广阔的应用前景。在舆情监控方面,NLP可以帮助海关对民意进行分析,从而为更好服务外贸大局提供参考,也可以为了解热点事件的舆论走向提供解决建议。在地址识别方面,NLP将在海关物流监管、缉私情报分析等领域扮演重要角色。在智慧客服方面,依托国际贸易“单一窗口”,NLP将助力打造“一站式”贸易数据服务平台,为进出口企业和个人用户提供通关信息共享和智能化服务。

(二)引入更多内外部数据

截至2021年年底,海关共有数据记录超1500亿条。本次建模过程中使用的报关单数据,只占其中的一小部分。在未来的工作中,将考虑引入更多的海关内部及外部数据,丰富模型特征库,不断提升模型的效果。

(三)持续迭代优化

一是尝试引入更多的语义分析技术方法,如引入情感分析机制、更多关注句法层面分析等。二是对神经网络模型优化调整,尝试设计新的模型结构,以期归类效果有进一步提升。同时对语义分析技术的探索不局限于单一业务场景,继续发掘文本类信息应用维度,构建更多的应用模型,尝试探索从多维度提高海关文本类信息的利用率。

(全国海关信息中心)

中国海关打造云边端协同一体化边缘智能平台,助力智慧海关建设

国家“十四五”规划把科技创新作为现代化建设全局的核心地位,人工智能和边缘计算将加速成为构建现代化的数字经济体系、推动经济社会高质量发展的重要驱动力量。本文放眼和立足于“智慧海关、智能边境、智享联通”合作大背景,以航空口岸旅检风控场景为例,通过探索构建并推广“两池、一库、四平台”为核心的云边端一体化边缘智能平台,进一步提升现场查验设备智能化水平,推动以风险管理为主线的国门安全防控体系见到实效,为政府数字化转型提供参考。

一、平台建设规划背景

2021年2月9日，习近平在中国—中东欧国家领导人峰会上发表主旨讲话，提出“深化海关贸易安全和通关便利化合作”，“探索同中东欧国家海关开展‘智慧海关、智能边境、智享联通’合作试点”的重大倡议，受到与会各方的欢迎和世界海关组织、有关国家海关的高度关注。“三智”合作的提出充分展示了中国坚持高水平对外开放、促进国际贸易自由化便利化、构建开放型世界经济的坚定决心。

习近平总书记强调：“越是开放越要重视安全，统筹好发展和安全两件大事，增强自身竞争能力、开放监管能力、风险防控能力。”2021年，我国外贸进出口总值39.1万亿元，同比增长21.4%。其中，出口21.73万亿元，增长21.2%；进口17.37万亿元，增长21.5%。我国全方位对外开放格局不断走向纵深，对外开放的大门越来越大，给海关把好国门带来了新的挑战。一是经济全球化和区域化要求货物、服务、信息、资金和人员更加迅速、便利地流动，贸易便利化要求提高货物和人员的通关效率；二是以新型冠状病毒肺炎疫情为代表的生物安全、非传统安全，使海关监管面临新的公共卫生安全管理挑战；三是关检业务融合需要海关提升旅客通关体验，打造“无感海关”；四是现代信息技术使国际贸易和人员往来效率发生了革命性变化，要求海关改变传统的监管思维和方式。

为贯彻落实习近平总书记“三智”合作要求，海关以“三智”合作为抓手，探索构建以“两池、一库、四平台”为核心的云边端协同一体化边缘智能平台，提升海关监管场所智能化水平，推动更大范围、更宽领域、更深层次对外开放，助力构建新发展格局。

（一）业务面临的主要挑战

在航空口岸旅检查验工作场景中，现有旅客通关现场查验存在以下问题：一是边缘侧数据缺乏组织整合，查验信息分散在不同信息系统和设备中，边缘侧的计算和存储能力不足，无法有效地支持现场业务乃至后续的多维度智能风险控制大数据分析；二是人物分离，海关稽查核验过程中，更多关注于货物，对于与货物相关联的人的基本信息无法获取，即使获取相关的生物特征信息也存在隐私安全和法律法规等政策性风险；三是人工查验抽检率和效率较低，人力资源与旅客行李查验量无法匹配，难以全面地应对当前旅检工作的形势与要求，迫切需要快捷高效的风险探知手段来辅助开展旅客行李检查工作；四是新型冠状病毒肺炎疫情防控的需要，非侵入式稽查(Non-Intrusive Inspection)需求激增，要求扩展其适用范围至旅检现场，降低人员流动和聚集，降低现场业务关员感染风险。

（二）平台建设的理论基础

采用风险管理中经营管理型风险管理模型，对海关监管业务和边缘智能信息系统开展风险评估,争取以最小的成本获取最大的安全保障。过程包括风险识别、风险分析、风险评价、选择风险管理工具和评估风险管理效果。从旅检通关业务风险评估到边缘智能项目开发实施,风险评估原则均遵循图1所示,确定监管风险管控、缩短通关时间和改善通关目标的成本收益权衡方案(Trade-Off)和决定采取的行动。

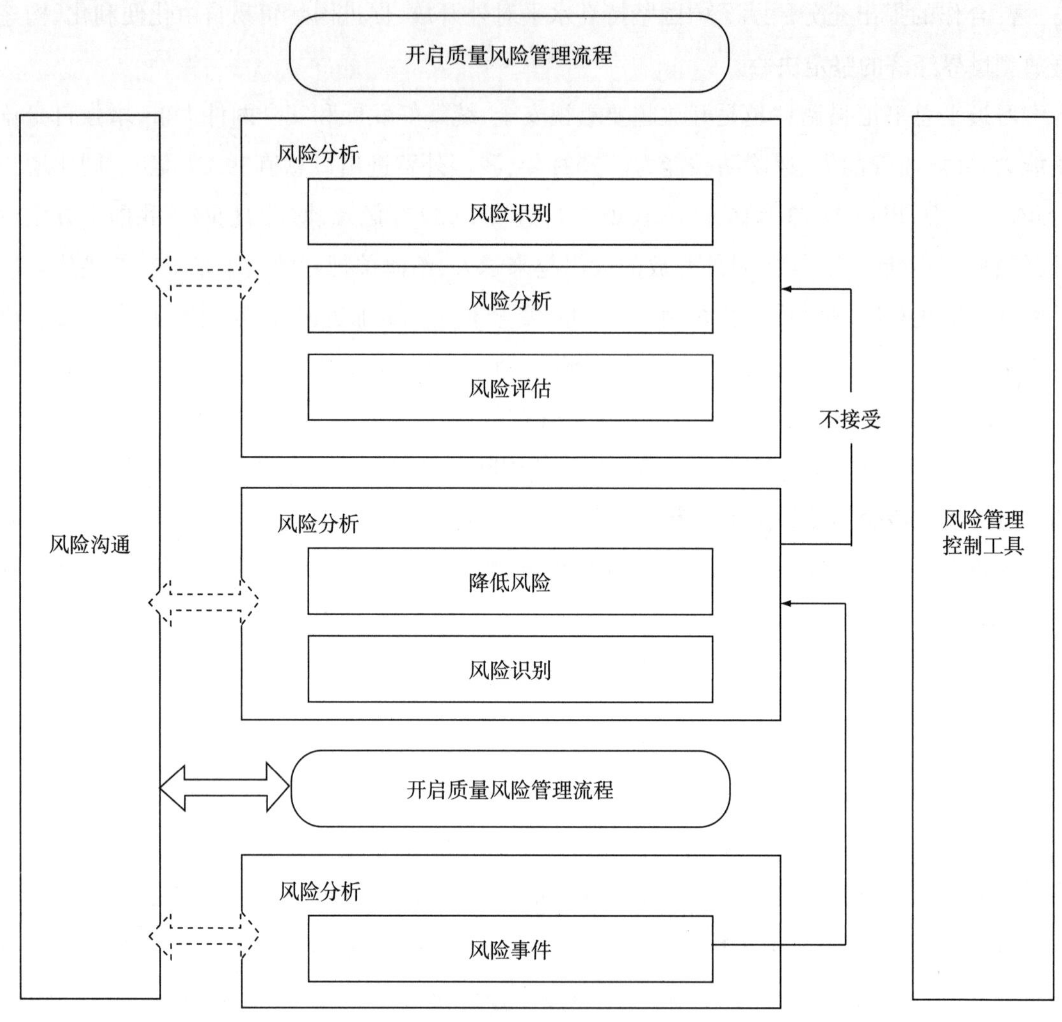

图1　风险管理流程

二、技术实现

(一)部署架构

为解决边缘算力供给不足的问题,在现有海关基础设施云平台、大数据云平台的基础上规划部署边缘智能计算平台(部署架构详如图2所示),为将来边缘计算设备应用和数量的增加提供平台基础。全国海关信息中心提供底层服务器、数据库、存储等中心化的高性能计算能力,将前端设备采集的多维度数据进行人工智能训练。边缘智能计算平台提供边缘侧计算存储能力,加载智能化算法模型,实现人员访问风险控制、货物通关查验、旅检缉私查验、智能通关、预申报等边缘终端业务。

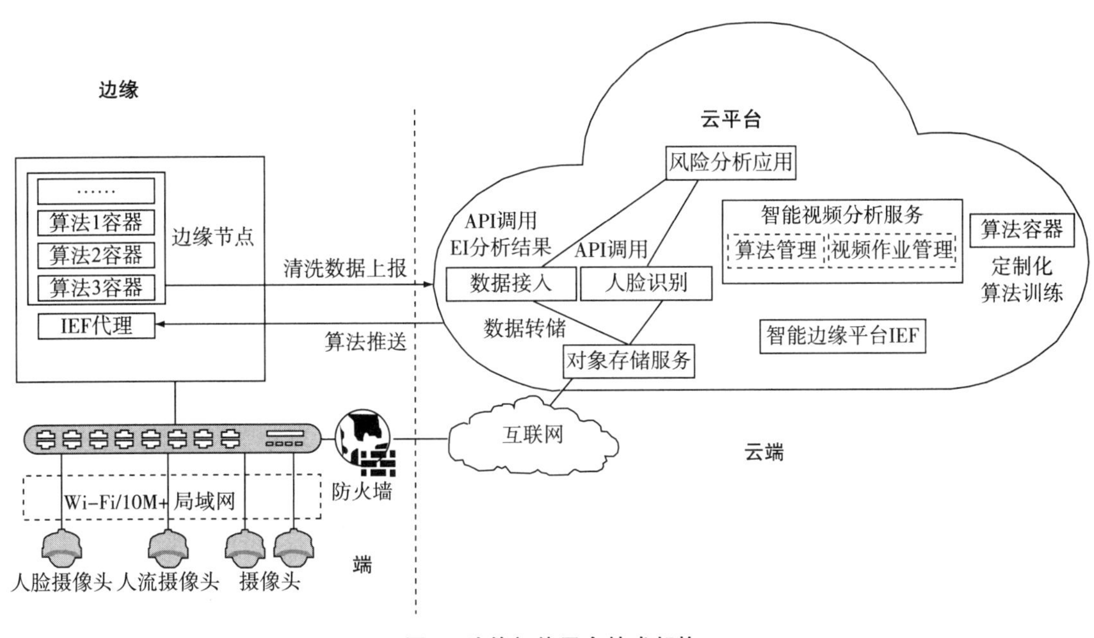

图2　边缘智能平台技术架构

(二)平台架构

边缘侧底层应用主要以“两池、一库、四平台”为主实现整体规划,包括数据资源池、计算存储网络资源池、算法仓库,以及边缘智能应用平台、边缘资源管理调度平台、边缘数据资源平台和边缘运维服务平台(边缘智能平台架构图详如图3所示)。边缘智能平台将算力从原来集中于海关总署机关逐步延伸至各直属海关、隶属海关,最终传递给各业务现场,实现高可靠、安全、稳定以及有效的终端应用。

在边缘建设物联网数据资源池,利用现有云中心大数据资源池,实现监管场所查验数据融合共享、深度关联、挖掘分析,解决数据利用率不足、数据孤岛等问题。边缘的数据节点可能包括边缘存储设备、联网共享平台、大数据边端分析应用、统一日志系统、边缘业务系统等。通过原始汇聚数据汇集层,将智能分析数据、业务关联数据、运行日志数据、应用结果数据,形成物联数据模型和业务数据模型,依靠边缘数据资源平台完成边缘数据的清理、汇聚和初步分析。高带宽网络将清洗后的数据传输至海关信息中心大数据平台来完成数据的建模、深度分析和按需共享。

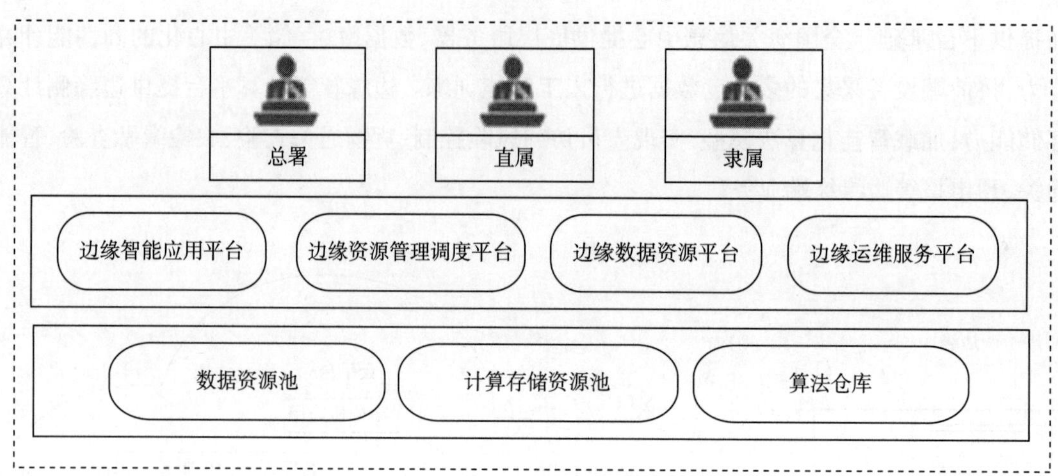

图3 边缘智能平台架构

(三)数据整合

平台通过整合边缘侧风险因子数据、全国旅检监管现场查发案件、缉私、国际海关和其他主管部门的内外部情报信息至现有信息系统,建立风险防控决策平台,提炼风险要素,形成研判规则,构建分析模型,建立云端侧风险图像库,将规则和模型下发至边缘侧设备形成风险甄别应用。通过决策平台和风险甄别应用下达风险查控指令,达到精准、有效、可靠的查验缉私目标。

三、平台应用成效

以某国际航空口岸为例,24小时入境旅客平均3.5万人左右,查验关员10人,通关监管压力与人力配置之间的矛盾日益突出。主要体现在两方面:一是监管旅客量已连续多年增长,人力资源没有相应增加;二是旅检现场依然按照传统模式,靠个人经验选择查验对象,缺乏信息化系统对重点人群进行辅助识别,具有较大的执法自由裁量权,给执法监督带来很大的压力。

边缘智能应用部署在海关口岸旅客查验一线关口,通过在旅客检验的关键点位设置摄像头,采集边端设备数据,实时从图像中获取风险因子特征信息,并存储在口岸边缘存储节点。根据实时数据,将旅客划分为普通和高风险,当风险甄别系数超过阈值时,旅客通过卡口,向现场旅检工作人员发出提示,在终端显示设备中展示高风险因子证据。

使用基于YOLOv5算法框架的定制模型在不同尺寸的图像上进行风险因子抓拍,然后对每个类别、每个目标采用基于IoU的跟踪算法,最后捕捉行李箱离开转盘的信号,从而触发动作抓拍信号,完成证据链的关联与存档。

从整体角度看,从边缘侧数据资源池获取训练数据,使用云端的智能视频分析服务开展训练。该算法在同类算法中有着训练时间短、模型权重文件小、利于在边缘侧部署的优点。通过算法优化适配,以及对处理性能和算力的初步评估,经过多batch推理的优化,预计可实现10fps以上的接入视频准实时检测帧率，相机视频流是4K，单视频卡可支持接入8~16路视频流并行分析。经过优化后通过视频测试，该方案可实现98%以上的风险因子图像提取。

从“人物结合、由物及人”的角度出发，有效提升现场旅检人员工作实效，整合上述数据开展旅客出入境风险分析工作，计算出风险甄别度，并在卡口处向现场关员发出提示。边缘智能平台在旅检监管场所可取得以下成效：一是打造“无感海关”，压缩通关时间，提升通关体验；二是关检融合后，促进了监管业务执法流程简约顺畅、操作规范统一，释放人力资源；三是提升执法统一性，多维监管数据关联存证，进一步推动先期机检彰显成效。

四、平台建设经验总结

边缘智能平台以海关旅检监管场景为基础，整合了人脸、衣饰风险识别因子，采用智能手段打破了人物分离的现状，实现了“人物结合，由物及人”从零到一的突破。后续可根据实际情况分别在海关监管作业场所、海关集中作业场地推广使用，应用功能可包括：周界入侵（抛物、人、车）、船舶靠泊识别；人脸识别（活体检测）、异常行为识别（摔倒、打斗等）、人员徘徊、密度检测；物品智能识别（动植物、水果、危险品）、知识图谱（语义分析、问答机器人）；车体识别（集卡）、轨迹跟踪（跨镜头）、异常行驶（不按轨迹、异常停留、逆行）、异常抛物、两车跟随、人员靠近等查验证据。

本项目建设经验包括：

一是采用顶层设计思维，以点带面，提升全过程、全方位、多层次、宽领域的动态管理与控制，使用组合拳达到平台化标准；

二是依托科学体系，借鉴企业风险管理体系，用技术赋能业务，充分理解和应对公共事业风险，并采用体验度量作为闭环评判的标准；

三是完善业务技术生态，依托边缘智能技术结合现有云计算、大数据平台，聚焦边缘智能赛道，根据一线业务需求孵化边缘侧应用，持续采用先进技术向业务赋能；

四是强调目标导向，服务与公共管理职责并重，以科技提升创新优化管理手段，实现治理体系和治理能力的现代化；

五是顺应发展趋势，以现有技术为基础，降低整体技术和应用准入门槛，推进互通共享，共促贸易安全与便利，完善业务和技术逻辑，考虑资源倾斜。

近年来，边缘智能的各项基础技术得到了长足发展，隐私保护、态势感知、设备更新、安全协议等对“三智”建设带来了极大的机遇。随着5G通信技术、计算迁移、新型存储技术、轻量级函数库及内核、边缘计算编程模型等关键组成技术的成熟和商用，边缘智能的应用必将在海关监管、征税、缉私及统计职能上进一步发挥增质提效的作用。

（供稿单位：全国海关信息中心　撰写人：王小奇　姜成中）

全国统一企业开办信息化服务体系建设和应用

一、全国统一企业开办信息化服务体系建设背景

商事制度改革以来,市场主体登记注册便利化显著提升,激发了市场活力和社会创造力,但与党中央、国务院关于营造稳定公平透明、可预期的营商环境和统一登记市场主体的要求相比仍有较大的改善空间。为落实《深化党和国家机构改革方案》《优化营商环境条例》有关要求,切实做好统一规范登记注册体系和相关信息化建设工作,按照《国家市场监督管理总局关于统一规范企业登记注册体系加强信息化工作的意见》要求,充分依托现代信息技术,落实改革要求,巩固改革成果,国家市场监督管理总局建设统一企业开办体系及数据归集、应用服务能力相关信息化系统,着力提升市场主体登记注册标准化、规范化、信息化水平,打造统一、规范、便利、有序的市场主体登记注册体系,提供更高质量的市场主体登记注册服务,增强广大企业和群众的改革获得感。

二、全国统一企业开办信息化服务体系基本情况

全国统一企业开办信息化服务体系,利用微服务框架提供统一企业开办应用服务接口,各省登记机关调用国家市场监督管理总局统一服务接口完成相关业务操作,采集各省市场主体登记注册数据和企业开办数据等,汇总、整合,为统一服务、数据共享、数据分析提供数据支撑,并基于全国登记数据建设市场监管总局统一企业开办平台数据分析系统,为决策提供依据。同时以统一的全国服务架构体系为基础,建设全国企业开办系统,供各省(区、市)接入使用。

(一)结构功能

1. 统一服务平台

统一服务平台是利用微服务框架提供相关功能对外统一服务,如统一社会信用代码赋码服务、统一登记注册实名认证服务等。主要的应用服务接口如下。

(1)统一社会信用代码赋码。

各级登记机关调用国家市场监督管理总局统一社会信用代码赋码应用接口进行统一社会信用代码赋码,各省市场监督管理局向国家市场监督管理总局报备区域内各级登记机关,由国家市场监督管理总局统一赋予登记机关代码,纳入统一社会信用代码赋码程序。

(2)统一经营范围规范化应用。

各级登记机关调用国家市场监督管理总局统一的经营范围登记规范化查询服务接口为

申请人提供经营范围查询，选择服务。

（3）外资登记负面清单禁限要求校验。

各级登记机关在办理相关登记业务时调用国家市场监督管理总局负面清单和相关特别规定的外资登记负面清单禁限要求校验应用接口。

（4）统一名称登记查询服务。

国家市场监督管理总局集成全国统一的名称规范管理系统应用接口，实现不冠行政区划名称查询服务，各级登记机关调用全国统一的名称规范管理系统应用接口，实现企业名称"两库"同查。

（5）统一电子营业执照应用。

国家市场监督管理总局集成了全国统一电子营业执照签发系统，为电子营业执照的应用提供统一服务接口，实现企业开办事项的有效身份认证和电子签名。

（6）统一登记注册实名认证服务。

国家市场监督管理总局集成了"全国企业登记身份信息实名验证系统"，对外提供统一的实名验证服务，各级登记机关调用国家市场监督管理总局统一的实名验证服务，实现相关自然人的实名认证。

（7）其他统一登记注册应用服务。

各级登记机关可调用国家市场监督管理总局提供的分支机构备案、一人公司法人限制、法院老赖限制、黑名单库限制、严重违法失信企业名单限制等应用服务接口。

2. 统一数据平台

全国登记数据平台由数据采集服务和数据汇集支撑服务组成。数据采集服务提供统一的数据采集服务组件或服务接口，由各省登记机关集成并实现各类数据的自动实时推送，实现各省的市场主体登记注册数据和企业开办数据的采集；数据汇集支撑服务是对自身生产的数据及采集的数据进行汇集整合对外提供数据支撑服务，实现国家市场监督管理总局和省市场监督管理局数据实时传输和汇集服务，做到"一登记，即公示"。主要内容如下。

（1）数据采集服务。

按照国家市场监督管理总局制定的《市场主体准入退出数据规范》《"多证合一"改革信息化数据规范》《注销便利化工作数据规范》等数据标准，提供统一的数据采集服务组件或服务接口，由各省登记机关集成各类数据的自动实时推送组件或接口，实现各省相关数据的采集。

（2）数据汇集支撑服务。

对自身生产的数据及采集的数据进行汇集整合对外提供数据支撑服务，主要包括对统一服务平台的支撑和统一数据分析系统的支撑。

(3)数据分析系统。

数据分析系统按照国家市场监督管理总局统一企业开办的标准,提供集中统一的运营分析和展示,有效地支撑统一企业开办的全国统一运营工作。

3. 全国企业开办系统

在统一全国服务架构体系基础上,按照国家市场监督管理总局统一的登记注册业务规范和企业开办业务规范,建设一套全国企业开办系统,实现网上统一申请,后台在线审核,同时支持开办企业时申领营业执照、刻制印章、申领发票、申领税控设备、社保登记、住房公积金开户登记等全流程网上申请和办理,供各省(区、市)接入使用。

(二)部署实施

按照《国家市场监督管理总局关于统一规范企业登记注册体系加强信息化工作的意见》提出的要求,以及“成熟一个、上线一个”的原则,全国统一企业开办信息化服务体系建设采用微服务框架,由国家市场监督管理总局建设统一服务平台、统一数据平台,为省市场监督管理局提供全国统一的企业开办应用服务接口、统一的数据服务,打造统一、规范、便利、有序的市场主体登记注册体系。

全国统一企业开办信息化服务体系具有如下特点和亮点。

第一,统一的业务规范。全国企业开办系统依据国家市场监督管理总局统一的登记注册业务规范和企业开办业务规范建设,并提供给各省(区、市)接入使用,包括但不限于统一社会信用代码赋码规则、登记注册文书材料规范、经营范围规范表述目录、全国企业名称禁限用规则以及电子营业执照管理办法等。

第二,统一的应用服务。统一服务平台利用微服务框架依据国家市场监督管理总局统一的业务规则,实时向各地提供全国统一的标准化、规范化登记注册应用服务接口,为企业和群众提供统一规范服务。

第三,统一的数据标准。统一数据平台提供统一、规范的实时数据采集服务组件,进行统一、规范的数据汇集,实现国家市场监督管理总局和省级市场监督管理部门数据的实时传输汇集。

2021年12月底,全国27个省(区、市)市场监督管理部门均已完成与国家市场监督管理总局全国统一企业开办信息化服务体系的对接,具备调用国家市场监督管理总局统一服务接口完成相关业务操作,采集市场主体登记注册数据和企业开办数据等。截至目前,累计已向全国各地提供1.34亿次服务,分配统一社会信用代码584多万条。

三、全国统一企业开办信息化服务体系应用效果

（1）强化了市场主体登记注册标准规范贯彻执行，减少区域间登记注册业务办理差异性。国家市场监督管理总局在《关于提升信息化水平统一规范市场主体登记注册工作的通知》中明确要求，按照“统一企业登记业务规范、数据标准和平台服务接口”的规定，依法开展市场主体登记注册工作。全国统一企业开办信息化服务体系最大的特点是按照市场主体登记注册标准规范要求，建设全国统一、规范的市场主体登记注册服务，减少区域间登记注册业务办理差异性。

（2）提升了数据资源开发利用水平，实现即时、准确、完整地掌握全国市场主体登记注册工作动态。全国统一企业开办信息化服务体系通过统一、规范的数据采集和数据汇集服务，实现国家市场监督管理总局和省级市场监管部门数据实时传输汇集，做到“一登记、即公示”，实现即时、准确、完整地掌握全国市场主体登记注册工作动态。

（3）兼顾“全国统一”与“地方创新”的关系。全国统一企业开办信息化服务体系通过“统一标准、统一数据、统一服务”，各地可在统一标准的框架下，发挥主动性和创造性，进一步创新拓展改革措施，改革优化营商环境。

目前，全国统一企业开办信息化服务体系已实现在全国市场主体登记管理系统的应用，实现与市场监管总局数据中心、国家企业信用信息公示系统、“互联网+政务”服务等系统的数据交换，下一步将继续拓展统一市场主体登记注册业务服务，提升市场主体登记注册标准化、规范化、信息化水平。

（供稿单位：国家市场监督管理总局信息中心　撰写人：张晴晴　郝婧宇）

全国革命文物资源信息管理平台建设成果

为学习贯彻习近平总书记关于革命文物工作的重要指示，落实中共中央办公厅、国务院办公厅《关于实施革命文物保护利用工程（2018—2022年）的意见》要求，国家文物局委托中国文物信息咨询中心承担全国革命文物资源信息管理平台建设任务。通过平台建设，动态汇集全国革命文物资源，建成革命文物资源大数据库，推进革命文物名录公布，为革命文物保护利用与传承提供技术保障与数据支持，全面推进革命文物治理体系和治理能力现代化。

一、建设背景与意义

党的十八大以来，习近平总书记高度重视文物工作，发表一系列重要论述、作出一系列重

要指示批示,为我们做好工作提供了根本遵循,体现了以习近平同志为核心的党中央对文物保护利用和文化遗产保护传承的高度重视。习近平总书记强调,革命文物承载党和人民英勇奋斗的光荣历史,记载中国革命的伟大历程和感人事迹,是党和国家的宝贵财富,是弘扬革命传统和革命文化、加强社会主义精神文明建设、激发爱国热情、振奋民族精神的生动教材,要加强革命文物保护利用,弘扬革命文化,传承红色基因,要用心、用情、用力保护好、管理好、运用好红色资源,切实把革命文物保护好、管理好、运用好。

全国革命文物资源信息管理平台的建设,是落实习近平总书记关于革命文物保护的有力行动,有利于全面掌握革命文物的基本情况,科学制定保护政策和中长期规划,有利于构建科学、完善的革命文物保护体系,锻炼培养革命文物保护专业队伍,提升我国革命文物保护管理整体水平,有利于拓展革命文物服务内涵,提升其公共文化服务能力和社会教育效果,有利于加强革命文物保护、研究和利用,更好地发挥革命文物资源的社会价值,激发广大干部群众的精神力量,信心百倍为全面建设社会主义现代化国家而奋斗。

二、主要建设任务

以习近平总书记关于革命文物工作的思想为指导,贯彻落实国家文物局关于革命文物工作的整体部署,充分运用大数据等新一代信息技术,初步建成"一库、一平台、一体系",即革命文物资源大数据库、管理平台及管理体系建设,基本实现全国革命文物资源一体化采集、管理与展示应用目标。

(一)革命文物资源大数据库

革命文物资源大数据库由不可移动革命文物、可移动革命文物、革命博物馆纪念馆等革命文物基础数据组成,是国家文物资源大数据库体系的重要组成部分。通过第一次全国可移动文物普查、第三次全国文物普查、全国重点文物保护单位、地方此前报送的各类相关基础数据等存量基础业务数据整理、导入,开通地方多级用户管理权限在线补充完善资源信息,逐级审核通过后成果入库,初步形成革命文物专题数据库,实现不可移动革命文物、可移动革命文物、革命博物馆纪念馆、革命文物片区等数据资源的集中存储管理,支持开展革命文物资源普查,动态掌握全国革命文物资源现状,支撑革命文物资源信息管理平台建设。

(二)革命文物资源信息管理平台建设

以革命文物资源目录及革命文物大数据库建设为基础,构建革命文物资源动态管理机制,与各级革命文物管理机构建立数据报送通道,实现革命文物资源动态管理,支持开展革命文物定期排查登记、调查征集、建档备案等业务,从革命文物基础资源、开放服务、资源开发利用等维度进行统计分析，为革命文物保护管理提供决策支持，推进革命文物资源数据开放共享，为革命文物保护利用与传承提供数据支持，对革命文物保护利用的总体规划、宏观指导和政策制定提供依据。

三、主要建设成果

（一）革命文物资源信息管理平台

建立革命文物资源信息管理平台，实现不可移动革命文物、可移动革命文物以及革命博物馆纪念馆数据资源在线填报与动态管理。其包括革命文物数据录入、管理、发布、查询、统计分析与展示，支持地方开展革命文物数据筛选、名录公布工作。功能面向各级文物行政管理部门、文物管理单位开放。各省可结合本省情况，下发管理账号进行革命文物资源动态管理与登录，也可以集中统一批量动态登录。

1. 不可移动革命文物

不可移动革命文物资源管理模块实现对不可移动革命文物的新增填报、在线审核和查询统计分析功能，对已经入库的不可移动革命文物数据进行修改，需按数据变更相关制度要求进行变更登记和审核入库。支持数据批量编辑、离线数据录入和导入。系统支持丰富的数据查询检索功能，包括支持基于文物级别、历史时期、保护标志牌、记录档案等快速分类查询，支持基于数据填报状态、所属行政区划、省局审核状态、文物名称等进行快速检索，也可以直接输入关键词进行模糊检索。

2. 可移动革命文物

可移动革命文物资源管理模块实现对可移动革命文物数据的新增填报、在线审核和查询统计分析功能。对已经入库的革命文物数据进行修改，需按数据变更相关制度要求进行变更登记和审核入库。系统支持丰富的数据查询检索功能，包括支持基于文物级别、历史时期、文物类别等快速分类查询，支持基于收藏单位所属的行政区划、文物名称、总登记号、保存状态等进行快速检索，也可以直接输入关键词进行模糊检索。

3. 革命博物馆纪念馆

革命博物馆纪念馆资源管理模块实现对有革命文物的博物馆、纪念馆、美术馆等收藏单位的基本信息维护，包括单位名称、地址、机构信息、开放服务信息、简介、资源特色等内容。初期可以通过筛选比对，从全国一普数据库中的收藏单位相关信息抽取实现单位信息的初始化。支持数据批量编辑、离线数据录入和导入。可以在博物馆纪念馆下维护可移动革命文物信息，并与可移动革命文物信息建立关联关系。

(二)革命文物资源信息服务

通过构建国家文物局统一的革命文物资源信息服务门户,面向公众开放革命文物资源信息服务,同时也为地方文物工作者提供工作便利。目前设置了首页、资源信息、数字地图、法规文件、行政审批、专项调查等栏目。提供丰富的检索功能,支持文物博物馆、高等学校、科研机构开展革命文物保护利用研究,支持专家学者对公开数据进行研究利用,深入挖掘革命文物的价值内涵和文化元素。

1.革命文物精选展示

展示经过审核精选的革命文物资源,包括不可移动革命文物中的全国重点文物保护单位、可移动革命文物中的一级文物,以及《中国革命纪念馆概览》正式出版的革命博物馆纪念馆。

2.革命文物资源信息检索

对外发布不可移动革命文物、可移动革命文物、革命博物馆纪念馆、革命文物保护利用片区、全国爱国主义教育基地、全国抗战设施遗址名录六大类革命文物主题资源信息。面向社会开放上述等六大类基础数据目录,全面推进革命文物资源信息开放共享。

四、平台体系架构

平台基于统一技术架构设计研发,实现统一机构用户管理、统一数据报送机制,结合革命文物资源数据采集著录规范,给全国革命文物工作者提供一致的服务体验,为革命文物资源信息管理平台的可持续发展打下了坚实的基础。

(一)平台运行维护有保障

基于统一技术体系,技术人员只需要掌握这一套完整的技术体系,即可实现无障碍运行维护,进而加强对局服务保障。

(二)平台升级开发效率高

基于统一平台开发,平台采用基于面向服务的SOA体系设计,开发人员只需关注具体业务实现,为今后平台持续完善与功能扩展打下了良好基础。当需求发生变化的时候,不需要修改提供业务服务的接口,只需要调整业务服务流程或者修改操作即可,整个应用系统也更容易被维护。

(三)平台性能扩容方便

平台支持集群部署实现负载均衡,根据业务需要,可随时增加硬件设备资源进行集群部署,保障系统安全稳定运行。

五、结语

通过一年时间，初步建成“一库、一平台、一体系”，即革命文物资源大数据库、管理平台及管理体系建设，基本实现全国革命文物资源一体化采集、管理与展示应用目标。系统目前收录革命文物保护单位16325家，革命纪念馆1646家，可移动文物122628件/套，31个省（区、市）正在开展数据填报。后续，将持续开展革命文物资源数据库建设，并进一步完善资源管理平台，面向社会公众开放，为推进革命文物治理现代化提供数据和技术支撑。

（国家文物局办公室）

北京“互联网+政务服务”的大兴模式

为贯彻落实党中央、国务院以及北京市关于加强数字政府建设的决策部署，大兴区近年来有序推进数字政务建设，大兴区政务服务局秉持让“数据多跑路，市民少跑腿”的理念，通过牵头信息化平台建设，打造服务场景新模式，打破数据孤岛，提高办事效率，优化政务服务水平，得到企业和群众的广泛好评。大兴投资集团下属子公司北京大兴智慧城市科技有限公司作为技术支撑单位，依托大兴区既有的信息化基础设施资源，充分利用互联网、区块链、大数据、云计算等信息技术，以提供智慧服务为目标，以构建服务型政府为宗旨，以提高政府效能和服务质量为导向，利用实体大厅、网上大厅、自助终端等渠道，为服务对象、办理人员、管理人员三类人员提供服务，进一步提升群众满意度、政府公信力和治理能力。

一、大兴区“互联网+政务服务”工作成果

（一）搭建“一网通办”平台，全力推进“全程网办”

建设区级统一的行政审批管理平台，逐步实现全区审批部门和审批事项的统一咨询、接件、受理、监督、反馈，解决了区级没有独立审批系统或网上申报功能不完善的委办局在受理政务服务事项过程中网络化和电子化办公问题。目前已确保全区46家单位1903余项政务服务事项对接到北京市政务服务网，实现所有事项的“一网通办”。

（二）政务服务“掌上办”

通过“北京大兴”App和“大兴政务”公众号，为办事群众提供24小时“掌上”政务服务，在一部手机上就能实现政务服务和便民服务事项“掌上查”“掌上看”“掌上办”。以“北京大兴”App为例，App集办事服务、生活服务功能于一体，自上线以来，共推出了区级政务服务事项

1758项、镇街事项1540项,下载量突破160万,让市民享受到"掌上办事"带来的便利。

(三)优化办事服务流程

在区级层面,按照"受理权、审批权"相对分离的原则,组织相关单位对纳入综合服务统一收件的事项进行了办事流程优化,采取"前台综合受理、后台分类审批、综合窗口出件"的服务模式。向基层延伸方面,启动区、镇街、社区(村)"三级联动"改造,实现三级服务大厅联动进行受理、审批、发证等工作,建立起"上下联动、功能齐全、规范高效、服务优质"的三级联动办理模式。

(四)建立政务服务"好差评"

按照《国务院办公厅关于建立政务服务"好差评"制度提高政务服务水平的意见》及《北京市政务服务"好差评"差评整改规定(试行)》有关要求,大兴区结合区级情况,开展了政务服务"好差评"全覆盖工作。评价渠道通过线上、线下全面融合形式进行。线下,在区、镇(街)政务服务中心所有办事窗口设置五级评价器,实现现场"一次一评"。线上,在App和公众号端,按照线下的标准,实现网上服务"一事一评"。确保服务事项、评价对象、服务渠道全覆盖,并同步完成政务服务"好差评"功能和数据对接,实现与市、区、镇(街)数据的上下联动。

(五)"区块链+电子证照"助力政务服务刷脸办事

目前,大兴区已建成区块链支撑平台和证照分发中心,实现与市级电子证照库、电子印章库、区级大数据中心等数据库的对接,支持共计160类电子证照的调取与使用,涵盖了交通出行、医疗卫生、文化旅游、资格认定等多个领域,群众授权使用电子证照后,可进行证照的查看、下载、提交等操作,实现政务办事"数据多跑腿、群众获便利",让群众和企业办事实现免带免交纸质证照材料。

(六)数据共享赋能政务服务

2021年,依托区级大数据支撑能力为政务服务提供了强大的支撑服务,主要包括政务服务地图、数据共享与汇聚等。

(1)政务地图方面,主要用于数字政务服务平台,通过一张图,实现全区、镇(街)信息的统一概览。

(2)数据共享与汇聚方面,根据统计数据显示,2021年政务服务向区大数据平台进行数据汇聚4226581条。主要涉及政务服务事项数据、办件数据、行政相对人数据、评价数据等。另外,政务服务依托数据共享便利,通过区大数据平台共享北京市规划和自然资源委员会房屋坐落信息75万条数据,用于不动产分中心,加快了企业、群众办事便捷度。

(3)建立政务服务电子档案系统，从办事申请、审批、办结等环节建立各政务服务事项档案归档标准，并依托一网通办平台数据汇聚服务支撑，经过档案系统的清洗、加工、质检，最终形成标准化档案材料。下一步，将充分利用政务服务电子档案的复用特性，在企业、群众办事时，对于可复用材料将全部免于提交，实现电子档案在政务服务领域的共享利用场景。

二、大兴区政务服务发展下一步思考

(一)建设政务服务基础数据平台，为“一网慧治”提供基础

目前区级层面很难直接打通其他垂管系统，导致数据的互联互通还不够顺畅，为此拟建立政务服务基础数据平台，与市级进行上下联动。

一是对接北京市统一申办受理平台，实现上下互通、横向统一的数据体系，打通各系统间的联系，减少群众材料的提交和办件等待，实现综合窗口2.0版，也就是线上线下同步的综合窗口受理，切实提升网上办理的便捷程度。

二是承接市级回流的涉及全区的事项目录、办件、好差评等各类数据，做好关键数据情况的统计分析，为领导决策和指挥提供数据基础。

三是汇集内部管理系统，根据前台、后台、管理、监督等不同职责，为政务工作人员提供分权限的统一登录入口，提升管理的效能。

(二)推动政务服务移动端“可办”向“好办”转变

以区块链、证照分发中心为支撑能力，增加数据字段、档案、证明材料的上链，将电子证照、电子档案等区级平台已经产生的大数据，应用到群众办事申报过程中，减少重复提交。同时做好与“北京通”对接的规划，完成移动端办事入口的归集工作，实现移动端从“可办”向“好办”转变。

(三)推动政务服务一体化建设

结合2021年全区镇街调研情况，进一步增强基层镇街和村居的政务服务标准化，实现统一一体的“好差评”系统全覆盖。另外，针对工作人员日常使用平台中的问题，如模糊查询、热点排序等，进行个性化修改，推进政务服务工作效率。

(北京大兴智慧城市科技有限公司)

大兴区实时决策支撑系统

一、建设背景

为了全面贯彻党中央、国务院和北京市关于大力推进数字经济发展的决策部署,努力推动新时代首都发展,扎实推进"两区"建设融入新发展格局,助力大兴区首都新国门建设,大兴区经济和信息化局部署建立实时决策支撑系统,以统筹全区各委办局共性业务需求为出发,强化大数据在多领域应用的试点示范效应。通过推动政务数据与社会数据的深度融合,加速释放数据要素蕴含的巨大价值,进一步加强大数据的科学决策支撑作用,以数字技术实现社会治理能力现代化。

二、建设内容

实时决策支撑系统通过数据处理和数据融合将运营商数据、社会数据与政务数据等多源数据进行融合分析,提供专题化、场景化的决策支撑服务。实时决策支撑系统基于大数据融合+多要素联动的方法,发挥"技术+数据"的要素价值,形成城市大数据分析应用体系,通过建立施政评估、人口监测、综合治理、新机场专题、疫情监测五大子系统,支撑大兴区各委办局、镇街共性业务需求,同时辅助实现决策科学化和治理精准化。

一是人口监测子系统,深入挖掘大兴区人口时空画像。通过对重点区域、村(社区)、镇街(基地)及全区每半小时、天、月、年度的人口统计数据,分析全区人口规模、结构、分布、流动、职住及变化趋势,实现全区人口数据"底数清、流向明"。

二是施政评估子系统,通过监测相关企业、行业、产业发展态势数据,评估政策的施政效果。其中,日常工作监测聚焦企业经营、居民生活、产业园区等施政方向,重点工作监测聚焦疏整促、复工复产、"七有""五性"及稳就业等方向。通过两种监测结果,量化评估监管工作的运行状况、施行效果、发展水平等。

三是新机场专题子系统,从机场旅客角度,对旅客监测及接驳运力分析,为新机场优化接驳运力调度和服务保障提供数据分析与决策支撑。同时,从临空配套服务设施建设角度,对机场周边区域人口、企业等配套服务设施要素进行关联分析,研判机场对临空区域的辐射带动效果。

四是疫情监测子系统,在疫情防控方面,以态势感知相关指数以及风险预测相关指数,对疫情态势进行量化分析,通过"红黄绿"分级呈现"高中低"风险等级,同时满足区、镇街、社区(村)三级疫情防控工作需求。在疫苗接种方面,通过接种人群动态分布热力图,对疫苗接种人群进行动态监测。

五是综合治理子系统，从城市治理中城市事件的角度，关联分析人、地、物、事、情、组织的要素内涵，建立城市事件预警机制，通过事件处理预案和决策知识库，实现对群租多合一、游商散贩分析、散乱污企业识别、网格事件分析及热点问题分析等的监测预警。

三、运营情况

在技术实现方面，已接入三大电信运营商数据、政务数据、公交一卡通数据、招聘数据、POI数据、摄像头等7大类专题数据，并通过主键对齐、要素对齐、时空对齐和宏观对齐四个层次，运用工参学习模型、地理信息栅格化、轨迹补偿算法、"人+X"关联等9大算法模型，建成人口监测、综合治理、施政评估、新机场专题分析、疫情监测五大子系统，基于587个基础指标，实现了251项业务功能，有效沉淀711亿条基础数据。

场景应用支撑方面，一是全面支撑大兴区发展和改革委员会34个挂账村的人口变动分析，助力人口调控工作；二是对庞各庄镇及下辖33个社区村实现流动人口动态管控；三是创新引入园区发展水平量化评估方式实现新媒体基地经济运行监测；四是提供精细化疫情防控动态研判，服务首都疫情防控大局；五是实现系统与大兴区城市管理指挥中心大屏无缝集成，为城市运行管理平台指挥调度加装上"智慧大脑"；六是实现新机场客流量实时监测，辅助应急保障工作等。

四、创新点

一是模式创新，实现共性需求社会数据的统一接入，推动政务数据和社会数据的融合利用，促进基于社会数据的创新服务，使提供的数据与政府各部门实际需求有效匹配，持续向大兴区、委办局、镇街（基地）等基层单位赋能，逐步将系统支撑能力向下延伸。

二是思路创新，建立"发展为聚焦点、数据为线索链、大兴为思考面"的科学决策机制，打造跨部门、跨行业、跨领域、跨影响因子的城市大数据分析应用体系。根据大兴区、委办局、镇街（基地）等领导分管职责及工作习惯，为决策者提供分析评估和推演预测支撑服务，从全局性、系统性、实效性角度辅助领导决策。

三是技术创新，利用"智能体图谱（Agent Graph）融合平台"技术，自动化智能化地完成知识抽取、融合及加工。进一步地挖掘各类关联语义，包括人与建筑物、人与企业、人与政策、人与事件、人与物联网、人与交通工具等组合，在语义推理、感知反馈等高维层面，实现自主更新。

五、项目成效

已为大兴区各委办局、各镇街提供大数据精准监测和融合分析服务,支撑大兴区经济和信息化局、大兴区发展和改革委员会、大兴区城市管理指挥中心、新媒体基地、清源街道、庞各庄镇等多个部门的场景应用,实现PC端和移动端App的交互,更及时、精准、全面地赋能具体业务。截至目前,系统已在人口监测、施政评估、社会治理、新机场监管、疫情防控等委办局重点关注领域形成示范应用场景绩效,建立了以城市人口精准洞察、城市运行感知、城市综合治理等为核心的城市运行管理与决策支撑体系,实现全局统揽、精准服务、高效决策。

项目的建设加速释放多源数据蕴含的价值,在大数据的应用领域和应用范围上创新示范,加速大兴区社会治理体系和治理能力现代化。为大兴区打造首都南部发展新高地和繁荣开放的新国门,推动实施国家大数据战略到城市治理落地过程中的创新实践,提高智慧城市数据应用服务能力,构建新型服务政府,贡献数字技术力量。

(北京市大兴区经济和信息化局)

北京平谷法院“科技赋能”建设智慧法院

一、项目概况

信息革命、数字经济,是习近平总书记念兹在兹的一件大事。习近平总书记反复强调:“网信事业发展必须贯彻以人民为中心的发展思想,把增进人民福祉作为信息化发展的出发点和落脚点,让人民群众在信息化发展中有更多获得感、幸福感、安全感。”作为增进人民福祉的“前沿阵地”,北京市平谷区人民法院(以下简称“平谷法院”)除云法庭外,网上立案、网上诉讼服务、网上缴费、在线查控等各项在线工作均纳入日常重点保障事项。同时,平谷法院信息化部门注重总结规律、提炼经验,通过常态化培训提升全院的信息化应用能力,全力协助全院干警司法理念和办案习惯的更新与养成。

二、具体做法

平谷法院充分运用信息化建设成果,及时启动依托互联网的线上司法服务系统,引导法院干警、当事人开展线上诉讼、执行工作,智慧法院在抗疫第一线“大显身手”。

一是自主研发执行办公信息化平台,实现文书制作、查控财产、一键登录、案例分析四项功能于一体,极大提高执行效率。

二是深度推进诉讼服务信息化，提供“24小时不打烊”立案服务，立案数量达到数千余件；增加微信扫码和农行掌银App缴费渠道，网络缴费人次高；电子送达使用率与日俱增，减轻当事人诉累。

三是利用“分调裁一体化平台”，进行在线调解和远程质证，真正实现“在线调解化干戈，足不出户解纷争”。

平谷法院坚持和发展新时代“枫桥经验”，自主开发“平e微法院”网上法律服务平台，整合在线讲法、网上立案、案件查询、在线调解、乡镇对接等20多项功能，对接区三级“说事评理议事普法中心”，提供线上法律服务。院领导班子成员对接全部乡镇、街道，设立法官工作站。

为了提升全院干警的信息化应用能力，平谷法院也开展了各项工作。

一是线上宣传和线下宣讲一体部署，持续强化干警主观意识。一方面，在疫情防控常态化的今天，平谷法院科学应变、主动求变，迅速将法院的大部分工作转入线上模式。为了强化我院干警的主观意识，采取了线上宣传的方式，例如在内网设置专题宣传栏，在宣传栏中设置信息化应用系统的相关操作手册，信息化应用前后对干警工作效率提升的具体数据进行比较等。另一方面，邀请一些对信息化应用系统操作熟练的干警通过宣讲的方式现身说法讲述自己在应用信息化办公后的受益。通过多元的宣传方式提升干警对信息化应用的重视程度。

二是内部培训和外部推广双向发力，助力信息化应用成效再提升。内部培训方面，定期邀请技术运维人员举办培训讲座，对干警进行各种信息化应用系统的实操培训，通过常态化培训提升全院干警的信息化应用能力，加快司法理念的转变和工作习惯的养成，加强对10余个重点系统应用的培训，云法庭、网上立案、网上诉讼服务、网上交费、在线查控等各项在线工作被纳入日常重点监控事项。外部推广方面，依托律师事务所、执业律师的力量，在律师群体中大力推广参与线上诉讼活动。

三是考核通报和奖励公示齐头并进，促进信息化应用工作良性运转。每月将各个部门的信息化应用绩效任务完成情况在全院范围内进行通报，尤其对信息化应用绩效任务完成情况较差的部门进行重点通报，督促干警使用线上系统。另外，对信息化应用绩效任务完成情况突出的部门，在全院范围内予以公示表扬。通过考核通报和奖励公示两种形式在全院内形成“比用赶超”的良好信息化应用氛围。

四是依靠技术人员和操作手册双重保障，确保信息化应用效能充分释放。其一，以用户需求为导向，收集合理意见和建议，及时联系技术人员优化升级系统，增强便捷性、实用性。其二，在技术室人员工作随时待命的现有模式下，开通技术答疑微信群，开展在线答疑、电话指导，线上线下双重保障信息化应用工作正常开展。其三，制作干警常遇问题手册，将常见信息化应用问题的解决流程制作成手册，分发给院内干警，当技术人员不能及时到达现场解决问题时，干警可以自行解决问题，避免影响工作进度。

三、实施效果

平谷法院采取“互联网+司法”模式,利用互联网开展审判执行活动,借助互联网技术实现立案“不打烊”,审理“云端见”,执行“不掉线”,接访视频“面对面”等非接触式司法活动,通过多种平台实现“隔空办案”。推动网上立案、云端开庭、电子送达等线上办案工作的全面开展。

通过全方位的信息化应用能力的提升手段,我院干警信息化应用能力再上新台阶,提升了平谷法院干警的工作效率,及时化解了矛盾纠纷,以实际行动为群众提供有力的司法服务和保障,确保让群众真真切切感受到司法为民的速度,努力让群众在每一个司法案件中感受到公平和正义。

(北京市平谷区人民法院)

石家庄市政府网站智能全网搜

一、基本情况

2017年国务院办公厅印发《政府网站发展指引》、2019年国务院办公厅秘书局《关于印发政府网站与政务新媒体检查指标、监管工作年度考核指标的通知》,对政府网站搜索功能建设提出了更高的要求。《政府网站发展指引》和检查指标明确了要“优化政府网站搜索功能,提供错别字自动纠正、关键词推荐、拼音转化搜索和通俗语言搜索等功能。根据用户真实需求调整搜索结果排序,提供多维度分类展现,聚合相关信息和服务,实现‘搜索即服务’”。

2021年4月《国务院办公厅关于印发2021年政务公开工作要点的通知》(国办发〔2021〕12号)、2021年5月《河北省人民政府办公厅关于印发河北省2021年政务公开工作要点的通知》(冀政办字〔2021〕65号),对搜索功能进一步提升给出了指导意见:全面推行政府网站集约化建设,构建网上政府的数据底座,推动公开、互动、服务融合发展,实现一网通查、一网通答、一网通办、一网通管。

为了落实国家及省文件要求,提升市政府网站搜索服务功能,石家庄市政府门户网站采用政府网站搜索服务云平台构建了政府网站群内网站集约化、智能化、场景化云搜索服务,扩展搜索服务范围,使公众能方便快捷地查政策、找办事、看信息、用服务;通过研究分析网站用户搜索行为,总结用户的需求,对于提高政府网站服务质量和管理水平,都具有重大意义。

二、功能和应用特色

石家庄市政府网站智能全网搜服务，通过智能语义分词、自动聚类、关键词检索等技术，实现石家庄门户网站及部门网站、县（市、区）网站的站群检索、全数据类型检索、全文检索、模糊检索、分类检索、关键词推荐、高级搜索、拼音转化搜索、错别字自动纠正等功能。通过搜索高频关键词汇的收集、整合与石家庄市政府网站特点做匹配关联，逐步建立起专业词库，经过自动语义智能处理，实现通俗语言到官方术语的智能识别，极大地提升搜索结果精准度，提高群众办事效率。

石家庄市政府网站智能全网搜具有以下服务特色。

（一）站群搜索集约化

搜索内容包括全市门户网站站群搜索，包括石家庄人民政府门户网站、部门网站28个、县（市、区）网站23个、河北政务服务网（石家庄市），构建了全市统一的搜索平台，对外提供最齐全的政府网站信息搜索服务。

（二）意图识别智能化

集约化搜索对石家庄市50多个政府网站数据进行语义分词、自动分类、关键词检索等技术，实现石家庄市政府网站的全库、全数据类型检索、全文检索、模糊检索、分类检索、智能纠错、拼音转化、相关推荐、动态下拉提示等功能，最大程度地满足用户“所搜即所想、所得即所需”。

（三）结果展示场景化

“全网搜”平台通过政务信息智能关联，聚类展现集办事指南、法规文件、新闻动态、政策问答等信息于一体的搜索结果，为个人及企业用户提供主题内容的聚合搜索展现推出场景化主题搜索服务，同时提供生活服务“天气预报、公共假期”的实时查询，实现“即搜即用、一键获取”。

（四）政策搜索定制化

根据政府网站政策文件的政务专业的特点定制化处理了搜索页面的级联筛选及文号模糊识别功能。对于挂接了政策解读的政策文件，在搜索结果中也可以查看到关联的结果。

（五）办事搜索人性化

办事搜索人性化地设计了多级过滤筛选框，供用户按照事项的类型进行选择。县级办事则可以在办事事项右侧选择地域，进一步精确地定位到需要办理的事项。

(六)管理决策可视化

石家庄市"全网搜"提供可视化大屏服务,实时洞悉公众需求,对比分析供给侧与需求侧的匹配情况,周期性分析公众热搜的相关指标,对优化平台服务效果、改进供给服务内容进行科学决策提供客观、真实的数据支撑。

(七)运维服务专业化

"全网搜"平台采用先进的云服务模式建设,服务功能云端快速迭代,前沿最近技术云端及时应用。同时,专业运维团队提供全天候的运维保障与运营服务。

三、应用案例展示

该平台的意识识别智能化举例如下。

(1)智能纠错:该平台通过学习分析大量的用户搜索行为,自动检测错别字,并提供相关提示信息。

(2)拼音转化:采用词语智能拼音匹配模式,实现拼音搜索功能,并结合关键词提醒联想功能,实现拼音和中文友好联系的搜索管理。

(3)智能推荐:智能匹配搜索词在各栏目下的分类统计数据及相关稿件。

(4)动态下拉提示:用户输入搜索词时,动态下拉各栏目内的相关稿件。

其他应用案例如下。

(1)搜索"天气预报""放假安排"直接显示相关生活服务内容,便于网民直接看到结果。

(2)网民输入下面多种文号形式,系统都可以支持搜索到精准的文号。

石政办发〔2021〕3号

石政办发2021　3号

石政办发(2021)3号

石政办发【2021】3号

对于挂接了政策解读的政策文件,在搜索结果中也可以查看到关联的结果。

(3)2021年年初,石家庄出现新型冠状病毒肺炎疫情病例,全市封闭。疫情过去后,政府出台《在石人员返乡通告》,要求填写《离石返乡登记表》。通告一出,"返乡登记表"的搜索需求量激增,搜索团队第一时间将《离石返乡登记表》做了搜索信息置顶,以便公众查看,网民搜索"离石登记表、离石返乡登记表、离石、疫情"等词汇,都可以关联到这个表格,大大方便了网民查找这个表格,减少了网民咨询12345电话数量,间接为石家庄的抗疫做出了贡献。

四、主要成效

石家庄市人民政府网站搜索服务平台2021年搜索已超过100万次，工作日平均搜索次数近5000次，平均搜索转化率为46%。搜索服务的应用有力地推动石家庄市人民政府破解政策信息和政务服务“找不到、找不快、找不准”的痛点问题，扎实有效地落实了国务院办公厅关于政府网站提供“搜索即服务”的高水平搜索服务能力的要求。

搜索范围包括石家庄市政府门户网站、石家庄市直部门网站28个、石家庄市县（市、区）网站23个；同时涵盖了河北政务服务网（石家庄市）、石家庄市政府英文门户网站。搜索服务实现了“全网搜”政府网站新闻、政策、办事、互动等，提高了政府门户网站搜索的全面性。

基于深度业务学习，智能化搜索使搜政策、找信息、用服务变得更快，结果更精准实用。石家庄市政府网站“全网搜”服务平台开发了模糊检索、拼音转化、智能纠错等功能，结合搜索热点提供智能推荐、动态下拉提示等人性化搜索导引，智能化“读懂”“猜对”群众需求，提升了政府网站服务水平，提升了群众使用网站的满意度。

（供稿单位：石家庄市电子政务中心　撰稿人：李晓江）

河南法院集中送达创新应用破解“送达难”

2020年5月，送达管理系统在部分法院试点运行，结合实际送达工作需求，系统不断迭代升级；同时，在河南省高级人民法院的全力支持下，中国邮政集团河南分公司加快了全省18个集约送达服务中心的建设工作。2020年7月2日，在河南省高级人民法院和中国邮政集团河南分公司的协同努力下，系统在全省所有法院正式上线开通运行，并更名为“河南法院集中送达平台”。

送达系统的集中布设和全省18个集约送达服务中心的配套运行，实现了“一网通管全省”的目标，在全国率先实现了“跨区域法院专递”全覆盖。

一、集中送达服务创新应用背景

随着大数据在智慧法院中的不断应用和加强，大数据技术和人工智能在法院的细分领域也得到了实践。随着近几年来法院案件的不断增加，送达已经成为法院审理过程中的重要一环，在信息化和大数据发展的今天，河南法院力争把新技术、新思路、新想法不断在司法领域进行创新和开拓。

河南省高级人民法院和河南省邮政公司共同研发了“河南法院集约送达服务平台”，为进一步丰富系统功能,简化流程,降低成本,提供更加便利的服务,经过双方充分研究,分别开发了电子回执、更换两段式热敏详情单、使用自动化保密封装等功能,更快捷、高效地优化完善了"跨区域法院专递"的功能。"跨区域法院专递"是在现有法院专递业务基础上,通过系统对接的形式,法院一键生成送达任务,由系统判断,自动将任务推送到目的地——邮政集约送达服务中心,并由邮政集约送达服务中心进行打印、封装、寄出并反馈物流信息的一项服务。依托河南省高院送达中心,邮政速递打印封装寄出送达的服务,让法院办案人员从日常填单、打印、盖章、封装等繁复的邮寄送达工作中解脱出来,将更多精力投身于更为专业的审判工作中,提升了办案效率。

经过进一步的深入调研和探索,河南省法院在原有基础之上,融合国内先进的经验,结合各级法院实际送达工作需求,打造出了适合河南法院特色的新型送达系统。

二、创新亮点

(一)"一网统管全省"使系统运行更稳定

系统部署在河南省高级人民法院内网中,河南省高级人民法院集约送达服务中心托管17个地市分中心,支撑了全省185家法院线上送达、18个地市线上处理邮寄全流程,实现一网即可统管全省,系统运行更稳定。

(二)集多种送达方式于一体,使送达工作集约化、智能化

河南法院集中送达平台,形成了以电子送达为优先、邮寄送达为辅、直接送达为补充、公告送达为兜底的全流程闭环送达体系,实现了送达工作的智能化、集约化管理。所有类型案件,送达任务一键发送,送达过程全程可跟踪留痕。

2021年,河南全省三级法院共处理送达任务713万次,其中电子送达405.6万次,占比56.89%,邮寄送达215.1万次,占比30.17%,直接送达89.9万次,占比12.61%,公告送达2.4万次,占比0.34%。

河南法院集中送达平台充分发挥电子送达低成本、高效率的优势,充分利用线上邮寄送达的跨区传递、目的地集中打印的便捷性,减少诉累,节省送达时间,提高送达效率,保障当事人诉讼权利,真正实现了"法官减负、集约高效、邮法减员、提升质量、降本增效"的目标。

(三)电子送达功能更加契合最高人民法院工作方向,为法院专递业务转型发展提供强大支撑

按照最高人民法院的工作要求,电子送达将逐步取代其他传统的送达模式。为丰富电子送达功能及保障送达的高效准确性,平台研发了电话送达、短信送达和电子邮件送达。电话

送达使用12368呼叫平台，支持自动呼叫、通话录音、智能化语音识别、自动语音转换等功能；短信送达使用12368短信平台，确保短信可被有效接收，拒绝“拦截”；电子邮件送达，自主研发的邮件系统，独特、安全的邮箱账号，避免账号错误，切实做到有效真实送达，进一步保障案件参与人的合法权益，提高案件的节点流转速度，加速案件的审理过程，有效缩短案件审理周期。

在最高人民法院相关政策支持下，系统不断进行功能扩展，如电子送达渠道包括移动微法院、律师服务平台、中国审判流程公开网等，送达渠道的多样性，为电子送达的可接受性及成功率提供了坚实有效的支撑。

所有送达方式支持自动生成送达回证、回执自动入案件卷宗等功能，还研发了利用通信运营商大数据库、邮政法院专递、公安户籍、阿里淘宝等自动找人、网上签订“电子送达地址确认书”、送达成功有效性判定等功能。强大的功能为法院送达一体化服务打下了坚实的基础。

（四）“智能化文书处理”使文书处理更规范、更省力

河南省送达系统按照法院法律文书规范并结合各个法院个性化需求，提供了3万多字的法律文本数据库，实现法官一键自动生成各类法律文书功能；并实现了系统自动寻址盖章功能，在文书修改完成后，系统自动找寻位置精准盖章，并自动转化为PDF格式，防止篡改。“智能化文书处理”功能使生成和发送的文书进一步规范和统一，提高了法律的威严性。

（五）高速文书打印机和多种类文书自动排序装订功能，使文书打印装订更科学、智能化

集约送达系统依托高速打印设备，实现了信息的相互整合。在信息化技术整合中，实现了软件系统和硬件设备包括全自动封装机、高速打印机的有机融合。一键启动、全程自动化、操作过程无人工接触、安全保密，实现了全部文书的自动合并、自动打印。在此基础上又研发了打印流程管理系统，支撑多种类文书和格式自动排序合并装订，智能化水平呈现较高水平且处于行业领先地位。

（六）“电子拍照回执”功能相较原先邮寄送达回执为法官节约办案时间2~5天

以往的邮寄送达回执需在当事人签字后以回执邮件形式邮寄给法官，时间2~3天，法官收到回执后需要1~2天扫描录入到审判关系系统里。而“电子拍照回执”功能在投递环节，由投递人员对当事人签收的回执拍成照片上传到投递系统，实时回传到集约送达平台，由集约送达平台识别后推送给法官，实现当事人签收的同时法官可以即时收到邮寄送达的电子回执。该功能较传统模式节省送达时间2~5天，彻底解决了回执反馈慢的问题。

(七)更换“法院专递专用热敏详情单”使收寄成本更低、封装速度更快

采用了国内长期保存热敏面单纸技术,保证热敏面单(邮寄送达回执)保存15年以上,热敏面单打印速度是五联单打印速度的3~5倍,减少了人力,大大提高了工作效率,降低了耗材、设备维护费,解决了法律文书前端封装不足问题,也为后续自动化奠定了良好的基础。

(八)“法律文书自动保密封装”解决了法院文书保密安全和封装效率问题

热敏单的使用为法院专递邮件封装自动化提供了必备条件,河南省自主研发的法院专递邮件自动保密封装机适配高速文书打印机,实现无缝对接,自动粘贴热敏详情单,隔离了人工干预,全程无人参与,降低了文书泄密风险。法院专递邮件封装自动化,可以使邮件封装速度提高10倍以上,节约大量的人工费用,彻底解决法律文书因封装能力不足而造成的文书积压问题。

(九)跨区域集约送达服务使法院专递邮件送达效率更高,更加节能环保

集约送达系统提供全国跨区域异地送达的法院专递文书信息、邮寄信息的跨区域摆渡,在送达目的地的集约送达中心完成打印、封装、收寄等工作,邮件信息实时回传到文书发起法院对应的大客户账户,完全省去了一、二级干线运输时间,加快了法院专递邮件传递速度,降低了文书丢失损毁风险。文书同时也进一步提高了送达速度和质量,减少了送达的中间环节,使送达信息尽快到达当事人手中,加快了信息的流转速度,提高了送达的时效性和合法性。

三、创新应用的展望

“河南法院集中送达平台”上线以后,强大的系统创新功能获得了全省三级法院法官、助理的好评。因送达系统提供了科学、便捷、完善的电子送达服务,使得电子送达占比不断攀高。“河南法院集中送达系统”用事实验证了它的先进性,真正起到了法院“降压解难、减员增效”,邮政“跨区集约、高效简便”的目的。

该系统优点很明显,在全国获得了多个第一荣誉称号,但在实际应用中,仍然存在许多限制条件,需进一步优化和论证,进一步完善系统和工作流程。2022年以前,因有关“三书”电子送达的法律效力问题,河南省只在部分法院和地区做试点工作。根据最新修订的《中华人民共和国民事诉讼法》规定,自2022年1月1日起,经受送达人同意,所有诉讼文书均可电子送达。但考虑到许多法律的限制,需要进行研究分析,同时,新型的多媒体是否可以采用电子送达,其实时性和严肃性也有待进一步分析和论证。

充分利用现代大数据分析等人工智能技术,会在今后工作中进一步提高智慧应用和数据

分析的效果；机器人自动录入手段、物流轨迹优化识别等新型技术将进一步优化电子送达流程，提高整体运行效率，不断优化人机交互以及二审等其他审判程序的电子送达工作。

积极利用现有的社会资源，挖掘送达的方式和采取的形式，可以采用集约或者独立完成送达的方式，也可以采用第三方完成送达的形式，不断提高整体效率。

总之，我们要不断研究现有的情况，依托现代信息化手段，积极探索新型送达模式，为法院的送达工作贡献一份智慧和力量。

（供稿单位：河南省高级人民法院信息处　撰稿人：郭　琦）

内蒙古抓好“四办”改革，打造“蒙速办”服务品牌

为贯彻落实国家、内蒙古自治区深化“放管服”改革、优化营商环境的决策部署，对标先进地区经验，有效提升内蒙古自治区政务服务能力，自治区以一网办、掌上办、一次办、帮您办“四办”改革为重点，在强基础、建平台、联系统、通数据、推综窗、抓掌办六方面聚焦发力，努力提高政务服务“一网通办”水平，全面助力数字政府建设取得实效。

一、主要工作做法

（一）着力推进政务服务“四办”改革

图1为内蒙古自治区政务服务“四办”改革示意图。

图1　政务服务“四办”改革

一是加快“网上办”，提升网上政务服务能力。通过线上“一网”、线下“一窗”，解决事项标

准不统一、业务系统不联通、综合窗口未覆盖、为民办事难提速等问题。全面推进自治区本级部门垂建业务系统、各盟市自建业务系统与一体化政务服务平台对接,促进线上线下融合发展,实现政务服务“进一网、能通办”改革任务落地见效。

二是升级“掌上办”,提升政务服务便利化水平。全面打造全区统一的“蒙速办”移动端平台,聚焦提升服务完备度、体验度和精准度,加快整合各类公共服务资源,将群众和企业关注的高频、重点应用服务向“蒙速办”App进行整合,全面提升移动端服务水平。

三是推行“一次办”,提升政务服务的集成度。全面推行一件事一次办改革,全力推进审批服务减材料、减环节、减时限、减跑动,将多部门办理的“单个事项”集成为企业群众视角的“一件事”,变政务服务多头管为集中办。

四是做好“帮您办”,助力提升项目审批效率。全面推进投资项目代办帮办改革,积极开展政策咨询、协调推进、协办帮办服务,有效整合资源,优化审批流程,推动项目早立项、早开工、早投产。各级组建代办帮办队伍、设置服务窗口、公布代办帮办事项,形成“纵向三级联动、横向部门协作”的工作格局,推动解决项目审批中的问题,缩短审批周期,提高审批效率。

(二)着力打造政务服务“一张网”

一是集约化建设一体化政务服务平台。实现政务服务门户、政务服务事项库、电子证照系统、电子印章系统、身份认证系统和“好差评”系统的“六个统一”,成为自治区的“一网通办”总门户(图2)。平台实现了全区政务服务的统一集成,自治区、盟市、旗县、苏木乡镇的事项已入驻一体化政务服务平台,实现了“应进必进”。

图2 “一网通办”总门户

二是夯实标准化线上服务基础。对三级政务服务事项进行精细化、颗粒化、情景化梳理,推动同一事项名称、依据、编码、类型、流程相同,在全区各地无差别受理,同标准办理,为“一网通办”奠定了坚实基础。

三是强化电子证照应用。汇聚电子证照数据超3300万条,发放电子印章7300多枚,完成证照签章1180万条，证照数据共享超3100万次。

四是提升电子政务外网支撑能力。自治区、盟市、旗县三级网络覆盖率达到100%，苏木乡镇覆盖率达到98.5%。集约化建设自治区政务云平台，为本级94个部门和单位提供统一的网络基础平台、资源管理和安全防护服务，有效地减少重复建设。

（三）着力推动政务服务数据通业务通

一是打通数据孤岛。自治区本级现有的41个区建业务系统互不联通，数据无法共享共用，业务难以协同，是“一网通办”工作的最大堵点。经过集中攻关，已联通32个业务系统，共享办件508万件。

二是强化政务服务大数据应用。从编制数据资源目录、编制供需对接清单、落实数据共享工作职责等方面入手，深化政务服务大数据跨地区、跨部门、跨层级应用。已汇聚政务服务数据2亿余条，调用2000亿次。自治区卫生与健康委员会、市场监督管理局、生态环境厅共享数据数量较大。

三是不断提升全程网办水平。依托全区一体化政务服务平台“综合一窗受理”系统，促进线上、线下深度融合，推动“进一网，能通办”，实现“前台统一受理、后台分类办理、综合窗口出件”。目前，全区111个实体政务服务大厅开设了723个综合服务窗口。

二、取得初步成效

（一）“一网办”方面

自治区、盟市、旗县（市、区）的4300多个部门，以及1068个苏木乡镇（街道）5482个嘎查村（社区）的事项已入驻一体化政务服务平台，现有注册用户2013万，其中个人用户1899万，占全区人口79%。目前，全区已累计梳理政务服务事项57万余项，2021年以来，已汇聚全区办件178万件，部门垂建业务系统共享办件数据508万。自治区本级和14个盟市政务服务大厅全面启用“综合一窗受理”系统，累计受理办件42万余件。

（二）“掌上办”方面

“蒙速办”App实名注册用户1069万，日活跃用户达25万，访问量2亿次，已汇聚不动产登记、灵活就业人员社保费缴纳、户政办理、用电服务、中高考成绩查询等多项高频可办业务，自治区本级累计接入527项服务应用，各盟市接入应用2855项。推动“蒙速办”App由“可查”向“可办”转变，1076项可实现“掌上办”。

(三)"一次办"方面

全区设置"一次办"窗口563个,组建"一次办"人员队伍679名。103个"一次办"事项在全区普遍推开,全区累计办理联办"一次办"事项6.1万件,相比改革前,办事材料、办理环节和时间平均减少50%,企业群众办事难、办事慢、多头跑、来回跑问题得到明显缓解。

(四)"帮您办"方面

全区开设窗口296个,组建专业代办员队伍2900余名,22个投资项目代办帮办事项在全区普遍落地,"纵向三级联动、横向部门协作"工作格局初步形成,建立完善联审联批、市县联动制度机制420余项,助力2000余个项目加快落地,改革效应逐步显现。

(内蒙古自治区政务服务局)

2021年大连市中山区创建智慧营商新高地

2021年,大连市中山区深入学习、全面落实习近平总书记对东北地区全面振兴、全方位振兴的重要要求,做好发展大数据和"互联网+"的系列部署,以提升行政效能、创新社会管理、完善公共服务为目标,全力打造"互联网+政务服务"工程,建设智慧营商系统,打造中山区智慧政务服务新高地。

一、建设背景

大连市中山区深入贯彻落实习近平总书记在中共中央政治局常务委员会上作出的"把各项惠企政策尽快落实到位,完善政策配套实施办法"重要精神,认真落实国家、省、市关于优化营商环境的决策部署,充分发挥市场监管职能,出台《中山区营商环境建设"2021版"实施方案》,为全区15万余户各类市场主体投资兴业营造稳定、公平、透明、可预期的良好环境,建设"智慧营商系统",配套升级"大连中山"App。转变惠企政策"找不到、看不懂、难申报、审核慢"的现状,实现从"企业找政策"到"政策找企业"的根本转变,通过数据算法快速、精准、智能地匹配政策信息,从根本上解决企业申报政策的痛点,创新基层政务服务工作,降低政务服务成本,提升企业满意度,让企业感受"中山速度、中山温度"。

二、建设方案

全面梳理拆分省级、市级、区级惠企政策,搭建区惠企政策库,结合中山区内新开办企业信息关键词和主要信息,与优惠政策标签双向匹配,匹配结果以短信通知形式,为符合享受条件的企业法定代表人主动推送优惠政策，鼓励企业通过下载登录中山区已有"大连中山"App，及时进行优惠政策的咨询、申报、兑现，实时掌握办理进度，兑现政策红利。同时，依托中山区已有"对内管理平台"，集成"智慧营商"系统，达到各政策主管部门在线反馈办理进度，压缩审批时限，助力领导决策监管。

三、主要做法

大连市中山区通过场景化应用模式，运用大数据技术，形成上下联动、部门协同、全员参与的优化营商环境体制机制，从根本上解决政企间政策信息不对称的问题。

（一）智慧营商系统

通过对辽宁省、大连市、中山区三级政策进行颗粒化分析，对"招商、高新技术、科技创新、技术转移、重点企业扶持、孵化器众创空间、专精特新、军民融合、初次创业、场地补贴、孵化基地、高校毕业生、失业人员、残疾人创业、工会医疗互助、困难职工、伤亡职工抚慰"17类政策快速识别，抽取每项惠企政策的关键性条文，形成关键性政策条款，同时根据扶持对象的特点、范围等为优惠政策标注"关键词"。

依托大数据应用及算法模型自主研发，梳理、汇总、提取新办企业信息，根据国民经济行业类别和注册资本等为新办企业打"标签"，形成服务监管"入围名单"，量身定制惠企政策"特色菜单"，并精准推送至新办企业，推动实现惠企政策申领审核标准化，帮助企业享受政策红利；精准推送至区级行政部门和街道，辅助行政部门和街道第一时间对接服务监管，实现精准信息和服务"一键"送达。

将目前已抽取的28条政策文件与从区市场局抓取的新开办企业信息进行关键词精准匹配，完成自动分析"企业画像"，让企业只需通过"大连中山"App，完成"政策智选、一键申报"的全流程操作，即可快捷、精准地获得政策智能筛选匹配。

（二）"大连中山"App

依托"大连中山"App，搭建"惠企政策"功能模块，增设"惠企政策精准办"专栏，围绕政策申报条件、扶持标准、申请材料、示例样本、政策指南、办理程序、办结时限等方面，全面梳理扶持标准简易明确、申请材料精简明晰，支持个人账号、企业账号间无感切换。对接区市场局企业信息库接口，获取申报企业相关信息，推动申请表单、申请材料的复用及共享。对惠企政策申报事项目录一一明确，采用数据核验、文本录入、语音识别等技术手段进行智慧审查。审核审批人员分层级、分权限自定义显示审批事项，全程留痕留迹，企业线上即可申报惠企政策。

将中山区惠企政策统一归集到“大连中山”App上,公开发布全区惠企政策,依托数据协同,实现优惠政策精准推送,让企业“找得到”“看得懂”“兑得上”。

四、工作成效

运行至今,累计上线惠企政策28项,将政策、流程、材料、时限等信息全上网、全公开、可视化、可监督,搭建“线上+线下”一体化在线服务,以数字化改革赋能实现部门间数据互联互通、共享共用,现行有效奖补政策“应上全上”。这项措施节约了经费、时间,大大提高了行政审批效能,为企业提供了更方便、更顺畅、更和谐、更高效的办事环境,解决“摸不着门、往返跑、办事难”的问题,有效地解决了惠企政策兑现“难、慢、迟、繁”的问题,消除了惠企政策不透明、清单不明晰、标准不统一、流程不规范、申报流程烦琐等问题症结,倒逼部门驻点窗口工作人员增强服务意识、转变工作作风,杜绝“一问三不知”和“踢皮球”的现象,依托“互联网+大数据”技术,创新推行惠企政策“掌上提、在线批、全程督”的服务模式,革除“画饼政策、过期政策、人情政策、僵尸政策”的诟病,让惠企政策直达“准、快、实”,切实提升了企业办事的便利度和获得感,充分改善了营商环境。

五、下一步工作

下一步,大连市中山区将继续深入贯彻国家、辽宁省和大连市关于继续加大减税降费力度、推动降低企业生产经营成本、强化对企业的金融支持的要求,密切关注最新出台的各项惠企政策,提前谋划,及时做好配套和落实,确保惠企政策迅速传递至企业。尽力帮助企业特别是中小微企业、个体工商户纾难解困。上线更多的国家级、省级、市级和区级政策,深入匹配存量企业信息,将与存量企业信息相匹配的优惠政策,主动推送给企业,为企业带去更多的政策红利,确保区内企业应知尽知、应享尽享。加强对惠企政策的宣传解读和督促指导,努力打通“最后一公里”。全区干部职工用心、用情、用力送政策到企业,使更多惠企政策应享尽享、抓紧兑现,为企业带去“减环节、减时间、减材料、减跑动”的便利,进一步提高服务意识,加强政策研究,针对痛点、难点、堵点问题出台措施,切实为企业解决实际困难,提供更加精准、优质、高效的服务。

(大连市中山区智慧化管理信息服务中心)

RPA助力汪清县智慧法院转型升级

一、概述

习近平总书记指出,“人工智能是引领这一轮科技革命和产业变革的战略性技术,具有溢出带动性很强的‘头雁’效应。”“人类正在进入一个‘人机物’三元融合的万物智能互联时代。”为深入贯彻落实习近平总书记关于人工智能的重要指示精神,按照人民法院“十四五”规划纲要对“十四五”时期深化智慧法院建设作出的系统谋划部署,要加快推动智慧法院转型升级。吉林省汪清县人民法院(以下简称“汪清法院”)充分挖掘信息化建设对法院业务的辅助支撑潜力,运用机器人流程自动化(Robotic Process Automation,RPA)数字化劳动力提升智能办案辅助能力,为一线法官团队减负增效、释放人力,扎实推动了法院信息系统由“管理型”向“服务型”的转变,切实提高了办公办案效率,有力回应了人民群众对数字正义的新期待。

二、业务需求

(一)促进业务流程自动化、智能化升级

通过充分应用数字化劳动力,辅助支持办案法官、执行法官、法官助理及书记员,完成对日常各项事务性工作的高效、有序处理,为原有的工作流程进行自动化、智能化赋能。

(二)推进事务性工作集约处理

充分运用数字化劳动力特性,改变以往通过人力进行数量分工然后进行全流程处理的集约工作模式,调整为将流程环节进行单独拆分,以各流程节点为数字化劳动力应用单位,法官只需准备好当日工作清单,然后数字化劳动力读取清单所涉及的案件相关信息,再按照流程顺序,进行批量财产查控、批量文书制作、批量文书打印、批量信息下载等工作,以更高效智能的方式促进法院的集约化处理能力提升。

(三)实现工作过程数据可采集、可管理

以往信息系统对工作执行过程的数据统计不够充分,但数字化劳动力所有执行情况均可在管控平台中予以记录,每日的工作量、工作效率、工作内容均可实现可视化,不同时间段的工作压力可直观了解,发现各类型事务性工作的工作高峰,从而为法院进行人员调配、流程优化提供决策支持。

三、应用场景

汪清法院应用RPA数字化劳动力之前,在司法公开方面,存在着大量的人工重复的键鼠操作,严重影响了司法公开工作进度。在执行工作方面,存在着分散模式运行的事务性工作,不仅消耗人力多,影响效率,甚至可能产生案件积压。经过前期充分调研,汪清法院迅速投入RPA数字化劳动力的应用实践,先后确定司法公开、执行事务性工作两方面作为RPA试点应用场景。

场景一:RPA+司法公开

以往司法公开工作中,存在大量人工重复的键鼠操作,如一次电子送达耗时约8分钟,送达或公开不成功还需重复点击再次操作,不但增加了工作量,也大大降低了工作效率。围绕这一痛点,在司法公开中文书笔录公开和电子送达方面,主动导入RPA数字化劳动力。在当前应用中,法官只需准备好当天需要完成的案件列表,一键启动数字化劳动力,RPA机器人自动将文书进行电子送达,后对案件文书进行精准公开,实现"一键OK"自动化。

场景二:RPA+执行工作

以往的执行工作中,执行法官需要频繁在系统间进行切换,手动鼠键录入、导出、上传等操作完成难度低,消耗大量人力的工作。为解决这个问题,汪清法院对分散的执行事务升级为"集约型事务",由专门团队负责,主动导入RPA数字化劳动力,运用到立案文书制作、总对总查控自动定期查询、财产反馈表集中下载、传统查控节点自动填入工作当中。专门团队只需启动RPA机器人,即可实现各项事务性工作自动化、高效化、有序化执行。

四、应用特点

RPA作为智能化的鼠标和键盘,可不受人力限制,以自动化运行模式,显著减轻法官、法官助理、书记员日常工作负担,实现法官团队"减负增效"。

(一)事务性工作的智能辅助能力强

运用数字化劳动力,可以将法院日常烦琐、固化、重复的事务性工作进行自动化、智能化执行,从而实现优化工作流程、提高工作效率、降低操作失误率的任务目标。

(二)上线周期短、成果见效快

有别于传统的信息系统建设需要繁重的开发和漫长的周期,数字化劳动力的应用不需要侵入现有业务系统,也不改变现有业务流程,而是通过界面模拟人工键鼠操作,进行自动化和跨系统的数据搬迁联动,从而实现业务流程的自动化、智能化执行。数字化劳动力的应用以法院内部具体工作内容所对应的"操作流"为颗粒度,实现一项(个)具体工作内容(业务场景)

的自动化、智能化升级平均只需5~7个工作日,完全可以按照调研一个、开发一个、上线一个的模式,做到每周都有可见新成效。

(三)数字化劳动力安全、稳定、易用、可控

安全:数字化劳动力可在法院内网环境中安全运行,部署无须侵入现有业务系统,不改变系统架构、不改变业务流程,运行过程不单独留存任何数据,所有运行结果均留存在法院自有终端设备上,可以有效避免数据泄露风险。

稳定:RPA机器人可以做到7*24精准、高效、稳定执行,运行频率和执行速度均可根据需求设置,不给业务系统增加负载压力。

易用:数字化劳动力的执行逻辑完全与日常人工操作一致,开发和部署后完全可以实现一键启动、智能执行,法官团队基本不需培训,一装即用。

可控:所有数字化劳动力均可接入管控平台,管控平台即数字化劳动力集中管控的"中枢"系统,为数字化劳动力提供管理和监控的操作中心。管理员可直接在管理界面上实现可视化数据统计、任务一键发布、机器人状态监控、任务自动触发、密钥管理、实时运行状态查看、运行过程录频回放等相关操作。如果遇到错误,管理后台还会及时预警并采取强制终止措施。完善的可控性能够安全、高效管理数字化劳动力,避免任何因意外情况导致的错误执行。

五、应用成效

汪清法院自运用RPA数字化劳动力以来,司法公开与执行工作取得显著成效,人力资源得到充分释放,审判执行实现减负增效,集约工作实现转型升级。

(一)减时

借助RPA数字化劳动力可大幅减少人工信息录入的工作时间,在减少法官团队事务性工作耗时的同时,RPA比人工操作更快、更省时。司法公开方面,电子送达、文书公开、笔录公开,每百次案件操作可分别节约时间5.9小时、4.7小时、4.7小时,预计全年分别减少人工值守1214小时、976小时、976小时。执行方面,执行通知书、财产报告令制作平均用时缩短47%,执行通知集约制作平均用时缩短61%,财产报查平均用时缩短60%。

(二)减负

RPA作为数字化劳动力,可以更高效地代替人工处理事务性工作,能做到一键启动、全年无休、精准执行,让法官从繁杂的键鼠操作中脱身,减少法官团队的机械化操作负担。司法公开方面,电子送达、文书公开、笔录公开,每百次案件操作可分别节约操作次数1600次、1434

次、1434次;执行方面,每百次执行通知文书制作、执行裁定书制作、财产报查可分别节约操作次数5000次、4000次、3500次,财产查看效率提升60%,财产查冻准确率接近100%。

六、推广意义

“RPA+AI”是针对键鼠操作的革命性优化技术,具备智能辅助能力强、执行成果见效快、运行环境安全可控的特点,不同于以往的信息化建设工作“重”、开发“难”、见效“慢”、成本“高”,RPA建设部署轻、开发易、见效快、成本低,是目前解决操作负累最灵活、轻便、快捷、低成本的方式。法院引入RPA数字化劳动力,能大大提升法官团队工作的自动化及智能化水平,同时在不改变现有系统、现有业务流程、不依赖API接口资源的前提下,快速、高效、低成本地协助现有法院信息化系统从管理型向服务型转变。在法院依靠传统信息化建设实现办案提质增效的基础上,提供了一条更高效、更便捷、更低成本的智慧法院建设新思路。

未来,汪清法院将在固化取得成果基础上,不断延伸RPA能力边界,拓宽应用场景,着力实现诉讼服务便捷化、核心业务智能化、执行工作高效化、行政管理科学化、科学决策精准化。

(吉林省汪清县人民法院)

佳木斯“四个聚力”推进12345热线提质增效

为打造便捷、高效、规范、智慧的全天候政务服务“总客服”,佳木斯市12345热线将全市各部门设立的政务服务便民热线及国务院有关部门设立并在佳木斯市接听的政务服务便民热线整合归并,着力解决各类公共服务热线“号难记、话难通、诉难求、事难办”等问题,努力提高政务服务热线服务质效。佳木斯市进一步优化热线处置流程闭环,建设集约、多功能为一体的热线平台,确保企业和群众反映的问题和合理诉求及时得到处置和办理,使政务服务便民热线接得更快、分得更准、办得更实。

一、背景情况

12345热线是通过整合各类政务服务、投诉举报热线资源建成的管理规范、运转高效、协调有力、方便群众的非紧急求助平台,提供“7×24小时”全天候人工服务。为进一步强化佳木斯市12345热线服务能力和水平,发挥好政府与群众的纽带作用,提高企业、群众诉求事项的办理质量和效率,营造政府全心全意为企为民服务的良好环境,12345热线坚持以问题为导向,通过规范化、制度化、智能化的服务管理,进一步增强企业群众的获得感、幸福感和安全感。

二、主要做法

(一)聚力规范运行,建立健全机制,提升服务标准

一是健全12345热线服务管理机制。热线管理方面,在全省首创成立了热线工作专班,由常务副市长为组长,纪委监委、组织部等7个部门为成员单位,受理事项处理质效得到稳步提升。先后出台了《12345政务服务热线工作专班制度》和《12345政务服务热线管理办法(暂行)》等多项管理制度,进一步健全完善服务管理机制,确保热线服务畅通、受理及时、处置高效。建立以接听满意率、接诉响应率、事项办结率、群众满意率"四率"为基本指标的"好差评"机制,通过规范运行和有效监督,实现热线服务"标准化"。二是健全12345热线办理流程机制。在热线办理方面,12345热线按照即时转办、接诉即办原则,重新优化办理流程,简化办理步骤,以企业、群众合理诉求是否得到有效解决为标准,建立了事项受理、分类办理、结果反馈、归档销号"四步"办理流程,以及平台监管、督办催办、质效监督、满意度调查、综合评价"五步"质效监管流程,形成"办理+审核""监督+问责"的"九步"闭环式工作机制,全面提升办结质效。三是健全12345热线数据应用机制。充分运用网格化系统平台的大数据分析功能,对诉求信息进行分析研判,建立"日统计、周汇总、月分析"数据统计分析机制,将诉求的热点问题、高频事项和相关数据环比分析等情况形成月报和专报,为市委市政府决策提供辅助性数据支撑。截至目前,共形成工作月报29期,工作专报58期;向政府及各部门发送工作提示函23件;向各县(市)区相关部门推送数据信息1528条。这项机制极大地促进了居民供水供热、小区噪音污染等热点民生得到快速解决,保障了群众正常生活秩序。

(二)聚力资源整合,实施科学归并,提升服务能力

一是归并整合资源,实现热线"一号"受理。12345热线以整体并入、双号并行、设分中心3种形式整合了全市28家单位的39条热线,建立与110、119、120等紧急热线协调联动机制,形成了1条主线受理、16条专线并行、多部门协同联动的热线受理服务模式,实现了便民热线"一号通"。二是创新服务模式,实现流程"一网"通办。为了有效节约政府投入,通过购买第三方服务的方式,搭建了热线受理系统,并根据实际需求设置了36个热线话务席位。同时,以网格化系统平台为依托,建立了"五级联动"的协调办理体系,形成了具有佳木斯特色的"热线受理、网格办理"服务新模式,实现了服务联动、问题联处、矛盾联调、治安联防,以确保企业群众的各类诉求得到及时有效解决,实现诉求处置"一网办"。三是科学分类归集,实现数据"一库"共享。建立了动态更新的12345热线"智库",进一步完善了热线事项分级分类,划分部件类和事件类合计13大类、72项、643个子项。其中涵盖社会保障、公共服务、疫情防控、公共设施、道路交通、市容环境等重点民生事项,为热线事项办理质量进一步提升提供了保障。

同时对影响企业、群众生产生活热点问题、有关政策等进行实时更新、动态调整,通过信息数据集成,使服务更便捷、更精准,实现业务应用“一个库”。

(三)聚力功能拓展,深化便民举措,提升服务效率

一是多渠道受理诉求,让服务更畅通。开通了涵盖微信、网格通App、12345热线App等多个诉求渠道,打造“指尖12345”。通过“随手拍”的方式,即时反映市区内的市政设施、市容环境、公共服务等相关问题,服务模式从“人找服务”转变为“服务找人”,切实解决了“看得见的管不着,管得着的看不见”现象。二是多专家在线解答,让服务更专业。针对一定周期内市民反映的专业性、政策性强等问题,12345热线通过设立定期专家座席、流动专家座席、特殊事项专家座席和三方语音通话等方式,为企业和群众提供更加专业、更加精准的服务。例如,在疫情防控期间,为指导和做好市民防疫工作,设立防疫专家坐席;针对疫情期间市民就医难问题,采取三方语音通话的方式,让市民在家中就可以连线问诊;在供热期间,为解决供热方面的突出问题,设立供热专席,对全市所有供热企业进行联动互通,确保群众供暖问题第一时间得到解决。三是多平台信息共享,让服务更迅捷。通过与疫情防控、雪亮工程、应急指挥等系统平台有效衔接,实现了数据共享、资源共用、诉求信息同步推送、问题处置协同办理,使服务更加便捷、更加快速、更加高效,提升了城市治理体系和治理能力数智化水平。

(四)聚力品牌形象,强化推广宣传,提升热线影响力

为进一步加大宣传推介力度,提升12345热线的覆盖面和影响力,让更多群众知晓、拨打热线,采取了以下三项措施。一是12345热线充分利用电视、报纸、网络等媒体推广宣传信息30余条。二是利用客运站、出租车、临街商户LED电子屏循环播放12345热线宣传标语口号。三是在城区28条街道、市行政中心、四城区行政中心等人群密集区,发放《一图读懂12345政务服务“总客服”》和热线宣传单1万份,悬挂宣传条幅20条。通过全方位地宣传热线平台的工作宗旨、受理方式、受理范围、整合情况等内容,让12345热线知晓率进一步提高,“12345,有事找政府”进一步深入群众心中。

三、取得成效

12345热线运行至今,解决了大量民生难题,得到广大群众的赞扬和肯定。截至目前,12345热线已受理企业和群众咨询、求助、投诉、举报、建议等各类诉求339441件,在线直接解答248113件,转办工单91328件,办结率达95%以上。2021年,在全国第五届12345政务服务便民热线大会上,佳木斯市12345政务服务便民热线荣获“专业升维典范单位”称号;在2021年度全国335个样本城市政务热线服务质量评估中排名第55位,同比上升54位,荣获省普通

地级市第1名；在2021年度中国优秀政务平台推荐及综合影响力评估中，被评为2021年度市民服务热线十佳典型案例。

一是畅通了民意诉求渠道。12345热线通过进一步优化流程和资源配置，建设集约、多功能为一体的热线平台，强化了技术支撑，方便了群众拨打热线，实现了受理和办理服务紧密衔接，保障了企业和群众反映的问题和合理诉求得到及时处置和办理，使政务服务便民热线接得更快、分得更准、办得更实，打造了便捷、高效、规范、智慧的全天候政务服务“总客服”。

二是提高了政府行政效能。12345热线知名度高、涉及面广、信息量大，能将各级党员干部直接置于群众的监督之下，是检验工作成效最有效、最直接的方式。通过收集群众的意见和建议，制定科学有效的举措，促进各职能部门作风问题得到根本好转，彻底杜绝了个别工作人员工作不认真、服务态度差、措施不力、行动迟缓及消极应付、推诿扯皮的现象。

三是提升了群众幸福指数。12345热线作为政府和群众的“连心桥”，直接面对基层群众，把解决群众实际问题作为一切工作的出发点和落脚点，创新举措、完善机制、配强人员，切实解决了企业、群众的“急难愁盼”问题，提升了人民群众满意度，打通了服务企业群众的“最后一公里”。

（佳木斯市智慧城市运行指挥中心）

苏州法人服务总入口“苏商通”

一、案例概述

（一）实施主体与成果概述

为深入贯彻落实党中央、国务院深化“放管服”改革要求和省委、省政府优化营商环境工作部署，苏州市大数据管理局根据市委市政府的工作要求，以“营商惠企，一键通达”为服务宗旨，创新建设了苏州法人服务总入口“苏商通”，让法人只进“一个入口”就能办理“一批事”。

“苏商通”纵向对接省级和10个县级市（区）政务服务，横向接入苏州市级各部门、各单位的政务服务，现已接入全市150多个法人服务系统和应用，汇聚44个部门7000多条政策，上线29个部门5329项办事指南。

（二）服务对象与应用场景

“苏商通”以法人及非法人组织为服务对象，服务范围涵盖张家港、常熟、太仓、昆山、吴江、吴中、相城、姑苏、苏州工业园区、苏州高新区（虎丘区）等10个县级市（区）。

"苏商通"聚焦筹备、开办、成长、注销等法人全生命周期中业务办理需求,建设"机会在苏州、投资在苏州、成长在苏州、奖补在苏州、创新在苏州"等应用,同时围绕企业经营中面临的缺资金、缺人才等关键难点问题,重点建设了金融、法律、人才、科技专区。

(三)方案简述与功能设计

"苏商通"为法人及非法人组织提供统一办事服务入口,包含门户网站、移动端App、自助服务终端。门户网站包含首页、办事服务、惠企机遇、应用中心、企业诉求、法人空间六大功能,其中首页包括全生命周期服务、专区服务、惠企政策、县级市(区)服务等;办事服务包括集成服务、事项清单、涉企事项;惠企机遇包括惠企政策、奖励补助等;应用中心包括机会在苏州、投资在苏州、成长在苏州、奖补在苏州、创新在苏州等;企业诉求包括12345常见诉求;法人空间包括基本信息、授权管理、法人证照等。移动端App包含首页、办事、一码通、机遇、我的、扫一扫、消息中心七大功能。其中,首页包括营商形象、区域服务、活动头条、专区服务、最新政策;办事主要提供法人办事指南服务;一码通包括法人码和个人码;机遇包括惠企政策、奖励补助;"我的"包括服务中心、法人证照等;消息中心提供最新信息列表和详情。自助服务终端提供线下自助查询、自助打印等功能。

(四)应用情况与主要特点

"苏商通"建设了"服务集中、资源集约、融合开放"的法人服务总入口,形成了具有苏州特点的数字政府创新实践。"苏商通"提供全生命周期的线上主题式服务,重点打造"机会在苏州、投资在苏州、成长在苏州、奖补在苏州、创新在苏州"5个维度37类应用,包括小微企业与个体工商户服务专栏、公共资源交易平台、综合金融服务平台、科技金融生态圈等广受市场主体欢迎的功能。

"苏商通"主要特点:一是服务对象方面,以法人及非法人组织为服务对象,服务范围涵盖苏州大市10个县级市(区)。二是业务场景方面,提供全生命周期服务,整体涵盖筹备、开办、成长、注销等阶段。三是用户体系方面,构建法定代表人、管理员、办事人的三级用户体系。四是应用感知方面,综合提供包括门户网站、移动端App和自助服务终端在内的"三端一体"在线服务。五是渠道融合方面,线上由"苏商通"提供应用,线下由企业服务中心汇聚服务,实现全方位、全覆盖、全流程服务供给。

二、创新亮点

"苏商通"主要具备以下四大亮点:

一个入口,多元服务。"苏商通"集成29个部门、150多项应用、5000多个服务事项,覆盖筹备、开办、成长、注销等企业全生命周期。任何一个法人及非法人组织，只要注册成为苏商通用户，即可享受政策查询、证照办理等综合服务。

一企一码，证照随行。“苏商通”对接省统一身份认证平台，全面联通人口、法人、电子证照、社会信用等基础数据库，为每个法人量身打造法人空间和法人码。线上办事时，企业通过实名认证，即可实现信息自动关联。

营商政策，智能推送。“苏商通”汇聚7000余条涉企政策、解读文件和申报通知，打造法人政策库，开展政策解构，并通过大数据和人工智能技术实现智能匹配、智能推送，主动为企业送政策、送服务，变“被动服务”为“主动服务”。

特色专区，主题服务。“苏商通”围绕企业经营中面临的缺资金、缺人才等关键难点问题，率先建设金融、人才、科技、法律等特色服务专区，重点打造机会在苏州、投资在苏州、成长在苏州、奖补在苏州、创新在苏州5个维度37类应用功能。

三、应用成效

（一）成果针对性

1. 坚持目标导向，统筹一体建设

围绕一体在线、整体联动、业务协同、精准智慧的数字政府建设目标，“苏商通”紧密关联苏州市城市生活服务总入口“苏周到”，实现自然人和法人服务全覆盖。这项措施深化推进信息资源整合共享、服务感知一体融合，打造横向多维协同，纵向市区联动，深向垂直贯通了苏州数字政府发展新格局。

2. 坚持需求导向，提升服务效能

聚焦市场主体使用多个入口、多数界面、多次验证的繁杂局面，通过打造“苏商通”总入口，不断汇聚部门业务、创新服务方式，形成线上线下联动、市域一体覆盖的政务服务体系。

3. 坚持效果导向，强化安全运维

坚持网络安全工作责任制，压实网络安全、数据安全、应用安全责任。采用个人身份校验、法人库验证等多重技术分级认证，严格保护数据安全和用户隐私。

（二）成果创新性

1. 注重技术创新

规范服务接入标准，以中台治理赋能“苏商通”前端服务整合。同步支持“苏商通”门户网站、移动端App、自助服务终端三端应用，实现部门“一次接入、多端共用”的良好生态，最大化集约技术开发资源，节约财政资金投入。

2. 注重业务创新

坚持“1+10、一盘棋”的工作要求,“苏商通”作为法人服务总入口,整合对接各部门各条线业务事项,汇聚接入10个县级市(区)特色服务,与现有政务服务App之间形成了包容共存、协同发展的关系。坚持“线上+线下”融合,线上由“苏商通”和各板块企服平台提供应用,线下由企业服务中心汇聚服务,实现更多政务服务办理的线上线下一体化。

3. 注重场景创新

推广“一码通”,依托“苏商通”服务场景,以“一码”为核心,汇聚法人数据资产形成“法人空间”,嵌入和打造更多线上线下融合应用场景,实现法人身份核验、扫码办事等功能。

4. 注重功能创新

基于苏州市基础法人库用户体系,结合成熟的自然人用户体系,建立法人与自然人的关联关系,构建“苏商通”法人用户体系。坚持“逻辑汇聚、主体不变”,在严格保护数据安全和用户隐私的前提下,打造全生命周期的线上主题式服务。

(三)成果实效性

1. 应用实效

“苏商通”通过深度分析软件运行、服务调用、用户行为等日常数据,不断优化应用设计、完善服务功能、增强用户黏性,取得显著成效。一是经济效益方面。“苏商通”作为“总入口”,利用业务中台,实现服务事项汇聚集成,各地、各部门、各单位无须再建同质化应用,将有效避免重复建设投入,节约财政资金,提升运用效率。金融专区上线“信易贷”综合服务平台,商事主体可以通过数字化“一键秒贷”获得信用融资服务,既大幅降低了商事主体的融资门槛,又以大数据信用检测手段大幅降低了融资风险。二是社会效益方面。集中在线提供7000余条政策,5000余项办事指南,150余项各地、各部门、各单位服务应用,服务范围覆盖全市域,让法人只进“一个入口”就能高效办理“一批事”。面对新型冠状病毒肺炎疫情,上线“生物医药产业创新集群服务平台”,推出“抗疫医疗物资数据通”等功能模块,积极助力疫情防控;建设开发上线“复工复产专区”,实现政策“一站汇聚、一键查询、一栏解读”,帮助受新型冠状病毒肺炎疫情影响的企业纾困解难、渡过难关。

2. 发展预期

“苏商通”将继续抓重点、扬优势、强弱项,打造数据智能闭环,实现动态数据化、场景系统化、逻辑算法化、服务精准化,持续推动优化迭代,不断改进内部流程,扩大公众参与,创新公共价值。一是建立长效工作机制。落实日常运维保障,确保系统稳定可用。畅通用户反馈渠道,将做好“苏商通”相关咨询、建议、投诉工作纳入“12345”政府公共服务体系。二是加快政务服务对接。与业务部门密切沟通,做好功能接口开发和服务事项对接等工作,并根据部门业务能力、服务对象需求,不断丰富业务场景建设。三是深化数据智能分析。打造大数据分析平台，利用大数据标签技术和可视化画像分析技术，构建法人画像。持续收集部门发布的涉企服务政策和政策解读，将政策解构入库，不断优化政策匹配，主动推送、对比评估等智能化服务。

四、下一步打算

接下来，“苏商通”将进一步整合服务资源，不断深化“一码通”“一件事”场景化办事服务，全面助力“兴业”数字化品牌建设，为打造永远在线的“数字苏州”做出新的更大贡献。

1. 加强宣传推广，持续扩大服务对象覆盖面

联合各地、各部门，积极开展“苏商通”推广工作，有效提升用户知晓度和使用频率。统筹开展线上线下宣传推广活动，加大服务亮点宣传策划和服务推广力度，不断提升“苏商通”的品牌形象。联合各板块企服中心开展各类线上线下企业交流活动，不断提升市场主体对于“苏商通”平台的归属感和获得感。

2. 完善服务场景，不断优化用户体验

从优化企业办事、丰富合作场景等角度出发，通过线上线下融合、业务联动协同，实现法人服务事项一站式办理。以“应接尽接”为原则，推动各地、各部门、各单位将法人相关服务接入“苏商通”。开展各类线上线下企业交流活动，优化提升用户体验，让广大企业切实感受到在苏州“同样条件成本最低、同样成本服务最好、同样服务市场机会最多”。

3. 总结发展经验，打造数字政府建设的“苏州样板”

“苏商通”在建设过程中贯彻落实市域一体化建设的理念，横向协同市级部门，纵向市区联动，深向垂直贯通，克服了服务范围广、涉及部门多、协调难度大的问题，建立了领导统筹、专班攻坚、部门协同、共同推广的工作机制，并与现有政务服务App之间形成了包容共存、协同发展的关系。相关成功经验为全国其他城市同类“总入口”的建设提供了借鉴。

（苏州市大数据管理局）

南通中院运行“365”运行支撑全流程无纸化系统建设

近年来，江苏省南通市中级人民法院（以下简称“南通中院”）以“智慧执行”建设作为推动“切实解决执行难”的重要支撑，深入推进人民法院信息化4.0版建设，促进执行工作与大数据、云计算、人工智能等现代技术深度融合，以信息化、智能化为杠杆培育执行工作发展新动能，努力推动执行工作模式实现迭代升级。南通中院对执行办案系统进行总体规划、远景设计，以电子卷宗随案同步生成和深度运用为基础，以执行全流程无纸化办案流程为指引，在原

有执行案件办理系统之上,构建起节点互通、数据共享、智能辅助、精准管控的全流程执行无纸化办案系统;已经形成执行全流程无纸化“365”运行体系,并在全市两级法院推广使用。

一、坚持智能驱动,打造全流程无纸化运行载体

(一)“三个中心”保障结构化数据同步生成

南通中院不断完善“集中扫描中心、案件材料中间库和数据处理中心”三个中心建设。目前,全市两级法院已经形成了“10+10+1”建设格局,即全市两级法院基本建成了集中扫描中心、案件材料中间库,对案件材料及时进行扫描入库,并通过南通中院建立的数据处理中心对全市两级法院电子卷宗材料进行数据校对和智能编目,实现数据化材料精准挂接入卷,提升非结构化卷宗材料转换为结构化数据的精准性,为电子卷宗的全方位运用打牢扎实的数据基础。

(二)“六个批量”助力事务性工作集中操作

南通中院针对事务性工作可以集中操作等特点,通过反复试验和深入研发,逐步建立“批量制作执行通知书、批量制作线下查控文书、批量回传线下查控结果、批量进行线上查控、批量制作谈话通知和批量送达”等功能,实现在“8类事务性工作”中制发法律文书、线上线下查控、录入强制措施信息等事项多个案件批量操作,原先需数日完成的工作量,现在可通过轻点几次鼠标即可自动完成。经研发,目前,已实现包括执行通知、财产报告令、查封裁定等119种制式文书的自动生成和签章,另外对如终本裁定等需要说理的执行文书可以自动生成85%以上的内容。

(三)“五个智能”扫清管理、辅助服务障碍

通过执行全流程无纸化办案系统建设,形成了“案款管理智能化、财产分析智能化、繁简分流智能化、终本巡查智能化和执行公开智能化”五个模块,对五项技术服务和四类管理职责通过智能化、数字化方式运行实现。如“繁简分流智能化”是指系统会根据案件标的大小、有无财产可供执行、关联案件情况分析等自动识别繁简,并将识别的简易案件自动分案至简易执行组。再如,“终本巡查智能化”系通过对执行节点和文书生成、引入情况进行双轨核验,自动筛选不符合终本实质要件的事项,并将此作为终本的前置必要条件,对终本结案进行严格把关,逐步改变过去院局长翻阅纸质卷宗批签终本结案为依托系统生成的终本核查表审批结案习惯。

二、坚持问题导向，完善无纸化深度应用

（一）实现“三个中心”建设的应用能力

一是实现全案信息智能回填。当前信息回填的主要做法是执行指挥中心专人将非结构化数据直接录入至执行办案系统内。南通中院在实践中归纳整理出，执行办案的37个流程节点、73项业务信息、1941个信息项。这些信息难以凭借人力快速准确录入系统。基于此，我们构建了执行案件要素库，一方面通过系统对接、数据下行的方式，从审判系统、“总对总”查控系统、“点对点”查控系统、人民法院拍卖平台、移动微法院等关联案件系统获取案件结构化数据信息。另一方面，依托于OCR识别技术，从立案申请材料、当事人提交的其他纸质材料中自动识别回填信息。

二是实现多源信息比对。执行案件要素信息对非结构化材料提取的信息、原审案件结构化信息、执行过程中获取的结构化信息等多个信息源进行交叉比对；对于存在不同的信息项，支持展示相关的优先级选择规则，同时支持法官手动修改；以上信息经法官确认后回填至执行案件流程信息管理系统，完成立案信息自动回填。

三是实现智能编目及阅卷。支持在内网办案系统以及移动办案终端浏览在办案件和关联案件电子卷宗，可查阅关联案件的电子卷宗，实现电子卷宗材料自动精准挂接目录、电子卷宗文字随意复制、大小按需缩放、目录内容定位、内容全文检索、卷宗灵活标记批注等功能。通过查看高清缩略图进行快速浏览，打开文件后，可以滚动鼠标进行不同文件间的切换；提供缩略图导航功能，可以动态显示文件页码，实现指定跳转页码。

（二）实现“六个批量”的应用能力

一是实现全案文书自动生成。执行法律文书的制作是法官办理案件绝大部分工作，南通中院根据执行全流程业务场景梳理出如执行通知书、财产报告令、查封裁定等119种可实现自动生成和签章的制式文书。在主要的办案节点，均可提供成套的文书。所生成的文书均可实现一键批量生成、一键批量签章、一键批量打印、一键批量入卷。通过系统规范执行办案人员将所有的办案文书全部实现线上生成。

二是实现集中传统查控。法官在传统查控准备阶段，可依据协执单位、被调查人、调查内容、财产类型等要素智能生成不同种类模板的协助执行通知书，支持单个案件以及批量案件的传查文书制作生成。待协执单位反馈查询结果后，利用电子卷宗生成系统的OCR识别和语义分析能力，智能识别提取反馈财产清单中的财产信息要素，并回填执行案件流程信息管理系统的传统查控节点。根据反馈的财产结果，一键批量生成需要线下采取强制控制措施的文书。

三是实现智能网络查控。南通中院依据发起网络查控要求,自动筛选出符合批量查询的案件,通过对查询结果进行智能筛选,形成条目完备、结构清晰的财产清单,结合标的额符合度智能化筛查出有效财产,批量发起网络控制,回传批量控制回执信息和反馈材料,网络查控反馈表自动回传至电子卷宗系统;需要采取解冻、续冻网络控制措施的,亦可实现一键发起。

四是实现集中排期。南通地区法院在进行繁简分流二次分案、重新确定承办人后,都流转到"集中排期"事项,根据预设的法官谈话日期,系统可批量确定谈话日期、谈话地点,批量生成传票,生成后可实现批量打印、批量送达。

五是实现电子卷宗随案同步生成。执行案件电子卷宗随案同步生成是实现执行智能化的主要目标,基于执行全案文书自动生成的基础上,依照卷宗归档标准,提供电子卷宗视图,通过智能编目、文书生成、在线合议、一键转档,在办案过程中将电子版办案文书、扫描上传的办案材料、音视频材料进行自动转化、自动编目,实现电子卷宗的随案同步生成、随案应用。

六是实现关联线索自动推送。以业务实体中共有信息为纽带,挖掘、分析、构建执行案、人、物、行踪四类主数据之间的融合联系,通过构建"案—人—物"多维度关联融合,分析本案与前置后续案件、本案当事人与他案当事人、本案财产与他案财产之间的关联关系以及预判行踪分析,为法官提供"慧眼",辅助洞察潜在案件、人员及财产线索、行踪线索,促进多案同结。

(三)实现"五个智能"的应用能力

一是实现案款智能管理。南通法院在全面实行"一案一人一账号"的基础上,运用智能案款管理系统,可实时查看案件项下全部未退案款,每笔案款发放进度可视化展现,超期未发案款自动提示,系统可在案款到账20日、30日自动向执行办案人员发出信息提示发放案款或办理延期审批手续。案款专员根据系统提示,不间断地进行案款清理工作,减少案款存量。

二是实现财产分析智能化。南通法院依托"总对总""点对点"查控系统以及公安、不动产等相关数据信息,形成对被执行人的全面画像,自动分析出履行力和分析报告,便于承办法官查阅、研判。对被执行人的资产情况进行关联分析,可以一键分析出被执行人是否具有可执行能力,并可量化其具体可执行资产总额。

三是实现繁简分流智能化。南通法院依据系统中预先设置的案件繁简指标判断算法,根据执行案件案由、标的额、财产查控情况、是否有需要处置的财产、案件保全情况、执行难易程度等案件繁简判断要素,案件要素可从电子卷宗中提取,从而实现执行案件繁简自动预判。系统根据设置的分案算法,自动确定案件的承办法官,实现以随机分案为主、指定分案为辅的自动分案机制。

四是实现终本智能巡查。南通法院以案件办理信息和电子卷宗信息为基础,构建结构化信息与卷宗材料双重校验规则:对终本案件办理的合规性实行双重核查,严格把牢终本结案的关口，逐步改变过去院局长翻阅纸质卷宗批签终本结案为依托系统生成的终本核查表审批结案习惯，促使终本案件办理的标准化、规范化。

五是实现执行公开智能化。南通法院按照“完成一个节点、公开一个节点”的要求，通过对接12368诉讼服务平台，系统可以自动推送相关信息，实现信息公开的主动性；将执行工作37个流程节点全部纳入公开范围，实现信息公开的全流程性；通过设置自定义短信模块将公开对象由当事人拓展至特定程序中的利害关系人，实现信息公开的全覆盖性；通过设置当事人与执行人员的互动交流模块，实现信息公开的互动性。

三、“365”赋能执行，应用成效初显

一是完成集约管理模式迭代升级。依照对8类事务性工作、5类技术服务、4项管理职责进行系统设计，通过智能辅助应用，对集中制发法律文书、线上线下查控、办理委托执行事项、录入强制措施信息、网络拍卖、繁简分流、终本结案等事务均可通过系统自动完成，进一步促进执行指挥中心“854”模式实体化运行体系由机制运行向系统运行的升级转变。

二是实现线上线下无缝对接。执行指挥中心依托执行无纸化办案系统，运用事项集约办理模块，在线收办执行办案人员委托的银行临柜、查人找物、拍卖调查等反馈材料，实现执行事项线上流转交办。

三是强化案件全流程监督。依托数据采集中心，实现对案件全流程办理情况进行实施监督，特别是审限分类预警提醒、超长期未结案的分类标记、控制措施届满预警提示、财产处置节点期限到期提醒，实现对重点案件重点事项的精准管理。

四是执行质效显著提升。自2021年6月系统上线以来，南通两级法院的各项指标均有显著提升，实际执结率、终本率、执行完毕率等多项质效考核指标处于全省前列，有财产可供执行案件法定审限内执结率由原来的全省末尾跃居至上游，实现了全市法院执行质效指标的良性上升趋势。

五是人民群众满意度不断提高。将执行全流程无纸化办案系统与支云执行公开系统深度融合，充分利用数据的高速性、准确性，以“完成一个节点、公开一个节点”为要求，实现重要执行节点信息自动生成即时推送当事人，让当事人实时了解执行案件的具体办理情况，确保执行公开透明。截至目前，支云执行公开系统发送信息数累计196604条，有效保障了当事人的知情权，解决了当事人和法院之间信息不对称的难题，人民群众满意度不断提升。

面对新形势新任务，南通中院将始终坚持问题导向、需求导向、改革导向，加快相关功能模块的研发完善进度，以有效满足执行需求为根本出发点，紧紧围绕“服务”做文章，靠改革破解难题、向科技要执行效率效果，不断加强执行工作体系和能力现代化建设。

（江苏省南通市中级人民法院）

江阴市不动产集成服务应用创新与实践

江阴市行政审批局以“材料无纸化、数据全互通”为目标,以“统一标准规范、统一材料录入、统一平台系统、确保安全可靠”为原则,积极推动数据互联、电子证照、电子签章在政务服务领域的应用,会同自然资源和规划局、住建局、税务局、江南水务、天力燃气、供电公司、银行7部门,打造全新不动产交易服务体系。2020年5月6日,江阴市不动产集成服务平台正式上线,面向江阴市民和中介机构提供房产线上交易服务,只需要一台电脑、一部手机,就可以实现前期预审、网签备案、核税缴费、水电气过户等环节,通过不见面审批,不再需要准备种类繁多的过户资料,提高了审核效率,也大大缩短了房产各项事宜的办理时间(图1)。

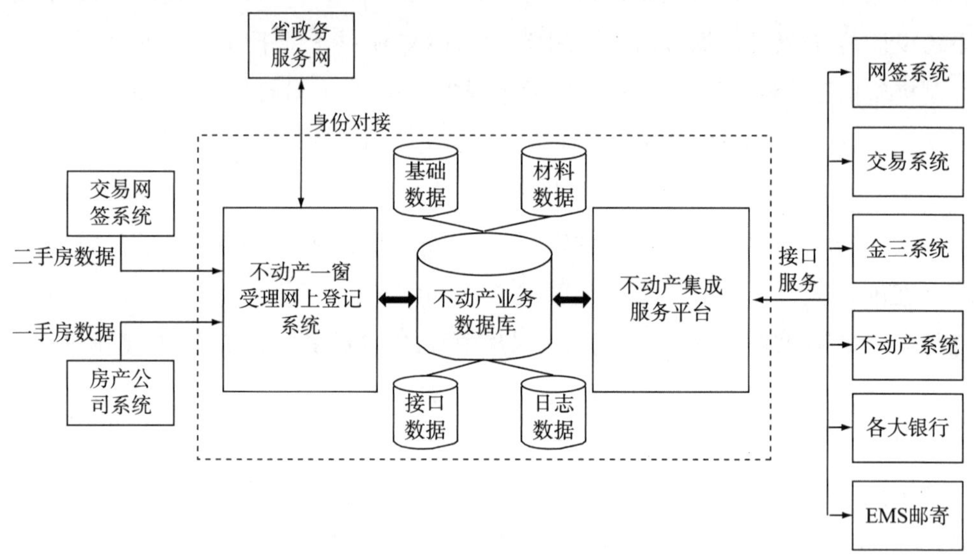

图1 集成平台系统架构

一、应用背景

不动产是百姓最重要的财产之一,对于普通百姓来说,最怕办证来回跑,特别是二手房交易,流程复杂、审核环节多,需要准备大量的纸质过户资料,各个部门审核环节烦琐。虽然各地都在探索一窗办理,但受制业务和数据不互通,依然很难做到减少往返奔波次数和缩短审核周期。2020年新型冠状病毒肺炎疫情的防控要求也给各地提出了更高的要求。

根据国务院办公厅《关于加快推进全国一体化在线政务服务平台建设的指导意见》《关于压缩不动产登记办理时间的通知》,江阴市行政审批局深入调研,借改革之力、铸改革之智,大力拓展“2440”改革成果,依托一体化政务平台,再造不动产交易全流程,打造“外网申请、内网审核、现场核对、即时领证”的全新服务模式。

二、创新举措

江阴市不动产集成服务作为瞄准群众需求和深化改革要求的全新一体化服务体系，在推进应用实践和持续优化升级中，逐步从一个以政务服务需求为导向的业务集成化平台，成为电子证照应用、多网多端融合、服务流程改革等创新举措并用的典型案例。

1.“一网通办，多端融合”聚力集成服务

集成平台以“一网通办、全城通办、就近办理”为目标，不断扩大政务服务区域覆盖面、人口覆盖面、事项覆盖面等多维度服务半径。

第一，加快流程再造，推动数据互联。依托大数据应用、电子证照应用，对现有审批业务节点进行调整，对各部门业务系统进行改造，实现一套申报资料走全程。原本需要在不同窗口多次填报的数据，只需要一次申请即可完成。据统计，平台上线后，超过60%的市民可以在20分钟内完成线上申报和材料上传（图2）。

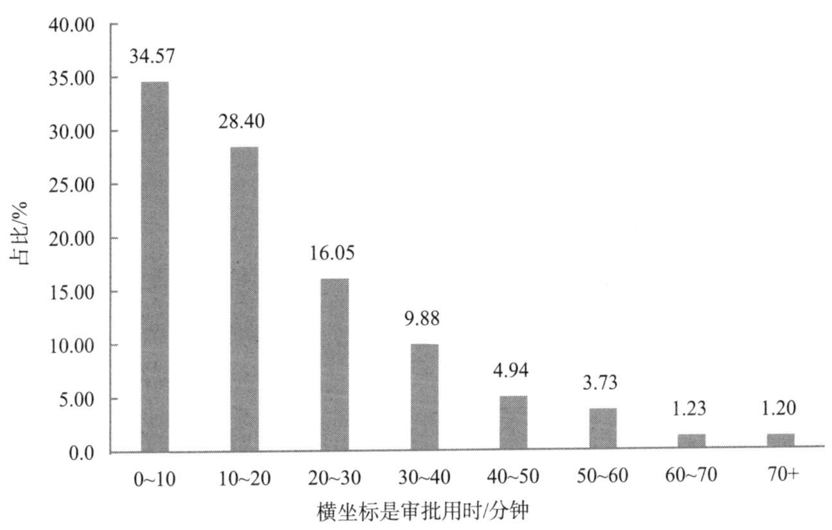

图2　平台上线提升申报效率

第二，实现多端融合，拓宽申报渠道。一方面，进一步增强PC端、移动端、自助机端的应用效率和服务能力，打破了传统线下窗口时间和空间的限制，为百姓提供多种形式、快捷易用的办理入口；另一方面，将政务服务向融媒体渠道、银行网点、社区服务和中介渠道融合，任何时间经过授权的中介公司、银行网点和社区服务自助机都可进行网上申报。截至目前，通过线上办件总数持续提高（图3）。

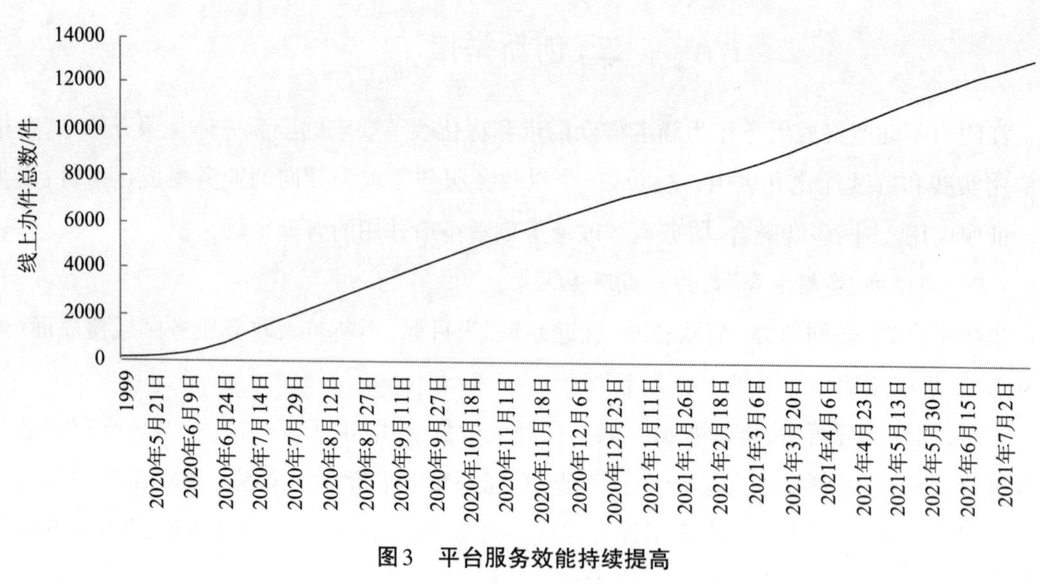

图3　平台服务效能持续提高

第三,构建联动体系、方便就近办理。依托三级政务服务体系,稳步推动不动产集成服务向下"延伸",打造"全城通办"新模式。在各镇街区配备软硬件设施,设立不动产自助办理点,将集成平台服务延伸到基层,进一步方便群众就近办理。

第四,推动权限下放,提高服务效能。将不动产业务中涉及面签缴税、抵押相关业务下放至各镇街区为民服务中心。目前,在徐霞客镇已经实现了网上申报、面签登记、缴纳税费、领取产证和房产抵押相关业务的全流程办理,大大减少了老百姓往返奔波的次数,真正实现了"足不出镇,即可领证"。目前,行政审批局正协同相关部门和镇街,参照霞客模式,沟通协调增加配备人手和软硬件,进一步推动扩大权限下放。

第五,开展政银合作,创新服务模式。依托银行网点的区域覆盖面和集成平台的业务联动开展银企合作,进一步方便群众办事,减少跑腿次数。推动在银行开设政务专窗,设立不动产交易自助办理区,将部分不动产业务赋权银行,培训银行工作人员成为政务服务专职员。通过业务优化、系统整合、数据互联,实现"线上数据互通,线下业务联动",政银合作全新模式能让江阴市民在银行窗口一次性完成贷款审批和不动产登记申请,大大推动审批环节再压缩,审批流程再优化,审批效率再提升。

2."数据贯通、证照通用"强化安全便捷

集成平台打破数据壁垒,与住建网签系统、税务金税系统、资规局不动产登记系统、水电气部门业务系统、审批局行权系统等进行对接,实现7个部门间业务数据的实时共享和业务线上线下融合。

第一,夯实数据标准,构建共享机制。以一体化政务服务平台和政务信息共享库建设为基础，通过数据对接标准化、统一认证标准化、要素流程标准化，在审批端实现信息互联互通、数据共享复用，在申报端实现多场景适配、多设备支持、多渠道服务。

第二，应用电子证照，减少材料录入。对接大数据中心、不动产登记系统、一体化政务平台和民生系统等，强化电子证照应用。在申报过程中，直接通过身份信息获取包括不动产信息、婚姻关系、户籍信息等数据，无须再进行烦琐的录入操作，最大限度减少影像材料的上传和审批部门的纸质案卷归档。

第三，引入电子签章，保障安全可靠。集成平台创新引入了人脸识别等在线身份认证、无纸化可信签名系统，实现不动产登记全流程无纸化，有效保障了线上业务办理的安全合规性及法律有效性，确保身份防假冒，交易数据防伪造、防篡改，签署意愿不可抵赖。

3.“创新之智，改革之勇”引领模式创新

江阴市不动产集成服务平台目前已经推进到二期建设，各项便民举措和模式创新带来了更便捷的政务服务、更优质的联合审批。

第一，扩大证照应用，材料免于提交。通过图像识别（OCR）、全证照应用进一步降低申报复杂度、减少材料上传。以“少材料录入、零材料上传”为目标，证照数据能用尽用，针对各部门签发的部分证照数据存在不同程度的质量问题，通过自动纠错识别和用户主动识别等方式进行完善，并反馈至大数据中心，此举将进一步提高了电子证照的完整性和准确率。

第二，实现线上缴税，优化税务流程。牵头对不动产交易中核税缴税、财政缴费等环节进行优化，协同税务部门开发线上缴税功能，通过线上缴税缴费的实现，进一步实现窗口整合和压缩审批环节。

第三，推动视频双录，全程远程网办。针对目前不动产交易仍需要最后面签跑一次的情况，协同资规局和第三方认证中心对利用视频双录取代面签环节的可行性进行专题研究，力求在合法、合规、合理的前提下，为实现全程电子化和不见面审批打下扎实的理论基础。

三、改革成效

江阴市不动产集成服务平台自2020年5月6日上线以来，在不动产领域逐步深入人心。据统计，平台二手房过户办件已突破13000件；通过各项创新举措，不动产交易申报用时压缩了99%，审批环节从6个压缩到1个，跑动次数从4个窗口缩减到1个（表1）。

表1　不动产集成服务改革效能表

事项名称	不动产集成服务	服务区域	■全市　■江阴市(县)区	
打通(整合)业务系统(个)	7	实现一次办方式	□线上　□线下　■线上+线下	
项目	原办理	现办理	压缩(%)	备注
申报用时	2天	30分钟	99%	1. 原房产过户,包括网签、核税、不动产、水、电、气等各部门申报均要准备材料,环节多、用时长; 2. 现在仅需要一次性线上申报,60%申请人20分钟即可完成申报
审批环节	6	1	85%	1. 原审批环节包括网签备案,税务审核,不动产审核,水、电、气审核; 2. 集成服务实现数据互联、联合审批
跑动次数	4	1	75%	1. 原跑动次数包括过户综合窗口1次,水过户1次,电过户1次,气过户1次,共4次; 2. 现在仅需要最后面签1次

由于申报便捷、审核周期短,线上办件比例也从最初不到5%提高到目前的80%左右(图4)。

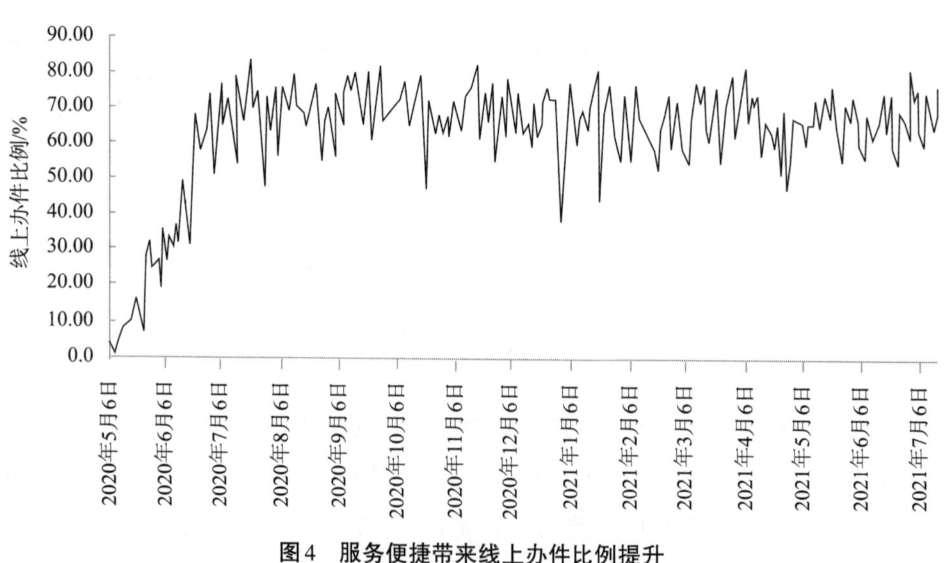

图4　服务便捷带来线上办件比例提升

江阴市17个镇街政务中心和农业银行、建设银行、江阴农商银行等网点部署了自助办理区,在徐霞客镇实现了从网上申报、线上审核到缴税过户全流程办结,真正做到足不出镇即可全流程办理二手房交易业务。

集成平台已经在政务服务网江阴旗舰店、“澄之窗”微信服务号和小程序等平台上线，涵盖PC端、移动端、自助机端等各类场景的不动产交易。随着平台二期各项创新举措落地，集成平台将在业务便捷度、信息共享机制、智能联合审批等领域带来更多耳目一新的变化，成为打造成江阴走“实”又走“心”、为民办实事的重要载体。

（供稿单位：江阴市行政审批局　撰稿人：王　艺）

玉环法院上线应用“分调裁”快审工作机制

为进一步深化司法智能化建设，加快推进繁简分流、简案快审，努力健全审判体系，提升现代化审判能力水平。浙江省玉环市人民法院（以下简称“玉环法院”）针对审判流程节点、堵点、难点精准施策，开展繁简自动分流模型分析、裁判文书自动生成、立结案信息自动回填等工作，致力推动本院无纸化办案模式转型升级，迈入智能化赋能新阶段。

玉环法院紧扣核心业务，注重运用新技术、新方法，梳理形成民商事、刑事、行政繁案28项赋分规则，实现全类型案件立案阶段自动分析、判定繁简，自动分流，加快构建“简案快审、难案精审”工作格局。

一、坚持问题导向，健全繁简分流机制

针对繁简分流标准智能化程度低、分案权重不科学、审判资源分配不均衡问题，形成《打破民事案件繁简分流电子识别的藩篱》研究报告，对刑事、民商事、行政案件进行繁简分流模型分析，根据案由确定基础分值，并依据当事人、诉讼请求、证据、办案程序等5类28项要素进行赋值，将总分达10分以上的案件纳入繁案范围，迭代优化繁简分流规则，实现立案阶段自动划分案件难易、自动分案。“分调裁”快审机制平台上线以来，134起案件被智能认定为繁案，占比26.9%。作为案件分流的入口关，完成繁简分流模型，推进自动分案是完善简案速裁快审配套机制的重要保障，也是保证司法公正的坚实基石。

二、坚持迭代升级，完善文书模块功能

迭代民事、行政、刑事案件智能文书制作模块功能，刑事案件打破案由限制，形成刑事简案要素17项标签项，完成三年以下认罪认罚简案裁判文书一键生成的研发，满足基层法院70%的简案文书生成；民商事、行政案件形成95项标签项，实现保全裁定、支付令、一审简案文书一键自动生成，辅助基层法院实现简案文书快速制作、案件快速办理。智能文书制作，是

实现智能批量自动生成文书的第一步,是审判业务中较为耗时的事务性工作,也是构建“分调裁”快审机制的必经之路,现已完成3200余份文书自动生成。

三、坚持创新驱动,打破刑事送达难点

首创刑事司法送达“审签通”设备,全省率先研发运用“审签通”设备,在解决刑事无纸化办案、电子化送达堵点问题上实现了“突破”,提升了办案质效。制定迭代完善“审签通”设备计划,将实现可移动化操作与智慧监所系统实现对接,打造审判辅助事务多元协同多跨场景,打通刑事案件文书送达、远程庭审“最后一公里,”推动实现政法一体化办案全流程线上办理,完成760余份裁判文书电子送达。“审签通”在全省政法系统的推广应用,极大地方便了办案机关的远程提审和文书送达。

四、坚持功能升级,实现结案信息回填

完成案件结案信息回填功能,完成刑事一审、民事一审结案信息回填功能开发,智能分析刑事、民事裁判文书,提取被害人基本信息、刑期等关键信息,实现案件结案信息一键回填,有效减轻了书记员录入信息的工作量,提高审判质效。目前已完成760余件案件结案信息回填,结案时间缩短近90%。

五、坚持互联互通,建立多跨庭审模式

全面实现三合一庭审功能覆盖,完成本院与看守所远程庭审设备改造,实现本院未来法庭、共享法庭与看守所、监狱间的互联互通,优化迭代语音识别模块、引进远程庭审设备软件,打造玉环电子诉讼新模式。

六、坚持线上流转,推进行政审查标准化

实现行政非诉审查案件材料前置文书标准化,行政非诉审查案件将通过府院联席会议与各行政单位形成会议纪要,实现行政非诉审查材料100%网上提交立案,推动行政非诉审查裁判文书前置文书标准化。

“分调裁”审工作机制是浙江法院系统在简案快办模式领域的积极探索,具有很好的实用性和推广价值。下一阶段,玉环法院将加快推进本院与看守所远程庭审设备改造,实现本院未来法庭、共享法庭与看守所、监狱间的互联互通,探索政法一体化办案平台与智慧监所系统联动,实现刑事送达、开庭模式再优化。

(浙江省玉环市人民法院)

“一图导办”协同推进长三角政务服务一体化

安徽省坚持以习近平新时代中国特色社会主义思想为指导，深入贯彻落实习近平总书记考察安徽和扎实推进长三角一体化座谈会重要讲话精神，进一步深化“放管服”改革，优化营商环境，加快推进长三角区域政务服务一体化。在全国首家开发上线“7×24小时”政务服务地图的基础上，安徽省牵头联合沪苏浙将“7×24小时”政务服务地图的创新举措在长三角地区推广，共同打造长三角“一网通办”政务服务地图（以下简称“长三角政务地图”），汇聚长三角地区7万多个服务场所，并于2021年5月27日在长三角地区主要领导座谈会上首位发布，进一步加强沪苏浙皖四地政务服务业务协同，助力推动长三角地区更高质量一体化发展。

一、坚持一体化建设标准，构建跨区域导航办事平台

坚持一体化原则，打造长三角政务地图，有效集成长三角地区各级政务服务供给能力，大力推行以掌上办为主，网上办、窗口办、自助办协同的多渠道办理方式，满足三省一市企业和群众的多样化办事需求，让跨省业务办理更轻松。

（一）服务界面统一开发

三省一市认真研究各地区政务服务地图建设及运行模式，借鉴融合各自优点优势，共同制定《长三角“一网通办”政务服务地图功能及视觉标准规范》，确定入口首页、事项导办、长三角要闻等7大类、53条建设规范。统一标准开发完善三省一市政务服务地图的功能布局、图标样式、点位格式、信息元素等界面展示，以及线上线下供给方式、业务逻辑、操作交互等，全面搭建一体化长三角政务地图，方便长三角地区企业和群众便利化在线查询、导航办事。

（二）服务事项关联集成

关联发布长三角地区各级各类服务场所及政务服务事项、高频领域便民服务事项，载入直观、可视、清晰的地图，企业和群众可搜索找到各领域服务场所、服务事项，查询办事指南信息，自主选择导航办事。如安徽省已关联省市县乡村5级2.6万个服务场所、6000多台自助终端、192万个服务事项，访问量约1.17亿人次，满意度达99.6%。如上海市在关联政务服务场所基础上，发布了22类、3073个便民服务点，其中为老服务主题类，展示上海各区养老院信息，群众可查看就近的老年活动中心、爱心助老食堂、社区活动室、就医购药点等一揽子为老服务相关信息，便于人们全面灵活地掌握信息、自主办事。

（三）服务渠道多端融合

着力构建线上线下多种服务渠道融合互补的服务机制，通过线上点对点链接电脑端、移

动端办事入口,线下直观查找最便捷的窗口端、自助端服务场所,方便企业和群众自主选择基于空间位置的线上导办、线下导航等办事方式。如安徽省创新开发上线全省性一体化智能自助系统,加强跨层级、跨地域、跨系统、跨部门、跨业务协同管理和服务,集成适配各类自助终端,整合推出社保、医保、公积金、不动产等热点领域19个部门、450多个高频全程自助办事项,延伸部署至各级“7×24小时”政务服务大厅、社区、电信网点等服务场所,率先实现全省域就近能办、跨区通办、异地可办服务,着力打造智能泛在、定制迭代、移动直达的线下政务服务新模式。安徽省卫健委为了方便新型冠状病毒肺炎疫情防控期间办事,关联发布新型冠状病毒肺炎肺炎核酸检测、新型冠状病毒肺炎疫苗接种、新型冠状病毒肺炎疫苗接种禁忌证证明及暂缓接种证明开具等2861个办理点,群众可自主选择,导航前往“就近办”。亳州市推出“农民工进城购房契税补贴”掌上办理,通过线上申请、系统自动判断、自动识别的方式,实现不见面发放应用以来,共接到群众申请1.4万件,符合受理条件8400余件,共发放契税补贴8448万元。

二、打造便利化导办模式,聚力提升用户服务体验

充分发挥长三角政务地图集成多方能力的平台效应,汇聚融合线上线下多领域政务服务和数据资源,可精准识别办事需求、智能推荐最佳办理方式、直观展现地理位置、智能导航最优办事路径,着力解决群众办事“最先一公里”。

(一)智能导办让群众更好找

根据企业和群众掌上操作习惯,提供文字、语音、场景式互动等多种办事交互方式,并针对政务服务事项名称专业术语多,企业和群众不了解、不好找等问题,持续收集关联口语化搜索用词,方便企业和群众好搜好找。系统精准定位企业和群众办事意图后,自动调取事项信息、场所信息、位置信息等数据,分类显示该事项可以办理的所有线上入口、线下场所等渠道,并根据使用热度、空间距离、是否预约等进行智能排序、优先推荐,方便企业和群众自主选择办事方式。截至目前,安徽省共梳理关联“开网吧”“生二宝”“开公司”等7301个高频口语化问法,如输入“车辆年检”,系统可自动关联推荐“机动车检验合格标志核发”事项。如浙江省推出公积金业务导航办服务,输入“公积金”,页面直接展示“查询”“提取”“转移”等公积金相关事项办事入口,企业和群众可查询点击办事地点、咨询电话、办事指南和在线办理等选项,自主选择线上线下多种办理方式。

(二)智慧服务让群众更好办。

充分发挥电子证照、电子印章、电子签名、电子档案“四电”应用能力,通过数据资源赋能

政务服务，解决重复提交材料、循环证明、审批流程烦琐等办事难的问题，为拓展提升服务便利化提供强大数据支撑。例如，江苏省无锡市推出公积金提取审核、房屋租赁服务和电动自行车上牌等在线特色办理服务，可为企业和群众提供服务搜索、事项导办、在线预约、场所导航等服务。以办理住房公积金为例，无锡市实现公积金缴存、提取、转移、查询等主要事项和服务全流程“智办秒批”，线上办理业务量占办件总量的97%以上。安徽省人力资源社会保障部门、财政部门推出36项“证书找人”智慧审批事项，服务理念从群众申请办事向政府主动服务转型，通过数据共享核验、系统自动比对、机器辅助审批，实现服务主动推送、秒批秒办、用户零跑腿。

（三）协同联动让服务更便民。

通过共享融合三省一市各级服务场所、服务事项、服务举措等数据，推进长三角区域各类服务共享展示、共享应用、动态调整，方便长三角地区企业和群众跨省查询、跨省申请、导航办事。打通各层级、各部门业务交互渠道，推进数据线上传输代替线下跨层级、跨区域跑路，方便企业和群众就近办事。如浙江省推出旅游主题类服务，关联省内各类景区、酒店、美食信息。其中，景区模块中不仅提供导航服务，还有旅游景点简介、导游导览等特色服务，极大地提高了外地游客在浙江省旅游的便捷性与体验感。安徽省司法部门推出“专职律师执业审核”等45个“跨层级联办”事项，企业和群众通过长三角政务地图可自主选择手机、电脑、窗口等渠道就近申请，实现办件信息多级传输、各级部门逐级审批、办理结果线上反馈，无须办事人多级申请、多层级跑腿。

三、建立一体化联动机制，合力推动更高质量发展

三省一市联合印发《关于持续提升长三角“一网通办”政务服务地图便利化服务能力的通知》（皖数资〔2021〕22号），明确一体化建设发展方向，精细化分解各阶段建设任务，确定各地区、各层级职责分工，为持续提升长三角政务地图标准化、规范化、便利化水平提供指导性意见。

（一）一体化保障

三省一市将长三角政务地图作为加强长三角地区政务服务业务协同和数据共享，推动更多的服务事项网上办、掌上办、一次办的重要创新举措，持续保持高度重视，建立健全联系协调、信息通报、标准规范等工作机制，加强资源调配，密切协同配合，为严格落实、落细各项工作任务提供强力的组织保障，共同推动长三角政务地图一体化建设、高质量运行。

（二）一体化拓展

三省一市充分发挥长三角政务地图融合多端、直达用户的优势，拉近长三角地区各级部

门的时空距离,一图在手,便知各类场所及办理事项、办理方式,方便找问题,发挥“探照灯”作用,推动各地区政务服务管理扁平化。真实反映高频办理场所、办理事项、办理渠道等企业和群众热点办事需求,便于各级政府科学调配资源,优化政务服务,发挥“传感器”作用。直观“晒出”各地、各部门承诺时间、办理方式等服务能力,倒逼各级政府深化改革、比学赶超,发挥“助推器”的作用。

(三)一体化宣传

三省一市注重发挥示范效应,积极发掘、复制推广各地区好的经验做法和典型案例,形成比学赶超、竞相发展的工作格局。强化互联网产品运营理念,鼓励长三角地区各级、各部门深化改革,大胆创新,突出应用,推进更多高频事项在多渠道提供便利化服务,为长三角地区企业和群众提供全方位、多领域服务。基于空间位置的线上线下导航服务,让跨省业务办理更便利、更轻松。

(安徽省数据资源管理局)

政府网站创新发展的“铜陵方案”

2018年11月,国务院办公厅印发了《政府网站集约化试点方案》(国办函〔2018〕71号),安徽省铜陵市是试点地市之一。作为试点项目建设单位,铜陵市下大力气“破旧立新”,运用新理念、新技术、新方式,全力推动全市政府网站转型发展。通过两年多的优化完善和可持续建设,铜陵市探索出了运用政府网站信息资源辅政决策新途径,形成了用“数据认知、数据发言、数据决定”数据治理新体系,构建了统一规范信息资源共享共用新机制,一批数据新产品落地应用,走出了一条数据驱动铜陵市人民政府网站创新发展的新道路,为同类地市用数据驱动政府网站转型发展提供“试点示范”和“铜陵方案”。

一、思路转型,树立数据驱动发展新理念

(一)将分散数据“集聚”,挖掘分析群众关注重点

《政府网站发展指引》明确提出要求“建设基于统一信息资源库的政府网站集约化平台,以信息资源共享共用带动试点地区政府网站整体服务水平的提升”;信息资源共享共用作为试点重要任务之一,标志着政府网站将走上以信息资源为核心的新发展道路。一是围绕提升政府网站“服务公众,服务决策”水平要求,建立了全市统一信息资源库与政务数据共享交换平台、征信系统、法人单位基础数据库、宏观经济数据库、自然资源和空间地理数据库和统一

身份认证等系统（平台）的互联互通数据共享体系。信息资源有了规范统一、集中存储的“公约”标准，为全平台跨网站、跨系统、跨层级的资源相互调用和信息共享互认提供了制度保障；二是在市级信息资源库的基础上，构建全市唯一的政府网站数据治理中心，建成全市政府网站辅政决策数据支撑系统，全面态势感知全网、全系统、全平台涉及、关联本地区的信息数据，为筛选、挖掘和分析网民关注热点和行为提供可靠的数据支撑，基本实现了“一网统管”目标；三是持续做好数据标签体系建设，对汇聚存量数据和增量数据，充分发掘信息资源价值，提供丰富多样的数据支撑，为制定有效措施（政策），供给相关便民服务，精准有效解决领导关心、群众关注、企业期盼的重点与难点问题提供了辅助参考。

（二）让关注度高的数据“串联”，全程跟踪传播落地实效

关注度高的数据才是领导关心、群众关注、企业期盼的重点。一是以全市政府网站辅政决策数据支撑系统筛选分析出的群众最关心、社会最关注的“四创两高”等7大领域为重点，依据关注度排序，优先选出查询频率高、社会影响大的规范性文件为样本，对应建设了7大专题，为市民和企业提供“专题”式场景化政策服务；二是建设“三横四纵”的“政策数据图谱”，让政策看得懂、弄得清。“三横”主要是关联了规范性文件的政策解读、相关办事服务和常见问题等信息数据，“四纵”主要是关联了国家及各部委办局、省及省直厅局、市及市直部门、县区及县区直部门之间相关的政策数据，将政策数据一体化展示、系统化分析、扁平化展现，让用户能清晰掌握政策发展趋势和落实情况；三是跟随7大场景化政策专题在全网的传播脉络，加强对社情民意等挖掘分析，“一张图”直观展现重点领域规范性文件的传播轨迹、广度、深度，准确查看传播率、到达率，全面掌握民意热点的地区、行业分布和变化趋势，助力政府网站不断推出能够及时落实重点工作要求、精准响应群众企业需求的场景应用，依据传播效果常态化做好场景应用调整与更新。

（三）给传播力强的数据“赋能”，提升信息资源使用效率

传播力强的数据才是最有用、最有价值的“资产”。一是聚焦市委市政府重点工作，为助力铜陵市“放管服”改革与营商环境改善，结合全市数据资源现状，挖掘梳理出惠企便民等9大场景应用，在全省地市级政府网站中率先推出基于统一信息资源库数据应用的地方政务百科服务，建设“政务一站通”场景式服务专栏，向网民提供45类109个高频服务功能；二是同步开展数据线下收集和线上采集，提供“我要看、我要办、我要问、我要查”等互动功能，主动回应、及时回复、闭环管理，常态化更新调整栏目和服务；三是通过梳理分析9大领域场景应用用户使用习惯和行为，发现有大量外地访客和企业用户对产业政策查询和浏览调用较多，结合实际情况，新上线了符合公众需求的“智造新铜都　生态幸福城”全球招商平台，宣传推介铜陵投资环境，搭建投资供需对接纽带，助力铜陵经济发展。招商平台通过企业“画像”，结合

企业投资合作意向和多元数据分析,有针对性地向投资者推介铜陵产业政策、产业情况、产业类别、产业规模、上下游产业链等相关数据,匹配最“适合”招商线索,实现投资项目“精准对接”。

二、方式转变,培育集约化平台发展新生态

(1)构建“以用促建”数据生态。聚焦业务场景数据应用,坚持“以用促建”建设模式,按照政府网站统一信息资源库建设规范,重点收集筛选、分析比对出含金量高的数据进行可视化展现,对决策实施效果进行动态监控和反馈,为政府决策精准性和前瞻性提供数据参考。

(2)打造“弹性拓展”应用生态。按照统一规范接口标准,对各类业务应用进行逐一对接和统一承载,在政府网站范围内对此前普遍存在的“数据烟囱”进行全面“拆围”,消除了“信息孤岛”,市政府集约化平台实现了从孤立应用叠加到弹性融合生态的根本性转变。

(3)形成“众创共享”服务生态。依托政府网站集约化管理平台,新建全市统一互动交流平台等敏捷定制的公共服务应用,提供给县区和部门网站使用;县区政府和部门网站主管单位从实际运用场景出发,精准开发、制作与推送了解读、回应、服务等多种类应用服务,通过全市统一的信息资源库给全市各级各类网站共享使用,构建了政府门户网站和政府部门网站之间、上下级政府部门网站之间、部门网站与部门网站之间,相互促进、资源互补、应用互用的服务。

三、方向转新,激活政府网站数据资产价值

过去政府网站以栏目设置情况、信息更新量、网站访问量和网页浏览量为主要内容的媒体化建设模式已无法全面适应集约化的发展要求。从2019年起,铜陵市基于信息资源库共建共享,重点推动政府网站向以信息资源驱动、建设数据产品为主要特征的发展方向转型。

(1)从信息资源编目、数据清单、数据词典等入手,按照数据底层逻辑构建行业、用户、区域等多维度“数据地图”,打造政府网站“数据中台”,建设好“数据底座”;通过数据清洗、脱敏脱密、数据治理、建模算法等手段,将各级各类政府网站“孤立”状态数据和各政务系统“封闭”状态数据通过统一信息资源库汇聚到铜陵市政府网站数据治理中心,修筑成“数据湖”,再通过“以用促建”场景应用,引流“数据湖”部分数据,生产加工成符合公众需求、社会期盼的数据产品,让政府网站的数据资源产生价值。

(2)推动政务数据按政务公开规则依法依规向社会开放。利用人工智能与大数据技术,建成全国首家以政策信息资源共享频次、产品建设能力和利用实效等为主要内容的政策数据开放平台,优先推进了涉企、教育、卫生等领域政策数据产品;开放平台建设加快政务数据汇聚、融通与应用。

(3)激活政策数据开放平台数据产品价值,上线“惠企政策匹配”服务,变“企业找政策”为“政策找企业”。惠企政策匹配应用实时调用开放平台惠企政策提供数据产品服务,匹配企业基础数据库(汇集了工商、税务、人才、信用等企业数据),结合企业自行提交的“企业简历”信息智能完成企业“画像”,“秒出”匹配报告。对于登录后的企业用户,惠企政策匹配应用还提供了政策推送功能,新归集的惠企政策,平台及时将政策、匹配结果推送给企业。

(供稿单位:安徽省铜陵市人民政府网　撰稿人:余　磊)

“打通”政府与群众互动的裕安政务新媒体

进入移动互联网时代,政务新媒体作为各级政府联系群众、服务群众、凝聚群众的重要渠道,是加快转变政府职能、建设服务型政府的重要手段,是引导网上舆论、构建清朗网络空间的重要阵地,也是探索社会治理新模式、提高社会治理能力的重要途径。

“裕安区人民政府发布”微信公众号自上线运行以来,始终坚守“区委区政府权威的政务发布平台、方便市民办事的掌上平台、引导舆论和政民互动的交流平台”三大平台定位,以群众听得懂的语言、看得见的方式、可监督的渠道,及时解读党的政策,用心倾听社情民意,积极回应群众关切,更好服务群众办事。

一、统筹打造新媒体矩阵,让传播力更强劲

裕安区政府统筹整合全区新媒体资源,打造整体协同、响应迅速的微博、微信矩阵,以“裕安区人民政府发布”为核心,集成全区各职能部门、各乡镇政务微博、微信在统一平台上,一旦重大主题、重磅新闻、重点文章发布,各单位微博、微信即可同时发声,变“独唱”为“合唱”,形成全区宣传合力,使裕安政务新媒体影响力不断壮大。今年以来,裕安全区政务新媒体建设明显提速,新媒体矩阵不断壮大,出现了裕安文旅、裕安教体、中国第一将军镇独山等一批影响力大、传播力强、社会反响好的微博、微信,不同地域、不同类型的政务新媒体资源互补、互联、互通,实现网络传播能力的最大化。

二、坚持正确舆论导向,让引导力更有效

“裕安区人民政府发布”政务新媒体坚持正确的舆论导向,把提升网上舆论引导能力作为工作重点,加强政策解读,做好政民互动,运用音频、视频等多样化贴近群众需求的方式表达立场和观点,依靠权威的内容提升舆论引导效果,切实增强网民的认同感、黏合度,真正发挥在网络舆论引导中的主导性、关键性作用。特别是2021年5月13日新型冠状病毒肺炎疫情

发生以来,"裕安区人民政府发布"政务新媒体不仅是"发布墙"、传播人,还是"扩音器"、服务者,充分发挥政府信息优势,见势早、行动快,通报最新情况、发布防控政策、宣传科普知识、还原事件真相,在第一时间推送与新型冠状病毒肺炎疫情相关的权威通报,以守卫裕安、筑牢市区防线为职责使命,防疫感人瞬间及外地医疗队伍支援六安防疫的相关动态,为裕安的新型冠状病毒肺炎疫情防控营造了浓厚的舆论氛围。同时,媒体加大发布权威信息的频次,勇于回应群众的关切,增强发布信息的及时性、问题的针对性和服务的专业性,以此引导群众隔离防护、复工复产,成为疫情信息传播与服务中的主心骨。

三、提高政务服务水平,让影响力更广泛

作为新型的传播媒介,裕安政务新媒体把扩大信息传播的影响力作为重要目标,通过创新融合发展,建设权威信息咨询的发布、解读平台和高效便捷的互动、服务平台,形成集信息、服务和互动等功能于一体、规范创新融合发展的格局。裕安区政府运用网络新媒体开展调研和问政,发挥网络传播互动、体验、分享的优势,听民意、惠民生、解民忧,充分尊重来自民意话语权所释放出的社会新情况、新矛盾、新诉求和新焦点,引导网民有序、有效地参与公共管理,不断提升活跃度、互动性、服务性、影响力,壮大"指尖上的正能量"。2020年,裕安区政府再次获评全市"政府网站和政务新媒体先进单位"。

四、坚持为民、便民、利民,让公信力更深厚

只有真正关心网民,才能了解他们的需求,才能得到他们的信任和支持,政务新媒体才有公信力。裕安区人民政府始终践行以人民为中心的工作理念,把厚植公信力作为价值所在,源源不断地提供及时准确、权威可信的信息内容与有效充分的信息服务,当好党政信息扩音器,搭建政民交流的连心桥。"裕安区人民政府发布"政务新媒体着眼具体而细微的群众诉求,在平台建设、政务传播、服务应用上优化用户体验;突出民生事项,将与群众日常生产生活密切相关的事项延伸到政务新媒体;认真做好公众留言审看发布、处理反馈工作,探索建立受理、交办、督办、答复、评价机制和平等、开放、包容的沟通互动机制,不断增强人民群众在共享互联网发展成果上的获得感和幸福感。

未来,"裕安区人民政府发布"政务新媒体将更加高效、更加便捷、更加专业地进行政务宣传,做好舆论引导的同时又接地气,使舆论宣传在新媒体领域占领"高地"却不"高高在上",让政务新媒体成为"打通"政府与群众互动的一张亮丽名片。

(裕安区电子政务中心)

六安市政府网站集成“意见征集”创新政府决策

为贯彻落实《重大行政决策程序暂行条例》(国令第713号),根据国务院办公厅《关于印发政府网站发展指引的通知》(国办发〔2017〕47号)和省政府办公厅《关于进一步加强政府网站信息内容建设的实施意见》(皖政办〔2015〕12号)要求,引导广大群众广泛有序地参与政府决策,让重大行政决策过程成为集思广益、凝聚共识的过程,强化行政权力制约和监督,进一步提升政府公信力,六安市集约全市各级各部门意见征集,统一在市政府网站开设“意见征集平台(意见征集库)”。

一、概述

“六安市人民政府意见征集库”专题,分为公众和企业2类对象,规范性文件、重大工程项目等6类主题,以及信息公示、意见征集、座谈交流等5种类型,以确保各类信息全部归集入库。

二、主要做法

(一)统一推进

由六安市政府办统一规划、统一建设、统一运维推进全市涉企涉民意见征集的建设、信息的发布、意见的收集、结果的反馈等,便于意见征集情况的汇总和统计,也要尽最大程度方便公众参与。六安市政府办协调协同各级各部门积极提供所需信息。

(二)指定唯一

要求各单位拟出台的规范性文件、政府重要重大决策、重要实施方案及与公众生产生活、企业营商环境、企业发展密切相关等文件,在出台前,须通过意见征集平台(意见征集库)此唯一平台(库)开展意见征集活动,并作为网上意见征集的唯一渠道。同时,其他渠道(例如本部门网站、信息公开网、微信、微博等)须以转链的方式同步更新、发布。不涉及公众和企业的意见征集(如面向全市党政机关的、企业事业单位等内部征集)勿放在平台(库)内,由本单位自行选择是否公开发布。

(三)倒逼落实

将公众意见征集和配套规范解读纳入文件合法性审查程序,凡是经合法性审查的文件,必须向公众征求意见,倒逼文件起草部门将对外公开征求意见作为合法性审查的前置程序,以制度促落实。征求意见后,通过政府网站、微信、微博等发布意见的采纳情况,让公众看得到、便参与、好监督。

(四)文件入库

2021年以来,六安市结合规范性文件清理结果,按照服务对象、服务部门、优惠内容等文件要素全面梳理全市本级继续有效类文件390余条,依托全市信息公开资源库打通与政务服务网和政府服务便民热线的数据通道。凡是意见征集结束后形成的文件,全部进入"政策文件库"。

(五)考核激励

全市意见征集库使用情况纳入政府网站和政府信息公开季度和年度测评,并适时采取专业机构评估、社会评议等多种形式进行综合评估,相关结果计入绩效目标考核。

三、功能特点

(一)意见征集事项分类精确

在发布年度决策事项目录时,区分决策类别,在目录中根据重大行政决策事项的范围,对年度的决策事项做了分类,并明确各事项的计划完成时间。

对意见征集的事项进行分类,将意见征集事项按来源区分发布主体(市直部门),按主题区分规范类文件、重大决策部署、重大项目工程、民生关切等,按对象区分面向公众和面向企业,并提供关键字检索功能。

(二)不同方式听取意见的公开展示。

重大行政决策听取意见的方式包括采取座谈会、听证会、实地走访、书面征求意见、向社会公开征求意见、问卷调查、民意调查等不同方式,以往政府网站中仅是对向社会公开征求意见的内容公开较多,而对其他方式听取意见的情况公开较少。本着"应公开、尽公开"的原则,除涉密事项外,将不同方式提取意见的情况进行公开展示,专栏中不见设置了向社会征求意见的预公开形式,而且统一将"听证座谈""网上调查"等形式也纳入了专栏统一建设。

(三)关联形成的文件及解读

征集的文件形成后,及时在网上发布,并关联配套的解读材料,同时公开研判和起草的过程。

四、制度保障

印发《六安市政务公开办公室关于进一步规范使用意见征集库的通知》(六政务公开办〔2021〕25号),明确意见征集的范围,规范意见征集公告起草、发布、反馈等程序,要求各县区要同步开设具有地方特色的网上意见征集平台,出台相关管理规定,确保意见征集库在全市范围内落到实处。要求各部门加强科室内部的沟通协调,确保各渠道征集情况全部入库。

(供稿单位:六安市政府网站和政务新媒体中心主任　撰稿人:王　玮)

南昌中院创建“诉事速办”服务通道

为切实提升群众获得感满意度,实现群众“一次不跑”或“只跑一次”就能“答疑解惑、把事办好”。2021年下半年,南昌市中级人民法院(以下简称“南昌中院”)在江西省法院“赣法民意中心”的成功经验基础上,结合工作实际,推出“诉事速办”服务通道,为群众提供咨询、预约、办事、投诉等直达式的司法服务渠道,解决当前群众反映集中的与法院“沟通难、反应慢”的问题。

一、建设背景

2021年10月18日,最高人民法院党组书记、院长周强在江西调研时强调:要坚持以习近平新时代中国特色社会主义思想为指导,深入贯彻习近平法治思想和习近平总书记“七一”重要讲话精神,始终坚持以人民为中心,深入践行司法为民宗旨,健全一站式多元纠纷解决和诉讼服务体系,推动矛盾纠纷多元化解、实质性化解,切实保障人民群众权益,促进社会和谐稳定。

南昌中院深入贯彻落实周强院长的重要指示,持续巩固拓展党史学习教育和政法队伍教育整顿成果,以“我为群众办实事”为抓手,以赣法民意中心为基础,始终聚焦群众急难愁盼,始终坚持“把来人当客人、把来信当家信、把来电当急电”,创新推出“诉事速办”服务通道。

二、业务需求

服务群众,为民排忧,关键就要从解决群众关心的实际问题入手。对大部分人来说,由于对法律知识和法院工作流程知晓有限,在立案环节,从材料递交到管辖受理,需要兜兜转转几次;立案后,无论案情复杂与否,都希望能够和法官进行直接交流,但很难第一时间找到法官。对于群众来说,最希望的就是得到便捷、高效的服务,快速“答疑解惑、把事办好”,真正减轻诉累。

三、"诉事速办"服务通道的定义

"诉事速办"服务通道着眼于当前存在的当事人与法院沟通难、响应慢问题,致力于建成直通法院各业务、直达法院各庭室、直连案件承办人的一体化服务通道。实现群众8小时内在线"直拨"法官、法官24小时内响应并答复、常见问题专人解答等服务功能,在法院与群众之间架起一座"连心桥",达到让群众"少跑一次路,少等一分钟,少费一份心,少误一份工"的目标。

四、建设内容

"诉事速办"服务通道基于信息通信服务,采用业务与信息通信分离的设计思路,通过"专用固定电话+业务公用移动电话+管理平台"的模式,分为三层结构,底层为数据接入层,中间为语音支撑层,上层为业务实现层。

1. 数据知识库

知识库内容都来源于法院在接听咨询人员时所收集的各种信息,被自动化、半自动化地快速收集与整理,用于提高服务效率,完善服务机制。能够分类处理和筛选异常数据,提供督查统计分析,对群众反馈诉求有异常或久未得到妥善处理的进行跟踪督办;能够统计来电数量、诉求种类等数据,形成报表报承院领导调阅。引入人工智能技术,关联上下文理解信息,能够自动抽取用户问句中的时间、地点、人名等关键性信息,自动识别同一意思的不同问法,正确理解用户的意图。

2. 语音接入系统

精准转接应答,根据当事人意愿,对应转接承办法官。转接成功后,提醒双方进行对话,如果有一方不在线可进行提示。进入对话后可进行退出重新选择操作。

快捷话术设置,对于经常使用的应答话术,可设置快捷话术。设置后只需选择对应话术即可发出,无须每次重新编辑,每个应答人可设置自己的快捷话术。

话务录音关联,每天的电话咨询记录进行录音存储,进行统计分析。如实记录接待信息,包括接待人、接待时间、接待方式、问题描述等。当事人来电未接通时,相应团队(部门)便会收到短信提醒,以便及时处理。

五、业务场景

"诉事速办"服务通道的业务模式设计始终坚持让群众"会用、好用、易用"的宗旨,群众使用熟悉的电话、微信方式就能表达诉求、诉请和诉讼,表述操心事、烦心事和揪心事。通过专用的服务电话和专用公用移动电话,建立运行管理平台,对法院内部受理、办理流程进行重塑，实现法院内外及时互通、线上法院与线下法院相结合的速办新模式，创建马上就办、办就办好的服务业务场景。

1. 直连案件承办人

人民群众需要进行咨询、预约、办事、投诉等诉讼业务时，可以在工作日9:00至17:00直接拨打0791-88512368，有专职干警进行解答或将电话转接案件承办人。

2. 直通法院各业务

为进一步方便人民群众使用“诉事速办”服务通道，南昌中院不断拓展服务内容，拓宽服务渠道。推出立案、信访服务通道，审判服务通道，执行服务通道，督察服务通道，检察官、律师服务通道，优化营商环境服务通道，企业服务通道，人大代表、委员服务通道和院领导接访联络服务通道，每项服务通道均有院庭长（团队长）负责，解答专业问题，为不同人群、各行各业提供绿色、专用、快速的服务体系。

3. 直达法院各庭室

实现24小时在线留言，人民群众可以通过关注“南昌市中级人民法院”微信公众号，在服务栏中选择“在线留言”或直接在公众号中留言，在24小时内有专职干警进行答复。人民群众也可以直接添加业务庭室的微信公众号，搜索“南昌中院XX团队（部门）”，进行在线留言，同样24小时内有专职干警进行答复。

六、工作流程

南昌中院制定了《南昌市中级人民法院关于促进“诉事速办”服务通道高质量运行的若干规定（试行）》，全面规范“诉事速办”服务通道运行。各团队（部门）、各岗位分工协作，高效开展咨询查询、联络法官和投诉建议等工作（图1）。

具体工作流程：

（1）对于当事人的来电和留言咨询查询，一般上先由诉讼服务值班主任进行回复和解答。

（2）对于无法直接解答的诉求，诉讼服务值班主任做好记录，了解清楚后24小时内答复。对于正在审理的案件，由诉讼服务通道转接相应承办法官直接沟通。

（3）承办法官未及时接听诉讼服务通道转接电话的，由诉讼服务通道转入相应团队（部门）公用手机，并短信留言。团队长须每日处理短信留言，即时通知相应承办法官在24小时内使用团队公用手机回复当事人并留存录音，回传“诉事速办”服务通道备查。

（4）督察部门负责处理群众投诉建议。督察人员接到群众投诉举报或主动督察检查发现问题的，依规依纪对相应人员进行问责，必要时移送派驻纪检监察组处理。

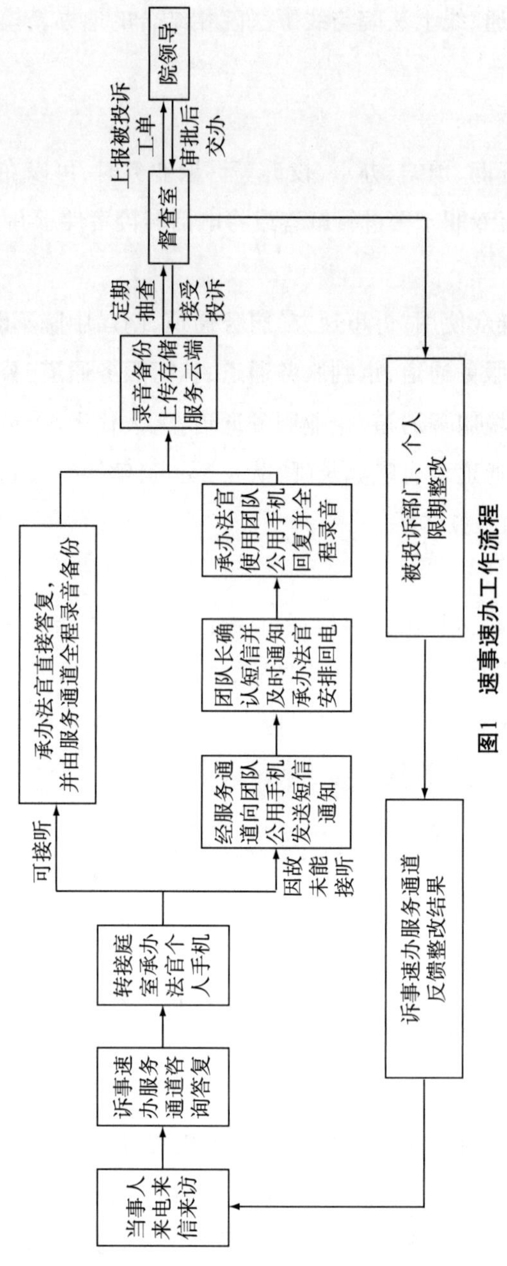

图1 速事速办工作流程

七、应用效果

“回应速度快、服务质量高”是“诉事速办”服务通道的两大特点。通过“诉事速办”服务通道，群众可以第一时间直达承办法官移动电话联系工作，即使法官因开庭等原因当场不能接听，也确保法官在24小时内进行回复和解决，做到人民群众的来电、来信、来访“件件有回音、事事有反馈、次次有着落”。自2021年12月28日正式上线推出服务以来，“诉事速办”服务通道每月受理群众来电来访和各类事项500余件，群众回访满意度达到100%。

1. 开放多元服务入口

服务提供开放通道入口，让群众找得到。作为一个以群众为服务主体的用户服务通道，群众在南昌中院的诉讼服务大厅、官方网站、微信公众号等主要政务入口均可以快速找到。群众可以快捷进入使用，从入口开始就让群众感受到法院的便捷服务，让诚信、守法的群众保护好自己的合法权利，构建起阳光通道。

2. 互动方式化繁为简

当前社会，“文字聊天、语音聊天”已成为最主流的通信方式。上到六七十岁老人，下到六七岁小孩都能使用。“诉事速办”服务通道实现以“打电话、发微信”这种最简单、最高效的互动为群众快速服务。

3. 快速分流专人应答

实行“首接负责”和“不说‘不能办’，只说‘怎么办’”工作机制，变“被动询问”为“主动告知”，变“不是我办”为“我帮您办”，变“缺项不办”为“容缺办理”，通过科技手段把立案、审判、执行、信访或涉及具体个案问题的所有部门、人员都“汇聚到一处”，从根源上实现“速办”。

4. 强化督察检查

督察部门通过使用投诉建议专线电话实施事中监督，通过定期抽查、倒查“诉事速办”服务通道电话录音和微信资料进行事后监督，并对查实违规的人员进行处理，以有效的督察检查和有力的问责追责促进“诉事速办”服务通道高质量运行。

江西省南昌市中级人民法院将紧紧围绕“努力让人民群众在每一个司法案件中感受到公平正义”目标，以群众需求为导向，以智慧法院建设为抓手，以“集约高效、多元分解、便民利民、智慧精准、开放互动、交融共享”为标准，持续推进“诉事速办”服务通道运行和完善，积极回应群众司法需求，不断提升群众获得感、满意度，全力促进法院工作高质量开展，以优异成绩迎接党的二十大胜利召开。

（江西省南昌市中级人民法院）

青岛人社工伤保险智能一体化服务平台

青岛市以“全国大数据辅助工伤认定和劳动能力鉴定试点”为契机,依托省集中系统资源,积极转变工作理念,推进服务模式创新,充分利用信息化手段,探索建立了“线上线下工伤举证、数据辅助工伤定论、业务办理能省则省、保障待遇应享尽享”的服务工作新局面,推动了工伤认定和劳动能力鉴定工作向“远程认定”“智能鉴定”方向的转变。

一、坚持“以问题为导向”,全面聚焦服务过程“四个难点”

工伤保险是社会保障体系的重要组成部分,事关每一个劳动者的权益。切实发挥工伤保险作用,保障参保工伤职工权益,减轻企业负担,让更多的劳动者体会到工伤保险的切实好处,进一步解决传统工伤保障服务工作中的难点。

(一)群众举证难

工伤事故发生突然,用人单位和劳动者的证据意识、应急处置能力不足,现场取证不及时,事后申报时又无法复原现场,导致举证困难和材料不完整,影响工伤认定和享受待遇效率。

(二)案件鉴定难

随着人员流动、国际交流的越发频繁,工伤涉事人员身在异地、异国,或者住院治疗无法接受调查等情况逐渐增多,新型冠状病毒肺炎疫情期间尤为突出,导致部分工伤认定案件难以及时办结;许多重伤、重病职工行动困难,无法到指定医院现场接受劳动能力鉴定,而专家上门鉴定成本高、效率低,给各方都带来了诸多不便。

(三)关注政策难

工伤事故和职业病的发生概率较低,在未罹患伤病之前,用人单位和劳动者普遍不太关注工伤政策。一旦受到伤害或者患病,由于政策专业度高,自己又不了解办理渠道、办事流程,经常出现拖延漏报、逾期申报等现象,引发投诉、纠纷争议。

(四)信息共享难

工伤保险业务办理过程中,涉及部门多、机构多、材料多。由于信息共享不充分,导致材料重复、流程复杂、耗时较长。且职业性尘肺病患者普遍为大龄人员,行动不便,很难独立完成申请。

二、扎实办好为民实事，着力破解服务的“难点、堵点”

以构建认定、鉴定、待遇、康复、预防“五位一体”的现代工伤保障体系出发，推动工伤保障工作由条块式、被动式管理，向闭环化、主动化服务转变，保障治疗、鼓励康复、便捷赔付，最大化地促进劳动力的回归。

（一）推广“工伤快报”

通过手机即可完成工伤事故简便报、快捷报，实现第一时间留存现场证据，破解了案件“举证难”。

（二）推出“远程取证”

通过在线视频通话，实现异地工伤、伤者住院、证人异地远程的非现场调查，破解了调查“取证难”。

（三）推进“远程鉴定”

危重病职工足不出户即可完成劳动能力鉴定，开启了远程鉴定服务新模式，破解了群众“鉴定难”。

（四）实施“工伤线上认定”

实现工伤职工申报、认定全流程在线办理，提供“无纸化、零跑腿”服务，破解了群众“办事难”。

（五）实现“简易案件智能判定”

“类案不同判”是影响工伤认定公信力的重要原因之一。通过构建大数据简易案件智能研判模型，新的工伤认定受理后自动生成判定结论，破解结论“认定难”。

（六）实行“鉴定级别智能判定”

根据量化的劳动能力伤残级别鉴定标准，结合历史劳动能力鉴定数据，开发劳动能力鉴定级别判定模型，辅助专家快速准确地出具鉴定意见，破解结论“定级难”。

（七）加强“工伤医疗行为监管”

利用大数据分析工伤人员医疗药品、器具等行为合理性，辅助工伤监管部门动态跟踪工伤治疗过程，破解基金“监管难”。

三、突出“技术引领变革”,全面推进人社服务增质提效

工伤保险智能一体化平台相比传统的工伤认定和劳动能力鉴定管理,具备以下三点创新。

(一)服务理念创新

在全国率先推出集工伤远程速报、远程视频调查、智能化鉴定、远程视频鉴定、职业病与工伤认定同步确认“五位一体”的“现代工伤保险服务体系”。

(二)服务模式创新

打破社保部门“单打独斗”“面对面办案”的工作格局。深度整合社保、医保、卫健委、民政、法院、公安、退军局、税务、康复机构等多个部门数据资源,实现简流程、压时限,同步采用在线视频、智能预判和机器学习等技术,突破服务的时空、地域限制,极大地方便外派职工、行动不便人士。

(三)服务能力创新

建立大数据人工智能辅助模型,完成工伤待遇由单一主观经验判断向数据辅助决策模式升级。深度学习历史工伤案件,实现简易工伤案件智能预判、远程鉴定人员筛选。根据量化的劳动能力伤残级别鉴定标准、历史劳动能力鉴定数据,建立伤残等级、评定依据、护理等级、康复价值大数据推演模型。

四、提升政务服务效能,加快数字化转型服务步伐

工伤保险智能一体化平台上线运行以来,已为青岛市270多万工伤保险参保职工建立了大数据档案,收到工伤快报140余次,开展远程调查20余次,处理超过18454份工伤案件判例,筛查出超过990余例远程鉴定病例,开展远程鉴定140余次,劳动能力鉴定结论推演6400余例,康复价值评估5900余例,推送个性化服务消息近3.6万条,形成了完整的工伤保障智能服务体系。为此,平台也积累了一套可复制的推广经验模式。

(一)“信息数据”易共享

平台应用效果依赖于多元化数据资源,通过建立大数据共享整合规范,对多源、异构、分散的数据按照一定的规则进行整理、转换、清洗、融合,让数据“为我所用”,用数据“反哺业务”。

（二）“数据模型”易应用

引入大数据算法、深度学习等智能化技术，尝试用人工智能来辅助专家决策。3套模型既具备应用场景上的代表性，又具备随业务量积累自我优化的能力，未来能够发展成为“7×24”小时在线的电子工伤保险专家，具有很高的应用价值。

（三）“数据服务”易实施

通过工伤人员“多级画像标签”体系，实现了“政策找人”“因人施策”；通过在线视频服务，突破了伤（病）情、时间、地域甚至国界的限制，实现了信息惠民、数字利民的行业应用目标。

（四）“数据治理”易推广

平台建设融合了技术、流程、模式、渠道等多方面的创新，用实践经验和信息技术完善了工伤保险制度，提高了经办服务效能，是建设数字政府、打造智慧城市的典型范例。

下一步，青岛市人社局将持续建立健全“我为群众办实事”长效保障机制，深入学习“十四五”期间工伤保险制度的发展要求，以“信息化便民创新提升行动”为抓手，通过拓展数据共享内容、扩展平台试点范围、迭代升级算法模型等方式，深化工伤保障智能服务体系，推进人社政务服务高质量发展。

（青岛市人力资源和社会保障局）

河南省构建“互联网+市场监管”新模式

加快推进智慧监管，是贯彻党中央决策部署、落实国民经济和社会发展“十四五”规划的重要举措，也是推进治理体系和治理能力现代化的内在要求和必然选择，更是提升市场监管系统性、规范化、精准化和效能水平的战略部署。为此，河南省市场监督管理局运用大数据、机器学习等技术，建立全面、立体、可视化的数字化信息平台，推动政府决策从“业务驱动”向“数据驱动”转变，以电梯、食品、药店、“企业信用风险分类管理”等为主题打造智慧监管平台，强化重点领域信用监管，深化风险监测预警，构建了智慧监管的河南模式。该局“互联网+监管”的经验做法被国务院“放管服”改革领导小组通报表扬，2021年5月被国家市场监督管理总局确定为“智慧监管”建设试点单位。

一、整合全省市场主体监管数据，支持多维度决策分析

基于市场监管成熟的数据基础，河南省市场监督管理局利用大数据技术，打造“智慧监管

中心”,创建市场主体、信用信息、特种设备、食品安全、消费维权等40余个数据库,建立130多个数据模型,对每日市场主体登记情况实时监控,关联展示经营异常信息、行业态势信息,为监管执法提供科学依据。通过业务数据、互联网数据的充分融合,精细刻画监管对象特征,筹划监管策略,推动市场监管工作由碎片化、粗放式监管向精细化监管转变。

一是多渠道归集数据。对接河南省市场监管大数据融合管理平台,整合市场监管内部业务数据,归集全省各级各部门企业信用数据,承接国家市场监督管理总局和相关部委共享数据,主动挖掘互联网涉企数据,归集国家行政部门行政许可、行政处罚、司法协助等13类数据6000余万条,挖掘互联网信息500万条数据。

二是多维度分析数据。对涉企数据重新整合、清洗、关联,创建市场主体专题库、信用信息专题库、特种设备专题库、食品安全专题库等50余个专题库,建立200多个功能模块,从多个维度和多种功能需求进行数据分析。

三是多方式运用数据。服务动态监管,对每日市场主体登记、信用信息、消费维权等情况实时动态监控,关联展示经营异常信息、行业态势信息,为监管执法提供科学依据。服务风险预警,定期发布消费警示信息,引导社会合理消费;发布市场主体行业分布、区域分布等信息,为投资决策提供参考,规避投资风险;发布新兴行业、高科技行业发展预判。服务科学决策,对全省850万户市场主体各类数据分析,形成动态数据报告,向省委省政府及国家市场监督管理总局呈报《河南省企业活跃度研究报告》等系列专题报告,为各级领导提供决策服务。

二、建立企业信用风险分类系统,提升“双随机、一公开”监管水平

“双随机、一公开”是市场主体信用监管的主要手段之一。企业信用风险分类管理系统基于数据、指标、模型建设的成果,以支撑“双随机、一公开”、服务智慧市场监管为目标,更加突出系统性监管、区域性监管、分级分类监管,开发总体概览、风险分析、警示监测、指标模型、共享发布等功能模块,并通过大数据可视化技术,直观展现分析和预警信息。

企业风险分类管理指标体系和模型是企业信用风险分类管理系统建设的核心模块。在建设系统中,一是建设风险模型指标体系。根据国家市场监督管理总局关于推进企业信用风险分类管理的相关意见和国家“互联网+监管”系统企业信用风险分类评价规范,对原始数据信息二次融合、处理、分类、计算,构建包括企业属性、经营能力、合规信息、互联网关联、关联企业、登记许可和年报公示在内的7个一级指标、24个二级指标、48个三级指标。同时,根据国家市场监督管理总局通用型企业信用风险分类标准,将48个分类指标扩围至81个指标,加强发改、人社、税务、公安、商务、住建、交通、卫健、教育、统计、文旅、应急管理等18个政府部

门和有关单位的行政许可、行政处罚、投诉举报等9类数据归集和分析利用。

二是构建风险模型权重体系。以基础指标体系为依托，借助领域专家经验赋权方法，以及统计学、系统科学中多种客观赋权方法，科学计算指标权重，形成市场监管领域企业风险分类基准模型。同时，基于国标通用跨行业数据挖掘标准流程，开展大数据条件下数据分析和人工智能建模，利用自然语言处理、分类及聚类、集成学习、复杂网络等多种机器学习手段，对风险分类指标体系风险赋分并科学验证。

三是实现分级分类预警输出。根据不同监管级别以及市场主体所属的不同行业、不同领域，利用风险特征识别方法，挖掘分析指标体系中生产经营行为与特定违法违规行为的内在关联性，对全省每户市场主体进行风险分类，提升"双随机、一公开"信用监管的精准性和科学性。2021年，对全省246.4万户企业分别按照区域、行业、重点领域自动生成低风险（A类）、中风险（B类）、中高风险（C类）、高风险（D类）四类级别；同时，开发总体概览、风险分析、警示监测、指标模型、共享发布等功能模块，通过大数据可视化技术，直观展现分析和预警信息。2021年河南省市场监督管理局登记企业抽查结果显示，低风险企业未发现问题，中风险企业发现问题比例为39.62%，中高风险企业发现问题比例为56.52%，高风险企业发现问题比例为84.97%，充分印证企业信用风险分类管理将大大提升"双随机、一公开"监管效能。

三、建立"互联网+监管"专题库，提升重点领域监管效能

我国"十四五"规划中指出，要健全以"双随机、一公开"监管和"互联网+监管"为基本手段、以重点监管为补充、以信用监管为基础的新型监管机制，推进线上线下一体化监管。河南省市场监督管理局在智慧监管中心建设中创新性地建立"互联网+监管"专题库和相应的电梯、餐饮、药店等重点领域监管子系统，是顺应信息化系统整合融合趋势、实现监管业务系统、市场监管领域数据从"物理整合"向"化学融合"的有益探索。

一是全面升级大数据分析基础能力。基于河南省企业信用信息公示系统归集的全省、全量、跨部门企业信用信息数据，并融合河南省监督管理局数据中心涉企数据、外部第三方涉企数据、互联网涉企数据等其他数据信息，对信息资源按照风险分类监测需求进行重新规划、梳理、清洗、校核等，并建设电梯数据分析专题库、餐饮食品数据分析专题库、药店数据分析专题库等应用专题库，增加互联网+企业信用风险分类管理子系统、互联网+电梯、互联网+餐饮、互联网+药店、互联网+可视化、企业全景画像升级、大数据监测App等应用模块。

二是逐一对接重点领域监管系统。通过建立重点领域监管功能模块，努力克服系统部署分散、数据标准不一、数据库版本不统一、数据关联度不高、系统间网络不通以及数据多源异构等技术难题，对接国家企业信用信息公示系统、行政许可和证后监管系统、电梯应急处置信

息平台、电梯法定检验系统、特种设备作业人员管理系统、食品药品行政审批系统、食品抽检系统等多个市场监管领域业务监管系统,创新性对接国内知名餐饮电商平台,助力智慧化监管。

三是科学建立市场监管特色专题库。以多维分析为支撑,通过对电梯、餐饮、药店等评分的多维度自定义分析,实现按地区、规模、类型的风险现状、风险结构分布和风险发展趋势分析,建立动态可维护性风险指标库,不断适应重点领域市场监管业务需求,以整合、融合、统一一体化的信息化建设,助力市场监管信息化、数字化、智能化改革。

(河南省市场监督管理局信息中心)

湖北省基于区块链技术建立数据可信应用及数据质量管理体系

2020年5月发布的《中共中央国务院关于构建更加完善的要素市场化配置体制机制的意见》中提出,要加快培育数据要素市场,建立数据资源清单管理机制,完善数据权属界定、开放共享等标准和措施,探索建立统一规范的数据管理制度,提高数据质量和规范性。"十四五"规划纲要明确以联盟链为重点,发展区块链服务平台和政务服务领域应用,完善监管机制。这充分体现了区块链技术在数字政务应用领域的必要性和迫切性。政务数据关系到社会正常运转与公民基本权益,与企业、公民关系紧密,对政务数据安全性、可靠性提出更严格的要求。

为紧跟国际国内技术方向、响应国家和省政府政策指引,经过深入调研分析,湖北省大数据中心自2021年开展探索与实践,利用区块链的不可篡改性、可追溯性,创新数据的"同规共治"质量治理方式,构建多方共识共认的质量管理方法,提升政务数据治理互信,实现数据质量管理场景中的数据一致、规则一致、标准一致,多方相互验证、多方共治共识,基于区块链建立数据可信应用及数据质量管理体系。

一、案例简介

借助区块链技术,探索并论证"区块链+数据质量规则"的新方法,构建多方互信算法,在政务大数据治理与服务工作中,应用该方法,强化现有的数据可信及质量管理体系。一是以完善全省政务数据质量管理体系为第一条主线,形成新的治理主体、结构、制度,贯穿环境、主体、制度、能力、目录等要求,打造"数据信任"。二是以提升质量管理能力为第二条主线,由共治、共识、可信为核心延展出多元质量管理能力、协同质量管理能力,形成"单元—全局—时空"质量管理模式。三是创新共识共治算法机制,将原本的数据质量管理架构由单方数据质量管理计算升级为多方主动参与的数据质量管理计算，变被动为主动，形成多元共治闭环，实现数据与质量管理耦合，强化政务数据业务协同，推动公共资源开放。

二、具体做法

以融合区块链技术体系改进现有大数据管理能力为目标，以省地一体化数据可信证明体系为核心，湖北省大数据中心完成了区块链底层技术在政务大数据管理应用方向中的探索与实践应用。

一是在政务数据多方互信中运用共识技术。由数据生产方和数据服务共同组成大数据、数字政府服务框架中，对“数据”和“价值”的一致性共识，是数字化进程中的关键支撑要素。通过构建统一标准、统一计算过程、统一计算方法、统一计算结果、统一记账的服务架构，推进多方针对数据治理结果达成一致意见。数据质量过程和结果的记账模式升级，由参与方独立记账的现有记账机制，升级为公共账簿、统一记账、多方记账结果上链，可实时溯源审计的新的记账模式，且记账结果可永久留痕、防止篡改。

二是质量标准管理方法与区块链技术融合应用。围绕数据质量的关键指标、流程、评估评价等要素，以共识、多边质量管理、凭证互信为目标，研究并编制可信数据质量管理标准，在推动标准的关键指标成为自动化系统参数的同时，推动湖北省大数据质量标准化能力的升级。

三是通过链将数据质量结果管理流程形成闭环。完成电子证照数据的链上同步，从证照类型、登记单位、新增证照数量等多维度统计决策分析；提供证照数据验真溯源服务，提升政务服务过程中证照数据的可信度。

四是建立数据管理和应用的规则白名单，实时监测数据库访问信息，对白名单以外的访问行为进行告警，并将告警信息同步至态势感知、防火墙，从网络层对访问行为进行截断，同时态势感知对访问行为进行关联分析，加强网络安全预警与分析能力。

三、应用成效

（一）提升政务数据质量的管理能力

数据质量管理能力的好坏，可以直接反映出政府甚至是社会，拥抱新时代、适应新特征、应对国内外复杂环境的能力和韧劲。传统的政务信息系统建设多用于支撑单一部门或单一业务需求，数据往往伴随着部门系统建设被多处创建、存储，因此数据质量管理将促进内部制度优化。为推动业务协同、加快数据流动，数据质量管理过程中需要将分散数据进行统筹管理，需要大量跨层级、跨地区、跨系统、跨部门、跨业务的协调工作。

基于高质量的数据进行建模、分析、决策和创新，促进各部门和各区专用网络和信息系统的整合融合到治理生态,联合法律、政治、经济、行政、文化、教育等多领域多部门,理顺权责关系,借助于法律、行政、教育、宣传等多种手段,形成活泼有序的数据治理合力。

(二)强化政务数据质量的信任关系

通过数学算法建立起数据质量管理各方的信任关系,用共享的区块链系统代替中心化和中介化的组织。区块链本身就是一个信用机器,它能够帮助大数据应用,建立起一个更加讲信用、更加守信用的数据质量管理体系。该成果对湖北省大数据治理体系的完善,更好地应对数据共享开放趋势有重大意义。

在政府大数据治理场景中,由多方参与形成的数据供应、使用架构,只有取得多方一致性共识,才能保证数据的快速、安全流通。区块链的共识机制,就是在一个完全陌生的场景中,所有节点达成一致,大家都遵守协议中预先设定的规制来判断每一组数据的真实性,然后将判断为真的记录在区块链中。其本质是运用一套基于共识的数学算法,建立“信任”机制,从而通过技术背书来进行全新的信用创造。

(三)为政务数据提供新的标准化管理方式

目前,湖北省已经建成了人口信息、社会信用和共享材料等六大基础数据库及30多个专题数据库,通过研究出的融合了大数据与区块链技术的“双因子验证”算法,打造了多方共识算法,构建了多方凭证互信机制,创建实现了新的质量管理记账模式,以及在政务数据共享中,用于明确多个数据责任方的互认互信,为政务数据提供新的标准化管理方式。

一是应用到数据管理部门的数据生产、数据汇集、数据传输、数据交换等数据全生命周期中的数据核验,保证数据真实性、一致性和完整性,为政务数据确定唯一的“DNA身份证”。

二是为建立全省统一的数据质量管理架构提供有效支撑,保证数据要素的高质量流转,提高政务数据的有效利用率及增值空间,助力湖北省政府的数字化转型与服务质量优化。

(湖北省大数据中心)

湖北省四级线上线下统一受理工作模式

2020年以来,湖北省坚决克服新型冠状病毒肺炎疫情的影响,坚持以“一网通办”提质增效为目标,以服务事项规范梳理和数据汇聚治理共享为基础,以业务系统深度对接为路径,以“受审分离”模式创新为驱动,通过大力推进全省统一受理平台建设运行,构建省市县乡全面覆盖的线下综合窗口“一窗受理”模式,创新政务服务线上线下融合,逐步实现全省各层级、各部门服务无差别办理、办件数据全量汇聚、改革质效全面感知。

一、应用需求

（一）进一步完善事项的标准化与规范化

逐步破解以往各地办事流程不一、提交材料不一等事项标准化不够的问题，推行“一次告知”全省通办，让行政相对人看得懂、能办成。通过完善全省事项管理系统，支持部门、市、州积极推进行政审批标准化建设，对审批内容、材料、流程、时间、收费等要素统一规范，实现对审批流程、部门协调、信息共享和内部监管等过程的精细化管理。

（二）构建以统一受理平台为中心的受理模式

逐步破解各地政务服务部门入驻政务服务中心业务难通办，企业群众跑多次，办件质效难感知、难评估的问题。对涉及多部门联审联办的审批项目进行分类，并对各类项目审批过程所涉及的后台部门和环节进行梳理，明确同类项目的协同审批机制，确保集中受理审批事项权责清晰、流程科学。建设综合受理系统，以服务对象为核心的模块化、集成化并联办理和“一窗式”对外服务，优化服务流程，支持场景化业务办理。

（三）通过数据共享赋能线上线下融合应用

逐步破解政务服务线上线下服务体验不一致、数据共享不够、排队时间长、自助终端“体外循环”、企业群众服务感受不一致的问题。完善排队叫号功能，支持刷卡快速打印票号，显示办理事项、排队人数等信息，支持窗口软件叫号集成功能，具备取号机缺纸自动预警功能，为办事群众和企业提供现场排队取号服务，为“鄂汇办”App等服务渠道提供排队取号服务、排队提醒服务。

二、实践内容

（一）构建平台体系

建设湖北省统一受理平台，打造“统一编码、统一表单、统一流转、标准对接”业务架构，全面实现省一体化政务服务平台线上线下融合。线上通过政务服务网、政务服务移动端（鄂汇办App），线下通过政务服务大厅综合窗口，由统一受理平台统一生产办件流水号，实现线上线下统一受理。建设全省统一办件库，汇集全省线上线下业务办理系统产生的过程和结果数据，省、市两级按照全省统一标准和数据质检规则，数据实时归集至省统一办件库，实现办件全量感知。

湖北省政务服务事项管理系统、电子证照库系统、电子材料库、统一支付、统一物流、

12345热线系统(含好差评系统)是统一受理平台的业务和数据支撑保障,用于支撑统一受理的物流、支付、评价等各个环节。湖北省统一受理平台业务架构如图1所示。

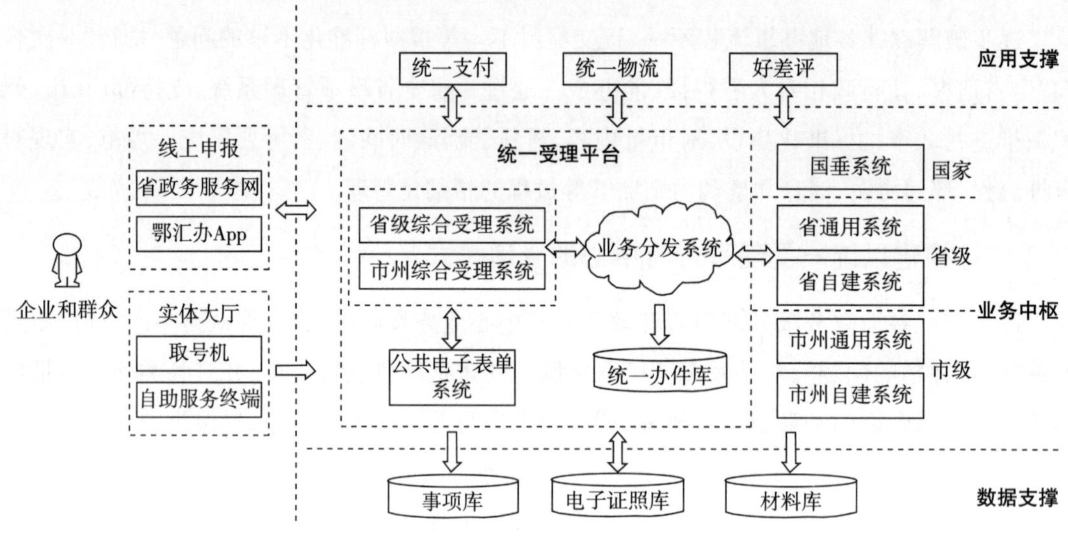

图1 湖北省统一受理平台业务架构图

(二)梳理业务流程

以梳理发布的全省五级政务服务和公共服务事项清单为基础,明确各事项办理的系统(无系统对应的事项,入驻通用审批系统),拟订方案开展精准深度对接,实现业务协同。以具体事项业务办理成功为标准,省直部门负责统筹国、省垂系统打通并接入省级统一受理平台,市州可复用省级对接成果;市级负责打通市、县两级的自建系统,全部接入市级统一受理平台。统一受理平台业务分发方式如图2所示。

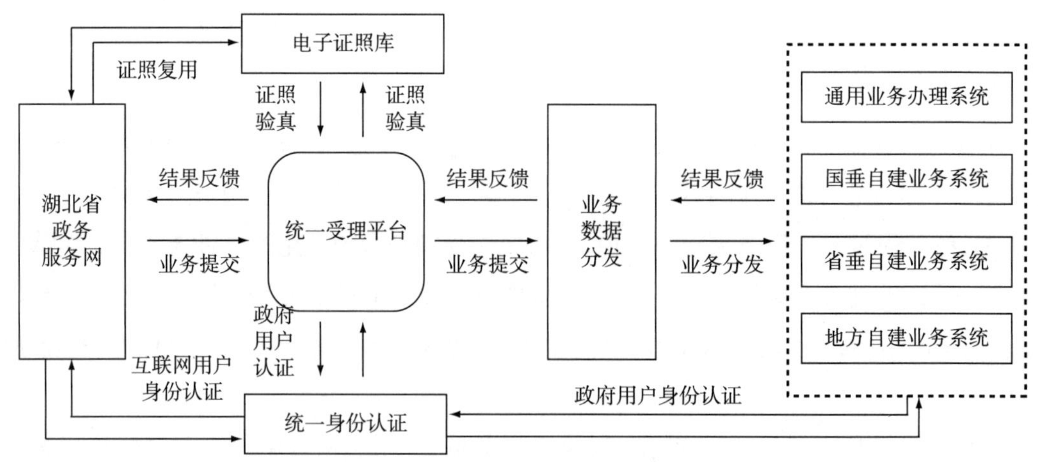

图2 统一受理平台业务分发方式

统一受理平台通过统一受理分发模式建立起与其他系统的关系。线上线下业务办件申请,通过统一受理平台中的业务分发系统自动分发至通用业务办理系统,国家、省厅、市州、区县自建业务办理系统,实现业务统一受理分发、自动分类办理、统一反馈。统一受理业务分发系统主要提供三个功能:(1)赋码。为线上线下受理的政务服务事项赋予唯一的受理编码。(2)接口。提供全省统一受理编码生成接口,为部门自建系统提供接口服务。(3)分发。将省政务服务网和实体大厅综合窗口收件智能分发给各级业务办理系统。

(三)强化推广应用

运用政策保障和考核评估,强力推动全省范围内的“一窗通办”。印发《湖北省优化政务环境工作方案》(鄂政发〔2021〕7号),一是技术保障上,推进统一受理平台应用。继续深入推动国、省垂直管理部门和各地各部门业务办理系统与统一受理平台对接。推动事项在省直部门窗口,市、县办事大厅和乡镇(街道)、村(社区)便民服务中心入驻统一受理平台事项综合受理,实现线上线下办件“全量感知”。进一步优化平台录入功能、完善表单格式、加强数据核验。引导已打通的系统使用统一受理平台实时归集办件数据,倒逼未打通的系统采用数据推送、二次录入等方式实现归集,促进办件数据、办事材料的全量归集。二是行政落实上,积极运用考核评估和监督执纪等手段,以考促建、以考促用、以考促效。每季度评估市州综合性政务服务中心“一窗通办”工作推进情况。通过湖北政务服务网市、县、乡镇(街道)事项办事指南中的“办理窗口”数据、各地发布的高频事项清单及核实情况,分类(其中,服务大厅同一个办事窗口仅能办理单个部门事项,为部门专窗,能办理多个部门事项的为综合窗口)衡量综合窗口提供服务的改革成效。

三、应用成效

一是事项管理体系逐步完善,全省五级事项清单化管理。以事项编制标准化引领线上线下服务同质化、无差别办理。依据国家政务服务平台“四级四同”,制定《湖北省省市县乡村五级依申请及公共服务事项清单(目录)》(鄂政办发〔2020〕63号),明确湖北省政务服务事项118个事项要素标准:公共要素48个,由省直部门统筹编制,省、市、县三级统一;个性要素70个,由实施部门根据实际情况填写。各级政务管理部门审核、发布,实现清单模板化、清单化管理。事项管理系统化,提升事项颗粒化梳理效率。

二是办件服务感知体系逐步建立,企业群众线上线下“一号查询”。依托统一受理平台,为线上线下办件提供全省统一受理编码并将受理信息分发至业务系统办理等功能,打造“统一编码、统一表单、统一流转、标准对接”业务架构,全面实现省一体化政务服务平台线上线下融合。线上通过政务服务网,线下通过综合窗口,由统一受理平台统一生产办件流水号,实现线上线下统一受理入口。建设全省统一办件库,汇集全省业务办理系统产生的过程和结果数据,实现业务办件全量感知,企业群众线上线下办件"一号查询"。

三是逐步实现窗口无差别跨域受理,"一事联办""跨省通办"同步推动。基于全省政务服务事项标准化、精细化管理,使行政相对人在线上线下不同场景均获得同质高效的办事体验。分类分批推进电子证照、电子材料"免提交"。以身份证、营业执照、户口簿、驾照等为代表的51类高频电子证照(第一批)为切入点,在材料清单实现证照名称规范化、编码标准化,确保办事指南展示的证照材料名称与电子证照库一致,并进行"免提交"标注。通过数据共享、材料共享共用、业务流程再造,实现多个事项联审联批,套餐式、集成式的"一件事"审批。通过与国家政务服务平台深度融合,加快与国家、省直垂管业务系统和数据的互联互通,完善全省一体化政务服务体系,推动实现"异地通办、跨省通办"。

(湖北省大数据中心)

"互联网+政民互动"在武汉市自然资源和规划局信息公开工作中的应用与创新

按照《国务院关于加快推进"互联网+政务服务"工作的指导意见》《国务院关于在线政务服务的若干规定》(国务院第716号令)等国家关于"互联网+政务服务"相关文件的要求,为进一步推进"互联网+政务服务"的体系建设,武汉市自然资源和规划局加强信息技术在信访、信息公开和城乡规划公示中的应用与创新。通过技术创新和机制优化,2018年武汉市自然资源和规划局获得全市政务公开绩效评估优秀单位和创新单位"双十佳";2019年作为优秀单位在全市政务公开工作会上作经验交流发言;2020年政务公开综合考评全市排名前列,局网站获全市政府网站和政务新媒体绩效评估优秀等次单位,相关工作多次受到兄弟单位、开发企业和人民群众来信表扬。

一、主要做法

(一)优化工作机制,提高群众满意度

2021年,武汉市自然资源和规划局不断优化政府信息公开查询模式,政府信息公开窗口主要采取先查询后申请的工作模式,争取能当场处理的就当场处理,不能当场处理指导办理依申请公开,还通过信息公开方式协助化解部分信访工作中的矛盾。市局窗口全年查询信息8467项,实际受理依申请公开686份,仅为查询量的8%,绝大部分政府信息通过档案资料调

阅、网络平台检索等方式处理化解，整体公开率提高到94%。“先查询后申请”的工作机制，实现了绝大多数信息公开事项的当场答复，提高了工作效率和群众满意度。全年因信息公开引起的行政复议和行政诉讼量较2020年下降了34%，败诉率比2020年下降50%。

（二）网上预约查询，提高服务能力

为做好疫情防控期间政府信息查询，减少人员聚集。在武汉市自然资源和规划局微信公众号上线政府信息查询网上预约功能。微信小程序可预约1~5个工作日号源。广大群众可以以1小时为一个预约时段，选择合适的时段进行预约查询。微信小程序上线以来，平均每天服务20余人次，受到服务对象一致好评。

（三）加大信息公开平台建设，综合施策源头减少信访投诉

2021年以来，武汉市自然资源和规划局综合施策，通过优化简化审批事项、加大主动公开力度（较2020年提高34%）、拓展网上查询渠道、提供信息查询服务等，源头减少群众投诉，受理办理的信访事项较2020年（28262件）下降30.26%。

二、应用系统及成效

（一）政府信息公开平台“我要查”栏目自助便民

以网上政府信息公开平台为基础，设置“我要查”栏目，提供“查法规、查证照、查规划、查征收、查方案”等自助服务，满足群众获取政府信息的诉求，打造及时、准确、便捷的政府信息互联网获取渠道，从而起到化解矛盾、缓解信访、降低诉讼、提高公信力、增加满意度的效果。

（二）依申请信息公开数据库提高群众满意度

依申请公开数据库是自然资源和规划局政务公开工作的重点项目。近年来，随着我国法制化进程不断深化，更多人愿意通过政府信息公开以实现司法途径。因此，武汉市自然资源和规划局信息公开咨询和申请量迅速增加，市局咨询量达5万余人次，实际年申请量逾千件，历年累积了数千件申请案卷；另外，各分局和事业单位也积累了一定数量的申请案卷。在日常工作中发现，经常有一件多投（同一内容的申请反复投递或向多部门投递）的情形，因经办人变化、各回复部门（处室、分局和事业单位）缺乏既往信息公开数据查询渠道等原因，存在答复内容前后不一致、答复口径不统一等情况，申请人往往以此为理由提起行政复议或行政诉讼，造成工作被动，带来不良影响。

依申请公开数据库实现市、区两级依申请信息公开数据动态共享和互通、统一用户验证、答复文书自动嵌套，有效解决了政府信息公开前后答复不一致、市区答复不统一的情况，保障

了政府工作的严肃性,基本杜绝了相近类型的行政复议和诉讼发生。同时,社会公众更容易获取政府信息,增强了群众的满意度和获得感。

(三)信息查询网上预约减少等候时间,降低疫情风险

以"武汉市自然资源和规划"官方微信公众号为载体,开发上线了信息查询网上预约小程序。信息查询网上预约程序分别对客户端和管理端。客户端提供查询指南,一次性告知查询人所需资料,查询地点、查询时间及查询范围;提供查询预约服务,预约固定时段,避免等候;预约人可查看自己预约的内容,临近时间会有预约提示。工作人员通过管理端,可及时掌握查询人的预约信息,提前准备相关资料,对于未查询到的,也可告知预约人,极大提高了工作效率,减少了群众跑动次数和等候时间。

(武汉市自然资源和规划信息中心)

长沙市政务数据共享交换"总枢纽"

一、背景情况

由于政府部门间的数据共享久推难通,数据烟囱、信息孤岛现象突出,长沙市根据《国务院关于印发促进大数据发展行动纲要的通知》(国发〔2015〕50号)等有关规定,出台了《长沙市政务数据资源管理暂行办法》,长沙市数据资源管理局根据该办法,于2020年5月正式上线全市唯一的基础数据汇聚平台及政务部门间的数据共享服务平台即长沙市数据资源管理平台。通过该平台,长沙市在全国率先落地"数据服务超市"理念,实现各级政务部门调用各项能力服务像在超市购物一样简单便捷,使长沙市数据资源管理平台成为全市政务数据共享交换的"总枢纽"。

二、主要做法

一是落地数据服务超市理念。率先落地"数据服务超市"理念,在市数据资源管理平台上开设"数据服务超市"专区,对按需归集来的数据进行资源目录编目,各级政务部门可通过数据资源目录在平台上申请库表交换或者数据接口服务。

二是扩大超市服务范围。2020年11月,在"数据服务超市"的基础上,上线数据大脑中应用中台和AI中台相关能力,将"数据服务超市"进一步升级为"服务超市",丰富服务超市的服务种类和数量。

三是集成多项空间地理能力。2021年3月，服务超市集成上线463项空间地理能力提供给各级政务部门调用。

三、取得成效

在市数据资源管理平台"服务超市"板块，可提供接口服务、应用服务、微服务、人工智能（AI）服务、模型服务、空间地理服务等多项服务能力，有效支撑政务服务事项办理，优化全市营商环境。

截至2021年12月31日，长沙市数据资源管理平台累计受理各级政务部门2158个数据共享需求，完成1822个数据共享需求，共支撑44家单位的应用场景，数据接口调用总次数为89.9亿次，数据库表交换约45.4亿条数据，打通了数据壁垒，更好地实现数据共享交换。

在优化营商环境方面，支撑市住建局的"业务监管平台"，累计监管1.4万余件工单办理，减少住建行业相关企业15%的申报材料，业务办理工作效率提升了20%，完善2.2万余家住建行业相关企业信息，助力平台自动查验社保、证书170余万次；支撑"互联网+一体化"平台的业务办理，累计支撑803个"一网通办"事项，共计办理239.07万余次。支撑市公安局的"长沙公安城市便民服务平台"，让群众在户口迁移申请中免于提交缴纳社保证明；助力市行政审批局的"政务自助办"服务，使市民在自助终端机上能够通过刷取身份证从而查询个人当前缴纳公积金、社保及拥有不动产等情况；支撑市供电公司、市水业集团对市民政局的低保数据需求，实现低保户不出门就能办理业务；支撑"我的长沙"App网办服务事项1663项，其中政务服务在线办理906项，政务服务全流程网办438项，社会服务和公共服务319项。

（长沙市数据资源管理局）

打造"一网统管、全城统管"的"穗智管"城市运行管理中枢

一、案例概况

（一）案例背景

党的十九大报告指出"要打造共建共治共享的社会治理格局，提高社会治理社会化、法治化、智能化、专业化水平"，为新时代我国国家治理和社会治理指明了发展方向。在经济特区建立40周年庆祝大会上的讲话中，习近平总书记指出要以创新思路推动城市治理体系和治理能力现代化，树立全周期管理意识，加快推动城市治理体系和治理能力现代化，努力走出一条符合超大型城市特点和规律的治理新路子。要注重在科学化、精细化、智能化上下功夫，推

动城市管理手段、管理模式、管理理念创新,让城市运转更聪明、更智慧。

(二)案例简介

按照习近平总书记关于建设网络强国、数字中国、智慧社会的战略部署,广州紧抓数字化发展机遇,谋篇布局,全面深化“数字政府”改革,通过建设“一网统管、全城统管”的“穗智管”城市运行管理中枢(以下简称“穗智管”),推动城市数字化转型。通过构建数字化孪生城市,实现全时段、全维度、全景式对城市运行体征和事件进行运行监测、预测预警、协同联动、决策支持、指挥调度;通过构建城市运行各领域的专题场景,实现市级部门的横向协同,通过市、区两级平台部署和无缝对接,实现市、区、街镇、社区的四级体系的纵向联动,建立城市运行管理“横向协同、纵向联动”一体化城市运行管理新模式,以“绣花功夫”推进城市治理能力和治理体系现代化,探索一条符合超大型城市特点和规律的精细化治理新路子。

二、案例具体做法

(一)案例详情

“穗智管”城市运行管理中枢作为推进城市治理科学化、精细化、智能化管理的核心中枢。一是通过融合城市信息模型(CIM)平台、四标四实平台、视频云平台等基础应用,并构建“穗智管”AI中台、区块链基础平台、大数据中台、融合通信平台、数据资源体系、安全保障体系等,进一步夯实了“一网统管、全城统管”的基础支撑。二是基于各业务领域政务数据和社会第三方数据,以及实时的城市运行感知数据,通过对接35个部门共115个业务系统,接入全市8.4万物联感知设备终端,归集超42亿条城市运行数据,形成城市体征数据项2700多个,基本实现城市运行态势“一屏统观”。三是围绕城市运行的各相关业务领域,以“穗智管”为总入口,建成了智慧党建、经济运行、营商环境、生态环境、智慧水务、交通运行、城市建设、城市管理、应急管理、智慧气象、智慧电力等24应用主题,城市运行管理“一网统管”架构初步形成。围绕高效处置一件事,构建了支撑重大活动、重大节日、重要事件等跨部门、跨层级的协同联动应用场景。四是赋能城市治理数字化,基于“穗智管”的大数据能力和基础的应用能力,包括数据支撑能力和可共享复用基础应用能力,赋能各业务部门提升业务领域的数字化、精细化管理能力。五是推进城市运行“一网统管”运行管理。市“数字政府”改革建设工作领导小组印发了《穗智管城市运行管理中枢建设与运行管理办法(试行)》;市政务服务数据管理局牵头,为广州国际媒体港建成了“广州智慧城市运行中心”,配备约1000平方米的指挥调度大厅和可视化的智慧指挥调度系统,用于城市运行的监测预警、指挥调度、联动处置等。

（二）实施效果

“穗智管”围绕集运行监测、预测预警、协同联动、决策支持、指挥调度五大功能一体的目标，以应用主题整合应用场景建设和常态化监管单一业务领域的动态趋势，以场景驱动解决城市治理的具体难点、堵点。“穗智管”犹如是城市治理的“中央厨房”，根据城市治理问题、城市管理难题、业务服务需求，通过融通相关数据、数据建模、调动资源，按需建立一个可提供解决方案的应用场景。

1. 运行监测方面

通过建设24个应用主题，构建起城市运行监测的“一张图”，多层次、全方位掌握城市运行状态，建立起信息集中、资源整合的城市运行综合体征和关键运行体征指标图景。

典型案例如“交通运行”主题，该主题涵盖了全市交通基础设施、客货运输、城市交通、交通治理等专题，掌握城市对外、对内交通运行态势，接入交通各行业数据资源，全面分析全市交通建设、运输情况，打造综合枢纽运力调度、交通科技执法等场景。通过大数据集成和多源数据的关联分析挖掘，实现城市交通智能运行监测与科学管理服务。

具体以广州南站客流疏运监测应用场景为例，该场景利用铁路及互联网人流热力等数据，分析绘制广州南站人群画像，展示站场的人员结构分布、人员流动趋势等情况，支撑交通部门，尤其是应对节假日出行高峰期及时及早调度交通运力，确保群众出行有序安全便捷。

2. 预测预警方面

通过接入各部门的实时监测数据，建立警报信息的关联分析，广州实现对城市交通、基础设施、公共安全、生态环境、社会经济等重点领域运行状态的预测预警，再而启动相应的应急预案，做到城市运行管理由被动应对到实时监测、快速预警、主动预防转变。

典型案例如“重大节日（春节）保障”专题。2021年春节前夕，为做好人民群众留穗过年服务保障工作，“穗智管”上线重大节日（春节）保障专题大屏版和掌上版，通过对接互联网迁徙和人口热力大数据、“三站一场”实时售票、重点商圈及景点、3253条城市道路和9条快速路的路况，以及疫情防控、天气情况等数据，多层次、多维度分析广州市就地过节驻留人口和中、高风险地区人员流入情况，监测全市交通运力和大型景点、广场、商圈等重点区域的人流实况，为市领导和相关部门实时掌握城市运行重点领域态势提供服务。

此外，为加强对城市易涝点的监测，提高防范城市内涝风险能力，“穗智管”接入全市水库水位、河道水位、拦河坝水位、堰闸水位、污水厂水质、雨量、水务视频监控等物联监测点，对全市易涝风险点的水位、降雨量等进行实时监测，为及时发现和处置城市内涝提供支撑。

3. 协同联动方面

为破解城市综合治理难题，通过“穗智管”建立跨部门、跨层级和跨地域的多级协同联动，统一协调人员、组织、资源和设备，有效地跨越部门间、层级间、区域将协同治理的鸿沟，大大提升社会治理效能。

典型案例如“建筑废弃物运输车辆综合治理”应用场景。泥头车超载、改装、无证等违法现象屡禁不止,一直是城市治理的“心头痛”。“穗智管”建筑废弃物运输车辆综合治理应用场景实现了市城管、住建、交警、交通等部门的数据共享和业务协同,对建筑废弃物运输车辆“两点一线”(工地、消纳场及运行线路)进行全流程监考核管,全面提升建筑废弃物全过程管理水平。

4. 决策支持方面

以城市大数据为基础,深度挖掘城市运行大数据背后的规律特点,用数据分析和仿真预测为城市管理提供决策支持,提供优化资源配置方案。

典型例子如“营商环境”应用主题。“穗智管”创新建立营商环境应用主题,根据《世界银行关于营商环境的十大评价标准》及国家发改委营商环境评价体系,结合广州营商实际情况,围绕开办企业、登记财产、办理施工许可、获得电力等“11+1”指标内容进行数据量化,多维度分析广州营商环境现状和趋势,支撑优化营商环境政策制定更具科学性、前瞻性。

5. 指挥调度方面

针对重大活动保障、突发事件等城市级事件指挥调度难的问题,基于“穗智管”利用现有的各种网络资源、信息资源、应用系统资源、汇聚各部门的业务数据,实现多部门协同应对的快速响应、指挥调度、联动处置。

典型案例如“三防应急指挥调度”和“广马”活动保障应用场景。“穗智管”构建三防应急指挥调度专题应用场景,汇聚了安全生产、气象、水务、水文、海洋、林业、地质、地震、舆情监测数据,通过大屏可查看到珠江潮位“四位两高”信息、重点水库等各领域的实时数据,实现灾害风险动态感知。一旦接到突发事件报送,即可通过调取现场实时监控视频确认险情灾情,根据事件情况启动应急预案,快速调度应急指挥车、航空消防、无人机、单兵等装备力量,使用融合通信、发送短信等通信手段调度相关负责单位,连通上下、衔接左右、协同处置。

在2020年12月举办的广州马拉松活动中相关部门通过“穗智管”智慧城市运行管理中枢建设了“广马”保障专题,通过将赛道全景地图、沿线视频监控、无人机拍摄、人口热力、应急资源、融合通信等能力资源汇聚一屏,对马拉松活动的选手竞赛情况、应急物资保障情况、志愿者服务情况等进行多维度地立体呈现,在线监管社会舆情和重大事件,掌握周边的人口热力、交运拥堵情况,对整个赛事进行全流程、全方位的管理和把控。一旦发生突发事件,能够快速掌握全局运行状态,高效协调各方、合理调配资源,做出可行的应对方案,保障赛事安全有序进行。

三、案例创新点

（一）坚持“国际领先、全国一流”的建设目标

以“智能+”为主线，以云、网、数作为聚合资源的纽带，基于三维城市信息模型（CIM）、时空大数据云平台、城市视频云平台、四标四实等全市公共信息化资源和海量互联网大数据资源，汇聚融合全域治理数据，打造集城市基础信息、视频监控、跨系统实时通信、物联网感知、AI智能识别等能力于一体的“穗智管”总底座、总平台，筑牢“一网统管”核心支撑能力，支撑市委市政府一图透视城市“生命体征”，一屏统揽精准决策。

例如，为整治广州南站非法营运车辆难题，市交通运输局借助“穗智管”建设了广州南站非法营运车辆整治专题应用场景，对每日进出南站区域的重点车辆监测分析、掌握进出南站的非法营运车辆总体态势，进而为精准执法提供支撑，自该应用场景上线以来，查处南站非法营运车辆同比增长461.1%。

（二）构建“广州特色，一图24主题”的治理场景

支撑各部门在“一张图”上“看全面、管到位、防在前”。聚焦跨部门、跨领域治理要素共享应用，打造重点项目全流程监管、建筑废弃物运输车辆综合治理等多部门协同应用场景。按照“统一规范、统一枢纽”的要求，打通市、区、街（镇）、村居（网格）的治理链条，形成四级联动的“一网共治”体系。

为破解跨部门综合治理难题提供解决方案，针对建筑废弃物运输车辆管理难、整治难的难题，在“穗智管”平台上建设了建筑废弃物运输车辆综合治理应用场景，实现市城管、住建、交警、交通等部门的数据共享和业务协同，对建筑废弃物运输车辆“两点一线”（工地、消纳场及运行线路）进行全流程监考核管，全面提升建筑废弃物全过程管理水平。

（三）强化数字技术在应对重大突发公共事件中的运用

依托“穗智管”打造可视化实时监管的指挥调度平台。建立三防应急指挥调度、疫情防控、“广州马拉松”“春节”等专题应用场景，利用基础数据、监测预警、融合通信、视频会商、监控视频等服务能力，实时监控事件动态，调度相关部门协同处置异常情况，实现重大事件“迅捷响应有速度、快速处置有温度”。

2021年“穗智管”上线了新型冠状病毒肺炎疫苗接种管理应用专题大中小屏三端，通过汇聚和分析全市新型冠状病毒肺炎疫苗预约情况、各区各街（镇）接种情况、接种人群画像、核酸检测数据、黄码和红码数据、社区监测数据、舆情动态以及中高风险区域划分等信息，实时动态反映出全市疫苗接种进度，有效辅助全面推进新型冠状病毒肺炎疫苗接种工作。

（广州市政务服务数据管理局）

“穗好办”打造“一网通办”的政务服务“广州样本”

一、案例概况

(一)案例背景

根据广东省推进“数字政府”改革建设工作的要求,广州市先后出台《广州市“数字政府”改革建设工作推进方案》《广州市“数字政府”建设总体规划(2020—2022年)》,正组织专业机构编制《广州市数字政府建设“十四五”规划(征求意见稿)》,明确要在“数字政府”改革建设的统领和总体规划下,构建一网通办、全市通办的“互联网+政务服务”体系,以“制度创新+技术创新”助推广州再创营商环境新优势。2021年1月,《广州市优化营商环境条例》正式实施,专设“政务环境”专章,规定了政务服务事项标准化管理、网上全程办理、移动化办理、集成管理等方面的要求,从法律层面规划了全市“一网通办”改革的方向。

(二)案例简介

近年来,广州市结合“数字政府”改革建设总体规划,以“改革创新制度化、业务办理集成化、公共支撑集约化、业务协同数据化”为抓手,推进政务服务线下进一窗、线上进一网,形成线上线下整体协同、高效运行、精准服务、科学管理的“一网通办”模式。在2020年中国营商环境评价、全国32个重点城市一体化政务服务能力评估中,广州市政务服务均名列第二;“深度应用电子证照”“运用区块链技术提高招投标效率”的经验做法入选国务院《优化营商环境条例》创新案例;市政务服务大厅获评省“标杆大厅”。

二、案例具体做法

(一)案例详情

1. 条块结合,全面推行“集成服务”改革

在全国率先开展政务大厅“一窗式”集成服务改革,推进企业市民办事“只进一扇门”“只到一扇窗”,有44个部门共1846项政务服务事项进驻市政务服务大厅,“一门”率达100%。进驻综合服务窗口的事项数量1818项,“一窗”率达98.48%。积极开展政务服务“跨省通办、跨城通办”合作,已与20个省内城市、17个省外城市共8968项事项实现“跨域通办”。打造“一窗受理”“一网申办”的一站式政策兑现服务,市、区政务服务大厅共开设23个政策兑现综合受理窗口,纳入高层次人才住房补贴、博士和博士后中小客车指标竞价补贴等各领域政策兑现实现超1300项。其中,市级窗口累计受理业务29500件,涉及申报金额39.96亿元。

2. 数字赋能，提升集约化网上服务能级

围绕市民生活、企业经营全生命周期服务需求，打造“穗好办”移动政务服务总门户，汇聚了全市政务服务、公共服务以及社会第三方的便民服务事项超2000项，涵盖社保、医保、户政、就业、公积金、医疗、不动产等18个服务主题的个人事项，以及企业开办、司法公正、融资信贷等26个服务主题的企业事项，累计注册用户超1000万，总访问次数超6000万人次，办理业务650万件。依托广东省政务服务网广州分厅，统一市、区、街镇、村居四级网上办理总入口，市级依申请事项实现100%可网办、100%“最多跑一次”、99.56%“零跑动”，区级依申请事项实现100%可网办、100%“最多跑一次”、99.11%“零跑动”，近三年累计办理业务7300万宗。建成全市统一的电子证照系统，并与省电子证照系统无缝衔接，基于全市政务服务事项编制电子证照发证、用证清单，将电子证照签发和应用情况纳入年度机关绩效考核，已上线550多类高频电子证照，签发电子证照约8000万张，梳理出可以业务中使用电子证照的事项超1.4万个，累计用证2100万次，月均用证70万次。

3. 党建引领，提升超大城市基层治理水平

按照市委组织部的统一部署，深入学习贯彻习近平总书记在党史学习教育动员大会上的重要讲话精神，发扬党的优良传统，引导全市党员党组织积极落实“我为群众办实事”实践活动要求，推进全市党员下沉居住地，支撑全面构建“街（镇）党（工）委—社区（村）党组织—综合网格党支部—网格党小组—党员责任区”五级基层组织架构。截至目前，全市20849个综合网格已全部创建网格党支部，创建网格（楼栋）党小组数量34894个，党群服务队数量16443个。全市657033名党员已加入网格党支部，582768名党员已加入网格（楼栋）党小组、306904名党员已加入党群服务队。

建设“党员志愿服务网上超市”，面向广大党员群众征集、发布、认领、落实微项目和微心愿，群众可在线提出涉及切身利益的急难愁盼问题，既可以是物资需求，也可以是服务需求，经街道村居审核后，自动发布到“党员志愿服务网上超市”。按照一对一、多对一等方式，单位党组织和党员及时承接、认领微项目、微心愿，实现了组织资源与群众需求的精准对接。截至目前，全市累计上报群众微心愿62621个，已受理心愿43704个，确认完成心愿任务34012个；镇街创建微项目1957个，已受理1772个，确认完成1588个。

4. 流程再造，实现基层减负便民

2020年4月以来，依托“穗好办”移动政务服务平台累计上线61项基层高频民生服务事项，覆盖社保、医保、老年人服务、来穗人员服务、出租屋管理等多个领域，97%的事项可通过电子证照、电子签名、电子印章、双程邮寄等方式完成办理，实现“零次到场”“全程网办”。已办理400多万笔业务，群众办事申请表格少填数据项356项（少填40%），材料提交减少94份

(少报49%),办事少跑25次(少跑88%)。大力推行“一件事”主题服务,发布“婴儿出生”“身后事一站式联办”“扶残助残”“军人退役”等29项主题服务清单,市区相关部门累计上线一件事联办和导办主题服务超1400件。

(二)实施效果

1. 民生热点事“一端”办

市民使用“穗好办”App,通过简单的刷脸实名认证,完成一次注册,即可随时随地办理社保、医保、独生子女年审、民政、残联等高频服务事项。市民还可以通过“穗好办”随时调用身份证、户口本、残疾人证等常用电子证照,真正实现“零跑动”“一端”办理。

2. 企业开办“一网”办

将企业登记、刻制印章、申领发票、银行开户、就业和参保登记、公积金缴存登记六个环节整合为一个流程,实现企业开办一网通办,同时聚合提供营商环境政策集成、企业日常经营、中小企业融资贷款、工程建设全程代办服务等服务。

3. 公共服务“一图”看

汇聚全市丰富的公共服务资源,将全市政务服务大厅、自助服务机、街道办事处、社保网点、公厕、母婴室、充电桩、停车场等便民服务点在一张地图汇聚展示,方便市民一图查找、一键导航。

4. 打造“24小时不打烊”的政务服务

通过省市协同、政银合作,铺设近5000台“政务一体机”终端设备至全市11个区的街道、社区政务服务大厅。每台一体机集成多种服务事项,覆盖出入境、交管、人社、民政、卫健、残联、税务等业务类别,可办理个人名下房产查询、个人完税证明打印、驾驶员和车辆违章查询等100多项业务,为全市市民提供“24小时不打烊”的政务服务。

三、案例创新点

一是基于“穗好办”移动政务服务平台,整合企业、个人身份认证能力,汇聚办事人和企业身份信息、特征信息和业务信息,推出“亮码办事”。办事人亮码后,即可授权政务服务大厅读取身份信息实现表单预填写,授权政务服务窗口调取办事人各类电子证照、电子材料,实现政务服务“码上办”“免证办”,减少群众各类材料的提交,提高窗口工作人员服务效能,并整合乘车码、医保电子凭证、人才码,实现政务服务大厅办事、扫码进门、交通出行等各领域“一码通行”。二是开展适老化改造。优化移动端界面交互、内容朗读、操作提示、语音辅助等功能,积极为老年人提供大字版、语音版、简洁版移动政务服务应用,推出“老年人专题”,让老年人充分享受移动政务服务带来的便利。

(广州市政务服务数据管理局)

“深破茧”个人破产综合应用系统

一、项目背景

健全破产制度是党的十九届四中全会确定的一项重要改革任务，在全国率先探索个人破产制度是中央委托给深圳的重大改革项目。深圳市委深入贯彻落实中央部署，将完善破产制度纳入深圳建设先行示范区行动方案。2020年8月26日，深圳市人大常委会审议通过《深圳经济特区个人破产条例》（以下简称《条例》）。2021年3月1日起《条例》正式实施后，深圳市中级人民法院（以下简称“深圳中院”）配套上线“深破茧”个人破产综合应用系统，辅助法官、管理人办理个人破产案件，实现破产程序信息的阳光公开，对接法院内外相关破产事务办理单位，实现破产案件的便捷化、泛在化、阳光化。

二、项目内容

（一）项目建设目标

保障《条例》顺利实施，实现个人破产一站式协同服务、全流程线上办理，以公开、便捷、高效保障破产程序各参与方权益，提升个人破产办理质效。

深圳中院通过建立首个个人破产信息化平台，为后续全国个人破产信息化探索及企业破产平台的完善贡献深圳经验。

（二）平台设计思路

系统整体采用“微服务+中台”架构，结合区块链、大数据、在线音视频等技术为辅助的技术方案。通过法院业务纵向拆分以及技术横向分层，沉淀通用业务逻辑的法院业务服务，供个人破产的业务场景复用。同时形成一些与法院业务无关的、偏通用技术的服务，为上层破产业务服务提供通用技术支撑。无论是从整体智慧法院还是业务扩展的角度来看，“微服务+中台”架构既能不断优化智慧法院中台能力，提升复用成效，也能根据法院的实际办案场景不断调整、扩展办案应用模块。

同时通过应用区块链技术保障电子诉讼数据安全可信。将关键材料及信息进行固证，加强程序的司法公信力。

（三）平台设计重点

“深破茧”个人破产综合应用系统充分贯彻横向到边、纵向到顶、开放扩展、对接融合的设计重点。深圳中院结合本地实际需求,以最高人民法院“十四五”规划及广东省高级人民法院的指导为原则,开展个人破产信息化建设工作。

横向到边:围绕《条例》确立的“法院裁判+机构管理+管理人执行+公众监督”破产办理体系,尊重法官的主体地位,提供全面的业务应用。内部集成法院电子卷宗、送达、鹰眼等系统,通过一个平台实现法院全流程在线办理。外部通过信息化手段,推进破产信息公开,保障公众监督的途径,同步监管有效推进管理人执行,打通与破产事务管理署等相关协作单位数据共享以满足工作需要以及推进社会诚信体系建设。

纵向到顶:深圳中院在平台设计之初就将广东省法院、最高人民法院在案件审理、管理、统计等方面的需求一并规划,通过系统间融合对接,实现全省相关涉诉、涉执行案件查询及关联、管理统计、财产查询等。

本系统设计着重开放扩展,对接融合的思路,以“构建统一、开放、动态、透明、便民、标准的破产信息化平台”为原则,大力整合现有应用,覆盖全业务,贯通全流程,为相关参与方提供“一站式”综合服务平台。

(四)平台总体架构

“深破茧”个人破产综合应用系统采用面向服务的“五层三体系”的标准成熟电子政务框架设计,该架构依托通用业务组件、公共技术服务实现应用系统集成,并通过门户为所有用户提供个性化服务。系统由展现层、应用层、应用支撑层、信息资源层、基础设施层等五层及保障项目顺利实施和稳定、安全运行的安全保障体系、运行维护及标准规范体系构成。

(五)平台总体业务流程

通过系统推进个破业务全面网上办理,实现个人破产立案申请、管理人与法官协作、管理人卷宗、债权人会议、个人破产信息公开、数据共享等功能。推动个人破产在诉服、立案、审判、执行等各环节全面提速。

(六)平台核心功能

系统基于微服务架构,建设成为“一网三平台”为核心的一体化综合应用服务平台,具体包括个人破产案件信息网、破产诉讼服务平台、破产管理人工作平台,以及破产法官工作平台四大核心系统。

1. 当事人一体化网上服务

面向当事人,提供以小程序为主、PC端为辅的个人破产诉讼服务。当事人可通过深圳移动微法院访问系统,根据引导完成个人破产立案申请;债务人可依据不同财产分类,详细登记个人财产及豁免财产;债权人收到提醒后,可登录平台申报本人相关债权信息;如有需要,债权人可在法院指定之前在线推荐管理人选;实现当事人在线听证会议及债权人会议。

通过法院对破产重大事项、重要程序节点的公开,社会公众可了解破产信息,利益相关方可充分了解并参与到破产程序中。

2. 个人破产案件全流程管理

实现法官对于个人破产案件业务办理,满足案件办理的各环节操作。通过数据整合实现相关数据关联展示,同步管理人工作档案数据可随时翻查。

建设管理人执行办理工作平台,通过不同角色满足团队协作办理,将个人破产案件拆解为不同阶段的任务,可随时记录工作内容,并可通过互联网平台与法官进行沟通及协作。

(七)平台主要特点

1. 审判全流程无纸化

实现个人破产案件审判全流程在线办理,辅助法官高效办理。支持法官批量操作及自动生成,与管理人之间协作共享。

实现在线业务音视频会议,法官、申请人、债权人等多方参与远程视频听证会议、债权人会议。

2. 案件办理全程监管

预设破产案件办理节点,指定管理人后案件自动生成节点任务。管理人需依照工作节点按时完成,法官可在系统实时查看完成状况以及相关材料。如任务即将超期,系统自动提醒,管理人也可向法官申请延期。

3. 案件要素格式化

大数据赋能协同增效,提升法院办案精细化程度。汇聚当事人填写、管理人填报,以及从第三方单位获取等多来源数据,实现自动生成文书、营商环境分析、报表统计等功能。

4. 区块链服务全流程保障

应用区块链技术将诉讼服务过程中的电子材料、业务数据、用户行为等信息进行固证,确保诉讼服务数据的生产、存储、传播和使用全流程安全可信。

三、项目创新点

(一)整体架构开放化

系统在整体架构上保持开放、共享的架构,个人破产案件数据共享公开,与相关破产业务程序无缝衔接,充分保障利害关系人和社会公众的知情权,推进破产案件及破产衍生事务高效办理。

(二)服务应用移动化

系统以深圳移动微法院为统一对外服务入口,提高精准服务水平,以数据和业务驱动,实现诉讼参与人高效办理个人破产立案、财产申报、债权申报、推荐管理人等诉讼服务事务。

(三)系统建设一体化

通过小程序研发的模式,系统实现小程序入口系统、公用功能系统、债权人服务系统等部分有效衔接,实现个人破产办案流程与电子卷宗系统深度融合,法官可在统一平台办理案件、查看电子卷宗、查询债务人财产、推送文书送达等功能。

(四)项目建设高复用

深圳中院坚持“高复用”原则,借助智慧法院建设成果,实现了破产应用快速开发和无缝衔接。基于法院过往的业务及技术积累为新业务探索提供助力,通过电子卷宗、送达、鹰眼等中台应用拓展个破业务功能,提升系统建设速度和成效,避免了重复建设和资源浪费。

四、实施效果

自2021年3月1日系统上线后,截至2022年2月10日,深圳中院总计收到1088件个人破产申请,其中通过小程序端渠道提交724件、PC端渠道提交364件。

目前系统日均访问量近900人次,其中“深破茧”小程序累计访问8.5万人次,个人破产案件信息网累计访问22万人次。自《条例》实施以来,系统有效实现了100%个人破产申请和材料均在网上提交。

五、推广价值

“深破茧”个人破产综合应用系统作为个人破产案件办理的综合性应用,满足了破产审判和协作联动的核心需求,对接整合了个人破产的数据信息,实现各相关参与方通过系统操作就可参与到案件中,提升了案件办理效率。

系统重点突出了“十四五”规划提出的智能化、一体化、协同化、泛在化、自主化要求。在“一网通办”的目标下,推进功能整合、实现了破产相关业务的统一入口,实现了系统建设“一体化”、办案流程“无纸化”。

通过系统建设,验证了深圳“小程序、大生态”这种轻量级、包容性的智慧法院一体化平台建设思路的可行性。其技术复用角度,系统所采用的技术及工具,都具有可移植性,具备一定的推广条件。

(广东省深圳市中级人民法院)

深圳市罗湖区全国首创“反向办”数据治理新服务模式

“反向办”是罗湖区结合党史学习教育，创新“思维方式+服务模式”，转变“人找服务”的传统思维，以“互联网+大数据+人工智能”驱动，精准主动地把政策服务送到群众手中，实现“服务找人”的数据治理新服务模式。这种模式有效解决了部分服务“过期不候”、老百姓“应享未享”惠民政策的问题，打通服务群众“最后100米”。

“反向办”服务项目登上《人民日报》头版，被全国党史学习教育网重点推介，在国办公开办主办的《政务公开工作交流》刊登，在区级“双周发布”专场推广，共获各类主流媒体宣传转载超300次，并荣获全国第三届党建创新成果展示交流活动“十佳案例”铜奖，在第九届广东省市直机关“先锋杯”工作创新大赛和2021年深圳市“党建杯”机关创新创优竞赛，均获得一等奖，获评“2021年数字政府服务评估暨第二十届政府网站绩效评估”的区县级政府网站“十佳优秀创新案例”。

一、做法模式

（一）突出党建引领“主旋律”，全方位掌握群众难点

罗湖区政数局党总支制定“我为群众办实事”实施方案，专题研究部署“反向办”工作，建立常态调研机制，开展线下调研活动超50次。一方面深入全区10个街道行政服务大厅和社区党群服务中心，邀请社区工作人员、“两代表一委员”和居民群众、企业代表开展座谈交流，深入挖掘企业和群众“急难愁盼”问题；另一方面积极走访区民政、卫健、教育、人力资源、残联、社保、企服中心等民生服务和企业服务职能部门，召开党建联席会议了解情况，结合调研反馈问题，应用政务服务数据开展深入分析，发现辖区存在大量“应享未享”服务人群。

（二）线上构建科技支撑“主动脉”，全周期支持服务找人

1. 创新大数据治理，赋能精准服务

建立健全大数据创新应用机制，依托区大数据平台，全面整合39个部门40亿条数据，创新构建企业和群众的用户多维画像，为开展“反向办”服务提供数据支撑。“群众画像”通过打通全员人口数据、网格采集和i深圳申报3类数据源，通过自动分析比对，分类群众生命周期各阶段及超10类重点关爱人群。“企业画像”通过归集企业行业、工商登记、社保、信用等核心指标数据，自动分类初创企业、小微企业、规模企业等重点扶持企业。

2. 打造一体化服务平台,联动多端共建

(1)服务部门"一站尽管"政策管理。

通过打造"反向办"服务一体化平台,联通大数据中心,实现深度归集关键政策条件、核心福利内容、企业群众画像等数据。通过应用大数据智能分析匹配,全面展现各部门政策申办和覆盖情况,精准定位"应享未享"福利政策的企业群众,助力服务部门定向做好线上温馨提示、推送办理指引,并为下一步研判优化政策提供决策支撑。

(2)街道社区"一次尽办"政策服务。

依托"反向办"服务一体化平台,接入"块数据"智能底板,融合"入块上图"基层治理要素,挖掘"社区+楼栋+房屋"维度的家庭可享政策,支持街道、社区在平台可视化辖区家庭分布和需求,为同步做好信息采集、政策宣讲和服务上门等工作提供有力抓手,做到"一次上门,多方联动,全面共享"。

(3)企业群众"一屏尽享"个性服务。

"反向办"服务一体化平台接入辖区政企服务平台和智慧社区"微社区"平台,打造政策和福利计算器,提供企业侧和群众侧"双入口",全面覆盖PC端和App、小程序等移动端渠道,实现"反向办"服务深入触达企业群众。企业群众可登录平台,通过输入企业名称或简单选择标签,一键自动获取专属的可享政策和办理指引,并将办理进度实时主动推送给企业群众,做到"一次办理,全程免忧",提升企业群众对平台的认可度和使用黏性。

3. 探索AI技术应用,拓展智能服务

创新打造AI智能语音机器人,在做好定期自动电话回访事项办理情况,通过智能问询、智能识别、智能分析、智能分拨,快速掌握"应享未享"服务人员需求和办事难点,及时做好有需要人群的上门帮办服务、有疑问人群的政策解答和时效提醒服务。同时,针对群众在服务中遇到的难点问题,进一步优化政务服务工作。截至目前,共开展超1.5万次AI智能服务,主动定位超2000名需上门服务群体成员,确保服务落细落实。

(三)线下发挥政务服务"主动力",全流程覆盖管家服务

联合10个街道党工委、81个社区党委和近30个机关、"两新"党组织,组建政务服务党员先锋队,建立"反向办"服务线下保障体系,确保"反向办"服务底板加速构筑、服务范围稳步扩大、服务质量持续优化。政务服务党员先锋队结合AI智能分析结果,为老年人、残疾人等特殊人群提供线下上门帮办和现场导办服务,并做好定期跟踪回访,切实解决老年人等特殊人群不善使用创新智能服务的难题,提升特殊人群办事体验感,形成"反向办"服务全闭环。

二、成效意义

一是党组织引领力显著提高。机关党组织、街道党工委、社区党委、"两新"党组织全面联动，有机联结基层联系群众优势与机关专业优势，解决"政策在职能部门、服务在街道社区、技术在政数部门"的难题，为基层治理和服务群众提供强有力保障。

二是基层治理效率显著提升。街道社区可基层可依托"反向办"一体化服务平台，一屏掌握群众诉求做到"底数清"，高效完成政策宣传、答疑和办理做到"服务准"，减少人员排查、登记、比对等多环节耗时做到"提效率"，共为超2000名特殊人群提供精准上门帮办导办服务，提升基层治理效率超70%。

三是惠民惠企政策落地效果显著向好。"反向办"服务已纳入民政、卫健、人力资源、企服等8大领域24个事项，重点福利政策申办率、覆盖率和落地效果均有显著提升。例如，全区高龄津贴办理率由75%提升到近90%；享受老年人免费体检福利的人数同比增长超70%，享受"两癌"免费筛查人数同比增长近60%。

四是群众获得感、幸福感显著增强。目前，辖区超50万人次获得"反向办"涉及卫健、民政等相关惠民服务；5726名创业者获得"创业大礼包"办理指引，533家辖区规模企业获得产业转型升级专项资金政策办理提醒。收到短信的群众中，有近5万人已通过短信指引快速完成业务办理、享受到政府福利。

（深圳市罗湖区政务服务数据管理局）

重庆法院数据安全交换平台

习近平总书记强调，没有网络安全就没有国家安全，就没有经济社会稳定运行，广大人民群众利益也难以得到保障。维护网络安全既是全社会的共同责任，更是包括人民法院在内的国家机关必须高度重视和积极回应的重大课题。如何提升网络安全水平、强化网络安全体系建设、减少网络安全漏洞，确保网络安全保障不滞后于人民法院信息化发展，是当前智慧法院建设全面深化、建设人民法院信息化4.0版这一关键期的重要内容。2021年5月，最高人民法院印发《人民法院信息化建设五年发展规划（2021—2025）》，提出夯实基于分析联动的主动安全防御体系，优化完善隔离交换和边界管控基础设施等重要任务。重庆法院一直以来高度重视网络安全建设，从落实最高法院工作部署和满足实际工作需要出发，研发上线"数据安全交换平台"，切实构筑网络安全防护屏障。

一、建设背景

全国法院的办公专网是四级法院联网的非涉密内部办公专网,实行三级保护,参照秘密级涉密网络管理。由于在专网上存储处理审判工作秘密等内部信息,保密和网络安全防护工作耗费了信息技术人员极大精力。为满足数据共享、对外服务等工作需要,法院专网与互联网、电子政务外网等其他网络之间存在数据交互的现实需求。同时,法官执法办案、普通干警日常办公,难免会有电子数据、文件等在专网和其他网络之间摆渡的情况。目前,对于干警的文件摆渡需求,部分法院采用居间处理的方式,通过设置专门的管理岗位开展病毒查杀和光盘刻录,以确保进入法院专网电子文件的安全性。实事求是地讲,仍有部分法院未对电脑终端USB端口等实现完全封禁,文件摆渡处于失控状态,存在极大的网络安全风险。

为解决法院专网和其他非涉密网络之间数据交互需要,重庆法院组织研发了"数据安全交换平台",平台根据法院行业标准FYB/T 59006—2020实现通用的网间数据交换。在基于单向光闸数据交互的基础上,整合病毒防控、数据交换、动态监控等功能,目前已应用于重庆法院法院专网与互联网、法院专网与各外联单位、法院专网与移动办公专网等的数据交互。

二、核心功能

(一)数据交互

数据交互功能是"数据安全交换平台"的核心功能之一。目前,平台支持三种形式的数据交换:数据库交换、接口交换和请求交换。

数据库交换方式。在数据交换的两个网络端均部署数据库,并且保持数据库及结构一致。该方式主要适用于移动办公、移动办案、诉讼服务等流程性内容或者单向数据变动,如文件发布、证据提交等。该交换方式同时支持数据库中含有文件路径的文件交换,采用FTP或者Http方式可以获取文件。数据交换全流程需要多个步骤。数据库采用触发器的方式,将数据变动的内容表及主键等信息存储到数据交换表中。为保证事务一致性,变动的数据表按照变动的时间顺序排序。为确保数据快速交换,平台将扫描到的数据发送给文件打包模块。文件打包模块采用多线程处理,将数据库中变动后的数据打包。如果数据中包含有文件,则同时将文件下载后打包。打包完成后,由发送模块发送给光闸的FTP,经病毒处理后由光闸将文件发送给后置服务器的FTP。后置服务器上的解压模块在10毫秒内启动解压程序。解压模块将文件解压后,恢复为执行语句。执行模块根据执行语句的先后顺序执行,执行完毕后即完成数据交互。

请求交换方式。该方式主要应用于响应速度要求高、交换数据量较小的业务,如从财政非税系统取号。该交换方式由各业务系统将请求封装成json格式，再由交换平台落地成文件交换。目前，一次交换请求的响应时间控制在5秒以内，基本实现业务系统使用者的零感知。

接口交换方式。该方式主要是为非核心业务系统提供数据安全交互的底层支撑。目前仅提供数据交换通道、验证数据交换格式是否符合要求等功能。接口交换方式的使用方需履行相应审批手续。需交换数据的应用系统承建商或使用者，向数据安全交换平台管理人员申请需要交换的格式，后置服务接收文件的接口地址等；得到数据安全交换平台分配密钥、业务编号等。应用系统发起数据交换时，调用前置服务器的数据接口，数据交换平台将文件传递给光闸FTP。经防病毒处理后，光闸FTP将文件传递到后置服务器。数据安全交换平台扫描后置服务器文件，将接收到的文件根据配置文件传递给应用系统的后置服务接口。

（二）病毒查杀

防病毒处理是数据交换中的重要一环。该平台采用后端静默处理方式，数据提交后通过专业杀毒引擎先进行病毒处理。采用的病毒处理引擎在传统反病毒特征引擎的基础上，进行了有力的创新，实现了复杂的广谱查杀能力和灵活的逻辑控制能力，并加入了全面的修复功能，能够有效应对各种变形木马和感染型病毒。该引擎病毒查杀率高，实现了流行样本全覆盖；特征库小，升级方便快捷；具有强大的记录描述能力，通杀变形木马；具备修复能力，修复感染型病毒而不破坏原始文件正常功能。

（三）动态监控

动态监控主要实现对数据交换的智能化、静默化监控。通过后端自动检查提交的交换文件是否符合格式等要求。监控各个交换进程，检查交换的文件是否有掉包现象，监控到掉包则由后端直接启动重传。

三、主要特点

一是技术和制度结合严防失泄密。2021年5月，下发的《关于摆渡平台相关事项的通知》对文件摆渡平台使用进行规范。在摆渡平台上，法院专网上的文件转出须按要求履行审批程序后，才能摆渡到外网。通过程序设置和人工审核的方式，严防失泄密事件发生。

二是便捷和效率兼顾严控交换文件。为防止网间交互的数据拥堵，平台以小文件优先的原则进行排队。100M以下的文件，按文件提交的时间顺序进行排队摆渡，2小时内完成内外网间的文件交换；100M以上200M以下的文件，以文件大小进行排队摆渡，8小时内完成内外网间的文件交换；200M以上的文件，在系统空闲时进行文件摆渡。

四、应用场景

一是各平台间的跨网数据交换。典型应用场景包括在法院专网办案系统和互联网上的诉讼服务各平台之间开展数据交换,实现结构化信息和其他材料摆渡到法院专网,立案法官直接在法院专网案件管理系统中查阅材料、开展审核。政务资源共享的相关数据,通过平台交换到电子政务外网后,推送至数字重庆平台,开展政务数据资源共享。同时,从市场监管局等获取企业送达地址等数据,交换至法院专网,供专网各系统使用。

二是干警的电子资料日常摆渡。法院专网电脑终端全面禁止USB等端口后,干警日常电子文件、资料在法院专网和其他网络之间摆渡的压力全部集中在人工摆渡,需要耗费大量人力资源,且便捷性难以满足工作需要。为解决该问题,重庆法院在"数据安全交换平台"基础上研发"文件摆渡平台",并于2021年5月上线。干警可在专网、互联网上登录平台,申请进行文件摆渡。从法院专网摆渡到互联网的文件,原则上需要通过审批以防泄密;从互联网摆渡到法院专网的文件,不设置审批程序,经病毒处理后直接进入法院专网,可直接下载使用。

五、问题和展望

重庆法院数据安全交换平台有力支撑了便民诉讼服务、政务数据资源共享、电子资料摆渡等工作。实际运行过程中,遇到的摆渡卡顿、操作不便等问题,已通过后续升级完善得到妥善解决。目前,有极个别互联网使用频繁的工作岗位,仍未封禁USB端口,通过光盘摆渡文件,仍存在一定网络安全隐患。随着网络安全意识提高和平台功能完善,2022年内可以完全实现文件传输的线上运行和全流程安全管控。重庆法院正组织开展视频信息的安全交互技术攻关,目前已初步实现视频数据的跨网安全交互,不久即实现数据安全交互的全覆盖。

(重庆市高级人民法院)

宜宾中院基于司法大数据的数智审管平台应用与探索

为贯彻习近平总书记关于政法工作的重要指示和政法领域全面深化改革推进会精神,切实加强审判监督管理,不断提升审判质效,推动宜宾法院工作高质量发展,宜宾法院坚持以改革创新为引领,全面深化智慧法院建设。由宜宾市中级人民法院(以下简称"宜宾中院")统筹,充分继承和发挥"四类·敏感"监督管理系统建设应用经验,进一步落实和完善审判权责清单制度,构建权责清晰、监管有效、保障有力的新型审判监督制约机制。同时,将司法实践与信息技术深度融合,积极探索基于司法大数据的数智审管平台建设和应用,实现各项改革举措的智能化集成,确保放权与监督的有机统一、决策与执行的有机统一。

一、建设背景及动因

依法独立行使审判权是审判机关主要职能,而审判监督管理的优劣关系到法院的审判质量和判决效果,可以说审判监督管理是审判机关管理工作的核心和灵魂。司法责任制改革后,在落实“让审理者裁判、由裁判者负责”要求过程中,审判资源配置优化管理矛盾日渐突出,院庭长、审判管理部门,需要及时有效地掌握案件的运行态势,对案件的态势作出前瞻性的分析,并提前调配审判资源,辅助决策管理。依靠传统人盯人、人盯案,使用独立数据监管的模式,已无法适应司法责任制改革的新要求。

司法改革和信息化是推动人民法院发展的“车之两轮,鸟之双翼”,它们相互融合、相辅相成。面对监督新问题、新需求,需要探索一个载体服务支撑新型审判监督管理规范化运行。为此,宜宾中院以问题、需求为导向,积极探索监管从理念倡导到现实操作的转变之路,借助技术手段,搭建数智审管平台,确保审判管理刚性落地。

二、平台功能及创新

(一)平台功能

平台现有核心功能12项,分别是态势分析(审判执行、综合态势)、热点分析、司法统计、审判质效、案件评查、绩效考核、监督管理、社会治理、对比分析、文书分析、制度规范、订阅服务。

(二)主要创新

一是以智能化的手段强化数据治理。借助四川法院大数据平台,重构数据采集流程和模式,重新解析各应用系统的数据结构,摒弃过去通过数据接口采集数据的方式,采用自然语言处理、标注定位、分段提取等技术,对宜宾审判执行过程中产生的结构化数据进行深度挖掘,对案件办理过程中在线办案、扫描产生的电子卷宗中的非结构化数据进行针对性解析,实现多源异构数据的实时汇聚、自动解析处理,并通过统一数据标准进行数据治理,提升数据采集的质量与效率,实现涉审判执行数据的全面、准确,为审判管理提供可靠的数据保障。

二是以一体化的方式服务审判监督。重构现有监督管理框架和功能,同步整合宜宾法院自行开发的“四类案件”智能监管系统、全院全员全程审判监督管理系统、诉讼主体特征分析系统和合作建设的“数助决策”系统,搭建适合新工作模式的数智审管平台。通过后台大数据支持,前台具体应用服务,实现了宜宾两级法院案件流程、统计分析、质效管理、案件评查、案件监督等从独立运行到与整体工作深度融合的一体化管理。

三是以实质化的方式提供数助决策。同步建设“数助决策”应用研究中心,依托数智审管平台中态势分析、社会治理分析、对比分析、文书分析等功能模块就纠纷源头治理、综合治理,就问题联治、社会经济运行等开展实质化专题研究分析,形成数字专题报告。通过平台订阅服务,及时发布报告,为院庭长、审判管理部门及时提供审判执行态势并预测案件运行态势,提供重点质效指标分析并精准评估法院办案情况,提供宜宾经济社会运行情况评估并找准审判效率、审判效果、司法管理中存在问题。

三、建设成效

(一)审判监督刚性运行

通过信息技术的同步保障,依托大数据和“规则+模块”自由组合的智能识别规则库让审判监督管理体系有形化、规范化运行,努力实现既放权到位,又控权有效;结合特征分析和“三非”“三个规定”自查嵌入,突出以员额法官为主要监督对象功能,为廉政风险防控提供重要信息参考。同时,深化了各监管主体的管理意识,使法官行使审判权力接受监督管理成为自觉,院庭长自觉履行审判监督管理职能成为责任,解除了院庭长在权力清单范围内大胆开展监督管理的担忧。平台化运行,也使审判团队的自律管理,院庭长的主责管理,审管办的专责管理,综合部门的协同管理变为看得见、摸得着。

(二)审判质效稳步提升

通过对数智审管平台实时提供的部门、条线、人员办案质效指标,业绩考核情况和画像情况进行及时分析,对标找差,采取改进措施,倒逼审判质效提升。2017年至2021年,通过静默监管,宜宾两级法院纳入“四类案件”监管1.36万件,院庭长提出监管建议案件5240件。2021年宜宾两级法院法官人均结案数225件,比上一年度增长46件;平均审理天数32.38天,比上一年度缩短1.07天,多项指标位居全省前列。“执行工作一体化”考核从全省第六名跃升至全省第二名,审判执行质效实现新飞跃。

(三)辅助决策高效科学

通过数智审管平台中诉讼主体特征分析模块应用,深度构建各类主体画像。通过大数据分析员额法官案件审理情况、案件公开情况,分析员额法官与案件代理人、代理律所关联情况,数智服务法院人力资源分析、决策,助力政法队伍教育整顿工作,防范司法不公、司法腐败。同时,充分发挥“数助决策”全域、多维、知识感知等特征功能,以“课题+大数据”应用研究模式,有序推进司法大数据风险预警、联席会议分工协同等机制的建立,更好服务宜宾经济社会高质量发展。

（四）审判行权明晰规范

通过数智审管平台，严格控制访问权限、使用权限。个人、审管办、庭长、分管院长、院长只能按其责任在权限范围内随时查看授权审判数据并进行量化分析。平台化的行权设置，进一步构建主体明确、范围明晰、层次分明的责任链，确保了审判权制约监督效能的精准及时，也倒逼法院干警自觉提升司法能力，规范司法行为，切实让权力在制度的框架内运行、在责任的约束下行使，形成审判监督管理闭环。

四、存在的不足

（一）非结构化数据应用有待加强

目前，非结构化数据的解析范围较窄，进行解析的非结构化数据主要是电子卷宗中随案生成的裁判文书（PDF格式），对随案扫描生成的电子证据，庭审过程中的视频、语音还不能进行有效解析、提取信息。在平台具体应用中，非结构化数据主要是应用在热点分析和审判人员画像部分，或者校验结构化数据，应用的深度和广度还有不足。

（二）应用数据兼容问题有待解决

数智审管平台主要是通过对宜宾司法数据的分析和应用辅助实现对审判工作的管理，通过大数据平台和现有技术，数据收集问题、建模、专项应用已基本解决。出于数据安全考虑，数智审管平台对审判系统、执行系统节点控制信息数据仅为单向访问，“只读不能写”问题还需通过后期技术探索加以解决。

五、发展展望

（一）进一步加强司法数据的挖掘分析，提升数据价值

深入审判全流程研究，加强对结构化数据的挖掘，增强审判执行过程节点数据采集和分析，实现多方数据流通和信息共享，确保数据准确和相互印证。加大对裁判文书、庭审笔录、证据材料等非结构化数据的采集、解析，进一步将非结构化数据解析融入审判管理中，不断丰富数据，提升数据价值。

（二）拓展数智监管功能，进一步提升监管水平

增加个性化工具，面向不同使用对象，形成不同类型的管理工具。深度融合应用，分类设置审判、执行、警务、诉讼服务等预警指标和判断规则，对达到预警值的指标进行预警管理，实现提前有效干预、过程改进。从以案件为主的管理，拓展到对法院人员、资源的管理，形成以

案件为中心的"人—案—资源"的关联。拓宽平台使用范围,突破管理中存在的"盲区",贯穿法院现代化管理理念,切实提升监管水平。

(三)强化"数助决策"应用研究服务

借助"三江中心法务区"平台,加大对司法大数据应用探索,进一步推进基于司法大数据对"法治政府建设、经济发展运行、诚信社会建设、平安社会建设、生活和谐建设、生态文明建设"应用,更好辅助决策。不断提升宜宾法院技术服务水平,整合、丰富现有的智能化平台,提升司法大数据预测社会需求、预判社会发展、预警社会风险的准确性、及时性,推进由"经验决策"向"大数据决策"的转变。

(宜宾市中级人民法院)

广安中院筑牢"指尖阵地",建强"智慧堡垒"

面对日益繁重复杂的执法办案任务,如何确保司法公正是一个持续的挑战。2021年以来,四川省广安市两级人民法院以党的政治建设为统领,全面落实"5+2"党建新布局,深化党建工作责任制,推进党支部的标准化、规范化建设;以创建"小平正道·天平初心"党建品牌为抓手,以智慧党建云平台为载体,探索"互联网+党建"工作模式;运用信息技术催生党建创新功能,打造"智慧党建"App,利用信息技术动态量化党员日常行为和现实表现,加强对党员的日常教育和管理,进一步增强党员的责任感、使命感,充分发挥党员的先锋模范作用,提升党组织的创造力、凝聚力和战斗力。

一、"一个目标"促改变

四川省广安市两级人民法院目前共设有32个在岗党支部,在职党员共计453名,党建工作存在多数机关共有的一些痛点和难点。2019年四川省直机关工委印发《省直机关全面推行党员积分制管理实施方案》后,四川省广安市中级人民法院(以下简称"广安中院")机关党委探索出台了《全市法院党支部和党员积分量化考核实施办法》,并同步探索如何通过信息化手段实现管理。党委履行党建主体责任的自觉性、党务工作者适应全面从严治党新形势的主动性和督促普通党员自觉履行党员义务的约束性问题,成了新时代党建工作的"拦路虎"。如何消灭"拦路虎",增强党内政治生活的时代性,使党内政治生活始终充满活力,如何利用信息技术激发基层党建工作活力、推动基层党建创新发展,成为了摆在中院党组面前的一个重要课题。"求木之长者,必固其根本;欲流之远者,必浚其泉源。"抓党建固本培元,筑牢"指尖阵地",建强"智慧堡垒",是广安中院党组明确的工作思路。

二、“两个强化”奠基石

（一）强化“三个定位”

广安市两级人民法院强化党委工作数字化定位，夯实党组织基础信息管理，发布党建资讯、学习内容、公告公示，部署党务工作任务，设置党员积分标准、公布党务信息；强化支部党务工作精细化管理定位，坚持线上线下相结合，覆盖三会一课、组织生活会、民主评议、党员发展、积分申报、任务汇报等，实现“工作场景化、流程表单化、考核积分化”的精细化管理；强化工作学习高效便捷定位，党员随时随地在线交纳党费、24小时在线学习、交流互动、接收党务工作消息通知、递交请假申请和现场签到等。

（二）强化“六大平台”

广安市两级人民法院强化党务平台，涵盖党组织管理、党内公示、党员奖惩、政治生日等13项基础党务管理工作，在线系统完成党建工作任务；强化活动平台，涵盖三会一课、主题党日、在线考试等6项组织生活管理，实现线上活动信息发布、过程组织、参会提醒、考勤、记录、归档等各个环节的有效管控，并进行线上检查督导；强化宣传平台，建立广安中院党建门户，发布党组织内部资讯，通过手机、电脑、数据大屏等终端设备将党建宣传信息直观地推送给党员；强化学习平台，拓宽党员学习渠道，接入党建教育平台，丰富学习内容和形式，畅通互动交流，并实时发放党员积分便于检查考核；强化考核平台，合理解构党务工作任务，建立党员积分体系，系统自动为每一位党员量化赋分，并按党员、党务工作者、党支部分类计算并归档，使年度党员考核有据可查；强化数据平台，系统融合党建数据，综合分析工作现状及未来趋势服务党建决策。

三、“三大功能”促实效

（一）“互联网+”学习教育促学有所成

广安市两级人民法院设立“党建资讯”模块，开展中央精神、政治建设、理论武装、党史故事、支部风采、机关工作、视频展播等9个学习栏目，以文字和视频两种形式投放课程1000余部，方便党员利用碎片时间学习。“在线考试”模块对党员学习情况在线答题检测，全年提供党章党规知识考试、党务知识考试、党史学习教育知识考试等各类型测试题12套240道题目，巩固学习效果。支部活动室安装“党建云课堂”液晶大屏，“党建云课堂”提供附带版权的中央党校、各地方党校、各高校名师教授在线课程2万余部，提升党建学习的深度和广度。打开“智慧党建”平台，首页的最新资讯栏目实时更新国内要闻、院内动态等信息；在线书城里，思想政治、法律知识、文学小说、社会科学等各类电子书刊达5000余部。种类丰富、形式多样的学习内容,让干警们的政治素养、理论水平不断提升。此外,平台还开设了学习签到、交流园地等专栏,党员通过上传学习心得,实现在线学习与共享交流。自2021年8月“智慧党建”云平台推出以来,数据显示,党员干警阅读量达4.7万人次,累计学习时长达1.8万小时,发表学习心得834篇,发表活动心得722篇。

(二)“互联网+”数据监测促管理有方

广安市两级人民法院设立“三会一课”模块注重党员对支部活动的参与度积分管理,由“要我参加”向“我要参加”转变。“意见征集”“民主评议”模块,注重党支部建设和党员交流。搭建“智慧党建”App管理员电脑操作和党员手机App操作互联互通机制。将机关全体党员基础信息、支部组织架构录入系统,实现后台可视党员积分大数据排名、支部总积分大数据排名,使党建工作成效以数据形式直观展现,将数据生成表格后打印,即可收集相关党建纸质资料。广安市两级人民法院不断革新,中基层7个法院同步推进“智慧党建”,大数据拉通排名,形成你追我赶的良好势头。“工作汇报”“积分申报”模块为党员汇报重点工作、创优争先提供数据平台,由组织对汇报和申报开展评议,实现数据化考评工作。截至目前,干警自主申报工作1300余次,可视化数据展示让争先创优劲头不断增强。

(三)“互联网+”在线服务促高效便捷

“党费缴纳”模块为党员提供党费标准测算、提醒在线缴费个性化快捷服务。以往缴纳党费,要人工收缴、计算统计。如今进入“智慧党建”,动动手指完成缴费,系统自动生成清单,大大节约了人力和时间。“政治生日”模块,自动显示当月过政治生日的党员,党员间可互送电子祝福礼物,增强党员间的趣味互动。在“智慧党建”平台上,党务工作者可通过会前添加、发布议题、现场GPS定位签到、上传图片、上传记录等形式,做到活动全程留痕,杜绝事后补录信息,虚假参与。实现了党建管理由结果检查到过程控制的转变。此外,平台可以实时查看、随时提醒党员任务落实和完成进度,做到留痕监督、量化分析、科学考核,进一步规范党建工作审批流程,提高党务工作效率,创新教育体验形式,推动党建工作向信息化、智慧化、创新化转变。

广安市两级人民法院创新运用互联网、大数据分析等技术手段,利用信息技术动态量化党员日常行为和现实表现,加强对党员的日常教育和管理,进一步增强了党员的责任感、使命感,充分发挥党员的先锋模范作用,提升了党组织的创造力、凝聚力和战斗力。各党支部和党员积极使用在线教育、组织生活、民主评议等功能,化被动学习为主动学习、化简单管理为量化考核、化传统监督为数据化监管,充分调动了支部和党员尽职履职、主动作为的自觉性和积极性,在全市法院营造出“比学赶帮超”的良好党建工作氛围。

(四川省广安市中级人民法院)

新疆维吾尔自治区“互联网＋督查”平台

为进一步贯彻落实《政府督查工作条例》，优化政府督查方式，保障政令畅通，建设人民满意的服务型政府，2021年1月1日，新疆维吾尔自治区“互联网+督查”平台正式上线运行，新疆维吾尔自治区成为全国第8个省级建设运行“互联网+督查”平台的地方。目前全国有13个省（区、市）建立实施。经过一年的平稳运转，“互联网+督查”已成为新疆维吾尔自治区政府督查工作的“发动机”和“线索源”，开创了督查工作的新局面，打造了社情民意直达新疆维吾尔自治区政府的快速渠道，受到了市场主体和人民群众的高度认可和广泛赞誉，展示了政府的新形象。

一、坚持人民至上，常态化架起政府同市场主体和人民群众之间的连心桥

（一）架设了市场主体和人民群众反映社情民意的直通车

2021年1月1日，在新疆维吾尔自治区人民政府门户网站和微信小程序同步开通自治区“互联网+督查”线索采集入口，在各级政府门户网站、政务新媒体及办事大厅同步发布“互联网+督查”链接和宣传海报。平台留言入口全天候开放，不设任何门槛，市场主体和人民群众可随时随地反映因政策措施落实不到位、有关部门不作为、慢作为、乱作为带来困扰，也可以对政府工作提出改进意见。截至2021年12月底，“互联网+督查”平台留言超过4000余条，核查办理群众留言线索2918件，解决群众困难1681个，惠及群众9.02万人，已成为自治区解决力度最大、影响面最广、社会参与度最高的政府监督平台，办成了一批群众满意度高、社会影响力好的实事好事。

（二）探索出了线上线下深度融合的督查方式

自治区充分发挥“互联网+督查”平台支撑作用，收集社情民意、畅通线索来源、解决“查什么”的问题；充分发挥督查“利器”作用，及时组织力量核查办理，解决统筹推进常态化疫情防控和经济发展、乡村振兴、社会稳定等工作“怎么查”的问题，解决困扰群众所急、所难之事，充分彰显人民至上的理念。建设政府督查工作视频调度平台，横向推动部门资源统筹整合，打破信息壁垒，实现互联互通、数据共享、结果互认；纵向督促地（州、市）和县（市、区）推进政策措施落实和目标任务完成，将“互联网+督查”平台群众留言线索核查办理督办情况列入月度视频调度工作重点内容。搭建“互联网+督查”线下政民互动和交流平台，在10个地（州、市）开展群众留言办理线下见面会13场。

(三)建立了"互联网+督查"资源共享的联动机制

"互联网+督查"平台坚持创新、共享、赋能的理念,先后为督促落实《政府工作报告》重点任务和量化指标、自治区重点项目建设情况专项督查、疫情防控督导、自治区人民政府2021年实地督查、2021年度自治区人民政府重点督办事项实地考核提供问题线索。自治区人民政府督查室在核查办理工作中,建立疫情线索通报共享机制,及时向自治区疫情防控指挥部报送,第一时间解决群众实际困难民生问题。开展全区邮政快递业运行情况督查,协调解决部分地(州、市)邮件快件积压问题,畅通疫情期间物资保供生命通道;开展全区防疫健康码规范使用情况督查,确保"一码通行"和"跨区互认"落实到位。同时,向自治区党委报告"互联网+督查"月度分析运行情况,7月11日,陈全国同志在《关于"互联网+督查"平台1—6月运行情况的报告》上亲自做出批示。

(四)打造了政府接受社会监督、回应社会关切的新渠道

在自治区人民政府门户网站开辟"督查回声"专栏,主动公开督查结果,建立起政声回应民声的常态化机制。2021年4月22日,自治区人民政府召开"互联网+督查"专题新闻发布会,新华社、中新社、人民网等12家主流媒体参与现场提问并积极宣传报道,新浪网、搜狐网、网易等31家门户网站转载相关信息,引发舆论广泛关注。联合《新疆日报》开辟新疆维吾尔自治区"互联网+督查"专栏,跟踪报道平台为民办实事好事动态,受到群众广泛关注支持。6月份,新疆维吾尔自治区人民政府组织发展和改革委员会等13个部门52人,邀请6位自治区人大代表、政协委员,对伊犁州、博州、乌鲁木齐市、哈密市、阿克苏地区、喀什地区6个地(州、市)31个县(市、区)开展实地督查。此次实地督查是《政府督查工作条例》颁布实施以来,自治区人民政府组织开展的首次大范围、综合性督查,实现了人大法律监督、政府行政监督和政协民主监督的有机结合,得到新闻媒体的高度关注,新疆电视台、《新疆日报》均做出重要报道,人民网、学习强国、石榴云等平台先后转载,引起社会广泛好评。

二、坚持问题导向,开启统筹、规范、便捷、高效的常态化督查新格局

(一)有力保障了党中央、国务院和自治区党委、人民政府决策部署贯彻落实

在深度挖掘线索的基础上,对归类清晰、指向明确的督查线索进行研究,形成12期"互联网+督查"平台月度分析报告、45篇督查专报,得到陈全国同志批示6次,自治区人民政府主席批示20次,为完善政策提供有力支撑,充分发挥了参谋助手作用。提出了坚持深化出租汽车行业改革、改进二级建造师考试等一批工作建议,督促乌鲁木齐市取消了二手车购车证明不合理办理条件,推动了自治区建立大型工程机械设备定位控制车载终端成本分担机制,助推

最新新疆物业服务收费标准出台，解决75项政策落实不到位的问题，推动完善制定制度政策30项。聚焦自治区最严格水资源管理制度和“退地减水”政策、消防安全知识和灭火器材“进万家”活动等一批政策举措贯彻落实的“最后一公里”问题，直接下沉政策落地一线查问题短板，助力打通决策部署贯彻落实“中梗阻”。

（二）切实推动了市场主体和人民群众关切的堵点、难点、痛点问题解决

对于重点线索及时组织开展实地核查，直奔现场、直面问题，听取真心话、掌握真情况、发现真问题，有力督促解决了物业收费乱象、住户暖气供热不足、拖欠项目工程款等突出问题，推动落实拖欠企业工程款2.01亿元，追讨农民工工资356.43万元。及时纠正喀什地区叶城县教育局将跆拳道俱乐部越权监管、设置开业前限制做法；实地解决伊犁州伊宁县118所中小学校采暖不达标问题；督促各地（州、市）对第七次人口普查补助经费发放情况进行核查，确保“两员”补助报酬工作落到实处；协调乌鲁木齐市交通运输管理局开通了5007路快速公交，优化调整5201、5031路公交线路，并将该片区整体纳入2021年公交畅达工程统筹解决，彻底解决了白鸟湖二号台地片区乘车难问题，获得群众好评并收到感谢信。

（三）有效实现了督查提质增效和减轻基层负担并举

2021年2月1日正式实施的《政府督查工作条例》，为加强规范政府督查工作提供了根本遵循，自治区结合本地实际专门出台了具体实施办法。采取“带着线索去、跟着问题走、盯着问题改”，“三分之二以上督查人员、三分之二以上时间用于线索核查和暗访督查”方式，坚持“开门搞督查”，建立政府督查与人大监督、民主监督、群众监督、舆论监督的贯通协调机制，有效增强监督合力。以“帮”为先，落实督帮一体，既核查落实各项政策措施和为民办实事、解难题情况，又同基层同志一道想办法、谋思路、提举措，推动政策完善和问题解决。建立问题线索厅局协调指导、地方核查整改的“双核查”办理模式，督促协调口岸货物通关难、部分学校强制学生购买高价平板电脑、多年未能成功办理不动产登记、部分老旧小区水压不够等一批久拖不决的热点难点问题，有力推动“点”上问题解决与“面”上问题整改。

（四）深入推进了“我为群众办实事”实践活动走深走实

将“互联网+督查”同“我为群众办实事”实践活动有机结合，增强了自治区人民政府办公厅“我为群众办实事”实践活动的针对性和实效性，丰富为民办实事活动形式内涵，扩大学习成效和办实事成果，打造了自治区人民政府办公厅品牌特色。组织开展“互联网+督查+10+10”工作，结合“互联网+督查”平台运用，围绕自治区党委“10项惠民工程”+“10件为民实事”工作清单内容，于6月1—10日，从办公厅21个处（室）抽调25名党员干部分赴伊犁州、塔城地区、阿勒泰地区、克拉玛依市、昌吉州、乌鲁木齐市、吐鲁番市、阿克苏地区、喀什地区、和田地

区10个地(州、市)28个县(市、区),采取走访现场、明察暗访、座谈交流等方式“回头看”和实地督办“互联网+督查”平台群众留言线索45件,解决群众“急难愁盼”问题50个,化解矛盾事项29件,惠及群众5520人。

三、坚持服务大局,持续发挥政府督查抓落实、促发展、解民忧的“利器”作用

2021年,自治区人民政府督查工作在自治区党委的坚强领导下,积极发挥督查工作“抓落实、促发展、解民忧”职能作用,扎实开展工作,有力推动了党中央、国务院重大决策部署和自治区党委、自治区人民政府重点工作安排落实落地。2022年,政府督查工作将继续切实把思想和行动统一到党中央、国务院决策部署,自治区党委和政府重点工作上来,持续以真抓实干、真督实查的作风,察实情、办实事、求实效,全力推进经济社会高质量发展。一是进一步增强督查工作的政治性,坚持党对督查工作的全面领导,从讲政治的高度认识和抓好督查落实。二是进一步增强督查工作的人民性。在常态化为人民群众和市场主体解难题中,将人民高兴不高兴、满意不满意、答应不答应作为检验督查工作成效的标准,出实招、办实事、求实效。三是进一步增强督查工作的系统性,深化“督帮结合”“督帮一体”理念,进一步完善跨地区、跨部门协调联动解决问题机制,共同发力为经济社会发展去除堵点、痛点。四是进一步增强督查工作的规范性,认真落实《政府督查工作条例》,高度重视督查机构和督查队伍建设,切实加强并规范政府督查工作。

(新疆维吾尔自治区人民政府督查室)

第八篇

年度推广

来疆亮——最高人民法院信息中心信息安全处处长

来疆亮，男，博士研究生学历，正高级工程师职称，现任人民法院信息技术服务中心信息安全处处长。撰写出版专著两本，获得国家专利局授权专利三项，在国内外期刊发表论文十余篇；在“十三五”和“十四五”期间，作为信息安全方面负责人参与编制了《人民法院信息化建设五年发展规划》，作为负责人主持编制了《人民法院信息安全保障总体建设方案》，编制发布了法院信息化行业标准10项。

近年来，主要负责牵头开展最高人民法院网络和信息安全保障建设和全国法院网络和信息安全工作的规划、监督指导工作。

一是以顶层设计行业规范为牵引，组织建立法院系统安全保障体系

在“十三五”和“十四五”期间，牵头编制法院系统网络和信息安全五年发展规划，主持编制了《人民法院信息安全保障总体建设方案》，以网络安全等级保护、涉密系统分级保护标准体系和法院行业安全基本要求为依据，面向服务人民群众、服务审判执行、服务司法管理等三大类应用，建立了全国法院网络安全保障总体框架。

组织全国法院推进网络安全等级保护工作，共确定了等级保护第三级和第二级系统近两千个。按照国家关键信息基础设施保护要求，组织编制《法院系统关键信息基础设施认定规则》，并确定了法院行业的国家关键信息基础设施清单。

通过多年的牵头组织和规范指导，最高人民法院和各高级人民法院具备了基本云安全和数据安全基础防护能力。最高人民法院建成了统一身份认证融合平台，初步实现了全国法院用户身份信息同步和认证互信。最高人民法院和90%以上的高级人民法院及部分中基层人民法院建成了跨网安全隔离交换系统。最高人民法院初步建成了综合安全监管平台，实现了对全网安全状态监测和态势感知，建立了结合综合安全监管平台、安全指标体系和专业化安全运维团队的法院安全运维机制。

二是面向法院网络安全重点难题，组织开展相关技术攻关研究探索

组织开展了基于光单向隔离设备的交

换体系研究。在文件交换和数据库同步等通用交换方式的基础上,扩展了符合法院对外协同业务特点的服务请求和音视频双向实时交换模式,建立了法院专网与其他网络的安全隔离交换体系和平台,形成了相关行业标准。

针对全国法院账户管理和权限认证复杂多样的情况,组织开展了基于口令和异构证书系统的融合互信体系研究,建成了全国法院统一用户管理和认证机制。针对信息化运维依托社会化服务的特点,开展了基于动态令牌的双因素认证及监管技术研究,解决了运维操作缺乏有效技术监管手段的难题。

组织研究法院网络和应用的特点,设计了包含6类6级共2100余个安全指标项的评估体系,并组织在综合安全监管平台中开发实现。撰写论文将网络安全系统的防护效果和对被防护系统服务能力的负面影响同时纳入评估框架,为网络安全方案设计和选型提供依据。

面向司法公开服务应用体系,组织开展基于主动安全防御和人工智能技术识别和防范以正常访问模式实施恶意数据爬取和自动化网络攻击的研究。实际环境对恶意网络数据爬取识别率达到95%以上,实现了对恶意数据导出、应用逻辑漏洞攻击、0day漏洞攻击、IP池低频高级撞库和口令暴力破解等自动化攻击手段的有效防御。

三是充分发挥行业协同联动机制,圆满完成重点时期网络安保任务

在近年来的“两会”期间、“建国七十周年”和“建党一百周年”庆祝活动、“北京冬奥会、冬残奥会”等重要活动和网络安全重点保障时期,组织全国法院落实相关安全保障要求,周密部署、协同联动,确保不发生重大网络安全事件,有力保障了法院系统在上述动点时期的网络安全。相关经验、做法得到网络安全监管部门的肯定,被收录进网络安全监管部门的优秀案例进行推广。

在近年来各年度网络安全监管部门组织的网络安全攻防实战演习中,担任最高人民法院防守工作总指挥,牵头组织开展行业防护演练任务,取得较好成绩,曾带领最高人民法院获得“年度最佳防守单位”奖,连续多年获得“演习先进个人”称号。

近年来,法院系统信息化建设取得了突飞猛进的发展,智慧法院的建设成果经专家鉴定认为“技术复杂、难度很大、创新性强,总体达到了国际领先水平”,该同志牵头开展的全国法院网络和信息安全工作为智慧法院建设达到国际领先水平提供了强有力的基础性保障。

缪存孟——最高人民检察院检察技术信息研究中心数据分析三处处长、一级调研员

缪存孟，男，1981年10月出生，汉族，中国共产党党员，硕士研究生学历，现任最高人民检察院检察技术信息研究中心数据分析三处处长、一级调研员。

缪存孟同志自2009年8月到最高人民检察院检察技术信息研究中心工作以来，积极发挥专业技术特长，认真学习检察业务知识，利用技术手段提升检察业务工作质效，运用现代科技手段为检察官办案提供技术支持和保障。

一、参与全国检察业务应用系统1.0和2.0研发

深入了解检察业务的流程和需求，积极推进检察业务应用系统全国部署和推广应用，为全国四级检察机关办理各类案件提供了有力的科技支持。

二、依托最高人民检察院大数据决策支持平台

为检察办案提供数据分析服务。2021年积极推进国家检察大数据中心建设，组织开展专题大数据分析工作，如“醉酒驾驶案件情况专题分析”“正当防卫案件情况专题分析”“电信网络诈骗案件情况专题分析”等，为最高人民检察院领导决策和各业务厅局研判工作提供数据支持。

三、依托全国检察机关民事检察监督平台

为全国检察机关提供虚假诉讼、企业犯罪等民事检察监督案件线索服务。在近年虚假民事诉讼监督案件呈上升趋势的情况下，运用大数据、人工智能等技术，积极为检察官办理这类案件提供科技支撑，助力提升全国各级检察机关对虚假民事诉讼线索发现、筛查能力。

四、依托“益心为公”检察云平台，为公益诉讼检察案件办理提供线索研判等服务

充分吸收浙江、湖北等地检察机关探索实践成果，建立了“益心为公”检察云平台，以互联网思维吸引更多公众作为志愿者参与国家和社会公共利益保护，弥补检察机关公益诉讼办案力量不足、专业知识欠缺、高质量线索发现难等问题，为检察官办理公益诉讼案件提供大数据分析、卫星遥感等科技支持。

张金旭——河北省高级人民法院审监三庭庭长

张金旭,1971月出生,中国共产党党员,先后担任沧州黄骅市人民法院党组书记、院长,沧州市中级人民法院党组成员、副院长,现任河北省高级人民法院审判委员会委员、审监三庭庭长,三级高级法官。主要负责河北省法院审判管理和信息化建设及应用工作,2021年紧紧围绕服务和保障执法办案这一核心任务,充分应用智慧法院建设成果,全面保障全省法院,尤其是河北省法院网上办公办案和互联网便民诉讼服务,确保疫情常态化防控背景下的审判监督管理和智慧法院建设应用各项工作顺利推进。创新打造一批信息化建设应用亮点工作,研发应用的"河北法院一体化审判权监督制约平台"和"河北省纪委监委派驻法院智慧监督平台"得到最高人民法院院长周强的肯定和批示,狱内远程庭审工作被《河北法制报》和河北长安网进行重点报道。

一、全面实现狱内远程庭审

为确保新型冠状病毒肺炎疫情期间河北省司法审判等工作的正常开展,与河北省监狱管理局沟通协调,仅用时一个月就实现了各级法院数字法庭系统与全省监狱提讯系统互联互通,做到全省各级法院可以在本院完成对全省任何一个监狱的在押罪犯进行提审、开庭等工作,同时监察委、公安、检察院、律师均可利用该系统开展对在押罪犯的提审、会见等相关工作。2021年全省各级法院与全省监狱开展远程视频提审、开庭、会见等工作900余次,确保不因新型冠状病毒肺炎疫情而影响全省各项司法工作,确保不因疫情而损失人民群众利益。

二、研发应用自动监督预警平台

与河北省纪委监委驻河北省法院纪检监察组共同研发了"河北法院一体化审判权监督制约平台"和"河北省纪委监委派驻法院智慧监督平台",该平台对接省法院15个业务系统,自动提取数据,根据设定节点要求自动推送违规信息,实现内部监督关口前移,防患于未然,实现重点案件看得见、重点节点看得见、重点人员看得见、重大瑕疵看得见、群众信访看得见、重大舆情看得见、问责追责看得见。最高人民法院院长周强批示"值得总结和推广"。

三、研发异步庭审系统

打破时间和空间限制,整合语音识别、人脸识别、数字签名、区块链、移动互联网等前沿技术,将传统庭审的同步场景转化成跨时间、空间的异步场景。异步庭审推开了另外一条通往公平正义的新途径，交流载体以电子文本为主，实质性解决语言沟通障碍；跨空间、时间的基本特征，技术上可以实现跨区域组建合议庭，跨域调用审判资源；配套改革现有的明示合议庭回避制度，增设地域、任职经历、学习经历等条件回避，技术上实现将合议庭成员与案件判前虚拟隔离，当事人无法通过案件找到法官，可以从制度机制上解决打招呼等顽瘴痼疾，保障司法公平。

四、自主研发卷宗智能分页编码系统

实现卷宗材料的智能分页、智能检测、智能编码，实现卷宗全自动打码，减少了繁复枯燥的工作内容，扭转了传统模式下卷宗人工逐页打码的落后局面。

五、研发“套路贷”虚假诉讼预警系统

为针对“套路贷”虚假诉讼实现自动化预警、科学化认定、全面性打击、源头性防范提供了有力的信息化支撑，并将“套路贷”虚假诉讼预警系统与立案风险甄别系统相关联，实现在立案阶段从身份认证、重复立案、信用评估、虚假诉讼、敏感案件等多个方面进行自动识别和提醒，有效解决了传统模式下立案法官识别不准的问题。

崔慧海——浙江省宁波市中级人民法院诉讼管理办公室主任

崔慧海,毕业于国防科技大学,工学博士,现任浙江省宁波市中级人民法院诉讼管理办公室主任,2000年起从部队转业至法院系统后一直从事智慧法院建设工作。他技术水平高超、工作表现突出,曾在2010年获评“浙江省法院优秀司法政务工作者”,在2012年和2016年两次获评“全国法院信息化工作先进个人”,在2011年和2015年两次荣获个人三等功,在2017年和2019年两次荣获个人二等功,是全国智慧法院建设的推动者和先行者。

他热衷法院事业,在宁波法院信息化建设中,根据全市实际情况,制定长远的建设规划和验收标准,带动创新、推动应用推广,使宁波地区的信息化建设走在浙江省乃至全国的前列。宁波法院的历次重大保障活动和要案审理,他总是身先士卒,在设备调试和模拟测试的第一线支持工作,特别是新型冠状病毒肺炎疫情期间,崔慧海同志带领团队面对艰巨考验,以高度的责任感和使命感,放弃休假,连续加班,全力以赴地保障审判、执行工作正常开展。

他推动数字赋能一站诉讼服务,指导建设移动微法院在全国推广应用。因为各地法院业务和技术标准的差异,他先后到青海、新疆等偏远地区推广调研,跟少数民族群众和一线干警做深度交流,带领移动微法院研发基地同志攻坚克难,从最底层的代码开始推敲、设计、研发,升级完善微法院相关功能,并创新性地上线中国移动微法院全国标准版,完成全国首个业务流程一致、数据标准统一、接口交互规范且分地式部署的移动微法院版本,为人民法院在线服务的一体化协同和自主化创新奠定坚实基础。移动微法院也在其指导下迭代成长,并在2021年被最高人民法院评为“人民法院改革创新奖”,被浙江省委评为“浙江省数字化改革好应用”和“浙江省改革突破奖——金奖”。

他笃爱信息技术,创新设计“全景”庭审录音系统,在全国范围内率先实现数字法庭全程无死角录音和录音快速定位、回放等功能,确保庭审高质量记录,提高工作效率。他屡次攻克互联网庭审的技术难关,将多终端接入、跨网系交互、多案联审等在线审理难题一一化解,让互联网庭审成为法院审理的新常态。同时,作为一名技术型专家,崔慧海同志还参加了《智慧法院大脑》《浙江全域数字法院》等重点课题的研究,为智慧法院的理论探索作出了许多贡献。

乐　知——深圳市罗湖区政务服务数据管理局党组成员、罗湖区智慧城市建设中心主任

乐知，中国共产党党员，现任深圳市罗湖区政务服务数据管理局党组成员、罗湖区智慧城市建设中心主任，从事电子政务、政府信息化领域工作近15年，熟悉并擅长数字政府、智慧城区、电子政务建设项目管理。其近年主要工作业绩如下。

乐知同志坚持贯彻网络强国战略，始终秉持改革创新的发展理念，持续提升罗湖区电子政务、信息化、数字政府及智慧城区建设质量，多次荣获“政府网站最佳管理者”“电子政务年度人物”“政府网站最佳实践者”；曾获“深圳市二级计算机科技贡献奖章”“科技创新重大贡献先进个人”“广东省民营科技促进奖”。他创新政府网站管理理念，罗湖区政府在线网站曾连续六年荣获中国政府网站绩效评估（区县级）第一名。

他坚持以数字化改革助力政府职能转变，统筹推进政务应用系统集约化建设、互联互通、协同联动，构建协同高效的政府数字化体系。2014年率先在全国试点云计算的电子政务公共平台建设和应用，先行先试场地授权的模式搭建云计算基础设施平台，积极推进罗湖区数字政府集约化、一体化建设，建成罗湖区数字政府一级平台。

他强化系统观念，提升跨层级、跨系统、跨部门的协同管理和服务水平。2018年，他主导编制《罗湖区数字政府和智慧城区建设三年工作方案（2018—2021年）》，推进智慧罗湖对标一流智慧城市建设架构，实施“总包”模式，建成“两中心一平台”，形成罗湖智慧“大脑”，实现城区运行全感知；创新“智慧教育云平台”模式，从“纯建设”到“买服务”的转变，全国首创完全基于应用使用效果付费的“罗湖模式”，实现全区统一部署使用，全区统一购买服务，全角色、全年级、全学科100%覆盖；在全国率先搭建首个覆盖合同起草、备案、履行、验收、评价等全周期的区级合同管理平台，试行电子合同“云签约”，推动政府管理精细化、精准化，上线至今累计备案合同48895份，合同金额549亿元。

他以满足人民对美好生活的向往作为数字政府建设的出发点和落脚点，打造便民服务应用。“错峰共享停车”改革，解决市民上下班、学生上下学和患者医院就诊三大“停车难”问题，在省级“先锋杯”和市“党建杯”比赛中获一等奖。

董有生——江西省玉山县人民法院党组书记、院长

董有生,男,1980年5月出生,江西省弋阳县人,法学硕士,现为江西省上饶市玉山县人民法院党组书记、院长。近年来,董有生同志荣立二等功1次,获评“江西省法院信息化工作先进个人”“江西省法院综合调研骨干”“江西省法院学术讨论会先进个人”“江西省优秀法官”“江西省法院审判业务专家”“江西省法院优秀师资人才”“上饶市扫黑除恶专项斗争先进工作者”等荣誉称号。

董有生同志政治立场坚定,不断加强政治理论学习,坚持以习近平新时代中国特色社会主义思想和习近平法治思想为指导,深入贯彻党的十九大和十九届历次全会精神,坚定捍卫“两个确立”,增强“四个意识”、坚定“四个自信”、做到“两个维护”,在思想上和行动上始终与党中央保持一致。

该同志深入贯彻习近平总书记关于网络强国的重要论述精神,以智慧法院建设为抓手,融合大数据、云计算、移动互联网等新技术、新应用,实现了“司法管理网络化、审判活动智能化、司法政务信息化、诉讼服务便民化”,推进审判体系和审判能力现代化,“智慧法院”建设走在全省前列。“档案e管理”工作被列为全省法院试点,探索出的工作经验在全省法院推广,“审判e管理”工作在全省法院现场推进会上做经验介绍,“分调裁审集约化办案模式”在上饶市法院推广并被江西省委政法委作为试点工作经验上报中央政法委。上述改革工作经验分别被写入江西省高级人民法院、上饶市中级人民法院工作报告,被省市法院称为“玉山模式”,上饶市中级人民法院还因此在玉山召开现场推进会,推广“三项工作”经验。所在法院连续两年在全省法院高质量发展考核中位居全市、全省法院前列。

该同志坚持以人民为中心,健全完善“一站式”多元纠纷解决和诉讼服务体系,积极发挥在线调解平台应用,打造分调裁审的集约办案新模式,通过引进集约办案平台,将文书送达、庭审排期、司法鉴定等流程前置,纠纷的受理、组织调解、立、审、裁、结等各环节均线上办理,实现对诉前调解案件全流程督导、全过程辅助,切实减轻工作人员负担,实现质效管理的“快精简”,为人民群众提供更加优质高效的司法服务,让智慧法院建设成果更多、更好地惠及人民。

该同志特别注重加强审判理论学习和业务钻研,取得了一些突出成绩。近年来,共获省级以上学术调研奖项近20次、公开发

表各类调研文章数十篇，承担省级以上调研课题4个，多次参与全国全省法院学术讨论会并十余次获奖。所写学术论文在第五期中国法学青年论坛上获二等奖，在《人民司法》《中国应用法学》《行政执法与行政审判》《人民法院报》《司法纵横》等刊物上发表调研文章多篇，获第五届全国法院行政审判调研成果评选二等奖、全国法院第二十五届、二十九届学术讨论会二等奖、三等奖。

张艳秋——四川省成都铁路运输第一法院党组书记、院长

张艳秋，女，汉族，中国共产党党员，法律硕士，成都铁路运输第一法院党组书记、院长。

始终致力于探索将人工智能应用与司法需求深度融合，力求实现以高度信息化方式支持司法审判、诉讼服务和司法管理，紧密结合“互联网+”时代法院工作特征，积极运用大数据、云计算、人工智能、区块链等技术，探索“数字中国”依法治理“四川模式”，推动成都铁路运输第一法院取得改革转型的突破性进展，全面推进互联网司法建设，成都互联网法庭智能化高效运行。互联网智慧法庭创新应用荣获2021年“政法智能化建设智慧法院创新案例”。

打造成都互联网法庭“云系列”新一代智慧审理和司法服务平台。利用云游多元解纷平台、云享诉讼服务平台、云端信用电子平台、云辑审判管理平台，以科技跨越时空壁垒，对案件从起诉、立案、分案、送达、举证、调解、审判、结案到归档实行全流程在线处理，提升审判质量效率，实现电子卷宗深度运用，服务诉讼主体、服务营商环境、服务改革决策。

搭建成都互联网法庭“和讼”调解平台。利用互联网技术，实现多方视频通信，在线多元解纷，诉前引流调解，诉源纠纷治理，让大量互联网矛盾纠纷化解于苗头、解决在诉前。通过引入成熟的商事调解组织，深化同公证处、律师协会、行业协会等社会调解力量的密切合作，强化对第三方调解工作的司法指导，完善多元解纷机制，确保“和讼”调解平台高质量调解资源，切实做好从源头上化解互联网案件纠纷，提升司法为民服务质效。

推动“5G通信融合”实现“在线庭审”。利用通信技术高速度、低延时、重构安全的特性，实现安全可靠的在线庭审，结合“区块链+诉讼”理念，运用区块链技术为当事人提供电子证据固化、诉讼材料存储、证据哈希核验、诉讼材料提取、采集、审执衔接等功能，降低当事人的维权成本，提升法官对于电子数据的采信效率。通过OCR识别、材料自动生成、电子签名等智能化辅助进行全程指引，对案件实行全流程在线处理，实现办案无纸化、移动化。

建设金融一体化平台，实现金融机构、调解组织、法院三方协同，批量化办理互联网金融纠纷。金融机构对电子证据和案件要素数据进行管理，可批量转入调解，或者

批量提交材料进行立案。调整组织对批量的金融案件进行调解。法院对互联网金融案件进行批量接收、审核、立案、开庭、归档、结案，同时通过要素组装文书，实现裁判文书批量自动生成，大大提升法官在金融案件办理的能力和速度。

以高新科技开拓深层次便民服务。开发微表情分析功能，在庭审过程中的实时展现诉讼参与人的呼吸速度、心跳频率、紧张程度，辅助法官掌握当事人情绪变化，控制庭审节奏，必要时进行心理舒缓；研发集诉讼纠纷引导、调解服务、网上立案、网上应诉、电子送达、网上缴费、网上阅卷、网上开庭等多项功能为一体的一站式诉讼服务5G智能终端“微法庭”，打造“非接触式”诉讼参与新模式，实现“可视化”诉讼服务，无限扩展法律服务的范围。

高顺尉——北京市残疾人社会服务中心主任

高顺尉，中国共产党党员，正高级工程师，现任北京市残疾人社会服务中心主任。主要负责北京市残疾人大数据管理、服务需求和服务资源信息管理以及北京市残联信息化服务保障等工作。其近年主要工作业绩如下。

他牵头编制并实施了“智慧残联”顶层设计。以残疾人为中心，以智慧服务和智慧管理为目标，坚持精准、统筹、网络三个原则，创新开展“服务全覆盖、管理全留痕、资源全透明、政策全公开、机会全公平”的残疾人服务管理新模式。

他组织建设了北京市残疾人综合服务管理平台。打造了多渠道申请、一平台受理、一网式通办、一张卡通行的“互联网+”残疾人服务。用互联网思维引导业务改造、流程优化，北京市残联31个服务事项全部实现网上办理，90%以上的持证残疾人通过该平台获取过服务，累计超百万人次。“北京市残疾人在线服务”作为全国三个经典案例之一被写入《2020年联合国电子政务调查报告》。

他统筹推动残疾人事业大数据建设和应用，支撑北京市残疾人工作用数据调控力度、调整角度、把控进度。在日常工作管理和跨部门工作协同中，积极推进数据共享和数据应用，实现14个部门逾10亿条数据的共享，有力支撑了“放管服”改革和基层减负。在常态化疫情防控中，及时排查中高风险地区残疾人及残疾人服务机构情况，为精准防控提供了有力支撑。

他大力推进最新科技产品在残疾人服务中的广泛应用。“冬奥手语播报数字人系统”在北京卫视应用，有效解决了手语翻译不足的问题。基于“无障碍环境建设信息管理系统”的无障碍电子地图在百度、高德等导航软件中试点应用，13万个无障碍点位数据在北京数据开放网站发布，面向社会公众提供应用。

奚　荧——北京市政务服务管理局信息化建设处处长

奚荧，中国共产党党员，现任北京市政务服务管理局信息化建设处处长。主要牵头北京市“互联网+政务服务”工作，协调推进北京市与国家政务服务平台之间的信息共享与业务协同等工作。其近年主要工作业绩如下。

奚荧同志始终坚持以人民为中心的发展理念，以提升企业群众办事体验为核心、平台建设和场景应用为重，加快推进政务服务数字化转型升级，不断提升网上办、掌上办、智能化和“跨省通办”服务能力，持续推动政务服务从“可办”向“好办”“易办”转变。

他组织业务骨干持续攻坚克难，以全程电子化为目标不断深化“网上办”。建成了全市一体化在线政务服务平台，形成了覆盖四级的网上政务服务体系，68个市级部门和16区、经济开发区全部入驻市政务服务网总门户，“办好一件事”、跨省通办、助企纾困等专题专区陆续上线，电子印章、电子证照、电子档案、数据共享等共性支撑功能全面推广应用，个人用户数3401万，企业用户数236万，除涉密等特殊情况外，政务服务事项全部应上尽上，市级91.88%的事项实现“全程网办”。

他不断强化技术驱动业务创新理念，紧扣企业群众热点需求，不断深化“掌上办”、优化“智能办”。丰富指尖上的便利服务，在“北京通”App基础上，拓展了微信、支付宝、百度小程序，上线了社保、公积金等1100余项服务和“企业服务专区”，接入在线导办、一码办事等特色服务，月活人数达578万人。不断优化精准、主动、个性化的服务体验，在北京市政务服务网上线个人和企业专属用户空间，构建用户画像，推送个性化服务315万余次；推出场景式搜索服务，上线智能客服系统，累计接待咨询群众20万人，推出“北京市设计创新中心认定”等165个事项引导式办事指南。

他积极服务京津冀协同发展国家战略，以“京津冀+雄安”为重点持续推进跨省通办。建设了北京市“跨省通办”专区和京津冀“一网通办”专区，推出养老保险关系转移接续、失业保险申领等112项事项和142项高频服务线上全国通办，以及企业开办、公积金、公共缴费等231项事项“京津冀+雄安”四地通办，实现47项京津冀自贸区政务服务“同事同标”事项网上办理，助力京津冀协同发展和雄安新区建设。

杨宝宏——大连市中山区智慧化管理信息服务中心党组书记、主任

杨宝宏，中国共产党党员，现任大连市中山区智慧化管理信息服务中心(大连市中山区大数据中心)党组书记、主任。主要牵头负责大连市中山区软硬件项目的建设和管理工作，积极推进中山区“一网协同、一网通办、一网统管”等内容的建设工作，负责政务资源信息共享的推动和管理工作，负责中山区统筹建设各业务系统的建设和管理工作。在他的亲自带领下，两年内，中山区信息化工作荣获六项国家级奖项。

一、推动和服务高质量发展、完成重点目标任务

大连市中山区是辽宁省“党群一张网”建设试点区之一。杨宝宏同志早谋划、早起步，按照“网”得住、“统”得好、“管”得了的原则，抓系统整合、流程再造、应用开发，通过线上建网络、线下建网格，推动“三网建设”。以中山区“对外服务平台”“对内管理平台”为基座，建设“党建、行政、经济、民生、治理、综合”六大模块，深入推进17个业务系统的开发建设工作，为各领域相关工作提供了有效的信息化支撑。

二、统筹疫情防控、助力经济社会发展

杨宝宏同志在大连“11·03”新型冠状病毒肺炎疫情期间，带领团队紧急对中山区内“疫情防控”系统进行升级改造。升级开发系统中五大模块，保证了新型冠状病毒肺炎疫情期间数据的实时管控更新，为疫情防控工作提供有力的数据支撑，得到了国家卫健委专家的推介。

三、围绕“三个实现”，全力肩负保障责任

一是实现网络安全一体化管控。杨宝宏同志结合信息系统实际情况，提升安全等级，做好安全防护和运维管理，并将等保3级以上信息系统均部署在市政务云环境下。。

二是实现中山区信息化数据资源池框架搭建。杨宝宏同志为着力开展中山区数据建设与实际应用，提升数据管理水平，对“大连市政务资源共享平台”共享资源进行梳理，数据获取量目前已突破五千万。

三是实现运维保障及时高效。为确保运维工作及时高效进行，杨宝宏同志带领维保团队全年无疏无漏保障天网高清视频监控，完成运维服务巡检2365次，机房和网络基础运维781次，做好会议保障362次。

石兴中——深圳市罗湖区政务服务数据管理局局长

石兴中，中国共产党党员，现任深圳市罗湖区政务服务数据管理局党组书记、局长、一级调研员，全面统筹罗湖区“互联网+政务服务”工作。其近年主要工作业绩如下。

石兴中同志始终坚持以人民为中心，立足“数字深圳”建设，牵头应用大数据和智能技术赋能政务服务，深化“秒批秒报一体化”“一件事一次办”等服务效能，创新打造“反向办”等服务品牌，全面做好科技防疫工作，提升企业、群众办事获得感、体验感。

他组织技术力量持续优化服务体验，全面整合多部门大数据、云计算等技术资源，推出“秒批”“无感申办”“一件事一次办”等服务，构建办事信息少填不填、申请材料少交不交、无人工干预自动审批的政务服务新体验，实现深层次“减材料、减环节、减时限、减跑动”。已上线121个“秒批”事项，236个“无感申办”事项，34个“一件事一次办”事项。

他创新提出“反向办”主动服务理念，打造数据治理新服务模式，线上依托大数据、AI等技术让惠民、惠企服务主动找到符合条件的企业和群众，线下组建党员服务先锋队，精准把服务送到有需要的老百姓手中，实现从“人找服务”到“服务找人”。已上线9大类25项“反向办”服务事项，共为辖区超50万名群众、超1万名创业者和2500家企业提供“反向办”服务，重点事项的申办率、覆盖率和落地效果均显著提升，如全区高龄津贴办理率由75%提升到近90%。“反向办”服务项目登上《人民日报》头版，在国务院办公厅政府信息与政务公开办公室主办的《政务公开工作交流》刊登，荣获全国第三届党建创新成果展示交流活动“十佳案例”铜奖、省级“先锋杯”一等奖等多个奖项。

他冲锋在前，带头落实科技防疫攻坚任务，构建区应急排查系统和扫楼小程序，精准下发数据支持街道社区和各部门做好人员排查和防疫工作发动。聚焦本土防疫高风险点，创新应用大数据等推动入境邮快件管理“全闭环”，完成文锦渡跨境司机接驳点信息化改造助力“全接驳”，部署“电子哨兵”“场所码”应用做好各类场所防疫围合管控“全覆盖”，全面破解防疫难点。

张小丽——江苏省南通市中级人民法院科技信息处一级科员

张小丽,女,1985年9出生,中国共产党党员,工学硕士。现任职于江苏省南通市中级人民法院科技信息处,一级科员,主要负责法院信息化系统建设、法院网络与信息安全建设与管理等工作。该同志十余年来一直工作在信息化建设一线,具有扎实的信息化理论基础和丰富的实践经验,多次获南通市委嘉奖。

开拓创新,为新时代智慧法院建设"赋能"。先后参与了南通法院支云庭审系统、破产案件管理系统、智慧警务等重点信息化项目的方案设计与研发,积极用信息化手段破解审判执行工作难题,其参与研发的多项创新成果在全国产生了积极影响。南通法院破产案件综合信息管理平台成功入选全国政法智能化建设智慧法院优秀创新案例,智慧警务、执行全流程无纸化办案系统获最高人民法院高度肯定,在全国法院被推广应用。在做好信息化系统研发的同时,不断总结经验,2020年撰写的《江苏南通中院借力信息化打造战"疫"时期司法硬核利器》被《人民法院信息化发展通讯》录用,2021年撰写的《南通法院破产案件综合信息管理平台的研发与实践》成功入选2022年度《法治蓝皮书中国法院信息化发展报告》。

作为南通市中级人民法院网络安全具体工作的负责人,勇挑重担,冲在一线,带领团队多次参与最高人民法院、江苏省法院组织开展的攻防演练等活动,做好监测、防御和预警工作,时刻筑牢网络安全防线。着眼于法院移动办公应用的迫切需求,带领团队自主研发法院移动终端安全接入平台,从业务需求、技术架构、网络安全等全流程进行把控,严格落实"三同步"要求,先后攻克了专网和互联网信息交互、网络安全接入、终端安全管理等技术难题,南通法院移动终端安全接入平台在实践中有较强的操作性、安全性、推广性,该方案获得上级法院肯定,为法院移动设备安全接入提供了新方案。

务实笃行,用实际行动践行初心使命。作为一名党员干警,工作中始终践行"为人民服务"的理念,积极以信息化思维实现更高水平的公平正义。该同志积极推动"数助决策"试点工作的开展,提升数字赋能,为审判管理、经济社会发展、优化营商环境提供技术支撑,该项工作连续三年荣获全国法院整体示范应用一等奖。不断推进跨部门合作和业务协同,创新为民服务举措,先后参与研发了"支云e站"、支云仲裁庭审系统,法院—工会和谐劳资支云法律服务平台等系统的研发,“支云e站”被评为南通市政法系统十大“我为群众办实事”项目,以踏实、肯干、务实的工作作风努力铺设诉讼服务“最后一公里”,让人民群众享受更多智慧法院带来的“数字红利”。

该同志以过硬的政治素质、工作作风、业务素质,奋斗在智慧法院建设一线,用实际行动书写了新时代法院干警的担当与使命!

张　静——四川省成都市武侯区人民法院党组书记、院长

张静,女,1968年5月出生,汉族,中国共产党党员,现任四川省成都市武侯区人民法院党组书记、院长、审判委员会委员、三级高级法官。该同志始终坚持以人民为中心、以问题和需求为导向、以改革创新为路径,融合人工智能、大数据、5G等现代科技,深度利用电子卷宗,法官"无卷"开庭审判、"无卷"外出执行,智能编目、一键归档,左看右写、复制粘贴、快速检索、精准定位,全环节、全链条、全流程网上办理、全程留痕,电子卷宗秒点、秒传、秒结,实现诉讼服务便民化、案件流转无纸化、办案过程智能化、审判管理静默化,以信息化撬动司法生产关系变革,以智慧司法融入社会治理大格局。

自主设计并运行智慧诉讼服务中心,打造多功能、集成式、一站式的全新智慧诉讼服务中心,自主研发、集约集成智能导诉预测系统、诉讼服务大数据分析系统、智能审判辅助系统、智慧可视化同屏集成系统、静默化服务提示系统等五大智能系统,深度实质化运行24小时诉讼服务,大力推进在线调解平台远程化解纠纷,推动形成分层递进、繁简结合、衔接配套的一站式多元解纷机制,全方位提升人民群众诉讼体验,减轻法官办案负担。

开拓创新区块链服务无纸化审判新方向,探索区块链和无纸化审判深度融合。利用区块链技术的可信时间戳、哈希值校验等技术,加强存证验证应用;因地制宜地深耕电子文书、电子送达应用场景,实现基于司法链的数字化共享;构建新型信息化信任支撑基础,保证在线生成文书的唯一性、真实性,为全流程无纸化网上办案提供有力保障。

运用前沿技术积极开展民事诉讼繁简分流改革试点,推动互联网时代诉讼理念重塑、模式重构和流程再造。自主研发"小崇"智能问答法律机器人,持续迭代升级,布点50余个社区乡镇普法教育引导,使诉源治理插上信息化翅膀。新型冠状病毒肺炎疫情期间,引导群众通过网上诉讼服务中心、四川移动微法院等在线平台,办理网上立案、在线庭审、网上查控、电子送达、跨域立案和跨域送达等诉讼事务。智能要素式审判系统同步服务法官,形成线上线下交融、网内网外互通的菜单式、异步式、多点式的诉讼新模式,电子诉讼平台不断取得新成效。

该同志2016—2021年担任四川省崇州市人民法院党组书记、院长,期间四川省崇

州市人民法院自2017年以来连续三年被评为“四川省法院信息化先进集体”，2019年被最高人民法院确定为四川省唯一一家“以电子档案为主、纸质档案为辅”案件归档模式试点单位；2020年被最高人民法院确定为司法链应用试点单位。该同志在四川省成都市武侯区人民法院工作期间，运用信息化手段推动金融案件要素审理，建立高效批量案件处理机制；创新研发破产案件信息平台，搭建破产案件一体化管理系统，实现管理高效率、审判标准化、数据电子化。个人被授予“2017年度四川智慧法院建设特别贡献奖”“2020年度全国法院信息化工作先进个人”，最高人民法院《信息化通讯》《智慧法院进行时》多次刊登信息化工作经验做法，中国社会科学院《蓝皮书：中国法院信息化发展报告No：4》（2020年）列为“地方创新”案例，通过信息化手段探索小额诉讼分层递进引导机制入选最高人民法院司法改革案例。全国几十余家法院先后来院参观学习。

唐文博——最高人民法院信息中心系统研发处负责人

我是唐文博，很幸运我从大学一毕业就来到最高人民法院信息中心工作。站在这个广阔的平台上，深度参与了智慧法院建设的伟大事业，内心感到无限的光荣和自豪。在中心领导的指导和带领下，我们这些青年人在工作过程中学习实践了系统思维的方法论；明白了什么是目标图像、实施路径和时间节点的工作理念；我们更加深刻地认识到智慧法院建设对于辅助法官科学裁判、减轻法官事务性工作的重要作用，对于建设法治社会，实现数字正义的重要意义。下面我就个人所参与的智慧法院建设成果以及后续工作思路进行报告。

作为信息中心系统研发处的一个干警，我重点参与了“一站式多元解纷和诉讼服务体系”和“两到三年基本解决执行难”信息化建设项目，参与了最高人民法院电子卷宗随案同步生成和深度应用建设工作，为提升人民群众对人民法院诉讼服务工作的满意度，增强人民法院审判、执行办案效率提供了有效的信息化支撑。

一、建设以人民法院在线服务为总入口的一站式多元解纷和诉讼服务体系

积极组织技术团队开展中国移动微法院标准版向人民法院在线服务的转型升级，集成整合调解、立案、阅卷、送达、保全、鉴定等诉讼服务功能，满足人民群众一站式办理全国法院诉讼服务事项的司法需求；依托最高人民法院诉讼服务指导中心信息平台，实现对全国法院诉讼服务质效数据的全面汇聚，按照诉讼服务质效体系指标，完成对全国法院诉讼服务质效得分的统计和展示。后续将建设人民法院在线服务 PC 端，与诉讼服务相关系统实现功能级融合，为人民群众提供更加优质的在线诉讼服务体验。

二、建设以“一体两翼”为特点执行信息化支撑体系

参与建设以执行案件流程信息管理系统为核心，以执行指挥管理平台和执行查控系统为两翼，以若干执行信息化系统为支撑的执行信息化体系，组织多个技术团队将不同执行系统间数据进行融合贯通，实现对执行办案的节点式管理，有机融合执行查控、失信惩戒、网络拍卖等系统功能，可更加高

效地辅助执行干警完成在线办案的工作需求，同步实现对全国法院执行质效的集中统一管理，为“两到三年基本解决执行难”提供较好的信息化支撑。结合执行科技创新研究成果，后续将推动执行电子卷宗随案同步生成和深度应用，具备与审判系统电子卷宗在线贯通，支持执行案件集约化在线办理。

三、推动最高人民法院办案系统智能化转型升级

基于电子卷宗随案同步生成和深度应用等建设规范，最高人民法院在知识产权法庭推动无纸化办案试点工作，参与探索研究推进办案系统智能化的转型升级。后续最高人民法院将指导地方法院形成全辖区法院无纸化办案的建设经验，具备面向跨层级协同的案件上报和下行服务能力，探索基于简单案由实现基于要素信息的智能辅助裁判能力。

智慧法院建设任重道远，能够成为智慧法院建设的一员，我荣幸之至。我将不忘初心和使命，立足本职工作，全身心地投入到智慧法院建设过程中，适应人民群众和法院干警的期待和需求，努力建设让人民群众、法院干警满意的智慧法院成果，努力为建设智慧法院，实现更高水平的数字正义而奋斗。

刘玉宇——上海市高级人民法院信息管理处技术人员

一、不忘初心、牢记使命,坚定不移践行司法为民

作为法院的一名公职人员,我对党忠诚,始终牢记全心全意为人民服务的宗旨,围绕着"让人民群众在每一个司法案件中都感受到公平正义"的目标,在法院审判辅助工作实践中认真贯彻落实司法为民的各项举措,努力满足人民群众对公正司法、阳光司法的要求与期待。增强"四个意识",坚定"四个自信",做到"两个维护",坚决服从组织和领导的安排,不忘初心,立足岗位职责,主动担当作为,不断提高服务审判保障能力,提升专业化技能和综合素养,切实做好本职工作。

二、爱岗敬业、踏实肯干,积极推进建设智慧法院

在全面推进加快建设"智慧法院"的背景下,作为法院的一名信息技术人员,我有着强烈的责任感和使命感,为上海法院信息化建设事业添砖加瓦,贡献出一份自己的力量。我在应用管理科主要负责审判辅助、诉讼服务、司法公开等应用软件的开发和管理,内容繁杂,责任重大。在工作中,我始终坚持应用导向、需求导向,面向审判一线、面向人民群众,法官和人民群众的需求在哪里,我们应用软件的研发方向就在哪里。充分运用大数据分析、移动互联网、人工智能、区块链等前沿技术,开发有用、好用的软件,让数据"多跑路",让人民群众"少跑路",让法官从繁杂的事务性工作中解脱出来专心办案。坚持踏实苦干,全面深入调研需求,认真周密规划方案,全程跟踪监督流程,充分考虑突发情况并做好应急预案,确保每一个应用软件能够保质保量如期完成。

三、敢于担当、勇于创新,坚持不懈完善应用软件

科技的发展是日新月异的,探索是永无止境的。我始终以"想干事,能干事,干成事"为目标,以饱满的工作热情、拼搏的人生态度,抓住"互联网+""人工智能+"新时代下的历史机遇,主动谋划,抢占先机,全力推进"数据法院""智慧法院"建设。2021年,积极落实"我为群众办实事"实践活动的要求,对上海法院诉讼服务体系进行全面升级改造,结合人脸识别、电子证照等最新技术,通过网站、微信公众号、小程序、应用程序(App)等多种渠道创新完善诉讼服务的内容和形式,不断增强人民群众在诉讼活动中的获得感。例如,针对信用卡、知识产权等类案建立要素式立案指引，引导当事人高质量快速完成网上立案，以区块链技术为支撑建立证据材料网上流转，不断挖掘“一网通办”的共享数据，实现信息数据自动导入、信息核对和电子证照共享等。

四、廉洁自律、克己奉公，一如既往遵守纪律规定

我积极投身法院的信息化工作中，支持配合司法改革的任务，服从改革大局，落实改革要求，克己奉公，不计较个人得失，努力协调好各方面关系，保持积极向上的心态。廉洁自律，遵纪守法，践行“三个规定”，筑牢政治忠诚，严守廉洁底线。面对工作保持自信和从容，面对诱惑做到坚决抵制，立足法院信息化工作实际，展望“智慧法院”远大前景，向“全面依法治国”的宏伟目标不断前行。

郭　琦——河南省高级人民法院信息处综合组组长

郭琦,河南省高级人民法院信息处综合组组长,四级主任科员。从事法院信息化工作以来,该同志兢兢业业,任劳任怨,不断学习钻研智慧法院建设的最新要求和信息化前沿技术的最新成果,立足河南省法院工作实际加以落实,为网上办公办案常态化运行提供了坚实的技术支撑,圆满完成了各项信息化综合服务保障任务。2020年被最高人民法院评为"全国法院信息化工作先进个人",被河南省高级人民法院评为"全省法院网上办公办案工作先进个人"等。2018年、2019年、2020年被河南省高级人民法院评为"优秀共产党员"各一次。

严格自律,扎实认真。信息化工作涉及法院工作的方方面面,郭琦同志始终严格要求自己,保持"凡事有交代,件件有着落,事事有回音"的工作习惯。制定"五个一"工作标准,即认真对待每一项工作、接好每一通电话、处理好每一份材料、核对好每一个数据、做好每一次记录,做到周全、准确、适度,避免疏漏和差错。

爱岗敬业,乐于奉献。在新型冠状病毒肺炎疫情期间,郭琦同志每个周末加班提取系统数据,深入分析研究,为推进河南省法院网上办公办案提出针对性建议。连续下发通报37期,电子诉讼应用总量稳居全国前2名。

勤于思考,注重总结。该同志负责综合材料工作,善于总结整理智慧法院案例、工作亮点,规划全省法院信息化工作、最高人民法院会议文件精神贯彻意见、智慧法院评价分析、上半年工作总结、下半年建设方案、年度总结、蓝皮书案例等;收集全省法院系统应用问题,整理常见问题一问一答,编制信息化应用测试题库等学习资料,供全省法院干警参考。

立足本职,树立形象。为400余名外单位领导讲解智慧法院、智慧画像、智慧法庭等21次。多次组织律师网上诉讼培训。整理诉讼文书送达新规、智能化监督体系、云审判穿越"疫"线、智慧画像、奋战三天三夜保卫中心机房和核心系统、"好差评"当事人说了算、智慧法院让公平正义看得见触得到、质效运维、河南审判执行都"在线"等宣传稿件20余篇,通过《法治日报》《河南日报》《人民法院报》、豫法阳光等平台发布。在最高人民法院智慧法院征文活动中,积极组织全省法院参与投稿。在前十强中,河南法院占5个。

刘光宇——广西壮族自治区高级人民法院司法技术管理处四级调研员

刘光宇，男，贵州晴隆人，大学本科学历，工学学士，2001年11月加入中国共产党，2016年从部队转业至广西壮族自治区高级人民法院（以下简称“广西高院”），现任司法技术管理处四级调研员，主要负责运维保障工作。刘光宇同志自转业进广西高院工作以来，一直以一名合格党员的标准严格要求自己，全心全意做好本职工作，积极践行党的路线、方针、政策，得到了领导和同志们的一致认可，多次获得广西高院的表彰，为全区智慧法院建设贡献了应有的力量和智慧。

该同志理想信念坚定，能自觉认真学习习近平总书记关于国家信息化建设一系列重要讲话和党的十九大精神，在学理论、悟原理上下功夫，积极探索与新时代相适应、相匹配的政治素质、理论素养、工作能力。坚持把加强学习研究上级信息化“十四五”规划精神与广西高院党组关于智慧法院建设的决心意图、决策部署结合起来，注重学习转化吸收信息化建设新理念、新技术、新做法，为审判执行事业的发展做好了运维保障支撑。自转业进入广西高院工作以来，始终保持一名革命军人过硬的工作作风，以扎实工作态度、应对运维保障工作，做到了“眼勤、嘴勤、手勤、腿勤”。主动收集来自各方的意见，不断改进工作状态，业务水平得到了稳步提升，更好地适应了工作岗位的需要。自接手运维团队管理以来，紧紧抓住运维工作以服务审判、执行为中心这条主线，坚持问题和需求导向，深挖运维保障工作潜力，首创了具有广西法院特色“智慧法院运维管家”模式。“智慧法院运维管家”集基础管理、数据采集、数据分析、可视化呈现等功能为一体，为基础设施管理、应用系统效能、数据资源融合和信息安全保障等工作提供信息化支撑，以提升应用成效为目标，推动建立“用数据说话、用数据决策”的新型信息化管理决策支持机制，经过不断探索和实践，广西法院“智慧运维管家”实现了运维工作的标准化、集约化、智能化，提供高效、便捷、统一的运维服务，助推以审判为中心各项工作有序开展。

夯实的软硬件基础，是建设“智慧法院”所必需的载体环境。该同志自分管数据中心以来，对原有软硬件资源进行了全面梳理，查漏补缺，按照“强基固本”的建设原则补齐短板,为审判、执行业务顺利运行提供强有力的底层软硬件支撑。首先是网络建设方面,先后组织实施了广西法院专网双千兆网络、两数据中心一体化网络升级改造。经过数月的奋战,全区法院专网主干线路由原来的百兆单链路升级为千兆双链路,实现了千兆网络直达中基层法院,做到了业务数据的分流管控,专网访问速度得到了极大的提高,结合专网升级改造,两数据中心之间主干网带宽由原来的百兆级提升到万兆级,内部数据交换速度得到了大幅提升,两条主干网改造升级为全区法院无纸化办公办案奠定了坚实的网络承载基础;其次是新技术应用方面,组织开发了5G网络切片技术应用到移动阅卷合议系统,办案法官在办公大楼内可以随时随地使用平板对电子卷宗进行审阅签批,提高了案件合议的效率。主持研发了远程视频提讯管理平台,实现了提讯在线审理,并开发了电子签名、捺印、文书送达等功能,有效缩短了案件的审理时间;最后是基础设施建设方面,完成了广西法院数字信息中心建设工作,该中心集系统研发、系统运维、数据展示、数据治理等为一体的多功能复合中心,实现广西法院智慧运维实体化运营,更加有利于为全区法院干警提供高效、便捷的运维保障服务,助推办公办案工作的顺利进行。

该同志虽然只是一名普通的工作人员,但他时刻牢记“我是一名党员”,时刻维护党员和机关工作人员的良好形象,认真开展批评与自我批评,找准差距,认真整改,弥补不足,并严格遵守、坚决执行廉洁自律的各项规定,真正做到了严以律己、廉洁从政、忠诚干净。在本职岗位上不断努力,在平凡的工作中积极奉献,为智慧法院建设贡献了一份自己微薄的力量。

李国银——云南省高级人民法院司法技术处一级主任科员

李国银，男，1980年出生，2002年参加工作，2004年加入中国共产党，2011年转业至云南省高级人民法院，现任司法技术处一级主任科员。

李国银同志极参加各项学习教育，全方位总结提升自我素质，政治忠诚，近20年一直从事信息化工作，始终坚持严格要求自己，勤奋努力，时刻牢记党全心全意为人民服务的宗旨，在自己平凡而普通的工作岗位上，出色做好本职工作，多次评为优秀公务员和优秀干警，荣立三等功一次。

一、推进“互联网+法院服务”

贯彻以人民为中心发展思想，建设推广云南移动微法院、云南司法信息网（电子诉讼平台），把线下的案件审理和诉讼活动搬到线上，提供全流程全覆盖的信息化管理和服务，充分满足人民群众多元化司法需求。电子诉讼平台通过一站式、多元化的窗口打造触手可及的诉讼体验，减轻当事人诉累，节省诉讼成本，提升诉讼效率，是云南法院运用信息技术在司法便民上的又一创新举措，“云南法院电子诉讼平台建设典型实践”入选智慧法院优秀案例选编。

二、牢固保障网络信息安全

做好安全防护能力、安全监测措施、备份恢复机制、安全管理和运维监管等方面的安全防护措施，以相关标准、规范为依据，针对存在的问题进行整改，切实加强安全风险管控，极推动云南法院网络安全等级保工作，确保云南法院专网安全稳定运行及信息系统安全，被评为2020年度“网络安全等级保护工作考核优秀个人”。

三、加强大数据管理和综合运用

通过运用大数据，加强对司法大数据与经济社会发展状况的关联分析和综合研究，注重发挥大数据的管理服务及辅助决策作用，联合中国司法大数据研究院，依托人民法院大数据管理和服务平台，结合云南经济社会统计信息，按照“经济社会运行司法指数”框架和指标，对2020年“法治政府建设、经济发展运行、诚信社会建设、平安社会建设、生活和谐建设和生态文明建设”等6类28项具体司法工作状况进行指数分析研究，形成《基于司法大数据的2020年云南经济社会运行情况评估报告》，受到领导的肯定。

董英明——北京市高级人民法院信息技术处三级主任科员

董英明,男,辽宁锦州人,1986年10月出生,自2019年10月起在北京市高级人民法院信息技术处工作,现任北京市高级人民法院信息技术处三级主任科员。

该同志自进入北京市高级人民法院工作以来,全身心投入到北京法院信息化建设当中,先后组织参加了“AI+司法服务”、北京“云法庭”、北京法院专网等多个信息化项目建设工作,并于2020年赴西藏法院参加援建任务,经过不懈努力的学习,迅速地从一个智慧司法的“门外汉”成长为司法战线的信息化“尖兵”,亲身经历了首都智慧法院从“规模化”到“集约化”转型的全过程。

近几年来,该同志以高度的责任心和事业心,参与规划了北京法院信息化建设的顶层设计,并参与编制了《北京市高级人民法院运维服务信息技术白皮书》《北京市高级人民法院运维服务操作手册》《北京高院信息化运维人员岗位职责手册》修订工作,保障信息化运维技术人员开展标准化操作,精心组织全市法院信息化运维各项日常工作,在负责运维日常工作期间,全市法院信息系统从未出现重大安全事故,出色完成了各项重要保障工作,由于工作成绩突出,2020年被北京市高级人民法院评为“先进个人”。

该同志在工作中锐意进取,虚心学习,积极引入新技术进行创新型法院信息化运维建设,坚持勇于担当、善于作为的进取状态,紧紧围绕“最高标准、最严要求、最好效果”的工作目标,见事于早,谋划于先,行动于快,督促于紧,落实于细,努力使北京法院信息化工作走在全国前列。

朱克杰——甘肃省高级人民法院二级巡视员、网络信息处处长

2018年以来，甘肃法院紧跟大数据、云计算、区块链等先进信息技术发展趋势，持续推动智慧法院建设工作创新，不断推进智慧法院的全面建设，先后建成各类应用系统70余个，甘肃法院成为全国首批全业务云化集中部署的省份，全省智慧法院建设呈现出新的格局。而这一切的背后，都能看见朱克杰同志辛勤付出的背影。

甘于奉献，打牢信息化服务基础。进入法院工作二十余年，他先后在乡镇派出法庭、区法院、中级人民法院、甘肃省高级人民法院工作，亲眼见证了甘肃法院信息化建设翻天覆地的变化。他勤恳学习，刻苦钻研，积极建言献策，科学筹划，主动将所思所学运用在人民法院信息化建设工作中，使甘肃法院信息化建设取得长足发展，2021年最高人民法院组织的全国智慧法院建设评价工作中，甘肃法院排名全国第8位。他立足当前，着眼长远，在建设完成全省智慧法院3.0版的基础上，研究制定了全省法院信息化建设"十四五"规划，并编制完成了全省智慧法院4.0版可行性研究报告，为全省法院信息化建设指明了方向、提供了遵循。

开拓创新，快速推进信息化发展。智慧法院建设中，他加班加点，负责方案审定、标书审核、组织建设和管理运维等一系列工作，亲赴一线，精益求精。通过整合全省法院诉讼服务入口，为当事人提供"一站式"电子诉讼服务，打造出甘肃法院"智慧诉讼服务"新模式。大力宣传推广移动微法院，新建成的甘肃移动微法院不仅能够实现诉讼服务网的全部功能，还支持跨域立案，实现了诉讼事项跨区域远程办理、跨层级联动办理，让人民群众充分享受到智慧法院带来的信息化红利，感受到司法的便捷服务。新建成的诉、调对接平台，全面实现了诉讼、调解之间的业务、系统对接和法院、调解组织、调解员在线调解的工作协同。新建成的全省法院大数据平台，为案件管理提供数据支撑，针对群众关心的热点问题和经济社会领域发展难点问题，生成具有针对性、现实性的专题报告，服务于经济社会发展和人民群众生产生活，为党委、政府科学决策提供参考依据。大力推行电子签章系统和OA系统、COCALL等网上办公系统，重要文件多通过专网办公系统进行流转，有效地提高了工作效率。创新审判方式，建设了在线调解

室,网上办理交退费,减少当事人诉累,提高审判质效。开通了12368诉讼服务热线,开展集约送达改革,进一步降低了工作成本。同时,他高度关注网络安全,不断完善网络安全制度,开展等级保护测评,全省法院网络经受住了最高人民法院、甘肃省网络安全和信息化委员会办公室、甘肃省公安厅的多次攻击检验,并受到了最高人民法院的书面表扬,相关经验做法被兄弟单位学习借鉴。

全面应用,助推工作提质增效。智慧法院建得好,更要用得好。他组织制定了信息化系统应用考核管理办法,推行考核通报机制,并利用有限的资源,不懈传学帮带,引领干警紧跟信息化潮流。在全省法院信息化工作人员中广泛宣讲信息化前沿技术和最高院信息化发展规划等知识,举办培训班,对全省法院干警进行信息化系统操作轮训,提高干警信息化系统应用水平,努力减轻干警办公办案负担。

范俊刚——天津市第二中级人民法院司法行装装备管理处四级主任科员

范俊刚，男，汉族，1985年12月出生，2007年6月参加工作，内蒙古呼和浩特人，研究生学历，现任天津市第二中级人民法院司法行装装备管理处四级主任科员，负责该院信息化工作。2021年完成的主要工作如下。

一、加强理论武装和业务知识学习

一年来，积极参加全院、处组织的各项学习活动，认真学习党史、政法队伍教育整顿及党的十九届六中全会精神。作为处党支部组织委员，认真筹划党员学习教育活动，协助支部书记完了年度各项党务工作。七一前夕，受邀到天津财经大学附属小学给同学们讲授了一次党史专题课，得到了了师生的一致好评。作为技术科负责人，不断加强业务知识学习，持续加强网络安全、信创替换等前沿领专业知识学习。

二、圆满完成了全院重点信息化保障工作

全力做好了“赖小民”“李伟”等大要案审理信息化保障任务。为保障疫情防控条件下案件审理要求，积极探索“线上”“线下”相结合的庭审方式，实现了多法庭同步开庭、不同点位信号按需调度、音视频同步传输的庭审保障模式，实时与最高人民法院进行庭审音视频传输，案件审理全流程信息化保障高效稳定，取得了良好的社会效果。推动成立了天津市第二中级人民法院网络安全和信息化工作领导小组，为全院网络安全及信息化工作的组织领导、统筹规划及落实奠定了坚实基础，将网络安全和信息化工作纳入党组日常议事日程，进一步强化网络安全及信息化工作有序推进。新建2间标准互联网法庭，全院共计6间互联网法庭为新型冠状病毒肺炎疫情期间在线庭审发挥了积极作用。新增了8路庭审直播线路，达到20路同时直播规模，进一步满足庭审直播需求。部署了15间法庭语音转写试用服务，进一步提升了庭审记录效率。

三、高标准完成了信息化建设工作

完成了驻天津铁厂法庭信息化建设。在院党组的坚强推动下，用时1个月完成了位于河北省邯郸市涉县的驻天津铁厂审判庭科技法庭改造工程，打通了全院法庭信息化建设“最后一公里”，为该法庭部署了智慧庭审系统，实现了驻天津铁厂法庭具备互联网开庭、庭审直播、庭审音视频查询、法庭预

订、庭审语音同步转写等功能。完成了“六专四室”信息化配套建设。对照最高人民法院的要求,完成了羁押囚室AB门禁、羁押区弱电照明、羁押区语音呼叫系统、囚车移动监控等信息化改造工程。完成了大要案配套设施升级工程,完成了3间刑事法庭及大法庭庭审设备及基础布线升级,为1间远程开庭法庭配备了LED大屏显示器,将3间刑事法庭升级为具备远程提讯功能,对专案转播调度室、专案监控系统及专案观摩室显示系统进行了全面升级。完成了法庭区门禁系统升级。将全院法庭区门禁全部升级为人脸识别门禁系统,进一步提升了法庭区的防护安全。

四、加强信息化建设宣传工作

撰写的该院诉讼服务中心信息化建设的文章被最高人民法院“智慧法院进行时”微信公众号采用并推转。最高人民法院院长周强来院视察工作时,作为讲解员介绍了该院诉讼服务中心信息化建设成果,建设成绩得到了周强院长的充分肯定。

五、不断深化信息化日常保障工作

全年共解决CoCall类服务请求约214余件,文件复制6960件,办公系统共访问27897次;完成494次机房日常巡检,保障开庭8044件、互联网开庭622件,对庭审系统完成了247次早检查和540余次现场巡检,会议保障1596次,其中视频会议79次。监控录像调阅及刻录235次。诉讼服务中心登记访客27544人次,各类自助服务终端使用17416人次。

温晓卿——山西省朔州市中级人民法院诉讼服务中心副主任、信息处负责人

温晓卿同志自参加工作以来，在政治上严格要求自己，认真学习政治理论知识，努力提高个人政治修养，树立坚定的共产主义理想，在政治上、思想上、行动上始终与党中央保持高度一致；在工作上兢兢业业，刻苦钻研、锐意进取，出色地完成了各项工作，为法院信息化建设和安全运行做出了突出贡献，赢得了领导和同事们的高度评价。

温晓卿同志于2005年调入朔州市中级人民法院，从事信息化相关工作。多年来，他恪尽职守，勤勤恳恳地做好每一项工作，直接负责了多项信息化系统项目的建设。率先完成了“案件流程管理系统”建设，实现了全市两级法院全流程网上办案，使审判管理流程更加规范、高效、公正。率先完成了执行指挥中心建设，通过信息技术实现在指挥中心指挥执行现场。2016年9月28日，在全国法院执行工作会议上，中央政法委书记孟建柱，最高人民法院院长周强通过远程执行指挥系统观看了朔州市中级人民法院一起涉民生案件的现场执行（全国法院仅两家）；省市领导多次通过执行指挥系统远程观摩执行现场，对此项工作的开展给予了高度评价和充分肯定。率先利用信息技术实现“让数据多跑路，群众少跑腿”，线下的事项全部能在网上办理，诉讼便民“最多跑一次”，甚至“一次都不跑”成为现实。诉讼服务中心工作自启用以来共接待了全国4个省市130余家兄弟单位的参观指导。2017年10月17日，在朔州市中级人民法院召开了全省法院信息化建设暨应用观摩会，通过实际工作场景操作为参会领导现场展示信息化与审判执行工作的深度融合，得到了领导们的高度评价，并被称为“朔州模式”，一系列先进做法在会后得到全省推广。率先实现全流程智能化、无纸化办案，将诉讼事务统一交由诉讼事务集约中心负责，实现了法官只需办理四件事：庭前准备、庭审、合议、裁判。真正实现法官科学减负、审判执行提速增效、司法行为透明规范、审管精准高效、档案管理科学规范、诉讼服务优化升级。在全省率先完成法院“专有云”建设，实现了对硬件资源动态分配，灵活调度，资源使用率提高60%以上；实现了对软件资源可视化管理；实现了对云平台的软硬件加固，并达到国家规定的安全等级标准。多年来，朔州市中级人民法院没有发生一起失泄密事件，受到了山西省高级人民法院及朔州市委的表彰。

许亚龙——内蒙古自治区乌海市中级人民法院信息技术人员

许亚龙同志作为乌海市中级人民法院唯一的一名的信息技术人员,在做好单位日常办公设备、网络系统运维保障的同时,积极推进智慧法院建设,有效发挥信息化建设成果,促进审执工作提质增效。

一、信念坚定,工作踏实

工作中,踏实肯干,不怕苦、不怕累。除了做好全市法院信息化建设规划、办公办案系统建设等工作,还要从事繁重的日常运维保障工作,包括全院200多台办公电脑、50多台服务器及网络设备、6个科技法庭等的日常运维工作,以及重大庭审、视频会议等的技术保障。

二、积极探索,不断创新

许亚龙同志积极探索人工智能、大数据等创新科技与司法审判工作的深度融合,推进了一系列智能化系统的上线。文书智能编写、类案推送等系统为法官办理案件提供了智力支持。语音转换、电子卷宗自动归目、制式文书智能生成等系统有效地减轻书记员事务性工作负担。网上立案、网上阅卷、互联网庭审等系统进一步拓宽了人民群众诉服渠道。乌海市中级人民法院在全区法院率先建设了专网云平台、专网桌面云。

三、不畏困难,敢于担当

2020年新型冠状病毒肺炎疫情暴发期间,为解决不能线下庭审的问题,许亚龙同志立即开展互联网庭审系统建设工作。2020年1月28日开始部署、调试系统,线上培训法官、书记员。2020年2月3日,乌海市首例互联网庭审成功进行。近两年,乌海市中级人民法院利用互联网庭审系统开展庭审200余次,确保疫情防控和案件审理两不误。在一起重大涉黑案件的审理中,由于被告人数众多,需要将乌海市文体中心临时改造成科技法庭。在难度大、任务重的情况下,许亚龙同志制定了详细的技术保障方案,和同事们一起加班加点、连续奋战多日,解决了网络接入、三方远程庭审、系统对接等技术难题,为庭审的顺利进行提供了技术保障。

四、努力钻研、业务过硬

许亚龙同志一直努力钻研业务,通过了网络工程师考试。同时,注重调查研究,多篇论文及调研成果在自治区级、市级评选中获奖。2020年11月,在内蒙古自治区高级人民法院庆祝建院70周年举办的"推进内蒙古法院审判体系和审判能力现代化主题论坛"上受邀作主题演讲。

邓方红——安徽省亳州市中级人民法院网络信息管理科三级主任科员

邓方红，女，中国共产党党员，2015年1月进入安徽省亳州市中级人民法院工作，一直从事法院网络安全与信息化工作。该同志始终立足本职岗位，工作思路清晰，不畏困难，很好地完成了上级和领导安排的各项急难工作任务，受到领导和同事们的高度评价，先后获得“全市优秀公务员”“院机关先进个人”“优秀党务工作者”等荣誉称号。

邓方红同志始终拥护“两个确立”、坚定“四个自信”、做到“两个维护”。牢记党的宗旨，坚守着一名共产党员的信念和职责，深入学习贯彻习近平法治思想，筑牢政治忠诚，自觉加强党性修养，提高政治站位，坚持日常学习，努力提升自身政治素养和道德修养。她把理想信念时时处处体现在行动上、言行上、把信念坚定、对党忠诚的要求落实到工作中、生活中。

2020年年初，为确保新型冠状病毒肺炎疫情期间“审判执行不停摆、公平正义不止步”，邓方红同科室同事加班加点学习“云上法庭”操作使用方法和安装部署条件，同时对干警组织面对面系统培训，确保庭审人员能懂会用，亳州市中级人民法院也成为安徽省较早实现云上开庭的法院，实现了疫情防控和执法办案两不误。此外，亳州市中级人民法院还通过网上开庭设备，首次实现了“线上接访”。

工作时间时刻保持畅通的12368诉讼服务热线，随时观看案件审理过程的科技法庭，实现“足不出户”网上立案的诉讼服务网，注册律师“一次核验、全网通办、全国通办”的“一码通”服务，当事人“一次不用跑”的在线调解平台网，科技法庭100%部署语音识别系统……在邓方红与科室全体技术人员的努力下，亳州市中级人民法院的智慧法院建设硕果累累。

为解决法院内部与政府相关部门信息孤岛的问题，邓方红跟技术团队做规划、论方案，在确保数据安全、准确性及传输稳定性等前提下，与亳州市公安局、亳州市数据资源局、亳州市场监督管理局、银行等部门，实现数据共享，运用财产网络查控系统查扣被执行人财产，助力社会诚信体系建设。配合执行局上线“执行节点短信推送功能”，将执行案件14个节点信息通过短信形式发送案件相关人，增强执行工作透明度，实现执行效果与社会效果的双赢。

海　凌——湖南省邵阳市中级人民法院行政装备技术处副处长

海凌,女,回族,1981年10月出生,2002年12月加入中国共产党,2005年6月湖南农业大学计算机信息工程学院工学学士毕业,2005年9月进入邵阳市中级人民法院从事信息化工作,现任行政装备技术处副处长。工作17年来,她始终以饱满的工作热情、兢兢业业的工作态度、扎实进取的工作作风忠于职守、爱岗敬业,较好地完成了各项工作任务。

一、立场坚定、勤奋学习,不断提高政治业务素质

在加强政治理论学习的同时,还注重学习新的技术知识,更新信息化工作理念,丰富知识结构,提升技术技能,为法院的信息化事业做出了突出贡献。

二、工作扎实、锐意进取,在促进信息化工作上创新有为

海凌同志发扬不怕苦、不怕累的实干精神,与同事精诚合作,战胜“人少事多”的客观困难,较好地完成各项工作任务。主要体现如下。

一是在大力夯实信息化基础设施建设上有作为。近年来,在她和同事的共同努力下,邵阳市中级人民法院的智慧法院建设取得了显著成果:建成了全新信息化中心机房一个;多渠道、一站式、综合性的“三位一体”的全新诉讼服务中心一个;可全程同步录音录像的科技法庭19个、互联网直播法庭15个、云上法庭1间、在线调解室2间;全天时、无死角、全覆盖的高清监控系统一套;收转发平台一套;成功通过网络安全三级等级保护测评并完成网络升级改造等多个信息化项目。邵阳市中级人民法院的信息化硬件设施水平一跃成为湖南省先进行列,为软件系统的深度应用打下了坚实的硬件基础。

二是在提高信息化核心系统应用水平上有思想。近三年依托全省统建的智慧法院系统共立案2万多件,实现了案件信息从立案、审案到结案的审判流程数字化。网上法院、无纸化办公、数字审委会、远程视频会议、远程提讯、电子签章等系统得到了广泛应用,并不断深度融合,极大地方便了法官和人民群众,降低了当事人的诉讼成本和法院的司法成本,优化了审判质效,提升了司法公信力。

三是在信息化建设宣传工作上有突破。海凌同志主要撰写的《加快智慧法院建设,推进审判体系和审判能力现代化》一文，参加2019年全国法院“庆祝新中国成立70周年”有奖征文活动获得第十二名的成绩。这不仅为湖南省法院系统增了光，更为推广宣传邵阳市中级人民法院信息化成果做出了积极贡献。邵阳市中级人民法院的“智慧法院”建设已成为了对外推介的一张新名片。

四是在网络安全管理上有担当。圆满完成全国法院网络攻防演习、建党一百周年等一系列重大安全防护期间的信息安全保障工作。严格按照湖南省高级人民法院、网信主管部门及三级等级保护测评工作的部署与要求，上线运行一系列保障网络安全的软硬件并实行定时更新，加强日常病毒查杀和网络运行情况监测。

三、作风优良、廉洁自律，树立严谨作风

海凌同志多年来，切实履行职责，发挥党员的先锋模范作用，努力用“艰苦奋斗，埋头苦干，吃苦耐劳，以苦为荣”的“四苦”精神要求自己，正确使用手中的权力，时刻注意自重、自省、自警、自励，从不利用手中的权力为亲友谋取任何私利，切实当好廉洁自律的表率。她对事业的执着追求实实在在地体现在对工作的全身心投入之中，她正是用一个共产党人躬身为民的形象，感染和带动着周围的人。

“宝剑锋从磨砺出，梅花香自苦寒来。”海凌同志就是这样一个人，时时、处处、事事以大局为重，一心扑在信息化事业上，恪尽职守，殚精竭虑，不管是份内还是份外事，她都能尽职尽责地干好，尽心尽力地完成，从不讲个人条件，从不计较个人得失，彰显了新时期人民公仆的本色。

赵卓君——广东省广州市中级人民法院科信处副处长

赵卓君,广州市中级人民法院科信处副处长,广州市中级人民法院智慧办成员。该同志能认真学习贯彻党的十九大精神和习近平新时代中国特色社会主义理论,坚持党的领导,坚定法治信仰,牢记初心使命、提高政治站位;积极参加智慧法院建设,在疫情防控以及为群众办实事等方面主动担当作为,较好地推动了创新科技与审判执行业务的有机融合。

一、按照AOL全业务线上办理体系建设工作要求,积极打造信息化工作亮点

一是深化两个一站式建设。组织开发上线AOL电子诉讼服务中心,实现200余项诉讼服务事项智能集约线上办理全覆盖。实现诉讼费电子票据服务和线上办理退费,有效解决当事人群众遗失纸质票据的问题,提高退费申请及办理效率。打通了全国人口信息查询功能,方便立案窗口同志在综合业务系统核验当事人信息,并可打印带水印的信息登记页面,替代以往当事人往返公安部门才能开具的被告自然人证明,减轻当事人诉累。

二是协助推进多元解纷机制建设。推动建成广州法院ODR多元纠纷化解平台,将立案、分流、调解、司法确认、诉讼等程序串联起来形成完整闭环,且全部流程在网上流转,整合司法与社会资源,为当事人提供了优质高效的网上调解服务。

三是根据执行办案实际,积极推进全流程网上办案平台的优化完善,推动解决执行文书线上会签、审批表单入卷、电子签章稿入卷、电子卷宗自动整理、案卷排序等问题。开发上线“案件超期”及“案款发放超期”的强制提示功能,方便院庭领导对相关事项进行跟踪督办,也有效地约束案件经办人员自觉抓紧处理。

二、做好审执工作技术保障,提高法官、律师和当事人的获得感

一是开发上线裁判文书二维码验证功能。目前,广州市中级人民法院印制的裁判文书最后一页均附带二维码。当事人和第三方单位通过微法院小程序扫描二维码,即可查阅文书原始版本,并对裁判文书进行核验。

二是组织实施门禁及访客系统人脸识别改造。干警刷脸考勤、当事人和律师刷脸过闸机等功能先后上线,并完成与最高人民法院律师“一码通”,以及与广州市司法局电子律师证对接,有效地提高人员进出管理的便捷性、准确性。律师群体也普遍反映职业荣誉感得到提高。

三是新增执行系统关键操作控制及提醒功能。根据执行无纸化办案的发展实际，为避免全线上签批容易出现账户被冒用等风险漏洞，对代管款退款、执行裁定书签批等关键操作新增密钥检测设置，确保操作的身份唯一性。同时，对代管款退款审批增加短信提醒和异常退费情况预警，有效地避免账户被冒用审批。

四是协调跟进司法公开平台建设。在开发“广州微法院”小程序刷脸查案的基础上，陆续开发“谁提交，谁查看”、刷脸看笔录等功能，有效保障流程信息从被动查询向全程跟踪、主动公开、单点推送方式转变，助推司法公开进一步深化公开内容、拓宽公开渠道和范围。

三、做好各项技术支撑基础工作

结合“广州法院AOL全业务线上办理体系”的工作要求和工作部署，编制《广州市法院信息化建设三年发展规划（2021—2023年）》。修订完善《广州市中级人民法院信息化项目管理规定》，进一步规范广州市中级人民法院信息化项目建设，为高标准打造广州智慧法院奠定制度基础，同时筑牢廉政关，杜绝廉政风险隐患。修改、制定广州市中级人民法院涉密网络相关管理规定17项；制定并印发广州市中级人民法院网络安全工作责任制实施细则及网络安全应急预案。协助做好营商环境考核等多项重大活动技术保障工作。

何　欣——吉林省长春汽车经济技术开发区人民法院政治部主任

何欣,男,1969年4月生,中国共产党党员,毕业于吉林大学,获软件工程硕士学位,2000—2015年历任吉林省长春市中级人民法院办公室微机通讯科科长、办公室副主任,现任长春汽车经济技术开发区人民法院政治部主任。

何欣同志多年从事法院信息化建设工作,积极推动信息化新技术在智慧法院建设中的应用。在长春市中级人民法院工作期间,多次成功组织长春市两级法院开展信息网络建设和应用推广。全市法院2002年实现通信系统和计算机系统联网,在省内率先、全国第一梯队实现两级法院审判管理系统联网应用和桌面级视频会议系统应用。2008年开通全市法院网络办公系统,建立全市法院审判业务系统和行政办公系统双主线发展基础架构。2010年实现服务器虚拟化应用,减少了信息化建设在资金需求方面的压力。在为全市法院信息化建设打下良好硬件基础的同时。也为全市法院建立了一支积极进取、技术突出的信息化建设队伍。

2019—2020年,他在吉林省高级人民法院技术处上挂职锻炼,参与全省信息化建设组织、9项区块链应用软件和其他多项应用系统的规划、研发和实施工作,相关系统都顺利通过试点应用并在法院各项工作中发挥着积极作用。其中“行政案件一体化审判系统”入选2020年《蓝皮书中国法院信息化发展报告》地方创新案例,“区块链智能审执衔接司法服务”入选2020年《法治日报》全国智慧法院十大创新案例。主导组织2019年度全省法院智慧法院建设评价迎检工作,当年排名由全国第13位进位到第7位。主导建立的长春汽开区法院“金融案件智能审判系统”显著地提高了审判效率和受理能力,获得中国一汽集团的高度认可,并配套完成金融业务流程的区块链改造,实现从案件源头到调解、审判、执行的纠纷化解全互联网智能辅助一条龙服务,为一汽集团的业务发展创造了良好的司法环境。该项目入选2020年全国司法链应用试点,并获得三等奖。

金海龙——江苏省苏州市相城区人民法院司法行政装备科

作为江苏省苏州市相城区人民法院司法行政装备科部门负责人，金海龙同志全身心投入到法院信息化建设工作中，充分运用智慧法院建设成果服务人民群众、服务审判执行、服务司法管理。2021年被评为“全省法院信息化工作先进个人”，负责的部门被评为“江苏省法院信息化工作先进集体”。

一、政治立场坚定，宗旨意识强

该同志政治素质过硬，大局意识强，作风务实，勇于担当，能不折不扣地贯彻落实上级重大决策和重要工作部署，充分发挥信息化服务法院发展作用，为相城区打造苏州市域新中心、建设成为长三角乃至全国数字化发展第一区贡献司法改革智慧。2020年9月，该同志作为基层干部代表，被上级法院委派赴新疆克孜勒苏柯尔克孜自治州中级人民法院短期援疆，用自身丰富的信息化建设工作实践经验为当地法院发展献计献策。

二、勇于探索创新，业务水平高

2018年以来，他带领团队先后打造了智慧全域诉服、“飓风”在线庭审、区块链保障电子送达等亮点工作，相关经验被“智慧法院进行时”公众号推广6次，《人民法院信息化工作通讯》刊载3次，入选最高人民法院司法体制改革案例1次，江苏省高级人民法院司法体制改革案例3次，《人民法院报》《法治日报》等多次报道。推进“一站式”智慧诉服的建设与应用。全面升级改造诉讼服务中心，推动诉讼服务中心功能定位从本地区立案受理向全市域诉讼集约服务转变，获评江苏省智慧法治十大案例。2019年至今，他接待了百余批来自全国各地法院参观、学习、交流。推进智能化电子送达的建设与应用。打造以“地址库”为核心、“短信送达”为主的送达“三分法”，实现送达全流程在线智能化运转。探索区块链电子数据存证技术在电子送达场景的应用，实现全业务流程数据的实时存证，被中国信息通信研究院评选为2021可信区块链年度优秀案例。推进在线庭审的建设与应用。探索出线上线下相互融合、内网外网实时交互的全新智慧庭审“飓风”方案，实现在线庭审全场景、全覆盖、全互联。为新型冠状病毒肺炎疫情期间将诉讼活动有序从“线下”搬到“线上”提供了技术保障，并取得著作权。推进区块链技术在司法审判中的深度应用。全省首创区块链证据解析核验平台，在保证数据安全的前提下快速高效地对区块链证据进行可信验证，有效地提高了区块链证据验证的中立性、高效性和便捷性。推进数字货币缴纳诉讼费的落地应用。主动争取全省首个数字人民币缴纳诉讼费应用场景落户,打造“一人一案一账号”缴费新模式。确保案、款、人精准匹配,推动案款缴纳更便捷,管理更加规范,试点效应更集聚。

三、勤于思考总结,调研能力强

他注重总结成效与不足,推动法院信息化建设的探索与实践不断完善。作为课题组主要成员之一撰写的电子送达、在线庭审相关调研报告2次入选中国社会科学院发布的法治蓝皮书。作为主要课题组成员之一,中标江苏省高级人民法院重点调研课题“关于互联网审判机制和审理规则问题调研”,并通过中期检查、终期评审,顺利结项。撰写的论文《传统法院推行电子送达模式的路径选择——以“三分法”送达模式为视角》获评江苏省法学会大数据与人工智能法学研究会2021年年会二等奖论文。

刘晓刚——新疆生产建设兵团塔斯海垦区人民法院员额法官

“铁肩担道义，忠诚铸法魂”，在祖国的西北边陲，塔斯海垦区人民法院，有这样一个干警刘晓刚，他在法院是网管员，同时还是法官助理，就在2022年2月，新疆生产建设兵团分院党组任命刘晓刚为员额法官。2016年以来，刘晓刚一直在塔斯海垦区人民法院工作。工作中，他政治立场坚定，在大是大非面前和事关方向性、原则性问题上做到旗帜鲜明，坚定坚决与党中央和上级党委保持高度一致。牢记做人以德为本、做事以德为先，带头讲党性、重品行、作表率，筑牢做人干事根基。他坚定司法信仰，坚守为民情怀，努力为群众排忧解难，认真做好每一次庭审记录，准确无误地送达每一份法律文书，耐心热情地接待每一位当事人，解答每一个法律疑问。

作为“89”后的法院年轻干警，刘晓刚与其他年轻人一样朝气蓬勃，锐意进取，但比同龄人多了一份沉稳、睿智和专业。当他通过全国法律职业资格考试，被法院任命为法官助理后，他更加谦虚谨慎，勤奋好学，熟悉法律条文和立法本意，吃透案情，全面整合证据，准确计算涉案款项，协助法官做好案前案后的各项工作。

一、勤奋好学、追求上进

在工作中，刘晓刚努力要求自己成为“专家”。作为一名网管员，他凭借扎实的专业知识，丰富的运维经验为法院信息化建设提供了坚实的技术保障。在智慧法院建设跟班服务中，他一边维护业务软件，一边学习业务知识。只要上新系统，他都仔细研究琢磨，第一个学会，再耐心传授给每一位同事。在全国法院积极推进“一站式多元解纷和诉讼服务体系建设”工作中，为了解决技术衔接难题，他不分白天黑夜忙碌在机房，吃住在办公室，分析各种数据，熟悉诉讼服务中心每一个技术要求，排除每一个困难疑点，做好全方位的技术服务，被干警们称为“小能手大专家”。

二、刻苦钻研、争创一流

为确保信息化建设成果被充分使用，刘晓刚充分利用每周五例会时间，组织业务培训，就电脑及业务软件使用中出现的问题，逐一讲解，让大家充分感受到智慧法院建设带来的“红利”，得到大家的一致称赞。

为适应智慧法院后期建设要求，刘晓刚主动向院党组建议对全院网络进行改造，获得批准。他第一时间与中国移动、网络建设公司进行对接，对内外网进行升级改造。更换防静电地板、升级UPS、加装机房综合监测报警器、搭建FTP服务器等,事无巨细,他总是亲力亲为,做好监督工作,确保改造质效。刘晓刚深刻领会新疆生产建设兵团分院对智慧法院建设的要求,把工作做到前面,用智慧法院建设服务司法工作,用司法工作服务辖区人民。对于智慧法院未来的发展,刘晓刚常常向兵团分院信息化的领导请教智慧法院发展方向,经常深夜研究智慧法院建设的规划,他说要把基层法院的信息化建设融入兵团智慧法院建设当中去,才能建设好基层法院的信息化。也正因为有他的不懈努力,塔斯海垦区人民法院在2017年荣获"全国先进法院",2019年荣获"全国模范法院""全国执行先进集体"。

三、无私奉献、公而忘我

法院工作压力大,加班加点是常态,刘晓刚身兼几职,很多时候都是时间紧、任务重,有时几项工作都扎堆赶到一起,他始终都是耐心细致地统筹安排好时间,认真对待每一项工作,竭尽全力努力完成,从不应付了事。他严谨务实的工作作风得到院领导和干警的一致好评。

2020年,新型冠状病毒肺炎疫情肆虐而来,他积极响应号召,主动申请下沉黄河社区防控一线,核对数据、楼上楼下送生活物资和医药,挨家挨户宣传防疫知识等。面对彻夜值班值守任务,他也从不推脱,受到社区职工群众的高度赞扬。2021年,在建党百年之际,政法系统开展队伍教育整顿,刘晓刚被抽调到第五师双河市教育整顿领导小组办公室工作,"5+2"白加黑,加班、熬夜,面对繁重的工作任务,他始终勤勤恳恳,乐观面对,虽然婚期一拖再拖,但他无怨无悔。

"奉献不言苦,追求无止境。"他是这样说的,也是这样做的。刘晓刚在平凡的工作岗位上默默坚守着,以党员的标准严格要求自己,用自己的实际行动践行着让人民群众在每一个司法案件中感受到公平正义的目标,诠释着为审判事业、为人民群众甘于奉献的司法为民理念,表达了对法院事业的无限热爱和崇高追求。

彭　希——最高人民检察院检察技术信息研究中心数据分析三处干部

彭希，最高人民检察院检察技术信息研究中心数据分析三处干部，软件工程硕士，曾先后在公安系统多个岗位锻炼，特别是在湖南省公安厅治安管理总队从事治安防控方面大数据建设等工作。在检察信息化工作中，一是参与编写《全国检察机关智慧检务行动指南（2018—2020年）》等纲领性文件，指导地方智慧检务规划建设，参与组织筹办多期智慧检务沙龙活动，牵头出版了《智慧检务言与思》一书。二是参加全国检察业务应用系统2.0专项工作，撰写《全国检察机关统一业务应用系统2.0建设实施方案》，负责该系统需求管理平台和定制化浏览器等项目研发和相关能力开放平台、检务协同平台的研发，组织开展智能辅助办案系统评测。三是配合业务主管部门完成专题数据分析20余次，解析成果在汇报材料、分析统计、研判会商、“两会”报告和历史数据汇编各类工作中多次发挥了重要作用，并实现了与公安、法院和教育部门行业专项数据的准入查询和共享。

张国花——最高人民检察院检察技术信息研究中心

张国花,1982年7月生,山东临沭人,2004年6月加入中国共产党,2008年4月毕业于北京邮电大学计算机科学与技术专业,硕士研究生学历,工学硕士学位,2008年8月参加工作,2017年5月至今在最高人民检察院技术信息中心工作。

2008年8月至2017年5月在国家统计局北京调查总队工作,主要负责数据采集、统计数据分析等相关工作。2017年5月起在最高人民检察院检察技术信息研究中心数据分析三处工作,主要负责数据分析、信息化项目的管理等相关工作。在深入了解检察办案业务需求,利用专业技术知识积极服务领导决策和检察办案工作中发挥了积极作用。一是组织研发检察大数据决策支持平台,汇聚检察机关内部数据资源,实现数据融合分析和可视化展示,为领导决策提供数据支撑。二是深入了解一线办案需求,组织全国检察业务应用系统辅助办案工具的研发和推广应用,助力检察业务办案向更高质量发展。三是深入落实“检察大数据战略”。一方面规划检察大数据法律监督平台,充分调研全国检察机关大数据助力法律监督工作开展情况和一线实际办案需求,探索通过数据碰撞发现监督线索,破解传统手段难以解决的痛点、难点问题。另一方面协助部署并在全国检察机关推广应用绍兴市检察院研发的民事智慧检察监督平台,深挖裁判文书数据,碰撞发现“套路贷”线索,运用大数据、人工智能等科技手段突破虚假诉讼“线索发现难”问题。

姜乐乐——甘肃省人民检察院检察技术信息处七级职员

姜乐乐，山西省繁峙县人，中国共产党党员，工学硕士，现任甘肃省人民检察院检察技术信息处七级职员。姜乐乐同志多年来承担了甘肃省检察机关多项信息化重大建设项目，其中以甘肃检察机关移动办案应用系统（以下简称“移动办案系统”）最为突出。

开展基于检察工作网的移动办公办案，打造真正的“指尖上的甘肃检察”，是甘肃省人民检察院检察技术信息处2021年申报的亮点工作计划，也是对检察机关开启移动办公办案工作新模式的探索。为实现亮点工作计划目标，2021年2月起，姜乐乐同志创新提出了移动办案思路，并主导设计研发了甘肃检察机关移动办案应用系统。该系统研发的目的主要是提高网上案件审批效率，同时依托5G、大数据等技术在移动端提供案件查询、浏览、阅卷、提醒等便捷技术手段。为打通移动办案和业务系统2.0的数据隧道，姜乐乐同志多次同最高人民检察院以及业务系统2.0、身份认证系统建设厂家进行深度沟通，逐步明确各项需要对接的技术接口，并组织研发人员开展逐项对接工作。历经三个多月的精心打磨，移动办案系统的雏形初步研发完成了。2021年7月，甘肃省检察机关移动办案应用系统荣获“2021年度政法智能化建设智慧检务创新案例”。随后，经过近半年的试运行，在不断优化和完善各类系统问题后，系统逐渐趋于稳定，2021年12月，甘肃省人民检察院宣布甘肃检察机关移动办案应用系统在甘肃全省三级院正式上线运行，甘肃省成为全国首个在全省三级检察机关启用基于检察工作网的移动办案系统的省份，这也标志着“指尖上的甘肃检察”迈入了新的阶段。姜乐乐同志以其不断创新的工作思路、扎实肯干的专业功底、认真务实的工作态度为甘肃检察机关移动办案应用系统成功研发上线做出了巨大贡献。

姜贵鹏——江苏省苏州市人民检察院检察信息技术部主任

姜贵鹏,男,黑龙江佳木斯人,1975年出生,中国共产党党员,现任江苏省苏州市人民检察院检察信息技术部主任。姜贵鹏同志长期从事检察信息化工作,负责江苏省苏州市检察数据分中心的规划、建设与维护,统筹推进苏州市两级检察机关信息技术工作,具有丰富的项目建设和管理经验,曾荣立个人二等功1次、三等功3次。

一、慎终如始,不忘初心的践行者

坚定践行苏州检察机关首创的"单轨制"办案理念,围绕构建基于电子卷宗应用的跨部门单轨制办案模式,推动苏州政法平台向优迭代,持之以恒建设服务检察业务人员的"易办案"单轨制辅助办案平台,通过一站式证据中心、智能编目、辅助阅卷等工具手段实现对全门类电子证据的高效、深度应用,在服务案件办理提质增效上取得显著成果。

二、矢志创新,不负时代的赶考者

将大数据赋能检察机关法律监督的时代之问作为苏州检察机关智慧检务建设新阶段的首要任务,围绕上级检察院的工作部署,在苏州市人民检察院党组的指导支持下,立足业务与技术融合痛点,秉承"厚平台、薄应用"特色智慧检务建设理念,聚焦检察机关法律监督难点与堵点,畅通数据通道、丰富应用手段,通过建设自助式的检索、比对、分析等"瑞士军刀"型工具,为业务人员提供能够适应全场景共性需求的通用处理手段,大幅降低法律监督模型构建的试错成本,实现业务模型向技术模块的快速转化。

张　锐——四川省泸州市人民检察院技术信息部主任

张锐，男，1979年出生于四川泸州，中共党员，本科学历，现任四川省泸州市人民检察院技术信息部主任。多年来，他长期从事检察技术信息化工作，见证了检察信息化建设从无到有，从单机到智能化的快速发展历程，本着攻坚求突破、拼搏创一流的信念，研发推广了多项信息化成果，连续多年在四川省法院技术信息工作条线目标考核中稳居前列。其辖泸州市纳溪区人民检察院被最高人民检察院评为“科技强检示范院”，泸州市人民检察院司法鉴定中心被四川省高级人民法院确立为川南司法鉴定分中心，泸州市人民检察院技术信息部荣获集体三等功，荣获“泸州政法先进集体”称号。他个人也被评为“四川省检察机关技术和信息化工作先进个人”“泸州市青年岗位能手”等。

从检二十年铸就了张锐同志守忠诚、勇担当、讲奉献、长本领的品格。一是努力工作推动检察技术信息化高效发展。主持和参与建设多项检察机关重点信息化项目，如检察专网分级保护建设、检察工作网系统建设、电子卷宗系统建设、公益诉讼快检实验室、智慧检委会系统、安防系统建设、办案指挥中心等，大大提升了泸州市检察机关信息化水平。他带领团队深入实验室参加最高人民检察院、四川省人民检察院组织的司法鉴定能力验证活动，各项专业近三年均获得最高评价“满意”结果；二是创新驱动促进检察技术信息化提档升级。为了加快促进信息科技与检察工作融合，张锐在各部门开展走访调研，做好需求收集论证，在全市两级院部署了智慧管理平台、国产环境即时通信系统、跨部门办案平台、非羁押智能管控平台等软件应用，使检察办公办案更加科学化、流程化、智能化。他运用专业知识丰富拓展了《指派、聘请有专门知识的人参与办案实施细则》，得到上级院的充分肯定。工作经验被最高人民检察院、四川省人民检察院予以推广，《检察日报》等媒体予以报道；三是善于学习提升检察技术信息化专业能力。张锐同志先后多次被表彰为先进个人、优秀、嘉奖，并记三等功，作为泸州市检察机关第一批取得最高人民检察院电子证据鉴定人资格人员，为泸州市人民检察院司法鉴定中心取得CNAS实验室认证做出了卓越贡献。他还取得了注册信息安全管理人员、信息系统管理工程师等国家级机构认证证书，并通过了国家司法考试。他撰写的《浅议电子证据取证活动中鉴定人的基本原则》等多篇论文在国家、省级刊物上发表。

郭　强——江苏省徐州市云龙区人民检察院第六检察部副主任

郭强，江苏徐州人，中国共产党党员，1993年11月从部队转业至徐州市云龙区人民检察院，现任第六检察部副主任。郭强同志长期从事检察技术信息化工作，在本职工作岗位上取得了优异的成绩，展现出了检察技术人员优秀形象。曾获“江苏省检察机关网信工作先进个人”“徐州市检察机关网信工作先进个人”“云龙区优秀共产党员”等荣誉，被徐州市人民检察院荣记个人三等功。

2019年，他带领技术团队研发全省首个网上检察综合服务平台“云龙微检察”小程序，抗击新型冠状病毒肺炎疫情的关键时刻，将检察办公办案工作从线下全面转至线上，检察办案、监督、宣传一线输出，有效地避免人员聚集引发疫情扩散的风险。该平台在徐州市检察机关全面推广。

2020年，他紧紧围绕“检察长+网格长”协作机制服务群众理念，第一时间在“云龙微检察”小程序上开通“网格直通车”模块。方便网格群众联系，接受群众监督，做到全方位联络不掉线、全天候服务不打烊。

2021年，在“第三届全国检察机关信息化网上轻应用作品比赛”中，他组建专业化技术团队，带领团队成员攻坚克难，自主研发“云龙微检察·社区矫正平台”。该平台注重实效、主动监督的设计理念和在实际应用中取得的效果，获得评委们的一致肯定，最终荣获全国二等奖。该平台还获评“江苏智慧法治十大优秀案例”“江苏省检察机关二季度典型事例”等诸多奖项。

郭强同志始终围绕信息技术发展方向，坚持边实践、边探索、边总结、边创新，还借助大数据建模、区块链技术打磨了“云检智链”“检爱e站”等科学化、智能化、人性化的检察产品，为智慧检务贡献了强力量。

第九篇

大事记

3月30日，国家发展和改革委员会 中共中央宣传部等20多个部门印发《国家基本公共服务标准（2021年版）》（发改社会〔2021〕443号），从幼有所育、学有所教、劳有所得、病有所医、老有所养、住有所居、弱有所扶以及优军服务保障、文体服务保障等9个方面明确了国家基本公共服务具体保障范围和质量要求。

4月25—26日，由国家互联网信息办公室、国家发展和改革委员会、工业和信息化部、国务院国有资产监督管理委员会、福建省人民政府共同主办，福州市人民政府等有关单位承办的第四届数字中国建设峰会在福建省福州市召开。这届峰会的主题为“激发数据要素新动能，开启数字中国新征程”。

4月26日，在第四届数字中国建设峰会“现代数字城市”分论坛上，与会人士指出，城市发展需要进一步激活海量数据资产实现高质量发展，其可行路径需要多方积极尝试与探索。会上，中国电子信息产业集团有限公司发布“一库双链、三级市场”城市数据治理新方案，将与城市联手打造数据金库，立足市场、制度、技术实现城市数据的资产化。

6月10日，十三届全国人民代表大会常务委员会第二十九次会议通过《中华人民共和国数据安全法》，该法自2021年9月1日起施行。该部法律体现了总体国家安全观的立法目标，聚焦数据安全领域的突出问题，确立了数据分类分级管理，建立了数据安全风险评估、监测预警、应急处置，数据安全审查等基本制度，并明确了相关主体的数据安全保护义务，这是我国首部数据安全领域的基础性立法。

7月28日，国家发展改革委会同自然资源部、生态环境部、交通运输部、水利部、国家能源局印发《关于加强投资数据资源共享持续深化投资审批“一网通办”的指导意见》。该意见提出，要通过推进跨层级、跨地域、跨部门的审批数据共享和业务协同，在2021年年底争取实现各级自然资源、生态环境、交通运输、水利等部门审批系统与投资在线平台的互联共享，并逐步深化投资审批权责“一张清单”、投资数据“一体共享”、审批事项“一网通办”。

7月30日，国务院总理李克强签署中华人民共和国国务院令第745号:《关键信息基础设施安全保护条例》，该条例于8月17日正式发布，自2021年9月1日起施行。

8月20日,十三届全国人大常委会第三十次会议表决通过《中华人民共和国个人信息保护法》,该法自2021年11月1日起施行。该部法律共8章74条。在有关法律的基础上,该法进一步细化、完善个人信息保护应遵循的原则和个人信息处理规则,明确个人信息处理活动中的权利义务边界,健全个人信息保护工作体制机制。

9月3日,中共中央网络安全和信息化委员会办公室、农业农村部、国家发展和改革委员会、工业和信息化部、科学技术部、国家市场监督管理总局、国家乡村振兴局综合司(办公厅、秘书局)联合印发《数字乡村建设指南1.0》。提出了数字乡村建设的总体参考架构以及若干可参考的应用场景,分别从省、县两级层面给出指导性建议,为以县域为基本单元的数字乡村建设、运营和管理指明了方向。

9月10日,中共中央网络安全和信息化委员会办公室、科学技术部、生态环境部、住房和城乡建设部、农业农村部、国家卫生健康委员会、国家能源局、工业和信息化部等八部门印发《物联网新型基础设施建设三年行动计划(2021—2023年)》,该行动计划提出,鼓励地方政府设立物联网专项基金,引导金融机构参与物联网新型基础设施建设等。

9月15日,国家互联网信息办公室发布《关于进一步压实网站平台信息内容主体责任的意见》。

9月17日,国家互联网信息办公室、中共中央宣传部、教育部、科学技术部、工业和信息化部、公安部、文化和旅游部、国家市场监督管理总局、国家广播电视总局等九部委印发《关于加强互联网信息服务算法综合治理的指导意见》,加强互联网信息服务算法综合治理,促进行业健康有序繁荣发展。

9月24日,国务院办公厅印发《关于加快推进政务服务“跨省通办”的指导意见》,提出140项全国高频政务服务“跨省通办”事项清单。

9月26日,《国务院办公厅政府信息与政务公开办公室关于印发〈中华人民共和国政府信息公开工作年度报告格式〉的通知》发布,以更好地发挥年度报告的重要作用。

9月26—28日,2021年世界互联网大会乌镇峰会在浙江省桐乡市乌镇举办,其主题为“迈向数字文明新时代——携手构建网络空间命运共同体”,这次峰会由国家互联网信息办公室和浙江省人民政府共同主办。国家主席习近平向2021年世界互联网大会乌镇峰会致贺信。会上，中国网络空间研究院发布《中国互联网发展报告2021》和《世界互联网发展报告2021》蓝皮书。作为第五次发布的世界互联网大会重要理论成果，该蓝皮书在保持框架内容稳定性的同时，注重继承上的创新，更加聚焦把握时代主题和任务主线，更加关注呈现鲜活经验和创新做法。

9月29日，国务院办公厅印发《全国一体化政务服务平台移动端建设指南》，就进一步加强和规范全国一体化政务服务平台移动端建设，促进各地区、各部门不断提升移动政务服务标准化、规范化、便利化水平，推动更多政务服务事项网上办、掌上办作出部署。

10月10日，中共中央国务院印发《国家标准化发展纲要》。作为指导中国标准化中长期发展的纲领性文件，其对我国标准化事业发展具有重要里程碑意义。

10月18日，中共中央政治局就推动我国数字经济健康发展进行第三十四次集体学习。中共中央总书记习近平在主持学习时强调：近年来，互联网、大数据、云计算、人工智能、区块链等技术加速创新，日益融入经济社会发展各领域全过程，数字经济发展速度之快、辐射范围之广、影响程度之深前所未有，正在成为重组全球要素资源、重塑全球经济结构、改变全球竞争格局的关键力量。要站在统筹中华民族伟大复兴战略全局和世界百年未有之大变局的高度，统筹国内国际两个大局、发展安全两件大事，充分发挥海量数据和丰富应用场景优势，促进数字技术与实体经济深度融合，赋能传统产业转型升级，催生新产业新业态新模式，不断做强做优做大我国数字经济。

11月15日，工业和信息化部印发了《“十四五”软件和信息技术服务业发展规划》。该规划指出，软件是新一代信息技术的灵魂，是数字经济发展的基础，是制造强国、网络强国、数字中国建设的关键支撑。发展软件和信息技术服务业，对于加快建设现代产业体系具有重要意义。“十四五”时期是我国开启全面建设社会主义现代化国家新征程的第一个五年，全球新一轮科技革命和产业变革深入发展，软件和信息技术服务业迎来新的发展机遇。

11月17日，李克强总理主持召开国务院常务会议，审议通过“十四五”推进国家政务信息化规划，加快建设数字政府、提升政务服务水平。会议指出，推进政务信息化是提高政府管理效能和服务水平的重要举措。

11月20日,2021年中国5G+工业互联网大会在湖北武汉开幕。中共中央政治局委员、国务院副总理刘鹤作书面致辞。

11月26—27日,中央党校(国家行政学院)和广东省人民政府主办的2021(第十六届)中国电子政务论坛暨首届数字政府建设峰会在广州举行。大会以"建设数字政府加快数字化发展"为主题,定位为全国数字政府领域高层次的专题交流合作平台。会上,中央党校(国家行政学院)与社会科学文献出版社共同发布了《数字政府蓝皮书:中国数字政府建设报告(2021)》。

11月30日,工业和信息化部印发《"十四五"大数据产业发展规划》,提出"十四五"时期的总体目标,到2025年我国大数据产业测算规模突破3万亿元,年均复合增长率保持在25%左右,创新力强、附加值高、自主可控的现代化大数据产业体系基本形成。

12月6日,国家标准化管理委员会、中共中央网络安全和信息化委员会办公室、科学技术部等十部委联合印发《"十四五"推动高质量发展的国家标准体系建设规划》。该规划提出到2025年,推动高质量发展的国家标准体系基本建成,国家标准供给和保障能力明显提升,国家标准体系的系统性、协调性、开放性和适用性显著增强,标准化质量效益不断显现。

12月17日,中共中央网络安全和信息化委员会印发《"十四五"国家信息化规划》,该规划对我国"十四五"时期信息化发展作出部署安排。该规划是"十四五"国家规划体系的重要组成部分,是指导各地区、各部门信息化工作的行动指南。

12月20日,全国工业和信息化工作会议在北京以视频形式召开。这次会议以习近平新时代中国特色社会主义思想为指导,全面贯彻党的十九大和十九届历次全会精神及中央经济工作会议精神,认真贯彻落实党中央、国务院决策部署,总结2021年工作,分析当前形势,部署2022年重点任务。

12月22日,《国务院办公厅关于印发加强信用信息共享应用促进中小微企业融资实施方案的通知》发布,要求切实提高中小微企业贷款覆盖面、可得性和便利度。

图书在版编目（CIP）数据

中国电子政务年鉴．2021 / 中国计算机用户协会政务信息化分会（电子政务理事会）组编．— 北京：知识产权出版社，2022.8

ISBN 978-7-5130-8255-6

Ⅰ．①中… Ⅱ．①中… Ⅲ．①电子政务－中国－2021－年鉴 Ⅳ．①D63-39

中国版本图书馆CIP数据核字（2022）第128669号

责任编辑：张　珑　　　　**责任印制**：刘译文

中国电子政务年鉴（2021）

ZHONGGUO DIANZI ZHENGWU NIANJIAN（2021）

中国计算机用户协会政务信息化分会（电子政务理事会）　组织编写

出版发行：知识产权出版社有限责任公司	**网　　址**：http://www.ipph.cn
	http://www.laichushu.com
电　　话：010－82004826	
社　　址：北京市海淀区气象路50号院	**邮　　编**：100081
责编电话：010－82000860转8574	**责编邮箱**：laichushu@cnipr.com
发行电话：010－82000860转8101	**发行传真**：010－82000893
印　　刷：三河市国英印务有限公司	**经　　销**：新华书店、各大网上书店及相关专业书店
开　　本：720mm×1000mm　1/16	**印　　张**：43.25
版　　次：2022年8月第1版	**印　　次**：2022年8月第1次印刷
字　　数：870千字	**定　　价**：450.00元

ISBN 978-7-5130-8255-6